2013—2014
徽商发展年鉴

安徽省徽商发展研究院 编

全 国 百 佳 图 书 出 版 单 位
时代出版传媒股份有限公司
安 徽 人 民 出 版 社

绿地集团 世界500强成员之一

22载，亚澳欧美四大洲十国100城

国际开拓：

澳大利亚
悉尼 · 绿地中心
墨尔本

德国
法兰克福

泰国
芭提雅

韩国
济州岛 · 绿地汉拿山小镇
济州岛 · 绿地中心

加拿大
多伦多

香港
苏州环球188
海口海长流
黄山太平湖国际度假区

西班牙
马德里
巴塞罗那

英国
伦敦

美国
洛杉矶 · 绿地中心
纽约

马来西亚
新山

国内布局：

上海
绿地中心
海珀日晖
海珀旭晖
绿地香颂
新南路壹号
东海岸时代广场
公元1860
北郊广场
绿地领海
风尚天地
公园广场
新里威廉公寓
新里米兰公寓
秋霞坊
璟香公馆
公园壹品
嘉领国际
东方曼哈顿
长兴壹街区
绿地领御
绿地翡翠
绿地观邸
海语墅
布鲁斯小镇
领港一天地
芳满庭
蔷薇九里
圣约翰名邸
绿地世纪城
虹桥新城
绿地同创
绿地科创
绿地和创
梅龙镇新都会
绿地蓝海
康桥老街
天汇广场
汇中心
海珀晶华
英伦墅
莫奈印象
绿地启航社
绿地中心二期
海珀璞晖
北外滩中心
绿地凯旋宫
海域苏河源
新绿香公馆
闸北中央广场
梧桐院
海域笙晖

江苏
南京 · 绿地中心
南京 · 新里紫峰公馆
南京 · 绿地之窗
苏州 · 绿地中心
苏州 · 绿地太湖城
苏州 · 华尔道名邸
无锡 · 绿地世纪城
无锡 · 绿地中央广场
昆山 · 绿地21新城
昆山 · 21城繁华里
昆山 · 21城滨江汇
昆山 · 卡米小城
太仓 · 绿地城
常熟 · 老街
常熟 · 新里铂克公馆
常州 · 绿地世纪城
镇江 · 绿地中央广场
扬州 · 运河纪
徐州 · 绿地之窗
徐州 · 城市广场
徐州 · 绿地公馆
盐城 · 绿地商务城
淮安 · 绿地世纪城
连云港 · 绿地世纪城
泰州 · 绿地世纪城
南通 · 国际花都
盐城 · 滨湖国际城
徐州 · 绿地商务城
徐州 · 绿地世纪城
徐州 · 高铁东城

江西
南昌 · 绿地中心
南昌 · 新里梵顿公馆
南昌 · 绿地中央广场
南昌 · 绿地新都会
南昌 · 海域香廷
南昌 · 绿地山庄
南昌 · 滨江豪园
南昌 · 未来城
鹰潭 · 月湖国际星城
南昌 · 国际博览城
南昌 · 绿地玫瑰城
南昌 · 绿地未来城

安徽
合肥 · 海顿公馆
合肥 · 内森庄园
合肥 · 乔治庄园
合肥 · 国际花都
合肥 · 绿地中心
合肥 · 绿地新都会
马鞍山 · 绿地世纪城
芜湖 · 镜湖世纪城
安庆 · 迎江世纪城
蚌埠 · 绿地世纪城
蚌埠 · 绿地国际花都
蚌埠 · 绿地中央广场
黄山 · 绿地上郡
黄山 · 绿地滨江壹号

云南
昆明 · 绿地香树花城
昆明 · 绿地云都会
昆明 · 海珀澜庭

浙江
嘉兴 · 绿地新都会
杭州 · 中央广场
宁波 · 海外滩中心
苏州 · 华家池壹号

吉林
长春 · 海域中央墅
长春 · 新里中央公馆
长春 · 绿地蓝海
长春 · 上海城
长春 · 英湖印象
吉林 · 新里卢浮公馆
长春 · 绿地中央广场
长春 · 绿地中心
吉林 · 绿地世纪城
长春 · 绿地城

海南
海口 · 骑楼老街综合体
海口 · 绿地森林海
海口 · 绿地城
三亚 · 棕榈湾

黑龙江
哈尔滨 · 海域岛屿墅
哈尔滨 · 新里海德公馆
牡丹江 · 国际花都
牡丹江 · 绿地世纪城
牡丹江 · 白桦原墅
牡丹江 · 新里威廉公馆
牡丹江 · 景福公馆
牡丹江 · 七星公馆
牡丹江 · 绿地中央广场
牡丹江 · 绿地凯旋城
大庆 · 湿地别墅项目
大庆 · 绿地金融中心
大庆 · 绿地城

宁夏
银川 · 绿地21商城
银川 · 绿地中心
银川 · 绿地香树花城
银川 · 国际花都
银川 · 汇创国际

广西
南宁 · 绿地中心

天津
盘龙谷

山东
济南 · 绿地中心
济南 · 新里卢浮公馆
济南 · 绿地缤纷城
济南 · 国际花都
济南 · 滨河国际城
济南 · 新都会
青岛 · 滨海欢乐城项目
泰安 · 绿地公馆

河南
郑州 · 绿地中心(CBD)
郑州 · 绿地中心(新客站)
郑州 · 卢浮公馆
郑州 · 老街
郑州 · 原盛国际
郑州 · 绿地之窗
郑州 · 海珀兰轩
郑州 · 二七绿地中心
新乡 · 海域庄园
新乡 · 泰晤士小镇

北京
绿地中心
绿地中央广场
绿地新都会
密云国际花都
大兴启航国际
昌平 · 中央广场
房山 · 启航社

贵州
贵阳 · 联盛国际
贵阳 · 伊顿公馆
贵阳 · 绿地新都会

四川
成都 · 锦天府
成都 · 新里柏仕公馆
成都 · 新里维多利亚公寓
成都 · 新里派克公馆
成都 · 绿地世纪城
成都 · 国际花都
成都 · 圣路易名邸
成都 · 海珀香庭
成都 · 绿地中心
成都 · 绿地城
南充 · 绿地城

山西
太原 · 绿地世纪城
太原 · 半山国际花园
大同 · 绿地世纪城

河北
香河 · 绿地21城

甘肃
兰州 · 绿地智慧金融中心

陕西
西安 · 海珀兰轩
西安 · 海珀紫庭
西安 · 绿地国际生态
西安 · 绿地乐和城
西安 · 绿地中央广场
西安 · 绿地世纪城
西安 · 绿地诺丁山
西安 · 都市之门
西安 · 新里魏玛公馆
延安 · 山水天城
西安 · 香树花城
西安 · 绿地空港新城
西安 · 国际花都
西安 · 曲江铭城
西安 · 绿地中心
西安 · 西安空港新城

辽宁
沈阳 · 老街坊
沈阳 · 国宾府
大连 · 绿地中心
本溪 · 绿地中央广场
抚顺 · 剑桥
盘锦 · 绿地世纪城
阜新 · 绿地剑桥
沈阳 · 海域香廷

重庆
绿地翠谷
绿地海城
绿地新都会
绿地海棠湾
绿地海外滩
绿地海域 · 澜屿

新疆
喀什 · 莎车绿地八方城
乌鲁木齐 · 绿地中心

广东
广州 · 白云绿地中心
广州 · 滨江汇
佛山 · 禅城绿地中心
佛山 · 绿地国际花都
广州 · 中央广场
广州 · 绿地时代云都会

湖北
武汉 · 绿地中心
武汉 · 新都会
武汉 · 绿地城
襄阳 · 绿地中央广场
荆州 · 绿地之窗

湖南
长沙 · 绿地中央广场
常德 · 绿地新都会
长沙 · 绿地中心
长沙 · 海外滩中心

内蒙古
呼和浩特 · 新里塞尚公馆
呼和浩特 · 绿地中央广场
呼和浩特 · 香树花城
呼和浩特 · 绿地腾飞大厦

青海
西宁 · 绿地中心

绿地®集团
世界500强企业

安徽11周年
2014
世界的绿地 安徽品牌超越年

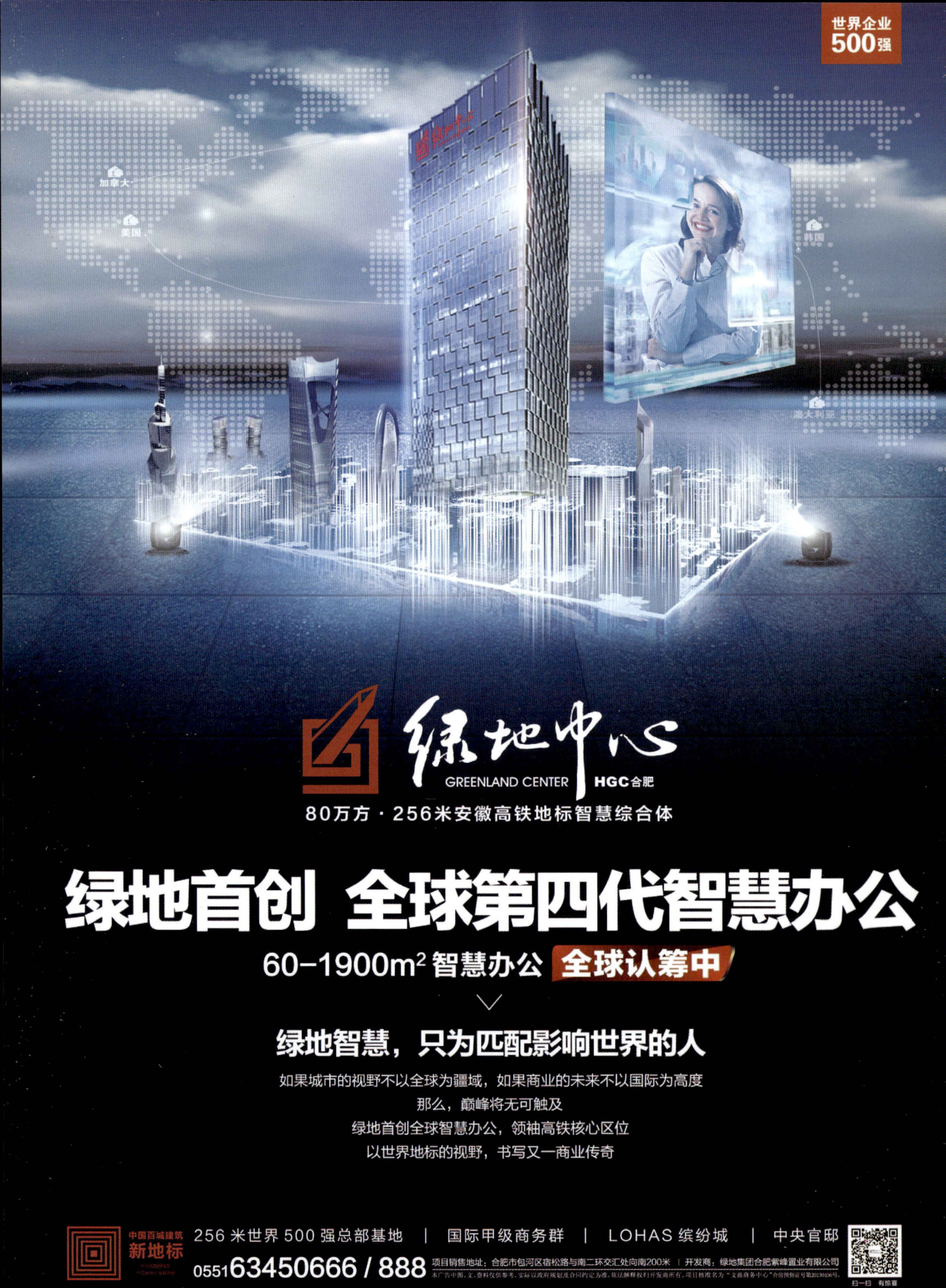
世界企业
500强
加拿大
美国
韩国
澳大利亚
绿地中心
GREENLAND CENTER
HGC合肥
80万方·256米安徽高铁地标智慧综合体
绿地首创 全球第四代智慧办公
60–1900m² 智慧办公 全球认筹中
绿地智慧，只为匹配影响世界的人
如果城市的视野不以全球为疆域，如果商业的未来不以国际为高度
那么，巅峰将无可触及
绿地首创全球智慧办公，领袖高铁核心区位
以世界地标的视野，书写又一商业传奇
中国百城建筑
新地标
256 米世界 500 强总部基地 | 国际甲级商务群 | LOHAS 缤纷城 | 中央官邸
0551 63450666 / 888
项目销售地址：合肥市包河区宿松路与南二环交汇处向南200米 | 开发商：绿地集团合肥紫峰置业有限公司
扫一扫 有惊喜

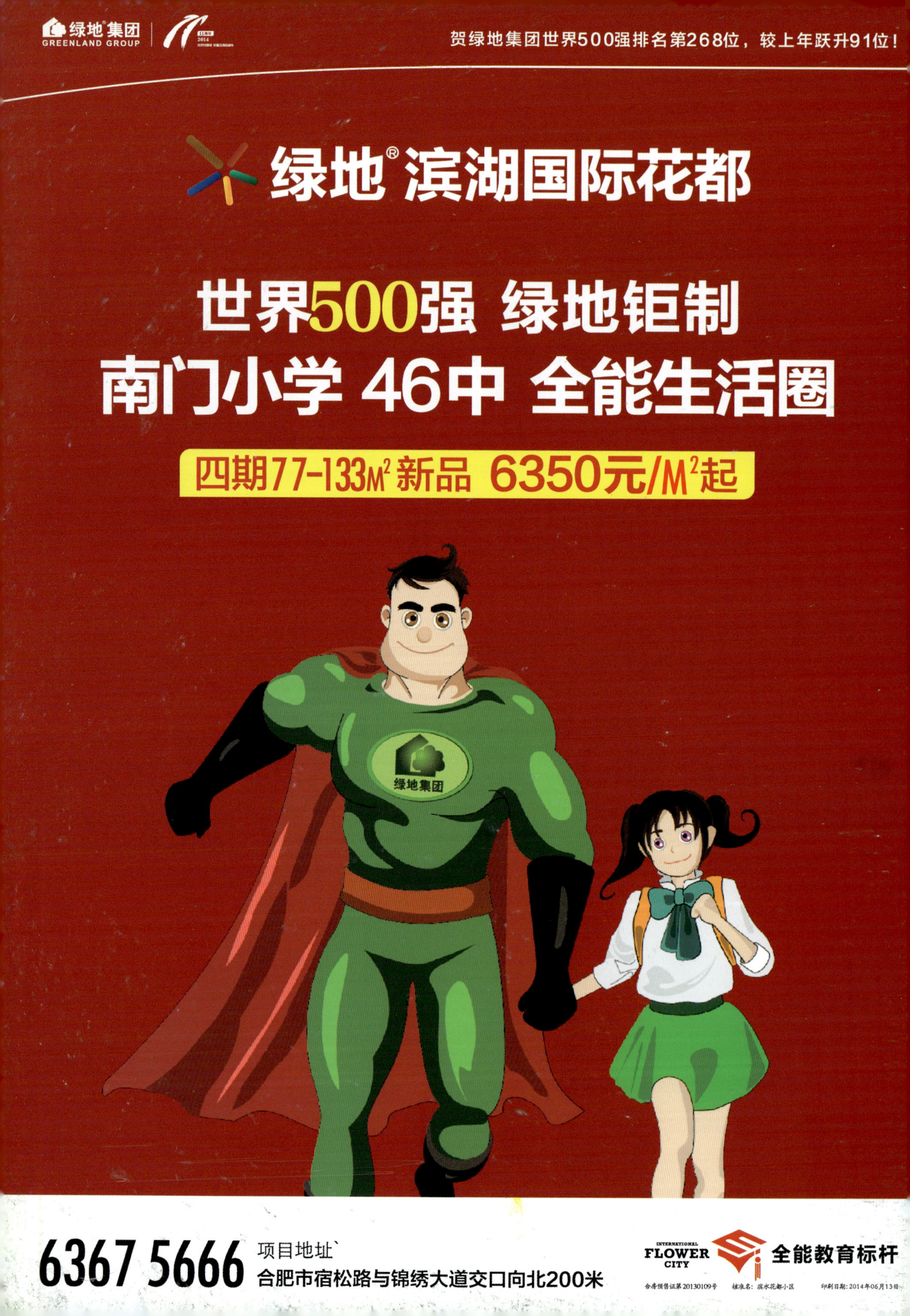
绿地集团
GREENLAND GROUP
贺绿地集团世界500强排名第268位，较上年跃升91位！
绿地®滨湖国际花都
世界500强 绿地钜制
南门小学 46中 全能生活圈
四期77-133M² 新品 6350元/M²起
绿地集团
6367 5666
项目地址`
合肥市宿松路与锦绣大道交口向北200米
INTERNATIONAL
FLOWER
CITY
全能教育标杆
合房预售证第20130109号
核准名：滨水花都小区
印刷日期：2014年06月13日

《徽商发展年鉴·2013—2014》编辑委员会

顾　　问　李卫华　安徽省政协副主席、省工商联主席
名誉主任　朱先发　安徽省人大常委会原副主任、安徽省创意经济研究会会长、安徽省徽商发展研究院名誉院长
学术总顾问　方兆本　安徽省政协原副主席、中国科大管理学院院长、教授、博导
主　　任　程必定　安徽省政府参事、安徽省徽商发展研究院理事长、研究员
副 主 任　骆　飞　国家统计局安徽调查总队队长、省发展战略研究会副会长
　　　　　盛志刚　安徽省徽商发展研究院名誉副院长、特约研究员、中国·合肥 科学家企业家讲坛执行主席
委　　员　华中生　安徽省工商联副主席、中国科大管理学院副院长、教授、博导
　　　　　伍先达　安徽省政府参事、合肥科学家企业家协会常务副会长
　　　　　吴　林　中国科大 EDP 中心主任
　　　　　王　我　安徽省徽商发展研究院常务副院长
　　　　　林华情　华恩集团董事长、安徽省徽商发展研究院副理事长
　　　　　高文光　安徽省徽商发展研究院副院长
　　　　　曹佳凡　芜湖市政府原咨询委主任、安徽省徽商发展研究院顾问
　　　　　王海英　合肥市政协原副主席、安徽省徽商发展研究院顾问
　　　　　吕连生　省社会科学院城乡研究所所长
　　　　　崔建望　合肥科学家企业家协会副秘书长
　　　　　司马文龙　安徽省工商联 MBA 联谊会名誉会长
　　　　　吴怀然　合肥企业家文化科技创意产业联合会常务副会长
　　　　　吴　芳　绿地集团安徽事业部营销总监
　　　　　李　颖　工商导报社社长
　　　　　查金华　安徽省徽商发展研究院秘书长

《徽商发展年鉴·2013—2014》编辑部

总　　编　王　我
执行总编　高文光
执行副总编　崔建望
编　　辑　胡方玉 胡金海 吴笑文 袁中锋 刘　振 牛　海
办公室主任　胡方玉
通联部主任　查金华
校　　对　浦　燕

编辑说明

一、《徽商发展年鉴·2013—2014》是由安徽省徽商发展研究院主编，安徽省工商联协编的一部大型史料性、资料性的工具书。年鉴旨在全面、系统、真实地记载我省徽商研究的理论成果、徽商组织的发展轨迹和优秀徽商的创业成就。希望年鉴的出版成为传承徽商精神、记录徽商文明、盘点徽商成就、宣传徽商品牌的重要载体和窗口。

二、《徽商发展年鉴·2013—2014》的编撰出版得到了省有关领导、安徽省工商联、安徽省工业经济联合会、各行业商（协）会、异地商会的大力支持和帮助，得到了各位撰稿人的积极配合，在此谨致谢忱。

三、由于年鉴涉及的资料浩繁，以及编辑人员水平有限，缺点和错误在所难免，敬请广大读者批评指正。

《徽商发展年鉴·2013—2014》编辑部

2014 年 6 月

图书在版编目（CIP）数据

徽商发展年鉴· 2013－2014/ 安徽省徽商发展研究院编 .—合肥：安徽人民出版社，2014.6

ISBN 978-7-212-07466-1

Ⅰ．①徽… Ⅱ．①安… Ⅲ．①徽商－2013－2014－年鉴 Ⅳ．①F729-54
中国版本图书馆 CIP 数据核字 (2014) 第 135517 号

徽商发展年鉴· 2013—2014

安徽省徽商发展研究院 编

出 版 人：胡正义
责任编辑：李 芳

出版发行：时代出版传媒股份有限公司 http://www.press-mart.com
安徽人民出版社 http://www.ahpeople.com
合肥市政务文化新区翡翠路 1118 号出版传媒广场八楼
邮编：230071
营销部电话：0551-63533258 0551-63533292（传真）
印　　制：合肥晟阳印刷制版有限公司
（如发现印装质量问题，影响阅读，请与印刷厂商联系调换）

开　　本：787×1092 1/16　印数：2000 册　印张：47　字数：700 千
版　　次：2014 年 8 月第 1 版　2014 年 8 月第 1 次印刷

标准书号：ISBN 978-7-212-07466-1　定价：280.00 元

目　录

第一篇　重要文献

第二篇　文化徽商

第三篇　徽商领军人物

第四篇 民营经济政策法规

第三章　地市

第五篇：数据与徽商

第六篇：徽商风采

第七篇：徽商发展大事记

第一篇 1

重要文献

关于《中共中央关于全面深化改革若干重大问题的决定》的说明

习近平

受中央政治局委托，现在，我就《中共中央关于全面深化改革若干重大问题的决定》向全会作说明。

一、关于全会决定起草过程

改革开放以来，历届三中全会研究什么议题、作出什么决定、采取什么举措、释放什么信号，是人们判断新一届中央领导集体施政方针和工作重点的重要依据，对做好未来5年乃至10年工作意义重大。

党的十八大之后，中央即着手考虑十八届三中全会的议题。党的十八大统一提出了全面建成小康社会和全面深化改革开放的目标，强调必须以更大的政治勇气和智慧，不失时机深化重要领域改革，坚决破除一切妨碍科学发展的思想观念和体制机制弊端，构建系统完备、科学规范、运行有效的制度体系，使各方面制度更加成熟更加定型。我们认为，要完成党的十八大提出的各项战略目标和工作部署，必须抓紧推进全面改革。

从党的十一届三中全会作出把党和国家工作中心转移到经济建设上来、实行改革开放的历史性决策以来，已经35个年头了。中国人民的面貌、社会主义中国的面貌、中国共产党的面貌能发生如此深刻的变化，我国能在国际社会赢得举足轻重的地位，靠的就是坚持不懈推进改革开放。

1992年，邓小平同志在南方谈话中说："不坚持社会主义，不改革开放，不发展经济，不改善人民生活，只能是死路一条。"回过头来看，我们对邓小平同志这番话就有更深的理解了。所以，我们讲，只有社会主义才能救中国，只有改革开放才能发展中国、发展社会主义、发展马克思主义。

正是从历史经验和现实需要的高度，党的十八大以来，中央反复强调，改革开放是决定当代中国命运的关键一招，也是决定实现"两个一百年"奋斗目标、实现中华民族伟大复兴的关键一招，实践发展永无止境，解放思想永无止境，改革开放也永无止境，停顿和倒退没有出路，改革开放只有进行时、没有完成时。面对新形势新任务，我们必须通过全面深化改革，着力解决我国发展面临的一系列突出矛盾和问题，不断推进中国特色社会主义制度自我完善和发展。

当前，国内外环境都在发生极为广泛而深刻的变化，我国发展面临一系列突出矛盾和挑战，前进道路上还有不少困难和问题。比如：发展中不平衡、不协调、不可持续问题依然突出，科技创新能力不强，产业结构不合理，发展方式依然粗放，城乡区域发展差距和居民收入分配差距依然较大，社会矛盾明显增多，教育、就业、社会保障、医疗、住房、生态环境、食品药品安全、安全生产、社会治安、执法司法等关系群众切身利益的问题较多，部分群众生活困难，形式主义、官僚主义、享乐主义和奢靡之风问题突出，一些领域消极腐败现象易发多发，反腐败斗争形势依然严峻，等等。解决这些问题，关键在于深化改革。

今年4月，中央政治局经过深入思考和研究、广泛听取党内外各方面意见，决定党的十八届三中全会研究全面深化改革问题并作出决定。

4月20日，中央发出《关于对党的十八届三中全会研究全面深化改革问题征求意见的通知》。各地区各部门一致认为，党的十八届三中全会重点研究全面深化改革问题，顺应了广大党员、干部、群众的愿望，抓住了全社会最关心的问题，普遍表示赞成。

改革开放以来历次三中全会都研究讨论深化改革问题，都是在释放一个重要信号，就是我们党将坚定不移高举改革开放的旗帜，坚定不移坚持党的十一届三中全会以来的理论和路线方针政策。说到底，就是要回答在新的历史条件下举什么旗、走什么路的问题。

党的十八届三中全会以全面深化改革为主要议题，是我们党坚持以邓小平理论、“三个代表”重要思想、科学发展观为指导，在新形势下坚定不移贯彻党的基本路线、基本纲领、基本经验、基本要求，坚定不移高举改革开放大旗的重要宣示和重要体现。

议题确定后，中央政治局决定成立文件起草组，由我担任组长，刘云山、张高丽同志为副组长，相关部门负责同志、部分省市领导同志参加，在中央政治局常委会领导下进行全会决定起草工作。

文件起草组成立以来，在将近7个月的时间里，广泛征求意见，开展专题论证，进行调查研究，反复讨论修改。其间，中央政治局常委会会议3次、中央政治局会议2次分别审议决定，决定征求意见稿还下发党内一定范围征求意见，征求党内老同志意见，专门听取各民主党派中央、全国工商联负责人和无党派人士意见。

从反馈情况看，各方面一致认为，全会决定深刻剖析了我国改革发展稳定面临的重大理论和实践问题，阐明了全面深化改革的重大意义和未来走向，提出了全面深化改革的指导思想、目标任务、重大原则，描绘了全面深化改革的新蓝图、新愿景、新目标，汇集了全面深化改革的新思想、新论断、新举措，反映了社会呼声、社会诉求、社会期盼，凝聚了全党全社会关于全面深化改革的思想共识和行动智慧。

各方面一致认为，全会决定合理布局了全面深化改革的战略重点、优先顺序、主攻方向、工作机制、推进方式和时间表、路线图，形成了改革理论和政策的一系列新的重大突破，是全面深化改革的又一次总部署、总动员，必将对推动中国特色社会主义事业发展产生重大而深远的影响。

在征求意见过程中，各方面共提出了许多好的意见和建议。中央责成文件起草组认真整理研究这些意见和建议，文件起草组对全会决定作出重要修改。

二、关于全会决定的总体框架和重点问题

中央政治局认为，面对新形势新任务新要求，全面深化改革，关键是要进一步形成公平竞争的发展环境，进一步增强经济社会发展活力，进一步提高政府效率和效能，进一步实现社会公平正义，进一步促进社会和谐稳定，进一步提高党的领导水平和执政能力。

围绕这些重大课题，我们强调，要有强烈的问题意识，以重大问题为导向，抓住关键问题进一步研究思考，着力推动解决我国发展面临的一系列突出矛盾和问题。我们中国共产党人干革命、搞建设、抓改革，从来都是为了解决中国的现实问题。可以说，改革是由问题倒逼而产生，又在不断解决问题中得以深化。

35年来，我们用改革的办法解决了党和国家事业发展中的一系列问题。同时，在认识世界和改造世界的过程中，旧的问题解决了，新的问题又会产生，制度总是需要不断完善，因而改革既不可能一蹴而就、也不可能一劳永逸。

全会决定起草，突出了5个方面的考虑。一是适应党和国家事业发展新要求，落实党的十八大提出的全面深化改革开放的战略任务。二是以改革为主线，突出全面深化改革新举措，一般性举措不写，重复性举措不写，纯属发展性举措不写。三是抓住重点，围绕解决好人民群众反映强烈的问题，回应人民群众呼声和期待，突出重要领域和关键环节，突出经济体制改革牵引作用。四是坚持积极稳妥，设计改革措施胆子要大、步子要稳。五是时间设计到2020年，按这个时间段提出改革任务，到2020年在重要领域和关键环节改革上取得决定性成果。

在框架结构上，全会决定以当前亟待解决的重大问题为提领，按条条谋篇布局。除引言和结束语外，共16个部分，分三大板块。第一部分构成第一板块，是总论，主要阐述全面深化改革的重大意义、指导思想、总体思路。第二至第十五部分构成第二板块，是分论，主要从经济、政治、文化、社会、生态文明、国防和军队6个方面，具体部署全面深化改革的主要任务和重大举措。其中，经济方面开6条（第二至第七部分），政治方面开3条（第八至第十部分），文化方面开1条（第十一部分），社会方面开2条（第十二至第十三部分），生态方面开1条（第十四部分），国防和军队方面开1条（第十五部分）。第十六部分构成第三板块，讲组织领导，主要阐述加强和改善党对全面深化改革的领导。

这里，我想就全会决定涉及的几个重大问题和重大举措介绍一下中央的考虑。

第一，关于使市场在资源配置中起决定性作用和更好发挥政府作用。这是这次全会决定提出的一个重大理论观点。这是因为，经济体制改革仍然是全面深化改革的重点，经济体制改革的核心问题仍然是处理好政府和市场关系。

1992年，党的十四大提出了我国经济体制改革的目标是建立社会主义市场经济体制，提出要使市场在国家宏观调控下对资源配置起基础性作用。这一重大理论突破，对我国改革开放和经济社会发展发挥了极为重要的作用。这也说明，理论创新对实践创新具有重大先导作用，全面深化改革必须以理论创新为先导。

经过20多年实践，我国社会主义市场经济体制已经初步建立，但仍存在不少问题，主要是市场秩序不规范，以不正当手段谋取经济利益的现象广泛存在；生产要素市场发展滞后，要素闲置和大量有效需求得不到满足并存；市场规则不统一，部门保护主义和地方保护主义大量存在；市场竞争不充分，阻碍优胜劣汰和结构调整，等等。这些问题不解决好，完善的社会主义市场经济体制是难以形成的。

从党的十四大以来的20多年间，对政府和市场关系，我们一直在根据实践拓展和认识深化寻找新的科学定位。党的十五大提出“使市场在国家宏观调控下对资源配置起基础性作用”，党的十六大提出“在更大程度上发挥市场在资源配置中的基础性作用”，党的十七大提出“从制度上更好发挥市场在资源配置中的基础性作用”，党的十八大提出“更大程度更广范围发挥市场在资源配置中的基础性作用”。可以看出，我们对政府和市场关系的认识也在不断深化。

在这次讨论和征求意见过程中，许多方面提出，应该从理论上对政府和市场关系进一步作出定位，这对全面深化改革具有十分重大的作用。考虑各方面意见和现实发展要求，经过反复讨论和研究，中央认为对这个问题从理论上作出新的表述条件已经成熟，应该把市场在资源配置中的“基础性作用”修改为“决定性作用”。

现在，我国社会主义市场经济体制已经初步建立，市场化程度大幅度提高，我们对市场规律的认识和驾驭能力不断提高，宏观调控体系更为健全，主客观条件具备，我们应该在完善社会主义市场经济体制上迈出新的步伐。

进一步处理好政府和市场关系，实际上就是要处理好在资源配置中市场起决定性作用还是政府起决定性作用这个问题。经济发展就是要提高资源尤其是稀缺资源的配置效率，以尽可能少的资源投入生产尽可能多的产品、获得尽可能大的效益。理论和实践都证明，市场配置资源是最有效率的形式。市场决定资源配置是市场经济的一般规律，市场经济本质上就是市场决定资源配置的经济。健全社会主义市场经济体制必须遵循这条规律，着力解决市场体系不完善、政府干预过多和监管不到位问题。作出“使市场在资源配置中起决定性作用”的定位，有利于在全党全社会树立关于政府和市场关系的正确观念，有利于转变经济发展方式，有利于转变政府职能，有利于抑制消极腐败现象。

当然，我国实行的是社会主义市场经济体制，我们仍然要坚持发挥我国社会主义制度的优越性、发挥党和政府的积极作用。市场在资源配置中起决定性作用，并不是起全部作用。

发展社会主义市场经济，既要发挥市场作用，也要发挥政府作用，但市场作用和政府作用的职能是不同的。全会决定对更好发挥政府作用提出了明确要求，强调科学的宏观调控，有效的政府治理，是发挥社会主义市场经济体制优势的内在要求。全会决定对健全宏观调控体系、全面正确履行政府职能、优化政府组织结构进行了部署，强调政府的职责和作用主要是保持宏观经济稳定，加强和优化公共服务，保障公平竞争，加强市场监管，维护市场秩序，推动可持续发展，促进共同富裕，弥补市场失灵。

第二，关于坚持和完善基本经济制度。坚持和完善公有制为主体、多种所有制经济共同发展的基本经济制度，关系巩固和发展中国特色社会主义制度的重要支柱。

改革开放以来，我国所有制结构逐步调整，公有制经济和非公有制经济在发展经济、促进就业等方面的比重不断变化，增强了经济社会发展活力。在这种情况下，如何更好体现和坚持公有制主体地位，进一步探索基本经济制度有效实现形式，是摆在我们面前的一个重大课题。

全会决定强调必须毫不动摇巩固和发展公有制经济，坚持公有制主体地位，发挥国有经济主导作用，不断增强国有经济活力、控制力、影响力。

全会决定坚持和发展党的十五大以来有关论述，提出要积极发展混合所有制经济，强调国有资本、集体资本、非公有资本等交叉持股、相互融合的混合所有制经济，是基本经济制度的重要实现形式，有利于国有资本放大功能、保值增值、提高竞争力。这是新形势下坚持公有制主体地位，增强国有经济活力、控制力、影响力的一个有效途径和必然选择。

全会决定提出，完善国有资产管理体制，以管资本为主加强国有资产监管，改革国有资本授权经营体制；国有资本投资运营要服务于国家战略目标，更多投向关系国家安全、国民经济命脉的重要行业和关键领域，重点提供公共服务、发展重要前瞻性战略性产业、保护生态环境、支持科技进步、保障国家安全；划转部分国有资本充实社会保障基金；提高国有资本收益上缴公共财政比例，更多用于保障和改善民生。

国有企业是推进国家现代化、保障人民共同利益的重要力量。经过多年改革，国有企业总体上已经同市场经济相融合。同时，国有企业也积累了一些问题、存在一些弊端，需要进一步推进改革。全会决定提出一系列有针对性的改

革举措，包括国有资本加大对公益性企业的投入；国有资本继续控股经营的自然垄断行业，实行以政企分开、政资分开、特许经营、政府监管为主要内容的改革，根据不同行业特点实行网运分开、放开竞争性业务；健全协调运转、有效制衡的公司法人治理结构；建立职业经理人制度，更好发挥企业家作用；建立长效激励约束机制，强化国有企业经营投资责任追究；探索推进国有企业财务预算等重大信息公开；国有企业要合理增加市场化选聘比例，合理确定并严格规范国有企业管理人员薪酬水平、职务待遇、职务消费、业务消费。这些举措将推动国有企业完善现代企业制度、提高经营效率、合理承担社会责任、更好发挥作用。

坚持和完善基本经济制度必须坚持“两个毫不动摇”。全会决定从多个层面提出鼓励、支持、引导非公有制经济发展，激发非公有制经济活力和创造力的改革举措。在功能定位上，明确公有制经济和非公有制经济都是社会主义市场经济的重要组成部分，都是我国经济社会发展的重要基础；在产权保护上，明确提出公有制经济财产权不可侵犯，非公有制经济财产权同样不可侵犯；在政策待遇上，强调坚持权利平等、机会平等、规则平等，实行统一的市场准入制度；鼓励非公有制企业参与国有企业改革，鼓励发展非公有资本控股的混合所有制企业，鼓励有条件的私营企业建立现代企业制度。这将推动非公有制经济健康发展。

第三，关于深化财税体制改革。财政是国家治理的基础和重要支柱，科学的财税体制是优化资源配置、维护市场统一、促进社会公平、实现国家长治久安的制度保障。现行财税体制是在1994年分税制改革的基础上逐步完善形成的，对实现政府财力增强和经济快速发展的双赢目标发挥了重要作用。

随着形势发展变化，现行财税体制已经不完全适应合理划分中央和地方事权、完善国家治理的客观要求，不完全适应转变经济发展方式、促进经济社会持续健康发展的现实需要，我国经济社会发展中的一些突出矛盾和问题也与财税体制不健全有关。

这次全面深化改革，财税体制改革是重点之一。主要涉及改进预算管理制度，完善税收制度，建立事权和支出责任相适应的制度等。

全会决定提出，要实施全面规范、公开透明的预算制度，适度加强中央事权和支出责任，国防、外交、国家安全、关系全国统一市场规则和管理等作为中央事权；部分社会保障、跨区域重大项目建设维护等作为中央和地方共同事权，逐步理顺事权关系；中央可通过安排转移支付将部分事权支出责任委托地方承担；对于跨区域且对其他地区影响较大的公共服务，中央通过转移支付承担一部分地方事权支出责任。

这些改革举措的主要目的是明确事权、改革税制、稳定税负、透明预算、提高效率，加快形成有利于转变经济发展方式、有利于建立公平统一市场、有利于推进基本公共服务均等化的现代财政制度，形成中央和地方财力与事权相匹配的财税体制，更好发挥中央和地方两个积极性。

财税体制改革需要一个过程，逐步到位。中央已经明确，要保持现有中央和地方财力格局总体稳定，进一步理顺中央和地方收入划分。

第四，关于健全城乡发展一体化体制机制。城乡发展不平衡不协调，是我国经济社会发展存在的突出矛盾，是全面建成小康社会、加快推进社会主义现代化必须解决的重大问题。改革开放以来，我国农村面貌发生了翻天覆地的变化。但是，城乡二元结构没有根本改变，城乡发展差距不断拉大趋势没有根本扭转。根本解决这些问题，必须推进城乡发展一体化。

全会决定提出，必须健全体制机制，形成以工促农、以城带乡、工农互惠、城乡一体的新型工农城乡关系，让广大农民平等参与现代化进程、共同分享现代化成果。

全会决定提出了健全城乡发展一体化体制机制的改革举措。一是加快构建新型农业经营体系。主要是坚持家庭经营在农业中的基础性地位，鼓励土地承包经营权在公开市场上向专业大户、家庭农场、农民合作社、农业企业流转，鼓励农村发展合作经济，鼓励和引导工商资本到农村发展适合企业化经营的现代种养业，允许农民以土地承包经营权入股发展农业产业化经营等。二是赋予农民更多财产权利。主要是依法维护农民土地承包经营权，保障农民集体经济组织成员权利，保障农户宅基地用益物权，慎重稳妥推进农民住房财产权抵押、担保、转让试点。三是推进城乡要素平等交换和公共资源均衡配置。主要是保障农民工同工同酬，保障农民公平分享土地增值收益；完善农业保险制度；鼓励社会资本投向农村建设，允许企业和社会组织在农村兴办各类事业；统筹城乡义务教育资源均衡配置，整合城乡居民基本养老保险制度、基本医疗保险制度，推进城乡最低生活保障制度统筹发展，稳步推进城镇基本公共服务常住人口全覆盖，把进城落户农民完全纳入城镇住房和社会保障体系。

第五，关于推进协商民主广泛多层制度化发展。协商民主是我国社会主义民主政治的特有形式和独特优势，是党的群众路线在政治领域的重要体现。推进协商民主，有利于完善人民有序政治参与、密切党同人民群众的血肉联系、促进决策科学化民主化。

全会决定把推进协商民主广泛多层制度化发展作为政治体制改革的重要内容，强调在党的领导下，以经济社会发展重大问题和涉及群众切身利益的实际问题为内容，在全社会开展广泛协商，坚持协商于决策之前和决策实施之中。要构建程序合理、环节完整的协商民主体系，拓宽国家政权机关、政协组织、党派团体、基层组织、社会组织的协商渠道；深入开展立法协商、行政协商、民主协商、参政协商、社会协商；发挥统一战线在协商民主中的重要作用，发挥人民政协作为协商民主重要渠道作用，完善人民政协制度体系，规范协商内容、协商程序，拓展协商民主形式，更加活跃有序地组织专题协商、对口协商、界别协商、提案办理协商，增加协商密度，提高协商成效。

第六，关于改革司法体制和运行机制。司法体制是政治体制的重要组成部分。这些年来，群众对司法不公的意见比较集中，司法公信力不足很大程度上与司法体制和工作机制不合理有关。

司法改革是这次全面深化改革的重点之一。全会决定提出了一系列相互关联的新举措，包括改革司法管理体制，推动省以下地方法院、检察院人财物统一管理，探索建立与行政区划适当分离的司法管辖制度；健全司法权力运行机制，完善主审法官、合议庭办案责任制，让审判者裁判、由裁判者负责；严格规范减刑、假释、保外就医程序；健全错案防止、纠正、责任追究机制，严格实行非法证据排除规则；建立涉法涉诉信访依法终结制度；废止劳动教养制度，完善对违法犯罪行为的惩治和矫正法律，等等。

这些改革举措，对确保司法机关依法独立行使审判权和检察权、健全权责明晰的司法权力运行机制、提高司法透明度和公信力、更好保障人权都具有重要意义。

第七，关于健全反腐败领导体制和工作机制。反腐败问题一直是党内外议论较多的问题。目前的问题主要是，反腐败机构职能分散、形不成合力，有些案件难以坚决查办，腐败案件频发却责任追究不够。

全会决定对加强反腐败体制机制创新和制度保障进行了重点部署。主要是加强党对党风廉政建设和反腐败工作统一领导，明确党委负主体责任、纪委负监督责任，制定实施切实可行的责任追究制度；健全反腐败领导体制和工作机制，改革和完善各级反腐败协调小组职能，规定查办腐败案件以上级纪委领导为主；体现强化上级纪委对下级纪委的领导，规定线索处置和案件查办在向同级党委报告的同时必须向上级纪委报告；全面落实中央纪委向中央一级党和国家机关派驻纪检机构，改进中央和省区市巡视制度，做到对地方、部门、企事业单位全覆盖。

这些措施都是在总结实践经验、吸收各方面意见的基础上提出来的。

第八，关于加快完善互联网管理领导体制。网络和信息安全牵涉到国家安全和社会稳定，是我们面临的新的综合性挑战。

从实践看，面对互联网技术和应用飞速发展，现行管理体制存在明显弊端，主要是多头管理、职能交叉、权责不一、效率不高。同时，随着互联网媒体属性越来越强，网上媒体管理和产业管理远远跟不上形势发展变化。特别是面对传播快、影响大、覆盖广、社会动员能力强的微客、微信等社交网络和即时通信工具用户的快速增长，如何加强网络法制建设和舆论引导，确保网络信息传播秩序和国家安全、社会稳定，已经成为摆在我们面前的现实突出问题。

全会决定提出坚持积极利用、科学发展、依法管理、确保安全的方针，加大依法管理网络力度，完善互联网管理领导体制。目的是整合相关机构职能，形成从技术到内容、从日常安全到打击犯罪的互联网管理合力，确保网络正确运用和安全。

第九，关于设立国家安全委员会。国家安全和社会稳定是改革发展的前提。只有国家安全和社会稳定，改革发展才能不断推进。当前，我国面临对外维护国家主权、安全、发展利益，对内维护政治安全和社会稳定的双重压力，各种可以预见和难以预见的风险因素明显增多。而我们的安全工作体制机制还不能适应维护国家安全的需要，需要搭建一个强有力的平台统筹国家安全工作。设立国家安全委员会，加强对国家安全工作的集中统一领导，已是当务之急。

国家安全委员会主要职责是制定和实施国家安全战略，推进国家安全法治建设，制定国家安全工作方针政策，研究解决国家安全工作中的重大问题。

第十，关于健全国家自然资源资产管理体制和完善自然资源监管体制。健全国家自然资源资产管理体制是健全自然资源资产产权制度的一项重大改革，也是建立系统完备的生态文明制度体系的内在要求。

我国生态环境保护中存在的一些突出问题，一定程度上与体制不健全有关，原因之一是全民所有自然资源资产的所有权人不到位，所有权人权益不落实。针对这一问题，全会决定提出健全国家自然资源资产管理体制的要求。总的思路是按照所有者和管理者分开和一件事由一个部门管理的原则，落实全民所有自然资源资产所有权，建立统一行使全民所有自然资源资产所有权人职责的体制。

国家对全民所有自然资源资产行使所有权并进行管理和国家对国土范围内自然资源行使监管权是不同的，前者是所有权人意义上的权利，后者是管理者意义上的权力。这就需要完善自然资源监管体制，统一行使所有国土空间用途管制职责，使国有自然资源资产所有权人和国家自然资源管理者相互独立、相互配合、相互监督。

我们要认识到，山水林田湖是一个生命共同体，人的命脉在田，田的命脉在水，水的命脉在山，山的命脉在土，土的命脉在树。用途管制和生态修复必须遵循自然规律，如果种树的只管种树、治水的只管治水、护田的单纯护田，很容易顾此失彼，最终造成生态的系统性破坏。由一个部门负责领土范围内所有国土空间用途管制职责，对山水林田湖进行统一保护、统一修复是十分必要的。

第十一，关于中央成立全面深化改革领导小组。全面深化改革是一个复杂的系统工程，单靠某一个或某几个部门往往力不从心，这就需要建立更高层面的领导机制。

全会决定提出，中央成立全面深化改革领导小组，负责改革总体设计、统筹协调、整体推进、督促落实。这是为了更好发挥党总揽全局、协调各方的领导核心作用，保证改革顺利推进和各项改革任务落实。领导小组的主要职责是：统一部署全国性重大改革，统筹推进各领域改革，协调各方力量形成推进改革合力，加强督促检查，推动全面落实改革目标任务。

三、关于讨论中要注意的几个问题

这次全会的任务就是讨论全会决定提出的全面深化改革的思路和方案。这里，我给大家提几点要求。

第一，增强推进改革的信心和勇气。改革开放是我们党在新的时代条件下带领人民进行的新的伟大革命，是当代中国最鲜明的特色，也是我们党最鲜明的旗帜。35年来，我们党靠什么来振奋民心、统一思想、凝聚力量？靠什么来激发全体人民的创造精神和创造活力？靠什么来实现我国经济社会快速发展、在与资本主义竞争中赢得比较优势？靠的就是改革开放。

面对未来，要破解发展面临的各种难题，化解来自各方面的风险和挑战，更好发挥中国特色社会主义制度优势，推动经济社会持续健康发展，除了深化改革开放，别无他途。

当前，在改革开放问题上，党内外、国内外都很关注，全党上下和社会各方面期待很高。改革开放到了一个新的重要关头。我们在改革开放上决不能有丝毫动摇，改革开放的旗帜必须继续高高举起，中国特色社会主义道路的正确方向必须牢牢坚持。全党要坚定改革信心，以更大的政治勇气和智慧、更有力的措施和办法推进改革。

第二，坚持解放思想、实事求是。高举改革开放的旗帜，光有立场和态度还不行，必须有实实在在的举措。行动最有说服力。中央决定用党的十八届三中全会这个有利契机就全面深化改革进行部署，是一个战略抉择。我们要抓住这个机遇，努力在全面深化改革上取得新突破。要有新突破，就必须进一步解放思想。

冲破思想观念的障碍、突破利益固化的藩篱，解放思想是首要的。在深化改革问题上，一些思想观念障碍往往不是来自体制外而是来自体制内。思想不解放，我们就很难看清各种利益固化的症结所在，很难找准突破的方向和着力点，很难拿出创造性的改革举措。因此，一定要有自我革新的勇气和胸怀，跳出条条框框限制，克服部门利益掣肘，以积极主动精神研究和提出改革举措。

提出改革举措当然要慎重，要反复研究、反复论证，但也不能因此就谨小慎微、裹足不前，什么也不敢干、不敢试。搞改革，现有的工作格局和体制运行不可能一点都不打破，不可能都是四平八稳、没有任何风险。只要经过了充分论证和评估，只要是符合实际、必须做的，该干的还是要大胆干。

第三，坚持从大局出发考虑问题。

全面深化改革是关系党和国家事业发展全局的重大战略部署，不是某个领域某个方面的单项改革。“不谋全局者，不足谋一域。”大家来自不同部门和单位，都要从全局看问题，首先要看提出的重大改革举措是否符合全局需要，是否有利于党和国家事业长远发展。要真正向前展望、超前思维、提前谋局。只有这样，最后形成的文件才能真正符合党和人民事业发展要求。

全面深化改革需要加强顶层设计和整体谋划，加强各项改革的关联性、系统性、可行性研究。我们讲胆子要大、步子要稳，其中步子要稳就是要统筹考虑、全面论证、科学决策。经济、政治、文化、社会、生态文明各领域改革和党的建设改革紧密联系、相互交融，任何一个领域的改革都会牵动其他领域，同时也需要其他领域改革密切配合。如果各领域改革不配套，各方面改革措施相互牵扯，全面深化改革就很难推进下去，即使勉强推进，效果也会大打折扣。

中共中央关于全面深化改革若干重大问题的决定

（2013年11月12日中国共产党第十八届中央委员会第三次全体会议通过）

为贯彻落实党的十八大关于全面深化改革的战略部署，十八届中央委员会第三次全体会议研究了全面深化改革的若干重大问题，作出如下决定。

一、全面深化改革的重大意义和指导思想

（1）改革开放是党在新的时代条件下带领全国各族人民进行的新的伟大革命，是当代中国最鲜明的特色。党的十一届三中全会召开三十五年来，我们党以巨大的政治勇气，锐意推进经济体制、政治体制、文化体制、社会体制、生态文明体制和党的建设制度改革，不断扩大开放，决心之大、变革之深、影响之广前所未有，成就举世瞩目。

改革开放最主要的成果是开创和发展了中国特色社会主义，为社会主义现代化建设提供了强大动力和有力保障。事实证明，改革开放是决定当代中国命运的关键抉择，是党和人民事业大踏步赶上时代的重要法宝。

实践发展永无止境，解放思想永无止境，改革开放永无止境。面对新形势新任务，全面建成小康社会，进而建成富强民主文明和谐的社会主义现代化国家、实现中华民族伟大复兴的中国梦，必须在新的历史起点上全面深化改革，不断增强中国特色社会主义道路自信、理论自信、制度自信。

（2）全面深化改革，必须高举中国特色社会主义伟大旗帜，以马克思列宁主义、毛泽东思想、邓小平理论、“三个代表”重要思想、科学发展观为指导，坚定信心，凝聚共识，统筹谋划，协同推进，坚持社会主义市场经济改革方向，以促进社会公平正义、增进人民福祉为出发点和落脚点，进一步解放思想、解放和发展社会生产力、解放和增强社会活力，坚决破除各方面体制机制弊端，努力开拓中国特色社会主义事业更加广阔的前景。

全面深化改革的总目标是完善和发展中国特色社会主义制度，推进国家治理体系和治理能力现代化。必须更加注重改革的系统性、整体性、协同性，加快发展社会主义市场经济、民主政治、先进文化、和谐社会、生态文明，让一切劳动、知识、技术、管理、资本的活

力竞相迸发，让一切创造社会财富的源泉充分涌流，让发展成果更多更公平惠及全体人民。

紧紧围绕使市场在资源配置中起决定性作用深化经济体制改革，坚持和完善基本经济制度，加快完善现代市场体系、宏观调控体系、开放型经济体系，加快转变经济发展方式，加快建设创新型国家，推动经济更有效率、更加公平、更可持续发展。

紧紧围绕坚持党的领导、人民当家作主、依法治国有机统一深化政治体制改革，加快推进社会主义民主政治制度化、规范化、程序化，建设社会主义法治国家，发展更加广泛、更加充分、更加健全的人民民主。

紧紧围绕建设社会主义核心价值体系、社会主义文化强国深化文化体制改革，加快完善文化管理体制和文化生产经营机制，建立健全现代公共文化服务体系、现代文化市场体系，推动社会主义文化大发展大繁荣。

紧紧围绕更好保障和改善民生、促进社会公平正义深化社会体制改革，改革收入分配制度，促进共同富裕，推进社会领域制度创新，推进基本公共服务均等化，加快形成科学有效的社会治理体制，确保社会既充满活力又和谐有序。

紧紧围绕建设美丽中国深化生态文明体制改革，加快建立生态文明制度，健全国土空间开发、资源节约利用、生态环境保护的体制机制，推动形成人与自然和谐发展现代化建设新格局。

紧紧围绕提高科学执政、民主执政、依法执政水平深化党的建设制度改革，加强民主集中制建设，完善党的领导体制和执政方式，保持党的先进性和纯洁性，为改革开放和社会主义现代化建设提供坚强政治保证。

（3）全面深化改革，必须立足于我国长期处于社会主义初级阶段这个最大实际，坚持发展仍是解决我国所有问题的关键这个重大战略判断，以经济建设为中心，发挥经济体制改革牵引作用，推动生产关系同生产力、上层建筑同经济基础相适应，推动经济社会持续健康发展。

经济体制改革是全面深化改革的重点，核心问题是处理好政府和市场的关系，使市场在资源配置中起决定性作用和更好发挥政府作用。市场决定资源配置是市场经济的一般规律，健全社会主义市场经济体制必须遵循这条规律，着力解决市场体系不完善、政府干预过多和监管不到位问题。

必须积极稳妥从广度和深度上推进

市场化改革，大幅度减少政府对资源的直接配置，推动资源配置依据市场规则、市场价格、市场竞争实现效益最大化和效率最优化。政府的职责和作用主要是保持宏观经济稳定，加强和优化公共服务，保障公平竞争，加强市场监管，维护市场秩序，推动可持续发展，促进共同富裕，弥补市场失灵。

（4）改革开放的成功实践为全面深化改革提供了重要经验，必须长期坚持。最重要的是，坚持党的领导，贯彻党的基本路线，不走封闭僵化的老路，不走改旗易帜的邪路，坚定走中国特色社会主义道路，始终确保改革正确方向；坚持解放思想、实事求是、与时俱进、求真务实，一切从实际出发，总结国内成功做法，借鉴国外有益经验，勇于推进理论和实践创新；坚持以人为本，尊重人民主体地位，发挥群众首创精神，紧紧依靠人民推动改革，促进人的全面发展；坚持正确处理改革发展稳定关系，胆子要大、步子要稳，加强顶层设计和摸着石头过河相结合，整体推进和重点突破相促进，提高改革决策科学性，广泛凝聚共识，形成改革合力。

当前，我国发展进入新阶段，改革进入攻坚期和深水区。必须以强烈的历史使命感，最大限度集中全党全社会智慧，最大限度调动一切积极因素，敢于啃硬骨头，敢于涉险滩，以更大决心冲破思想观念的束缚、突破利益固化的藩篱，推动中国特色社会主义制度自我完善和发展。

到二〇二〇年，在重要领域和关键环节改革上取得决定性成果，完成本决定提出的改革任务，形成系统完备、科学规范、运行有效的制度体系，使各方面制度更加成熟更加定型。

二、坚持和完善基本经济制度

公有制为主体、多种所有制经济共同发展的基本经济制度，是中国特色社会主义制度的重要支柱，也是社会主义市场经济体制的根基。公有制经济和非公有制经济都是社会主义市场经济的重要组成部分，都是我国经济社会发展的重要基础。必须毫不动摇巩固和发展公有制经济，坚持公有制主体地位，发挥国有经济主导作用，不断增强国有经济活力、控制力、影响力。必须毫不动摇鼓励、支持、引导非公有制经济发展，激发非公有制经济活力和创造力。

（5）完善产权保护制度。产权是所有制的核心。健全归属清晰、权责明确、保护严格、流转顺畅的现代产权制度。公有制经济财产权不可侵犯，非公有制经济财产权同样不可侵犯。

国家保护各种所有制经济产权和合法利益，保证各种所有制经济依法平等使用生产要素、公开公平公正参与市场竞争、同等受到法律保护，依法监管各种所有制经济。

（6）积极发展混合所有制经济。国有资本、集体资本、非公有资本等交叉持股、相互融合的混合所有制经济，是基本经济制度的重要实现形式，有利于国有资本放大功能、保值增值、提高竞争力，有利于各种所有制资本取长补短、相互促进、共同发展。允许更多国有经济和其他所有制经济发展成为混合所有制经济。国有资本投资项目允许非国有资本参股。允许混合所有制经济实行企业员工持股，形成资本所有者和劳动者利益共同体。

完善国有资产管理体制，以管资本为主加强国有资产监管，改革国有资本授权经营体制，组建若干国有资本运营公司，支持有条件的国有企业改组为国有资本投资公司。国有资本投资运营要服务于国家战略目标，更多投向关系国家安全、国民经济命脉的重要行业和关键领域，重点提供公共服务、发展重要前瞻性战略性产业、保护生态环境、支持科技进步、保障国家安全。

划转部分国有资本充实社会保障基金。完善国有资本经营预算制度，提高国有资本收益上缴公共财政比例，二〇二〇年提到百分之三十，更多用于保障和改善民生。

（7）推动国有企业完善现代企业制度。国有企业属于全民所有，是推进国家现代化、保障人民共同利益的重要力量。国有企业总体上已经同市场经济相融合，必须适应市场化、国际化新形势，以规范经营决策、资产保值增值、公平参与竞争、提高企业效率、增强企业活力、承担社会责任为重点，进一步深化国有企业改革。

准确界定不同国有企业功能。国有资本加大对公益性企业的投入，在提供公共服务方面作出更大贡献。国有资本继续控股经营的自然垄断行业，实行以政企分开、政资分开、特许经营、政府监管为主要内容的改革，根据不同行业特点实行网运分开、放开竞争性业务，推进公共资源配置市场化。进一步破除各种形式的行政垄断。

健全协调运转、有效制衡的公司法人治理结构。建立职业经理人制度，更好发挥企业家作用。深化企业内部管理人员能上能下、员工能进能出、收入能增能减的制度改革。建立长效激励约束机制，强化国有企业经营投资责任追究。

探索推进国有企业财务预算等重大信息公开。

国有企业要合理增加市场化选聘比例，合理确定并严格规范国有企业管理人员薪酬水平、职务待遇、职务消费、业务消费。

（8）支持非公有制经济健康发展。非公有制经济在支撑增长、促进创新、扩大就业、增加税收等方面具有重要作用。坚持权利平等、机会平等、规则平等，废除对非公有制经济各种形式的不合理规定，消除各种隐性壁垒，制定非公有制企业进入特许经营领域具体办法。

鼓励非公有制企业参与国有企业改革，鼓励发展非公有资本控股的混合所有制企业，鼓励有条件的私营企业建立现代企业制度。

三、加快完善现代市场体系

建设统一开放、竞争有序的市场体系，是使市场在资源配置中起决定性作用的基础。必须加快形成企业自主经营、公平竞争，消费者自由选择、自主消费，商品和要素自由流动、平等交换的现代市场体系，着力清除市场壁垒，提高资源配置效率和公平性。

（9）建立公平开放透明的市场规则。实行统一的市场准入制度，在制定负面清单基础上，各类市场主体可依法平等进入清单之外领域。探索对外商投资实行准入前国民待遇加负面清单的管理模式。推进工商注册制度便利化，削减资质认定项目，由先证后照改为先照后证，把注册资本实缴登记制逐步改为认缴登记制。推进国内贸易流通体制改革，建设法治化营商环境。

改革市场监管体系，实行统一的市场监管，清理和废除妨碍全国统一市场和公平竞争的各种规定和做法，严禁和惩处各类违法实行优惠政策行为，反对地方保护，反对垄断和不正当竞争。建立健全社会征信体系，褒扬诚信，惩戒失信。健全优胜劣汰市场化退出机制，完善企业破产制度。

（10）完善主要由市场决定价格的机制。凡是能由市场形成价格的都交给市场，政府不进行不当干预。推进水、石油、天然气、电力、交通、电信等领域价格改革，放开竞争性环节价格。政府定价范围主要限定在重要公用事业、公益性服务、网络型自然垄断环节，提高透明度，接受社会监督。完善农产品价格形成机制，注重发挥市场形成价格作用。

（11）建立城乡统一的建设用地市场。在符合规划和用途管制前提下，允许农村集体经营性建设用地出让、租赁、入股，实行与国有土地同等入市、同权同价。缩小征地范围，规范征地程序，完善对被征地农民合理、规范、多元保障机制。扩大国有土地有偿使用范围，减少非公益性用地划拨。建立兼顾国家、集体、个人的土地增值收益分配机制，合理提高个人收益。完善土地租赁、转让、抵押二级市场。

（12）完善金融市场体系。扩大金融业对内对外开放，在加强监管前提下，允许具备条件的民间资本依法发起设立中小型银行等金融机构。推进政策性金融机构改革。健全多层次资本市场体系，推进股票发行注册制改革，多渠道推动股权融资，发展并规范债券市场，提高直接融资比重。完善保险经济补偿机制，建立巨灾保险制度。发展普惠金融。鼓励金融创新，丰富金融市场层次和产品。

完善人民币汇率市场化形成机制，加快推进利率市场化，健全反映市场供求关系的国债收益率曲线。推动资本市场双向开放，有序提高跨境资本和金融交易可兑换程度，建立健全宏观审慎管理框架下的外债和资本流动管理体系，加快实现人民币资本项目可兑换。

落实金融监管改革措施和稳健标准，完善监管协调机制，界定中央和地方金融监管职责和风险处置责任。建立存款保险制度，完善金融机构市场化退出机制。加强金融基础设施建设，保障金融市场安全高效运行和整体稳定。

（13）深化科技体制改革。建立健全鼓励原始创新、集成创新、引进消化吸收再创新的体制机制，健全技术创新市场导向机制，发挥市场对技术研发方向、路线选择、要素价格、各类创新要素配置的导向作用。建立产学研协同创新机制，强化企业在技术创新中的主体地位，发挥大型企业创新骨干作用，激发中小企业创新活力，推进应用型技术研发机构市场化、企业化改革，建设国家创新体系。

加强知识产权运用和保护，健全技术创新激励机制，探索建立知识产权法院。打破行政主导和部门分割，建立主要由市场决定技术创新项目和经费分配、评价成果的机制。发展技术市场，健全技术转移机制，改善科技型中小企业融资条件，完善风险投资机制，创新商业模式，促进科技成果资本化、产业化。

整合科技规划和资源，完善政府对基础性、战略性、前沿性科学研究和共性技术研究的支持机制。国家重大科研基础设施依照规定应该开放的一律对社会开放。建立创新调查制度和创新报告制度，构建公开透明的国家科研资源管理和项目评价机制。

改革院士遴选和管理体制，优化学科布局，提高中青年人才比例，实行院士退休和退出制度。

四、加快转变政府职能

科学的宏观调控，有效的政府治理，是发挥社会主义市场经济体制优势的内在要求。必须切实转变政府职能，深化行政体制改革，创新行政管理方式，增强政府公信力和执行力，建设法治政府和服务型政府。

（14）健全宏观调控体系。宏观调控的主要任务是保持经济总量平衡，促进重大经济结构协调和生产力布局优化，减缓经济周期波动影响，防范区域性、系统性风险，稳定市场预期，实现经济持续健康发展。健全以国家发展战略和规划为导向、以财政政策和货币政策为主要手段的宏观调控体系，推进宏观调控目标制定和政策手段运用机制化，加强财政政策、货币政策与产业、价格等政策手段协调配合，提高相机抉择水平，增强宏观调控前瞻性、针对性、协同性。形成参与国际宏观经济政策协调的机制，推动国际经济治理结构完善。

深化投资体制改革，确立企业投资主体地位。企业投资项目，除关系国家安全和生态安全、涉及全国重大生产力布局、战略性资源开发和重大公共利益等项目外，一律由企业依法依规自主决策，政府不再审批。强化节能节地节水、环境、技术、安全等市场准入标准，建立健全防范和化解产能过剩长效机制。

完善发展成果考核评价体系，纠正单纯以经济增长速度评定政绩的偏向，加大资源消耗、环境损害、生态效益、产能过剩、科技创新、安全生产、新增债务等指标的权重，更加重视劳动就业、居民收入、社会保障、人民健康状况。加快建立国家统一的经济核算制度，编制全国和地方资产负债表，建立全社会房产、信用等基础数据统一平台，推进部门信息共享。

（15）全面正确履行政府职能。进一步简政放权，深化行政审批制度改革，最大限度减少中央政府对微观事务的管理，市场机制能有效调节的经济活动，一律取消审批，对保留的行政审批事项要规范管理、提高效率；直接面向基层、量大面广、由地方管理更方便有效的经济社会事项，一律下放地方和基层管理。

政府要加强发展战略、规划、政策、标准等制定和实施，加强市场活动监管，加强各类公共服务提供。加强中央政府宏观调控职责和能力，加强地方政府公

共服务、市场监管、社会管理、环境保护等职责。推广政府购买服务，凡属事务性管理服务，原则上都要引入竞争机制，通过合同、委托等方式向社会购买。

加快事业单位分类改革，加大政府购买公共服务力度，推动公办事业单位与主管部门理顺关系和去行政化，创造条件，逐步取消学校、科研院所、医院等单位的行政级别。建立事业单位法人治理结构，推进有条件的事业单位转为企业或社会组织。建立各类事业单位统一登记管理制度。

（16）优化政府组织结构。转变政府职能必须深化机构改革。优化政府机构设置、职能配置、工作流程，完善决策权、执行权、监督权既相互制约又相互协调的行政运行机制。严格绩效管理，突出责任落实，确保权责一致。

统筹党政群机构改革，理顺部门职责关系。积极稳妥实施大部门制。优化行政区划设置，有条件的地方探索推进省直接管理县（市）体制改革。严格控制机构编制，严格按规定职数配备领导干部，减少机构数量和领导职数，严格控制财政供养人员总量。推进机构编制管理科学化、规范化、法制化。

五、深化财税体制改革

财政是国家治理的基础和重要支柱，科学的财税体制是优化资源配置、维护市场统一、促进社会公平、实现国家长治久安的制度保障。必须完善立法、明确事权、改革税制、稳定税负、透明预算、提高效率，建立现代财政制度，发挥中央和地方两个积极性。

（17）改进预算管理制度。实施全面规范、公开透明的预算制度。审核预算的重点由平衡状态、赤字规模向支出预算和政策拓展。清理规范重点支出同财政收支增幅或生产总值挂钩事项，一般不采取挂钩方式。建立跨年度预算平衡机制，建立权责发生制的政府综合财务报告制度，建立规范合理的中央和地方政府债务管理及风险预警机制。

完善一般性转移支付增长机制，重点增加对革命老区、民族地区、边疆地区、贫困地区的转移支付。中央出台增支政策形成的地方财力缺口，原则上通过一般性转移支付调节。清理、整合、规范专项转移支付项目，逐步取消竞争性领域专项和地方资金配套，严格控制引导类、救济类、应急类专项，对保留专项进行甄别，属地方事务的划入一般性转移支付。

（18）完善税收制度。深化税收制度改革，完善地方税体系，逐步提高直接税比重。推进增值税改革，适当简化税率。调整消费税征收范围、环节、税率，把高耗能、高污染产品及部分高档消费品纳入征收范围。逐步建立综合与分类相结合的个人所得税制。加快房地产税立法并适时推进改革，加快资源税改革，推动环境保护费改税。

按照统一税制、公平税负、促进公平竞争的原则，加强对税收优惠特别是区域税收优惠政策的规范管理。税收优惠政策统一由专门税收法律法规规定，清理规范税收优惠政策。完善国税、地税征管体制。

（19）建立事权和支出责任相适应的制度。适度加强中央事权和支出责任，国防、外交、国家安全、关系全国统一市场规则和管理等作为中央事权；部分社会保障、跨区域重大项目建设维护等作为中央和地方共同事权，逐步理顺事权关系；区域性公共服务作为地方事权。中央和地方按照事权划分相应承担和分担支出责任。中央可通过安排转移支付将部分事权支出责任委托地方承担。对于跨区域且对其他地区影响较大的公共服务，中央通过转移支付承担一部分地方事权支出责任。

保持现有中央和地方财力格局总体稳定，结合税制改革，考虑税种属性，进一步理顺中央和地方收入划分。

六、健全城乡发展一体化体制机制

城乡二元结构是制约城乡发展一体化的主要障碍。必须健全体制机制，形成以工促农、以城带乡、工农互惠、城乡一体的新型工农城乡关系，让广大农民平等参与现代化进程、共同分享现代化成果。

（20）加快构建新型农业经营体系。坚持家庭经营在农业中的基础性地位，推进家庭经营、集体经营、合作经营、企业经营等共同发展的农业经营方式创新。坚持农村土地集体所有权，依法维护农民土地承包经营权，发展壮大集体经济。稳定农村土地承包关系并保持长久不变，在坚持和完善最严格的耕地保护制度前提下，赋予农民对承包地占有、使用、收益、流转及承包经营权抵押、担保权能，允许农民以承包经营权入股发展农业产业化经营。鼓励承包经营权在公开市场上向专业大户、家庭农场、农民合作社、农业企业流转，发展多种形式规模经营。

鼓励农村发展合作经济，扶持发展规模化、专业化、现代化经营，允许财政项目资金直接投向符合条件的合作社，允许财政补助形成的资产转交合作社持有和管护，允许合作社开展信用合作。鼓励和引导工商资本到农村发展适

合企业化经营的现代种养业，向农业输入现代生产要素和经营模式。

（21）赋予农民更多财产权利。保障农民集体经济组织成员权利，积极发展农民股份合作，赋予农民对集体资产股份占有、收益、有偿退出及抵押、担保、继承权。保障农户宅基地用益物权，改革完善农村宅基地制度，选择若干试点，慎重稳妥推进农民住房财产权抵押、担保、转让，探索农民增加财产性收入渠道。建立农村产权流转交易市场，推动农村产权流转交易公开、公正、规范运行。

（22）推进城乡要素平等交换和公共资源均衡配置。维护农民生产要素权益，保障农民工同工同酬，保障农民公平分享土地增值收益，保障金融机构农村存款主要用于农业农村。健全农业支持保护体系，改革农业补贴制度，完善粮食主产区利益补偿机制。完善农业保险制度。鼓励社会资本投向农村建设，允许企业和社会组织在农村兴办各类事业。统筹城乡基础设施建设和社区建设，推进城乡基本公共服务均等化。

（23）完善城镇化健康发展体制机制。坚持走中国特色新型城镇化道路，推进以人为核心的城镇化，推动大中小城市和小城镇协调发展、产业和城镇融合发展，促进城镇化和新农村建设协调推进。优化城市空间结构和管理格局，增强城市综合承载能力。

推进城市建设管理创新。建立透明规范的城市建设投融资机制，允许地方政府通过发债等多种方式拓宽城市建设融资渠道，允许社会资本通过特许经营等方式参与城市基础设施投资和运营，研究建立城市基础设施、住宅政策性金融机构。完善设市标准，严格审批程序，对具备行政区划调整条件的县可有序改市。对吸纳人口多、经济实力强的镇，可赋予同人口和经济规模相适应的管理权。建立和完善跨区域城市发展协调机制。

推进农业转移人口市民化，逐步把符合条件的农业转移人口转为城镇居民。创新人口管理，加快户籍制度改革，全面放开建制镇和小城市落户限制，有序放开中等城市落户限制，合理确定大城市落户条件，严格控制特大城市人口规模。稳步推进城镇基本公共服务常住人口全覆盖，把进城落户农民完全纳入城镇住房和社会保障体系，在农村参加的养老保险和医疗保险规范接入城镇社保体系。建立财政转移支付同农业转移人口市民化挂钩机制，从严合理供给城市建设用地，提高城市土地利用率。

七、构建开放型经济新体制

适应经济全球化新形势，必须推动对内对外开放相互促进、引进来和走出去更好结合，促进国际国内要素有序自由流动、资源高效配置、市场深度融合，加快培育参与和引领国际经济合作竞争新优势，以开放促改革。

（24）放宽投资准入。统一内外资法律法规，保持外资政策稳定、透明、可预期。推进金融、教育、文化、医疗等服务业领域有序开放，放开育幼养老、建筑设计、会计审计、商贸物流、电子商务等服务业领域外资准入限制，进一步放开一般制造业。加快海关特殊监管区域整合优化。

建立中国上海自由贸易试验区是党中央在新形势下推进改革开放的重大举措，要切实建设好、管理好，为全面深化改革和扩大开放探索新途径、积累新经验。在推进现有试点基础上，选择若干具备条件地方发展自由贸易园（港）区。

扩大企业及个人对外投资，确立企业及个人对外投资主体地位，允许发挥自身优势到境外开展投资合作，允许自担风险到各国各地区自由承揽工程和劳务合作项目，允许创新方式走出去开展绿地投资、并购投资、证券投资、联合投资等。

加快同有关国家和地区商签投资协定，改革涉外投资审批体制，完善领事保护体制，提供权益保障、投资促进、风险预警等更多服务，扩大投资合作空间。

（25）加快自由贸易区建设。坚持世界贸易体制规则，坚持双边、多边、区域次区域开放合作，扩大同各国各地区利益汇合点，以周边为基础加快实施自由贸易区战略。改革市场准入、海关监管、检验检疫等管理体制，加快环境保护、投资保护、政府采购、电子商务等新议题谈判，形成面向全球的高标准自由贸易区网络。

扩大对香港特别行政区、澳门特别行政区和台湾地区开放合作。

（26）扩大内陆沿边开放。抓住全球产业重新布局机遇，推动内陆贸易、投资、技术创新协调发展。创新加工贸易模式，形成有利于推动内陆产业集群发展的体制机制。支持内陆城市增开国际客货运航线，发展多式联运，形成横贯东中西、联结南北方对外经济走廊。推动内陆同沿海沿边通关协作，实现口岸管理相关部门信息互换、监管互认、执法互助。

加快沿边开放步伐，允许沿边重点

口岸、边境城市、经济合作区在人员往来、加工物流、旅游等方面实行特殊方式和政策。建立开发性金融机构，加快同周边国家和区域基础设施互联互通建设，推进丝绸之路经济带、海上丝绸之路建设，形成全方位开放新格局。

八、加强社会主义民主政治制度建设

发展社会主义民主政治，必须以保证人民当家作主为根本，坚持和完善人民代表大会制度、中国共产党领导的多党合作和政治协商制度、民族区域自治制度以及基层群众自治制度，更加注重健全民主制度、丰富民主形式，从各层次各领域扩大公民有序政治参与，充分发挥我国社会主义政治制度优越性。

（27）推动人民代表大会制度与时俱进。坚持人民主体地位，推进人民代表大会制度理论和实践创新，发挥人民代表大会制度的根本政治制度作用。完善中国特色社会主义法律体系，健全立法起草、论证、协调、审议机制，提高立法质量，防止地方保护和部门利益法制化。健全“一府两院”由人大产生、对人大负责、受人大监督制度。健全人大讨论、决定重大事项制度，各级政府重大决策出台前向本级人大报告。加强人大预算决算审查监督、国有资产监督职能。落实税收法定原则。加强人大常委会同人大代表的联系，充分发挥代表作用。通过建立健全代表联络机构、网络平台等形式密切代表同人民群众联系。

完善人大工作机制，通过座谈、听证、评估、公布法律草案等扩大公民有序参与立法途径，通过询问、质询、特定问题调查、备案审查等积极回应社会关切。

（28）推进协商民主广泛多层制度化发展。协商民主是我国社会主义民主政治的特有形式和独特优势，是党的群众路线在政治领域的重要体现。在党的领导下，以经济社会发展重大问题和涉及群众切身利益的实际问题为内容，在全社会开展广泛协商，坚持协商于决策之前和决策实施之中。

构建程序合理、环节完整的协商民主体系，拓宽国家政权机关、政协组织、党派团体、基层组织、社会组织的协商渠道。深入开展立法协商、行政协商、民主协商、参政协商、社会协商。加强中国特色新型智库建设，建立健全决策咨询制度。

发挥统一战线在协商民主中的重要作用。完善中国共产党同各民主党派的政治协商，认真听取各民主党派和无党派人士意见。中共中央根据年度工作重点提出规划，采取协商会、谈心会、座谈会等进行协商。完善民主党派中央直接向中共中央提出建议制度。贯彻党的民族政策，保障少数民族合法权益，巩固和发展平等团结互助和谐的社会主义民族关系。

发挥人民政协作为协商民主重要渠道作用。重点推进政治协商、民主监督、参政议政制度化、规范化、程序化。各级党委和政府、政协制定并组织实施协商年度工作计划，就一些重要决策听取政协意见。完善人民政协制度体系，规范协商内容、协商程序。拓展协商民主形式，更加活跃有序地组织专题协商、对口协商、界别协商、提案办理协商，增加协商密度，提高协商成效。在政协健全委员联络机构，完善委员联络制度。

（29）发展基层民主。畅通民主渠道，健全基层选举、议事、公开、述职、问责等机制。开展形式多样的基层民主协商，推进基层协商制度化，建立健全居民、村民监督机制，促进群众在城乡社区治理、基层公共事务和公益事业中依法自我管理、自我服务、自我教育、自我监督。健全以职工代表大会为基本形式的企事业单位民主管理制度，加强社会组织民主机制建设，保障职工参与管理和监督的民主权利。

九、推进法治中国建设

建设法治中国，必须坚持依法治国、依法执政、依法行政共同推进，坚持法治国家、法治政府、法治社会一体建设。深化司法体制改革，加快建设公正高效权威的社会主义司法制度，维护人民权益，让人民群众在每一个司法案件中都感受到公平正义。

（30）维护宪法法律权威。宪法是保证党和国家兴旺发达、长治久安的根本法，具有最高权威。要进一步健全宪法实施监督机制和程序，把全面贯彻实施宪法提高到一个新水平。建立健全全社会忠于、遵守、维护、运用宪法法律的制度。坚持法律面前人人平等，任何组织或者个人都不得有超越宪法法律的特权，一切违反宪法法律的行为都必须予以追究。

普遍建立法律顾问制度。完善规范性文件、重大决策合法性审查机制。建立科学的法治建设指标体系和考核标准。健全法规、规章、规范性文件备案审查制度。健全社会普法教育机制，增强全民法治观念。逐步增加有地方立法权的较大的市数量。

（31）深化行政执法体制改革。整合执法主体，相对集中执法权，推进综合执法，着力解决权责交叉、多头执法问题，建立权责统一、权威高效的行政执法体制。减少行政执法层级，加强食品药品、安全生产、环境保护、劳动保障、海域海岛等重点领域基层执法力量。理顺城管执法体制，提高执法和服务水平。

完善行政执法程序，规范执法自由裁量权，加强对行政执法的监督，全面落实行政执法责任制和执法经费由财政保障制度，做到严格规范公正文明执法。完善行政执法与刑事司法衔接机制。

（32）确保依法独立公正行使审判权检察权。改革司法管理体制，推动省以下地方法院、检察院人财物统一管理，探索建立与行政区划适当分离的司法管辖制度，保证国家法律统一正确实施。

建立符合职业特点的司法人员管理制度，健全法官、检察官、人民警察统一招录、有序交流、逐级遴选机制，完善司法人员分类管理制度，健全法官、检察官、人民警察职业保障制度。

（33）健全司法权力运行机制。优化司法职权配置，健全司法权力分工负责、互相配合、互相制约机制，加强和规范对司法活动的法律监督和社会监督。

改革审判委员会制度，完善主审法官、合议庭办案责任制，让审理者裁判、由裁判者负责。明确各级法院职能定位，规范上下级法院审级监督关系。

推进审判公开、检务公开，录制并保留全程庭审资料。增强法律文书说理性，推动公开法院生效裁判文书。严格规范减刑、假释、保外就医程序，强化监督制度。广泛实行人民陪审员、人民监督员制度，拓宽人民群众有序参与司法渠道。

（34）完善人权司法保障制度。国家尊重和保障人权。进一步规范查封、扣押、冻结、处理涉案财物的司法程序。健全错案防止、纠正、责任追究机制，严禁刑讯逼供、体罚虐待，严格实行非法证据排除规则。逐步减少适用死刑罪名。

废止劳动教养制度，完善对违法犯罪行为的惩治和矫正法律，健全社区矫正制度。

健全国家司法救助制度，完善法律援助制度。完善律师执业权利保障机制和违法违规执业惩戒制度，加强职业道德建设，发挥律师在依法维护公民和法人合法权益方面的重要作用。

十、强化权力运行制约和监督体系

坚持用制度管权管事管人，让人民监督权力，让权力在阳光下运行，是把权力关进制度笼子的根本之策。必须构建决策科学、执行坚决、监督有力的权力运行体系，健全惩治和预防腐败体系，建设廉洁政治，努力实现干部清正、政府清廉、政治清明。

（35）形成科学有效的权力制约和协调机制。完善党和国家领导体制，坚持民主集中制，充分发挥党的领导核心作用。规范各级党政主要领导干部职责权限，科学配置党政部门及内设机构权力和职能，明确职责定位和工作任务。

加强和改进对主要领导干部行使权力的制约和监督，加强行政监察和审计监督。

推行地方各级政府及其工作部门权力清单制度，依法公开权力运行流程。完善党务、政务和各领域办事公开制度，推进决策公开、管理公开、服务公开、结果公开。

（36）加强反腐败体制机制创新和制度保障。加强党对党风廉政建设和反腐败工作统一领导。改革党的纪律检查体制，健全反腐败领导体制和工作机制，改革和完善各级反腐败协调小组职能。

落实党风廉政建设责任制，党委负主体责任，纪委负监督责任，制定实施切实可行的责任追究制度。各级纪委要履行协助党委加强党风建设和组织协调反腐败工作的职责，加强对同级党委特别是常委会成员的监督，更好发挥党内监督专门机关作用。

推动党的纪律检查工作双重领导体制具体化、程序化、制度化，强化上级纪委对下级纪委的领导。查办腐败案件以上级纪委领导为主，线索处置和案件查办在向同级党委报告的同时必须向上级纪委报告。各级纪委书记、副书记的提名和考察以上级纪委会同组织部门为主。

全面落实中央纪委向中央一级党和国家机关派驻纪检机构，实行统一名称、统一管理。派驻机构对派出机关负责，履行监督职责。改进中央和省区市巡视制度，做到对地方、部门、企事业单位全覆盖。

健全反腐倡廉法规制度体系，完善惩治和预防腐败、防控廉政风险、防止利益冲突、领导干部报告个人有关事项、任职回避等方面法律法规，推行新提任领导干部有关事项公开制度试点。健全民主监督、法律监督、舆论监督机制，运用和规范互联网监督。

（37）健全改进作风常态化制度。围绕反对形式主义、官僚主义、享乐主义和奢靡之风，加快体制机制改革和建设。健全领导干部带头改进作风、深入基层调查研究机制，完善直接联系和服务群众制度。改革会议公文制度，从中央做起带头减少会议、文件，着力改进会风文风。健全严格的财务预算、核准和审计制度，着力控制“三公”经费支出和楼堂馆所建设。完善选人用人专项检查和责任追究制度，着力纠正跑官要官等不正之风。改革政绩考核机制，着力解决“形象工程”、“政绩工程”以及不作为、乱作为等问题。

规范并严格执行领导干部工作生活保障制度，不准多处占用住房和办公用房，不准超标准配备办公用房和生活用房，不准违规配备公车，不准违规配备秘书，不准超规格警卫，不准超标准进行公务接待，严肃查处违反规定超标准享受待遇等问题。探索实行官邸制。

完善并严格执行领导干部亲属经商、担任公职和社会组织职务、出国定居等相关制度规定，防止领导干部利用公共权力或自身影响为亲属和其他特定关系人谋取私利，坚决反对特权思想和作风。

十一、推进文化体制机制创新

建设社会主义文化强国，增强国家文化软实力，必须坚持社会主义先进文化前进方向，坚持中国特色社会主义文化发展道路，培育和践行社会主义核心价值观，巩固马克思主义在意识形态领域的指导地位，巩固全党全国各族人民团结奋斗的共同思想基础。坚持以人民为中心的工作导向，坚持把社会效益放在首位、社会效益和经济效益相统一，以激发全民族文化创造活力为中心环节，进一步深化文化体制改革。

（38）完善文化管理体制。按照政企分开、政事分开原则，推动政府部门由办文化向管文化转变，推动党政部门与其所属的文化企事业单位进一步理顺关系。建立党委和政府监管国有文化资产的管理机构，实行管人管事管资产管导向相统一。

健全坚持正确舆论导向的体制机制。健全基础管理、内容管理、行业管理以及网络违法犯罪防范和打击等工作联动机制，健全网络突发事件处置机制，形成正面引导和依法管理相结合的网络舆论工作格局。整合新闻媒体资源，推动传统媒体和新兴媒体融合发展。推动新闻发布制度化。严格新闻工作者职业资格制度，重视新型媒介运用和管理，规范传播秩序。

（39）建立健全现代文化市场体系。完善文化市场准入和退出机制，鼓励各类市场主体公平竞争、优胜劣汰，促进文化资源在全国范围内流动。继续推进国有经营性文化单位转企改制，加快公司制、股份制改造。对按规定转制的重要国有传媒企业探索实行特殊管理股制度。推动文化企业跨地区、跨行业、跨所有制兼并重组，提高文化产业规模化、集约化、专业化水平。

鼓励非公有制文化企业发展，降低社会资本进入门槛，允许参与对外出版、网络出版，允许以控股形式参与国有影视制作机构、文艺院团改制经营。支持各种形式小微文化企业发展。

在坚持出版权、播出权特许经营前提下，允许制作和出版、制作和播出分开。建立多层次文化产品和要素市场，鼓励金融资本、社会资本、文化资源相结合。完善文化经济政策，扩大政府文化资助和文化采购，加强版权保护。健全文化产品评价体系，改革评奖制度，推出更多文化精品。

（40）构建现代公共文化服务体系。建立公共文化服务体系建设协调机制，统筹服务设施网络建设，促进基本公共文化服务标准化、均等化。建立群众评价和反馈机制，推动文化惠民项目与群众文化需求有效对接。整合基层宣传文化、党员教育、科学普及、体育健身等设施，建设综合性文化服务中心。

明确不同文化事业单位功能定位，建立法人治理结构，完善绩效考核机制。推动公共图书馆、博物馆、文化馆、科技馆等组建理事会，吸纳有关方面代表、专业人士、各界群众参与管理。

引入竞争机制，推动公共文化服务社会化发展。鼓励社会力量、社会资本参与公共文化服务体系建设，培育文化非营利组织。

（41）提高文化开放水平。坚持政府主导、企业主体、市场运作、社会参与，扩大对外文化交流，加强国际传播能力和对外话语体系建设，推动中华文化走向世界。理顺内宣外宣体制，支持重点媒体面向国内国际发展。培育外向型文化企业，支持文化企业到境外开拓市场。鼓励社会组织、中资机构等参与孔子学院和海外文化中心建设，承担人文交流项目。

积极吸收借鉴国外一切优秀文化成果，引进有利于我国文化发展的人才、技术、经营管理经验。切实维护国家文化安全。

十二、推进社会事业改革创新

实现发展成果更多更公平惠及全体人民，必须加快社会事业改革，解决好人民最关心最直接最现实的利益问题，努力为社会提供多样化服务，更好满足人民需求。

（42）深化教育领域综合改革。全

面贯彻党的教育方针，坚持立德树人，加强社会主义核心价值体系教育，完善中华优秀传统文化教育，形成爱学习、爱劳动、爱祖国活动的有效形式和长效机制，增强学生社会责任感、创新精神、实践能力。强化体育课和课外锻炼，促进青少年身心健康、体魄强健。改进美育教学，提高学生审美和人文素养。大力促进教育公平，健全家庭经济困难学生资助体系，构建利用信息化手段扩大优质教育资源覆盖面的有效机制，逐步缩小区域、城乡、校际差距。统筹城乡义务教育资源均衡配置，实行公办学校标准化建设和校长教师交流轮岗，不设重点学校重点班，破解择校难题，标本兼治减轻学生课业负担。加快现代职业教育体系建设，深化产教融合、校企合作，培养高素质劳动者和技能型人才。创新高校人才培养机制，促进高校办出特色争创一流。推进学前教育、特殊教育、继续教育改革发展。

推进考试招生制度改革，探索招生和考试相对分离、学生考试多次选择、学校依法自主招生、专业机构组织实施、政府宏观管理、社会参与监督的运行机制，从根本上解决一考定终身的弊端。义务教育免试就近入学，试行学区制和九年一贯对口招生。推行初高中学业水平考试和综合素质评价。加快推进职业院校分类招考或注册入学。逐步推行普通高校基于统一高考和高中学业水平考试成绩的综合评价多元录取机制。探索全国统考减少科目、不分文理科、外语等科目社会化考试一年多考。试行普通高校、高职院校、成人高校之间学分转换，拓宽终身学习通道。

深入推进管办评分离，扩大省级政府教育统筹权和学校办学自主权，完善学校内部治理结构。强化国家教育督导，委托社会组织开展教育评估监测。健全政府补贴、政府购买服务、助学贷款、基金奖励、捐资激励等制度，鼓励社会力量兴办教育。

（43）健全促进就业创业体制机制。建立经济发展和扩大就业的联动机制，健全政府促进就业责任制度。规范招人用人制度，消除城乡、行业、身份、性别等一切影响平等就业的制度障碍和就业歧视。完善扶持创业的优惠政策，形成政府激励创业、社会支持创业、劳动者勇于创业新机制。完善城乡均等的公共就业创业服务体系，构建劳动者终身职业培训体系。增强失业保险制度预防失业、促进就业功能，完善就业失业监测统计制度。创新劳动关系协调机制，畅通职工表达合理诉求渠道。

促进以高校毕业生为重点的青年就业和农村转移劳动力、城镇困难人员、退役军人就业。结合产业升级开发更多适合高校毕业生的就业岗位。政府购买基层公共管理和社会服务岗位更多用于吸纳高校毕业生就业。健全鼓励高校毕业生到基层工作的服务保障机制，提高公务员定向招录和事业单位优先招聘比例。实行激励高校毕业生自主创业政策，整合发展国家和省级高校毕业生就业创业基金。实施离校未就业高校毕业生就业促进计划，把未就业的纳入就业见习、技能培训等就业准备活动之中，对有特殊困难的实行全程就业服务。

（44）形成合理有序的收入分配格局。着重保护劳动所得，努力实现劳动报酬增长和劳动生产率提高同步，提高劳动报酬在初次分配中的比重。健全工资决定和正常增长机制，完善最低工资和工资支付保障制度，完善企业工资集体协商制度。改革机关事业单位工资和津贴补贴制度，完善艰苦边远地区津贴增长机制。健全资本、知识、技术、管理等由要素市场决定的报酬机制。扩展投资和租赁服务等途径，优化上市公司投资者回报机制，保护投资者尤其是中小投资者合法权益，多渠道增加居民财产性收入。

完善以税收、社会保障、转移支付为主要手段的再分配调节机制，加大税收调节力度。建立公共资源出让收益合理共享机制。完善慈善捐助减免税制度，支持慈善事业发挥扶贫济困积极作用。

规范收入分配秩序，完善收入分配调控体制机制和政策体系，建立个人收入和财产信息系统，保护合法收入，调节过高收入，清理规范隐性收入，取缔非法收入，增加低收入者收入，扩大中等收入者比重，努力缩小城乡、区域、行业收入分配差距，逐步形成橄榄型分配格局。

（45）建立更加公平可持续的社会保障制度。坚持社会统筹和个人账户相结合的基本养老保险制度，完善个人账户制度，健全多缴多得激励机制，确保参保人权益，实现基础养老金全国统筹，坚持精算平衡原则。推进机关事业单位养老保险制度改革。整合城乡居民基本养老保险制度、基本医疗保险制度。推进城乡最低生活保障制度统筹发展。建立健全合理兼顾各类人员的社会保障待遇确定和正常调整机制。完善社会保险关系转移接续政策，扩大参保缴费覆盖面，适时适当降低社会保险费率。研究制定渐进式延迟退休年龄政策。加快健全社会保障管理体制和经办服务体系。

健全符合国情的住房保障和供应体系，建立公开规范的住房公积金制度，改进住房公积金提取、使用、监管机制。

健全社会保障财政投入制度，完善社会保障预算制度。加强社会保险基金投资管理和监督，推进基金市场化、多元化投资运营。制定实施免税、延期征税等优惠政策，加快发展企业年金、职业年金、商业保险，构建多层次社会保障体系。

积极应对人口老龄化，加快建立社会养老服务体系和发展老年服务产业。健全农村留守儿童、妇女、老年人关爱服务体系，健全残疾人权益保障、困境儿童分类保障制度。

（46）深化医药卫生体制改革。统筹推进医疗保障、医疗服务、公共卫生、药品供应、监管体制综合改革。深化基层医疗卫生机构综合改革，健全网络化城乡基层医疗卫生服务运行机制。加快公立医院改革，落实政府责任，建立科学的医疗绩效评价机制和适应行业特点的人才培养、人事薪酬制度。完善合理分级诊疗模式，建立社区医生和居民契约服务关系。充分利用信息化手段，促进优质医疗资源纵向流动。加强区域公共卫生服务资源整合。取消以药补医，理顺医药价格，建立科学补偿机制。改革医保支付方式，健全全民医保体系。加快健全重特大疾病医疗保险和救助制度。完善中医药事业发展政策和机制。

鼓励社会办医，优先支持举办非营利性医疗机构。社会资金可直接投向资源稀缺及满足多元需求服务领域，多种形式参与公立医院改制重组。允许医师多点执业，允许民办医疗机构纳入医保定点范围。

坚持计划生育的基本国策，启动实施一方是独生子女的夫妇可生育两个孩子的政策，逐步调整完善生育政策，促进人口长期均衡发展。

十三、创新社会治理体制

创新社会治理，必须着眼于维护最广大人民根本利益，最大限度增加和谐因素，增强社会发展活力，提高社会治理水平，全面推进平安中国建设，维护国家安全，确保人民安居乐业、社会安定有序。

（47）改进社会治理方式。坚持系统治理，加强党委领导，发挥政府主导作用，鼓励和支持社会各方面参与，实现政府治理和社会自我调节、居民自治良性互动。坚持依法治理，加强法治保障，运用法治思维和法治方式化解社会矛盾。坚持综合治理，强化道德约束，规范社会行为，调节利益关系，协调社会关系，解决社会问题。坚持源头治理，标本兼治、重在治本，以网格化管理、社会化服务为方向，健全基层综合服务管理平台，及时反映和协调人民群众各方面各层次利益诉求。

（48）激发社会组织活力。正确处理政府和社会关系，加快实施政社分开，推进社会组织明确权责、依法自治、发挥作用。适合由社会组织提供的公共服务和解决的事项，交由社会组织承担。支持和发展志愿服务组织。限期实现行业协会商会与行政机关真正脱钩，重点培育和优先发展行业协会商会类、科技类、公益慈善类、城乡社区服务类社会组织，成立时直接依法申请登记。加强对社会组织和在华境外非政府组织的管理，引导它们依法开展活动。

（49）创新有效预防和化解社会矛盾体制。健全重大决策社会稳定风险评估机制。建立畅通有序的诉求表达、心理干预、矛盾调处、权益保障机制，使群众问题能反映、矛盾能化解、权益有保障。

改革行政复议体制，健全行政复议案件审理机制，纠正违法或不当行政行为。完善人民调解、行政调解、司法调解联动工作体系，建立调处化解矛盾纠纷综合机制。

改革信访工作制度，实行网上受理信访制度，健全及时就地解决群众合理诉求机制。把涉法涉诉信访纳入法治轨道解决，建立涉法涉诉信访依法终结制度。

（50）健全公共安全体系。完善统一权威的食品药品安全监管机构，建立最严格的覆盖全过程的监管制度，建立食品原产地可追溯制度和质量标识制度，保障食品药品安全。深化安全生产管理体制改革，建立隐患排查治理体系和安全预防控制体系，遏制重特大安全事故。健全防灾减灾救灾体制。加强社会治安综合治理，创新立体化社会治安防控体系，依法严密防范和惩治各类违法犯罪活动。

坚持积极利用、科学发展、依法管理、确保安全的方针，加大依法管理网络力度，加快完善互联网管理领导体制，确保国家网络和信息安全。

设立国家安全委员会，完善国家安全体制和国家安全战略，确保国家安全。

十四、加快生态文明制度建设

建设生态文明，必须建立系统完整的生态文明制度体系，实行最严格的源头保护制度、损害赔偿制度、责任追究制度，完善环境治理和生态修复制度，用制度保护生态环境。

（51）健全自然资源资产产权制度和用途管制制度。对水流、森林、山岭、草原、荒地、滩涂等自然生态空间进行统一确权登记，形成归属清晰、权责明确、监管有效的自然资源资产产权制度。建立空间规划体系，划定生产、生活、生态空间开发管制界限，落实用途管制。健全能源、水、土地节约集约使用制度。

健全国家自然资源资产管理体制，统一行使全民所有自然资源资产所有者职责。完善自然资源监管体制，统一行使所有国土空间用途管制职责。

（52）划定生态保护红线。坚定不移实施主体功能区制度，建立国土空间开发保护制度，严格按照主体功能区定位推动发展，建立国家公园体制。建立资源环境承载能力监测预警机制，对水土资源、环境容量和海洋资源超载区域实行限制性措施。对限制开发区域和生态脆弱的国家扶贫开发工作重点县取消地区生产总值考核。

探索编制自然资源资产负债表，对领导干部实行自然资源资产离任审计。建立生态环境损害责任终身追究制。

（53）实行资源有偿使用制度和生态补偿制度。加快自然资源及其产品价格改革，全面反映市场供求、资源稀缺程度、生态环境损害成本和修复效益。坚持使用资源付费和谁污染环境、谁破坏生态谁付费原则，逐步将资源税扩展到占用各种自然生态空间。稳定和扩大退耕还林、退牧还草范围，调整严重污染和地下水严重超采区耕地用途，有序实现耕地、河湖休养生息。建立有效调节工业用地和居住用地合理比价机制，提高工业用地价格。坚持谁受益、谁补偿原则，完善对重点生态功能区的生态补偿机制，推动地区间建立横向生态补偿制度。发展环保市场，推行节能量、碳排放权、排污权、水权交易制度，建立吸引社会资本投入生态环境保护的市场化机制，推行环境污染第三方治理。

（54）改革生态环境保护管理体制。建立和完善严格监管所有污染物排放的环境保护管理制度，独立进行环境监管和行政执法。建立陆海统筹的生态系统保护修复和污染防治区域联动机制。健全国有林区经营管理体制，完善集体林权制度改革。及时公布环境信息，健全举报制度，加强社会监督。完善污染物排放许可制，实行企事业单位污染物排放总量控制制度。对造成生态环境损害的责任者严格实行赔偿制度，依法追究刑事责任。

十五、深化国防和军队改革

紧紧围绕建设一支听党指挥、能打

胜仗、作风优良的人民军队这一党在新形势下的强军目标，着力解决制约国防和军队建设发展的突出矛盾和问题，创新发展军事理论，加强军事战略指导，完善新时期军事战略方针，构建中国特色现代军事力量体系。

（55）深化军队体制编制调整改革。推进领导管理体制改革，优化军委总部领导机关职能配置和机构设置，完善各军兵种领导管理体制。健全军委联合作战指挥机构和战区联合作战指挥体制，推进联合作战训练和保障体制改革。完善新型作战力量领导体制。加强信息化建设集中统管。优化武装警察部队力量结构和指挥管理体制。

优化军队规模结构，调整改善军兵种比例、官兵比例、部队与机关比例，减少非战斗机构和人员。依据不同方向安全需求和作战任务改革部队编成。加快新型作战力量建设。深化军队院校改革，健全军队院校教育、部队训练实践、军事职业教育三位一体的新型军事人才培养体系。

（56）推进军队政策制度调整改革。健全完善与军队职能任务需求和国家政策制度创新相适应的军事人力资源政策制度。以建立军官职业化制度为牵引，逐步形成科学规范的军队干部制度体系。健全完善文职人员制度。完善兵役制度、士官制度、退役军人安置制度改革配套政策。

健全军费管理制度，建立需求牵引规划、规划主导资源配置机制。健全完善经费物资管理标准制度体系。深化预算管理、集中收付、物资采购和军人医疗、保险、住房保障等制度改革。

健全军事法规制度体系，探索改进部队科学管理的方式方法。

（57）推动军民融合深度发展。在国家层面建立推动军民融合发展的统一领导、军地协调、需求对接、资源共享机制。健全国防工业体系，完善国防科技协同创新体制，改革国防科研生产管理和武器装备采购体制机制，引导优势民营企业进入军品科研生产和维修领域。改革完善依托国民教育培养军事人才的政策制度。拓展军队保障社会化领域。深化国防教育改革。健全国防动员体制机制，完善平时征用和战时动员法规制度。深化民兵预备役体制改革。调整理顺边海空防管理体制机制。

十六、加强和改善党对全面深化改革的领导

全面深化改革必须加强和改善党的领导，充分发挥党总揽全局、协调各方的领导核心作用，建设学习型、服务型、创新型的马克思主义执政党，提高党的领导水平和执政能力，确保改革取得成功。

（58）全党同志要把思想和行动统一到中央关于全面深化改革重大决策部署上来，正确处理中央和地方、全局和局部、当前和长远的关系，正确对待利益格局调整，充分发扬党内民主，坚决维护中央权威，保证政令畅通，坚定不移实现中央改革决策部署。

中央成立全面深化改革领导小组，负责改革总体设计、统筹协调、整体推进、督促落实。

各级党委要切实履行对改革的领导责任，完善科学民主决策机制，以重大问题为导向，把各项改革举措落到实处。加强各级领导班子建设，完善干部教育培训和实践锻炼制度，不断提高领导班子和领导干部推动改革能力。创新基层党建工作，健全党的基层组织体系，充分发挥基层党组织的战斗堡垒作用，引导广大党员积极投身改革事业，发扬“钉钉子”精神，抓铁有痕、踏石留印，为全面深化改革作出积极贡献。

（59）全面深化改革，需要有力的组织保证和人才支撑。坚持党管干部原则，深化干部人事制度改革，构建有效管用、简便易行的选人用人机制，使各方面优秀干部充分涌现。发挥党组织领导和把关作用，强化党委（党组）、分管领导和组织部门在干部选拔任用中的权重和干部考察识别的责任，改革和完善干部考核评价制度，改进竞争性选拔干部办法，改进优秀年轻干部培养选拔机制，区分实施选任制和委任制干部选拔方式，坚决纠正唯票取人、唯分取人等现象，用好各年龄段干部，真正把信念坚定、为民服务、勤政务实、敢于担当、清正廉洁的好干部选拔出来。

打破干部部门化，拓宽选人视野和渠道，加强干部跨条块跨领域交流。破除“官本位”观念，推进干部能上能下、能进能出。完善和落实领导干部问责制，完善从严管理干部队伍制度体系。深化公务员分类改革，推行公务员职务与职级并行、职级与待遇挂钩制度，加快建立专业技术类、行政执法类公务员和聘任人员管理制度。完善基层公务员录用制度，在艰苦边远地区适当降低进入门槛。

建立集聚人才体制机制，择天下英才而用之。打破体制壁垒，扫除身份障碍，让人人都有成长成才、脱颖而出的通道，让各类人才都有施展才华的广阔天地。完善党政机关、企事业单位、社会各方面人才顺畅流动的制度体系。健全人才向基层流动、向艰苦地区和岗位流动、在一线创业的激励机制。加快形成具有国际竞争力的人才制度优势，完善人才评价机制，增强人才政策开放度，广泛吸引境外优秀人才回国或来华创业发展。

（60）人民是改革的主体，要坚持党的群众路线，建立社会参与机制，充分发挥人民群众积极性、主动性、创造性，充分发挥工会、共青团、妇联等人民团体作用，齐心协力推进改革。鼓励地方、基层和群众大胆探索，加强重大改革试点工作，及时总结经验，宽容改革失误，加强宣传和舆论引导，为全面深化改革营造良好社会环境。

全党同志要紧密团结在以习近平同志为总书记的党中央周围，锐意进取，攻坚克难，谱写改革开放伟大事业历史新篇章，为全面建成小康社会、不断夺取中国特色社会主义新胜利、实现中华民族伟大复兴的中国梦而奋斗！

在全省非公经济人士理想信念报告会上的讲话

（2013年12月6日）

张宝顺

同志们：

在全省上下深入学习贯彻党的十八届三中全会精神之际，今天我们召开全省非公经济人士理想信念报告会，很有现实意义。刚才，6位民营企业家作了生动精彩的报告，既有艰苦创业、自主创新的实践探索，又有回报社会、造福人民的感人之举，这些集中展示了广大非公经济人士爱国敬业、志存高远、诚信守法、奉献社会的可贵品质，听后很受感动，也很受启发。

中央对非公经济人士理想信念教育高度重视，在习近平总书记等中央领导同志的指导关心下，从今年5月开始，中央统战部、全国工商联部署开展了非公经济人士理想信念教育实践活动。我省活动启动以来，省委统战部、省工商联精心组织，广大非公经济人士积极参与，以“民营企业家和中国梦”为主题，开展了“商会合作共建皖江”、“百家民企进皖北”、光彩事业“十大行动”等系列主题活动，达到了预期目的，取得了良好效果。

前不久，中央召开非公经济人士理想信念报告会，俞正声主席发表了重要讲话，对广大非公经济人士提出了殷切希望，我们要深刻领会、认真贯彻。下面，我讲三点意见。

一、非公经济是推动经济社会发展的有生力量，在兴皖富民大业中地位重要

作为国民经济的重要组成部分，非公经济是加快崛起的主力军、改革开放的主动力、增收富民的主渠道。省委、省政府始终高度重视非公经济发展，近年来出台了一系列政策措施，不断破除发展障碍，优化发展环境。今年2月份，专门召开发展民营经济大会，制定出台扶持民营经济发展的20条意见，为非公经济持续健康发展提供了强有力的政策支持。

近年来，全省非公经济发展呈现出速度加快、结构优化、实力增强、贡献提升的喜人局面。一是总量迅速壮大。2012年非公企业数达30.4万户，非公经济增加值9618亿元，占全省经济总量的56%。近几年我省每年新增规上工业企业2000多户，今年前三季度新增1755户，其中96%都是非公企业。二是质量显著提升。在巩固提升服务业、农业等传统领域的同时，积极向高新技术产业、战略性新兴产业进军，全省高新技术企业已超过2000家，其中非公企业占85%以上，一些企业的自主创新技术达到国内甚至国际先进水平。三是贡献日益突出。2012年非公经济对全省经济增长贡献率达61.8%，上缴税收占全省的60.9%，提供就业占城镇就业岗位的77%。今年前三季度，规上民营工业增加值对规上工业增长贡献率达75%；民间投资占全部投资的66.3%，对投资增长的贡献率达76.2%。

从这些年来看，无论是在经济运行的“顺周期”还是“逆周期”，非公经济都展现出蓬勃的发展活力，特别是在国内外宏观环境复杂多变，部分国有企业效益下滑的严峻形势下，非公经济顶住下行压力，奋力开拓市场，保持了良好发展态势。正是由于非公经济的重要支撑，推动了我省经济社会发展稳中有进，保持了持续健康发展。在此，我代表省委、省政府，向全省广大非公经济人士付出的辛劳和智慧，表示衷心感谢！

二、希望广大非公经济人士牢记企业家的责任担当，为建设美好安徽做出新贡献

党的十八届三中全会开启了新的改革窗口，中央《决定》对全面深化改革作出了系统部署，特别是首次把非公经济与公有制经济摆在同等重要的地位，重申“两个毫不动摇”，提出了许多具有突破性的改革举措，这对非公经济发展无疑是重大利好。省委正在研究制定贯彻实施意见，对包括非公经济在内的各领域改革进行细化，将为非公经济发展开辟更加广阔的空间。希望广大非公经济人士紧紧抓住全面深化改革的重大战略机遇，大力弘扬劳动创造精神和创业精神，牢记使命，勇于担当，在推进兴皖富民宏伟事业中做出新贡献。

一要坚定理想信念，始终坚守精神家园。理想指引人生方向，信念决定事业成败。非公经济是在党和国家方针政策指引下，在社会主义经济改革实践中发展壮大的，今天事业的成功，既来源于个人的艰苦拼搏，更得益于伟大的改革开放事业。没有中国特色社会主义，没有社会主义市场经济体制的建立和完善，就不可能有非公经济发展的大好局面。希望广大非公经济人士深刻认识到这个道理，更加自觉地学习掌握中国特色社会主义理论体系，切实增强对中国特色社会主义的信念、对党和政府的信任、对企业发展的信心。要坚持以爱国报国为己任，把自身发展与国家发展、民族振兴结合起来，在推进现代化建设中体现价值，在实现“中国梦”伟业中贡献力量。

二要围绕发展大局，坚定不移办好企业。企业是创造社会财富的源泉，办好企业是每个企业家的首要责任，也是服务发展大局的鲜明体现。经过多年建设和积累，我省基础条件大幅改善，崛起势头越来越好，特别是随着皖江示范区、创新型省份试点、皖北振兴等重大战略平台建设的深入推进，随着全面深化改革巨大红利的逐步释放，新一轮非公经济发展的浪潮已经到来。希望广大非公经济人士紧紧围绕全省大局，坚持实业兴皖、实干兴皖，把办好企业作为自己的执着追求，坚决克服“小富即安、小富即满”的思想，抓住机遇，不断发展，做大做强。要积极引进先进管理理念和管理方法，加快建立现代企业制度，不断提高经营绩效和管理水平，着力增强发展后劲和竞争力。

三要突出转型升级，着力提高质量效益。中央对转型发展高度重视，习近平总书记反复强调，速度不是越快越好，关键在于提高质量和效益。当前，我省资源环境约束日益趋紧，转变发展方式势在必行、迫在眉睫。非公经济是转型升级的重要力量，要坚持走新型工业化道路，立足自身优势，把握市场需求，积极向新能源、节能环保等新兴产业覆盖，向现代物流、信息服务等现代服务业延伸，向生态农业、农产品加工业等现代农业拓展，在更高层次上优化产业布局，为全省调结构、促转型筑牢产业基础。最近，我省创新型省份建设成功获批，成为全国第二个进入试点的省份，要抓住这一重大机遇，进一步强化企业自主创新主体地位，主动寻求同科研机构的产学研合作，加大研发投入，加强技术改造，积极推广应用新技术、新工艺、新装备，坚决淘汰落后产能，培育核心竞争优势，加快由资源粗放加工型向资本技术驱动型转变。

四要履行社会责任，自觉回报造福人民。长期以来，我省广大企业家踊跃投身“光彩事业”、“感恩行动”等活动，积极参与抗灾救灾、扶贫开发、公益慈善等社会事业，做了许多解民忧、惠民生的实事好事。作为改革开放的最大受益者，作为先富起来的群体，希望大家再接再厉，更加主动地承担社会责任，多为群众谋利益，多为社会增福祉。

要向“百年老店”学习，坚持以诚信为根本、以法律为准绳、以质量为生命，对社会负责，对消费者负责，努力提供优质安全的产品和服务，不断塑造自己的品牌和商誉。要大力弘扬中华民族扶危济困的传统美德，致富思源、富而思进，义利兼顾、以义为先，致力先富带后富，帮助其他社会成员实现共同富裕、共享发展成果。

五要秉承徽商精神，不断提高自身素质。历史上的徽商，称雄明清商界三百年，创造了令人瞩目的商业奇迹，徽商的成功之道，关键在于集做人做事的优秀品质于一身。广大非公经济人士作为“新徽商”，要秉持和弘扬徽商精神，志存高远，自强不息，不断提高自身素质。要保持开放的、学习的姿态，注重培养战略思维和前沿眼光，密切关注国内外经济形势和政策走向，及时更新现代管理制度、经营风险管控、企业文化建设等各方面知识，不断提高驾驭现代企业发展和参与市场竞争的能力。要深刻认识到企业家的品格对企业文化和企业形象的重要性，不断加强自身修养，努力提高精神境界，自觉践行社会主义核心价值观，为企业发展树立好榜样，为社会进步凝聚正能量。

三、各级党委政府要认真落实改革措施，支持和推动非公经济大发展大跨越

政府营造环境，企业创造财富。促进非公经济健康发展，需要党和政府的积极引导和大力扶持。各级党委、政府要深入学习贯彻党的十八届三中全会精神，认真落实改革举措，坚决摈弃一切影响非公经济发展的思想障碍，坚决冲破一切制约非公经济发展的制度藩篱，最大限度向改革要红利、要效率，最大限度激发非公经济的发展活力和创造力。

一要继续解放思想，把发展非公经济摆到更加突出的战略位置。三中全会《决定》提出“三个进一步解放”的要求，其中解放思想是前提、是“总开关”，只有坚持不懈推进观念突围，从根本上破除“唯成分论”片面思想，才能更加主动地支持非公经济发展。要牢固树立抓非公经济就是抓发展、抓民生的意识，把发展非公经济摆到更加突出的战略位置，坚决破除“防私、恐私”的思想，真正做到政治上放心、政策上放开、发展上放手。要破除重国有轻非公、重外资轻内资的狭隘观念，摘掉有色眼镜，摒弃歧视偏见，树立一视同仁的理念，理直气壮地支持非公经济发展。要破除重监管轻服务、重检查轻支持的惯性思

维，树立以服务促管理、以扶持促发展的理念，以思想的与时俱进推动非公经济健康发展。

二要坚持公平公正，为非公经济发展创造良好的政策环境和市场环境。《决定》首次提出“坚持权利平等、机会平等、规则平等”，赋予非公经济与公有制经济平等的法律地位和发展权利，这是发展方针的重大突破，特别是提出制定“负面清单”，允许各类市场主体依法平等进入清单之外的领域，为非公经济健康发展扫清了障碍、铺平了道路。要坚持“三个平等”，在产权保护、市场准入、要素使用等方面，加快废除对非公经济各种不合理规定和隐性壁垒，真正破除“玻璃门”、“弹簧门”、“旋转门”等现象。要加快推进政府职能转变，进一步清理行政审批事项，简化办事手续，提高服务效能，着力解决越位、缺位、错位问题，切实对市场放权、为民企减负。要认真落实“两个不可侵犯”，坚持依法行政，公平公正用权，切实保障民营企业的合法权益。

三要推进全民创业，掀起新一轮非公经济发展的热潮。发展壮大非公经济，关键要培育更多充满活力的市场主体，形成浩浩荡荡的创业大军。与发达地区相比，我省市场主体发育不足，非公企业规模总量不大，必须坚持内生经济和外源经济两手抓，进一步掀起全民创业的热潮。要最大限度放宽创业条件，降低创业成本，引导更多的社会成员兴办经济实体，充分激活全社会的创业热情。要加大招商引资力度，吸引更多外来企业特别是战略投资者来皖投资兴业，吸引更多外出务工人员回乡创业，广泛聚集发展资源，努力形成非公经济铺天盖地、蓬勃发展的生动局面。

今年是工商联成立60周年。60年来，省工商联围绕中心、服务大局，团结广大非公经济人士投身现代化建设和改革开放事业，为推动我省经济社会发展做了大量卓有成效的工作。各级党委、政府要切实加强和改进对工商联工作的领导和指导，为工商联履行职责、发挥作用提供必要支持，创造良好条件。各级工商联组织要牢牢把握“两个健康”工作主题，按照“团结、服务、引导、教育”方针，最大限度地把广大非公经济人士团结起来，为发展壮大我省非公经济，为打造“三个强省”、建设美好安徽做出新的更大贡献！

与党和政府同心与时代同行

——在安徽省工商联成立60周年纪念大会上的讲话（节选）

安徽省政协副主席、省工商联主席　李卫华

（2013年12月6日）

1953年12月5日，安徽省工商联第一次会员代表大会在合肥隆重召开，省人民政府主席曾希圣、统战部部长张恺帆等同志出席大会并讲话，大会向毛主席发了致敬电，选举产生了以潘锷鐘为会长的领导班子，从此开启了安徽省工商联的新纪元。

建国初期，百业待兴，当时的工商联主要任务是带领广大工商业者发展生产，与人民群众共赴重建国家的第一线，在党的过渡时期总路线指引下，省工商联积极协助党委和政府做好对资本主义工商业的社会主义改造，协助政府调整工商业，调整公私关系和劳资关系。在社会主义改造基本完成以后，省工商联协助党和政府搞好公私合营企业的公私共事关系和贯彻赎买政策，组织和推动工商业者学习和自我教育，推动工商界参加社会主义劳动竞赛，积极为社会主义建设服务。“文化大革命”中，省工商联受到冲击，被迫停止了活动。

党的十一届三中全会以后，省工商联组织又焕发了青春，呈现出蓬勃发展的新局面。特别是在党的十二大提出的“计划经济为主，市场调节为辅”的方针指引下，各级工商联开展了以经济建设为中心、全方位服务为宗旨的各项活动，积极参与建设安徽的改革开放事业，对处于起步阶段的非公有制经济快速发展起到有力的促进作用。

1991年，中共中央批转了中央统战部《关于工商联若干问题的请示》（中发〔1991〕15号文件），明确工商联是党领导下的以统战性为主，兼顾经济性、民间性的人民团体，是党和政府联系非公有制经济的桥梁，政府管理非公有制经济的助手，将非公有制经济人士作为工商联的主要工作对象。安徽省工商联工作发生历史性转折，实现工作重点与主要职能转变，全面推动非公有制经济蓬勃发展。

进入新世纪以来，随着以非公有制经济人士为主体的新的社会阶层逐渐成为党的统战工作的新的着力点，工商

联的工作面更加广泛。在2006年《中共中央关于进一步巩固和壮大新世纪新阶段统一战线的意见》（中发〔2006〕15号文件）和2007年党中央、国务院在全国工商联十大上的贺词中，明确了工商联是具有统战性、经济性、民间性的人民团体和商会组织，要充分发挥工商联的“五大作用”，促进非公有制经济人士健康成长和非公有制经济健康发展。工商联的性质、地位、职责、作用被赋予新的内涵。

2010年、2011年，党中央国务院和省委省政府先后颁发加强和改进新形势下工商联工作的意见，强调工商联工作是党和国家工作全局中的一个重要方面，是党的统一战线工作和经济工作的重要内容，进一步明确了工商联的职能、作用和地位，为工商联事业的发展提供了更为广阔的空间和舞台。

近年来，省工商联紧紧围绕中央和省委省政府战略部署，成功承办了两次大规模的“安徽省与全国知名民企合作发展”活动，探索性设计了“商会合作共建皖江”、“百家民企进皖北”等活动载体，促进区域经济和民营经济共发展。据统计，仅“商会合作共建皖江”、“百家民企进皖北”两项活动，累计招商引资项目总投资规模就达2600多亿元。

紧紧围绕服务民营经济发展，建立健全工商联直通车工作机制、与民营经济相关部门的协同机制、与宣传部门和主流媒体的协调合作机制，与各级人民法院建立商会调解与诉讼调解衔接机制，有力地促进优化民营经济发展环境。

紧紧围绕民营企业需求，打造省工商联投融资服务中心、商会调解中心、人才服务中心、信息服务中心、教育培训中心、服务民营企业“走出去”办公室等服务体系，推动企业抱团发展，破解民营企业发展难题。

紧紧围绕非公经济人士健康成长，创新思想政治方式方法，深入开展非公经济人士理想信念教育实践活动，举办民营企业家大讲堂活动、宣传非公经济领域先进典型、开展“宣传民营经济好新闻”评选活动，引导非公经济人士积极参与“美好乡村建设”、“同心示范工程”和光彩事业，努力培养优秀中国特色社会主义事业建设者。

紧紧围绕加强工商联工作的“两文一会”精神的贯彻落实，着力推动解决影响工商联组织事业发展的编制、经费、办公条件、干部队伍、体制机制等突出问题；切实加强会员队伍和行业商会建设，探索建立非公有制经济代表人士数据库；结合党的群众路线教育实践活动，全面加强机关干部队伍能力和作风建设，推动工商联工作的制度化、规范化、程序化，努力把工商联建设成为政治坚定、特色鲜明、机制健全、服务高效、作风优良的人民团体和商会组织。

历经60个年头的磨砺成长，目前全省县区级以上工商联组织122个，各级行业协会商会480个，乡镇基层商会1135个，会员15.2万名。截至今年9月底，全省实有民营企业34.01万户，安徽非公经济已经成为我省加快崛起的主力军、改革开放的主动力、增收富民的主渠道，成为我省经济发展的重要增长极。

抚今追昔，我们深切怀念和感谢为安徽省工商联的创立与发展呕心沥血的老一辈工商联领导人。我们不会忘记许多为安徽省工商联作出贡献的原工商业者和社会各界的朋友们，我们现在所做的工作，正是他们所开创事业的继续和发展。

60年前，安徽的老一辈工商业者怀着国家振兴和民族崛起的宏愿，满腔热诚地投身于社会主义革命和建设，他们以实际行动奠定了半个多世纪工商联乘风破浪、奋勇前行的坚定信念；60年后的今天，我们用创新的实践和光辉的业绩升华了老一辈工商业者当年的理想和追求。回顾安徽省工商联走过60年的历史足迹和奋斗历程，我们不能不为半个多世纪以来，工商联始终与党和人民同心、与时代同行的坚定信念和豪迈壮志而感到无比的骄傲和自豪。这60年，是工商联坚定不移跟党走，历经考验而矢志不渝的60年；是围绕党和政府中心任务，为安徽经济发展和社会进步发挥积极作用的60年；是顺应历史潮流和时代要求，不断发展、不断进步的60年。60年不平凡的历程，我们积累了许多弥足珍贵的经验体会：做好工商联工作，必须高举中国特色社会主义伟大旗帜，始终自觉坚持党的领导，引导教育广大非公有制经济人士与党和政府“在政治上同心同德、在目标上同心同向、在行动上同心同行”。必须紧紧围绕中心任务，自觉把工商联工作放到党委、政府的工作大局中谋划推进，坚持在工作大局中找准定位，发挥桥梁纽带和助手作用。必须树立“两个健康”工作主题的办会理念，牢牢把握发展这个第一要务，坚定不移地服务民营企业加快发展、转型发展、创新发展。必须坚持“团结、服务、引导、教育”工作方针，发挥“三性”统一的综合优势，做到服务支持与引导教育相统一，最终达到增强凝聚力、实现大团结的目的。

必须适应时代要求，坚持创新发展，建立健全具有商会特色的服务体系，培育一批具有广泛影响力的服务项目，不断提高商会服务水平，增强工商联系统的凝聚力和吸引力。

党的十八届三中全会作出了全面深化改革的决策部署，强调公有制经济和非公有制经济都是社会主义市场经济的重要组成部分，都是我国经济社会发展的重要基础，再次强调“两个毫不动摇”、“三个平等”，为非公经济人士施展才能和非公经济的更大发展提供了新的机遇，也为工商联工作拓展了广阔的空间。

时代赋予新的使命，事业呼唤新的作为。工商联正站在一个新的历史起点，全省各级工商联要在省委、省政府坚强领导下，把握新机遇，与广大民营企业家一起共同攻坚克难推动改革，共同推动环境改善、民营经济发展，共同为建设美好安徽作出更大贡献！

第二篇

文化徽商

百盟集团“四位一体”商业模式的创新和应用

安徽省徽商发展研究院课题组

一、引言与文献简述

商业模式（Business Model）又称盈利模式，是西方经济学家最先提出的。据文献搜索，Bellman 和 Clark 于 1957 年发表的 Operations Resarch 文章中最早使用这个概念(Bellman et al, 1957)，以后逐步流行于西方发达国家，以至于国际著名管理大师彼得·德鲁克认为，“当今企业之间的竞争，不是产品的竞争，而是商业模式之间的竞争”。我国的学术界与企业界虽然到 20 世纪 90 年代中期才开始使用这个概念，但很快引起普遍重视，很多企业还对商业模式积极创新并获得成功。据调查，从 1998 年到 2007 年，我国进入《财富》世界 500 强的 27 家企业中，有 11 家企业认为，他们成功的关键在于商业模式创新(方圆，2010)。2012 年，全球最大的信息咨询服务机构 IBM 全球企业咨询服务部(Global Business Services,GBS)对 64 个国家 1709 位 CEO 的调查报告也显示，企业创新的重点与主要趋势是商业模式创新，而不是枝术与市场的局部改造。①关于商业模式的涵义，从文献上看大体可分为三种观点：一是认为商业模式是一种价值体现，亦即在产品、服务和信息流体系中，不同参与者潜在利益和最后受益的来源(Timmers,1998)；二是认为商业模式是一种整合方式，亦即企业利用商业机会设计的体系构造，将公司、供应商、伙伴及雇员整合起来(Amit et al.,2001;Magretta,2005)；三是认为商业模式是一种竞争优势，包括企业战略、企业架构等一系列内在相关决策变量的合理决定，以创造持续的竞争优势来适应市场(Morris etal.,2005)。仔细分析发现，三种涵义的表述虽有差异，但在理念上是高度统一的，只不过是从不同角度来阐述企业在激烈的市场竞争环境中，如何能更有把握地持续盈利。

关于商业摸式的创新，新千年以来学术界的研究比较活跃，具有代表性的观点归纳起来有三种：一是根据熊彼特的创新理论，按照新产品、新的生产方式、新的供应来源、新市场的开发和组织业务的新方式等五种方式，对现有资源的“再组合”(吴朝晖、吴晓波、姚明明，2013)；二是从客户角度对商业模式的创新，认为商业模式的成功创新是努力让价值创造过程变得更好，能使客户利益最大化(Tucker,2001)；三是从企业运营角度对商业模式的创新，认为商业模式的成功创新是对企业运营过程的有效调整，或加强某个环节，或删减某个环节，使企业运营更有效率(Siggelkow,2002)。Mitchell 和 Coles 将企业运营过程分为 7 个主要环节，认为只要其中 4 个环节发生改变，便是商业模式的创新(Mitchell,2004)。

关于对商业模式及其创新的具体研究，更是成果累累，从已有的成果看，大体可概括为四种类型：一是概念模型的研究，包括对商业模式的定义、内涵、类型、构成要素、结构体系、运营机制等的理论解释，以及对商业模式创新与趋势等的研究与分析，特别是信息革命、技术革命以及全球化而导致企业经营环境的变化，对商业模式的影响较大，这些方面的研究成果较多，但由于研究者的学科、视角、方法等的不同，研究结论差异较大，认识也不统一，理论分析框架尚未建立起来，从总体上看还处于探索阶段(魏炜，2009；朱成祥，2010；吴朝辉等，2013)。二是类型式样的研究，既有在总体上的研究，也有分类的研究，在国外有代表性的是 Osterwalder 和 Pigneur 用商业模式构造的相似布局或相似行为进行分类，将商业模式分为 5 种类型，并加以案例阐述(Osterwalder et al.,2011)；在国内有代表性的是张文松和郝宏兰等按资产构成、价值链、实际效用的三个层面分类研究，将商业模式分为 6 种类型(张文松、郝宏兰，2012)。三是行业模式的研究，因为不同行业的差异很大，分行业的模式研究不仅易于深入，而且颇受企业界欢迎，在国外已成为许多咨询公式的一项主业务(Timmers,1998)。四是典型案例研究，中外学术界在这方面的研究成果最多，许多大学的管理学院、MBA 班、EMBA 班、EDP 班等，都以商业模式的典型案例作为教材，很受学员的欢迎。

通过对研究文献的概要梳理可以看出，中外理论界对商业模式的研究，都集中为企业盈利模式的研究，特别强调成功的商业模式是企业在科学分析目标客户价值主张的基础上，整合所需资源、实施有效经营的价值发现、价值创造和价值实现的系统运作模式。尽管从总体上还处于探索阶段，但反映了商业模式的本质涵义，也推进了企业管理的升级

和经营业绩的改善。但是，任何一个企业都存在于某个具体的城市或地区，实践表明，一个企业、尤其是大型企业商业模式的成功创新，不仅能为企业盈利，也会为所在地区盈利，如扩大当地就业、提高地方政府税收、推进当地的经济繁荣，在中国，还能推进当地的城镇建设和城镇化发展。显然，这是企业商业模式对当地发展的“区位外溢”。但是，这方面的研究却被中外理论界所忽视，应该说是一个缺憾。

以安徽一批民营企业家为主体组建的湖北百盟投资集团有限公司(以下简称百盟集团)，作为一家大型的产业新城营运商，自主创造了专业市场、产业园区、物流园区和城市综合体有机融合的“四位一体”商业模式，在湖北、四川、安徽、黑龙江等省成功地投资建成5个产业新城，不仅使企业和用户、供应商及其他合作伙伴获利受益，而且，企业的获利受益也持续地“外溢”到当地，特别是推进了当地的城镇建设和城镇化发展，是我国民营企业商业模式创新的成功范例。本文对此简作深度分析，意在对弥补上述缺憾作些尝试，也为我国企业商业模式的创新提供一种借鉴。

二、百盟集团“四位一体”商业模式的缘起与架构

百盟集团是由安徽、湖北等省一批民营企业家于2004年创办的以资本为纽带的紧密型企业集团，由“意”及“名”，故命名为“百盟集团”，资产总规模100亿元。集团总部在中部重镇武汉，是湖北省的民营企业50强、中国建材市场100强企业。

百盟集团董事长李家俊先生是做建材市场起步的。1992年，他在合肥市创办了“红旗美家居装饰广场”。适应了城镇化快速发展和城镇居民改善住房的需求，企业越办越大，到2003年，已形成营业面积5.5万平方米、经营品种达4万多种的合肥地区最大的建材专业市场。企业不仅有了资本积累，更历炼了经营队伍。

他们在经营中发现了三个已成规模的经济现象：一是他们专业市场的上游客户是各类建材品的加工制造企业，几年来与上千家这类企业形成了密切的业务关系，带动了这些企业的发展；二是每天有大批量建材产品进进出出，又培育和带动了上百家物流类企业；三是建材专业市场形成的大量物流、人流、信息流、资金流又对旅馆、餐饮、信贷、咨询等服务业有大量需求，他们专业市场的周边就集聚了这样的一批大大小小企业。针对这三种现象，面对城镇化快速发展和城镇居民改善住房对建材产品的需求，他们设想，如果紧挨专业市场办一个建材产品工业园，一个为专业市场和建材工业园服务的物流园，是完全可能的，而专业市场、工业园、物流园的聚合对服务业的需求，不就会塑造一个城市综合体吗？于是，专业市场、产业园区、物流园区和城市综合体有机融合的“四位一体”商业模式的架构，在李家俊经营团队的头脑中形成了。

他们决定实践。但是，实践这种“四位一体”商业模式要有两个基本条件：一是雄厚的资金，二是必要的土地。

关于资金问题，他们吸纳了中国“盟”文化形成的共同价值追求，在志同道合的民营企业间进行资金合作，动员一批有实力又有远见的民营企业加盟，成立以股权为纽带的有限责任公司，仅安徽就有一批著名民营企业如安徽南翔集团、安徽华泰集团、安徽新华集团、安徽恒泰集团、安徽海泰置业集团、安徽同济建设集团、安徽江淮电线集团等加盟，于2004年4月注册成立了“百盟集团”。加盟的企业有雄厚的资金支持，顺利解决了资金问题。

关于土地问题，他们从国家区域发展战略和新型城镇化的高度寻找解决办法。他们认为，中部地区的崛起将会成为国家战略，而且，中部地区农村人口比重大、城镇化水平低，一些交通区位条件好、区域腹地比较大的二、三线城市，城市功能将会提升，城市规模将会拓展，用地矛盾也相对较小，能够供应建设专业市场、产业园区、物流园区和城市综合体所需要的土地。于是，他们经过反复研究与考察，选择位于中部腹地的湖北省作为新一轮发展的重点地区，又选择位于鄂西北的襄阳市作为“四位一体”商业模式第一个实际运用的城市。

襄阳市是湖北省第二大城市，位于汉江中游，辖4区6市县，人口570万，面积1.97万平方公里。该市古为隆中，是一座历史名城，素有“南水北马、七省通衢”之称，历来是商贾聚集之地。如今有公、铁、水、航空相汇,5条高速公路呈双十字形穿过，与武汉有高速铁路相通，交通区位优越。正如事先分析的，襄阳市委、市政府十分看好百盟集团“四位一体”商业模式的构想，符合该市的发展战略，在土地供应等方面愿意给予全力支持。于是，一拍即合，签订协议，百盟集团科学规划、精细设计、投资10亿元，于2004年下半年先建了建材专业市场，一批商家进驻有了人流后，又就近分别兴建了以建材工业园区和物流园区。专业市场、工业园区和物流园区连成一片，又按城市综合体的模式配套建设相应的服务业设施，招引一批服务业企业入驻，只用了3年的时间，便形成了专业市场、产业园区、物流园区和城市综合体“四位一体”的空间布局，占地仅1120亩，已引进了3000多家各类企业入驻，提供了2万多个就业岗位，年销售收入100多亿元，工业总产值6亿多元，完成税收近亿元，成为襄阳市的骨干龙头企业，襄阳市南郊又崛起了一座建成区面积近3平方公里的产业新城。

襄阳市“四位一体”产业新城的成功在湖北省产生了很大反响，百盟集团认真总结了襄阳市的成功经验，对“四位一体”商业模式有了复制推广的信心。于是组织了新的经营团队，先后在湖北省的枣阳与宜城、四川省的锦阳、黑龙江省的宝清、安徽省的芜湖、江苏省的邳州等城市兴建“四位一体”产业新城，其中，有5个是在城市拓展区建成的产业新城，呈现勃勃发展势头。面对中国新型城镇化和新一轮改革发展大势，百盟集团又制定和实施“立足中部、拓展西部、辐射全国”的发展战略，计划10年内在中西部地区二、三线城市的拓展区建设20个上规模的产业新城。

三、百盟集团“四位一体”商业模式的创新

1.“四位一体”商业模式的系统性

中外企业的实践表明，成功的商业模式是一个有机集成的系统，能有效地组织企业管理的各种资源，形成满足用户、供应商及其他合作伙伴无法自力而又必须购买的产品和服务，因而具有自己能复制而别人不能复制的特征。如麦当劳、丰田、沃尔玛、戴尔等国外著名企业的商业模式。

百盟集团“四位一体”商业模式也具有系统性的特征，其鲜明特征是，通过与政府及关联企业的紧密型合作，有效组织各种资源，以专业市场、产业园区、物流园区和城市综合体为载体，形成满足用户、供应商及其他合作伙伴无法自力而又必须购买的产品和服务，因而也具有自己能复制而别人不能复制的特征。

如何驾驭这个大系统呢？百盟集团决策者认为，关键在于系统的机制。对企业而言，市场经济的本质决定了企业之间存在着竞争，但企业对发展的共同

追求，又决定了企业之间需要合作，形成企业间的“竞合关系”，其存在的基础，是利益共享机制，并会改造企业的商业模式，那些有社会责任感的企业家们正是恰到好处地运用这种“竞合关系”，以利益共享机制拓展企业间的合作，成功地实现企业商业模式的创新，把商业模式的大系统构筑在合作平台上。百盟集团正是如此，他们的高明之处在于，继承和弘扬了中国“盟”文化的优良传统，既将“盟”所包涵的责任、道德、智慧、胸怀等要素注入利益共享机制，又以利益共享机制凝聚与提升“盟”的共同价值追求，从而使“四位一体”商业模式大系统在运作中形成既具有着眼于共同发展的定力、又具有应对市场变化的张力。显然，在“盟”文化基础上形成的共同价值追求，铸就了百盟集团“四位一体”商业模式的核心竞争力，也是“四位一体”对商业模式大系统创新的亮点。

2.“四位一体”商业模式的系统性创新

仔细分析百盟集团“四位一体”商业模式的运作实践发现，这个大系统是由圈、链、面三个子系统有机组成的。其中，“圈”子系统是“跨产业共生圈”，“链”子系统是“重客户利益链”，“面”子系统是“全流程服务面”，三个子系统分别存在于“四位一体”商业模式运作的起点、终点和全过程。前后呼应、有机配合，形成了系统性的创新。下面，便简要分析三个子系统的运作特征及其是如何创新的。

(1)始于起点的创新：构建跨产业共生圈

“四位一体”商业模式在运作起点上的创新，是着眼于多类产品的加工、销售、物流、展示等一体化、可持续发展，规划建设专业市场、产业园区、物流园区和城市综合体，构建跨产业共生圈。正确的开始是成功的一半，在建设过程中就是按跨产业共生圈的思路招商引资，不仅较易形成产业集群，更为重要的是培育了集群成长的产业生态环境，奠定了“四位一体”商业模式的发展基础，为百盟集团及其合作伙伴先天性地输入了较强的市场竞争力。

“共生”（Symbiosis）原是生物学概念，含义是指不同类的一个或更多成员间延伸的物质联系，后来引伸到工业领域，形成了“产业共生”（industrial symbiosis）理论并运用于实践。生物共生的主线是“食物链”，工业共生的主线是“产业链”。随着技术进步和市场需求的扩展，“产业链”不断向二、三产业延伸，形成了跨产业共生圈。市场竞争的实践表明，这个“共生圈”所跨产业越多，市场风险就越小，企业就越有发展前途。

产业共生可以在一个企业实现，但一个企业的生产能力和发展条件是有限的，大多数企业难能自我实现充分的产业共生，必然会超出企业的界限，在一个区域范围内实现充分的或较为充分的产业共生，从而形成跨产业式共生圈。百盟集团正是这样做的，他们建设的融专业市场、产业园区、物流园区和城市综合体为一体的产业新城，正是打造了这样的区域，非常适合于超越企业界限的跨产业共生圈的生存与发展。从百盟集团已建成的5个产业新城看，涉及的产业有加工制造业、批发业、零售业、物流业、信息业、咨询业、金融业、信托业、交通运输业、酒店业、房地产业、物业等等。实践表明，这些产业的企业因相互之间共生、互补而得到稳定发展。

⑵实现于终点的创新：构建重客户利益链

“四位一体”商业模式运作在终点上的创新，是把终端客户的利益放在首位，构建了重客户的利益链。凡是在专业市场、产业园区、物流园区和城市综合体的客户，都能实现利益的最大化，这是具有战略眼光和营销生命力的商业模式创新，为百盟集团的发展培育了可靠的竞争优势。

随着市场竞争的加剧，企业的竞争优势不仅在于产品与服务本身，还取决于所拥有的客户。大量的事实表明，决定企业命运的关键，是有持久、忠诚的客户，那些走在市场前列的企业家们认识到，客户的开发与维护已是21世纪培育企业竞争优势的主题，他们的关注重点，已由提高内部效率转向尊重外部客户，千方百计地保持与客户持久的良好关系。而保持这种关系的可靠基础，是尊重和保护客户的利益，尽可能地使客户的利益最大化。

企业与客户都是利益主体，都追求利益最大化，而在一定条件下，利益“蛋糕”的大小是固定的，又如何能使企业与客户的利益都能实现利益最大化呢？

百盟集团巧妙地解决了这个似乎难解的“切蛋糕”问题，办法是公开公正地构建“利益分享链”，主要是在增量“蛋糕”中平衡分配，并向终端客户倾斜，确保终端客户利益的最大化。如此构建的效果是，一方面，对终端客户而言，他们能获得比在其他市场更多的利润，就能保持与百盟集团的固定关系，由于构建了跨产业共生圈，又会吸引有产业关联的企业成为百盟集团的终端客户；另一方面，对百盟集团来说，虽然对单个终端客户而言自身的利益可能最小化了，但集团与所有的终端客户有商业关系，有了一大批持久、忠诚的终端客户，利益就能以小积大，从而也能保障集团利益的最大化。显然，这种重客户的利益链，有效地培育了百盟集团的竞争优势，体现了“四位一体”商业模式在运作终点上的创新及其潜在的巨大价值。

⑶存在于过程的创新：构建全流程服务面

“四位一体”商业模式在运作过程中的创新，是在面上对用户、供应商及其他合作伙伴提供有效服务，精心构建了全流程的服务面。这样，客户感到服务无处不在，最大程度地消解客户在商业流程中的难题与障碍，增强了对客户的吸引力和集团的凝聚力。显然，构建这种全流程的服务面，是百盟集团对商业模式的最基础、最重要的创新。

百盟集团在这方面最具有价值的创新，是以本集团的合作金融公司为平台而对客户的金融服务。

百盟集团的客户绝大多数是中小微民营企业，资金是他们的制约因素。针对这个问题，百盟集团成立了合作金融公司，专司帮助客户解决融资难问题。主要是创建了金融物流与仓储，推出仓单融资、订单融资、动态质押等三种金融产品，把企业原来存放在仓库的静态货物变“活”了，成为手中可用的现金。

所谓仓单融资，就是需要贷款的企业将其货物存放在百盟集团的物流公司，由该公司出具仓单在百盟合作金融公司或银行质押，金融机构依据质押仓单向企业提供相应的贷款。所谓订单融资，就是需要贷款的企业将其订单存放在百盟集团的合作金融公司，该公司或直接提供相应的贷款，或出具订单在银行质押获得相应的贷款。这样，企业不管是有存货还是订单，都能实现融资，有效解决了中小微民营企业因缺乏抵押物或担保人而难获贷款的问题。

所谓动态质押，是百盟集团的物流公司为采购商和供应商提供金融服务的一种方式。操作流程是，物流公司先为供应商承运货物预付一定比例的货款(比如一半)，同时获得货物运输代理权，并代理供应商收取全部货款，采购方在提货时一次性地向物流公司付清货款。物流公司在将余款付给供应商之前会有一个时间差(如30天)，这部分资金就形

成了一个沉淀期，可为物流公司解决其他企业的融资问题所用。由于这样的业务较多，物流公司掌握的沉淀资金也较多，就有能力解决其他企业融资问题，从而增强了百盟集团的凝聚力。

金融服务仅仅是百盟集团"全流程服务面"的一个方面，在信息资讯、订单寻求、厂房供应、业态选择、业务提升、人力资源以及与地方政府的协调等各个方面，对所有客户都尽可能地给予全流程的服务。这样，不仅能解决客户的难题，重要的是在全流程服务过程中，将"盟"文化的责任、道德、智慧、胸怀等潜移默化地渗透到广大客户的心灵，"四位一体"商业模式在客户中会得到广泛认同。

四、百盟集团"四位一体"对中西部新型城镇化的推动

百盟集团以产业新城的投资、建设、营运商为自身定位，其实施的"四位一体"商业模式还有一个重要成效，是推进了企业所在地的城镇建设和城镇化发展，是企业商业模式对当地发展"区位外溢"的成功范例。从百盟集团在湖北、四川、安徽、黑龙江等省已建成的5个产业新城看，对当地新型城镇化的推动主要体现在以下方面：

1. 先市后城，建设产业新城

近年来，我国的城镇化出现了一种现象，即许多城市通过建设新城扩大规模。据国家发改委2013年对全国12个省会城市和114个地级市的调查，每个城市已建或拟建的新城，省会城市平均达4.6个，地级市平均为1.5个，其中许多是中西部地区的城市。这些新城建设有成功的，也有失败的，甚至出现了"城市孤岛"、"空城"现象。总结这些失败的教训，可以看出有两个误区：一是单纯造城的误区，主要是房地产开发商在城市郊区拿到土地后，大规模地建设住宅，虽然短时间内一座座"新城"拔地而起，但购者廖廖，住者更少，缺乏生气与活力。二是单纯建开发区的误区，主要是政府在城市近郊划拨土地建设开发区，面积动辄在十数平方公里，全国目前有6000多个开发区，散布于各类城市的郊区，许多开发区入驻企业不多，一些企业占地达数千亩，不仅土地资源浪费严重，而且基础设施和公共服务与主城区脱离，入驻企业员工的工作生活极不方便，以致成为"城市孤岛"，夜晚则是"空城"。

上述两个误区产生的原因是违背了新城发展的规律，脱离了所在城市的实际。城市发展史表明，"城"与"市"有着直接的渊源关系，城市规模的大小，取决于“市”即商业规模；工业化以后，工业的规模与能力是导致城市规模扩张的重要因素。因此，任何一个新城的产生，先必须有“市”，继而再有“产”，形成市→产→城的成长规律。对于中西部地区的城市来说，由于老城区功能大多较弱，建设新城尤应遵循这个规律，先有市场、再有产业，才可能建设“产城一体”的新城，而“市”是产城一体的融合剂，商业服务业仍然是新城的依托。上述两个误区都违背了新城发展规律，其中第一个误区是脱离了市场而人为地造城，第二个误区是忽视了产业发展的可能性而主观地建开发区，结果都导致了新城建设的失败。

百盟集团“四位一体”商业模式对新城的开发，就是从建设专业市场开始的，先市后城，走的正是市→产→城的建设路子。如在襄阳，着眼于该市及周边地区对建材的巨量需求，先兴建了建材大型专业市场；因为销售量渐大，继而兴建了以建材为主导产业的工业园区；建材加工及市场有了规模，有了建设物流园区的需求，一个鄂西北地区最大的物流园区也就顺理成章地兴建起来；专业市场、工业园区、物流园区在区位上相连，在市政建设上又有共同的需求，也就建成了城市综合体。显然，百盟集团“四位一体”商业模式“先市后城”的产业新城建设路子，发挥了专业市场作为产城一体融合剂的作用，符合新城成长规律，更适应建设新城的实际需求，因而能够建设成功。

2. 新型地产，提升新城价值

城镇化离不开地产业，新城建设首先是对地产的开发。地产业又分住宅地产、商业地产、产业地产，在城镇建设中虽都会发挥作用，但各自获利及对城镇发展的价值却有很大区别。当下中国地产界流传着这样的说法：“住宅地产业吃肥肉，商业地产吃瘦肉，产业地产啃骨头”，说的就是其在利润上的巨大区别。住宅地产是对商品住房的开发，在房价高企的情况下利润最高，但因为住宅卖掉就完事，对城镇发展的价值却最低；商业地产是对商业用房的开发，利润低于住宅地产，但却营造了城镇的市场与人气，对城镇发展的价值高于住宅地产；产业地产是对工业用地的开发，拿地成本虽然最低，由于产业培育很难，投资大、周期长，所以利润最低，但却发展了实体经济，对城镇发展的价值最高；产业地产是建设新城，贡献虽大，但风险却高，如果产业不能及时培育成长，不仅降低了新城价值，对城镇发展反而有害。

百盟集团“四位一体”的产业新城开发模式，既不是商业地产、住宅地产开发，也与产业地产开发有很大不同，他们自己称之为“泛产业地产”。可以说，这种地产既包涵了产业地产的长处，又可降低产业地产的风险，是一种新型的地产开发模式。

所谓“泛产业地产”，顾名思义，是以发展多种产业为目的的一种产业地产，其意义在于，通过对多种产业的培育与发展提升新城的价值。百盟集团“四位一体”商业模式在运作起点时就着眼于构建“跨产业共生圈”，这就决定了要走“泛产业地产”的路子，已建成的5个产业新城都形成了多产业关联共生的格局，百盟集团的地产开发就是为这些产业的企业服务的，体现了产业地产由办物业向造平台的转变，由做产品向做服务的升级，可谓是为新城长久发展而谋的“百年大计”。显然，百盟集团首创的“泛产业地产”是一种新型的产业地产，以这种模式建设的新城，一定会提升新城价值，这样的新城才是中西部地区城镇化和城镇建设所最需要的。

3. 政企合作，培育新城功能

新城价值的最大化体现为城市功能的增强，而新城价值释放为新城功能要有一个培育过程，这虽然是政府的责任，但离不开与企业的合作与互动。百盟集团已建成的5个产业新城很快形成了相应的功能，都是因为有政企之间的合作与互动，共同培育新城功能。

从政府方面看，百盟集团所建产业新城的当地政府，在规划编制、基础设施建设、政策支持、公共服务等多方面，都为新城建设提供支持。如地方政府将百盟集团的专业市场、产业园区、物流园区与城市综合体，都纳入到城市的发展规划及相关专项规划；又如在基础设施建设方面，当地政府在水、电、气、道路、环保、通信、消防、土地平整等方面充分考虑新城建设的需要，并与主城区充分衔接和合理配套；再如在政策方面，当地政府更是在其权力范围内给予支持，特别是在土地供应、投融资平台、重点项目等方面给予大力支持，为百盟产业新城功能的培育提供了政策与发展环境条件。

从企业方面看，百盟集团所到之处，按照当地政府的城市战略建设新城，其“四位一体”的新城建设方略，本身就包涵着对城市功能的培育。如专业市场会培育新城的商业功能，产业园区会培育新城的产业功能，物流园区会培育新城的物资集散功能，城市综合体会培育新城的社会功能等，在政府支持下顺利地推进建设，就会很快形成新城应有的功能，并与老城区充分衔接，进而会提升整个城市的功能。

百盟集团通过政企合作对新城功能的培育已有显著成效，最直接的是对税收的可观贡献。据百盟经验数据的不完全统计，以10亿元投资兴建的“四位一体”产业新城为例，在建设阶段贡献的税费接近投资总额的40%；在投入经营后，以每年专业市场30亿元交易额、工业园区25亿元产值、物流园区4亿元营业收入、城市综合体5亿元营业收入的总规模计算，能够为当地提供的各类税收10亿元左右，而且，这些税收贡献是长期性的，并随着产业新城不断兴旺而继续增加[②]。政府有了这些可观的税收，又有财力投入城市基础设施、公共服务与社会事业建设，城市功能又会不断提升。

4. 以城带乡，推进农村转移人口市民化

我国区域经济发展已进入以城市为主导的新阶段，形成以城带乡的新格局。城市带动农村的因素很多，其中，最重要的是带动农村人口向城镇转移并顺利实现市民化，但这需要城镇对农村人口有较强的吸纳能力。而中西部地区农村人口比重更大，城镇对农村人口的吸纳能力又较弱，提升城镇对农村人口吸纳能力和市民化能力就更为重要。百盟集团运用“四位一体”商业模式在中西部地区城市“先市后城”建设产业新城，运用“泛产业地产”的新型地产模式提升了新城价值，通过与政府的密切合作培育了新城的功能，增强了以城带乡的能力，有效地吸纳了周边地区农民向城市转移，也推进了农村转移人口市民化。

据百盟集团的经验数据统计，专业市场、产业园区、物流园区与城市综合体所提供的就业岗位，专业市场每百万元交易额为2~3.5个，产业园区每百万元产值平均约为3~5个，物流园区每百万元营业收入为5~8个，城市综合体每百万元营业收入为8~15个，若以专业市场30亿元交易规模、物流园区4亿元营业收入、工业园区25亿元产值规模、城市综合体累计5亿元营业收入综合计算，上述产业新城将提供上2万多个直接就业岗位，还有大量的间接就业岗位，这些岗位的就业者基本上是周边地区的农村转移劳动力。[③]可见，一个“四位一体”产业新城的兴起，可以吸纳大量的农村劳动力，有效推进农村转移人口市民化，加快新型城镇化的进

程。

百盟集团兴建的产业新城，都在中西部地区二三线城市，如今，该集团采取“集中决策，分层管理、分散经营”的方略，在中西部地区选择区位条件好、又有一定经济基础的二三线城市，复制其自主创新的“四位一体”商业模式，对中西部地区的城市更好地实现农村转移人口市民化，进而推进中西部地区的新型城镇化，将会发挥积极作用。

五、展望：“四位一体”商业模式的应用前景

通过以上分析可以看出，百盟集团自主创新的“四位一体”商业模式及产业新城建设，在中西部地区有广泛的推广应用前景。

2013年12月召开的中央城镇化工作会议指出，从现在起到2020年，我国城镇化面临三个“1亿人口”的任务：一是城市中1亿农村转移人口的市民化，二是城市建成区内1亿人口棚户区的改造，三是中西部地区1亿农村人口向城镇的转移。完成三大任务要通过不同的途径，其中，第三个“1亿人口”的任务主要是推进中西部地区的城镇化。城镇化并非是农村人口居住的城镇化，而农村劳动力就业的城镇化，中西部区的城市要吸纳1亿农村劳动人口就业，唯一的途径就是要发展城市的产业。百盟集团运用自主创新的“四位一体”商业模式在中西部地区成功地建设了产业新城，应该说正逢其时，在中西部地区的二、三线城市具有推广应用前景。

如同中国产业地产界所言：“产业地产既是市场的，又是市长的”，中西部地区城镇面对吸纳1亿左右农村转移人口的艰巨任务，政府应该积极吸引和鼓励企业、特别是民营企业参与新型城镇化建设，走政府与企业互动合作的路子，运用企业、特别是民营企业资源吸纳农村转移人口。百盟集团“四位一体”商业模式在产业新城建设上的成功实践，正为中西部地区政企合作推进新型城镇化，提供了一条可供借鉴的路径。

注释：

①司春林编著:《商业模式创新》[M]清华大学出版社2013年版，第1页。

② 引自《百盟模式专题研究报告》，第90页。

③ 引自《百盟模式专题研究报告》，第90页。

参考文献：

[1]Bellman R Clark C E,Malcolm

D G et al 1957.On the construction of a multi-stage,multiperson business game[J]. Research,5（4）:469—503

[2]Timmers P,1998.Business modle for elecronic markets[J], Electronic Markets,8（2）:3—8.

[3]Timmers P,1998.Businss models for electronic markets[J].Electronic Markets,8（2）:3—8.

[4]Tucker R B 2001,Strategy innovation takes imagination[J],Journal of Business Strategy,22（3）:23—27

[5]Amit R,Zott C,2001.Value creation in e-business[J],Strategic Mannagement Journal,22（6—7）:493—520.

[6]Siggelkow N.2002.Evolution toward fit.Adminstrative Science Quarterly[J],47（1）:125—159.

[7]Magretta J,Stone ,2005. Management Scientifico[M].Milano:Egea.

[8]Morris M,Schindehutte M,Allea J,2005.The contreprenurs business;toward a unified perspective[J],Journal of Business Research,58（6）:726—735.

[9]Mitchell D W,Coles C B.,2004. Business model innovation breakthrough moves[J].Journal,63:18—23.

[10]Osterwalder A,Pigneur Y,Oliveira M A Y, et al.,2011.Business model generation:a handbook for visionaries,game changers and challengers[J],African Journal of Business Management,5:7

[11] 周维颖．新产业区演进的经济分析 [M]. 复旦大学出版社 ,2004.

[12] 邢海峰．新城有机生长规划论 [M]. 新华出版社 ,2004.

[13] 董观志．华侨城的商业模式 [M]. 中山大学出版社 ,2008.

[14] 张耀辉，左小德著．新商业模型评析 [M]. 暨南大学出版社 ,2009.

[15] 方圆．创造与众不同的市场:“苹果”出新招 [J]. 科技与企业 ,2010（10）.

[16] 程必定著．从区域视角重思城市化 [M]. 经济科学出版社 ,2011.[17] 魏炜，朱武祥．重构商业模式 [M]. 机械工业出版社 ,2012.

[18] 张文松，郝宏兰．商业模式再造 [M]. 清华大学出版社，北京交通大学出版社 ,2012.

[19] 吴朝晖，吴晓波，姚明明．现代服务业商业模式创新 [M]. 科学出版社 ,2013.

[20] 魏后凯，钟少颖，陈锐．中国新型城镇化空间布局研究 [J]. 城市发展研

究,2013(12).

(课题成员:程必定、盛志刚、刘志迎、吕连生、宋宏、林斐、孔令刚;执笔:程必定、林斐)

近代以前徽商兴衰的文化解读

程必定

谈到徽商，人们必然与历史上赫赫有名的徽商相联系。历史上的徽商至少始于明代，而到1840年后的近代，便悄然退出了历史舞台，故把历史上的徽商统称为近代以前的徽商。在这400多年间，其兴其衰虽有多种原因，但与文化都有密切的关联。可以说，文化是徽商的“神”，而各种各样的商业活动只不过是徽商的“形”。进一步的分析可以发现，近代以前的徽商诞生于徽州，世代徽商也皆为徽州人，其兴其衰与文化的关联，主要是与徽文化的关联。在文化更为繁荣昌盛的今天，从文化层面解读近代以前徽商的兴衰，对于现代徽商以史为鉴、更好发展就很有现实意义。

一、近代以前徽商的兴盛与徽文化的作用

在明清时期兴起的中国“十大商邦”中，徽商以“左儒右贾”的鲜明特色而区别于其他商帮，充分体现了徽商厚重的文化因素。中国的习惯用语是“左”重于“右”，用“左儒右贾”而不是用“亦儒亦贾”来概括徽商的特色，不仅更为确切，而且更为深刻，其原因在于，文化对徽商的兴盛具有极为重要的作用。

对徽商的兴起而产生深刻影响的文化，是具有地域特色的徽文化。徽商成为一个走南到北的偌大商帮，有史记载是始于明代的成化、弘治年间(1457—1503)，而徽文化作为一种具有特色的地域文化，有文字记载的起点至少可以追溯到东晋时期(317—420)，比徽商的产生早千年左右。徽州是一个典型的移民地区，古徽州的人口大多是在历史变故中由北方中原地区迁来的移民，其中相当一部分原来就是中原地区的士族富户。如据史料记载，西晋“永嘉之乱”(307—313)时，因避战乱而由中原地区迁入徽州的士族有程、鲍、俞、黄等十五氏；唐末黄巢起义(875—884)时，迁入徽州的士族有陆、陈、叶、孙等四十八氏；两宋之际、元末明初，更有大量的北方移民至徽州定居。这些移民带来了中原地区丰富的文化，徽州地区的每个家族、每个村落，从一开始就有丰厚的文化底蕴。经过近千年的文化积淀，在徽州地区特定的自然、地理、人口、资源、经济、社会诸多条件下，才

孕育和造就出赫赫徽商，徽文化对徽商的“神”和“形”都打下了深刻的烙印。

徽文化的内容非常丰富，归纳起来可分为三大体系：一是观念文化，二是制度文化，三是地域文化。观念文化是意识形态层面的文化，它的核心是儒家思想，徽州号称“东南邹鲁”，又是“程朱理学”的故乡，封建理学的观念文化在徽州地区牢固地处于思想统治地位。制度文化是社会管理和政治层面的文化，在封建社会基层，它的核心是以家族宗族乡族为形式的宗法制度文化，徽州地区形成并保留着最完善、最有效的家族宗族乡族结构体系，世世代代维系和控制着徽州人的思想和行为。地域文化是劳动人民在历史中创造的地方文化，但徽州的地方文化则是层次很高的地域文化，扬名于世的就有徽剧、徽菜、徽刻、徽派建筑、徽州朴学、徽州版画、微州篆刻、徽州文书、新安理学、新安医学、新安画派等，可谓洋洋大观、光彩夺目。观念文化、制度文化、地域文化三大文化体系在古徽州地区根基很深，又密切联系，从不同层面直接影响和推动近代以前徽商的繁荣与发展。

观念文化从思想理念层面影响和推动近代以前徽商的繁荣与发展。徽州地区是“八山一水一分田”，历来就人多地少，特别是经历了晋末、唐末和北宋末年三次大规模的移民，徽州地区人口骤增，导致耕地不足、粮食短缺，在人口的重压下只得外出经商图生，是徽商产生的最初动因。徽州地区儒风甚茂，受封建理学观念文化的深刻影响，徽州人仍然崇尚业儒进仕、扬名显宗，所以，徽州地区的书院甚多，明清时期通过科举考取进士、状元的徽州人在全国所占比例很高，人数也屡为安徽之冠，其中，仅休宁一县就出状元 21 名，号称中国“第一状元县”。读书做官固然最好，但成功者毕竟是极少数人，而经商是一条相对容易的道路，因而绝大多数徽州男人便“驰儒而张贾”，经商也渐成风气，形成“徽人什六七从商”的局面。不过，他们在经商过程中以儒家的道德、理念规范自己的行为，笃信“生财有大道，以义为利，不以利为利”①，以诚信为商德，以儒雅为商风，仁心为质，和合为用，程朱理学的价值观、义利观渐成徽商的经营理念，因而被历史上的中国商界与百姓喻为“儒商”。此外，他们还特别注重以多种方式与封建衙门保持密切的联系，徽州盐商更是依靠封建朝廷授予的特许权而大获暴利，甚至出现了“红顶商人”。不过，他们在经商获利后，为了子孙后代的利益，又“宁驰贾而张儒”，践行封建理学观念文化的人生观、价值观，利用雄厚的资财，重振儒业，希望后代中有人能读书做官，荣宗耀祖，历史上，徽商家族也出了不少封建朝廷的大小官员。显然，在儒贾两个方面，徽州人“一张一弛，迭为相用”，不是力图从贾成富，就是追求业儒为官。以儒为基础，官商为互动，成为徽商的一大特点。而在封建社会条件下，这正是商业集团取得成功的社会政治条件。近代以前徽商的大量史料表明，儒家思想和程朱理学从观念文化层面对徽商繁荣发展的影响，是深刻而巨大的。

制度文化从家族和社会层面影响与推动着徽商的繁荣发展。中国封建社会长期存在着“双重统治格局”的制度体系，即封建朝廷的上层统治与基层组织的社会统治，亦即“国”与“家”的双重统治，两者的统治是通过以儒家思想为代表的封建文化在深层次上的联系而牢固地连接起来，史学界称之为“家国同构”。中国封建社会基层组织统治体系的基础，是家族宗族乡族严密而有序的组织，这在古徽州地区表现得最为充分。从中原地区迁来的每一户士族大家都希望能在徽州繁衍发展、举族兴旺，依然保持着原来的宗族文化，又有机地糅合程朱理学的宗法观念，形成更加制度化的家族宗族乡族体系，以家谱、宗祠、祭祀等多种形式维系着家族的精神与文化上的联系，各姓氏、各门户都有很高的凝聚力和进取心，往往是一人从商、族人跟进，一族从贾，乡人相随。宗族中的每一户人家，都以家族为重，以从商的业绩光耀门户，为族人争光；而族人又以经商富户为楷模，鞭策子孙，以奋进于商海，图富甲于乡里。徽州的商人以家族宗族乡族为纽带，表现出很强的团队精神，哪里有徽州人做官，就可能有徽州商人；哪里有一户徽商业成，就会有一批徽商聚集。所以，他们能走出徽州，在许多大城镇和商埠从商，不仅站稳脚跟，而且能蓬勃发展，形成气候。他们联合宗族力量在一些中心都市建造富丽堂皇的会馆，就是历史的见证。可以说，这种以家族宗族乡族为基础的制度文化对徽商繁荣发展的巨大作用，是中国其他商帮难以相比的。

地域文化或乡土文化以个人素质方面影响和推动着徽商的繁荣发展。徽商是一个文化修养较高的社会阶层，他们非常重视从书本中去学习经商技能，又不断地在实践中总结提高，非常注重个人道德修养。可以说，这也是繁荣昌盛的徽州地方文化或乡土文化所培育的。徽州商人在年幼时期大多在由宗族兴办

的学堂或书院受过启蒙教育，成人后已具备一定的文化知识而走向商海；许多商人本身就是理学信徒、诗画戏曲爱好者或文物收藏家，更有一些商人本身就是理学鸿儒、诗人、画家、金石篆刻家、书法里手、戏曲行家，他们在从商过程中忙里抽闲，以商人的方式传承、弘扬徽州的地方文化；他们经商致富后，更加热衷于地方乡土文化建设，在家乡投资办学，刻书、藏书，建戏班，办文会，给后世留下宝贵的文化遗产。繁荣昌盛的徽州地方文化培育了一代又一代的徽商，而徽商的发展又为徽州地域文化的繁荣提供了丰厚的物质基础。在浓郁的地域文化熏陶下，徽州商人文化素质普遍较高，对徽商的繁荣发展起着极为重要的基础性作用。

二、近代以前徽商的衰落与徽文化的局限性

从明代中叶到清朝嘉庆年间，徽商雄飞中国商界300余年，清道光以后便逐渐趋向衰落，终于在历史的变革中退出了中国的商界舞台。徽商衰落的原因固然很多，但与徽文化的局限性也有密切的关联。

徽文化是历史的产物，它有历史的贡献，也不可避免地存在历史局限性。由于徽文化对徽商的影响极为深刻，徽文化的历史局限性也是导致徽商衰落的重要原因。深入研究徽文化的三大体系可以发现，徽文化的历史局限性是非常明显的。

首先，从观念文化而言，程朱理学是徽文化的核心，当中国社会进入近代以后，程朱理学作为封建社会的思想理论，仍顽固地维护走向衰落的封建社会，严重地禁锢人们的思想观念，已成为社会进步的思想桎梏。其次，从制度文化而言，家族宗族乡族体系是封建社会基层制度的组织体系，在基层社会网织和维护封建宗法制度，当中国社会进入近代社会逐渐开放的时代，家族宗族乡族体系的落后性也就日渐显现，已经成为社会进步的制度锁链。第三，从地方文化而言，尽管同观念文化及制度文化的性质不同，地方文化的功能与作用也不因社会制度的变化而消失，但是，在科学技术发展和社会进步的时代条件下，其功能与作用已受到了很大限制，有的渐渐落伍了，有的只有历史价值而完全没有实用价值。徽文化孕育了徽商，从深层次推进徽商的繁荣发展；同样地，徽文化的这种历史局限性也束缚着徽商，在社会进步和制度变革的历史潮流中成为导致徽商衰落的重要因素。

受观念文化的影响，徽州商人在社

会进步的条件下，仍然背负着封建理学的思想包袱，无疑阻碍了徽州商人的思想解放和观念更新。当中国社会进入近代时，资本主义因素在中国大陆逐渐生长，但徽州商人仍然固守传统的经营观念，依附走向衰退的封建社会经济体系，没有将商业资本转变为产业资本，也以理学的固执漠视西方的先进技术，走的是“以末致财、用本守之”的老路，仍将大量的商业利润流向进贡官府、购置房产、奢侈消费乃至建祠堂、修坟茔、叙族谱等方面，在封建社会末期仍充当坚定的封建制度卫士，当封建社会的制度大厦摇摇欲坠时，他们也就祸及自身，难免厄运，最后只得破产衰败。比如，作为徽商支柱的盐业垄断权在道光年间被朝廷剥夺，就注定了徽商作为封建商帮的衰落。而沿海地区的一些大商人就注意把商业资本转变为产业资本，投资兴办近代产业，走资本主义道路，与安徽毗邻的浙东宁波商帮、苏南洞庭商帮就能在社会转型时期适时调整资本投向，成为中国第一代民族资本家。可以说，受观念文化局限性的束缚，徽商在历史转折关头迷失了发展方向，丧失了发展机遇，也就不可避免地走向衰落。

受制度文化的影响，徽州商人极力维护家族宗族乡族制度对基层社会的统治格局，既限制了他们的发展力量，又分割了他们的商业利润，在社会进步的条件下也就必然走向衰落。徽商以家族宗族乡族为纽带，商人之间“以乡相助”，对于化解风险、开拓市场有积极作用，但是，徽州商人却长期囿于家族宗族乡族的狭隘联系，单凭一家一族经营，就限制了自己的发展力量，在市场竞争中就处于不利地位。更为重要的是，徽商的经营载体只是一种落后的家族组织形式，家族宗族乡族之间的商业关系只处于“联谊”相助状态，没有跨过资本组合这道“坎”，大量的商业利润不是转向产业资本，而是转向家族宗族乡族的消费性支出，并且以此为荣，代代相继，从而严重地消解了资本的增值能力。还有一个十分普遍的现象是，受家族文化的深刻影响，为维护家族下一代的门户平等和子孙兴旺，徽州上一代商人艰辛创业积累的资本产业，往往是由子孙均分遗产，将家族的整体资产分割为几份零散的资产。如明清之际的休宁商人汪正科，将经营30余年所积累的资产，让子孙拈阄均分。[②]汪氏的做法在徽州商人中十分普遍。遗产均分传统分散了徽商的商业资本，与资本主义的资本走势完全相反。可见，以家族宗族乡族为核心的徽州制度文化的深刻影响，必然会加速徽商的衰落与消亡。

受地域乡土文化的影响，徽州商人的行为理念有很大的封闭性和保守性，逐渐落伍于时代进步的潮流，也是导致徽商衰落的重要原因。以徽剧、徽菜、徽刻、徽派建筑、徽州朴学、徽州版画、徽州篆刻、徽州文书、新安医学、新安画派等为代表的徽州地域文化，是中华民族传统文化的组成部分，具有鲜明的地方特色，随着时代进步和社会发展，应该吸收其他先进文化的积极因素，加以改造和提升，才能具有时代的活力，为时代发展和社会进步服务。比如，徽剧就是因为走出安徽进京后吸取其他剧种的新因素而改造提升为京剧，已成为国粹而经久不衰，深深受到人民群众的喜爱，但其他门类的徽州地域文化就没有这样的幸运。徽商是徽州地域文化的投资者，他们为故里丰富多彩的地域文化而自豪，热衷于办义学、建书院、兴剧班，“好儒而贾”，但他们所好之“儒”，却是日渐落后之“儒”、排斥先进文化之“儒”，在旧书院里培养出来的后代，也是满脑子旧思想、旧文化，守陈有余、进取不足，难以应对时代发展对徽商的挑战，不能扭转徽商衰落之势，加上其他多种社会因素，徽商的衰落也就具有必然性。

三、历史的启迪：沿着先进文化的方向提升新徽商的文化品质

徽商的兴盛与文化相伴，徽商的衰落与文化相关，徽商从兴衰的历史表明，徽商也是一种文化现象，这种文化现象所包含的观念文化，制度文化、地域文化，在徽州商人的身上融为一体，是徽商的“神”。这种文化现象又是以儒家理学思想为核心，从历史唯物主义的观点看，在时代的尺度下，必然既有适应时代发展的精华，又有落伍于时代的糟粕。在徽商处于上升期，文化的精华因素起主导作用，在徽商处于下滑期，文化的糟粕因素起主导作用。如果认为文化是徽商的“神”、各种各样的商业活动是徽商的“形”的话，那么，它给我们的启迪是，如今从事各类行业的新徽商们，在埋头于打理自己产业的时候，一定不能重“形”而轻“神”，不能丢掉文化的自我塑造，注重充实文化因素，特别是要不断吸收先进文化因素，沿着先进文化的方向，不断提升新徽商的文化品质。

沿着先进文化的方向不断提升新徽商的文化品质，首先应从徽商兴衰的文化解读中吸取经验教训，继承徽文化的精华，剔除徽文化的糟粕，将不因时

代变迁而褪色的徽文化的精华发扬光大，从而形成徽商的精神。徽文化的精华是什么呢？我以为，最经典而又最通俗的概括，应该是胡适先生所倡导的“徽骆驼精神”。因为任何一种文化的精华，说到底就是一种不朽的精神，把“骆驼精神”比作徽文化的精华，并且作为徽商的精神，是最恰当不过的了。因为骆驼有三个突出的“能耐”：一是能耐苦，二是能耐磨，三是能耐远，正是在徽文化的熏陶下，徽州商人也具有骆驼这样能耐的品质。兴盛期的徽州商人即使在十分困难的情况下，也敢于闯天下，把生意做到大半个中国乃至东南山区地区，就是因为他们在徽文化的精神支撑下，特别能吃苦，特别能耐磨，特别能涉远。他们在商业竞争中，“一贾不利而二贾，二贾不利而三贾，三贾不利犹未厌焉”[③]，从而将商业由小做大、由弱做强。这种如骆驼般的自强不息、负重进取的精神，正是在徽州的特殊环境下，由徽文化的精华培育出来的，这样的精华是永不褪色的，永远是先进的；将徽文化精华的“神”内在地附着于徽商的“形”，就凸显出这种“徽骆驼精神”。因此，继承徽文化的精华，弘扬“徽骆驼精神”，才可能重振昂扬向上的徽商雄风，发展新时代的新徽商。

其次，沿着先进文化的方向不断提升新徽商的文化品质，就应特别注重增加企业的文化含量，提升新徽商的文化“软实力”，进而提升新徽商的市场竞争力。美国哈佛大学教授约瑟夫·奈在1990年发表的文章首次提出“文化是软力量”，在世界引起广泛的认同。徽商作为儒商，文化是其最核心的品质，正是因为这种品质所具有的“软力量”，才有徽商在明清时期的兴旺。新徽商所从事的产业与历史上的徽商完全不同，但新徽商应该继承历史上徽商的优良传统，那就是注重文化品质的优良传统。如今，我们已进入以文化为主导的新时代，可以说，没有文化含量的产业是“夕阳产业”，没有文化含量的产品是“低端产品”，没有文化含量的劳动力是“廉价劳动力”，同样的，没有文化含量的企业是“僵尸企业”既生犹死，没有活力，更谈不上有市场竞争力。我们的企业必须重视技术进步，加大研发投入，发展新兴产业，提高产品的技术含量，但同时要重视企业文化的武装，从人到物，从企业到产品，都要提高文化含量。有了文化含量，企业在市场中就有竞争力量，新徽商无论是小是大，也无论是何行业、在何地方，都能在新时代环境下蓬勃发展壮大。

第三，沿着先进文化的方向不断提升新徽商的文化品质，就是要不断地提高自己的“文化自觉”。世界发展史表明，无论是东方还是西方，无论是大国还是小国，当经济基础发生变革、社会结构处于转型时期，文化往往起着先导性的作用，认识到这种作用，又自觉地发挥这种作用，学术界称之为“文化自觉”。企业发展史也表明，无论是从何行业在何地方，给予企业家在顺利时不轻狂的清醒、在受挫时不惊慌的定力，是来自于企业家的“文化自觉”。“文化自觉”是一种视野与胸怀，既顺应发展的大势，又超脱世俗的传统，因而有信心看得更远，有自信走得更稳。历史上的徽商就有这样的“文化自觉”，最为典型的是，徽商是重儒的，而儒家思想却重农轻商，商与儒是矛盾的，但徽州人提出“商何负于农”的质疑，④商与儒在徽商身上得到了统一，其原因在于徽商具有的“文化自觉”。就如同社会主义市场经济一样，在马克思主义的经典著作中不仅没有此说，而且，传统观念认为“社会主义”与“市场经济”是不相融的，甚至是冲突的，但是，以邓小平为代表的中国共产党人将两者有机地融合并且取得巨大成功，也是“文化自觉”视野与胸怀的体现。不过，在社会主义市场经济条件下，新徽商提升自己的“文化自觉”，已经不是儒家思想基础上的“文化自觉”，而是在先进文化的基础上的“文化自觉”。否则，将会重蹈徽商衰落的历史故事，这是我们对近代以前徽商兴衰文化解读的历史启迪。

注释：

①自《舒君遵则传》，载《黟县县志》卷十五)。

②见《汪氏阄书》，现存安徽师范大学图书馆。

③见光绪《祁门倪氏族谱》卷下《诰村淑人行状》。

④见[明]汪道昆《大函集》卷65《虞部陈使君榷政碑》，《四库全书存目丛书·集部》第118册，第652页。

主要参考文献：

[1] 程必定等．安徽近代经济史[M]．黄山书社，1986.

[2] 张海鹏等．中国十大商帮[M]．黄山书社，1993.

[3] 毛世屏等．左儒右贾[M]．广东经济出版书社，2001.

[4] 安徽省社科联、黄山市社科联．徽州五千村[M]．黄山书社，2004.

[5] 贺为才．区域经济发展的史鉴：徽州与徽商[N]．光明日报，2004-10-20.

[6] 栾成显.徽州文化的形成与演变历程[J].安徽史学,2014(2).

（作者为安徽省政府参事、安徽省徽商发展研究院理事长）

学习力 领导力 执行力

——新徽商的新修炼

盛志刚

2014年2月8日

徽商数百年的经营活动，给我们留下了丰厚的遗产。其无形的精神财富更应得到今人的珍视，徽商精神就是让我们世代受益无穷的财富之源，内涵十分丰富，如：敏锐的创业眼光，进取的人生态度，艰苦的奋斗精神，诚信的处世风格，合作的人际关系，超前的契约意识等都是当代新徽商应该继承和发扬光大的宝贵精神财富。而面对当今竞争激烈的市场经济环境和一个不断快速变化的世界，新徽商们如何应对？每一位新徽商一定都会在思想的“碰撞”中有自己的思考，徽商精神需要在继承和扬弃中有新的发展，新徽商也需要新修炼，并在新修炼中与时俱进，寻找适合自己的新对策。尽管新徽商们每个企业的具体情况千差万别，但面对共性的问题，我以为最重要的是要把握好、修练好以下三点：

第一，打造学习力。

世界每天都在变化，有人说，世界上唯一不变的就是“变化”，这是不无道理的。应对的办法就是以变应变。如何以变应变呢？一位专家曾总结过一个公式，即L大于C。L是学习能力，C是变化。

世界在变，“变”并不可怕，关键在于我们的学习能力要比世界的变化变得更快，即L > C。只要我们随时能够把握变化的趋势，学得快，变得更快，以变应变，世界不管怎么变化，我们就都能够洞察其变，做到应对自如。

我曾经调研过合肥市二十多位成功的新徽商，他们之中有中科大的刘庆峰博士，亚太地区最大的语音上市公司科大讯飞的创业者和掌门人，公司已连续三届入选央视财经50指数并当选十大创新企业，2013央视第十四届中国经济年度人物，2013年度徽商领军人物。有张海银，学历私塾四年，但既是上市公司丰乐种业的掌门人，也是上市公司荃银高科的创业人，一人推出、托起了两家农业上市公司。

2013年胡润百富榜9月11日出

炉，8家新徽商企业掌门人荣登榜单，其中美亚光电的田明以51亿元资产成为2013年安徽首富，其资产较去年增加了143%，排名也从去年的826位上涨到今年的362位；阳光电源的曹仁贤以22亿元列安徽富豪的第6位；此外，洽洽食品陈先保、鸿路钢构的商晓波、邓烨芳夫妇也是榜上有名。他们的成功，已经成为立志创业的年轻的新徽商预备军们树立了楷模和榜样。

对这些白手起家的新徽商而言，尽管他们的学历、年龄、工作经历、专业工作的领域等等很不一样，但他们之所以能够在艰辛的创业过程和激烈的市场竞争中脱颖而出，具备吃苦耐劳、乐于助人、讲究诚信等传统徽商的美德还只是最低、最基本的要求。深入地研究发现，他们都具有一个共同的特点：极强的求知欲和极好的学习能力，能通过从不间断的、全方位的、复合型的，甚至是跨界的学习，历练出敏锐地、更早更快地发现商机的眼光、果断的决策和抢占商机的能力，历练出善于率先抢先占领市场份额，扩大事业规模的魄力，从而让他们与众多欲速而不达的众多创业者区别开来，在梦想的商业帝国落成之时，自己也登上了人生的巅峰。

正是在变化中，他们找到并很好地把握住商机，创办了自己的企业，并成功地把它们推上市。可能有人会说，刘庆峰创办的是高科技企业，说他赶上好时机了。是的，他确实赶上好时机了，但我们都知道，高科技并不能保证每一个创业者都成功，高科技创业失败者比比皆是。机会永远是留给善于学习、勤奋的、时刻准备着的脑袋的。我的老祖母曾经多次对我们说过，天上不会掉馅饼，但如果真的掉下一个馅饼，一定是起得最早的那一位捡去了；而如果掉下三个馅饼，第二第三还是没有份，因为起的最早的那一位一定会把三个馅饼都捡走，老祖母虽然没有读过书，但这番充满哲理和人生智慧的教诲，至今我仍念念不忘。

学历只有私塾四年的张海银干的可是被人称之为“弱质产业”的农业，他把两家农业公司成功地推上了市，第一家“丰乐种业”创造了中国种业第一股的奇迹。特别要说的是，他推出的第二家上市公司“荃银高科”是他在退休后的64岁时，联手志同道合的、时年已近70岁的老专家李成荃教授共同创办，历时9年，2010年五月他七十三岁时在深交所上市！张海银老先生成功的实践又一次诠释了流传在民间的一个朴素的共识：没有所谓不好的行业，只有不

会经营企业。2013 年 8 月份，经安徽省民政厅登记注册，76 岁的张海银又发起成立了安徽张海银种业基金会，老骥伏枥志在千里，活到老、学到老，干到老，还在继续为发展中国的种子事业，培养新一代的青年家庭农场主作新的贡献。

张海银老先生对新生事物敏锐的洞察力，来源于他求知若渴的学习能力，为新徽商们树立了一个极好的学习榜样。

去年 8 月份，我去一家新徽商企业调研，这家企业就在合肥高新区的柏堰工业园，是生产机器人（一种装箱机械手）的一家小型企业，老板四十不到，第一学历是函授大专。目前，企业新产品装箱机械手的市场好，成长性好，利润率高，产品供不应求，企业办得红红火火。我问老板，既然产品供不应求，有没有扩大企业生产规模的想法，我可以帮助引进资金。老板回答我：已做好扩大企业生产规模的计划，他的企业“不差钱”。这使我想起一位经济学家说的话，他认为，在经济下行的形势下，实体经济和民间缺的往往不是钱，而是可以盈利的投资机会。只要是可以盈利的投资项目，就是香饽饽，投资人趋之若鹜，当然“不差钱”。而可以盈利的投资机会来源于创新，正如乔布斯所说，“经营之法不在于降低成本，而是通过创新改变困境”。

但未雨绸缪，这位年青的企业家又有强烈的危机感，希望帮助他与中科大的技术合作牵线搭桥，我欣然应允。在深入地与这位年轻的企业家交谈后，我发现，其实答案很简单：他是搞包装机械的，包装从手工到机械，随着人口红利逐步减少，包装机械的产品也一直在升级，机器人在包装机械领域的应用越来越广泛，变化越来越快，要在这一领域立足、发展而不被淘汰，只有以变应变，上机器人。不懂怎么办？只有学习中创新！他从未停止过学习，一直在干中学，学中干，学以致用，增强了对适合市场的新产品开发的感悟力，新开发的机器人这一新产品一经投放市场，就成为公司新的利润之源，学习力是他们公司利润倍增的基石。

现在的招聘流行看第一学历，第一学历确实很重要。但我以为，过度强调第一学历就会失去发现很多人才的机会，难道可以躺在第一学历上吃一辈子老本吗？要知道张海银老先生的第一学历只是相当于初小的私塾四年啊！

诺贝尔经济学奖获得者哈耶克认为，社会中的知识是分散的。作为一个企业家，需要多方面、复合型的综合知识，即使你的第一学历再完美，你的智商再高，知识的宽度和结构仍然是不够的，学习必然是一种终身行为。刘庆峰是语音技术的专家、博士，但要管理好一个企业、尽快发展一个企业等涉及的经济管理、生产组织、人力资源、企业文化、财务审计和融资上市等方方面面的知识都是在创业中和日后的工作中不断自学而获得的。

有一次，我在安农大讲课，问了大家一个问题，种粮赚不赚钱，没人回答，恐怕这个问题有陷阱。因为在现阶段种粮赚不赚钱存在两个答案：1. 种粮不赚钱；2. 种粮赚钱。为什么会同时存在着两种情况呢？因为现阶段同时存在两种类型的农民：第一种类型为传统农民，如鲁迅笔下的闰土，脸朝黄土背朝天，一家一户承包几亩地，传统的耕作方式，劳动生产率极低，只能解决温饱问题；第二种类型为现代农民，是农业企业家式的农民，在不断学习、总结和改进的基础上找到了提升劳动生产率，种粮也能赚钱的商业（赢利）模式，肥西县严店农民马永新就是他们的代表，马永新利用土地流转政策和应用现代工业企业管理（规模化、专业化和流水线）的方法加现代服务外包的理念，遵从水稻的生长规律，按照科学的时空关系、顺序和流程，组织虚拟的生产流水线，通过服务外包来实现水稻的规模化、专业化的生产，从而实现了规模经营，提高了农业的劳动生产力，种粮1400余亩，扣除成本，年获纯利约30万。他们自豪地说：谁说种粮不赚钱？其实，这样的例子并不是个案。阜阳农民薛利通过学习，把学到的循环经济的基本原理用于农业，提高了土地资源的产出率，达到了收益倍增的效果。他在桃树林下养鸡，每亩可养50余羽，游客自己可以到桃树林挑选优质安全放心的生态林走鸡，虽然每羽卖100余元，但仍然供不应求，除了出售桃子的收益外，生态林走鸡的养殖让他每亩增收了五千余元。肥西农民夏伦琴种大葱年收入超百万。谁说农业不赚钱？其实，昔日的农民马永新、薛利、夏伦琴们已通过自身持续不断的学习，早已把自己历练为一位新型的农业企业家，为我们新徽商的队伍注入了新血液。

日益加剧的国际竞争，实际上就是人才的竞争，提升学习力，倡导终身学习是提高一个人、一个企业、一个民族、乃至一个国家核心竞争力的不二法门，而注重读书又是终身学习的一种重要形式。

2010年，我去以色列、匈牙利考察，以色列国土狭窄，2.5万平方公里，人口稀少，只有800万人，但人才济济。建国时间虽短，但诺贝尔奖获得者就有8个，而诺贝尔获奖者中犹太血统的人占18.5%。以色列环境恶劣，国土大部分是沙漠，一些地处沙漠的阿拉伯国家的粮食不够吃，还要以石油换食品，而以色列却把自己的国土变成了绿洲，而且生产的粮食蔬菜不但自己吃不完，还源源不断地出口到其他国家。他们凭着聪明和智慧，创造出惊人的物质和精神财富。在这个世界上有两个国家的人最爱读书，一个是以色列，另一个是匈牙利。以色列人均每年读书64本，而以色列的犹太人更甚，占全国人口80%以上的犹太人人均每年读书达68本之多。犹太人有个习俗，当孩子出生时，母亲就会翻开《圣经》，滴上一点蜂蜜，让小孩去舔《圣经》上的蜂蜜，通过这一舔，让孩子对书产生美好的第一印象：书是甜的。当孩子稍稍懂事时，几乎每一个母亲都会问这样一个问题："假如有一天你家里突然起火，你首先会抢救什么？"当孩子回答是钱或钻石时，母亲会严肃地告诉他："这些都不重要，你首先应该抢救的是书！书里藏着的是智慧，这要比钱或钻石贵重得多，而智慧是任何人都抢不走的。"因而犹太人是世界上唯一一个没有文盲的民族，就连犹太人的乞丐也是离不开书的，即使在乞讨，他们的身边总会带着每天必读的书，更别说衣食无忧的人了。在犹太人眼里，爱好读书看报不仅是一种习惯，更是人所具有的一种美德。

知识就是力量，知识就是财富。一个崇尚读书学习的国家，当然会得到丰厚的回报。他们独辟蹊径，在一个缺水少地自然资源十分恶劣的环境下，首创出先进的滴灌技术，科学地解决了稀缺的水资源的有效利用，甚至能做到在旱地里培育水稻种子，在沙漠里种植瓜果蔬菜，并出售到欧洲和全世界，当然利润倍增。

而另一个国家匈牙利，它的国土面积和人口都不足中国的百分之一，但却拥有近两万家图书馆，平均每500人就有一座图书馆，而我国平均45.9万人才拥有一所图书馆。匈牙利平均每人每年购书20本，比同地区的西欧人要多得多，而我国上世纪90年代统计，平均每人每年购书只有5本，现在还在下降。匈牙利的诺贝尔奖得主就有14位，涉及物理、化学、医学、经济、文学、和平等众多领域，若按人口比例计算，匈牙利是当之无愧的"诺奖大国"。他们的发明也非常多，可谓数不胜数，既有火柴、圆珠笔这样的小物件，也有电话交换器、变压器、汽化器、电视显像管这样的尖端产品。据说，上世纪80年代是匈牙利人发明的黄金时代，平均每年的发明专利都在400件以上，堪称是名副其实的“发明大国”。一个地域面积较小、人口较少的国家，因爱读书而获得智慧和力量，靠着智慧和力量，将自己变成了让人不得不服的诺贝尔奖项的大国。

新徽商们在不断的“碰撞”和历练中希望能找到多变环境下的利润倍增之道、发展之道，希望能找到一个捷径。其实，真的没有捷径可走。据报道，当年引进阿里斯顿生产线生产家用冰箱的企业，只有三家盈利，另三家保本，三家亏损。改革开放的初期，我们实行拿来主义，引进技术和设备，但先进的技术和设备还需要你自己在学习中认真消化，才能变为自己的东西，才能为你创利。更何况最先进的技术别人是不会卖给你的！经济发展的命门是什么？科学、技术的创新能力！实事证明，用市场去换技术只是一种一厢情愿的幻想！真的是没有现成饭可吃。磨刀不误砍柴工，临渊羡鱼，不如退而结网。学习能力是创新的基础。一个成功的新徽商在打造企业的核心竞争力的时候，面对不断的变化，就是要不断地打造、提升企业整体的学习能力，学以致用，结合企业的实际，解决实际问题。在创新中求可持续的发展。这是打造企业核心竞争力和企业文化的一个基本的理念和宗旨。

第二，提升领导力。

有些研究领导力的专家把领导力的发展分为五个阶段。

第一个阶段，假定人之初性本恶，把人看作自然人，强调的是对员工的控制。后来发现作用有效，但也有限。电影《卓别林时代》中反映的工厂和工人的工作就是一个典型，人已异化为机器的附属物，有人研究，此时的工人为了获得自身的权益，他会迁怒于机器，有时往往会去破坏机器。

第二个阶段，假定人之初性本善，把人看作是社会人，强调的是如何去激发人的潜力。这是管理的进步，既对员工的管理提升了一个层次，又促进了生产力的发展。

第三个阶段，发现两者皆很重要，对员工既要有控制力，又要有激发力，强调人是复杂的，这是管理理念的重大深化。

第四个阶段，认识到员工出现错误，

根源其实在领导，关键在领导。员工有过失、犯错误是领导不力或不善领导的表现，首先要从改善领导的领导力方面进行反思，领导者首先要学习如何领导好自己。

我们都知道，‘精益生产’有两大基础，其中之一就叫 TWI（Training Within Industry），TWI 是针对一线主管如何提升领导技能的学习和培训，有重要的两大模块：工作指导与工作关系。通过培训，他会给在第一线领导员工的主管（最基层的领导者）牢固地建立一个基本的理念：员工的工作没有掌握，是主管没有教导好自己下属的员工。即员工的工作出现了失误，责任需主管（他的直接领导）来负。为什么呢？因为作为主管，你既有教导下属员工的责任，同时又有监护的责任，还必须尊重下属员工的个人差异，设身处地为下属考虑，把可能出现的问题，解决在问题出现之前，这样的领导才是有效的领导。

第五个阶段，领导力理论和实践又进一步发展了，它提倡的是全员素质的提高，每一个员工都可以领导自己，提升领导力是企业越来越重要的一个使命。这 阶段，有专家称之为第五代领导力。但是，如何提高全员的素质呢？其实还是只有一条，学习、学习、再学习！

在这里，我想介绍《中欧商业评论》刊登的周雪林的一篇文章， 他写道，当中国很多管理者还在热衷于泰勒制的效率、KPI 的精确性以及各种控制与命令的有效性时，一些西方管理思想家却已掉过头来，借用“整体性思维”、“混沌思维”去反思那种机械分割的管理方式。他介绍了《领导力与新科学》、《混序》和《黑天鹅》这三本书。《领导力与新科学》是组织管理大师玛格丽特·惠特利的经典之作。她斥责传统企业组织是典型的“牛顿组织”，将一种机械的宇宙观应用于管理，强调实体结构和众多组成部分的重要性。

翻开绝大多数企业的组织架构图，看到的仍是那种“自上而下，层级分明，泾渭了然”的结构，仿佛在描述企业这部机器是怎样工作的：共有哪些部分，谁适合放在哪里，谁是最重要的零件。

《混序》（Chaord）的概念则由 VISA 创始人及名誉 CEO 迪伊·霍克（Dee Hock）提出，是“混乱”（Chaos）和“秩序”（Order）的结合。混沌与复杂性，也正是量子物理世界所展现的视角。迪伊·霍克认为：工业革命形成的“命令—控制”的组织形式已经过时，它有悖于人类的本性，未来有生命力的组织就像人体、大脑或生物圈一样，具有自我组织、自我管理、自我发展的特性。

《黑天鹅》作者则告诉我们，系统行为的未来是无法预测的，管理中的不确定性恰恰是来自世界混沌的本质。某些所谓的专业人士尽管他们有经验和数据，但并不比普通大众更了解相关知识，只是更善于阐述而已，甚至只是更善于用复杂的数学模型把你弄晕而已。

如今，急剧变化时代已容不得企业有丝毫犹豫，管理范式的转变迫在眉睫，先行者已经有了诸多创新的尝试，例如将刚性的金字塔结构转变为网状结构、将封闭的组织改造为开放的系统……所有这些，都将引致管理方式的本质改变，这就是量子管理的未来。

量子思维能帮助管理者认知到，除了机械的部分，组织中更重要的是那些不可见的、非物质的影响力，类似于物理学中称之为"场"（物理学中的"场"具有物质的一切属性）。正是组织中的"场"在决定着员工行为。这种"场"，虽然我们不能直接看见，但它无处不在，我们可以随时感知它的存在和力量。它就是企业共同的价值观和文化因素，我们称之为企业文化。

真正的领导者善于学习，积极探究世界。为了尝试各种新鲜事物，为了获取更佳的业绩，为了加强各种关系，他们能够约束自我。他们鼓励他人战胜自己的自我、恐惧和焦躁，为获取成果和实现梦想而付之行动。一个成功企业的企业领导力的建设，就是着眼于全体员工素质的提升，营造员工对企业归宿感的"场"，创新这种"场效应"，它就是第五代领导力的核心。

第三，优化执行力。

很多企业认为自己有制度、愿景、目标，怎么就执行不下去？执行力的问题始终是一个难题，优化执行力要体现在优化企业愿景上的实现形式上。企业要为员工着想，领导要为员工服务。过去我们提倡员工要为企业服务，现在反过来，首先要把员工服务好，从领导到员工，每一个人都要知道企业的使命，要把个人的目标与企业的目标链接在一起，这样才能达到自我管理和自我实现。

我在两个不同的企业看到两条不同的标语，一条是"今天工作不努力、明天努力找工作"，另一条是"员工与企业共同成长"，各位新徽商可以讨论和碰撞一下，如果是我的企业，我会选择哪一条？

我的一位新徽商朋友说，他管理企业的工具有三金：金手铐、金跑鞋、金

饭碗，其实就是让企业的命运和员工的愿景真正的在操作层面共同一致，这样才能达到事半功倍的效果，从根本上改变“发钱不发力，出工不出力”的现象。富有成效的领导者知道，所有的业绩都是由团队完成的，都是领导者和团队齐心协力携手完成的，都是通过集思广益才能得以完成的，都是为了团队每一个人的利益才有必要去完成的。领导者的职能就是通过与团队的员工建立同盟关系，通过鼓励和联系员工，完成各种任务。

从某种意义上来说，领导是一种高级的沟通，而这种沟通是一种自然的、真诚的、发自内心的呼应。

在这里，我要将我听到的一个故事与大家分享，故事的题目是：“老板，你能请我父亲吃饭吗？”讲故事的是一位工作不久的年轻大学生，他说：毕业后，我进了这家外贸公司行政部，每天的工作就是打杂，打字、复印、整理资料。我努力做好自己的本职工作，只想在这座城市站住脚。因为性格内向，不爱出风头，常常一天在办公室也说不了几句话。同事们对我都很客气，但互相也保持着各自的距离。

那天，父亲打来电话说，要来住一段时间。其实，我知道，父亲不过是想来看看我生活得怎么样，住在哪里？工作环境如何？有没有朋友？母亲较早去世，父亲一手把我拉扯大，童年的记忆里，全是我坐在父亲凤凰牌自行车的大梁上，跟着他一条街一条街地卖豆腐。

我在这座城市没有朋友，怎么才能给父亲一个放心的理由？思前想后，我决定向老板求助。那一整天，我都小心翼翼地观察着老板的动向，他肯定不认识我，我该怎么开口？他会不会答应我这个滑稽的要求？我无比忐忑，挨到下班，才硬着头皮敲开了他办公室的门。

这是我在公司工作大半年后，第一次走进老板的办公室。看我进来，他略有疑惑地问，你是？我无比尴尬，结结巴巴地表明身份。老板看我憋红的脸，微笑着说：有事慢慢说。我停顿了很久，说：希望您能请我父亲吃顿饭，或让公司负责人请我父亲吃顿饭，以公司的名义。我鼓足好大的勇气，说了很多我和父亲的事，父亲不放心我，总觉得我在外面会受委屈，其实挺好的，工作稳定，也被领导和同事照顾……因为紧张，我的脸涨得通红，怕他不同意，又赶紧结结巴巴地补充：当然，饭钱我自己来出……没等我说完，他回应：周五晚上一起吃饭，好吗？我一愣，随即激动起来：可，可以，哪天都可以。老板说，那好，你休几天假，多带老人到处走走，我跟司机交代一下，这几天外出就用公司的车。我慌忙摆手：不，不用，真的不用，太感谢您了。不知说什么好，我索性弯身，给他鞠了一躬。

周五下班前，司机找到我，陪我一起到火车站接父亲去酒店。司机说了酒店的名字，我很意外，那是这个城市非常豪华的酒店，我从未进去过。那是一顿丰盛而温暖的晚餐，饭菜丰盛，老板带了好酒，公司中层都参加了。很多人都不认识我，平常仅限于见面点头，而在这顿饭中，他们都表现得和我很熟悉，夸我某个文案写得好，每天总是很早到单位。大家随意地聊天，说笑，并陪着父亲喝到尽兴。之后的两天，司机一大早就等在我租住的楼下，带我和父亲一起转遍了这座美丽的城市。两天后，父亲买了回去的票，说：来之前的确很不放心，原本想住一段日子，但看我生活得很好，他可以放心地走了。

父亲走后，我准备好好向老板说谢谢。可还没等我去找他，老板就召开了公司全体人员大会。会上，老板点了我的名字，他先为曾经对我和所有像我这样的员工的不了解表示了道歉，接着他说，要谢谢我对他提出的这个要求，让他知道了，作为一个集体，公司不仅是工作的地方，也是每个人相互关心和爱护的大家庭。除了竞争，除了上进，除了利润和发展，还应该有着寻常家庭的温暖。这才是一个好的集体，一个能永远朝前走的集体。说着，老板站起来，给所有员工深深鞠了一躬。真正的强者，面对强于已者不卑不亢，面对弱于已者平等视之。在持久不落的掌声里，我哭了。为这样的温暖。从那之后，我变得积极上进，热情主动。公司也变了，不再像曾经那样人和人之间只充满职业的客套，氛围和谐温暖起来。同事间相互关心，情如亲人。2009 年，在金融危机袭遍全球时，很多贸易公司亏损的亏损，倒闭的倒闭，我们公司不仅没有亏损，还稍有盈余。3 年后的今天，我已经从一个小文员升职为公司业务经理。我牢记这段经历，并为每一位新入职的职员讲述这个故事，践行着“情意的力量胜过一切”的理念。时至今日，公司里每个人都说，那是他们人生中最好的一课。

分享完这个故事，如何选择“今天工作不努力、明天努力找工作”与“员工与企业共同成长”这两条代表截然不同理念的标语，答案是不是已经十分明了了呢！

企业领导力与企业的执行力是相辅相成的互为因果的关系，学习力、领

导力和执行力构成了企业文化的核心。企业文化的核心是经过团队成员共同的学习、磨合和历练，营造员工对企业归宿感的“场”，创新这种“场效应”，逐步形成团队的共同的价值观，是团队对共同价值观的认同。当企业的愿景和命运与员工的愿景和命运完全一致的时候，执行力已经不再是一个问题了。

领导力、执行力的基石是学习力。领导力和执行力是可通过持续的学习而取得不断改善的。学习力是利润倍增的前提和必要条件。面对当今竞争激烈的市场经济环境和一个不断快速变化的世界，新徽商需要新修炼。我们有理由相信，现代新徽商们通过持续不断的、终身一以贯之的学习和修炼，就一定可以增加应对变化的本领，在继承和扬弃中有新的发展，为企业未来的持续发展奠定好基石，新徽商们的明天一定会变得更加美好。

（作者为安徽省徽商发展研究院名誉副院长、特约研究员、中国·合肥科学家企业家讲坛执行主席）

第三篇

徽商领军人物

绿地集团
世 界 500 强 企
“绿地杯” 2013徽

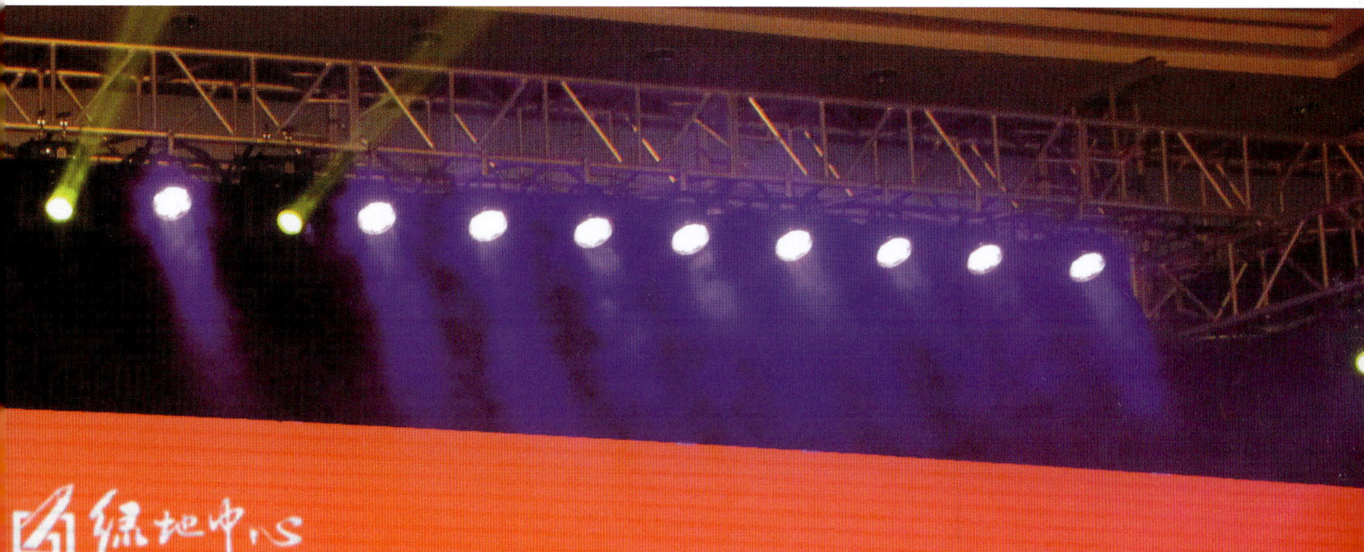

2013 年 12 月 15 日，“绿地杯”2013 年度徽商领军人物 评选活动颁奖盛典在合肥隆重举行。图为省政府原副省长张润霞、省政协原副主席方兆本和省政府参事、省徽商发展研究院理事长程必定等领导同志为十大徽商领军人物颁奖。

“绿地杯”2013年度徽商领军人物评选活动颁奖盛典会场。省徽商发展研究院名誉副院长盛志刚、中国科大管理学院副院长华中生等领导同志为荣获提名奖的徽商领军人物颁奖

“绿地杯”2013徽商领军人物评选活动启动仪式

颁奖集锦

组委会主任程必定同志在颁奖盛典上致辞

主持人讲话

获奖人物接受采访

获奖人物发言

“绿地杯”2013徽商领军人物评选活动启动仪式

全国客服电话：400-887-8557

资源 更新生态化

空间 互动最大化

管理 决策科学化

畅言® 教育资源云服务平台

应用 拓展多样化

语音 教学标准化

研发背景

畅言教育资源云服务平台是根据国家教育信息化整体部署，围绕教育改革发展中心任务，利用云计算技术建设的覆盖全区域、分布合理、开放的教育资源公共服务平台。该平台有效整合和利用了国家等各级各类教育机构及社会相关企业的优质教育资源，集中汇聚了本地区原生态的实用教育资源，并通过校校通、班班通实现优质教育资源直达课堂，同时送达师生网络学习空间，创新教学与学习模式，促进了信息技术与教育教学的深度融合，以信息化带动了教育现代化。

核心优势

资源活起来	可充分调动教师共建共享资源的积极性，让资源活起来，解决资源不能持续更新的问题，从而促进教学资源的生态化，实现资源的良性循环。
空间用起来	开辟了空间关系网络，方便开展教研、教学及师生、家校互动，解决了教、学、研活动独立分散、教师参与度低、沟通不便捷、缺少专家指导等问题，促进教师的专业发展，实现区域教学均衡化。
监管更科学	为教育主管部门提供教学、教研监督管理，解决考核监管不直观、教师应对压力大，以及骨干教师培养难度大等问题，让管理更加公平、公正、高效。
技术更先进	先进的架构设计，平台更具兼容开放性，部署更灵活；结合讯飞核心的语音技术，实现资源快速检索定位、文语双显等应用创新；并支持超大规模用户的应用，目前，讯飞语音云用户已突破4亿，教育用户已超过7000万。

灵犀语音助手

解放手指 从容生活

灵犀，中国移动和科大讯飞联合推出的语音门户产品，是首款支持普通话、粤语、中英文翻译、离线识别的手机语音助手，语音识别技术业界领先。既能为您语音打电话、发短信、查天气，又能帮您查话费、查影讯、买彩票，还可以陪您语音聊天，让您拥有“所说即所得”的便捷体验！

安卓用户下载

IOS用户下载

灵犀的一天

今天从“灵犀”开始…

会议很重要
用“灵犀”设个提醒吧

会务之余轻松一下
用灵犀找找附近的美食吧

快要返程了
查一下回去的航班准点信息

功能亮点

■ 手机操控：

快速拨号

开会设提醒

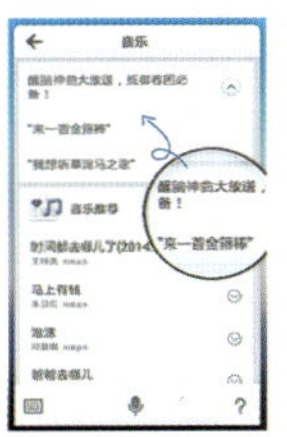

流行歌曲来一首

■ 便捷生活：

话费流量还剩多少

周边有什么美食

北京去广州的航班

■ 娱乐休闲：

来个段子，你懂的

海量视频随时看

“读你妹”游戏

■ 特色功能：

个性化的声纹锁屏

开车也能用灵犀

离线语音更便捷

安徽安科生物工程（集团）股份有限公司

实验室里的一丝不苟

安徽安科生物工程（集团）股份有限公司是国家创新型试点企业，国家火炬计划重点高新技术企业，国家“863”计划成果产业化基地，首批中国创业板上市公司。2012 年公司实现主营业务收入 3.37 亿，利润总额 8588 万元，2013 年上半年，公司主营业务收入和利润较上年同期增长 40% 以上。

安科生物长期致力于细胞工程产品、基因工程产品等生物技术药品的研发和核心技术能力的构建，设有博士后科研工作站和 1 个省级技术中心、2 个省级重点实验室，是国内最早从事基因工程药物研究、开发和生产的高新技术产业。公司在工业化动物细胞生物制药技术、人源化治疗性单克隆抗体药物开发技术、长效化蛋白质药物开发技术、透皮制剂技术方面具有领先实力，拥有发明专利 30 多项，非专利技术 5 项。公司先后承担了国家“863”计划、国家科技攻关计划、国家重点火炬计划、国家重大新药创制及省级科技攻关项目数十项，自主研发国家级新药 10 余个，先后荣获包括国家科技进步奖、安徽省重大科技成就奖、安徽省科技进步奖在内的国家和省部级科技大奖多项。

公司主导产品重组人干扰素 α2b（安达芬）系列制剂、重组人生长激素（安苏萌）、抗精子抗体检测（MAR）法试剂盒（安思宝）均由安科自主研发，拥有自主知识产权，国内市场占有率排名均在前五名以内，同时出口十多个国家和地区，曾多次中标国外政府采购。

公司以创建国内一流的生物医药企业为总目标，制定了以生物医药为主轴，以现代中药和化学合成药为两翼“一主两翼”协同发展的横向一体化战略，朝着“百亿安科、百年安科”的宏伟目标不断迈进。

阳光电源股份有限

阳光电源股份有限公司（股票代码：300274）是一家专注于太阳能、风能等新能源电源的研发、生产、销售和服务的国家重点高新技术企业。主要产品有光伏逆变器、风能变流器、分布式发电电源等，并提供新能源发电系统的开发建设和运营管理等服务，是亚洲最大的光伏逆变器专业制造商、国内领先的风能变流器企业。

阳光电源自1997年成立以来，始终以市场需求为导向、以技术创新作为企业发展的动力源，培育了一支研发经验丰富、自主创新能力较强的专业研发队伍。在新能源电源领域，公司先后承担了10余项国家重大科技计划项目，主持起草了多项国家标准，是行业内为数极少的掌握多项自主核心技术的企业之一。

产品先后成功应用于北京奥运鸟巢、上海世博会、西部大型光伏电站、国家“送电到乡”工程、南疆铁路、福建沿海风电场、陕西榆林风电场、江西都昌风电场等众多重大光伏和风力发电项

吴邦国委员长视察阳光电源

2011年11月，阳光电源在深交所成功挂牌上市

致力于清洁高效

Green and Effective

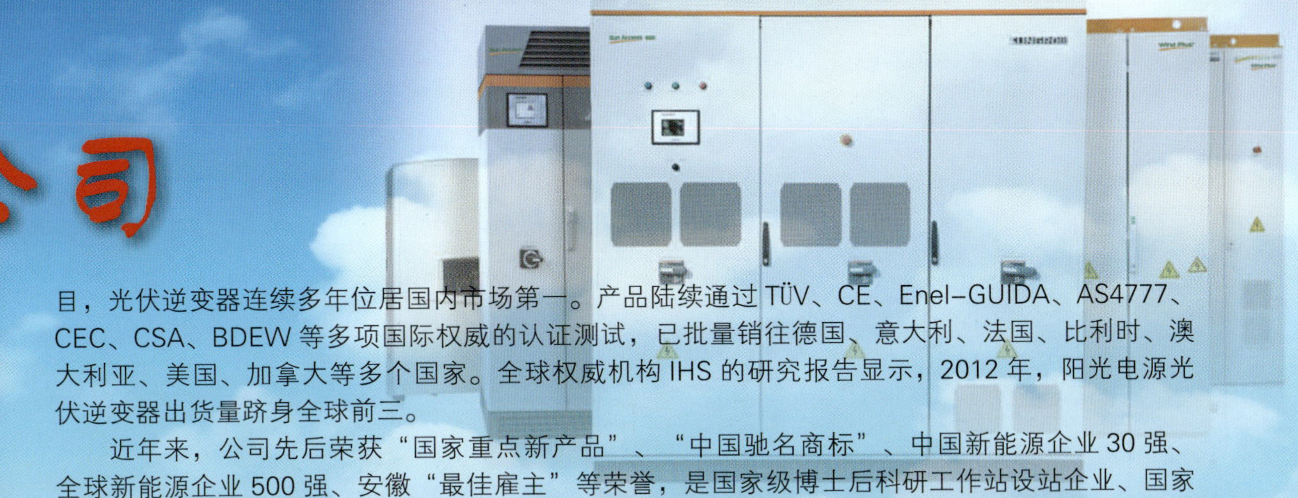

目，光伏逆变器连续多年位居国内市场第一。产品陆续通过 TÜV、CE、Enel-GUIDA、AS4777、CEC、CSA、BDEW 等多项国际权威的认证测试，已批量销往德国、意大利、法国、比利时、澳大利亚、美国、加拿大等多个国家。全球权威机构 IHS 的研究报告显示，2012 年，阳光电源光伏逆变器出货量跻身全球前三。

近年来，公司先后荣获“国家重点新产品”、“中国驰名商标”、中国新能源企业 30 强、全球新能源企业 500 强、安徽“最佳雇主”等荣誉，是国家级博士后科研工作站设站企业、国家高技术产业化示范基地、国家级企业技术中心、《福布斯》2010 年—2012 年“中国潜力企业榜”上榜企业等。

未来，阳光电源将秉承“致力于清洁高效，让更多人享用绿色电力”的发展使命，立足光伏、风电业务，创新拓展新能源发电领域与电力电子技术紧密结合的新业务，积极参与全球竞争，持续提升客户满意度，努力将公司打造成为受人尊敬的全球一流企业。

上海世博会中国馆

西班牙 Tenerifie 5MW 地面电站

敦煌 20MW 地面电站

福建长乐午山风场发电项目

SUNGROW
阳光电源

中国聚氨酯合成革领导品牌

安徽安利合成革股份有限公司

安徽安利合成革股份有限公司（简称“安利股份”）成立于 1994 年，地处国家级安徽省合肥市经济技术开发区桃花工业园，主要生产经营生态功能性聚氨酯合成革，下有一家控股子公司合肥安利聚氨酯新材料有限公司，主要生产经营聚氨酯树脂，所生产的产品是高分子复合材料，属新材料产业。主要工艺技术设备从意大利、中国台湾、韩国引进，具有当今国际领先水平，是目前全国专业研发生产生态功能性聚氨酯合成革最大的企业。公司 2011 年于深交所上市。

规模领先的企业：公司现拥有办公、厂房建筑面积 30 万平方米，干湿法合成革生产线 32 条，具有年产聚氨酯合成革 6500 万米、聚氨酯树脂 5.5 万吨 / 年的生产经营能力，是国内生态功能性聚氨酯合成革规模最大的企业。未来 2 年，公司计划形成干湿法线 40 条、年产聚氨酯合成革 8850 万米、年产聚氨酯树脂 7 万吨的生产经营能力。

魅力领导塑造菁英团队的企业：公司董事长、总经理姚和平，研究生学历，教授级高级工程师、高级经济师、中国注册会计师、注册企业法律顾问，享受国务院特殊津贴专家，安徽省人大代表。是安徽省学术和技术带头人、安徽省技术领军人才，是全国轻工行业劳动模范、安徽省劳动模范，是合肥市优秀企业家、合肥市专业技术拔尖人才、合肥市科学技术杰出贡献奖获得者，是中国塑料加工工业协会副会长、合肥市工商联副主席，是合肥工业大学、安徽财经大学兼职硕士研究生导师、合肥学院兼职教授。以姚和平董事长为首的公司高管，为企业人才发展制定战略导向，指引公司秉持“为员工创造机会”的光荣使命，以人为本，凝聚人心，全力塑造充满朝气与活力的优秀团队。公司现拥有员工 2260 人，其中硕士、博士 40 人，技术研发人员 257 人。公司员工中拥有大专以上学历的人员超过公司员工总数的 33%。

以优取胜征服全球的高知名度企业：公司产品品质卓越，广泛应用于男女鞋、时装鞋、工作鞋、劳保鞋、童鞋、运动休闲鞋、沙发家俱、手袋、证件、文具、球类等的加工制作。众多国内外知名品牌或其加工生产企业，如阿迪达斯（adidas）、锐步（REEBOK）、彪马（PUMA）、爱斯克斯（asics）、乐途（LOTTO）、斐乐（FILA）、茵宝（UMBRO）、斯凯捷（SKECHERS）、匡威（Converse）、美津浓（MIZUNO）、蔻驰（COACH）、迪斯尼（DISNEY）、三星（SAMSUNG）、松下（Panasonic）、索尼（Sony）、佳能（Canon）、新秀丽（SAMSONITE）、“D&G”、“Armani”（阿玛尼）、安踏、特步、贵人鸟、匹克、德尔惠、乔丹、双星、巴拉巴拉、牧童、童天、达芙妮、森达、富贵鸟、红蜻蜓、意尔康、奥康、宜家家居（IKEA）、Ashely、CONFORAMA、FLY、BUT、顾家、芝华士（CHEERS）、欧美尔、蒙努、永艺、联邦、欧意美、蒙发利、澳瑞特、皇朝家俬、奇瑞、比亚迪、上汽名爵、厦门金龙、众泰等，与公司建立了良好的合作关系；公司产品深受全球中高端客户青睐，用于北京人民大会堂和上海虹桥机场、韩国首尔机场等公共场所座椅和国家卫星定位系统；产品畅销全国各地，并直接出口到 60 多个国家和地区，连同制成品出口，可以说“安利合成革，全球都在用”，是国内出口额最大且出口发达国家最多的合成革企业。

创新引领发展的行业领头羊企业：安利股份是国家科技部认定的“国家重点高新技术企业”，是国家发改委、科技部、财政部、海关总署、国家税务总局等五部委考核认定的“国家认定企业技术中心”，是全国同行业拥有专利最多、自主创新能力最强的企业，是“中国聚氨酯合成革创新研发基地”、“安徽省创新型企业”、“安徽省百强高新技术企业”、“安徽省产学研联合示范企业”和“安徽省外商投资先进技术型企业”，拥有“国家级博士后科研工作站”和“安徽省聚氨酯合成革与树脂工程技术研究中心”。目前，公司

国家认定
企业技术中心
国家发展改革委 科技部
财政部 海关总署 国家税务总局

已承担超过24项国家及省市科研和重大产业化项目，其中国家项目5项、省市科研项目19项；16次获得省市科技进步奖，其中，全国工商联科技进步二等奖1项、安徽省科技进步一等奖1项，拥有国家重点新产品4项、安徽省高新技术产品和安徽省新产品47项，拥有专利105项，主持和参与制定的国家和国家行业标准28项，采用国际先进标准3项，是全国同行业主持、参与制定国家和国家行业标准最多的企业。

品牌效应卓著的美誉企业：安利股份是全球聚氨酯合成革行业的领导品牌，国家工商行政管理总局认定的“中国驰名商标”、国家质量监督检验检疫总局认定的“中国名牌”、国家工信部认定的“国家工业企业品牌培育试点企业”，是安徽省商务厅认定的“安徽省出口名牌” 和“安徽省重点进出口企业”，是安徽省经济和信息化委员会认定的“安徽省自主创新品牌示范企业”，品牌效应卓著。

品质管理体系健全的行业标杆企业：是中国大陆同行业内最早同时通过ISO9001国际质量管理体系认证、ISO14001环境管理体系认证、OHSAS18001职业健康安全管理体系认证以及ISO/TS16949汽车行业质量管理体系认证的企业；荣获全国质量奖入围奖、安徽省政府质量奖、合肥市政府质量奖，是全国实施卓越绩效模式先进企业、安徽省质量管理先进单位，管理科学、规范，是全国聚氨酯合成革行业标杆。

致力节能环保履行社会责任的企业：安利股份目前已是国内聚氨酯合成革行业环保水平最高的企业之一，获准授权使用国家商标总局“中国生态合成革”标志，通过ISO14024“中国环境标志产品”认证；是安徽省清洁生产示范企业，近年四次被安徽省政府等表彰为“安徽省节能先进单位”，是“合肥市环保先进单位”和“合肥市安全生产先进单位”。

自动化智能化水平领跑行业前沿的企业：作为国内合成革行业智能化建设的“探路者”和“先驱”，安利股份始终站在领航巨舰上，高度重视智能化建设工作，秉持超前意识，保持与时俱进。“五大系统”深化创新，积极推进ERP、OA、HR、WMS、BT条码五大信息系统的深化创新应用；DMF浓度智能测控系统实现全覆盖；金色彩工程支撑安利比色配色；近红外系统带来测控革命；高精度雷达液位计锦上添花；自动加醇、自动加压系统落户树脂车间；自动裁布机、自动包装机深得人心；自动风控、温控系统全面推广。踏实而稳健的智能化、自动化建设，是安利全面提升管理水平，持续超越的重要举措。努力实现生产经营自动化、管理网络化、控制智能化，将带来安利股份行业龙头地位的不断巩固和再次升华。

诚实守信、依法经营的诚信企业：公司是安徽省劳动保障诚信示范企业、安徽省诚信建设优秀单位、安徽省税收A类纳税信誉等级单位、合肥海关A级信誉良好企业，是“安徽省银行诚信客户”，主要银行信誉“AAA级”。

发展后劲充足，成长性良好的潜力股企业：公司连续多年保持稳定增长。2011年、2012年、2013年，公司分别实现产值16.5亿元、18亿元、19.3亿元，实现利税1.4亿元、1.43亿元、1.81亿元；公司连续8年跻身全国外商投资经济效益和出口创汇双优企业，是合肥市委市政府表彰的“合肥市先进单位”和“对外贸易先进企业”。

2014年，公司计划实现产值22亿元、利税2.35亿元左右。

胸怀大志不断超越的追梦企业：宝剑锋从磨砺出，梅花香自苦寒来。安利股份20年来不断强身健体，不断奋进成长，发展到今天成为国内合成革行业的龙头企业，并于2011年成功上市，因为安利人心中始终有“梦”，并且不断超越！

未来2年，安利股份计划形成年产值达到30亿元、聚氨酯合成革年销售收入23亿元、年利税超过3.5亿元的生产经营能力，努力将安利办成一个让员工自豪、受社会尊敬、具有国际竞争力和影响力的企业。

安利的远景目标是：力争成为全球最优秀的合成革企业。

安徽楚江投资集团有限公司

安徽楚江投资集团有限公司（下称楚江集团）始创于1999年，产业总部位于芜湖，并在上海浦东设有投资总部。集团现有员工近5000人，投资控股下属公司10余家，其中核心子公司精诚铜业（股票代码：002171）为深交所上市公司。2012年度，集团实现销售收入76亿元，入库税金1.68亿元。至2012年末，总资产达33亿元。

楚江集团坚持扎根金属材料加工产业发展方向，主营铜合金板带、铜合金线材、导电铜杆、精密焊管及精密光亮带钢加工、贸易及物流等业务，产品广泛应用于电力电子、五金电器、汽车、机械等行业，营销网络覆盖全国各地。集团现已具备年产14万吨铜合金板带、2.5万吨铜合金线材、10万吨导电铜杆、5万吨精密焊管、18万吨冷轧窄带钢的生产能力。其中，铜合金板带、铜合金线材产销量分别居国内行业第一、二位，精密带钢位居国内窄带钢行业第三位。是国内重要的铜基合金材料加工制造基地、省循环经济示范企业。

楚江集团下属企业上市

作为省内大型民营企业集团之一，楚江集团始终坚持“做精做强，稳健发展”的指导思想，坚持科技创新和品牌发展战略，坚持以科学管理理念创新民营企业管理机制，引领企业走在行业前列。集团已拥有1个国家级企业技术中心、1个国家级行业技术中心、2个省级企业技术中心，近三年获得的各项专利近百项，其中发明专利20多项；拥有10项新产品，1个中国驰名商标、2个省级著名商标。

集团在再生废铜生产铜合金材料的技术水平方面，处于国内的行业领先地位，“废

楚江集团芜湖双源管业大门

楚江集团精诚铜业大门

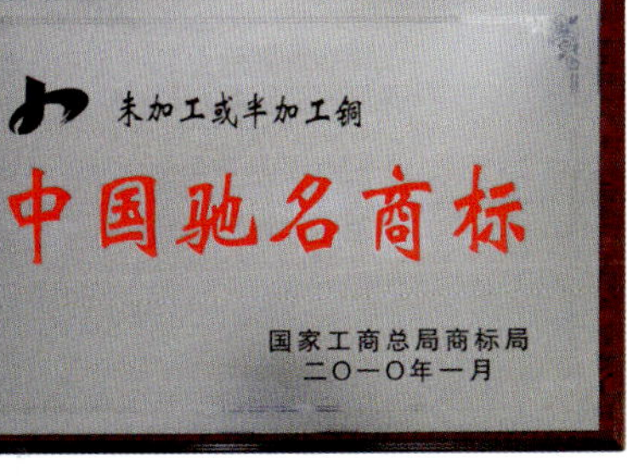

未加工或半加工铜

中国驰名商标

国家工商总局商标局
二〇一〇年一月

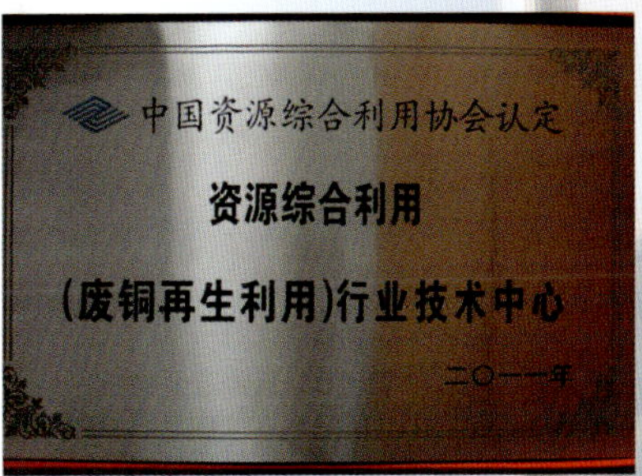

中国资源综合利用协会认定

资源综合利用

(废铜再生利用)行业技术中心

二〇一一年

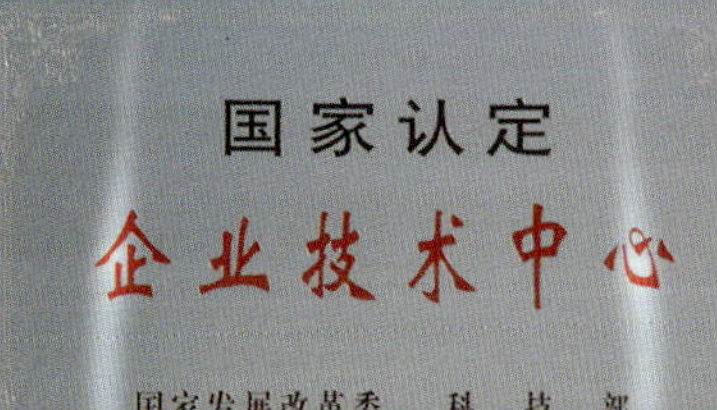

国家认定

企业技术中心

国家发展改革委　科技部
财政部　海关总署　国家税务总局

铜生产高精密铜合金产品资源化处理技术”达到国际先进水平，并获得2010年中国资源综合利用协会科学技术一等奖，是中国资源综合利用协会首批认定的“再生资源行业技术中心”，属于安徽省循环经济示范单位，国家商务部认定的再生资源回收体系试点城市的承载建设单位。自2004年起，集团连续跻身中国民营企业500强、中国制造业500强、安徽省企业50强、安徽省民营企业10强。在2013年政府相关统计部门公布的行业排名中，继续蝉联中国民企500强和中国制造业500强企业，位居安徽百强业企业的第41位。

未来楚江集团将围绕“建设国内最具竞争力的铜加工企业”这一总体目标，专注于金属材料加工及制造，抓住国家产业结构调整和皖江城市带承接产业转移区示范区建设机遇，做精做强，实现可持续发展。

楚江集团党员拓展训练

楚江集团铜产品

蜀王集团
SHUWANGGROUP

SHU WANG GROUP
蜀王集团

安徽蜀王餐饮投资控股集团有限公司自1993年创建以来，通过艰苦努力，在社会各界人士的支持下，已投资并拥有三十家子、分公司，发展为一个集专业团膳管理、集团配餐、川味火锅、中式正餐、韩式料理、日式面馆、娱乐休闲、食品加工、配送和物业管理的多元化连锁服务集团。

在20年的发展历程中，蜀王集团一直秉承“以质量求生存，以诚信求发展，让天下人享受蜀王美食文化”的发展理念，夯实基础管理。在管理提升方面：集团公司在原材料采购、加工、制作、配送、安全、卫生、等各个方面采取有力的监控措施。在集团贯彻标准化制作与管理的理念，通过ISO9001：2008质量管理体系及ISO22000食品安全管理体系认证。严格按照要求建立公司完善的质量管理体系，杜绝食品安全隐患。

蜀王集团早在2000年就开始涉足团膳业市场，作为快餐行业的一种形式，蜀王团膳业态现有员工5000多人，是蜀王集团近年发展最快的餐饮业态之一，在为大型企业集团配餐过程中不断积极研究，积累了配餐经营标准化的成功经验，形成了一套专业管理方法。通过不断努力，蜀王集团分别在上海、深圳、江苏、湖北、山东、浙江、安徽、河南、河北等地开设子（分）公司，曾分别为合肥市委市政府、合肥市财政局、合肥市法院、检察院、华为（包含华为五个城市大型研究所）、海尔、联想、ABB、德国博世、京东方、格力、恒生银行等国际、国内大型企业、学校、医院、银行、国家机关等近200家单位提供专业团膳服务，服务人数每年达1亿人次。

近年来，蜀王的品牌获得了社会的广泛认可，荣获中华人民共和国商务部“中国十大餐饮品牌企业（提名奖）”、“中国餐饮百强品牌”、“诚信经营示范企业”、“全国绿色餐饮企业”、“安徽省著名商标”、“安徽省民营企业百强”、“中国十大火锅品牌”“优质团膳先进单位”、“团膳领军企业”等70多项荣誉称号。

蜀王集团在事业蓬勃发展之中坚守社会责任，积极投身社会公益事业，成立以来在不同的岗位上陆续吸纳了各行业下岗工人一千余人；集团还多次积极组织员工参加无偿献血活动；先后多次捐款捐物，支持希望小学发展，救助白血病患者渡过难关；抗击“非典”期间参与捐赠一辆120急救车；在汶川和玉树地震中积极捐助灾区，帮助他们重建家园；2010年蜀王参加工商联的“光彩人生感恩活动——百企联村项目”，热心参与农业扶贫项目，派员前往合肥市长丰县义井乡，为扶持该乡建设拐村大棚蔬菜种植工程捐款，2013年组织全集团员工为四川雅安灾区捐款……

蜀王集團

SHUWANGGROUP

MAKELI RESTAURANT

专业的集团餐饮，专业的食堂管理

蜀王集团团膳服务致力于国内外最具影响力专业团膳服务商，16 年餐饮团膳服务经验，专注为客户提供综合团膳餐饮解决方案，集团通过 ISO9001：2008 质量管理体系及 ISO22000 食品安全管理体系认证，提供安全、营养、新鲜、可口的优质团体餐饮服务。业务规模覆盖安徽、上海、山东、江苏、浙江、湖北、深圳、河南、河北等地。

本着对企事业单位尽心尽责的态度，用心铸信、真诚服务。愿以成熟的集团配餐运营管理经验、成功发展多年的企业整体实力和人力资源积累，竭诚为社会服务。

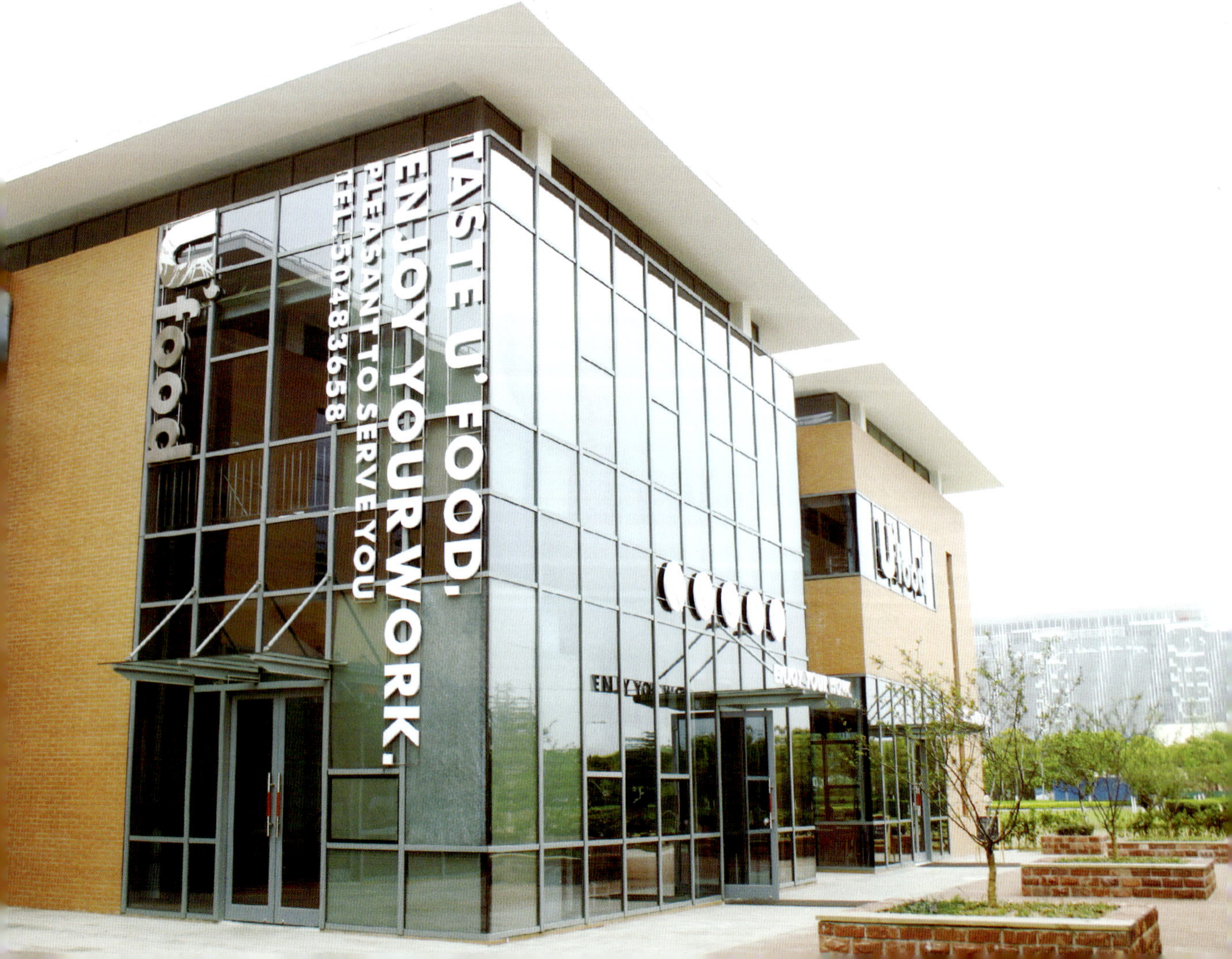

蜀王集团服务的客户

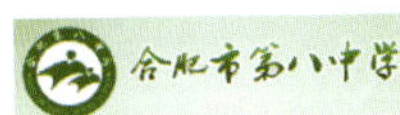

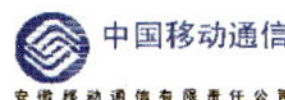

BUSINESS MODULE
业务模块

食品加工及配送
Food processing and delivery
团膳服务
Group meal service
社会餐饮
Social catering

河北 Hebei
山东 Shangdong
河南 Henan
江苏 Jiangsu
安徽 Anhui
上海 Shanghai
湖北 Hubei
浙江 Zhejiang
深圳 Shenzhen

安徽 Anhui	1993年 社会餐饮 1993 Social catering 2000年 团膳服务 2000Group meal service 2005年 食品加工及配送 2005 Food processing and delivery
上海 Shanghai	2006年 团膳服务 2006 Group meal service 2008年 社会餐饮 2008 Social catering 2008年 食品加工及配送 2008 Food processing and delivery
湖北 Hubei	2004年 团膳服务 2004 Group meal service
山东 Shangdong	2008年 团膳服务 2008 Group meal service
江苏 Jiangsu	2009年 团膳服务 2009 Group meal service
浙江 Zhejiang	2009年 团膳服务 2009 Group meal service
深圳 Shenzhen	2011年 团膳服务 2011 Group meal service
河南 Henan	2012年 团膳服务 2012 Group meal service
河北 Hebei	2014年 团膳服务 2014 Group meal service

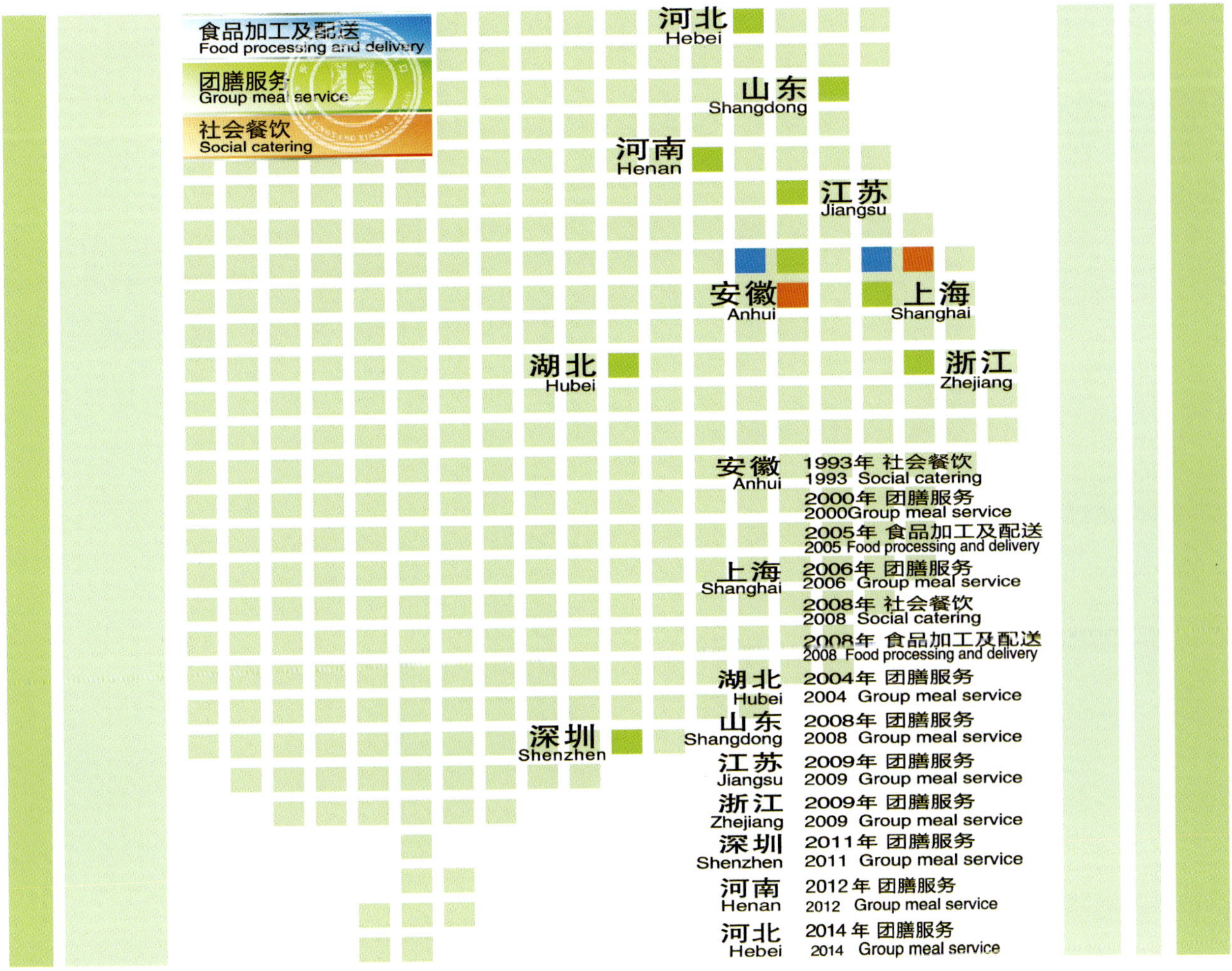

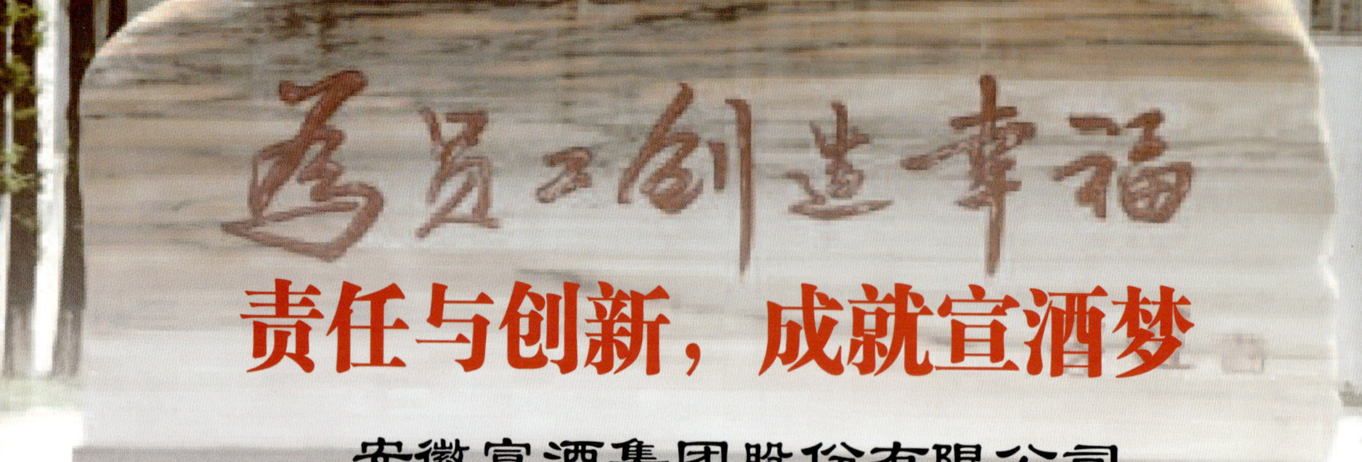

责任与创新，成就宣酒梦

安徽宣酒集团股份有限公司

安徽宣酒集团股份有限公司位于“江南诗山”敬亭山南麓，秀美的水阳江江畔，东临苏浙，南倚黄山，历史悠久，风景秀丽。公司于1951年公私合营成立，2004年底改制为股份制企业，主要从事白酒的生产和销售。公司占地面积910亩，现有员工2059人，各类专业技术人员586人，具有国家高级酿酒师3名、国家一级品酒师3名、国家白酒评委3名及若干名省级白酒评委，是国家4A级旅游景区，江南最大的白酒酿造产业基地。“宣牌”白酒产品先后荣获“中国小窖酿造白酒领袖品牌”、“中国白酒技术创新典范产品”等称号，宣酒的核心技术小窖古法酿造技艺入选非物质文化遗产保护名录，由中国著名白酒专家沈怡方担任宣酒小窖酿造工艺研究所所长和公司质量总顾问，公司先后通过了质量管理体系、环境管理体系、食品安全管理体系、职业健康管理体系四大体系认证，并荣获“中华慈善突出贡献奖”、“全国模范职工之家”、“国家标准化良好行为AAA企业”。

公司改制九年来，公司秉承“为社会创造价值，为员工创造幸福”的企业宗旨，树立“责任、诚信、贡献、感恩”的企业核心价值观，厂容厂貌、员工的精神面貌发生了翻天覆地的变化，各项主要经济指标每年均以50%以上的速度向前增长，员工人数由当年的158名人增长到2013年的2059人，员工年平均工资由当年的8000元增长到去年年底的5.5万元，实现利税由当年的不到100万元增长到2012年实现利税近2.7亿元，企业由曾在中国白酒行业排名在千名之外，现在稳居中国酿酒工业50强，进入安徽白酒行业的“五朵金花”行列。同时九年来，企业慈善捐款累计4800万元，是名副其实的宣城首善企业。

宣酒的发展离不开改革开放的大环境，正是由于国家改革开放政策，使宣酒搭上了中国白酒行业大发展的快车，同时宣酒的发展也离不开上级各级部门的大力支持与关心，更离开宣酒集团的掌舵人——李健。

李健，安徽宣酒集团董事长、党委书记。从学校毕业到国有企业，从国有企业到下海经商，再到今天的企业创业。一路走来，支撑着李健在创业历程中战胜一个又一个困难、取得现今阶段性成果的，正是他带领他的团队，始终怀揣坚守着为员工创造幸福、为社会创造价值、弘扬中华民族传统产业的梦想而走到了今天。

2009 年 8 月 21 日，省政协副主席李宏塔在市委副书记、市长虞爱华、副市长夏月星的陪同下来到宣酒集团考察。

三宇电器集团始创于公元1989年10月，是国家级高新技术企业，中国IGBT大功率逆变电源研发应用的领军者。三宇集团的前身合肥三宇电器技术研究所，是安徽省第一个民营研究所，中国电源学会首批会员单位，也是首批进驻合肥高新技术产业开发区的企业。

研究所起家的三宇，在自主知识产权的开发方面具有极强的能力和优势。自创立至今，独立开发或与中科院、国防科研院所等机构合作开发的项目多达数百个，在国防、化工、冶金、建筑、道路、桥梁、船舶、设备等各领域均有新技术产品的成功应用。尤其是在国防领域，有十余种产品在中国人民解放军总装备部列装。在大功率IGBT逆变电源应用方面，三宇在国内占据不可撼动的领军地位。

在国际方面，三宇独立开发的高频点焊电源，是全世界第一台高频悬挂式汽车点焊电源。2007年，在全球普遍应用中频点焊技术的焊机市场中脱颖而出，赢得了包括德国克莱斯勒汽车生产线在内的众多汽车制造厂的高度关注和认可。自2006年起，三宇拥有知识产权的易特流焊机也以每年至少1次的频率，在国际焊接博览会上刷新功率密度比的世界纪录，为“中国创造”榜持续添加浓墨重彩的国人荣耀！

自创立起，三宇即确立了“正直、善良、协作、进取”的企业精神。“正直、善良”做人，“协作、进取”做事，这是三宇人不变的价值观。一群富有进取心的、正直善良的人，团结在一起，以取长补短的协作精神，为共同的目标不断努力奋进，为促进高科技产品在各领域的应用，为科技的普及而不断创新！

“伟大，在于不论多么平凡，都站在社会发展的高度去关注和行动”——这就是三宇人的胸怀！

“三宇，以自主知识产权开发新能源设备，在节约型社会的建设中脱颖而出”——这就是三宇人不断努力的伟大事业！

安徽易特流焊割发展有限公司是三宇的全资子公司，成立于2007年4月15日，于2009年3月28日进驻合肥蜀山新产业园区。

“真正的高科技是同时实现高可靠性和低成本”！

这是易特流公司成立的初衷——以三宇精神在国际焊接行业普及高科技，用易特流的团队力量在全世界焊接行业实现一个“创新作业模式、倍增工作效率”的伟大梦想！

“易特流”的“易”取自《易经》，代表了我们的原创国度是中国；“特”是特殊、特别的意思，以“流”命名，代表我们是继“交流、直流”之后的新品类，我们，发明了便捷焊机，也即将在全世界普及“便捷”带来的“高效”价值！

易特流，在发扬总部科研优势的同时，必须攻克稳定生产和不断创新协调发展的难题，既要不断的“变”以满足用户和市场需求，又要保证质量和产量稳定“不变”的符合企业标准。

从2005年到2012年，易特流从产品到团队，经过了一个艰苦的积累过程。

易特流团队，秉承三宇“正直、善良、协作、进取”的企业精神，在强调“进取心”的同时，强化推崇“求真务实”的工作态度，“认真严谨”的工作作风。2013年，易特流面临有史以来最大的发展机遇，我们，即将腾飞！

从产品到团队，我们也正在做最后的练兵和准备，所有有志于实现梦想的易特流人，将同心、携手，迎接属于我们的春天！

安徽安德利百货股份有限公司

安徽安德利百货股份有限公司是安徽省著名商业企业，始建于1984年，原为国有企业，2002年改制为民营企业。先后被授予全国诚信单位、省改革先进单位、安徽省购物放心店、省文明单位、省重合同守信用企业、省诚信建设及职工职业道德教育双佳单位等多项殊荣。在全省县级商业企业中，安德利一枝独秀，稳步发展，特别是改制以后，发展更快，已成为安徽省县级流通企业中的一面旗帜。公司总部在庐江县，网点主要布局在庐江、巢湖、和县、含山、合肥及无为。下辖巢湖安德利购物中心、和县安德利购物中心、无为安德利购物中心等多家子公司，经营业态涉及综合百货、大型卖场、连锁超市、专业商场和物流配送中心。截至2011年底，安德利直营分店达30家。

安徽安德利百货股份有限公司是省政府重点建设的流通服务企业，家电下乡销售企业。

安徽安德利百货股份有限公司与庐江县人民政府共同主办的庐江县服装节每年农历11月18日举办。从1991年以来，已成功举办了20届。服装节期间，庐江城乡购销两旺，各行各业一片繁荣发展。如今，服装节已成为庐江县的地

方名片。

公司董事长陈学高是安徽商界名人，所获荣誉主要有：“安徽省优秀青年企业家”、“首届安徽省商业优秀企业家”、“安徽省首届优秀中国特色社会主义建设者”、“安徽省十大民营企业家”等。

安德利一直坚持经营市县以下农村市场，坚持自营模式。企业的宗旨是：发展、创新、利民；企业愿景是：安徽商人，德行天下，利及万家；企业使命是：兴业报国，给每个员工创造机会，让员工自豪。安德利始终把回报社会作为一切工作的出发点，十分热心社会公益事业。

安德利把自己定位于皖江地区、面向农村市场、百货超市业态的区域领先者。为此，公司制定了八年百亿计划，争取到2018年，实现营业收入100亿元。

安徽国信建设集团

国信建设集团董事长：何勋法

江南新里城

安徽国信建设集团前身为1976年组建的合肥郊区建筑安装公司，2003年12月改制重组为股份合作制民营企业—合肥国信建设工程有限责任公司，2008年12月组建成立安徽国信建设集团，是集房建总承包、市政总承包、房地产、工业投资、钢结构、机械设备安拆、水电安装、建筑劳务、餐饮旅游为一体的综合性集团公司，现下辖安徽国信建设集团有限公司、合肥昌云房地产开发有限公司、国信建设集团市政工程公司、合肥水滨生态发展有限公司、合肥建友建筑劳务有限公司、亳州国信投资公司等六个全资子公司。

安徽国信建设集团有限公司注册资金11162.76万元。改制十年来，集团实现了跨越式发展，2013上交入库税金5000多万元。自2006年以来，集团连年荣列“安徽省民营企业100强”、“安徽省建筑业50强”。集团在快速发展过程中，主要抓住了以下工作：

一、**坚持科学发展**。坚持“立足主业，多元发展”经营发展思路，逐步建立适合企业特点的管理模式和运营机制。10年来，集团结合自身实际情况和特点，坚持以建筑施工为主适度发展房地产、市政道路、BT代建等项目。集团和生产效益不断提高，空心化现象逐步得到扭转。集团资源整合能力、全局掌控能力、领导发展能力、风险预控能力不断得到提升，基本形成了“靠房建施工铸品牌求稳定，靠专业施工创效益增实力，靠物资供应链控潜力降成本，靠资本动作、房地产促转型谋发展”的管理运营模式。新的领导班子针对原来机构臃肿、责任不清的现象，对公司管理机构和人员分别进行了调整：一方面是精简机构，另一方面是精简人员，逐步实现高进低出的人才置换和人力资源的优胜劣汰，从而保持企业的旺盛的战斗力。通过科学分析，集团制定了“走出去”的经营发展策略，逐步把经营触角延伸到全省各地，并在蒙城、亳州、霍山、郎溪、安庆、六安、滁州等地建立分公司、项目部，集团各项工作走上了可持续发展的良性循环发展态势。

二、**注重品牌建设**。在不断变化的市场环境下，国信人敢于超越的精神不变，十年来保持了持续健康的发展。施工产值、经营收入、税收、效益、职工收入每年增速均在15%以上。集团相继获得国家工商总局、安徽省人民政府重合同守信用企业、中国建筑业综合实力领军品牌100强、安徽省建设建筑行业“十大重点推广品牌”称号、中国经济百佳诚信企业、全国建筑施工企业设备管理优秀单位、安徽省爱心慈善企业、安徽省建筑业50强、合肥市建筑业10强等一系列荣誉。多年来，国信建设集团始终视质量为企业的生命线，严格贯彻落实上级主管部门、

行业管理部门的各项要求，圆满完成公司每年初制定的质量标准。所建工程先后获得国家级AAA安全文明示范工地4项，省级安全质量示范工地18项，黄山杯工程6项，市级优质工程22项，省、市用户满意工程、市级优质结构工程63项，市级安全质量示范工地38项，多次获得安徽省质量管理先进单位，安徽省安全管理先进单位，合肥市质量、安全管理先进单位等称号。国信建设的质量、安全管理水平为国信塑造了一张靓丽的名片。

三、加强人才培养。为进一步提高集团公司各层次人才素质和企业管理能力，给企业增添后备力量，集团每年都会从各大高校引进专业人才，并分别派往亳州、霍山、郎溪、滁州等国信项目工地实习，以提高实践操作能力。同时，还选派优秀项目经理和高级人才专程赴京参加清华大学举办的高级研修班学习，不断提升专业能力。近年来，集团坚持“德为上、诚为先、人为本”的人文理念，在加强内部管理的同时，也切实加强人才队伍的培养，从2010年开始，每年组织优秀项目经理和机关员工走出去交流学习，学习同行业先进建筑单位的经验和做法。通过观摩比较，开阔了视野，找到了差距，也提升了自身水平。

四、培育企业文化。为建立良好的企业文化氛围，集团创办了《国信建设》报和国信集团公司网站（www.ahguoxin.com），以办好《国信建设》报作为企业文化建设的平台，大力宣传走在建筑第一线的新人、新事、新风尚，努力把企业文化建设贯穿到一切管理工作之中，使企业文化建设与企业的经营成果同步提高。创办8年来，始终坚持党的正确舆论导向，紧紧围绕集团公司的经济建设，弘扬先进企业文化，深受社会各界和同行业及企业员工的喜爱和好评。《国信建设》报荣获2013年度全国工程建设行业报纸银页奖，国信集团公司网站荣获十佳网站；同时《国信建设》报连续三年荣获中国建筑业协会“鸿翔杯”精品报纸和优秀报纸奖。在集团事业快速发展的同时，国信公司始终坚持“承担责任、奉献社会”的精神，形成了良好的奉献文化，先后累计捐献款物达数百万元参与抗震救灾、捐资助学、扶贫济困等各项社会公益事业活动。

“千臂齐奋摇橹力，风正帆悬日千里”。在未来发展中，国信集团公司将继续秉承“务实、高效、开拓、创新”的企业宗旨，坚持“靠精干人才创精品工程，靠精品工程创良好信誉，靠良好信誉创更大市场”的核心发展理念，满怀信心，乘势而上，向国内外广阔建筑市场迈进，为积极参与构建和谐社会再创新的辉煌。

安徽省庐江龙桥矿业有限公司

安徽省庐江龙桥矿业有限公司于2001年12月注册成立，是以开采、加工、销售铁矿产品为主的民营股份制企业，是安徽省第一个通过矿产资源市场招投标而建立的企业，注册资金8400万元，资产总额15.09亿元，拥有职工763人。

龙桥矿业拥有磁铁矿石储量10363.7万吨，伴生铜90144吨，硫278.6万吨。

按照整体规划、分步实施、协调建设、科学发展的总体思路和构建效益矿山、安全矿山、生态矿山、文化矿山、和谐矿山的基本标准，经过13年的建设和发展，公司取得了较好的经济效益、环境效益和社会效益。先后获得“全国钢铁工业先进集体”、“中华慈善突出贡献单位（企业）奖”、“全国节能减排先锋榜上榜企业”、“矿产资源节约与综合利用专项优秀矿山企业”、“环境保护优秀企业”、“五好基层关工委先进集体”等六项国家级荣誉。截至2013年12月，已累计生产铁精砂429.52万吨，硫精砂28.13万吨，铜精砂2.74万吨，实现销售收入46.09亿元，缴纳税金15.16亿元。连续8年位列庐江县第一纳税大户，连续6年进入安徽省民营十强企业，是安徽省“861”重点工程。

矿区晨曲－尾矿库和浓密池

湖光“井”影－采矿场主井

健身场

选矿厂英姿

砖厂生产线

“绿地杯”2013年度徽商领军人物评选活动

由安徽省徽商发展研究院和中国科学技术大学管理学院共同主办、绿地集团独家冠名的“绿地杯”2013年度徽商领军人物评选活动自今年8月份启动以来，经过近4个月的宣传、酝酿、推荐和专家评选程序，近日十大“徽商领军人物”已经揭晓，12月15日颁奖盛典在合肥泓瑞金陵大酒店隆重举行，评选活动圆满落幕。

举办这次评选活动的目的是为了贯彻落实党的十八届三中全会《中共中央关于全面深化改革若干重大问题的决定》提出的“必须毫不动摇鼓励、支持、引导非公有制经济发展，激发非公有制经济活力和创造力”、中共安徽省委今年7号文件关于“培育一批行业领军型企业与企业家”的要求以及全省发展民营经济大会精神；通过学先进、树典型、立标杆引领我省非公经济健康发展，用“中国梦”照亮“徽商梦”。活动得到了我省社科经济理论界的大力支持。活动组委会由安徽省徽商发展研究院和中国科大管理学院的主要领导挂帅；专家评委会由我省社科经济理论界16位著名专家学者组成。在评选过程中，专家评委本着严谨负责的态度，认真阅读材料，深入企业调研，经过多个回合的征询意见和专题研讨，用以价值判断为主，以数量分析为辅的方式，作出综合判断。最后采用无记名投票方式，评选出2013年度十大徽商领军人物和十大徽商领军人物提名奖。纵观这次整个评选过程，不仅设计科学、程序合理、环节紧凑、组织严密，而且与以往的评选活动相比，还实现了三个创新：

一是在组织架构上创新。这次评选活动不再由官办机构牵头主办，而是改由非官方的社会第三方机构主办，社科经济理论界专家参与评选，不向企业和推荐单位收取任何费用，由参评对象之外的明星企业全额资助。这种组织架构能够充分体现出评选活动的社会公益性和客观公正性，从而使活动更加具有公信力。

二是在评选程序上创新。这次评选活动不再由各级官办机构层层组织报名海选，既占用企业大量时间精力又很难真正推选出拔尖的企业。而是由中国科大（EDP）企业家联合会、中国科大管理学院EMBA研究生会等六家协办单位在先期充分调研和广泛沟通协商的基础上先推荐产生近40名入围名单，再由组委会根据五项评选标准经充分讨论酝酿，最终确定20名候选人提交专家评委会参评。这种评选程序能够充分体现出评选活动的"课题研究型"和"学习示范型"，从而使活动具有更强的"生命力"和"保质期"。

三是在评选标准上创新。这次评选活动不再仅仅"以数据论英雄"，而是遵循三个原则：第一，不唯最大，但求最好。即对五个基本标准的综合评价，至少在全省最好或在全国最好；第二，不唯数据，但求导向。即符合社会价值追求导向、产业发展导向、消费者与员工的利益导向，评选向导向意义多、作用大的企业倾斜；第三，不唯规模，但求亮点。即看亮点的价值、层次与多少，评选向亮点价值大、层次高、数量多的企业倾斜。这三个"不唯"充分体现出评选活动的科学性、前瞻性和独特性，从而使活动具有更强的示范意义和指导意义。

评选活动开展以来，得到了社会各界的广泛关注，形成了很好的社会影响。组委会表示，下一步将会对当选的十大徽商领军人物先进事迹进一步深入发掘，并收录进《安徽徽商发展年鉴》和《徽商人物志》，扩大影响面、增强影响力。另外在明年的徽商领军人物评选活动中，将充分汲取社会各界的建设性意见，把活动办得更好，充分发挥引领徽商健康发展，服务建设美好安徽的正能量。

"绿地杯"2013年度徽商领军人物评选活动组委会

2013年12月

"2013年度徽商领军人物（绿地杯）评选活动"方案

为更好地贯彻落实中共安徽省委〔2013〕7号文件关于"培育一批行业领军型企业与企业家"的要求及全省发展民营经济大会精神，进一步加强和改进新形势下非公有制经济人士思想政治工作，促进非公有制经济健康发展和非公有制经济人士健康成长，安徽省徽商发展研究院与中国科大管理学院研究，联合举办"2013年度徽商领军人物评选活动"。评选活动由绿地控股集团有限公司独家资助，活动方案如下：

一、评选目的

改革开放以来，我省民营经济蓬勃发展，2012年全省民营经济增加值、纳税总额及从业人员占全省的比例，分别达61%、60.9%和77%，为全省经济社会发展做出巨大贡献。今年以来，全省上下贯彻落实党的十八大"两个毫不动摇"的精神和省委省政府关于大力发展民营经济的20条政策意见，出实招，求实效，全省民营经济活力迸发，驶入了发展的"快车道"，涌现出一批成长较快、实力较强的大中型民营企业和一大批先进典型及行业领军人物。开展"2013年度徽商领军人物评选活动"的目的，就是及时发现和树立一批标杆企业，推出一批行业领军人物，大张旗鼓地宣传表彰他们的先进典型，通过开展"学先进、树典型"活动，激励广大非公有制经济人士弘扬中华传统美德，弘扬时代新风，树立中国特色社会主义共同理想。把自身企业的发展与国家的发展结合起来，爱国、敬业、诚信、守法、贡献，做合格的中国特色社会主义事业建设者。此次评选活动要紧扣"民营企业家与中国梦"这个主题，引导广大非公有制经济人士自觉地把民营企业的发展梦和个人的成功梦融入实现中华民族伟大复兴的中国梦中，让"中国梦"照亮"徽商梦"。肩负起推动中国经济发展、建设"三个强省"的历史责任。

二、组织领导

这次活动由学界组织联合新闻界、企业界进行推荐评选，由安徽省徽商发展研究院、中国科大管理学院主办；中国科大EDP中心、绿地集团安徽事业部承办；中国科大（EDP）企业家联合会、中国科大管理学院EMBA研究生会、《徽商发展年鉴》（2013）编委会、安徽省工商联MBA联谊会、合肥企业家文化科技创意产业联合会、合肥科学家企业家协会协办。经费由绿地中心全额提供并独家冠名，不向企业和推荐单位收取任何费用。

为办好此次活动，决定成立“2013年度徽商领军人物评选活动”组委会和专家评选委员会。建议由省徽商发展研究院院长程必定和中国科大管理学院执行院长梁樑任组织委员会和专家评选委员会正副主任，由省徽商发展研究院派员组成“两委”办公室（两委和办公室人员建议名单均附后）。

三、评选对象、参评条件与奖项设置

1.评选对象。2013年度徽商领军人物的评选对象为我省的民营企业及由民间资本控股的股份制企业主要负责人，一个企业只能推荐一人。

2.参评条件。推荐参评“2013年度徽商领军人物”应符合以下基本条件：

⑴要有崇高的事业理想和价值追求；

⑵要有优异的个人品质和良好素养；

⑶要有勇于担当的社会责任感和奉献精神；

⑷要有以人为本的领导能力和创新思维；

⑸要有行业公认的创业精神和经济业绩。

3.奖项设置。“2013年度徽商领军人物评选”将根据候选人优异成绩的侧重点设“标杆奖”、“创新奖”、“奉献奖” 和“管理奖”四个奖项。每个奖项将评选出2—3名“领军人物”。各奖项的成就侧重点是：

标杆奖侧重于成为全省行业标杆企业的主要负责人；

创新奖侧重于在自主创新方面有突出成就企业的主要负责人；

奉献奖侧重于在履行社会责任方面有突出贡献企业的主要负责人；

管理奖侧重于在企业管理方面有创新和突出成效企业的主要负责人。

四、推荐与评选方法

1.推荐单位及推荐候选人名额。由上述联合会、协会等6家协办单位，根据我省民营企业发展情况，密切联系各地商会和行业协会，酝酿推荐出20名左右的候选人；采取专家评选和群众评选相结合的方法，最后评选出“2013年度徽商领军人物”10名。

2. 评选程序。

⑴由上述6家协办单位推荐候选人；

⑵由评选办公室根据基本条件初选；

⑶通过权威媒体及网络对候选人材料进行宣传公示，广泛听取社会各界的意见和建议；

⑷群众通过电话、信函、网络、微信、微博等投票评选；

⑸专家评选委会根据群众评选情况进行终评。

最后组织委员会审定当选者。

3. 评选阶段及时间安排。“2013年度徽商领军人物评选活动”在8月份启动，8月至9月20日为酝酿推荐和报送材料阶段；10月至11月中旬为公示宣传阶段；11月至12月为评选阶段，明年春节后评选揭晓。

五、报送材料时间和要求

1. 报送推荐候选人名单时间。为保证评选工作的顺利进行，要求推荐名单及候选人事迹材料应在9月20日前报到评选办公室，并附推荐信，加盖推荐单位公章。

2. 报送材料要求。⑴《“2013年度徽商领军人物”候选人简表》。⑵事迹材料5000字左右（包括：企业简介1000字左右；创业过程2000字左右；个人事迹2000字左右，要求根据企业特色有所侧重，切忌面面俱到）。⑶候选人近照一张。⑷企业创业照2张。⑸候选人工作照2张。以上所有材料均请同时报送电子档。发送邮箱为：lingjunrenwupx@126.com。

六、评选揭晓时间和形式

根据群众投票和专家评选委员会评选相结合最终评选出来的“2013年度徽商领军人物”拟定于2014年初在合肥召开“2013年度徽商领军人物”评选活动颁奖大会，颁发奖状和奖杯，并通过报纸、广播、电视及网络向全社会公布评选结果，同时《徽商发展年鉴》和《徽商人物志》将永久性收录“2013年度徽商领军人物”的创业历程和先进事迹，为促进我省经济又快又好发展、建设“三个强省”竖立标杆性典型形象。

安徽省徽商发展研究院

中国科学技术大学管理学院

2013年8月20日

“绿地杯”徽商领军人物评选活动组委会名单

（2013 年 11 月）

主　　任：程必定　省政府参事、安徽省徽商发展研究院理事长

副 主 任：梁　樑　中国科大管理学院执行院长

　　　　　华中生　中国科大管理学院副院长

学术顾问：方兆本　中国科大管理学院院长、教授、博导

委　　员：伍先达　合肥科学家企业家协会常务副会长

　　　　　盛志刚　安徽省徽商发展研究院荣誉副院长

　　　　　曹佳凡　原芜湖市咨询委主任

　　　　　王　我　安徽省徽商发展研究院常务副院长

　　　　　高文光　安徽省徽商发展研究院副院长

　　　　　吴　芳　绿地中心负责人

　　　　　司马文龙　省工商联 MBA 联谊会会长

　　　　　吴　林　中国科大 EDP 中心主任

　　　　　吴怀然　合肥企业家文化科技创意产业联合会常务副会长

　　　　　刘志迎　中国科大管理学院院长助理

秘 书 长：高文光（兼）

副秘书长：崔建望　合肥科学家企业家协会副秘书长

组委会、评委会办公室成员

主　　任：高文光

联 络 员：查金华

专家评选委员会名单

（11 月 11 日组委会通过）

学术顾问：方兆本 中国科大管理学院院长、教授、博导

主　　任：程必定 省政府参事、安徽省徽商发展研究院理事长

副 主 任：盛志刚 安徽省徽商发展研究院荣誉副院长

梁　樑 中科大管理学院执行院长

华中生 中科大管理学院副院长

委　　员：孙东海 省政府发展研究中心副主任

王正国 省委党校教育长

胡再生 省经济研究院院长

陈祥明 安徽电力职业技术学院院长

王效昭 省政府参事 安徽行政学院经研所所长

梁长勇 合工大管理学院院长

李光龙 安徽大学经济学院院长

耿金麟 安徽财贸职业学院院长

吕连生 省社科院城乡经济研究所所长

刘志迎 中国科大管理学院院长助理

高文光 安徽省徽商发展研究院副院长

秘 书 长：刘志迎 （兼）

“绿地杯”2013年度十大“徽商领军人物”

1. 刘庆峰（科大讯飞）
2. 宋礼华（安科生物）
3. 曹仁贤（阳光电源）
4. 韩再芬（再芬黄梅）
5. 姚和平（安利股份）
6. 姜　纯（楚江投资）
7. 孔　健（蜀王餐饮）
8. 李　健（宣酒集团）
9. 袁忠杰（三宇电器）
10. 陈学高（安德利百货）

“绿地杯”2013年度十大“徽商领军人物（提名）”

1. 陈祖尧（华强科技）
2. 曹昌仁（裕森集团）
3. 孙国升（真心食品）
4. 刘青山（二环石油）
5. 何德球（大尺度网络）
6. 张武江（芜湖盛力）
7. 司圣国（远景管理）
8. 曾胜春（六安瓜片）
9. 王晓华（蓝冠建筑）
10. 董　剑（安徽彩蝶轩）

刘庆峰 科大讯飞总裁兼董事长

刘庆峰：语音强国不是梦

胡方玉

1999 年 3 月，一个叫“安徽硅谷天音信息科技有限公司”的企业，出现在了安徽省合肥市工商部门的注册目录中。

这是一个由十几名在校大学生创办的公司，除了创业者本身之外，并没有多少人注意到她的存在。

因为在大多数的眼里，这个连老总办公室空调都装不起的公司，只能被称作是“草台班子”。

事实上，这个“草台班子”的初期发展路线，确实没有偏离别人的预料轨迹。虽然在当年年底，公司获得风投并改组更名，但当年春节，公司员工的过节费是他们老总以个人借债的方式得来的……

然而，在经历了短暂的创业寂寥之后，这个“草台班子”很快爆发出了无比强大的发展潜力。从 2004 年盈亏平衡，到 2008 年成功上市，短短 4 年时间，她让自己所在的城市引以为豪！她让安徽乃至中国的语音产业在国际上有了谁与争锋的底气！

时至今日，她早已成了行业的翘楚。当然，在这期间，她让更多的人记住了自己的名字——科大讯飞。

与企业的辉煌业绩同样被世人关注的是她的创办人——刘庆峰。

科大才子

现年40岁的刘庆峰来自于皖南泾县，这里是宣纸的故乡，或许是受当地人文气息的熏陶，商海中浮沉多年的刘庆峰浑身依然散发出一股书卷气。和他接触过的人都知道，他说话虽语速极快，但语调轻柔，言谈举止颇具亲和力。

已是知名企业家的刘庆峰，今日的成就无疑可以用“辉煌”二字来形容。而这种辉煌从其前青少年及求学的经历就看出了端倪。

1973年2月，刘庆峰出生于泾县的一个普通工人家庭，从小就以头脑聪明深得大人们的喜爱。“五六岁时，我就能帮大人算账，把钱、票算得又快又清楚”。上初中后，他基本上包揽了县里数学、物理竞赛的第一名。14岁那年，他以全县第一名的成绩考入宣城中学。1990年，他再以全县第一名的成绩，考入了当时招生炙手可热的中国科技大学。

“科大当年的录取分数非常高。”在刘庆峰的记忆中，当年的校友中有13个是来自全国各省的高考状元。喜欢挑战的他，放弃了保送清华的机会，考入了科大的“无线电电子学”专业，也就是后来的电子工程系。“那时傻乎乎的，以为学了无线电电子学，以后就知道修彩电了。”

在人才济济的中国科技大学，刘庆峰仍然保持着学习方面的优势。几次摸底考试，数理方程、力学、电磁场、光学等课程都是全系第一名。

这使得他在大二时，曾一度想转去数学系，“因为数学系和物理系出国的机会最多”。当年同校的一个宣城老乡大三就出国，让刘庆峰心里充满了羡慕。

不过，就在他转系的想法还没有正式付诸实施之前，一个改变他人生轨迹的事情不期而至——由于成绩优秀且学有余力，他和其他两名同学被导师王仁华教授选进了科大人机语音科技实验室。

在今天看来，这可以看作是刘庆峰创业的源头，甚至可以看作中国语音产业突飞猛进的一个重要节点。

锋芒频现

进入实验室后，刘庆峰渐渐地喜欢上了语音这门学科，“让原本没有生命的东西可以像人一样能听会说，这个东西挺有意思的。”不知不觉中，他放弃了转系的打算。

经过两年多的学习和领悟，刘庆峰渐渐在语音领域崭露了头角。实验室曾经使用一个日本的LMA语音分析工具，王仁华认为效率太低，就问刘庆峰能否提高二三倍，而刘庆峰花了一个月的时间后，最终将效率提高了整整10倍。

王仁华为自己的慧眼识珠感到高兴，同时又为刘庆峰搭建了一个更广阔的舞台。让他担任中科大语音实验室863语音合成项目组组长，带领一个含本科生、研究生甚至科大老师在内的十多个人的团队开展研发工作。

成为"组长"的刘庆峰继续创造着一个又一个惊喜。在1998年的全球汉语国际年会上，刘庆峰获得了最佳论文奖，同时还获得了中国科学院院长奖学金特别奖——这是中科院的最高奖项，每年整个科学院系统只有10个名额。

同样令人惊喜的是，他带领的团队业绩和自己本人的成绩交相辉映。1997年，刘庆峰和他的团队在由团中央等单位举办的"挑战杯"创业竞赛中获奖。

第二年，刘庆峰再次上演了连台好戏。在国家"863"比赛中，刘庆峰的语音合成系统取得了第一名，并成为唯一一个达到可实用门槛的作品，轰动了当时的语音学术界。

"挑战杯"和"863"比赛的获奖，让一个想法开始在刘庆峰的脑海中闪现——创业。

在今天看来，"挑战杯"让他感受到了创新和创业的激情，而"863"比赛的获奖，则让他敏锐地察觉到了广阔的市场前景，并坚定地察觉到语音技术走向市场的可能性。

在刘庆峰的眼中，让机器像人一样"能听会说"的智能语音技术不仅拥有广阔的产业前景，甚至在通信安全和民族文化传播等国家核心价值领域，都有着重要的应用价值。

个人价值和社会价值的双重召唤，成为了刘庆峰由在校学生向企业家过渡的最原始动力。

试水商海

刘庆峰创业的想法得到了导师王仁华的全力支持。

早在1997年，刘庆峰就和导师王仁华有过交流：一是希望语音产业能够产业化，二是做产业化所获得的收益，要按照市场化机制分配给创业团队。

王仁华不但支持他的想法，而且还表示愿意为刘庆峰成立企业牵线搭桥。

王仁华对弟子的支持是有原因的。根本而言，是他很了解自己弟子的民族责任心。当时，中文语音技术和市场几乎全部掌握在国外公司手中，而且Microsoft、IBM、Motorola等众多国际巨头纷纷在中国设立语音研究基地，国内语音专业优秀毕业生也基本外流。

作为1992年进了王仁华的实验室、22岁时就成为国家863项目研究组长的刘庆峰，同样早就被一些外国研究院以高薪“锁定”了。

刘庆峰和导师谈过自己的想法：“一个国家的发展，甚至说能够生存下去，在不同历史时期都有一些堪称民族脊梁的读书人能够真的为这个民族做些事情。如果我到外企外国研究机构去，那我是帮他们在跟中国人打。凭我掌握的技术，在国外帮他们做的话，就有可能比国内做得好，那中国在语音这一块会被打垮的可能性将大大增加，所以我要有民族的责任心。”

特别值得一提的是，在研究生阶段，刘庆峰曾跟随我国著名语言学家吴宗济学习，在谈及民族语音产业落后受制于人时，老先生激动地说：“中文语音技术应当由中国人做到全球最好，中文语音产业也应当掌握在中国人自己手中，因为语音是文化的基础和民族的象征。”老一辈语音学家的感召，对于刘庆峰的触动很大。

恰逢这时，“863”比赛的获奖，使刘庆峰看到，自己团队的科技成果离民用只有一步之遥。其广阔的市场前景，对于这个对商海跃跃欲试的年轻人有着难以抗拒的诱惑力。

1998年初，福建一家公司看中了刘庆峰的科研成果，与其共同开发这一产业。刘庆峰团队把自己的专利技术卖给了他们，换取了不足百万的启动资金。

刘庆峰以实验室的成员作为班底，并在学校动员了其他计算机高手加盟自己的创业团队。“当时我们的团队里有很多优秀的人才，中科大BBS电子计算机相关的八个版块中六个版主加入了团队。”他终于将创业的想法变成了现实，试水商海。

“手握核心技术，感觉世界就在脚下。”当年的刘庆峰和小伙伴们都意气风发，他们似乎已经清晰地看到了自己的未来。

初战未捷

不过，和所有年轻人创业初期的故事一样，刘庆峰的产业梦想起航并不顺利。

创业之初，刘庆峰和他的团队蜗居在租来的民房中披星戴月。在初出茅庐的雄心激荡下，这群年轻人心中充满了激情和快乐，甚至还给这几间民房起了一个诗意的名称：“星星工作室”。

很显然，艰苦条件并没有成为这群年轻人创业的最大障碍。而此时，一个难以解决的矛盾逐渐显现出来，让刘庆峰和他的团队很是头疼。

这个矛盾就是——投资资本与科研方向严重不匹配！

“一开始，我们和投资公司合作，我只想做总工程师，战略方面的事情交给合作方。”刘庆峰的起初目标是打造一个中国的“贝尔实验室”（世界知名语音实验室），他为自己设定的角色是“实验室主任”和“总工程师”。

但一段时间下来，刘庆峰就发现当时的投资方不懂语音行业，“今天做工商查询，明天要让做会说话的电脑，后天又让做PDA”，研发失去了方向，这和原先创业的初衷相去甚远。

看看自己弥足珍贵的创业团队：中国科技大学少年班的天才、高考状元、黑客版的版主、科大BBS站的站长等等“高人”，大家都把自己未来托付在他这位“班长”和“大师兄”身上，刘庆峰决定要独立。

按照刘庆峰自己的计划，他想把国家863计划支持了多年的语言、声学相关研究方向进行深度整合，请最有互补性、最有研发能力的专家成立联合实验室，开发属于中国自己的语音合成平台。

1999年3月，刘庆峰不惜用有限的资金把科研的主动权抢回来，成立了“安徽硅谷天音信息科技有限公司”。

为了全力搞科研，团队中的所有的员工都跟公司签了三年的劳动合同和保密协议，没有一个人提待遇，没有一个人提福利。

这就是今天人们耳熟能详的“科大讯飞”的前身，在讯飞公司的大事记上，这被定性为“中国语音产业开始起飞”的事件。

经过4个月艰苦的科研攻关，公司有了很明确的产业化方向。当年夏天，他们在巢湖半汤召开会议，制定了公司的发展战略，这个战略在至今十几年的发展中一直未变——做全球最大的中文语音技术提供商，全世界最出色的多语种技术提供商。

除此之外，他们在经营上也制定了目标：10年内销售规模上百亿。

柳暗花明

然而，理想和现实总是容易出现差距。就在刘庆峰和团队都踌躇满志的时候，另一个严峻事实却不得不面对——由于壮士断腕式的成立公司，这年年底，公司连工资都开不出来了……

资金的短缺，又成为此时一个很难逾越的瓶颈。为了给大家“过个好年”，刘庆峰不得已向朋友借钱给员工们发了工资。

山穷水尽疑无路，柳暗花明又一村。

就在年轻的公司眼看难以为继之时，转机出现了。

令刘庆峰没有想到的是，自己曾经的一句无心感慨，即将会成为改变企业窘境的“救命稻草”——

早在1998年10月，由于刘庆峰团队在“863”比赛中的突出表现，国家科技部、国家“863”智能计算机主题专家组为此要建立一个“863”智能计算机成果转化基地，当时，基地的选址引起了多地的激烈争夺。福州、海口、深圳等多地都积极争取，甚至连海南省的常务副省长也出面相邀。在一次合肥市软件企业负责人的座谈会上，刘庆峰无意说了句科大的高新技术可能又要“墙内开花墙外香”了。这引起了时任合肥市副市长盛志刚的注意，后来在合肥市委市政府协调努力下，基地终于落户合肥。

“合肥作为一个科教城市，曾有很多科技成果领先于人，但是后来真正获得产业化的发展，往往不在合肥，这让我们感到很遗憾。”当时分管科技的盛志刚十分看好刘庆峰的项目，并对这个敢拼敢闯、好学聪明的年轻人充满了期待。

刘庆峰的感叹不仅使得基地在合肥落地生根，也让自己的高科技企业成为了合肥市委市政府的关注对象。

在一次调研中，合肥市政府了解到公司的困境，“硅谷天音”迎来了重生。

讯飞的老员工都记得，当时合肥市的代市长车俊亲自带着美菱集团的董事长、安徽省信托投资公司的总经理到公司考察，在听取公司的产业化报告后，当场表态“石头大家一起抬”。并表示要尽快出台“关于加快合肥高新技术产业发展的决定”，为高新技术产业尤其是软件产业发展提供最优惠的条件。

除此之外，还决定由安徽省信托、美菱集团、合肥永信三家重新注资硅谷天音公司，成立了新公司“科大讯飞”，原硅谷天音公司则以技术整体入股新公司。至此，公司由原来的300万注册资产升值为5000万。

地方政府的爱才惜才之举，解决了刘庆峰创业过程中的燃眉之急。

突围“华为”

新生的讯飞解决了眼前发展的瓶颈。不过，对于以技术见长的刘庆峰和他的团队而言，走向市场的道路此时仍然还不平坦。

创业初期，在技术性攻势的路线图指导下，他们下了很大的功夫，开发出一款电脑桌面软件——畅言2000，试图把手写输入的随意性、键盘输入的准

确性和语音输入的高效性完美地结合起来，当时号称“只要能说话就能使用电脑”。

这款产品确实让人眼前一亮，刘庆峰拿去参加很多展会都非常受追捧。但产品叫好不叫座，市场反馈不如人意。

之后，他们又尝试用语音合成解决海量和动态信息，并找到当时异常火爆的合肥及上海的168，成功进行了试点。但是由于创业团队人员都比较年轻，而中科大学生又出国最多，导致运营商会认为后期的技术服务及稳定性难以得到保障，产品仍然没有办法销售出去。

屡遭挫折后，刘庆峰和讯飞的高管们重新调整了思路：让有渠道、有市场、有技术的大公司去直接面对消费者，“我们准备像英特尔一样，做iFly inside。”

换句话说，就是科大讯飞只负责开发引擎、语音合成和语音识别芯片，而应用集成则由下游的开发商或客户自己完成。这一模式也意味着越来越多的市场主体进入语音的产业链当中。

讯飞的转换思路成为了中国语音技术产业化的真正起点。2000年初，讯飞在华为的一次技术测试中成功突围，拿下了一个提升团队士气且份量极重的一个订单——中信、神州数码将讯飞语音服务作为语音组建标配。由此讯飞获得了重组后的第一桶金。

这次突围被刘庆峰认为是科大讯飞发展的里程碑事件。自那以后，讯飞整个品牌知名度不断提升，到当年年底，就拥有了50个稳定的客户。

这不但解决了初期的造血功能，随后也获得了新一轮的投资，复星高科、联想投资、英特尔投资等行业著名投资机构先后买入了讯飞的股权。

“讯飞”始飞

资金的注入，讯飞逐渐进入了良性发展的快车道，语音技术开始独步全球。

2006—2012年，讯飞连续七届荣获英文语音合成国际大赛（Blizzard Challenge）第一名。

与此同时，讯飞智能语音核心技术不仅在中文领域处于国际领先地位，还在英文等多语种领域取得重大进展。2008—2012年，连续五年在NIST国际识别大赛中所有关键指标均名列前茅。讯飞已经能让机器发出英语、法语、俄语、日语、韩语等各类不同的语言语种。

经过五年的创业积累，讯飞自2004年开始盈利，公司销售收入过亿；2008年，科大讯飞登陆中小板，成为了中国在校大学生第一个上市的企业。

2003年、2011年，科大讯飞两次

荣获“国家科技进步奖”；2005年、2011年两次获得中国信息产业自主创新最高荣誉“信息产业重大技术发明奖”。被原信息产业部确定为中文语音交互技术标准工作组组长单位，牵头制定中文语音技术标准。

此外，讯飞连续多年荣获央视财经“中国上市公司峰会‘十佳创新公司奖’”和入选央视财经50指数，刘庆峰本人也获得了“央视2013年年度经济人物”和“2013中国科学年度新闻人物”大奖。

更重要的是，讯飞已彻底扭转了中文语音产业的市场格局，将70%的市场份额牢牢掌握在中国人自己手中，讯飞牵头制定了中文语音技术国家标准，已成为业界公认的“中文语音产业国家队”和亚太地区最大的语音上市公司。

有了更牢固的技术和市场日渐成熟，再加上充裕的资金和技术的突破，讯飞开始延伸价值链，从单一的卖软件模式，转向消费者模式；先后成立了面向教育行业的数码产品和智能玩具等事业部，其核心理念是从“硬件+软件”的服务模式中获得更多的收入。

刘庆峰意识到，民族语音产业正面临的新一轮腾飞的机遇与更严峻的挑战，基于移动互联网和云计算的语音应用和市场一旦被国外公司占据，国家的信息安全将出现巨大隐患。在此背景下，讯飞于2010年10月，率先发布了全球首个提供移动互联网智能语音交互能力的“讯飞语音云”平台。现在终端用户数已达4亿，牢牢把握了我国语音在应用和声纹安全上的主导权。

眼下，讯飞已与广大合作伙伴携手推动各类语音应用深入到手机、汽车、家电、玩具等各领域，树立了民族语音产业在移动互联网时代的产业先发优势。2013年，中国移动、中国联通、中国电信三大通讯商分别和讯飞建立了战略合作伙伴关系……讯飞正加足马力，在电信、银行、国家安全等领域拓展疆土。

顶天立地

刘庆峰和讯飞的高管们都一致认为：科大讯飞近年来的快速发展，与其始终坚持“顶天立地，自主创新”的发展战略密不可分。

“顶天”是指保持核心技术国际领先并服务于国家战略需求，“立地”是指推动研究成果大规模产业化并造福亿万家庭。在自主创新层面，科大讯飞立志成为一家创造市场、引导市场的超一流企业。

“我们要比科技界更了解语音技术未来的发展走向，在核心技术上始终保

持国际领先；我们要比消费者更了解他们的潜在需求，基于对语音产业未来发展的前瞻性判断，利用全新的技术创造出新的市场和服务，满足消费者需求。”刘庆峰如是说。

在这样的战略指引下，讯飞历年来持续加强技术研发投入，并大力开展基础性、前瞻性研究，2010—2012 年，研发投入分别为 0.91 亿元、1.48 亿元、2.26 亿元，占销售收入比重分别为 20.97%、26.63%、28.87%，远高于创新型企业所应达到的要求和软件企业认定的相关标准。

同时，科大讯飞积极探索实践机制创新。建立“以企业为主体，产学研合作的创新体系”。讯飞通过创新的平台战略，为各界合作伙伴提供技术开发平台，有效整合产业资源，使语音技术和应用快速向各行业、各应用领域拓展。

现在，讯飞已建设形成了以科大讯飞为主体，包括国家语音及语言信息处理国家工程实验室这样的国家级平台，中国科学技术大学、清华大学、社科院语言所、中科院自动化所等国内外一流研究机构和学府的创新体系，为其在技术和市场方面立于不败之地提供了核心支撑。

此外，通过创新的人才机制，讯飞为人才成长提供广阔的事业舞台，吸引并建成了国内最大的语音领域专业人才队伍。在近 3000 人的公司队伍中，本科及以上学历占比达到 84%。

2013 年公司招聘了 316 名应届毕业生，其中 315 人来自全国重点大学中的 211 和 985 高校。这些新鲜血液的不断输入，使得讯飞的团队永远充满着青春蓬勃的活力和创新奋进的精神。

产业报国

伴随着讯飞的成长和产业发展，讯飞人的理想也在不断拓展与升华！

在新的历史时期，讯飞确立了三大历史使命：为了少年儿童的快乐成长、开心学习；为了中华民族的信息安全和文化传播；为了人类之间、人机之间的信息沟通无障碍。讯飞人相信，坚守与实现这样的使命，自己的事业将影响着中国的未来！

人们看到，讯飞在创造“科技是第一生产力”的经济价值的同时，语音技术更为重要的社会价值愈发凸现。讯飞抢占移动互联时代语音应用的先机与制高点，对国家信息安全、通信安全具有重大意义。讯飞的教学考试产品，切实有效地支撑解决教育资源不均衡的问题，并为少数民族地区双语教学，普通话和汉语国际推广作出了重要贡献。此外，讯飞语点、电视语点、车载应用已飞入千家万户，正使得人类的生活因为语音变得更丰富、更便捷、更美好。

刘庆峰认为，讯飞的创业与成长，是时代给予了自己机遇、是国家发展和地方进步为其提供了舞台，是社会各界的支持为其腾飞提供了助力，提供了必不可少的扶持和培养。怀着这样的感恩之心、朴素之情，讯飞以企业、产业之发展图强，为回报社会作出全面贡献。

讯飞自创立之初，就确立了“成就员工理想，创造社会价值”的企业核心理念。在发展民族语音产业创造经济价值、社会效益的同时，讯飞积极投身支持创新创业和助学奖学等公益事业。

近年来，讯飞累计社会捐助达4000万元。为广大中小企业、乃至个人创业者提供平台与环境，大大降低创业门槛，目前讯飞语音云平台的创业项目已达3万个。从2001年至今，连续六届支持“安徽青年科技创新奖”，连续五年资助“安徽青少年科技创新基金”，与多所高校合作设立“优秀人才奖励基金”、“大学生创新创业基金”，设立奖助学金鼓励和帮扶大批优秀学子、贫困学生。

“中国梦，是现实的梦。我们期望通过创新创业的蓬勃发展提供广阔的就业空间和事业舞台；中国梦，是伟大的梦。实现中华民族的伟大复兴，在很大程度上取决于中国有多少高新技术企业具有全球影响力和话语权。”对于刘庆峰而言，他希望能在移动互联网上不断发出“中国强音”。

弘扬强国的语音，实现语音的强国！刘庆峰在实现语音强国的道路上正坚定地前行！

延伸阅读：

刘庆峰的成功密码

从一个普通的学生，到一个知名的企业家；从一个十几人的“草台班子”，到全球领先的语音产业领导者。短短14年的时间，刘庆峰和他所领导的科大讯飞创造了一个产业快速发展的“神话”。

梳理讯飞的发展脉络人们发现，这个“神话”的出现绝非偶然。纵然在创业初期出现过磕磕绊绊，但刘庆峰和讯飞的成功其实是一个水到渠成的必然过程。

远大的志向、超强的学习能力以及刘庆峰本人出色的情商，是讯飞取得今日成就的几个重要原因。

志存高远

刘庆峰认为，战略是一个企业可以取得长久持续发展的根本保障。成功的关键是“远见＋坚持”：你所清楚预见

的，热烈渴望的，真诚追求的，都会自然而然地出现！

在长达数年创业初期，刘庆峰及他的团队曾受到来自各方的压力，但他们认准了实现民族语音产业腾飞的理想就毫不动摇，在坚持中走向了成功！

讯飞成立伊始，就制定了自己的战略目标，并在至今十几年的发展中一直未变——做全球最大的中文语音技术提供商，全世界最出色的多语种技术提供商，要把民族语音产业做到全球最好。

2001 年联想投资讯飞，正是讯飞在 1999 年“半汤会议”后形成的战略规划起了决定性作用。“虽然联想看我们的规划写得很稚嫩，但前景分析和企业激情让他们觉得应该投资。”这不但给讯飞带来资金上的变化，更带来管理经验和方向指引。

值得一提的是，在讯飞拿到上市批文的时候，讯飞的高管们不是去喝酒唱歌庆祝，而是大家在一起开会：“上市并不是终点，我们离 1999 年设定的 100 亿销售收入的发展目标都还很远。”

2011 年大非解禁的时候，所有高管及实际控制人都不卖讯飞的股票，他们准备继续咬紧牙关，以持续创业的精神去成就更大的事业。

极强的学习能力

刘庆峰有着极强的学习能力，这在他求学时候已经得到了充分的体现。在创业的过程中，刘庆峰又通过不断学习，成功地完成了从科学家到企业家的蜕变。

刘庆峰告诫自己：时代在发展，社会在进步，只有不断学习，走在时代的前面，才有可能在未来社会中永远立于不败之地。

2001 年，科大讯飞迎来了联想投资。当时刘庆峰带着管理团队在安徽饭店聆听柳传志传经布道，并和柳传志进行了一次长谈。很快，刘庆峰就对“建班子、定战略、带队伍”等柳氏管理精髓烂熟于胸，同时又悟出了自己的新见解：“CEO 角色就是要选对人、配好资源、整合资源，实现战略结盟等目标。”

讯飞在首次融资后，刘庆峰利用公司的机制与中科院声学所、社科院语言所、清华大学等在语音领域优势互补的科研单位建立了紧密合作，实现了产业核心源头技术的资源整合。

复星投资后，刘庆峰又将郭广昌的风格植入讯飞的管理理念，复星对于大趋势的判断以及多元化格局意识对刘庆峰影响很大。科大讯飞在语音合成、语音识别、语音评测、声纹识别、智能手写等方面建立了多行业、多领域生态体系，与复星对房地产和钢铁产业的投资、大手笔的资产运作手法一脉相承。

在管理上，刘庆峰又创造性地在企业内部实行了事业部制，并坚持人才的双向金字塔制以避免职场上的玻璃天花板。他鼓励员工在企业内部开展二次创业：为了民族，也为了自身，努力向下生长，自己扎根成为一棵大树。

情商和智商一样重要

作为知名学府的学习尖子，刘庆峰的智商之高人令人印象深刻。值得一提的是，刘庆峰在企业发展与为人处世过程中体现出来的情商，同样也处于很高的水平。

熟悉他的人都知道，刘庆峰为人处世的最大特点就是：简单真诚，乐于助人。

“一个乐于助人的人，也容易获得别人对他的支持和帮助，刘庆峰就是一个这样的人。”作为讯飞成长的见证人，原合肥市副市长、安徽省徽商发展研究院资深副院长盛志刚特别欣赏刘庆峰的情商。

很少有一个创业团队能做到讯飞这样的根深蒂固——无论是创业时“食不果腹”，还是上市后股价飙升，大家都能做到团结一致，不离不弃。讯飞核心的6个“合伙人”至今一个没走，首批18个员工只有两人因随家人出国而离职。

共同的价值观和梦想，让这个团队在十几年的共同战斗中拧成一股绳。刘庆峰用自己的真诚和热情，将其升华为充满亲情的集体创业文化，并把这当作一笔宝贵的精神财富，让其发扬光大！“跟着大师兄，我们没有任何担心的。”讯飞的副总胡郁曾这样说。

类似的话郭广昌也说过。在复星投资讯飞的起初阶段，一直只见投入不见产出，但郭广昌依旧毫无怨言，没有给刘庆峰丝毫压力。郭广昌就是相信刘庆峰的人品：“庆峰不会骗我的，他能把事情做好。”

与此同时，在取得企业发展和个人的社会知名度后，刘庆峰对社会公益事业表现出了由衷的热爱。作为一个市值几百亿的企业老总，他不管再忙，都能抽出时间参加公益事业，愿意和别人尤其是青年学生分享创业心得……

他在实现自我价值的同时，也时时照亮着别人。而这，也必将会将引领着讯飞走向一个又一个辉煌。

宋礼华 安科生物董事长

宋礼华：不做追随者

胡金海

“我们有远大的目标，从战略规划上说，我们要做‘百年安科，百亿安科’。我们正朝这个目标努力。”

在谈到企业的长期战略规划时，安科生物股份有限公司董事长宋礼华语气坚定，字里行间透露着他对行业规律的把握和对企业发展的信心。“安科将来的发展将定位整个‘健康产业’，而不仅仅是传统医药生产。”

“不做追随者，要做就做行业领头羊”，这样的创业理念一直伴随着宋礼华的职业生涯。在安科生物正走在高速发展的道路上，企业效益和利润处于国内同行中上游水平。但科研出身的宋礼华并不安于现状。

“未来我们企业的发展模式是以生物制药为主，涵盖传统中药，创新化药，诊断试剂。同时，我们还会进入医疗卫生领域，我们会投资专科医院。当然，这些医院要和我们的药品或者是社会热点相关。比如儿童生长发育，妇女不孕不育，老年养老医学等。”

作为2013年度十大徽商领军人物之一，宋礼华正用自己的创业实践带领着安徽制药企业加速转型发展，一幅涵盖传统医药生产和医疗卫生领域的“百年安科，百亿安科”蓝图正在慢慢展开。

两条腿走路

“我是从医院逃出来的，我下午还得回医院，做一个小手术。”

4月中旬，接受笔者采访的当天，宋礼华略显疲惫。他的手腕上带着医院的“病患管理带”，这说明了宋礼华的病人身份。

即使是下午要做手术，宋礼华依旧在早上按时来到办公室，处理公司的事务。

“做企业就是这样，这样那样的事情总是很多，没办法。今天我的老母亲还在南京做换膝盖手术，我也没办法去，家里也没有人，只能委托我表弟陪着。”说到这些，宋礼华脸上露出一丝愧疚。

这还不算，就在笔者刚走进宋礼华的办公室时，他正向新成立的鑫华坤公司负责人王荣海传授企业的“经营之道”。

此前，王荣海是安科生物的董事、技术总监，“科研做得非常棒”，但面对即将全面担负起一个新项目的运营重任，王依然担心自己完不成老板下达的目标。

“企业经营需要付出很多努力，但目标是目标，现实是现实。努力了达不到目标也是正常的。我们要去分析原因，可能是客观的，也可能主观的。主观的努力不够我们就再努力，客观的方向不对就调整。但绝不能因为不努力而完不成目标。”

他语速平缓，神情自若，完全没有作为老板应有的威严。简单的几句话中透露着他的睿智。

对于管理层，他没有简单地制作一个目标考核体制，只用标准去考量，而是告诉管理层应该怎样去经营企业。他没有对员工正向施压，而是不断地给他们减压。

“企业发展中，有目标是必须的，但实现目标的路要一步一步走。”

“他们都是科研出身，从学校出来就一直跟着我做科研。科研做得很好，但是没做过全面的管理，确实有压力，起点这么高的一个公司，没有做过商品化、市场化工作的人是很难管理的。”

宋礼华坦言，作为一个高新技术企业，安科有着大量的科研人才，但做过全面管理的人太少。安科要全面发展，上台阶发展，需要在各领域都有全面管理的人才。

安科生物股份有限公司2月份发布公告称，公司及其9位高管与上海新生源医药集团有限公公司、肖健拟共同出资5500万元，成立安徽鑫华坤生物工

程有限公司，向武汉光谷新生源公司购买“冻干重组人角质细胞生长因子-2产品”100%权益。

“这个项目将落户安科，这是一个针对烧烫伤的药，它是促进伤口愈合，减少疤痕的生长因子，国家一类新药。在临床之前，他们没找到合适的产业化单位。安科可能是最适合他们产品的产业化。我们的产品和他们有很多相同的工艺路线，相同的产业化背景，这样做起来，发展速度会快很多。”

对于新药的市场前景，宋礼华颇有信心。他表示，收购的这个研发团队在这个领域的研究是世界领先的，产品会有升级换代，未来还可以派生出其他的产品。

“我们希望新药可以和我们安科的产品一样，临床上成为一线用药品种；规模做到三五个亿到十个亿的规模；在产品系列上处于国内外领先。”

虽然自身有着很强的产品研发能力，但宋礼华并不满足，他把目光盯在了“产学研合作”上。去年，安科生物成立了“战略投资委员会”，由宋礼华亲自挂帅，负责安科生物的对外投资。

“安科现在是‘内生’和‘外延’两条腿走路。我们不断加强自身科研能力建设的同时，也注重对外的投资。产学研合作是对我们提升产品非常重要的手段。”

此次收购武汉光谷新生源公司产品权益就是安可生物“外延式增长”迈出的一大步。

此前，在中国的生物医药制造领域，并购的发起者往往是江浙沪等发到地区的企业。但安科生物和宋礼华显然不想让江浙沪的企业唱一场“独角戏”。

当然不是每次“外伸”式的合作都是成功的。安科就曾经为一家企业提供资金，帮助对方产业化。但最后由于种种原因退了出来。结果，帮助别人做成了产业化，自己却没有获得一分钱利润。

宋礼华对“为别人做嫁衣”并不介意。

“我不觉得没有利润就是失败，毕竟成就了别人技术的产业化，这就是成功。”

在宋礼华的眼中，成功不一定自己是获得利润，技术的产业化，能够服务于社会大众就是一种成功。

安科不仅重视产学研合作，还直接引进消化，购买技术，购买产品，甚至购买企业。宋礼华认为这对迅速做大企业规模是促化剂。

“从长远的战略规划来说，我们要做百年安科，百亿安科。”

谈到安科未来宏伟的蓝图，宋礼华的脸上是一贯的平静和自信。这种自信源于他对行业规律的把握和对企业发展的自信。

他进一步解释说，百亿安科实际上是一个三阶段的目标，第一步是做到市值百亿，这个比较容易做到；第二步是做到销售收入过百亿，这是一个中期目标。第三步是利润百亿，这是一个长远目标，可能需要几代安科人的努力。

宋礼华透露，安科生物的发展不会局限于生物制药领域，而是会把触角伸向整个健康产业。

“未来，我们企业的发展模式是以生物制药为主，涵盖传统中药，创新化药，诊断试剂。这个现在我们都已经全了，但品种竞争力还有待提高。这几年我们在努力，转型结构、丰富品种和提高档次，以提高市场占有率。”

说起未来安科的布局，宋礼华侃侃而谈。

“同时，我们还会进入医疗卫生领域，我们会投资专科医院。当然，这些医院要和我们的药品或者是社会热点相关。比如儿童生长发育，妇女不孕不育，老年养老医学等。”

安徽有着丰富的中药原材料，皖北的亳州有着中国“中药之都”的美誉。同时，安徽在科研领域也有着优势，除首都北京以外，合肥是全国重大科学工程布局最密集的城市。但是安徽的生物制药业水平却长期处于全国中下游水平。

谈到安徽生物制药业的现状，宋礼华有些感慨，也有些无奈。

宋礼华认为造成安徽生物制药业水平不高的原因有很多。归根结底是安徽制药工业基础薄弱，而且布局和结构不合理，地区分布和品种分布都不合理。

“当然就个别企业来说，我们也有一些企业在国内有些影响，像丰原药业、贝克药业，还有潜山的卫康药业。”

在宋礼华的眼中，现在很多生物制药企业的技术水平都上来了，药品的效果不会有特别大的差距，在这种时候，营销就显得尤为重要了。

“我们安徽没有特别强的药品销售企业。没有一家药品销售企业能做上规模，没有龙头企业带动，行业不在良性发展的轨道上。”

近些年，经济大环境疲软，制造业遭到严重冲击。很多制造领域的企业家都抱怨自己比以前更忙了，但利润却大不如前，而且资金的回笼周期也比以前要长。

对于这些，宋礼华认为自己很幸运，

因为医药领域受政策的影响比较小。

“药品销量受经济环境、产业政策影响，每年都有，但波动不大。药品是刚需，人总要生病，总要吃药。销量上不会有太大的波动。可能在毛利、成本和价格上会有小变化。但总体上，医药行业受经济大环境影响不像其他行业那么大。”

安科生物2013年年报也印证了这一点，2013年，安科生物营业收入和公司利润都较上一年度有大幅提升。

中国制药行业一直存在着这样的怪圈。一方面国产的新特药价格十分昂贵;另一方面，我国很多领域的新特药依然有很大缺口，需要从国外进口。

“我们很多制药企业没有搞科研的能力和决心，很多新药都是重复的，低水平的，大家都去做容易的药。”

宋礼华表示，生物制药业对技术的要求比较高，中国生物制药领域的研发水平同国外有很大的差距。

“影响我国生物制药业高速发展的因素有很多，既有技术积累层面的，也有我国一些政策因素。我们很多新特药都需要进口。但这两年，我们的进步已经很大了，绝大部分药都可以自己生产了。”

宋礼华认为我国新药审核员少，经费少，收费不合理，制度也不完善，这在很大程度上影响了我国制药业的快速发展。今年两会期间，作为全国人大代表的宋礼华提交了议案，呼吁国家能进一步压缩新药审批时间，让更多的医疗科研成果尽早惠及千家万户。

回国“攻关”

安徽省当涂县，自古物产丰饶、人才辈出。宋礼华就出生在这个江南鱼米之乡，并度过了他的少年时光。

1977年高考恢复后，他顺利地考入了安徽农学院植保系。4年后，又以优异成绩考上了本校研究生，攻读植物病毒专业。研究生毕业后，他被分配到安徽省生物研究所，从事生化制药的研究。

“在那里，我真想大干一场。但是研究所的设备和科研手段都很落后，旧的科研体制也制约了我们的发展。”

宋礼华在生物所3年时间，并没有取得令他满意的成果。

1987年，他被生物所选派到德国深造，在这里，他接触到了最先进的分子、基因技术。进修期满后，德方导师喜欢上了这个聪敏、勤奋的中国小伙，3次出面和中国方面联系，要求延长宋礼华的研修期，并转为攻博。

1990年，安徽省启动“八五”科

技攻关，急需他回国开展工作。尽管在国外的研究十分顺利，博士论文也做了三分之二；尽管刚经历了一场车祸，受伤的脊椎还没有康复，但他毅然打点了行装，登上了回国的航班。

“国家需要我，所里需要我，为国家、人民效力就是我不容推卸的责任。国内太需要现代生物工程技术了。”

回国后的宋礼华，选择了“八五”科技攻关项目“人 α－干扰素单克隆抗体的研制和应用”作为自己的科研课题。

“干扰素是治疗病毒性疾病最为有效的药物。我国又是病毒性疾病多发的国家。多种病毒性疾病如乙肝、丙肝及白血病、肿瘤等，日益严重地威胁着千百万人的生命。而单克隆抗体技术则是生产干扰素必备的关键技术和条件。”

宋礼华的父亲也是被癌症夺去生命的。在父亲的病床前，他决心为攻克世纪顽症提供有效的药物，拯救千千万万像父亲一样患者的生命。这也是他向基因工程药物这一前沿学科发起冲击的强劲动力。

在课题攻关的这段日子里，宋礼华没有星期天，也常常忘了节假日，他和他的助手们每天工作都在十几个小时以上，有时甚至通宵达旦。

在经历了无数次的失败后，宋礼华终于在1992年完成了项目攻关，制成了用途广泛的 α－干扰素单抗亲和层析胶。

国产单抗胶的研制成功，使我国干扰素大规模产业化成为可能。

凭借这一成果，宋礼华也先后获得1994年安徽省科技进步一等奖、1995年国家科技进步三等奖、1995年安徽省政府突出贡献奖。其产品也在1996年被评为“国家级新产品”，但是当其他成员还沉浸在胜利的喜悦中时，宋礼华项目成果鉴定通过的第二天就只身来到上海，向干扰素生产厂家推广他们的成果。

改制新生

1993年，宋礼华已经被委任为生物研究所所长。

当时，这家研究所被安徽省科委作为科研院所改革的首批试点单位，即三年递减完原本就只有25万元一年的事业费。在传统体制下的生物所科研成果转化几乎是零，这次试点顿时让生物所陷入难以维持生计的窘境。

“当时，我分析了造成这种困境的原因，主要是生物所的研究课题没有市场意识，没有市场眼光。科研工作只限在发表论文，没有及时也没有意识将其实现产业化。”

怎样才能让逐年走下坡路的生物所不在改革中倒下去，成了摆在宋礼华面前的一个难题。经过思考和调研，他决定采用市场经济的观念和手段，打破计划经济体制对科研的掣肘，激发科研人员的攻关热情。

“在旧的体制中，干多干少一个样，干好干坏一个样。大家都没有热情。所以我们当时采用了承包的形式，以课题组为基本单元，将课题、人员、经费与效益、风险挂钩。”

是以，当宋礼华亲自带领的“人 α－干扰素单克隆抗体亲和层析胶”课题组取得成功后，宋礼华项目成果鉴定通过的第二天就只身来到上海，向干扰素生产厂家推广他们的成果。

“我们那个时候的科研人员想法很简单，走的大多是研究、鉴定、写论文、报奖的老路。没有人想着产业化。如果按照过去的老路，这项技术也许会被‘束之高阁，无人问津’，而国家每年仍将花大笔宝贵的外汇从国外进口单抗产品。”

所幸，这项为国内 α－干扰素生产企业提供了廉价、高效的新技术手段很快得以推广应用。

“当时，国内很多家干扰素生产厂家和科研单位使用了我们的产品后，认为它的性能指标已达到或超过国外同类产品的水平。可以完全替代进口产品。直到今天，我们研制的单抗胶还在被许多干扰素生产厂家广泛采用。”

说到这时，宋礼华脸上露出一丝欣慰。生产厂家和社会的认可，就是对他们几百个日日夜夜拼搏的最好回报。

这项新技术在国内的广泛应用，取得的社会效益自不必说，也为安徽生物所下一步发展积累了资金。产品问世的头两年，创下了 600 万元利润。

宋礼华表示，这是安科科研成果转化的第一桶金，正是这笔钱，使生物所和依托生物所而创立的安科生物高技术公司张开了腾飞的翅膀。

“当时的干扰素价格十分昂贵，利润也很高。我当时就想，别人可以用我们的单抗胶生产干扰素，我们自己为什么不能生产？如果我们向自己成果的下游进军，一定会取得更大的发展。”

宋礼华找到了中科院刘新垣院士合作，研制成功了国家二类新药“重组人干扰素 α2b”，这是国际公认的治疗病毒性肝炎的首选用药和治疗肿瘤的主要药物。由于采用了宋礼华独创的先进工艺，产品性能达到了国际先进水平，且不良反应很小。

这种新药被列为安徽省高新技术产

业化项目，国家级火炬计划重点项目，获省科技进步一等奖和国家重点新产品证书。这也是宋礼华迈入生物制药领域的第一步。

宋礼华认识到这是一次组建经济实体的好机会，他摒弃了“有了成果，尽快转让”的传统模式，他要创业，亲手将干扰素从科研成果直接产业化。

1994年，意识到产业化重要性的宋礼华以高科技开发为核心组建安徽安科生物高技术公司。公司由安徽生物所和中国科学技术大学共同出资，双方各占50%权益。

“公司成立后，取得了一定的效益，也存在一些弊端。公司缺乏风险控制的意识，内部激励机制也没有建立起来，这都制约了企业后期的发展。”

1995年，宋礼华提出了安科第一次改制的方案。具体做法是，将已经成立的安徽安科生物高技术公司，改制成有限责任公司，注册资金361万元。

同时进行资产重组，生物所以资产作价股占64%，中国科技大学权益被稀释，占13.5%，员工出资持股15%。公司技术经评估作价入股占30%并从中拿出7.5%的股份奖励给科技人员。这次改制后，公司的资本结构为：法人股占77.5%，职工个人股占22.5%。

“通过这次改制，企业的所有者、经营者、劳动者结成了利益共同体，增强了企业凝聚力，提高了员工的主人翁意识。”

谈到企业的第一次改制，宋礼华认为，最大的作用是员工的积极性被大大提升，技术资源的重要性被凸显。他形象地将这次改制成为“技术资本化”。

在上世纪90年代初期，正是市场经济崭露头角的时期。计划经济的几十年，“干多干少一个样，干好干坏一个样”的观念深深烙在了国人的心中。

在这种社会大环境的影响下，科研人员缺乏科研激情成为制约安徽生物所发展的一大绊脚石。

“当时，企业改制并不是那么容易的事情，不是你想做就能做起来的。有来自社会、政府、舆论等各方面的质疑声，但我想，想要让生物所摆脱困境，高速发展，就必须要把科研人员的积极性开发出来，这就需要有配套的激励机制。”

身为所长的宋礼华经过深思熟虑，决定对生物所进行改制。为了激励员工，他以科技股奖励科研人员，将知识和技术纳入企业分配。

同时，将职工股引入企业，逐步完善了按资金、技术、管理等生产要素参与企业收益分配的新机制。

这种新机制的创立在当时的安徽还是“头一回”。也正是这种“先人一步”的尝试使安科生物摆脱了旧体制的羁绊，走上了现代企业发展的良性道路。

在这种直接利益挂钩的机制下，安科公司由一个十几个人的课题组，发展到本部员工300多人，这种最合理的股份制运作形式使得安科势如破竹。

在完成了第一次改制后，企业的运行比以前要顺畅多了，员工的干劲也更加足了。但也不是没有问题。

“我们第一次改制的时候，有很多员工通过出资、奖励的手段持有了公司的股份。而一些后面来的员工却没有享受到这种待遇，这对他们来说是不公平的，也不利于新员工积极性的调动。”

安科的第二次改制可以看作是第一次的延伸，但是力度更大。安徽生物所将自己所持有24.5%的安科股份出售给员工，中科大将自己所持有13.5%的安科股份出售给员工。改制完成后，法人股占39.5%，职工个人股占60.5%。

“这次改制扩大了职工股东的覆盖面，解决了新老职工在持股方面的矛盾，调动了全体职工的积极性。”

改制以后，随着省生物所法人股的逐步退出，企业外部的干扰小了，经营自主全扩大了。

科研开发、成果转化、市场经营的发展速度显著加快。

“我们一些有代表性的产品正是在第二次股改后完成的。有‘基因重组人干扰素α2b’、‘基因重组人生长激素’、‘基因重组葡激酶’等。”

这一批具有国际先进水平的基因工程药品先后问世，结束了安徽无基因工程药物的历史，并开创了安徽现代生物技术产业。

两次股改完成后，宋礼华没有停下改革的脚步。

“省生物研究所与安科公司一直实行‘两块牌子，一套人马’的管理体制。省生物所为安科公司提供强大的技术支撑，安科公司为生物所提供充足的经费支持，二者相辅相成，一同发展。但随着时间的推移、市场经济的不断发展，二者之间的深层次矛盾逐渐暴露出来。”

宋礼华介绍说，省生物所是事业单位，而安科生物公司是现代企业制度。两种体制的摩擦，使得省生物所的工作与企业的发展难以协调。两者在人事管理、财务管理、业绩考核、工薪福利、住房分配等方面都有很大不同。

“更为重要的是，安科生物公司为省生物所提供资金，成为省生物所成果转化的主体，省生物所事实上已全部进入公司，它的法人职能渐渐虚化，但它在股份上却是大股东，在法律上凌驾于公司之上。”

对于这种体制摩擦,关系不顺的“顽疾”，宋礼华开出的“解药”是省生物所退出对安科生物公司。

“当时，我就想好了，要进行第三次的改制，将安科改制成为一家全民营的高新技术企业，以全新的体制，促使安科进一步发展。”

2000 年 4 月，酝酿了三年的省生物所暨安科公司第三次改制终于浮出水面。此次改制的核心是让省生物所法人股退出，按法定程序经评估出售给职工。将安徽安科生物高技术有限责任公司改制为安徽安科生物工程股份有限公司。

在宋礼华的带领下，安科经历三次体制改革，最终成为全员持股，经营者持大股的民营企业。这在当时的安徽是破天荒的，在全国也是不多见。

摆脱了企业外部制约的安科生物，进入了发展的“快车道”。

从 2001 年起公司先后成功实现了对安科余良卿药业公司、安科新星药业公司、安科恒益药业公司等企业的控股经营，这丰富了安科产品系列，提高了公司的竞争力。

安科生物于2009年进军资本市场，成为中国首批登陆创业板的公司之一。

“安科走到今天很不容易，创立初期，资产几乎为零，只有一些做化学实验用的烧杯和瓶瓶罐罐，外加几间房子和一些简陋设备，这就是我们全部家当。”

现在的安科生物公司是国家火炬计划重点高新技术企业，国家“863”计划成果产业化基地，首批中国创业板上市公司。企业拥有国家级专利 30 多项，自主国家级新药 10 余种。2013 年公司的营业收入达到 4.3 亿元，利润 1 亿元。

真诚从不改变

很多人都问过宋礼华，你更愿意别人称呼你科学家还是企业家？宋礼华毫不犹豫回答道，“科学家”。

可就是这样一个科学家出身的企业家，却对市场经济环境下的企业发展方向，有着超乎常人的预见性。正是这种预见性，使他在一些关键的时候能比别人早走那么一步半步，赢得一定的先机。

宋礼华曾经说过：安科之所以能从众多的科研院所中脱颖而出，就在于我们始终坚持了科技创新。

“科技创新是一项系统工程，它包含观念创新、机制创新、技术创新三个方面。”宋礼华对科技创新有这自己独

到的理解。

“观念的创新很重要，它是科技创新的灵魂。”

宋礼华解释说，安科是靠“八五”科技攻关项目“人 α－干扰素单克隆抗体的研制及应用”起家的。当时，这个项目在国际上也是一大技术难题，对安徽省生物研究所这样一个从未涉足过现代生物技术，也不具备必要的研究设施的地方性研究所来说，要攻克这一世界性难题，其困难程度可想而知。

“我想的跟别人不一样。当时很多人把选题的眼光放在国外已经做过的一些项目上，但我认为如果总是跟在国外高水平研究机构后面亦步亦趋，只能永远受制于人，是注定没有出路的。”

也正是这种“不做追随者，要做行业领头羊”的观念，使得宋礼华和安科生物一开始就选择了“干扰素单抗技术”这一高起点、高水准的世界性难题作为自己的攻关对象。

“但我们在困难面前没有退缩，而是凭借过人的勇气、惊人的毅力在很短的时间里攻克了这一技术难题。”

宋礼华坦言，安科公司之所以能够在高科技研究和产业化领域取得一定成绩，是与一开始就把一只眼瞄准科研项目的市场前景，一只眼盯紧国际生物工程研究的最新动态分不开的。

安科观念创新同时体现在其较早地将科研成果全面产业化、市场化。

“在 90 年代初，科研产业化的观念在当时并不被一些科研院所接受。而我们一旦有了科研成果，我们就迅速将其产业化。这在当时是不常见的。当时很多优秀的科研成果在通过鉴定后被束之高阁，往往随着时间的推移就成了明日黄花。”

时至今日，宋礼华仍对当初下定决心走产业化之路感到庆幸。

20 多年过去，那些没有搞科研转化的研究所早已在市场经济的浪潮中倒下。而安科生物却成为了生物制药领域的翘楚。

“作为生物制药企业，技术创新是核心生产力，而技术创新的落脚点在科研人员。”

谈到公司的科研人员，宋礼华脸上露出一丝欣慰。

“我们的科研队伍可以用‘奢华’来形容，他们是我国生物技术领域中的先锋队。”

科学家出身的宋礼华深知科研实力对安科生物意味着什么。他聘请了多名目前在国际前沿生物技术领域从事研究工作的知名学者担任公司客座研究员。

同时，公司自身拥有一支相当精干的研发和技术队伍，他们多年从事基因工程药物和生物诊断试剂的研发工作，大部分是博士、硕士出身，拥有教授、研究员头衔，有多人享受国家和省政府津贴。

在这批具有创新精神的科研人员的不懈努力下，安科生物现在拥有发明专利30多项。公司先后承担了国家“863”计划、国家科技攻关计划、国家重点火炬计划、国家重大新药创制及省级科技攻关项目数十项。

“创新”是安科生物走向成功的法宝，而“传承”则是宋礼华身上的徽商遗风。

在与笔者的交谈中，宋礼华始终面带微笑，温文尔雅。办公室中尽是古朴、必要的办公用品，不见一丝奢华的装饰。落落大方，极富条理。儒商的气质展露无遗。宋礼华成长于具有悠久历史文化传统的江淮大地，他从源远流长的徽商传统文化中汲取了丰富的营养。

“安科的发展中始终秉持货真、价实、热诚、守信的商业准则，这是我们对病人、社会的承诺。这一点从来没变过，以后也不会改变。”

对病人、对社会真诚，对属下、对员工一样真诚。

宋礼华表示，人才是安科生物引以为自豪的法宝。安科安科所取得的每一项成就，都是与它一贯重视尊重人才、发展个性的用人政策分不开。在安科的舞台上，各路英雄，尽展风采，没有人哀叹怀才不遇，也没有人抱怨无用武之地。在安科，尊重知识、尊重人才再是一句空话。也正是这种对员工的真诚，使得很多科研人员从毕业就来到安科，一直干到现在。

徽商是中国商业历史上的一面旗帜。宋礼华继承了徽商那种不辞辛劳，不惧艰险，勇往直前的“徽骆驼”精神。

从创业之初攻关世界性难题，到安科生物的三次改制；从纵横生物制药领域到进军资本市场登陆创业板；从一名顶尖科学家转型到民营企业家，宋礼华从未停下过脚步，在他的带领下，“百年安科，百亿安科”的宏伟蓝图正在缓缓打开。

曹仁贤 阳光电源股份有限公司总经理

逆，“迎”也！百度词条对其解释，与“顺”相对。逆战则代表迎战、挑战。

在当今，有这样一位商界奇才，以逆相伴、以逆为友、化逆为顺，在行业逆境中不断突围，彰显出他那独特的个性与路径。

曹仁贤：逆战阳光

牛 海

“光伏行业的寒冬还远远没有过去！”

他深吸一口气，眉头紧皱。在采访一开始，我们就被带入了凝重的气氛当中。采访时节，虽正值春光明媚，但从曹仁贤的话里，却能明显感觉到丝丝的寒意。

作为国内可再生能源电源行业首家上市公司，曹仁贤带领的阳光电源已成为国内新能源行业为数极少的掌握多项核心技术并拥有完全自主知识产权的企业之一。

自1997年成立至今，阳光电源已连续多年领跑国内光伏逆变器行业，占据全国超过30%的市场份额。

2013年实现产值20亿元，较上年增长40%，成为中国第一、全球前三的光伏逆变器制造商。其股价从一年前的8.60元涨到了31.10元，涨幅达261.62%，成为78家上市皖企中名副其实的“涨幅王”。

成绩面前，为何曹仁贤的脸上仍是凝重的表情？也许，从“危机、寒冬、逆袭、逆变”等凝重的字眼里，可以觉察到阳光电源在市场搏击中的独有章法。

逆流而上：创业要敢于走偏门

“如果去做一个大家都在做的产品，那自己没有任何优势，只有吃别人不敢吃的螃蟹，才能尝到别人享受不到的美味”。

1986年，他被合肥工业大学工业电气自动化专业录取。

勤奋，是浙江学子的一个显著特点。四年大学，曹仁贤没浪费掉一天的光阴。本科毕业之后，曹仁贤被学校推荐为免试研究生，并于1993年毕业留校任教。

在校任职期间，曹仁贤主要研究方向是可再生能源发电，无论是科研或是教学，都取得了不俗的成绩，获得校方领导和学生的一致好评。

然而，浙江人那“不安分”的天性开始在他的身上躁动了起来。

不再满足于相对单纯而重复教学工作的他，希望凭借自己的科研水平，将科技真正实现产业化。

“产业化只能由企业家来完成，而非科学家。”在曹仁贤心底，用自己的所学，为社会创造财富，凭自己的能力让科技实现产业化一直是他的梦想。

据他长期分析，我国目前的能源消费主要依赖于煤炭、油气等化石能源，一方面这些资源是有限的，另一方面化石能源在燃烧过程中产生大量的废气。而太阳能、风能等可再生能源是取之不尽、用之不竭的清洁能源。

虽然目前可再生能源从总量及成本上无法和常规化石能源竞争，但可再生能源是未来解决全球能源及环境问题的希望，发展前景广阔。

而可再生能源发电，正是自己的专长，也正是一个前景广阔的领域，这里面将大有可为！自己能不能在这个领域有所作为呢？

“1997年，应该说人们还没有我们现在这种对于太阳能、风能的这种认识，因为自身从事的也是跟这个相关的可再生能源利用的这个工作。”曹仁贤回忆到，多年的研究让他感觉：像这个比较偏的、比较冷门的东西往往它会有巨大的市场。

用他自己的话“如果去做一个大家都在做的产品，那自己没有任何优势，只有吃别人不敢吃的螃蟹，才能尝到别人享受不到的美味”。

经过分析、论证、纠结。1997年年底，

曹仁贤力排众议，向学校提交辞呈，正式下海。

此时，他还不满30岁。

逆中寻机：一个电话带来一桶金

第一笔定单50多万，成为了曹仁贤及他的团队掘到的第一桶金，也正是这个具有非凡意义的项目，让阳光电源开启了西北的市场。

“其实，一开始很茫然。因为觉得也没有东西好干，怎么就把这公司给办了？”曹仁贤坦然，当时的确有过一丝的动摇。

因为摆在他面前的首要难题就是要弄清楚：市场究竟在哪里？

寻寻觅觅！他费尽心思四处联系业务。把眼光瞄准那些电网延伸不到的地方，像我国的西北地区。

功夫不负有心人。1998年2月，曹仁贤的努力终于得到了回应。

有一天，一门心思在工厂里搞科研摸市场的曹仁贤，突然接到一个电话。来电者是南疆铁路建设部门的一个工程师，他负责南疆铁路从库尔勒到喀什段铁路信号电源的设计。

我国要建一条从库尔勒到喀什全长1000公里的南疆铁路，当时的南疆铁路沿线一片荒凉，没有电网，如把电网拉过来，费用非常昂贵。

他经行内人士介绍并搜索相关资料，发现安徽的曹仁贤正在做太阳能和风力发电的研究，且已在多家专业刊物上发表过相关论文，科研攻关具有相当进展，便辗转托人找到时已下海的曹仁贤，由此，阳光电源进入了他们的视野。

随后，他们两人在多次电话中交谈甚欢。此时，曹仁贤仿佛看到希望，即刻邀请他来合肥实地考察。

但当工程师来到后，眼前的一幕却让他忐忑不安。不足20平方米的房子、外加简陋设备，不仅科研的条件也不具备，就连实验条件也不具备，这样的公司，有实力研制国内还没有的高科技产品吗？

但曹仁贤一番十分专业的论述，使工程师们先前跌落谷底的信心稍微有了一点回升，但毕竟这项工程不容任何闪失，大家对他的生产条件还是表示怀疑。

“这样子吧，我再到别的地方看看，你如果能把这个产品在6月30号能够拿出来，拿到兰州去测试，如果检验通过，那我们还是可以用的。”

正是这位工程师失望之余在临走时撂下的这句话，对曹仁贤来说是一个最后的机会，接下来只有几个月的交货期限，他要去研发的这种叫做“太阳能控制器”的新产品。

要知道，这在当时在国内也没任何现成的同类产品可以借鉴、研究，如果生产出来的产品样品只要在技术上稍微有所欠缺，曹仁贤付出的努力全部就会付之东流。

于是，曹仁贤带领他的团队开始紧张而密集的研究和实验，经过40多个日日夜夜的齐心协力，产品研制终于有了重大突破……

最后经测试，曹仁贤开发的产品所有的指标不比国外的产品差，他们当即与曹仁贤签下了这笔订单。

就这样，第一笔定单50多万，成为了曹仁贤及他的团队掘到的第一桶金，也正是这个具有非凡意义的项目，让阳光电源开启了西北的市场。

同时，他也对公司的产品定位及发展思路进行了明确的规划。

逆袭市场：找准市场的“蓝海”

多晶硅太过于专业，电池组件技术投资生产门槛不高，而做光伏电站国内还没有市场。逆变器虽然本身技术很简单，但要想做出特色并非易事。这也正符合曹仁贤的市场法则，他最终将目标锁定在了逆变器。

新能源是近来蓬勃发展的新兴产业。但在阳光电源成立时，这个产业还是一片“荒地”。

“创业之初我就考虑，如果做同质化严重的产品，很长时间内肯定毫无优势可言，要做就做把技术、专业真正投入应用的公司。”

按照这种思路，他开始在光伏产业链上做起了“选择题”：多晶硅太过于专业，电池组件技术投资生产门槛不高，而做光伏电站国内还没有市场。

虽然逆变器本身技术很简单，但其中涉及微电子、新能源、半导体、电力等多种技术，要想做出特色并非易事。

曹仁贤最终锁定了逆变器，也就是能把直流电能转变成交流电的装置。

产品开始用于小范围市场，比如西北地区牧民家的电视机、卫星接收机的供电、部分村庄供电。随着技术逐渐成熟，其业务范围逐步延伸到工业、通信领域，包括南疆铁路、青藏铁路等。

然而，创业初期，冷嘲热讽不可避免。被人讥讽“见钱眼开”的曹仁贤不得不迎着众多的怀疑眼光前行。

然而，一次投标会后，他开始重新认识自己，并寻找自己的蓝海。失利之后，业主方的负责人也最终和他透了底:

你们企业刚刚开始成长，产品质量的可靠性和稳定性自然也没办法和国际品牌相提并论。我给你们点咨询费，你们以后别来投标了，纯属浪费时间。说句实话，就是你们的产品再好，我们也不敢用，国外大品牌的产品如果出问题了我们没有责任，因为我们用的已经是世界上最好的产品，用你们的万一出了问题我们的责任可就大了。

在这样的打击之下，曹仁贤也意识到了自己与国外巨头竞争无异于以卵击石，他只得将关注度放到了另外一个市场。

当时，西北部分地区的电网还不普及，新能源的应用还只限于南疆铁路、西北牧区这样的小型离网发电系统，他带领团队，一做就是五年时间。

2002年，阳光电源迎来公司的第一次转型机会，“国家送电到乡”项目在西北地区开展，通过前期的积累，曹仁贤的太阳能光伏发电系统在当地已颇具影响力，这一次机会自然落到了他的身上，为西部无电地区送去太阳能电力。

第二年，阳光电源凭借技术优势，研制出中国首台具有自主知识产权的并网逆变器。这也最终坚定了曹仁贤“光动”的心，几千万的销售额一下子打开了市场，也让他第一次感受到成功的力量。

2004年，新能源的发展趋势逐渐明朗，曹仁贤自然也嗅到了产业未来的发展方向，一片“新蓝海”在等他来开发：电站的规模和容量在不断加大，出现更大规模的电站和新能源并网运行也被提上产业发展日程。

他心里想，这可不再是小打小闹的生意，而是真正的新能源事业。其实，大面积应用光伏并网系统，是埋藏在曹仁贤心里的一个愿望。

由于全球气候不断变暖，能源环境问题日益突出，国外开始大面积应用并网系统，他认为这是阳光电源一直梦寐以求的机遇。

然而当时国内电力系统体制相对保守，虽然他多次试图说服电力部门，但都没有成功。

无奈之余，曹仁贤只能把目光再次转向国外市场，着手向国外出口逆变器。通过几年的探索，到了2009年，阳光电源的逆变器已经做得风生水起。

“我们的产品供不应求，几乎是只要能做出来就会有人要。”曹仁贤如此描述当年的情形。

出现这样的结果，是因为大家对国外市场认可程度高，而国内当时对于技术的认知度明显不足。欧洲的市场门槛很低，技术门槛却是最高的。“技术门槛恰恰是我们能克服的。”曹仁贤介绍。

当时，阳光电源的海外市场主要是意大利、西班牙等南欧地区，现在阳光电源的产品才进入德国等要求最苛刻的光伏市场。中国企业把逆变器卖给德国，可能90%的人不相信，因为德国的光伏产业实力有目共睹。

在当时，欧洲无疑是中国光伏产品最大的出口市场，再加上美国，整个欧美市场占到中国光伏产品出口量的90%以上。而在全球市场上，中国的光伏产品已经垄断其中的六成。

如果说，追逐财富是光伏产业狂飙的原动力，那么欧洲光伏市场的巨大需求，则为这场疯狂的追逐安装了加速器。

逆水行舟：行业低谷的生存之道

“我们每年投入近亿元来做研发，通过不断地积累微创新，进而做到突破性创新，实现产品性能革新或者降低成本，才把跟风者的‘武功’废了。”

2011年，光伏行业步入低谷。

“一家企业如果有核心技术优势，一般是可以成功的。但如果公司技术是山寨的，则注定面临失败的结局。”在曹仁贤看来，疯狂的模仿和复制是光伏产能过剩的根源。

像产能过剩最为严重的多晶硅和太阳能电池板，国内很多企业引入国外生产线，运回来后插上电，生产线就能运作。这种低技术的产能，在利益驱使下大举跟风扩产，注定了产能过剩的结局。

加上整个光伏行业因为欧盟反倾销等因素，使得行业遭遇前所未有的寒冬期！

有些投产稍晚的企业，甚至没有来得及进行项目验收就濒临破产。

拥有核心技术优势的阳光电源，没有陷入这场疯狂的低水平内斗中，但也不可避免地成为被模仿的对象。

阳光电源研制出新产品，会有企业偷偷复制，甚至不管产品尚处于不成熟期，把阳光电源电路板上画错的地方也照葫芦画瓢地搬了过去。

得江山易，守江山难。

为此，曹仁贤继续通过加大研发投入来保持相对领先优势。“我们每年投入近亿元来做研发，通过不断地积累微创新，进而做到突破性创新，实现产品性能革新或者降低成本，才把跟风者的‘武功’废了。”曹仁贤说。

当时，仅逆变器市场的竞争已经非常残酷。有一组数据可以佐证，2011年，在德国慕尼黑光伏展会上的逆变器厂家有500多家，到了2013年，就只剩下几十家了，厂家死亡率高达90%。

即使现在，曹仁贤认为，光伏行业依然没有从冬天走出来，反而更加深入。并且有可能再过5~10年才能有所好转。

据了解，目前全球逆变器的企业有

两三百家，但全球前十位的企业就占据了全球90%以上的市场份额，其中，阳光电源2013年逆变器出货量跻身全球第三。

而反观阳光电源，当2011年全球光伏寒风凛冽时，曹仁贤刚刚完成在资本市场上的融资。我国政府为拯救光伏产业，开启了内需市场。

曹仁贤以资金之剑，再次率领合肥当地的光伏企业开始“西进运动”——在甘肃酒泉等阳光资源丰富的中国西部地区投巨资建立大型发电站，向光伏发电站领域进军。

在全球光伏市场危机之后，阳光电源力促在光伏产业中的再次逆变。

逆转节点：跌宕起伏中峰回路转

经常有人问，阳光电源成功的基因是什么？曹仁贤总结到：先人一步的业务战略、坚持和聚焦的经营战略。

回顾阳光发展历程，从名不见经传的微型企业，到今天中国的第一品牌；从“与阳光共成长”的愿景，到“为可再生能源提供完美接入方案”，再到今天“致力于清洁高效”的使命；从一个客户，走到今天出货量全球前五，市场占有率全国第一。

经常有人问，阳光电源成功的基因是什么？

曹仁贤总结到：先人一步的业务战略、坚持和聚焦的经营战略。

从2002年前后抓住了国家西部“送电到乡”工程的机会起步，到2005、2006年借助UPS、EPS产品度过生存关，到2006、2007年引进战略投资，到2009年3月500KTL新品发布，阳光的每一步正好踩在了略微超前的时间点：

从2008年到2010年，在曹仁贤的带领下，公司规模扩大了几倍，利润也从8百多万元上升至1亿多元，复合增长率达百分之三百多；太阳能光伏逆变器产品市场占有率稳居国内第一；拥有自主知识产权的风能变流器产品也逐步具备了与进口产品竞争的实力；阳光电源逐步成为了中国新能源发电设备制造领域的领军企业。

经历过2010年的发展高潮之后，光伏进入了洗牌与整合的一年。多晶硅价格的暴跌、组件的产能过剩、中小企业的倒闭，各种预示着寒冬即来的迹象使整个光伏行业笼罩于阴霾之下，而阳光电源则远离行业红海，成绩不俗。

2011年欧美国家的补贴政策下调，国外光伏应用市场步入调整阶段。但随着国内市场光伏电价政策的出台，国内的光伏应用市场得到了大规模启动。在中国西北、东部等多个省市，一大批大型光伏发电项目相继实现并网发电。在这些项目中，阳光电源再领风骚。

2011 年 11 月 2 日，阳光电源股份有限公司在深圳证券交易所隆重挂牌上市，成为中国新能源电源行业第一股。

“特别是 IPO 计划的实施，从 2010 年年初酝酿，到 2011 年 11 月挂牌上市，资本市场的成功运作，给企业的发展带来了新的活力。”曹仁贤至今仍很兴奋。

“在光伏等新能源产业的发展中，产业链里也有很多产品的研制比光伏逆变器和风能变流器简单一些，利润和市场规模也更大。但我们一直不为所动，专注于新能源电源的研发。”

近年来，虽然光伏、风电行业跌宕起伏，但阳光电源一直聚焦于电力电子技术与新能源发电的创新应用，集中力量将优势发挥。

当市场把一个行业高高举起又重重摔下时，不在其中的企业可能体会不到当时的惨状，这需要极强的心理素质，但曹仁贤和其创办的阳光电源在行业的每一次峰回路转时都抓住了机会。

逆战当下：“微创新”发挥竞争优势

通过一个又一个的微小创新，实现产品差异化和技术领先，增强企业的核心竞争力。通过不断地积累微创新，进而做到突破性创新，实现产品性能革新或者降低成本。

机柜上一把带静电的锁，因为用户开锁时被电了一下。获悉客户提出的建议，曹仁贤下令立即整改，为了一个价值不足千分之一的附加产品，不惜耗时去反复研究、改进，并付出了较大的成本。

“后来发现，如果不把这个锁做到极致，万一出现问题的话有可能损失上百万。但现在研发出来后，这把锁已成为了公司的专利产品了！”

其实，这个仅仅是阳光电源进行“微创新”的一个缩影。所谓“微创新”，就是通过一个又一个的微小创新，实现产品差异化和技术领先，增强企业的核心竞争力。通过不断地积累微创新，进而做到突破性创新，实现产品性能革新或者降低成本。

据了解，阳光电源一直大力提倡微创新，不断优化“产学研”合作方式。

企业创立前十年，公司每年将不少于销售收入 10% 的资金投入研发；后来公司规模更大了，也坚持每年一亿元以上的资金投入研发创新。

近年来，在国家和省市科技部门等支持下，公司组建了国家博士后科研工

作站、国家认定企业技术中心、省可再生能源电源工程技术研究中心、省研究生“产学研”创新基地，并与合肥工大、浙江大学等高校强强联合，进行深度产学研合作，开展博士后的联合培养工作。保证高校相关科研经费的不断增加和项目的前沿性，高校提供足够的科研资源投入和专注研究；引导高校将创新研究做在每项产品研制的工程中，将科研成果转化在企业里，有效提高了公司的创新能力和市场竞争力。

多年来，产学研合作的经费逐年增加，合作广度和深度不断增强，规模也越来越大。

目前，公司已建成国内最大的新能源电源研发创新平台，先后承担了“百兆瓦级光伏系统设计集成技术研究及关键设备研制”等16项国家重大科技计划项目；申报专利360多项，已取得专利授权190多项；先后有5款产品获得国家重点新产品认定，并主持制定了光伏逆变器的国家标准。

另外，持续推进运营管理创新也是其不断提升全球市场地位的“秘密武器”。

由于欧美等发达国家在光伏等新能源行业一直走在前面，市场比较成熟，阳光电源在稳固国内市场领先地位的同时，积极开展企业管理流程创新、营销模式创新，大力推行成本领先战略，提升产品性价比，在日益激烈的市场竞争中，实现逆势增长。

创新引进全球领先的集成产品开发（IPD）开发流程；通过与IBM合作，引进国际领先的战略管理流程和ERP(SAP)管理流程，优化提升公司经营管理水平，提高了企业管理效率，力争与全球领先企业同步。

通过引进海外高端人才、在国外建立合作关系、创建全球化的商标品牌、等措施开拓国际市场，同时加强研发与市场人员的互动与轮岗，积极拓展国际市场，先后设立了德国子公司、加拿大子公司、意大利、法国及澳大利亚营销公司等分支机构，初步完成全球战略布局。

光伏逆变器的全球市场占有率从2009年的不到2%，逐年提升至2013年的10%以上。

此外，将公司的“SUNGROW”商标在全球100多个国家和地区成功进行了注册保护，不断丰富和发展其品牌内涵和品牌形象。“SUNGROW”被认定为中国新能源电源行业迄今唯一的“中国驰名商标”，也随着产品的出口，逐渐迈向国际市场，SUNGROW品牌的国际影响力日渐提升。

逆转乾坤：引领行业风向标

国家对光伏逆变器在高效、可靠、安全并网等性能指标上不断提出了更高要求。作为中国最大的光伏逆变器设备制造商的阳光电源，不仅撑起了行业大旗，更引领了行业的风向标。

当前，我国正加快同步国际市场步伐，国家对光伏发电接入电网的要求日趋严格，这就对光伏逆变器在高效、可靠、安全并网等性能指标上提出更高要求。

阳光电源在国内引领了太阳能光伏逆变器和风能变流器的技术方向，主持制定了一项光伏逆变器和两项风能变流器等多项国家标准。作为中国最大的光伏逆变器设备制造商的阳光电源，不仅撑起了行业大旗，更引领了行业的风向标。

2013年12月31日，国家质监检总局和国家标准化管理委员会联合发布2013年第27号国家标准批准发布公告，由阳光电源主持制定《GB/T 30427-2013 并网光伏发电专用逆变器技术要求和试验方法》正式发布，并将于2014年8月15日正式实施。

阳光电源在其中功不可没！

该标准对光伏发电系统之关键部件——光伏并网逆变器的技术要求、试验方法、检验规则等作出了明确要求和规定，为光伏逆变器的设计、生产、检测和认证等提供了权威的依据。

其实，早在2005年，阳光电源凭借在新能源电源领域的领先实力，受中国标准化研究院委托，牵头研究并网光伏逆变器国家标准。

2007年，国标委正式下达此标准制定计划，由阳光电源联合国内几家专业单位组成标准起草小组，根据国内外光伏发电技术发展和对并网逆变器的要求，积极与行业专家和有关单位进行反复的研讨、试验，并经全国太阳光伏能源标委会组织多次专家审查，几易其稿。期间，也得到了中国电力企业联合会、中国电科院等单位的大力支持。

去年底，标准顺利通过了国家工业和信息化部、国家质量监督检验总局、国家标准化管理委员会等有关部门的审核批准。

在国家对风电接入系统要求日趋严格的情况下，提升风电机组整体技术水平和标准化水平，满足电网接入的新要求已迫在眉睫。

同样，在风力发电领域，阳光电源一直专注于风能变流器的研发、生产、销售和服务，形成了全功率变流器和双

馈式变流器两大产品系列，并已在内蒙古通辽、福建六鳌、山东烟台等多个风场得到了成功应用。而两项风能变流器国家标准的制定出台，为风力发电机组之一关键部件的设计、生产、检测和认证等提供了依据，大大有利于行业的加快发展，推动行业的技术进步。

由于在制定行业相关标准的过程中，阳光电源积极借鉴吸收了许多国际先进的应用实践经验，标准的发布实施将对促进行业规范发展和技术进步，提升光伏逆变器、风能变流器的产业水平和国际市场竞争力，起到积极的推动作用。同时，也凸显了以阳光电源为代表的中国新能源电源行业技术水平取得了显著提升。

逆变未来：让更多的屋顶发光

只有危中寻机才能逆变未来。在曹仁贤看来，不仅发光的屋顶，其他还有很多机会：行业洗牌的机会，分布式发电的机会，西部大开发的机会，中部崛起的机会，新兴市场的机会、并购的机会等等。

“城市的屋顶已经所剩无几，未来的光伏发电的市场肯定在农村。”瞄准屋顶，让更多的屋顶发光发电，是阳光电源的又一战略规划。

这也是在尝到集成电站甜头的阳光电源，开始的“分布式探索”。

首先在公司的屋顶全部装设光伏发电站，所发电量除生产用外，还有一部分送到国家电网。“作为一家大型生产企业，我们不仅没有用国家电网的电，还为其输送了电量。”曹仁贤对此显得颇为自得。

其实，建设电站能够顺利实现并网发电，这与合肥市政府的支持是分不开的。在国务院出台支持光伏产业发展相关政策的同时，合肥市政府也制定了一系列支持光伏产业发展和推动示范应用的“一揽子”政策。

2011年，合肥市政府主导了光伏下乡，在肥东、肥西等县选择了100户贫困户家庭，政府投入300万元资金免费为其建屋顶电站，电站建成后的运营和维护都由政府负责，电站收益完全归贫困户所有。

阳光电源积极参与其中并发挥了重要作用。

“这种模式非常具有借鉴意义，我国西部还有不少贫困户，一旦合肥光伏电站扶贫模式能够成功，对于西部地区发展有巨大的借鉴意义。”

2014年，从行业形势来看，国内装机总量将达到14GW。阳光电源目标要占取其中的4GW以上，再加上公司在国际市场的进一步拓展，以及储能电源等，全年总目标要在5GW以上，确保全年实现产值30亿元。

讲到未来的发展计划，曹仁贤从各方面进行了细化。

具体到营销方面，欧洲、北美市场开发要加强。产品线，尤其是光伏产品线要加快推出更多新品，要配合做好相关的营销宣传活动。营销创新、营销人才引进、绩效提升、分布式发电新模式、抢占南方市场等方面继续加强。制造系统要进一步提高劳动生产率，并降低单位劳动强度。要对产品进行更严酷的测试，进一步降低漏测率。

“目前，我们的逆变器在全球的出货量是第三位，和第一名还有不小的差距，所以未来的路还很长。

曹仁贤认为，2014年内外形势还比较艰难，还将面临外部的竞争加剧、价格降低、行业产能过剩，内部的成本控制问题、技术进步问题、人才培养问题等等。

同时，也只有危中寻机，才能逆变未来。

不仅发光的屋顶，其他还有很多机会：行业洗牌的机会，分布式发电的机会，西部大开发的机会，中部崛起的机会，新兴市场的机会，并购的机会……

逆变未来需要有逆战阳光的勇气，逆战阳光才能拥抱阳光。

采访结束，我们仿佛从曹仁贤的原有那凝重的眼神中看到了明媚的春天，看到了阳光的璀璨，引用曹仁贤的话来说，新能源平价上网的时代终究会到来，阳光就在未来！

韩再芬
再芬黄梅艺术剧院院长

韩再芬和她的“再芬黄梅”

吴笑文

韩再芬，黄梅戏领域的杰出代表与领军人物，国家级非物质文化遗产项目代表性传承人，中国戏剧家协会副主席。2005年出任国内第一家以艺术家名字命名的安庆再芬黄梅艺术剧院院长。在她的带领下，其团队，从乱到治，规划蓝图、建章立制；从弱到强，锻炼队伍、开拓市场；从旧到新，盘活资源、原创精品；从无到有，树立品牌、赢得口碑。

2012年9月，“安徽再芬黄梅文化艺术股份有限公司”完成组建，韩再芬出任董事长，为我国第一家国有戏剧演出团体实行股份制改造进行着全新的探索。在她的带领下，全体再芬黄梅人从散到聚，培育文化、塑造品格；再芬黄梅文化品牌从单一走向系列，建立起可持续发展的机制。

时至今日，在她带领下的再芬股份，以“变”求“活”，实施经典剧目巡演和“再芬黄梅公馆”连锁剧场建设相结合的发展模式，真正将文化与市场结合了起来。这个有着鲜明个人烙印的文化品牌的快速发展，让人们看到了文化体制变革所蕴含的巨大能量。转企改制使文化单位摆脱传统事业体制的束缚，成为真正意义上的市场主体，不断地开创着黄梅戏艺术的广阔天地。

内心里从没离开过黄梅戏

1968年，韩再芬出生在天柱山麓、潜山河畔的县城的一个普通的家庭。父亲是财政局的干部，母亲是黄梅戏演员。从小韩再芬就在黄梅戏的熏陶下长大，10岁的时候她被安庆黄梅戏剧团录取，成为班里年纪最小的学生。但当时，身为黄梅戏演员的韩母却是竭力反对的，因为“一生只能睡半生的觉，一生却要洗两生的脸。”可是韩再芬不服输，愣是坚持了下来。

一年后，在安庆地区青年演员基本功的比赛中，她就崭露头角，两年后她十二岁时就在团里挑大梁，担任《窦娥冤》的主角。16岁时，韩再芬因主演黄梅戏电视连续剧《郑小姣》一举成名。1989年，韩再芬迎来了自己事业上的第二个转折点。那一年，韩再芬策划创意的《徽州女人》剧目正式公演。截至目前，这个剧目已经演出了400多场。随着《女驸马》、《天仙配》、《桃花扇》的唱响，黄梅戏里开始有“韩版”和“韩韵”，韩再芬成了央视戏曲春晚的常客。

随后的几年间，韩再芬也一度频繁“触电”。参演了包括《走向共和》、《尘埃落定》、《贞观长歌》等至少十部电视剧，知名大片，演袁世凯夫人、饰长孙皇后，与唐国强飙演技。韩再芬曾说，自己是幸运的，经历了黄梅戏的“高潮”也经历了“谷底”，“欲望都有两面性，可以激励人，可以毁掉人，我拍剧赚钱，被请去教学，但我知道那是通过电视剧在积累表演经验，我内心里从没离开过黄梅戏。有一种更强大的力量拉着我，毕竟人是需要价值支撑的。”

表演艺术与管理艺术是相通的

2005年，安庆黄梅戏二团，被安庆再芬黄梅艺术剧院取代，韩再芬走马上任，肩负起院长重担，再芬剧院随即成为改革开放以来，中国首家以个人名字命名的演艺团体。

安庆再芬黄梅艺术剧院的前身，是安庆市黄梅戏二团，其历史可以追溯到上世纪五十年代。原安庆地区黄梅戏剧团，经过数年平稳发展，此后进入频繁变动时期。“文革”、改革开放行政区划调整，安庆地区黄梅戏剧团与安庆市黄梅戏青年队合并，组建了安庆市黄梅戏二团。该团成立以来，一直引领黄梅戏艺术潮流。王鲁明、王兆乾、麻彩楼等黄梅戏艺术家，对剧团建设和黄梅戏发展倾注了毕生心血，取得了辉煌业绩。黄梅戏电影《红霞万朵》，黄梅戏电视剧《郑小姣》，黄梅戏舞台剧《徽州女人》等，唱响大江南北、红遍城市乡村。

为推动黄梅戏发展，满足广大观众的需求，2005年年底，安庆市深化文化体制改革，整合黄梅戏优质资源，充分发挥韩再芬品牌效应，成立了安庆再芬黄梅艺术剧院。

至此，接下了重担，韩再芬不再接拍电视剧，她把主要精力都放在管理上。然而，“当年，我看了演员的工资条我落泪了，每人每月500多块，整个剧院账面上只有两千块。那时演员收入不体面呀！在私人会馆里，小姑娘们游走席间，翘着指尖，咿呀哼唱，台上唱戏，台下猜拳行令，点你唱点她唱，‘像回到了旧社会’”。当上院长后第一件事，韩再芬就是不允许剧院的人再去唱茶楼、会馆。半年后，剧团的几出大戏捋顺了，开始商演。凭着韩再芬的名头、《徽州女人》的招牌，“再芬黄梅”商演场次越来越多，慢慢开始赚钱。

安庆再芬黄梅艺术剧院成立以来，扎根安庆、面向全省、服务全国，其全新的管理机制、符合艺术发展规律的生产方式和灵活多变的营销模式，使剧院充满活力，取得全方位进展。

产品不断扩大，质量不断提高，赢得戏迷和专家的赞誉。党和国家领导人胡锦涛、江泽民、吴邦国、温家宝、李长春、贺国强、李克强等多次观看演出并接见演职人员。吴邦国委员长更是亲笔为剧院题写了院名。

再芬剧院享誉国内，蜚声海外。剧院组建后多次赴海外演出，受到观众热烈欢迎。2010年，韩再芬的表演艺术史和她所代表的黄梅戏艺术形式，作为世界不同文化的经典被美国国会图书馆记录、收藏和永久保存，韩再芬成为新中国成立以来第一位入选该项目的中国戏剧艺术家。

拥有黄梅戏名角和文化产业掌舵人的双重身份，韩再芬数年来一直迎着这两个角色转换，在演戏的同时，还要事无巨细地操心团里的大小事务。令她颇为得意的是，发现自己竟也能把一个近百人的团体带得蒸蒸日上，“看来，表演艺术与管理艺术还是有些相通之处。”

演艺改革谱新篇

黄梅戏是物质文化遗产，遗产保护却不能是将其束之高阁，顶礼膜拜，为了续写辉煌，2012年9月，“安徽再芬黄梅文化艺术股份有限公司”完成组建，韩再芬出任董事长，安徽再芬黄梅艺术股份有限公司成为了全国第一家转企改制、股份制改造和上市融资“三步并作一步走”的国有文艺演出院团，是我国两轮文化体制改革的标志性样本。据了解，公司股份主要由国有股、职工股、个人品牌入股、面向社会引进战略合作者入股等组成。从2011年开始，安庆市每年投入1000万元，五年不变，扶持公司闯市场、探路子。

而在韩再芬的带领下，再芬股份主要从事黄梅戏舞台剧创作演出、衍生产品开发经营，艺人经纪、剧场运营、影视剧及其他文化产业投资等业务。秉承“勤劳做事、诚实做人、敬业平和、善待观众”的理念，“再芬黄梅”品牌声誉日隆，影响日盛；再芬股份人才济济，剧目丰富，现有2级以上演员近30人；拥有以《徽州往事》、《徽州女人》、《女驸马》、《公司》为代表的经典剧目百多部；再芬股份还运营着拥有800个座位，滨湖临水、气势恢弘的安庆黄梅戏艺术中心，以及装修精致，体格风雅的“再芬黄梅公馆”小剧场一座，常年演出，培养人才，服务公众。

再芬股份成立以来，业绩显著；与中国移动、安徽出版集团合作，建立了国内首个戏曲彩铃数据平台；创作了大型原创黄梅戏舞台剧《徽州往事》，演出每到之处，观众踊跃，好评如潮；成功组织了第六届黄梅戏艺术节开闭幕式晚会，取得了良好的社会效益和经济效益。

未来，再芬股份积极开展黄梅戏舞台剧、影视剧创作，多推精品力作，满足人民群众日益增长的精神文化需求，同时积极开展集艺术、休闲、旅游为一体的“再芬黄梅艺术公馆”模式连锁经营，同时着手艺术、高科技、旅游相结合的戏曲文化创意产业园区建设，依托“再芬黄梅”品牌，剑指“戏曲第一股”，力争成长为具有较强艺术创新力、市场竞争力和品牌影响力的现代大型演艺集团。

培养新苗 润物无声

为了扩大黄梅戏的影响，促进文艺创新和繁荣，在积极闯市场的同时，2009年年底，韩再芬黄梅艺术基金会也正式成立，韩再芬担任黄梅艺术基金会理事长。从成立之初起，基金会就一直致力于对黄梅戏艺术的研发、编创、研究、教育、培养等诸多方面的资助和扶持工作。

其中，响应“振兴黄梅戏，从娃娃抓起”的号召，安徽韩再芬黄梅艺术基金会在潜山县天柱山中心小学成立了再芬黄梅娃娃班。娃娃班是再芬黄梅为培养黄梅新苗的新探索，是普及黄梅戏文化的新尝试。

再芬黄梅娃娃班共有40多位学生。学校聘请潜山县黄梅戏剧团演员定期到校授课。而在再芬黄梅娃娃班第一期授

课时，老师们发现采取理论课和表演课相结合的形式，孩子们专门学习理论课的效果并不好。娃娃班项目负责人和老师商讨解决方案，决定第二期项目改革授课方法。老师在上课表演时，从小戏、唱段入手，穿插讲授一些理论知识。课程改善后，大大激发了孩子们的学习热情。为了提高孩子们学习黄梅戏的积极性，也为了培养娃娃班授课教师的专业水平，基金会还邀请再芬黄梅娃娃班的师生们亲临黄梅戏艺术中心，观看再芬黄梅青年团的表演。经过培养，孩子们已经掌握《打猪草》、《树上鸟儿成双对》、《对花》、《闹花灯》等传统唱段，并已具备演出水准，经常代表学校参加各类文艺活动。

目前“再芬黄梅娃娃班”已作为基金会长期投资的项目，未来“娃娃班”的模式也会复制到安庆其他地区，以便培养更多的黄梅幼苗。

不仅如此，为了给黄梅戏艺术事业输送优质的新鲜血液，为打造舞台艺术精品工程，韩再芬说“一旦发现有好苗子，便想方设法引进、培育。”然而，目前黄梅戏艺术人才严重青黄不接，面临后继乏人的窘境，难以满足人民的精神文化生活需求。为了适应发展需求，通过多方努力，在安庆师范学院又组建了黄梅剧艺术学院，培养出的黄梅戏表演本科毕业生，成为黄梅戏发展的后备力量。

在韩再芬看来：“人才是发展的第一要素，后备人才的培养，是再芬黄梅股份以及黄梅戏事业长久发展不可或缺的。希望通过我和一批艺术家的‘面对面，手把手’培训，能够培养出一批继往开来的黄梅戏表演人才，涌现出一批新一代黄梅戏表演艺术家。”

精神产品，容不得粗制滥造

韩再芬的每一次亮相总能拨动戏迷们的心弦。由她创意并主演的原创黄梅戏舞台剧《徽州往事》经过6年的创排，至2012年10月首度搬上舞台，陆续在安庆、合肥、深圳、南京等城市公开商演了百余场，票房收入近2000万。演出不仅产生了轰动效应，好评如潮，而且还取得了最佳的社会效益和经济效益，成为再芬黄梅创立以来一个不得不说的“大动作”。

在韩再芬看来，看戏绝不如同吃饭，遇到不可口的饭菜可能会因为肚子饿了勉强把它吃下去，但是作为精神产品，容不得粗制滥造的戏曲作品充斥舞台，败了观众的“胃口”，“我们的力量是有限的，但是，我们会竭尽全力做到：‘再芬黄梅’的作品绝不让观众失望。”

韩再芬说她一直在思考这样一个问题："戏曲日趋不景气，是时代的必然，还是我们没能创作出让现代观众喜闻乐见的作品？当然，导致这种悲哀局面的因素可能是多方面的。但无论如何，对于戏曲从业人员来说，我们只能做到的是：力争创作出适合于时代的、普通观众喜爱的、有深度和可传播性的作品。"

据了解，为了对观众负责，在开启全国巡演之前，修改后的《徽州往事》连演四场，以获取观众对修改版的《徽州往事》的观后感。这四场演出的效果证明了她的汗水没有白流，各层面的观众普遍反映，修改后的《徽州往事》在"逻辑性、观赏性、艺术性、思想性"等方面都有了很大的提高。专家们也一致给出了极高的评价，称"《徽州往事》是第一部叙事超过电影、品戏不亚于传统戏曲、听音乐相当于音乐剧、现场震撼超过话剧的新戏剧，老腔老调、传统程式，却表现了现代审美……"

韩再芬觉得，戏曲不景气已是众所周知的事实，这除了现代社会的艺术及娱乐形式多样化的原因以外，缺少符合当代审美需求的戏曲新作也是一个很重要的因素。她直言，"大量粗制滥造的戏曲'作品'充斥舞台，败了观众的'胃口'。渐渐地，在观众心中，特别是年轻观众心中，就形成了'戏曲肯定不好看'的固有印象。"

面对残酷现实，韩再芬说，在她带领下的再芬黄梅艺术剧院只有一条路可走，就是不断创作出符合当代审美需求的作品来争取、赢得观众。"当然，我们的力量是有限的。但是，我们会竭尽全力做到：'再芬黄梅'的作品绝不让观众失望。"

戏剧的发展在原创、在创新

身为黄梅戏名家的韩再芬，如今除了巡演外，她以家乡为据点，寻找着黄梅戏与时代对话的种种可能。除了带领再芬黄梅剧院的演员们演出，她还要游走于政界、商界和公益界，做着与黄梅戏的创新和发展息息相关的工作。

韩再芬认为，演员其实只是一张脸，是一个呈现者，戏剧要原创要出新，这背后需要集结编剧、导演、化妆、舞美、音乐等众多幕后研发团队的默默付出，才能呈现出一幕幕让观众叫好的作品。韩再芬直言，依靠一个名角兴旺一个剧种的时代已经过去，戏曲创新、出新品要靠后面的研发人才，仅靠演员这个体现者的一张脸是不行的。

在她看来，做艺术需要一个良性的循环体，只要把平台搭建起来就会越做越顺。"通过多年的努力，我已经把一

个编剧、一个导演紧紧地扣在了一起，黄梅戏的出路是剧本身，要靠好剧去带角。”

身兼再芬黄梅艺术剧院院长、安徽韩再芬黄梅艺术基金会理事长、国家级非物质文化遗产项目代表性传承人等多重身份的她也直率地说希望自己能纯粹地活在理想之中，但现在已经没有办法了，“演戏还是生活，我现在都分不清了，我平时似乎也在演戏。以前我从来不陪人家吃饭，现在经常要陪人家吃饭。后来我居然发现，吃饭的时候是我宣传黄梅戏最好的时候，只要一讲黄梅戏，就很兴奋。吃饭也是一种人际交往。种瓜得瓜，种豆得豆，这个社会就是这样。我有时候自己想想，我们这一代搞艺术的真是很可怜，肩负的责任太多。改革要搞，要带一大帮人吃饭，要养家糊口；你还要去创作，你还要去创造，你还要去推广。所以有位企业老总说：‘你太不容易了’。走到这个位置，我希望可以给我后面的演员创造一个纯粹的空间。其实我打心里希望他们创作就好好创作，演戏就好好演戏，不要像我一样。”

“我坚守黄梅戏30多年，实际是有两个方面原因，小的时候，吃百家饭长大，对成长的环境有感情。第二，黄梅戏在所有剧种里面是最易于普及的，而且也是最易于走进生活的剧种”，之所以坚守多年，韩再芬觉得源于对黄梅戏有着难以割舍的“爱”。

《徽州往事》自与观众见面后，商演占到90%以上，很多人乐观地认为，黄梅戏已经度过了整个戏曲市场的低迷期，但是韩再芬却不这么看，“一两部戏的成功不能代表整个戏曲已经复苏。”而自2006年出任再芬黄梅的负责人以来，如何让传统黄梅戏焕发新生就成为她思考最多的问题。韩再芬曾在一次接受采访中表示，“现在政府重视文化，将戏曲列入非物质文化遗产保护起来，我们戏曲人更应该积极‘自救’。”

黄梅戏的发展经过了三个阶段，韩再芬总结，前两个阶段传播通过电影、电视等手段，使得黄梅戏走进千家万户，并得到群众欢迎。到了第三个阶段，电子信息业的发展，黄梅戏一下子跟社会脱轨，民族的传统文化的转型没有跟上社会步伐，慢慢地掉队，越掉本领越少。“我觉得黄梅戏发展的第三阶段是科技旅游和文化戏剧相结合”，韩再芬说趁着一次去深圳演出的机会，找到国内文化旅游投资巨头深圳华强集团，提出了自己的想法，希望传统文化通过高科技的技术，可以演绎成自主创新的平台。

因此与对方达成共识。她乐观地说，“如果真的能真正在一起合作，黄梅戏的空间将会很大”。

《徽州往事》比之前的《徽州女人》更具前卫和现代色彩，但是黄梅戏新编“魂”不能丢，韩再芬说：“我担任再芬黄梅文化艺术有限公司负责人之后，全部的精力都放在如何盘活一个传统院团上，所以这期间隔了好多年才出新作品，《徽州往事》和《徽州女人》都是徽州三部曲的系列作品，之后再芬黄梅还会推出系列作品之三《走出徽州》。”

她谦虚地说自己这一路走来，总是能遇到很多贵人的全力支持。原因很简单，“刚开始人们都会追问，她这么努力图什么，想要什么，慢慢他们就发现，全力以赴，无私的奉献是为了黄梅戏。之后达成默契了做事也就容易多了。”

她说，她有个梦想：即便离开韩再芬，“再芬黄梅”的舞台也能承前启后，薪火相传，名角荟萃。于是第一座再芬黄梅公馆率先在黄梅戏之乡安庆启用。它是再芬黄梅倾力打造的梦幻舞台，是再芬黄梅青年团演员的圆梦剧场。在这里，青年演员们将学校里学到的基本功尽情施展，通过表演积累经验，展示才华。而在公馆里上演的“公馆戏”则是她对黄梅戏的一个创新。韩再芬解释，“公馆戏”就是将经典的黄梅戏浓缩成1小时的表演，放在类似于时尚休闲沙龙的“黄梅公馆”里演出，观众可以近距离欣赏，领略黄梅戏的百年历史。她也透露，未来不久合肥也将有一个领略黄梅戏文化的别致去处——再芬黄梅公馆。希望通过合肥省会城市的平台，进一步扩大黄梅戏在全国的影响力，通过多场次演出，培养黄梅戏新人，使黄梅戏良性传承。

姚和平
安利股份董事长／总经理

姚和平：披荆斩棘走出成功路

牛　海

普通的蓝色工作服，中等体型，慈眉善目，儒雅平和，平实的言语中点缀着精彩。

你很难想象把这些元素与上市企业的董事长这个头衔对接到一起。对于姚和平，仿佛很难给他准确定位。

有人说，他是一名劳模。的确，他勤奋敬业，忘我工作，虽然已是上市公司的董事长、总经理，但仍坚持每周工作65个小时左右，在劳动岗位上做到出彩：不仅是安徽省劳动模范，同时还获得了全国轻工行业劳动模范的殊荣；

也有人说他是一名学者。虽然他是工科专业，但早在多年前就自学取得了中国注册会计师、注册企业法律顾问资格；现在，身为教授级高级工程师、高级经济师、享受国务院特殊津贴专家、安徽省学术和技术带头人、安徽省技术领军人才的他，以学者的风范和思维把控企业发展的方向，还担任合肥工业大学、安徽财经大学兼职硕士研究生导师、合肥学院兼职教授。

更有人说他是少有的商界奇才。20多年间，他从企业的一名普通管理者，做到企业一把手，为企业的扭亏为盈、发展腾飞立下功劳，更为中国聚氨酯合成革行业转型升级贡献举足轻重的力量。对于早年就是“安徽省优秀青年企业家”，“安徽省外商投资企业优秀企业家”、“合肥市优秀企业家”、“合肥市科学技术杰出贡献奖”、“徽商领军人物”等称号，也只是他众多荣誉的冰山一角。

身份代表着实力，荣誉意味着力量！

正是这样一位平凡的管理者，与员工们同呼吸、共命运，共同见证安徽安利合成革股份有限公司从危难走向辉煌的过程。

正是这样一位学者型领导，人格高尚、智慧卓越、学识过人、能力超群、为人低调，全能型的他，精彩的语言中不仅蕴含着企业的经营之道，而且包涵着做人做事的哲理。

正是这样一位商界奇才带领曾经逆境中的企业起死回生，让自主品牌发展之路更加稳健，使“小盆景”做成了“大风景”。

历程篇：

了解姚和平，要从他的事情说起

“我是万金油干部，虽然万金油不能治病，但能提神。”姚和平工作以来，先后担任了人事、管理、财务等部门经理，后升任公司副总经理、常务副总、总经理等多个职务。多岗位的锻炼和经历，使得姚和平成为了一个多面手。

由于安利是安徽省第一家中外合资企业，姚和平在工作中能够广泛接触人脉资源，工作能力提高很快。万金油也好，多面手也罢。“站在巨人的肩膀上才能看得更高更远”，他认为，这段经历对他来说至关重要。

内忧外患中临危受命

1962年9月出生的姚和平，1985年大学毕业后经省委组织部选调，作为重点培养对象到巢湖工作。

而那时的安利是安徽省第一家中外合资企业，企业缺少管理型的人才，经合肥市委组织部推荐，1987年姚和平回到合肥，进入安利，从事管理工作。

20世纪90年代后期以来，意大利、韩国等合成革生产技术先进的国家和地区陆续在中国投资办厂；浙江、江苏、广东、山东、福建等地的集体、民营、股份制企业也纷纷投资合成革生产行业，短时间内中国合成革生产企业迅速增加，呈现出异常激烈的竞争态势。

反观当时安利公司地处内陆省份，距离供应商、客户都较远，信息获取速度慢，又不在资源集中地。再加上当时公司对外部环境变化不够敏感，内部管理方法不当，反应迟钝，效率低下。

因此，公司经济效益出现严重滑坡，年销售收入仅1亿多元，并且欠银行9000多万的贷款，公司一度出现生产停滞，无力支付水电费、员工工资和银行利息，企业生产陷入了困境。

再加上沿海江浙的新办合成革企业瞄到了内陆，他们招聘的广告贴在安利公司的大门口，丰厚的收入使安利大量技术人才流失。

那一场风波几乎毁了安利：

姚和平回忆道，“数十名专业技术人员甚至两名副总辞职，那个时候安利几乎没有订单，而且账上只有几十万，所有贷款几乎都逾期，工资发不出来，欠银行利息，水电费都难以支付，供应商的货送到大门口，不给钱货不进厂。”

而就是在这个内忧外患的时刻，姚和平临危受命，担任公司常务副总经理、总经理，负责企业日常生产经营和管理工作。

“能走上领导岗位，我认为是时势造英雄。在那之前，我从未想过自己会当老总，也从来没有心理准备挑起安利这个沉重的担子。”姚和平如是说。

的确，1999年的那一天，无论对于安利还是对于姚和平本人都是一个分水岭，“我永远都记得那个日子，1999年11月18日。”

“只要你在，我们就跟着你干”

临危受命，他没有离开濒临倒闭的安利。

其实，在此之前，姚和平完全有机会离开安利，并且不止一次。“前后共有三次机会选择离开安利，进入机关工作。如果我离开了，就不会经历安利的变革，不会让自己成为风口浪尖的人物。”

1990年他被推选为合肥市团市委负责人候选人，因为安利，他放弃了这次难得的机会，并且用三句话向组织上解释了留下的原因：“在安利，我想干点实事、图点实惠、学点真才实学”。

1992年合肥市组建新部门，组织部门又推荐了他，他再一次为了安利放弃了。

1999年，安利面临最困难时期。工资发不出去，所有贷款全部逾期、员工被挖走了大部分，其他合成革企业的招聘信息贴到了公司大门口。

与逆境相对的是更加具有诱惑及优厚的待遇条件。他当时被推荐到审计署南京办事处任职，“他们要求有大中型企业管理工作经验，还要有注册会计师资质，这些条件我当时都已经具备。我记得，那天，推荐我的市委领导把我喊到他的办公室，告诉我去南京工作，去了就有120平米的房子。”

“在安利最困难的时候，我怎么能一走了之呢？12年的感情怎么能说断就断了呢？我怎么能够丢下处在困境中的安利不管呢？”经过再三的考虑，姚和平又一次放弃了优厚的条件和难得的发展机会，留在了处在最困难时期的安利。

也正是这样，一次又一次的抉择，一次又一次的不抛弃不放弃。

原本想离开的一批员工也在姚和平高尚人格的感召下转变了思想，他们纷纷留下来说‘姚总，只要你在，我们就跟着你干’!”

甚至有已经离开安利的干部，也放弃了外面企业优厚的待遇和较高的职位，重新回到安利，他们说“姚总，因为你，我们愿意回来，哪怕现在困难多一点、工资少一点，也没关系，主要是我们相信你的为人和能力。”

否定自我，把奖牌全部扔掉

上任不久，姚和平就做了一个令人惊讶的举动：扔奖牌！他下令把之前获得的所有奖牌全部当废铁卖掉。

奖牌代表着成绩、代表着荣誉、更代表着辉煌。当时很多人不解，这个做法意味着什么。

“我记得很清楚，1999年，当时公司的奖牌挂满了整面墙，后来一个都没有留下来。”他回忆道，“只有告别过去，才能迎接未来，总是沉浸于过去的荣誉中，自己的发展就会受到局限。”

否定自己、告别过去、挑战未来。这也是姚和平多年以来一直在坚持的东西。

“坦率的说，一直以来，在这种思路的引领下，我感到很痛苦、很累、很压抑，有时候甚至几乎崩溃。”

没有订单会痛苦；有了订单不能及时交货，满足不了客人的需求也痛苦；不能实现好的效益，辜负了员工的期待，更痛苦。

当今市场竞争压力太大，姚和平看到了发展中的安利有太多的不足，“在我眼中看到的都不是成绩，都是问题。”在外人眼里，他的高要求似乎有点太过苛刻。他总是感觉到自己不能满足客户需求，不能满足员工的期望和要求，不能满足社会期待。

但痛苦的同时他也感到很快乐！

良好的使命感和价值观，是姚和平最大的精神动力，也是快乐的源泉。

“1999年之前，安利只重物不重人，只重视硬件不重视软件，只重视有形的资产，却不重视无形资产。我在管理的过程中，觉得公司当时经营思路很混乱，

每个部门都有想法，最后我想一定要有一个统一的思想。”

于是，他在2000年6月6日提出了安利公司经营致胜成长五项理念，也就是安利公司核心价值观：市场导向；效率、紧迫、敏锐、敏捷和敏感；永远创业和创新；追求卓越；团队合作。

在姚和平看来，这就是让他感到快乐的源泉，同时也是安利的魂，是安利人共同的价值观。从另外一个层面上说，这也是如何做到共同发展、持续发展的关键所在。

“很多人后来在模仿我们的产品，学习安利的做法，但是我认为，如果没有核心价值观，没有良好的战略、制度和文化，无论怎么学习、模仿，都是无法超越我们的。

姚和平始终认为，敢于否定自我、批判自我、超越自我，这是一种胸怀和境界。

2009年，他又在全公司组织学习号称解放军“第五总部”的解放军第三〇一医院。他说：“三〇一医院装备那么好、水平那么高、技术那么领先，仍在寻求新的突破和发展，我们安利与国际领先水平还存在一定差距，更应该不断否定自我，找问题、找差距，努力提高自身水平。”

在姚和平思想的指引和感染下，公司上下持续开展“自我批评、争先求进”的活动，逐渐形成了“我们每天要超越”、“不断创新、持续超越”的良好氛围。

如今的安利，在“不断超越、追求成长”的思想“灌溉”下，茁壮成长，已成为行业的领军品牌，成长为全国生态功能性聚氨酯合成革规模最大的企业。

打破原有的保守发展思路

在经营致胜成长五项理念提出之后，这一思想便成为了安利公司核心价值观。“这个理念非常重要，它不但统一了大家的思想，而且给我们提出了更高的要求。”

五项理念中首先就提到了市场导向。

“90年代后期，整个公司当时只有五个主要客户，我记得很清楚。”1999年，姚和平正式接管安利，市场正是他要解决的头号难题。

没有客户怎么办，靠原本的几个客户，发展太过保守，而且公司的利润大部分被中间商赚走，自己生产的产品没有让效益最大化。

没有市场就要主动出去找市场！

于是，姚和平就亲自率员到处拜访客户，“当时自己和普通营销员没有什么区别。”姚和平坦言道。不顾辛苦的他，一家家的客户去拜访，一层层的楼去跑。即使接到一个很小的订单，自己都会兴奋好久。

更重要的是这段经历让姚和平对安利的发展有了更深入的思考。

“本以为自己公司的产品是意大利技术，产品质量有保障，市场知名度很高。结果经过这段时间的摸索后才发现自己是错误的。”

在市场中证实，外界对安利根本就不了解，安利在外人的心目中更是一片模糊。

正是这段经历，刺激了姚和平，他清醒地认识到，市场始终处于一种高度不确定的状态，公司如何适应市场变化，如何应对市场变化，这决定着企业未来的生存命运。因此只有系统思考，密切关注未来，及时感知变化，快速响应变化，才有可能生存下去，才能使自己基业长青。

他下定决心，安利必须要走出去！

走出去就要打破原有的保守发展思路，在市场和渠道建设上，姚和平强调要统筹兼顾。他希望营销人员放开思路，拓展视野，广其胸怀。因为思想决定视野，胸怀决定格局。正如姚和平所说，“如果你只看到一个省，就只能做一个省的生意；如果你能看到全中国，就能做全中国的生意；如果你看到的是整个世界，你就能做全世界的生意”。

于是，他确立了“力争成为全球最优秀合成革企业”的远景目标，制定了“专业化、特色化、品牌化、规模化”的发展战略，采用“立足本土、面向国际”，以及“国际开发、国内经营”，“国内开发、国际销售”的策略，实现国内外市场“双轮驱动”、“并驾齐驱”。同时也确立了“以市场为中心，以客户为导向”的经营理念，积极构建全球化的营销网络，通过参加国内外展会，投放品牌宣传广告，直接考察走访市场等方式，寻找与国际高端品牌企业合作的机会，让安利走出去。

不仅如此，姚和平还要求企业以“品种、品质、生态、创新、服务”为抓手，内抓管理，外抓市场，敏捷管理，高效运营，力求又好又快发展，速度、效益、质量和规模协调发展，集约发展，创新发展，和谐发展，实现经济效益、社会效益、生态效益和谐统一。

近年来，在姚和平的组织领导下，公司继续深化实施“生产一代、研发一代、储备一代和构思一代”的创新型发展战略，不断提高聚氨酯合成革的生态性和功能性，引领国内聚氨酯合成革的

创新发展。同时，坚持科技兴企战略，建立以企业为主体、产学研紧密结合的自主创新体系。

现在看来，不能不承认，姚和平带领安利不仅坚守了发展的路线，而且突破了发展的局限，打破了市场的壁垒！

现在的安利，在全公司范围内，形成了“以市场为导向，客户为中心”的营销理念，坚持营销围着市场转、生产围着营销转、供应围着生产转、行政围着产供销转的“立体营销模式”，将公司各个部门纳入“市场导向网络”中，紧密联系，共同面向市场。为了确保“市场导向网络”的执行力与活力，公司每半年进行一次全公司范围的中高层管理者公开述职和全视角评议，接受来自上级、内部顾客、同级和下属四个方面的评议，评议结果与薪酬挂钩，提高中高层管理者工作积极性，激发活力，强化责任意识，促进各项绩效目标的完成。

在姚和平正确的理念和战略部署下，安利实现华丽转身，销售渠道越来越宽，客户群体日益增多。目前已拥有国内外稳定客户1400多家，公司出口销量、出口额、出口发达国家数量均居行业首位。

如今，环保、时尚的安利产品在运动鞋、男女鞋、沙发家具、箱包手袋、球及体育用品、电子包装等多个细分领域里“遍地开花”，在欧美、东南亚、非洲等60多个国家和地区“美名远扬”。连同制成品，可以说“安利合成革，全球都在用”。

利润增幅远超销售额增幅

思路决定出路！

多年来，安利这个思路一直没有变，因此公司的进出口额从刚开始的每年几百万美金，到2013年全年进出口额突破1亿美金。

尤其2013年，安利股份显示了真本事、大本事。

虽合成革行业下游需求整体走弱，订单不足，整个行业处在寒冷的冬季，但面对复杂多变的宏观经济环境，姚和平积极采取措施，逆势而上，打破了整个行业的寒冬萧索，向世人彰显了合肥本土自主创新品牌企业的强大魅力和国内合成革行业龙头企业的领跑风范。

2013年，安利产销增长8%左右，利润增长突破50%，实现产值约19.3亿元，实现利税约1.81亿元；截至2013年12月31日，公司股票价格同比上涨82.86%，公司市值同比上涨82.95%，是同行业上市企业中涨幅最高的，高于同期创业板指数和A股指数的上涨幅度，总体跑赢大盘，展现了公众信赖、运行规范、效益良好的上市公司形象。

一位领导到安利调研时曾问道，安利为什么利润增长能大幅超过销售收入的增长？

姚和平笑着解释道，无非是几个方面原因：加强管理，加强信息化建设，整合资源，提速度、增效率、控成本和降能耗；以市场需求为导向，调整市场结构、客户结构和产品结构，开发出系列附加值较高的新产品、新品种，以及基于出口业务，积极开展远期结售汇业务，化解汇率变化风险，同时取得了一定的汇兑收益。

的确，如今的安利，在正确的经营发展理念的引领下，实现了姚和平所说的“不论任何环境和情况，我们都要跑赢大市，都要比别人做得更好一点”。

自主创新助推产业升级

“企业要坚持自主创新，并通过自主创新打造属于企业的自主品牌，决不能只给别人‘打小工’。”姚和平是这样说的，也是这样做的。

其实这也是安利人在1999年那个分水岭节点上提出的创新驱动发展。多年来，安利股份充分发挥创新优势，加强原始创新，努力掌握自主知识产权，致力于研发经营生态环保、高功能化的聚氨酯合成革，开展差异化竞争。

为保证公司拥有领先行业的创新能力，公司每年都保持主营业务收入4%以上比例的创新研发投入，向企业“创新大军”补充“粮草”和“弹药”，主要用于研发新产品、新工艺、新技术，更新、改善研发实验设备设施，加强人才队伍建设，扩大技术交流等创新环境建设，通过注入“新鲜血液”不断提高企业技术创新能力和水平。

经过多年来的不懈创新，目前，安利股份已拥有专利109项、主持和参与制定国家行业标准32项，成为国内聚氨酯合成革行业拥有专利最多、主持和参与制定行业标准最多的企业；斩获了国家认定企业技术中心、国家重点高新技术企业、中国聚氨酯合成革创新研发基地、国家博士后科研工作站、安徽省创新型企业、安徽省百强高新技术企业、安徽省聚氨酯合成革与树脂工程技术研究中心等一系列荣誉。

2011年，公司研发的“高耐久性环保型沙发家具及汽车内饰聚氨酯合成革”被认定为国家重点新产品，“生态功能性聚氨酯合成革扩产项目”被科技部列入国家火炬计划项目。

据统计，公司目前共承担了23项国家及省市科研和重大产业化项目，其

中国家项目3项、省市科研项目18项，并且16次获得省市科技进步奖，拥有国家重点新产品4项、安徽省高新技术产品和安徽省新产品35项，创新成果显著。

安利不仅担当着引领地方自主创新的重任，更肩负着助推产业转型升级的使命。

去年起公司将科技成果转向了国防领域，步入军民融合式发展之路。由公司牵头承担的公安部“警用战训靴环境自适应复合材料技术课题”获得了国家“十二五”科技支撑项目立项，可为公安一线和社会公共安全事业提供更好的警用装备和技术支持，助力国家公安装备技术高水平崛起。

铁杵成针，非一日之功。这些高含金量的荣誉来之不易，但的确是公司一步一个脚印，呕心沥血不断超越的累累硕果。

与国际大牌结下不解之缘

一直以来，高优生态功能性是安利股份产品的核心优势。其生态功能性聚氨酯合成革的各项生态环保性指标和功能性指标均达到或优于欧盟标准及国家生态合成革产品技术标准，是国内最早同时通过“中国生态合成革”认证和“中国环境标志产品”认证的合成革生产企业，产品远销欧盟、美国、日本、韩国等贸易壁垒最多的国家和地区。

“今年4月11日，三星S5全球发售，其配套的手机套材料就是我们生产的”，姚和平自豪地说。

起初，包括安利在内，韩国三星电子供应商全球共有6家参与竞争，最终安利以绝对优势领先于其他的竞争对手，并且赢得了尊重。

时间回溯至2013年7月，韩国三星电子总部中高层管理人员一行12人组成了有史以来规格最高、人数最多的专门针对供应商的考察团，以前所未有的阵容深入安利股份进行考察交流。

经过深入了解，韩国三星电子考察团总体反映安利股份产品开发速度快、质量稳定、品种齐全、花纹时尚、色彩亮丽，希望能够与安利合成革进一步加大开发力度和产品拓展，以扩展合作。

今年2月22日，安利与韩国三星电子正式签订订单生产协议。“与三星电子的直接合作，有利于提高公司产品市场份额和品牌知名度，对进一步开拓合成革国内国际市场具有积极促进作用。”姚和平介绍道。

从三星电子负责产品开发的部长写信可以看出，安利过硬的质量、先进的管理水平、极具斗志的士气，是促使他们结下不解之缘的关键。

不仅是韩国三星，COACH（寇驰）、CHANEL（香奈儿）、SAMSONITE（新秀丽）、D&G、AMRMANI（阿玛尼）、APPLE（苹果）、BLACKBERRY（黑莓）等国际知名品牌也纷纷青睐安利股份产品。

适应市场，营销与技术互动协力。或许这正是安利生存及发展的重要砝码，也正是安利实现“蝶变”的不二法则。

以生态环保占据发展制高点

21世纪经济的主旋律是绿色生态经济，谁提前采取绿色战略谁就能在未来的竞争格局中占据发展制高点。

安利高瞻远瞩，先发制人，先于竞争对手采取“生态环保”和“清洁生产”策略，积极引进国外先进设备工艺，创新研发出技术含量高的绿色环保产品。

公司还以健全的品质管理体系而成为中国内地同行业内最早同时通过ISO9001国际质量管理体系认证、ISO14001环境管理体系认证、OHSAS18001职业健康安全管理体系认证以及ISO/TS16949汽车行业质量管理体系认证的企业。

十年磨一剑，安利股份加强管理，“苦练内功”，以自主的研发创新引领产品品质及环保水平不断提升，实现“逆势飞翔”，开辟发展新纪元。

最近3年来，安利股份产值年复合增长率达13.4%，2013年产值达19.3亿元，跻身国内专业研发生产生态功能性聚氨酯合成革规模最大的企业，位居国内聚氨酯合成革行业环保水平最高的企业行列，获准授权使用国家商标总局“中国生态合成革”标志，通过了ISO14024“中国环境标志产品”认证，是“安徽省清洁生产示范企业”，连续4年被安徽省政府表彰为“安徽省节能先进单位”，是“合肥市环保先进单位”。

作为全球对环保和质量标准要求最高的地区欧盟，安利的产品早已达标，如今，安利合成革的足迹已遍布全球60多个国家和地区，无论在北京人民大会堂、美国小布什总统图书馆，或者GUCCI、CHANEL、Tiffany等高档首饰包装材料，以及锐步、彪马、爱斯克斯、美津浓、安踏、特步、贵人鸟、乔丹、匹克等运动休闲鞋上，都活跃着安利股份卓越品牌的身影。

谈及安利未来的发展，姚和平思路清晰：未来2年，安利计划形成年产值达到30亿元、聚氨酯合成革年销售收入23亿元、年利税超过3.5亿元的生产经营能力。

其实，在姚和平心中，还有个更

大的梦想，“努力成为让员工自豪、受社会尊敬、具有国际竞争力和影响力的企业，力争成为全球最优秀的合成革企业”。

印象篇：

认识姚和平，要从他身边的人聊起

姚和平工作中究竟是个什么样的人，他的员工最有发言权。有人说他是个没有架子的人，也有人说他是个节俭的人，更有人说他是个追求完美的人……

营销部经理聂俊：

和总经理一起坐摩的的日子

2003年夏天，时任广东区域经理的聂俊每天都处于失眠、焦虑当中。

广东是安利的重点市场，当时，受行业环境影响，市场急剧变化，加上经销商理念与公司的发展理念相违背，整个市场处在发展低谷期。

此时的姚和平是看在眼里，急在心里。他说，搞营销必须贴近市场，贴近客户，要主动出击。于是他决定亲自前往广东帮助聂俊寻找新的经销商。

由于处于经销商变更之际，没有了客户接待，在惠东吉隆车站，天又下小雨，很难打到出租车，陪伴姚和平的只有聂俊一个人，“如何去鞋材市场成了问题”。

在等了许久都没有出租车后，加上考虑到时间、效率等因素，姚和平决定：我们一起打摩的过去吧！

坐摩的？而且两个人一辆摩的？当时的聂俊说什么也不同意，“这太不安全了，再说姚总您这身份怎么能坐摩的呢？”

老板和自己挤一辆摩的，连聂俊都想不到。毕竟是公司的老板，万一路上有个什么闪失，或者其他不愉快的情况出现，怎么办？

然而，这一切担心都被姚和平那善意而温暖的目光打消了。

在姚总坚持下，两个人最终挤上一辆摩的前往鞋材市场，“3元钱。”聂俊对细节记得非常清楚。

从惠东吉隆汽车站坐到鞋材市场，和总经理挤在一起，虽风雨交加，但内心却很温暖。贴近市场，勇于行动，苦兵之苦，乐兵之乐的姚和平董事长，至今让聂俊仍记忆犹新。

如今，姚和平依然保持着这样的作风，每年仍亲率营销“尖兵”，走访国内外重要客户，考察市场，把握行情，把安利最新最优的产品带给下游客户，给客户带来超预期服务，实现安利“为客户创造价值”的使命。

人事行政经理丁冠军：

为年轻员工精心筑造成长平台

“2004年，我未出校门，就进厂门。我进公司整整10年了，从一个懵懵懂懂的大学生成长为公司的中层干部。”

对于中高层干部，姚董是“宽严并济，恩威并重”。

在安利最年轻的中层干部丁冠军看来，“董事长像慈父一样关注、帮助我们成长。一步一步地培养年轻人的想法和能力，让我们做事的方法形成体系化的思路。”

不怕你没经验，就怕你没有热情和激情。在他看来，姚董教给他们的更多的是培养干部进行系统性思考的方法。

其实，姚董不仅对丁冠军关爱有加，而且批评起来也毫不留情面。

“今年初，由于在人员招聘上，对薪资的调整需要重新制定方案，加上自己没有重视起来，就把事情耽搁了下来，本来说明天干，最后在董事长的督促下加班完成，当然，这也少不了在第二天开会上批评。”丁冠军坦言。

姚董常说“我批评你，说明你还有机会，我如果不批评你了，你就真的没机会了”。这充分体现了姚董对于人才培养和选拔的理念。安利的“四为”使命中的第一条，就是“为员工创造机会”，在安利，不论学历、资历，都是“能者上，平者让，庸者下”，只要你有真本事，有激情，能干、肯干、会干，都能人尽其才。正是有了安利这样一个宽广的舞台，像丁冠军这样的年轻干部才得以施展才华。

生产管理经理谭守臣：

节俭，一个沙发用10年

“我们董事长的办公室可能是全国所有的上市公司董事长办公室中最小、最简朴的一个，面积不到10平方，其中一个破沙发用了至少10年，部分表面都已褪色。”谭守臣对姚和平的节俭印象深刻。

“董事长，你这也太节省了吧，这个沙发也该换换了吧，再说也用不了多少钱，给自己用要舍得才行哦。”每次当他和其他同事对姚董提起沙发的事情的时候，姚和平总是不屑一顾，“过段时间再说吧，反正还能用。”

以至于最后，多数同事实在忍无可忍了，在大家的“轮番轰炸”及强烈要求下，最终换了一个新沙发。

相对于换沙发这个勤俭节约的举动来说，姚和平在技术研发、设备工艺、员工福利、市场开拓等方面的投入则非常大方。“我们要把钱花在刀刃上，在研发、营销、员工等方面，我们绝不能吝啬，必须做到‘三个’大方。”姚和平经常对中高层管理者这样说。

1999年以来，姚和平没有盖豪华的办公楼，没有宽敞的办公室，他把每一分钱都投入到企业的研发、生产和经营中去了。近年来，安利每年的研发投入都占到销售收入的4%以上，每年固定资产投资基本都在1亿元左右，每年用于市场拓展、品牌宣传与维护的费用超过销售收入的1%，自动化、智能化、信息化方面的投入更是“毫不吝啬”，6000多万的DMF三效回收系统装备、3000万元的污水处理设施、3000多万的DCS树脂自动配料系统等，姚和平都非常“舍得投入”，几千万甚至上亿元的资金花起来丝毫没有犹豫。

对员工姚和平也是非常舍得投入，12年中14次主动提高员工工资薪酬收入；投资700余万元购置12辆豪华大客车接送员工上下班；为近200名年轻员工提供几十间免租宿舍；落实13批住房资助计划，帮助近400名安利员工圆了住房梦；组织600多人次的员工出国培训交流；邀请国内外专家来公司进行各类专题知识培训几百次，旨在把员工打造成“金钱”和“知识”上的小富翁。

对员工和企业大方，对自己节省；对生产经营性支出大方，对消费享受性支出节省，谭守臣对董事长的大方与节俭开始有了新的认识。

工会副主席汪邦英：

关爱员工，让员工体面工作

“转眼间，我与董事长共事30年了，自己也是和姚和平接触时间最长的人之一。”由于工作上的职责，关于对员工的关心等事情，汪邦英应该是最有发言权的人了。

前不久，她和几个部门负责人陪姚和平一起进入车间走访，当时董事长就发现了一个问题。有几条生产线正在生产三星的订单，为了不让灰尘进入生产线，提高产品质量，车间就对生产线进行了全封闭的处理。

姚董看到环境后，大发脾气！

“考虑问题要全面！封闭后灰尘是挡住了，有利于提高产品质量，但是内部的空气出不去，外面新鲜的空气也进不来啊，你们把员工的健康放到什么地方去了？你们不能从一个极端到另外一个极端啊？绝对不能为了封闭灰尘，而忽视通风的效果啊！要把员工的职业卫生和健康放在首位才是。”

于是他当即下令：马上进行技术改造。

类似的与员工相关的事情，姚和平总是精益求精、追求完美。在他看来，员工的事情就是自己的事情。他曾多次告诉中层干部："我们要转变思想观念，多动脑筋，多想办法，把先进技术融入到日常生产经营管理中，把员工从繁重的劳动中解放出来，让辛苦繁重变成简单轻松，让员工更轻松、更健康、更愉悦、更体面地工作。"

思想篇：

解读姚和平，要从他精彩语录谈起

他看上去像一个学识渊博、充满自信的学者，言语也总是平实谦和，正如安利股份带给人们的印象一样低调且不失信任感。

但从他那平实的话语里，不乏精彩呈现，并蕴含着许多的哲理和智慧。

由"机会导向"转而追求"管理红利"

靠抓外部机遇，靠外延式的扩张、粗犷式的发展、低成本的增长，30年前、20年前、10年前都是可以的，但是现在是行不通的。

指望一两个工程师开发出一两个产品就能获得机会的时代已经过去，现在拼的是水平、能力和管理，管理本身就是能力和水平的综合体。

我们还是要狠炼内功，由"机会导向"转而追求"管理红利"。更多的要向管理要效益，追求管理红利。

我们要告别"机会导向"，立足变革和创新，依靠管理创新驱动企业发展。当然，我们也要抓住机会，但是机会是阶段性的，我们根本上还是要立足于变革、创新、整合来做好工作。要高度关注互联网时代企业运营环境的变化，积极探索新的管理模式；要高度重视企业组织结构的变革，建立流程、标准和制度为基础的管理体系，使企业的运营活动在信息化的轨道上快速前行；要高度重视员工管理模式的变革，对员工由刚性管理向人性、柔性管理过渡。

管理之精髓，不在"管"，而在"理"

管理的精髓，不在于"管"，而在于"理"。"管"不是目的，"理"才是追求。"管"主要是管事，"理"主要是理人，"管"和"理"是辩证地统一，"管"不仅要服务于"理"，还要服从于"理"。

大家要精于"管"，重在"理"。"管"就是指挥、控制、命令，"理"是要使管理合乎规律，原理、道理、法理、事理、条理是"管"的依据和基础，整理、治理、调理是"管"的方法，合理、有理是"管"的结果。大家要把更多的经历投入到"理"之中，理好关系、理好组织、理好目标、理好资源、理清职责、理好氛围、理顺情绪，这是非常重要的。不要就事论事，而要管人理事，最终达到合理、有理的境界。

“体质好的企业更有能力生存过冬”

我们已身处经济严冬，冬天已经来了。但是，冬天来了是好事，不一定都是坏事。

经济的冬天将淘汰一批落后产能，一些体质弱的企业将难以为继，安利正处于发展的青少年时期，与那些缺少资金、技术、人力资源的刚起步的婴幼儿企业，或与老态龙钟、步履蹒跚的老年企业相比，或与资金不足、战略缺失、管理混乱等疾病缠身的问题企业相比，综合优势明显，健康很多，抗风险能力和成长性也好得多。

中国合成革行业大企业的时代已然到来，到了大企业生成、大企业引领行业、大企业参与国际市场竞争的时代。未来我们将当之无愧地引领合成革行业的发展，我们要有这样的霸气、志气和信心。

冬天，恰恰是检验优秀企业的试金石，弱者随风倒下，强者脱颖而出。因此，冬天更有利于身体棒、体质好的优势企业发展，我们更有能力过冬。

“信心比黄金更重要”

狭路相逢勇者胜，勇者相逢智者赢。士气低落、涣散比什么都可怕。历史上以少胜多、以弱胜强的战役不胜枚举，靠的就是高昂的士气和必胜的决心。当然，前提是我们和竞争对手面临同样的风险。而现实情况是他们的风险比我们大、挑战比我们多。

过去很多中小企业依靠偷税漏税、不买社保和12小时对倒加班降低人工成本、浪费资源、牺牲环境的粗放式发展获得的比较优势已经恶化、丧失，我们现在发展条件这么好，更应该保持昂扬的斗志，满怀信心，拿出舍我其谁的霸气和志气。

当然，我反对盲目乐观，也反对盲目悲观，自大、自负、自傲是不对的，自卑、自贱也是不对的，我们应该自尊、自爱、自重、自信、自立、自强。我们是有魅力的。自大、自负和自卑、自贱这两个极端是不可取的。

弄清“营”和“销”的问题

现在公司“销”的工作做得不错，销售人员每天忙碌着发货、催款、联系客户等，非常勤奋、认真，这是值得肯定的，但是更多的要做好“营”。

“营”就是计划性、预测性、统筹性、系统性，今天做什么、明天做什么、后天做什么，大家一定要思路清晰，加强计划性，不能“捡到萝卜就是菜”、“脚踩西瓜皮，滑到哪里是哪里”。

营销不只是“销”，在做好“销”

的同时，也要加强“营”。我们一定要贴近客户，尊重客户，了解客户需求，不能搞“官僚主义”；对市场进行细分，一手抓“老外”，一手抓“老乡”；一手抓穿“西装”的，一手抓穿“中山装”的；一手抓国内外中高端品牌客户，一手抓大众市场。

“冬天过后就是春夏”

“冬天来了，春天还会远吗？”因为经济严冬是短暂的，是波浪式前进、螺旋式上升的。只要我们做好准备、度过寒冬，就会迎来高增长的黄金时期，迎来鲜花盛开的春天，迎来更加美好的未来。

让安利发展成为中国规模最大的、受员工尊敬、有国际影响力和竞争力的合成革企业，最终达到我们共同的愿景，力争成为全球最优秀的合成革企业。

当然，这是一个漫长的过程，路还很长，我们还需为此奋斗三五年、甚至十年，但是我们要敢于超越自己，永远向着梦想、向着明天，努力拼搏在今天。

社会总的来说是公正、公道的，付出的努力终会得到社会的肯定。“宝剑锋从磨砺出，梅花香自苦寒来”。

冬天，百花凋零，一片萧条，然而梅花却坚韧顽强、凌寒独开、傲雪怒放、独领风骚，我们企业也应具有这种不畏寒霜、迎风斗雪的坚贞品质，为了安利美好的明天而奋斗拼搏！

“经营企业，一定要建造水库”

松下幸之助有一个“水库理论”，企业经营总有好有坏的时候，就像天气一样，有干旱也有洪涝的时候。水库的作用是在下雨的时候可以蓄水，在干旱的时候可以放水灌溉。如果你没有水库的话，你就没有办法来调节天气给你带来的影响。

所以，企业也像水库一样，市场好的时候，你要懂得积蓄，市场不好的时候，你可以把积蓄的力量放出来，这样企业才可能应对危机。经营企业，一定要建造水库，产品、资金、市场、员工、设备等要有一定的储备和余量。总之，既不能过犹不及，又不能缺失或不足。

“企业要具备显微镜、放大镜、望远镜”

安利的问题是前进中的问题、爬坡中的问题，是“少年维特之烦恼”，大家不要悲观失望，我们的改进是大的、进步是快的、成绩是好的，同时要加强管理，提高水平。并处理好局部与全局的关系，弹好发展的协奏曲。

在发展过程中，我们既要有显微镜，又要有放大镜，还要有望远镜，并处理好这三“镜”的关系。

望远镜，我们要看到长远、看好未来、立足发展。

放大镜，我们要树立全局意识，抓好全局、整体和系统，比如处理好生存和发展的关系、国内市场与国外市场的关系、重点客户与一般客户的关系、节能与降耗的关系、增收与节支的关系等等，不可偏废。

显微镜，我们要善于个别突破，以点带面，具体事情具体抓，着眼细节，见微知著，不能眼高手低，讲大道理、空喊口号，要积小胜为大胜。

“正人先正己，治人先治己”

“正人先正己，治人先治己”，你要求别人做到的，你自己首先要做到，你自己做不到，别人也不会服你。从某种意义上说，中高层管理者就是企业战略的执行者，战术、决策的制定者，也是基层员工和高层管理者之间联系的纽带和桥梁。

首先，我们的中高层管理者一定要当好“传教士”，把公司的价值观、目标等进行布道施政。

其次，希望大家当好“指挥官、军官”。既能组织好队伍打仗，又能制定战略战术打胜仗。

第三，希望大家能当一名令人尊敬的“教练”。是要善于发动、指导和辅导员工。你给员工指明一个方向、一个方法，有时可能比你亲自去指挥员工效果更好。

第四，希望大家当好“参谋”，当好“谏臣”。领导不一定能想得到、不一定能看得到的事情和问题，你们要能站在领导的角度，为领导出主意、想办法。同时积极向上级和相关领导提建议。

第五，我们是一个团队，希望大家能当好“战友”，发挥协同作用。“山外青山楼外楼，更有英雄在前头”，盲目地自我陶醉，比面对公开的挑战更具有危险性。

姜 纯 安徽楚江投资集团董事长／总经理

贾而好儒 徽商骄子

——访安徽楚江投资集团董事长姜纯

童劭琼

在笔者采访过的徽商精英中，有的从容淡定间透着长者气度，有的精明干练下语带犀利话锋，还有的低调沉稳里突显王者风范！然而这位“贾而好儒，亦贾亦儒”气质不凡的新时代徽商——安徽楚江投资集团董事长姜纯，给人的印象却像他的名字一样，纯朴、亲切、温暖，如商界中的儒气雅风。

以诚为本，创徽商名企

安徽楚江投资集团有限公司党委书记、董事长、总裁姜纯，出生于安徽无为，事业发展起源于芜湖、扎根于安徽。自1983年大学毕业后，一直致力于金属材料工业的发展、致力于民营经济的发展，成就了显著的业迹。与众多草根出身的安徽民营企业家相比，姜纯知识广博，喜欢以文论事，骨子里透出徽商贾而好儒的品格和气质。

1979年，19岁的姜纯考进江西冶金学院，攻读金属材料专业，成为同专业中的佼佼者。1983年，毕业后来到芜湖，先后在芜湖市消防器材厂、芜湖市冶炼厂等企业工作。1986年，芜湖冶炼厂和芜湖鸠江区联营，成立芜湖市

有色金属压延厂，由于经营、市场等因素，企业陷入困顿，时任副厂长的姜纯，临危受命，成为该企新的“掌舵人”。那时的姜纯，就像赛场上一名刚出道的“拳击手”，沉着应战，努力拼搏，竟将该企推进“安徽省乡镇企业十强”之列。20世纪90年代，姜纯扮演的角色是“扭亏能手”。他先后在芜湖市金达有色型材厂等4家亏损或濒临倒闭的企业工作过，使得这些企业都从泥泞走向康庄。

2000年前后，已进入芜湖恒鑫铜业集团任副总经理的姜纯，参与了安徽鑫科新材料股份有限公司上市的筹备工作。同年11月，安徽鑫科新材料股份有限公司在上交所顺利上市，姜纯出任公司总经理一职。作为上市公司老总，如果贪图安逸，不思进取，可享受惬意的时光，但姜纯是一个“有很多想法的人”。不久，便主动放弃了薪酬待遇丰厚的上市公司总经理职务，又重新将创业地点选择在上海，成立了上海楚江企业发展有限公司。从金属材料贸易、期货以及房地产投资项目起步，凭借上海的地域和信息优势，掘到创业的第一桶金。

2003年，上海楚江公司引进了国外战略投资者，在芜湖地方政府的邀请下，报乡心切的姜纯在芜相继投资新建了芜湖双源管业有限公司。2005年，上海楚江集团通过股权收购和资本注入，最终控股了在芜湖已颇具实力和知名度的安徽精诚实业股份有限公司。同年12月，实施内部股权和管理整合，将楚江产业总部由上海移到芜湖，利用人才优势，成功重组安徽楚江投资集团，对下属公司实现了控股经营。经过十年的奋斗，安徽楚江投资集团由初期几百万的资本，百十人的小厂，发展到如今拥有总资产35亿，净资产13.3亿的集团化公司，其中精诚铜业是芜湖本土的第一家民营上市公司，集团2012年实现销售收入76亿，入库税金1.68亿。企业的综合实力不断增强，在安徽民企的销售收入和纳税规模的百强排名中，均位居第五位。创业民营经济，十年时间实现了从无到有、从小到大、从弱到强的飞跃式发展，创造了行业内的发展奇迹，创造了省内民营企业持续发展的奇迹。在打造企业核心竞争力的同时，推动国内传统金属材料行业的快速发展，大大缩小该行业与国际领先技术的差距。

以信为根，树徽企名品

在姜纯的努力下，楚江集团已成长为安徽省大型民营企业，拥有子公司

10多家，集团投资控股下属公司10余家，其中核心子公司精诚铜业（股票代码：002171）为深交所上市公司。作为省内大型民营企业集团之一，楚江集团始终坚持“做精做强，稳健发展”的指导思想，坚持科技创新和品牌发展战略，坚持以科学管理理念创新民营企业管理机制，引领企业走在行业前列。公司的四大系列产品，铜合金板带、铜合金线材、导电铜杆、精密窄带钢和焊管，产品的销规模和技术水平在国内的行业地位一路攀升，目前，铜合金板带的位居国内行业首位；铜合金线材位居国内第二位，精密窄带钢位居国内行业第三位。集团现已拥有中国驰名商标1件、省著名商标2件、省级新产品6个、省名牌产品1个、各类专利114项，拥有高新技术企业3家、行业技术中心1个、国家级企业技术中心1个和省级企业技术中心3个。2011年，获得中国资源综合利用协会科学技术奖一等奖，资源综合利用科技工作先进集体荣誉称号。自2004年起，集团连续跻身中国民营企业500强、中国制造业500强、安徽省企业50强、安徽省民营企业10强。

作为徽商中的代表性人物，为安徽添彩，姜纯是自豪的。姜纯说：“楚江集团能走到今天，凭借的是诚信经营的企业核心文化”。多年来，姜纯始终要求集团全体员工要诚信如一，以诚为本，以信为根，逐步形成了企业“质量铸品牌，诚信赢市场”的经营理念。

近年来，楚江集团依托项目建设实施产能扩张和产业升级战略，进一步巩固集团行业地位，提升企业竞争力。根据规划，未来楚江集团将围绕“建设国内最具竞争力的铜加工企业”这一总体目标，专注于金属材料加工及制造，抓住国家产业结构调整和皖江城市带承接产业转移区示范区建设机遇，做精做强，实现可持续发展。产品的销售规模，“十一五”期间，高于国家GDP的平均增速。

安徽楚江投资集团秉承“依法经营、诚信经营”的宗旨，始终把依法纳税、环境保护、员工福利、回报社会放在各项利益的首位。姜纯认为，作为改革开放的受益者，作为先富起来的新阶层，更是作为“正能量”的徽商，安徽民营企业家有责任、有义务、积极投身于社会公益慈善事业。拿出一部分企业的财富来回馈社会，帮助弱势群体。实现“先富带后富”，是每个民营企业家应该做的事情。

企业发展不仅带动5000人的就业和大批劳动者的致富，仅2006年以来，

楚江集团就累计纳税15.75亿，年均纳税2.25亿；企业连年荣获安徽省和芜湖市的“重合同、守信用”单位、“纳税信用单位”、“劳动保障诚信A级企业”、“安徽省诚信企业”，“芜湖市先进基层党组织”等荣誉。

2005年，安徽楚江投资集团联动部分企业共同发起筹备成立了芜湖市“牵手扶困助学基金会”，姜纯亲任理事长。他还同时担任了芜湖市爱心助学基金会副理事长、芜湖市慈善总会副会长、中国光彩事业促进会理事、芜湖市和安徽省的工商联副主席等社会职务，始终为推动民营企业回报社会、共建和谐社会作不懈的努力。姜纯本人也分别获得“中华慈善奖——全国最具爱心行为楷模”、“安徽慈善奖——爱心慈善行为楷模”、“中华优秀徽商”、“安徽省五一劳动奖章”、“安徽省发展非公有制经济优秀经营管理者”等荣誉称号。几年来，姜纯为扶贫济困、助学助残、抢险救灾等方面的累计捐资金额已高达650余万元。点点滴滴的关爱，无不透出这位徽商骄子关爱社会的诚挚心意。姜纯说：“企业的发展不能脱离社会，不能脱离时代，不能放弃责任，更不能没有人文关怀。”

以文为魂　兴楚江大业

徽商中不乏饱学之士，贾而好儒，亦贾亦儒，这是徽商的传统。历史上徽商中精通儒学、擅长诗词文学者不乏其人。他们中间有些是早年习儒，以后走上经商道路的；有些则是亦贾亦儒，在经商的同时，爱好文化和儒术，形成了他们“贾而好儒”的特点。而姜纯则是“贾而好儒，亦贾亦儒”的典范，他对古徽商和徽文化研究颇深，对徽商、徽文化有浓重的兴趣，甚至入迷至深。

熟悉姜纯的人都知道，姜纯平日一身儒商打扮，带着徽商情结，加之他酷爱徽文化艺术的贤内助，使得姜董事长常常与爱人一起，去饱览徽商故里。时常与几位文化友人探讨徽学，研究徽商之道，从中领悟古徽商“大气、义气、霸气”的精髓。将公司取名“楚江”，姜纯颇具匠心。其灵感源于李白诗词：“天门中断楚江开，碧水东流至此回，两岸青山相对出，孤帆一片日边来。”天门山位于芜湖长江之畔，创业初期，虽将企业设在上海，但具有浓厚家乡情结的姜纯，仍希望将企业打上家乡的烙印，“楚江”之名便由此而生。从楚江的企业标识，就可以看出其企业文化，以“楚江”的首个拼音字母“C”为基本元素，与象征积极、前进、精锐、凝聚、灵动的球体形成一个完整的图案；

两个图形叠加形成的标识好似一朵浪花又似太极的图形；明确传达了企业的行业属性，人尽其用，货畅其流，以优质产品与服务展现一流企业的气势格局。色彩上，不是采用呆板的蓝色，而是采用渐变的蓝色，突出企业经营的有关项目，且代表楚江集团把握国际脉动潮流与趋势，引导企业顺潮上势，创新发展。

人才是楚江集团必不可少、最为珍贵的资源与财富。姜纯始终坚守“以事业吸引人、以目标凝聚人、以机制激励人”的用人理念，在企业日益壮大同时，为员工提供同行业具有竞争力的薪酬、福利，回馈员工的贡献，为员工的个人发展与价值实现提供可靠保障。提倡个性发展，实施合理流动。根据员工个人专业技能和工作能力，在集团范围内进行科学、合理流动，充分发挥人才的个性差异能力，以达到人尽其才、才尽其用的目的，实现人力资源效用的最大化和最优化。姜纯说，企业的每位员工都是我们的财富，是我们企业发展的基础。做好引才、用才、育才、激才工作，是企业发展的保障，他充分调动和发挥集团党、团、工会的作用，定期开展各种培训、文化活动，提升员工素质，使职工感受集团公司家的温暖。

正因为姜纯这位楚江集团的掌门人饱学古徽商的经营之道，并将徽商精髓，徽文化，徽商“诚”、“信”、“义”、“仁”渗透至企业，铸就了楚江集团企业核心价值观，成就了楚江集团今天的“徽”煌！“天将降大任于斯人也，必先苦其心志，劳其筋骨。”姜纯谈起多年对徽商文化的研究心得，姜纯说，数百年前的徽商，实力之强、名号之大、辉煌之极，在明清时期的商业舞台上具有举足轻重的地位，成为中国商界的一支劲旅，固然在于他们善于抓住机遇，在于他们有着商人的精明，但是如果没有经历一番千辛万苦，怎会拥有让人羡慕的光彩？特别是他们在长期的经营活动中积累了大量宝贵的商业经验，留下了一笔宝贵的精神财富，值得我们学习和借鉴。

对徽文化的追求也使得这位投资集团的董事长决意开创一条新的道路，他积极参加各类徽商研学活动，自担任安徽江南徽商研究院副院长、副理事长之后，姜总更加潜心研究古徽商、徽文化，从中找准集团转型发展的方向，进军文化产业，探讨老徽商的成功经验，并将这些成功经验引进企业经营管理和企业发展中，着力打造徽文化产业品牌。

谈及2013年，姜纯充满信心。他说，2013年是深入贯彻落实工业转型升级规划关键一年，是推动“两个加快”，即加快完善社会主义市场经济体制，加快转变经济发展方式。开拓视野，创新发展思路，转变经济发展方式，是新形势下企业实现发展的重点所在。他表示，遵照党的十八大提出的要求，“要适应国内外经济形势新变化，加快形成新的经济发展方式，把推动发展的立足点转到提高质量和效益上来”。

五百多年前，“新安一族”走出逶迤大山，驰骋明清两代，纵横南北商界，他们用智慧与汗水写下了许多精彩的篇章，芜湖这块得天独厚的商贸领地更是徽商植根兴业的沃土。自古以来“历尽天华成此景，人间万事出艰辛”。安徽楚江投资集团掌门人姜纯，这位新时代徽商之骄子在新形势下实施转型跨越发展，他将率领他的集团军立足金属材料制造业，转变经济发展方式，一手抓产业发展，一手抓资本运作，大力发展循坏经济，促进资源整合和产业链整合，形成量的积累，质的提升，不断聚积正能量，加速建成灵活互动、应变力超强的产业集群。以文为魂，塑企业文化，立志引领带动江南徽文化产业发展，实现做强徽企、做大徽企，做好百年徽企的宏伟目标。

孔 健
蜀王餐饮集团总裁

“她世纪”里的“蜀王奇迹”

刘 振

引子

中国饮食文化源远流长，几乎在每个城市里，都会有一种或几种伴随着历史传说而流传下来的特色美食，或是人们耳熟能详的老字号餐饮招牌。这些老字号餐饮往往被称为“百年老店”，用他们特有的醇香悠远的味道留住人们舌尖上的美好记忆。但是究其实，能够真正成为“百年老店”的餐饮企业并不多，因为一种呈现在舌尖上的美味，其背后需要经营管理、传承创新、人力资源、企业文化、外部环境等方方面面的支撑，稍有不慎便有可能从风光走向衰败，其周期不过二三十年。能够打破这个周期的，才有可能在千军万马中脱颖而出，保持基业长青，成为真正的“百年老店”。

“‘蜀王’要做‘百年老店’。”孔健说这句话的时候，坚定中不乏柔媚，大气中透着温婉。这位“蜀王”集团的创始人，20年来带着“蜀王”的团队呕心沥血，锐意进取，不断创新，从最初的7张桌子成就了今日的餐饮百强航母，在长袖善舞中将“蜀王”这盘棋落子全国，大秤分金，令人惊叹。

今天的"蜀王"，已经发展成为一个集专业团膳管理、集团配餐、川味火锅、中式正餐、韩式料理、日式面馆、娱乐休闲、食品加工、配送和物业管理的多元化连锁服务集团。站在这个节点上，孔健提出做"百年老店"的梦想无疑是有底气的。但这位在餐饮业摸爬滚打多年，深谙其中五味的领军级人物知道，"百年老店"的"老"，并不是因其不变的滋味，恰恰相反，而是善于在时代的变幻中不断创新。坚持创新，才能走在行业前列，立于不败之地。这个道理，人人都懂。但是创新又来自于哪里？为什么走上创新之路的是"蜀王"，而不是遍布这个城市的其他餐饮企业？也许贴在"蜀王"集团总部会议室墙壁上的一幅字能够做出回答，上面写着"持续赢利的绝招：专注、聚焦、简单，重复千遍万遍"。创新很少来自于拍着脑袋的灵光乍现，而是以人的品性、人的思考、人的坚持为源泉所爆发出来的创造力。

也许回首"蜀王"20年来的奋斗历程，能够更清楚地看到这一点。

转型篇

"要做百年企业的话，一定要有一个相互依附、相互共进、相互抗风险的这样一个互济的生命体"

很多人对2003年的SARS危机至今记忆犹新，这场突如其来的灾难令国内餐饮业遭受重创，在合肥，大部分酒店不得不关门歇业，等待危机过去后再重整旗鼓。消极等待几乎是整个行业的应对模式，这种单一的思维模式让所有的餐饮业经营者们除了抱怨，别无他法。

但是孔健却在危机中深入思考，发现了别人没有发现的机遇，至今说起来，她仍然充满激情。"因为SARS这个事情，当时我们所有的火锅店都关门了，反而对企业的体系化再造有了充分的时间。我就发现做一个企业，要做百年企业的话，一定要有一个相互依附、相互共进、相互抗风险的这样一个互济的生命体。我们2000年已经开始做海尔的供餐了，2003年的时候，在团膳方面，我们做了海尔工业园、合肥工业大学，以及芜湖奇瑞的前身，当时这些团膳很火爆。为什么火爆呢，因为大家都不能到社会上去吃饭，只能在学校、企业里面去吃。这是SARS促使我思考的，我们必须要找到一个能够抗击风险的，非常好的产业，因为除了非典，你不知道以后还会有什么样的灾难。"

这个能够有效抗击风险的产业，就是之后十余年来"蜀王"发展最快的餐饮业态——团膳。中国有句老话，"民以食为天”，很多人对这句话的理解是紧紧抓住了“食”字，强调食物的重要，美食给人带来的美好享受，而孔健从企业经营的角度去思考，她紧紧抓住的是“民”字，“民”是民生，是大众的基本需要，抓住了这一点，企业就有了长远的立足之本。

一场SARS危机，给餐饮业带来的是前所未有的重创，却让“蜀王”找到了未来发展的机遇。从表面上看，这是外部原因引起的变化，然而任何外因都是通过内因起作用，这个内因，就是孔健一直在不停地思考：怎样创新？怎样做到最好？餐饮业会迎来一个怎样的时代？它的发展前景究竟在哪里？内因与外因的碰撞，让“蜀王”走上团膳发展之路可以说是水到渠成。念念不忘，必有回响，这个回响之大，超过很多人的想像，以至于10年之后，一些餐饮业同行还满含着敬意地问，你们是怎么想到做团膳的啊！

创业篇

“挑战自身创新变革能力，不断探索餐饮企业成功管理模式，是蜀王成功的最大法宝。”

其实，在确立团膳发展道路之前，孔健带领下的“蜀王”已经交出了足以傲人的答卷。现在看来，无论是令合肥人垂涎欲滴的火锅系列，还是渗入众多机关、企事业单位的团膳系列，亦或是中式正餐、韩式烧烤，不同的是业态，相同的是创新实践、追求最好的企业精神。

那还是1993年，全中国都在梦想致富的前夜，孔健敏锐地感觉到了市场经济的迷人气息，她毅然放弃了优越的机关工作，下海了。有着独特经商天赋的孔健把目光投向了餐饮业，并独辟蹊径地选择了火锅经营。于是，在合肥西园新村，一家装修颇为考究的火锅店——蜀王火锅寨老店开业了。为了打理这个小店，孔健曾并起4把椅子当“床”，带着“蜀王”的创业者们没日没夜地努力。她笑称自己那时候就是个“店小”，什么都得干，收银、端盘子、跑堂，晚上无论忙到多晚，第二天早上5点多都要起来去菜场买菜。连续十年，她没有一晚能够睡足8个小时。有一次，5岁的儿子悄悄说“妈妈你还认识我吗”，这句话让孔健愧疚至今。还有一次，她刚刚做了手术，第二天就如常人一样站在大堂，忙忙碌碌。所有的成功都是有原因的。别人艳羡她外在的风光与成就，很少有人知道，她在背后付出了多少艰辛。

当时，火锅在合肥人眼中还是一个

新鲜的名词，装修格调典雅、蕴含着丰富饮食文化内涵的“蜀王火锅”，一时间让市民们趋之若鹜，蜀王火锅老店因此成为了当时合肥地标式的餐饮店。

小小火锅的魅力从何而来？“味择天下，回报于民”，孔健给出了这样的答案。“创新是‘蜀王火锅’经久不衰的重要原因。川味火锅具有麻、辣、鲜、香等特点，从这几个方面，我们在不断地追求着创新。我们在全国范围内不断寻求适合做火锅的原材料，从锅底到烫菜都在变化，只要是适合合肥人口味的，我们都在尝试。火锅成就了‘蜀王’的今天，‘蜀王’也会将火锅文化进行到底。”

为了回报顾客，孔健首创了“多一点”服务，当等候翻台的食客们意外地收到了笑容可掬的服务员代表经理赠送的八宝粥和西瓜时，大家都记住了“蜀王”这个名字。品牌的力量给“蜀王”以后的强劲发展带来了宝贵的财富。

从1993年到2004年间，蜀王落子布局，强势扩张，其拓疆之路令人目不暇接，相继有西园店、金寨路店、庐江路店、双岗店、长江东路店、寿福城、牡丹阁、长春店等店开业。

餐饮市场上，孔健的头脑和嗅觉是非常敏锐地，始终带着发展的眼光去引进、创新。做火锅做到一定时候，适时引进韩式烧烤、高档中餐，迅速进入团膳领域。当本地餐饮业上演着最残酷的激烈竞争时，靠着品牌优势，“蜀王”在不经意间，做到了低成本化。

“挑战自身创新变革能力，不断探索餐饮企业成功管理模式，是蜀王成功的最大法宝。”孔健充满自信地说。“做企业，什么叫专注？一个简单的拳，它一定是专注的马墩步练出来的，做企业一样，千百次的重复、聚焦、专业。任何产业的创新，背后都有着外人看不见的努力，只有深入地去研究，才知道它未来的路该怎么走。”

正因为如此，孔健带领着她的团队，在餐饮业的发展道路上开疆僻壤，在缔造了火锅业的辉煌后，又在悄然间华丽转身，成功突破火锅行业的局限和思维定势，在团膳领域异军突起，飞速发展，成就了一个餐饮帝国。

创新篇

“我觉得我们走对了一条道路，就是工业化、标准化、系统化、产能化，这样一个和传统餐饮不能同日而语的新型的餐饮市场”

蜀王的团膳业务拓展到了何种地步？孔健举了这样一个例子：有一次，她遇到一个朋友对她说，自己在市委上

班，吃的是蜀王饭菜，爱人在工商局，吃的是蜀王饭菜，孩子在合肥一中，吃的也是蜀王饭菜。不仅如此，两个弟弟的单位食堂也是蜀王配餐。朋友开玩笑说，我们一家都吃着蜀王的饭菜过日子，哪天吃不到了，我们肯定会想得受不了。

“平安的马明哲、海尔的张瑞敏，每天都吃着我们蜀王做的饭菜。”谈到蜀王的团膳，孔健有着难以掩饰的自豪。

如果把蜀王团膳的落地城市在中国地图上连接起来，就像是一朵以合肥为花芯的，开放在中东部地区的娇艳花朵，成就着别人，也明媚着自己。这朵花的花瓣伸展到安徽、上海、山东、江苏、浙江、湖北、深圳等地，几乎每一根脉络都连接着这个城市的政治和经济中枢，它们中有：合肥市委市政府、合肥市财政局、合肥市法院、检察院、解放军电子工程学院、华为（包含华为5个城市大型研究所）、海尔、联想、ABB、德国博士、京东方、格力、恒升银行等近200家国际、国内大型企业、学校、医院、银行、国家机关，服务人数每年达1亿人次。

能够成为世界500强企业的合作伙伴，蜀王的团膳定有独特的过人之处。这要从与海尔的合作说起。

2000年，蜀王集团在国内团膳尚未发展的时期，勇于做“吃螃蟹第一人”，接下了标准化要求很高的海尔合肥工业园职工餐业务。借助与海尔合作的契机，蜀王团膳努力在合作中学习，规划出一整套严格规范的团膳管理体系，并在全集团贯彻标准化制作与管理的理念，率先通过ISO9001质量管理体系认证，同时，引入HACCP体系，严格按照要求建立集团完善的质量体系，杜绝食品安全隐患。

这个起点对于蜀王的发展来说意义重大。虽然在当时，孔健还没有将未来发展的重点定位于团膳，但是一整套严格规范的管理体系的建立，为蜀王之后在团膳领域的迅速扩张打下了坚实的基础。短短十多年间，蜀王集团在这个基础上积极开拓国内市场，旗下美心、优芙得两个团膳品牌，走出去在全国一流城市与其他国际知名的集团配餐企业同台竞技，积累了大型集团配餐经验标准化的成功经验，形成了一套专业管理方法。这些经验是真正的无价之宝，使蜀王团膳的攻城略地之举如履平地，赢得了与众多国内外大企业、机关事业单位的合作机会。

蜀王的团膳究竟有何魅力，能赢得世界500强企业的青睐？孔健一一道来：“我们跟传统意义上的食堂是有质的区别的，传统意义上的食堂就是大锅菜，但我们的食堂就是个美食城。我们这里就是很多个积木，你可以任意地搭，我在这个食堂里可以开日本档，可以有关东饺子王，可以做川菜的套餐、韩式料理套餐、拉面套餐，除了传统的菜式以外，我还可以任意地给你们搭配这些，那么这就更符合在一个固定的群体里面，多换品种、多换口味，让他们在一个固定的空间里享受无限的美食，这样的一个潜在的需求。以前我们对食堂都是满腹牢骚，因为它不变。所以在餐饮多元化的时代，我们在固定的空间里，提供给顾客不同的餐种，来满足他们从生理到精神上对美食的欲望。这是一次创新。"

蜀王团膳颠覆了人们多年来对食堂的刻板印象。很多事情，当它停留在一定阶段太久的时候，容易形成自身的强大惯性，极难改变，人们也往往认为只能如此。但是总有一些人，愿意从人人都能看到，却又人人都不愿改变的地方下功夫，真正去改变和提升，走出一片新天地。孔健之所以能将过去的食堂升级为现代版团膳，从表面上来说，是将大锅饭变成了美食城，从根本上来说，是管理思维的转变，真正将顾客的需求放在第一位，而不是将自身的便利放在第一位。而将顾客的需求放在第一位，就必须去研究人的习惯、人的心理、人的爱好，所以一个好的经营者，无不是对人的心理有深入研究，并且善于将自己放低的人。这种创新，乍一看上去并不难，却凝聚着一位经营者勇于打破常规的智慧，殊为难得。其他后来者可以学到创新成果，但是打破常规的智慧却难以复制，这也就注定了那些智慧的经营者，是永远走在行业前列的人。

俯下身来去研究、创新，表现在孔健为蜀王事业付出的每一个方面。仅是进食材一项工作，孔健便带着行政总厨们跑遍全国乃至世界很多地方，寻找最好的食材，对于菜品的研发精益求精。每到一个地方，孔健带着大家凌晨4点起床去当地菜市场看食材，10点半召开交流会，然后到多个选定的店尝菜，到每个城市寻找著名的特色菜，一个地点吃完就赶到下一个地点继续品尝，最后，每个行政总厨尝菜尝到舌头都麻了。孔健经常亲自带领厨师们西进巴蜀，南下闽粤，学习并引进各类不同的美味菜肴，使顾客们足不出市，便能尝到蜀王人走遍全国带回的极品美味。

21年历练，使孔健具备了高瞻远瞩的目光，总是站在时代前列、行业前列去思考问题：

“我们的目标是要做百年企业，可以说相当的难。现在是国家的好时代，在我们力所能及的条件下，我们已经把我们的餐饮生态圈做得非常完善，在社会餐饮方面，我们有中餐、火锅、烧烤、拉面，在单位餐饮方面，我们是把多元化的社会餐饮变成一个美食城，在后台进行中央厨房的再造。”

“从2003年SARS危机到现在，10年了，我觉得我们走对了一条道路，就是工业化、标准化、系统化、产能化，这样一个和传统餐饮不能同日而语的新型的餐饮市场。所以我在看这个产业的时候，什么是最具有生命力的，就是物美价廉的，安全可靠的，然后呢，能给消费者提供他心目中需求的东西。现在国家在大力反四风、反腐败，我们明显看到高端餐饮业受冲击，但是我们的这两个产业都在如火如荼地发展，因为我们满足的是百姓、职工的需要，这个需要无论什么时候都不会变，所以不但对我们没有影响，反而会更促进我们的发展。”

也许有一组数据可以印证孔健的说法。合肥市餐饮协会报告显示，自2013年以来中高档酒店营业额平均下降了40%左右，全国餐饮企业倒闭率高达15%。合肥中高档酒店营业额大幅下降的同时，大众餐饮呈现上升趋势。在可以想见的未来数年，这种趋势仍将延续下去。

在SARS危机的时候，孔健就知道必须要找到一条能有效化解危机的发展道路。当时，她当然不会预见到10年后的国家反腐败行动会对中高档餐饮业造成如此大的冲击，今天，她也无法预见以后还会有什么样的灾难降临，但是，她已经能够笃定地面对这一切，因为她紧紧抓住的是“民”。

管理篇

“我们20年带了5000人的员工队伍，5000人全部在精益改善的高速公路上跑，不会打岔”

孔健的目标是要做百年蜀王。她在不断地学习，从科大的MBA到新加坡国立大学的经济学管理硕士，然后到北大的未来企业领袖班，2013年去了长江商学院。她说：“为什么要不断学习，因为过去可能就是你比别人胆大一点，别人没下海，你下海了，在商业社会的原始状态下，你耕耘了，比人勤奋一点，发挥了你的特色。但是10年以后，很多新的文化知识又出来了，我们国家又在产业升级，要用技术支撑科学化、工业化的进步，我们的商业体系也要更好地满足顾客的需求。”

和日本山崎株式会社的合作就是实现这一战略目标的学习和实践。作为有着200多年历史的山崎禾味食品，前后经历了日本社会的几次动荡，但是山崎禾味食品一直长盛不衰。究其原因，是山崎特有的经营模式和企业文化，这与蜀王的发展需求不谋而合。孔健说："我就是要学日本人的精益化管理。"

在蜀王，3S文化是所有员工耳熟能详的字眼，连打扫洗手间的老阿姨也不例外。3S文化，指的就是蜀王集团精益改善管理系统。对于3S文化的价值，孔健一言以蔽之："哪一句都打在了点子上，打进了骨髓里。"

20年，带了5000人的队伍，无论是在传统经济时代，还是在新经济时代，这个数字都堪称奇迹。奇迹的背后，是文化无所不在的力量。一般来说，文化的指向有三个层面，一是器物，二是制度，三是价值观，蜀王3S文化囊括了这三个层面，而最核心的价值观，可以说是孔健的"老板说"和"幸福观"。

"老板说"：人家都说老板很舒服，我说老板是什么，老板就是木桶底下最老的那块板，所有水的压力全在这里。高管就是木桶周围的板，部门跟部门之间的管理要严丝合缝，板跟板之间要配合，不能有漏洞。所有的人趴在这个板上，不能有沙眼，有沙眼就漏水。老板就是这块板。老板大部分都是有激情的，能吃苦的，并不是说所有的老板都是要挣多少钱的。做企业是一次修行，对伙伴、对社会的责任，对顾客，用一种虔诚的心，为顾客创造价值，为社会创造价值的修行。这个修行是没有尽头的。不是得到，就是一种付出。就是要努力。

"幸福观"：我们的价值是什么，就是带领我们的团队，通过我们的智慧再造，通过我们的努力去完成百年基业的过程的幸福，并不是结果的幸福。所有同行都在呕心沥血，你不能讲有了阶段性胜利，就睡觉去了，没有，从来没有。睡觉都是一个眼闭着一个眼睁着，都怕跟不上。真正干的时候，那个苦都不算苦，都是幸福。最近有个朋友，发了一段话给我，"用生命捍卫创业的选择，用灵魂解读创新的含义"，也是一个做20年的企业，真的是这样。

有什么样的价值观，就有什么样的人。企业有什么样的价值观，就能培养什么样的人。蜀王这些年来之所以发展得这样好，其中一个很重要的原因是爱才、惜才、用才，能留住人才。

目前，在蜀王工作的员工有近千人。其中很多人是跟随孔健征战多年的"三朝元老"。说起这些跟随自己多年的员

工，孔健充满了感情：“我有两个高管，一个是安徽大学经济学院毕业，从站吧台，到现在当总经理，我觉得她伟大，因为她吃了很多苦。还有一个团膳事业部的副总经理，她是来自长丰县的一个大专生，从打扫厕所开始，做到我火锅店的店长，后来做到海尔集团最佳供应商的优秀个人，她是团膳这个体系的副总裁，很不容易啊，都是拿血汗换来的。”

孔健说，像这样的人，在蜀王比比皆是。“每个人都是金子，要给他们发光的机会和舞台。”蜀王每年都做人力资源方面的统计，统计结果：店面员工的流失率不超过4%。

缘何如此？“是企业文化，是蜀王独特的企业内涵。”孔健如是说。“在蜀王，各种各样的培训经常会有。其中一项很重要的培训一直没有停止过，那就是关于信仰、即如何做人的培训。当今社会，人生的价值在哪里？家庭的责任是什么？社会责任是什么？社会给了我什么？我该给社会什么样的回报？蜀王人一直在不停地探讨。在蜀王，人与人是一种伙伴关系，是相互扶持、相互帮助的关系。”

“我就是他们的服务员。”在蜀王，最得力的36名高管人员是孔健的服务对象。他们每天做什么，有什么情绪波动，家里发生了什么情况、小孩上什么学校……孔健都非常清楚。“蜀王能走到今天，已经不是我一个人的事了。”孔健说，“蜀王每个员工背后，都有一个对应的家庭。他们需要在一个好单位挣钱，支撑住自己的家庭；同时也需要一个能够施展自己才能的舞台，借以实现自己对社会的责任。蜀王，就是为他们而生，更是为这个社会而生。”孔健不无感慨，满怀深情地说：“我经常要做的事情有三件，一是主动找36名高管谈心，随时了解他们的思想，了解他们的需求，了解他们的家庭有什么困难、需要什么帮助；二是看报表，掌握任务、指标完成情况，更重要的是帮助团队分析原因、寻找完成目标的最佳方法；三是经常到外面看看，学习新的理念，新的经营模式，不断充实自己。”

未来篇

“蜀王要成为百年企业，就要不断有新的商业模式，要看得远，往20年以后去看”

互联网时代的到来正在颠覆传统商业的生态。一个巨无霸企业有可能在很短时间内倒下，也可能一个野蛮生长的草根成长成“小米”，成为定制化的产业英雄。蜀王要做“百年老店”，就必须跟上互联网时代的步伐。

对此，孔健在顺应时代大潮的同时，深入思考行业的发展前景："我们现在做餐饮，我深知餐饮马上要到一个什么时代。淘宝出了一个'淘点点'，把你周围方圆几十里所有的餐饮店都告诉你，特色菜、折扣、点单、退菜，那么还有收银什么事呢？然后它跟我分，要分掉我一块利润。多残酷啊。还有后台的采购，大采购这一块，马云他们都在做，这一分钟苏州还有多少黄鱼，你下订单，我24小时把这个货送到你门跟前，但是我要跟你分利润啊。这就相当于收银台被端走了，采购被端走了，那么我的餐饮是什么样的结构呢，变成一个端盘子的工具。"

孔健显然不甘心仅仅变成一个"端盘子的工具"。她在积极谋求创新之变。2013年，她在长江商学院学习时，认识了一位互联网公司领袖，两人一拍即合，共同向"智慧餐饮"进军。"如果你要想拥有未来，你就要和懂得未来的人在一起。"孔健说这句话时，铿锵有力。

"智慧餐饮"是传统餐饮行业与互联网深度结合的产物。蜀王向"智慧餐饮"进军，最大的优势就是精益化管理经验，还有每天为60万人供应食品的团膳系统。好的经验，客户基础，这些都是无价之宝。

"智能餐饮系统"可以说是安全的原材料供给者、智能营养师和家庭厨房。它所要解决的是未来餐饮业的生态问题，是对传统餐饮业的颠覆性的发展。谁走在前列，谁就能掌握先机。孔健摩拳擦掌，准备开始这段前所未有的创新路径。

为了这段创新之旅，孔健重新回到了夜不能寐的20年前。她和合作公司在一起探讨"智能餐饮"的模式和框架，2天里只睡了4个小时，依然精神矍铄。她的计划是用一年半的时间，将大数据在平台上线，使"智能餐饮"服务于千家万户。

20年，一个世纪的五分之一。20年里，蜀王从川味火锅发展到了各地美食囊括其中，从社会化餐饮发展到了全国最大的团膳系统，又吹响了从传统餐饮向未来的"智能餐饮"进军的号角。直到现在，孔健提出的蜀王要做"百年老店"的梦想，可以说已经有了坚实的基础与明晰的规划。正如本文开头所说，"百年老店"的"老"，不在于其不变的滋味，恰恰相反，是善于在时代的变幻中不断创新。创新来自于专注，来自于深入研究问题，来自于对人的深切理解，来自于对社会前进的认识与把握。

蜀王在这五分之一世纪里所打下的

基础，所选择的道路，足以支撑他走完之后的五分之四世纪，或者更长。

这是“她世纪”里的“蜀王奇迹”。

李　健 宣酒集团董事长

宣酒涅槃的掌舵人

——记宣酒集团董事长李健

袁中锋

他从一个偏僻的村庄走出来；怀揣仕途的梦想，却走上了商业的道路。他用九年带领一个频临倒闭的企业，登上了“中国酿酒工业50强”，并荣获了全国五一劳动奖章。他，就是宣酒集团董事长李健。

寒门苦读踏上商业路

郎溪县十字镇大华村，位于县城西南20多里。1965年，李健就出生在这个小村庄。因属于丘陵地带且交通不便，昔日的大华村并不富裕。虽然家里贫困，但曾读过私塾的父亲十分重视教育，经常教育儿时的李健好好读书。受父亲的影响，李健读书十分用功。因为他明白，只有读书这条路，才能走出那个偏僻的村庄。1983年，李健参加了高考，考入安徽省商校。在那个毕业“包分配”的年代，考上中专就意味着将来有一份工作，不需再干辛苦的农活。至今，李健还是村里人教育孩子努力读书的“典范”。

两年中专学习后，李健被分配到郎溪县百货公司。虽然只是名中专毕业生，但那个年代，这样的学历在一个小县城里，足以让很多人羡慕不已。“揣着一张盖着大红公章的介绍信，报到上班，从此就吃上公家饭了，没有什么比这让我感觉更好了。”对于从农村走出来的那种幸福，永远刻在了李健的心田。然而，生活并不如设想般一样。在县百货公司，李健差不多是一名“机动兵”。由于是“有学历”的人，单位里也不好安排他去站柜台，坐办公室，又没有多少事务。于是，经常被县里的一些政府部门频频抽调出来，干一些临时行的突击工作。但不管什么工作，领导分配的任务，李健总能按时出色地完成。工作热情高、责任心强、能讲会写又有学历，李健几乎成了县里抽调干部完成突击性的工作的不贰人选，一度甚至做了几个月县领导的秘书。从毕业起，差不多近5年的时间里，李健基本上是拿百货公司的工资，干别单位的事情。

1991年，县商业局决定让李健任县食品厂经理，这是一个属于半官半商的职位。此时的食品厂几乎要倒闭，但李健却十分感兴趣。年轻的李健觉得没什么不敢的，一定会比别人干得好。在他看来，这是一个属于自己的舞台，尽管这个“舞台”小得可怜而破旧不堪，但毕竟他可以独当一面。在渐渐了解厂内情况并对消费品市场进行分析后，李健果断将食品厂改造成日杂公司。公司效益日益好转，并成为郎溪国有商业企业学习的一面旗帜。能者多劳，不久，郎溪县商业局决定将更多更重的担子交给了李健。1994年，李健开始兼任郎溪县糖酒公司经理。在带领一个个企业走出困境后，组织上也发现了李健是一个难得的人才。不久，李健当选县商务局党委委员，并被任命为副总经理。1996年，在安徽省商业系统劳动模范评选中，李健名列其中。

百货公司、食品厂、糖酒公司……这段历程，让李健熟知了营销和市场，学会了怎样满足消费者要求，也懂得如何带领一个团队。可以说，也正是这段经历，为未来的李健铺垫了“宣酒”之路。

自主创业与宣酒结缘

1999年，时任商务局副局长兼副总经理的李健，在很多人眼里，有着广阔的仕途。然而，他却作出了一件令人意想不到的事，他辞掉了身上所有职务，自己下海经商，这在当地轰动一时……对于自己辞去公职，李健戏称自己干了件“剪掉辫子成为革命党”的事，彻底放弃了做“公家人”的想法。原本怀揣着读书从政梦想的李健，开始走上了真正的经商路。

辞去公职后，李健成立了“宣城市生茂糖酒有限公司”，选择了自己熟悉的商业领域。“辞去公职，回到家心里突然感觉有点空空的。那些职位，虽然有些不起眼，可也是我自己好几年奋斗得来的，大小也是顶‘帽子’。”那时，对于未来李健心里不免有几分忐忑，甚至悄悄地盘过自己的口粮钱和衣物，能够支撑自己和家人几年。李健的糖酒公司位于宣城市的九州市场，代理经销“五粮液”、“剑南春”、“口子”、“古井”、“金种子”等一系列知名品牌的白酒，以及宣州区酒厂生产的“宣酒”、泾县的“桃花潭”、绩溪的“胡氏宴”等当地白酒。在店铺林立的九州市场里，开业的鞭炮声并没有吸引多少经营户们的关注。毕竟，在这里，开业的响动与经营不善后的关门歇业，实在是一件太稀松平常的事。“下海”第一年的年底，腊月二十九晚上，李健一盘点，赚了86万，这让他一夜无眠。毕竟，这一年他是在如履薄冰、战战兢兢中走了过来。

经过一年多发展，同行们发现，李健的“生茂公司” 扩张势头猛进，并很快成为了当地酒类营销“大鳄”，以至于在宣城做酒生意的人，几乎没有谁不知道李健的。李健把自己的“初战告捷”，归功于自己的团队。在“下海”起初，和他一起“下海”的还有原国有公司的40多名部下。“现在看来，当时我肯定能赢。我的对手是单枪匹马的经营户，而我带来的是一个团队。”李健说。2004年，李健公司的财富积累迅速超过千万，有人动员他涉足房地产业，但李健只想一心一意做酒。从事白酒代理与销售，让李健学会许多白酒营销的精髓理念，也领会了不少企业的管理模式。最为重要的是，他看到了“酒的天下”有多大。“你看‘五粮液’，一年的利润就是上百亿。我非常崇拜那些老总们，他们是我心目中的英雄。”李健说。2002年，李健萌生了“能不能进入造酒业”的想法。不久，这个想法与现实有了“姻缘”。

2004年，宣州区酒厂面临改制，厂里估价1000万。当时，李健有了六七个竞争对手，有人出到1200万。在李健看来，“宣酒”有着无形的未来，只要拿下即使再高一点也是值得的，他对“宣酒”充满信心。2004年12月10日，李健以1640万买断“宣酒”，成为最终的“标王”。李健在一个关键时刻的出场，对他自己，对于宣酒，都不谛是一个千载难逢的机会。对此，宣州区委区政府曾作出这样的评价：合理的价钱卖给了最合适的人。

幸福目标引领三步走

拿下“宣酒”之后，李健开始盘点资源，注入团队精神和营销理念。但对于一个企业家来说，最朴素的价值观是：把企业视作个人赚钱的工具，还是把它当作一个为社会、为员工谋利的平台？李健用行动回答了这个问题。

全盘接手“宣酒”，李健首先作出了“不辞退一个员工”的庄严承诺，并允许其在能力范围内自由挑选岗位。对于企业宗旨，李健亲笔写下了“为员工创造幸福”七个大字，并刻在一块“幸福石”上。同时，李健提出“三做三不做”思想，即：做事业，不做家业；做蛋糕，不分蛋糕；做船长，不做家长。通过制度，李健要求员工不许喊李健为老板，只允许称董事长、李总，旨在不要强化老板与雇工关系，让每名员工树立自己企业主人的思想。

“公司的实力在宣城还够不上重量级，但是公司决策层的思想境界，一定不能低于重量级。”入主“宣酒”半年后，对于公司的性质，李健提出：“宣酒”不是国有企业，也不提倡讲民营企业或是私营企业，我们追求的是现代企业。不久，宣酒确定对全体员工实行终生聘用制、实现五险一金全覆盖、零辞退以及承诺年人均工资增幅不低于13%等核心举措，成为全国酒企“为员工创造幸福”的典范。“如果不能在劳动中、在工作中获得充实感，那么，即使在别的方面找到快乐，最终我们仍然会感觉空虚和缺憾。幸福固然是精神层面的，但也不可远离物质追求。”对于幸福与工作的关系，李健这样分析道。

尽管有着远大的思想和现代的理念，但对于企业的实力和面对的激烈竞争，李健心中十分清楚。此时，对于2004年的安徽白酒市场来说，许多品牌强势林立。对宣酒而言，似乎根本没有突围的可能。李健率领团队分析后认为，宣城县域众多，整体白酒容量相对较大；外地品牌渠道结构相对较长，基本依靠总经销批发制，渠道未实现扁平化；低档酒竞争不激烈，消费者对品牌的依赖性不强，消费者更看重的是价位。对此，李健首先将宣酒主市场确定为宣城城区及7个县级市场，并推出5元钱一瓶的“光瓶宣酒”。通过人海战术，宣酒在县级市场成立办事处，主攻中低价位，很快使宣酒在当地家喻户晓，也很快打开了农村市场。

2007年8月份，宣酒集团宣告成立。此时的宣酒已在业内展出异军突起之势，尤其在宣城当地，更是早已确立

优势地位。

但要进一步把企业做强做大，必须破解企业发展的“瓶颈”。2008年前后，李健带领自己的团队开始了新的探索和思考，而这决定了度过生存期之后的宣酒将如何走得更远。经仔细分析后，宣酒确立了两条发展道路：在本土市场继续深耕，实现中、高、低档、多价位覆盖并实施走高拉低策略；构建江南板块，建立“1+4”战略市场。然而此时，宣酒的品牌知名度仅限于宣城地区，“宣城特产”的品牌核心价值定位已经不能适应宣酒品牌发展和区域布局的需要，宣酒重新升格为“江南名酒”的定位。恰在此时，一部风靡大江南北的电视剧《亮剑》颇受关注，于是，宣酒集团花重金聘请《亮剑》的男主角李幼斌担任宣酒形象代言人，极大提升了宣酒品牌和企业的知名度，同时行业内经销商也看到了宣酒敢于“亮剑”的精神，为宣酒的顺利招商进行了铺垫。在市场拓展上，宣酒选择了苏南的常州、浙北的湖州作为目标市场重点打造，并多方面采取创新策略，不断扩大目标市场知名度和美誉度，形成品牌效应，进而赢得越来越多经销商的加入和消费者的青睐。在市场战略上，宣酒走出了一条“先打牢根据地市场基础，然后向江南区域市场拓展”的道路。

在江南开拓市场后，宣酒能否北上，又能否成功，成为宣酒战略发展的又一命题。曾经，鉴于传统徽酒在全国地位强势，集团高层明确提出了“三年不过长江”策略。在省城合肥，曾经有很多白酒产品乘兴而来败兴而归。毕竟，省会合肥是一个弱肉强食的地方，光凭勇气显然远远不够。2009年8月，各地消费者对宣酒推崇有加，北方消费者对自然流入的宣酒产品也是好评如潮。

2010年，宣酒在行业内的排名从1000名以外冲刺到了前50强。当很多企业选择了多元化发展，全产品线和多品牌战略时，对酒情有独钟的李健只将目光只停留在宣酒之上，把精力、物力、财力都集中在一个目标上，这也是宣酒之所以能够在安徽这样一个竞争高度集中的市场上，能够保持着持续的增长的主要原因。

文化理念助推品牌提升

一个没有文化的品牌只能发展一时，不能发展一世。在宣酒稳扎稳打实现“三步走”的战略中，文化起到十分重要“助推”的作用。这既与宣酒特有历史积淀，又与掌舵人李健对宣酒的文化了然在胸有关。

宣酒的生产历史，有记载的，最早

可追溯到唐代的“纪叟老春”。据史书记载：大唐天宝年间，宣城盛烧酿之风，大小作坊有100多家，其中以纪叟名盛。纪叟，名春，字东轩，其祖上曾为朝中高官，因遭奸佞所陷，被逼隐居民间。辗转到宣城，发现宣城敬亭山气候宜人，雨量充沛，更喜敬亭山柔质泉水是酿酒最佳水源，由此便定住在敬亭山脚下，开起了酿酒作坊，并将成品酒以自己的名字命名为“老春酒”。直至北宋时期，才更名为“宣酒”。1962年，在原宣城酒厂，发掘出7条古窖池。古窖池占地约80平方米，排列整齐、大小均匀，保存极为完整，体积均不到7至8立方米，部分窖池中遗留有稻米等酿酒原料。经考古研究和科学论证，“宣酒古窖”建于公元1750年至1800年之间，时值乾隆盛世，迄今已有200余年的悠久历史。时光的流逝并没有对“宣酒古窖”产生重大影响，窖池中的古窖泥仍然具有非常良好的活性，宣酒在发展过程中不断开发的新窖池就是采用古窖泥作为种泥并扩大培养用于宣酒生产的。我国著名白酒专家沈怡方这样评价小窖池的价值：小窖酿造，由于窖池体积小，容糟醅量不多，糟醅接触窖泥面积大，有利于培养糟醅，提高酒的质量。

由唐朝纪氏古法酿造传承而来的“小窖酿造技艺”，受到史上众多文人墨客的称赞。根据宣城地方志记载：唐代大诗人李白曾为“敬亭三物”留下了众多诗篇，“敬亭三物”指的就是纪叟老春、敬亭山花和一峰怪石。转至北宋建隆二年，一次宋太祖赵匡胤偶尔在翻阅前朝诗人李白的诗作时，无意中读到《哭宣城善酿纪叟》一诗，一时好奇心起，竟下旨派人去宣城取老春酒，喝后连声叫好。赵匡胤本喜酒，于是接着一道圣旨，让宣城官府逢年过节，都要送老春酒进宫作御宴用。只是朝中官员认为纪叟以自己的命字，给酒命名太过狂妄，遂将酒改名为“宣酒”。“宣酒”由此一时声名鹊起。

宋末元初，既是纪氏传统酿造法最辉煌的发展时期，传统的纪氏酿造经验，得到了升华，酿造的器具、技艺也其本定形下来。有关这一时期宣城酒文化达到顶峰，从宋代宣城名人梅尧臣诗句中可以看出，当时宣城饮酒盛行。如他在《昭亭潭别弟》中所述：“却入舟中饮，无令盏盏迟，须拼一日醉，便作数年期。”在《和签判都官昭亭见怀》：“笑处岩相答，归时酒在颜。”在《与诸弟及李少府访广教文签师》：“山僧邀我辈，置酒比陶潜，紫蕨老堪食，青梅酸不嫌。”《宣州环波亭》：“心闲不竞物，兴适每倾酿。薄暮咏醉归，陪车知几两。”而诗中的昭亭就是现在的敬亭。此后到过宣城的沈括、文天祥、汤显祖，朱元璋，曾对宣酒多有赞誉。在明清两代的三四百年间，管家后人严遵先祖遗传工艺，宣酒的古法酿造一直没有多大改变，直至延续到清朝末年。清代著名画家梅清在《敬亭山·送春歌》中，真实再现了当时敬亭山下的酒炉林立的景象，诗中写道：可夸流莺啭啭啼，谁禁乳燕栖酒炉。

2008年，“畅游中国·创意旅游”峰尚大典于上海开幕。此届峰尚大典以“城市让生活更美好，创意让旅游更精彩”为主题，推出创意旅游新概念。中国宣酒文化园精彩亮相，并荣获创意旅游产品大奖。夯实这一奖项的，是宣酒厂区建设的突破性手笔。宣酒厂区是以酒文化为主题的典型徽派风格建筑群落，也是园林式的生产厂区。设计上除考虑使用功能外，更先见性引入4A级旅游景区概念。2007年，宣酒集团建立了酒文化博物馆，由景观花园、主题陈列馆和酒道馆三大部分组成，收藏各种古董酒器，打造国内一流的工业文化园，并于2011年4月28日正式挂牌成为国家4A级旅游景区。

在挖掘历史积淀过程中，掌舵人李健发挥了重要作用。李健父亲曾读过6年私塾，受父亲儒家的“中庸”思想影响，李健将“中庸”思想融入企业建设和企业管理之中。在宣酒集团的主办公楼，悬挂着牌匾标明这座楼名叫“明德楼”，这源于“大学之道，在明明德”。在李健的办公室，有书法名家申锦凤为李健写的“酒行天下”四个大字。“企业文化其实就是价值观。”李健表示，宣酒集团的价值观有三个，最普世的价值观是“正直与诚实”，最核心的价值观是“责任、诚信、贡献、感恩”，“利他之行，成就大我”则是最高价值观。李健说，企业经营和做人一样，应“行大道，走正路”。对于管理者与员工的关系，人们常说鱼水和谐，如果管理者有水一样包容的智慧，那么被管理者就会像鱼一样自在。不过，在李健看来这还不够，在他的思考中，管理者和被管理者分得可没那么清，他们同时都是水，融合在一起，又同时都是鱼，彼此相伴悠哉游哉。这些，都蕴含着李健对儒家“中庸”思想的个人领悟。

自2004年，新“宣酒”启动以来，李健始终把企业文化建设作为企业头等大事，这不光基于是企业的发展必然，更多是来自宣酒酒业背负的历史使命感。李健认为，宣酒承载的文化，不止于宣城自身，事实上，它是江南文化的代表。宣城地区文化积淀异常丰厚，代表的正是江南文化。而江南骨子里的膏腴和里子里的雍容散发出的气质，必酝酿着一支名酒。

频施援手展社会责任

李健对管理学大师德鲁克先生尤为推崇，彼得·德鲁克在他的《管理、任务、责任、实践》中专门写了一章《社会责任的限度》。他认为，对于一个企业家来说，仅仅把企业做得好还是不够的，还必须做好事。李健很好地践行了德鲁克的思想指引。

创业的艰辛，并没有让李健忘记自己身上的那份责任，他也将自己个人的爱心转化成了企业行为，开始认真思考起了企业的社会责任。2005年，宣酒公司与宣城市妇联共同启动了宣酒特供·春蕾工程，李健承诺在5年内为贫困女童捐资100万元。到2012年，宣酒集团共捐助春蕾女童2000多人次，捐赠“宣酒春蕾爱心书屋”3个。“由于我出生于农村，生长于农村，是从农村走出的一名学子，曾经历过家庭的贫困和求学的艰难，从而深深同情那些贫苦中的学子和社会弱势群体。同时也促使自己在有能力的时候将个人行为转化为企业行为，积极履行社会责任。”李健说。除了“春蕾工程”，宣酒集团还相继启动了“栋梁工程”，从2006年至2013年，“宣酒特贡·栋梁工程”资助了2000多名品学兼优的学生圆了大学之梦。除此之外，宣酒集团还启动了“敬老工程”和“助残工程”，建立了“白血病救助”和“见义勇为”两大基金。2009年元月，李健代表宣酒集团向宣城市少儿白血病基金会捐助50万元人民币，这是宣酒集团连续第二年向少儿白血病基金会捐款，累计捐赠少儿白血病救助基金200万元；自2008年5月启动“宣酒特贡·助残工程”，宣酒集团每年捐助20万元，专项资助生活困难的残疾人和截肢残疾人的假肢安装。“我们不是效益最好的企业，也不是规模最大的企业，但我们是最有爱心的企业。”这是李健经常讲的一句话。

对于自己的家乡大华村，李健有着特殊的情怀，也尽其所能地帮扶那里的乡亲以及村庄的发展。早在1994年，李健的月工资171元，郎溪县政府奖励给了他一万块钱，他却将这笔完全属于他个人的一万块钱奖励，捐给了自己的启蒙小学“十字铺华村小学”。李健尤其把家乡老人们的生活放在心上，只要他回到村里，看望老人成为他的重要事项。对村上老人们的需求，他更是每求必应。

自2007年以来，宣酒集团已先后投入100余万元用于大华村各项公益事业建设，使该村各项基础设施建设得到有效改善，群众生产生活水平不断提高。2012年，宣酒集团再次捐助50万元，专项用于大华村慈善及公益事业建设。

李健曾说，他并不是很有钱，而是他觉得：待有暇时读书，永无读书之时；待有钱之时助人，永无助人之日。一个企业发展到一定的程度，必须要考虑到社会的责任感，考虑到大我和小我之间的辩证关系。宣酒集团在取得辉煌业绩的同时，对内着力塑造企业文化，为员工创造幸福；对外积极承担社会责任，为社会创造价值。截至2013年年底，宣酒慈善捐款近5000万元，被誉为“最有责任感和最具爱心的企业”，李健被中华慈善总会授予“中华慈善突出贡献人物奖”。

把健康居首奔向未来

酒，作为一种食品，品质和卫生应始终处于第一位。为了保证品质和卫生，宣酒与国家食品质量监督检验中心进行战略合作，确保每一瓶宣酒达到或超过国家标准。同时，投资了500多万元，企业获得了ISO：9001国际认证。在技术投入上，宣酒集团斥巨资购置了气象色谱分析仪，增添现代化验检测设备、高精密气相色谱仪和大容量水处理及净化设备，微机控制输送仪等装置，使技术中心的装备达到国内酿酒行业先进水平。与此同时，宣酒在优质化、绵柔化、健康化等科研攻关，新产品开发等领域，也取得了重大突破。增加科技投入，聘请生产技术专家、顾问来公司指导，与五粮液建立技术合作关系，大大地提升了产品的品质，同时加大公司科研开发人员的培训力度，派员到四川酒类科研所、省酿酒协会等地学习、考察，全方位地进行内引外创。

李健深知，小窖群之秘，还需要不断加大科研开发。2013年5月，安徽省白酒行业首家博士后科研工作站在宣酒集团挂牌，这是继江南小窖酿造工艺研究所成立、中科院微生物研究所和江南大学等科研院校的科研教学实践基地挂牌之后，宣酒集团在提升小窖酿造科研力量和科研水平方面迈出的又一厚重步伐。为适应人们对白酒口味需求的变化，宣酒确立了以消费者需求、消费者满意为标准的产品研发新思路，打造具有独特风格的“江南绵柔”型系列白酒。在新产品投放市场前，还专门组织从专业技术人员、高管以及普通消费者的多次品尝、评定，最后研发部门根据品评意见再进行总结与提升，反复多次，直到满意为止。在新产品投放市场后，从产品品质、风味等方面广泛地征求消费者的意见和建议，根据消费者反馈的意见加以改进，使新产品研发连连取得突破性的进展。

如何才能做到饮酒不易过量，过量不易伤身，是目前健康白酒研发上亟待攻关的课题。早在上个世纪90年代，就有白酒业内人士提出主张打“健康”牌，但几乎没有企业能够真正落在实处，也基本没有被消费者认可。2009年初，李健的战略决策中，将“做健康白酒的领跑者”提上日程，并在宣酒三化，即健康化、绵柔化、优质化中，将健康放在了首位。宣酒提出的健康化，不是一个简单的口号和概念，而是要为此付出很多行动和资金的具体措施。公司将投资上亿元，从源头开始把关，层层管制，实现真正意义上的健康。“如今的消费者，越来越理性地面对市场产品的众多选择，他们更关注健康，更注重服务，更关心产品对自身的尊重与价值的诉求。而企业要打开市场，创造未来，则必须打开消费者的心灵密码，在价值上给消费者以创新。”这是李健对于未来发展的判断，也是为宣酒找准了“健康”这个方向。

回顾2004—2013年，李健带领一个濒临倒闭的企业，在9年之内实现突飞猛进地发展，打造出了最具幸福感的民营企业，并实现了宣酒从宣城特产到江南名酒，再到“领跑中国健康白酒”的战略转变。2013年4月28日，在人民大会堂的领奖台上，宣酒集团董事长李健双手接过了全国五一劳动奖章。这枚拖着绶带的奖章，像一个闪光的逗号，既是对李健9年“宣酒生涯”的一个小结，也为他今后的奋斗留下了无限可能。

袁忠杰
三宇电器集团董事长

袁忠杰：大功率高频逆变开关电源的领导者

胡金海

25年只做一件事

他25年只做一件事，从未中断大功率IGBT高频逆变开关电源的研究。

他不靠政府关系、不从银行贷款、不走资本市场，坚持“三不”策略，却在三起三落中建立起高度自由、高度市场化的企业发展模式，用极致差异的产品和独特的市场策略号令天下！

他建立了一支“正直、善良、协作、进取”的团队，在细分行业所向披靡，战功卓著，建立起推动行业进步的标准和规则。

现在的他，稳坐高效便捷手工焊机国内细分市场的头把交椅！在不打折、不贴牌、高端定位、现金销售的基础上成功打入欧美发达国家市场。

他就是合肥三宇电器集团董事长袁忠杰，成功荣膺2013年度徽商领军人物！

三宇，曲折艰辛而又辉煌卓越的发展历程

20世纪80年代，安徽大学物理系毕业的袁忠杰作为“天之骄子”分配到安徽省电子科学研究所工作，并很快脱颖而出，成为省电子所当时最年轻的项目负责人。年仅23岁就担负起国家

“七五”攻关传感器重点项目，还担任了研究所的团支部书记。

但是，从大学起就对高频逆变开关电源极感兴趣的袁忠杰，一直怀揣着一个梦想：成为世界一流的开关电源研究专家！虽然拥有大多数人羡慕的事业单位“金饭碗”并取得了一定的学术成就和社会地位，仍对自己的梦想无法释怀，最终毅然踏上了一条艰难的创业之旅。

1989年合肥三宇电器技术研究所正式挂牌成立，成为安徽省首家民营研究所，中国电源学会首批会员单位，也是首批进驻合肥高新技术产业开发区的企业。

与此同时，“正直、善良、协作、进取”作为三宇的企业精神，在初创的三宇处处可见。虽然不大，但是却具有强大的精神力量，这是许多国外高科技企业的共同特征。

三宇，亦如是。“正直、善良”做人，“协作、进取”做事，即便只有几个人，创业期的三宇也能挑战别人不敢染指的高科技难题！

“高频逆变开关电源技术是一个应用领域很广的技术，如果突破一点，就会带给很多相关行业突破性的进展，我们认为，这个意义是很大的。这也是为什么会选择这个专业来创业的根本原因。难度肯定是有的，当时国际上也有很多问题没有解决，可以说，在这个技术方面，我们面临的是和世界同步的问题，没有可以借鉴的经验。”

回忆起创业初期的艰辛，袁董感慨万千：“当时条件很艰苦，一穷二白，东拼西凑了几千块钱，租了几间房，招聘了两三个助手就搞起了电源开发。第一个成果出来以后，开始向全国各地发出很多技术成果推广函，但是发出去却音信全无。”

没收到回信的袁忠杰很快傻了眼，对刚成立的三宇而言，如何活下去就成了摆在袁忠杰面前的第一道难题。

在苦等回音无望之际，非常偶然的，袁忠杰从蚌埠第二人民医院一个朋友处得知，当时国内很多医院都需要动态心电监护仪，但几乎所有的心电监护仪都需从国外进口。天生的商业嗅觉使袁忠杰很快发现了其中蕴藏的巨大商机。

“当时要‘吃饭’，电源又没人要，我就想赶快开发点其他产品，好养活公司一群人，就搞了动态心电监护仪。当时我们想：反正我们是搞开发的，开发个便携设备应该还是比较容易的。”

但令科研出身的袁忠杰万万没有想到的是：动态心电监护仪的研发并不像

想象中那么简单，特别是其中的模式识别系统，难度非常大！

所谓模式识别，就是利用传感器和计算机对心电活动的全过程进行动态的跟踪、识别和对异常情况的完整记录。在当时计算机存量小、速度慢的技术局限下，模式识别难度可想而知。事实上，不是医学专业出身的袁忠杰当时连什么是异常心电活动都不知道。

但认准了就要坚持，袁忠杰专门跑到安徽医科大学去学医，就这样拼命苦干了三个多月，三宇的动态心电监护仪终于面世了！

那时的销售策略也很简单，就是给全国各地的医院发销售函，每个月都有两三万封发往医院。与前次不同，这次的销售函发出之后，各大医院的订购函如雪片般飞回。动态心电监护仪的销售迅速火爆起来，价格也日渐上涨，200多克重的产品卖到了15800元，按重量算基本等同于当时的黄金价格。

“当时病人背一天‘盒子’(动态心电监护仪)就要100块，一台机子才一万多块钱，所以很多医院甚至私人都不惜集资购买。”

回忆起“动态心电监护仪”的火爆销售，袁董很有感触：“有一年在黄山开订货会，很多人带着汇票就来买了，赚钱非常简单，生意非常好做。“

凭借着“动态心电监护仪”销售，袁董不仅解决了三宇的“吃饭”问题，还挣到了自己人生的第一个一百万，三宇也一跃成为当时医疗器械界的明星。

就在很多人认为三宇会在医疗器械界继续发展下去时，袁董却做出了一个让人大跌眼镜的决定——重新回归电源行业。

“我对医疗器械不感兴趣，销售动态心电监护仪只是为了养活员工、保存企业的权宜之计。动态心电监护仪赚到钱后，我心思又回来了，我还是要投资研究开关电源。”

袁董坚定的话语中透露出一个怀揣梦想的企业家的远见卓识和永不放弃的精神！

有了“动态心电监护仪”的原始积累后，回归开关电源研发的三宇开始提速。

1993年“单端直流交换电源”获得国家专利。此后，袁董率领的三宇公司又接连获得多项国家专利，三宇在全国的“逆变电源”领域逐渐名声鹊起！

“我们搞电源技术研究在当时是所向披靡的，各种研发产品一出来，客户订单应接不暇！像中科院、电子研究所、军工研究所之类的科研机构都来我

们这里定制电源，而且还先付一半定金。很多时候，我们样品出来了，对方验收一结束，剩下的钱就全部付齐，不存在质保金等常规产品的付款问题。赚钱在三宇就是这么容易！”

一晃十几年过去了，一心搞科研的三宇在逆变电源研发领域打下了深厚的技术基础，获得过四十多项国家专利，每年的利润也很可观。

“我们只接自己感兴趣的、有挑战性的项目，这也是对开关电源技术进步的一种贡献；就企业自身来说，赢利情况也不错，日子倒也过得轻松自在，只不过与那些有了科研成果就迅速产业化的企业相比，没有规模化生产的概念和能力。”

2004 年的一天，袁董请三宇的创业期老员工吃饭。大家聚齐后，整整两桌人，袁董忍不住感叹公司竟然有这么多从创业起就追随自己干了十几年的老员工。

正是“正直、善良、协作、进取”的企业精神聚集着这一批人一直跟随袁董，在最艰难的时刻也没有离开，企业不断成功挑战科研极限也足以带给大家认可和成就感。但袁董并不简单地这样认为——“如果是我一个人，那好办，我继续搞科研就是了，有钱赚，我自己又喜欢！但公司这么多人不离不弃地跟着我干了这么多年，他们需要一个平台去发展。我想就搞一个产品吧，做一个大一点的平台，让员工有机会发展。”

重新思考和定位三宇

“我做产业化，主要是搭一个平台，给员工发展的机会。利润高的行业不利于人员的稳定和企业规模化生产能力的积累。所以，我决定上马市场需求量大、覆盖面广、利润率低一点的产品。”

面对为什么不上高利润产品的质疑，袁董的解释用今天的眼光看来依然高瞻远瞩：“我们选择利润低的产品做产业化，技术人员带一帮人跑了也没用，它靠的是规模。所以我们在选产品的时候，目标很清楚，纯粹就是和员工的共同发展！”

产业化发展案例——易特流

2007 年 4 月 15 日，三宇的全资子公司之一安徽易特流焊割发展有限公司正式成立。

第一代易特流焊机 400AB 横空出世，融合 IGBT 单管、热仿真技术、双 CPU 组合控制技术、预前安全控制技术等多种先进技术，并具有重量轻、功率大、负载持续率高、操作方便、焊接性能卓越等诸多优点。用数字化焊机替代传统交流焊机——易特流焊机创造了焊

机发展史上的一次大跨越！

由于以三宇积累16年的高频开关电源技术进入低技术的焊机领域，导致易特流焊机产品技术在焊机行业过于领先，参数远高于同行业水平，业内甚至认为三宇是做虚假宣传。易特流焊机在当年焊机行业最盛大的国际埃森博览会上闪亮登场，震惊了整个博览会！

相比传统动辄重达上百公斤的焊机，易特流第一代焊机仅有15公斤重，如果不是现场展示，很少有人会相信这是一台工业焊机。由于功率大而且读音相近，业内形象地把易特流的产品称之为“一头牛”。

上市仅3个月，易特流焊机创造了焊机行业新品上市的销售量记录，月销千台手工焊机。但是，就在易特流团队欢欣鼓舞之际，首批上市的易特流焊机使用时间不长即爆发了环境适应性问题。按照军工产品电网和发电机环境要求开发的易特流焊机，却在国内普遍存在的极高电网干扰和波动问题面前栽了个大跟头。全国各地纷纷告急，服务人员应接不暇，甚至出现大批退货的情况。面对堆积如山的返回机，在市场尚未站稳脚跟的易特流在创始之初即遭遇寒冰！

许多代理商建议袁董：“改个名字再上市，我们相信三宇的技术实力。”袁董却平静地说：”从哪里跌倒就从哪里爬起来，要相信我们的企业能力，科技进步本来就没有那么容易。“

秉承三宇集团“正直、善良、协作、进取”的精神，易特流团队经过6个月的技术攻关，连推二、三、四代产品，分别在环境适应性、用户行业细分和负载持续率方面取得重要突破。2008年，更是以第五代易特流在整个行业引发了模仿风潮。至此，易特流焊机奠定了行业细分市场领导者的地位！

2009年，易特流再掀风潮，“4.0焊条专用焊机”在十四届北京国际埃森博览会上以“世界最高功率密度比”亮相，为焊机行业重新定义了焊机命名规则和焊机根据使用环境测试负载持续率的代理商测试标准。

此后，三宇拥有知识产权的易特流焊机以每年至少1次的频率，在国际焊接博览会上频频刷新功率密度比的世界纪录，为“中国创造”榜持续添加浓墨重彩的国人荣耀！

“焊机有很多种，我们只做手工焊机。当时没人相信我们能做起来，但我们现在是行业利润最高，国内细分市场占有率最高的企业。”袁董自信满满地说。

在大多数民营企业都把多元化奉为圭臬的当下，即便是做焊机，袁董特立独行，因为易特流只做一款产品。

经过3年的努力，易特流焊机已经成为全国手工焊机的领导品牌！生产基地加班加点，市场销售异常火爆，但问题又一次爆发。

2010年年底，主控制板的一批芯片出了问题，导致使用这批芯片的一万多台焊机都存在高环境温度下长时间使用的异常保护和损坏问题。面临危机，袁董果断决策，在中国焊机行业，率先开启了手工焊机的“召回”制度。仅“召回”一项，易特流就交出了1000多万元的“学费”。基于这个问题，易特流抓住机会，苦练内功，在内部进行了包括采购、品质在内的全面管理体系提升，以“正直、善良、协作、进取”的企业精神和全面升级的管理体系，为迎接更大的成功打好了基础。

过后的结果证明，及时的召回体现了易特流的自信和负责，也成功地树立了易特流的品牌声誉。

2011年，在全行业几乎所有焊机厂均大量推出单管IGBT手工焊机之际，易特流“酷爱”系列小焊机全面上市，以跨越式进步的功率密度比再次震撼全世界！“酷爱”的上市，标志着易特流从工业手工焊机市场向更广大的民用手工焊机市场的进军。再一次，过于领先的功率密度让易特流的市场部门携全世界的代理商团队担负起了“科普”与“市场推广”的双重使命……

焊机界的王老吉

在产能过剩难题长期困扰着中国制造业的今天，渠道为王的理念让生产加工企业深受内伤，店大欺“厂”的事件时有发生，苏宁、国美等家电销售巨头都有逼宫格力、海尔等生产企业的坏榜样，以至制造业的利润普遍比刀片还薄。如是背景下，袁董的信心何在？

“目前，易特流的手工焊机在全国细分市场占据约20%的市场份额，最重要的是，我们有差异化就有定价权，在市场策略方面，我们也有自己的独特理念和商业模式，团队化作战和具备企业精神的强大团队是真正的核心竞争力。有人说易特流是焊机界的王老吉。”

“易特流的市场和产品是捆绑做的，它不是先开发产品再开发市场，而是有了市场再反过来推产品，这样你我糅合在一起，产品就比较好做。”

高科技带来的产品差异性和用户的卓越体验，给用户带来价值的同时，还给代理商带来高利润。因为这些好处，代理商都把易特流看作共谋发展的领导者，追随易特流的脚步一起前进，于是全国各地涌现出一批易特流焊机的铁杆粉丝！

关于共谋发展的理念，让代理商能够得到最高的利润只是易特流营销策略的一部分，而更重要的是易特流因为差异化产品价值所带来的用户忠诚，能够为代理商的发展提供用户主线，同时从厂家和用户的角度深入剖析代理商遇到的发展问题，并以不断创新的差异化产品作为载体，为代理商提供成套的盈利模式，成为代理商最值得信任的发展顾问！

用户和代理商的信任是

易特流市场策略的核心

“在易特流之前，焊机电流和功率的虚标已经成风，易特流反其道而行之。功率大家都往大的标，我们往小的标。正是因为超出预期的真实，通过用户的信任给代理商带来的是用户的忠诚。”

“易特流选择的代理商，都是名不见经传的创业者，合作一段时间后，在当地都能成为行业销售的前三名。这是一个群体的成长，是一个价值放大的过程，是创造价值，而不只是卖产品。我们在做一个体系，我们是一群人一起成长！”

“集大成，做大事，走共和路”是易特流一直奉行的合作理念！

深入研究王老吉，它也是只有一款产品，娃哈哈就做不过它。易特流也如王老吉一样，做深做透一款产品，把市场规则做好，高度投入、高度集中，一款产品走天下！

“按照这个方法来做，易特流就是焊机界的王老吉。我们的产品科技含量高，实际上只占成功的30%，更重要的是我们的营销策略、操作方法、合作模式，这才是企业真正的核心竞争力。”

梦想和精神成就未来

“我觉得每个人首先要有梦想，还要有一种精神来支撑你实现梦想，企业也是一样。”

“正直、善良、协作、进取”是三宇的企业精神。“正直、善良”做人，“协作、进取”做事，这是三宇人不变的价值观。一群富有进取心，正直善良的人，团结在一起，以取长补短的协作精神，为共同的梦想不断努力奋进，为促进高科技产品在各领域的应用，为科技的普及而不断创新！

“伟大，在于不论多么平凡，都站在社会发展的高度去关注和行动”——这就是三宇人的胸怀！

“三宇，以自主知识产权开发新能源设备，在节约型社会的建设中脱颖而出“——这就是三宇人不断努力的伟大事业！

拥有强大核心竞争力的三宇，不仅能够成就易特流，还将成就更多的行业领导者！

三宇集团辉煌发展史

1989年6月——合肥三宇电器技术研究所成立

1990年12月——“24小时动态心电监测记录仪”通过省级技术鉴定

1991年3月——成为首家进入合肥市国家级高新技术产业开发区的民营高新技术企业

1991年5月——“24小时动态心电监测记录仪”通过省级生产定型鉴定

1992年4月——合肥三宇生态能源发展有限公司成立

1993年3月——国家科委成果办正式发广向全国推荐三宇AQ-LETR产品

1993年12月——获得科学技术评审委员会“省科学技术进步奖”

1994年——合肥三宇电器有限责任公司成立

1994年——获合肥市政府“民办科技先进企业”称号

1994年2月——正式推出SY大功率IGBT逆变电源

1997年—2001年——连获省工商行政管理局“重合同守信用企业”称号

1997年12月——获合肥市科委颁发的“市科学技术进步奖”

1997年12月——获省人民政府“省先进私营企业”

1998年——获省科学评审委员会颁发的“省科学技术进步奖”

1998年4月——获合肥市人民政府“市先进私营企业”称号

1998年12月——获合肥市个体劳动者协会、市私营企业协会“荣誉证书”

1999年2月——被合肥市经贸委评定为“五个十”工业企业

1999年7月——合肥三宇特种电源有限公司成立

1999年10月——合肥三宇焊割设备制造有限责任公司成立

2000年7月——获省人民政府“先进私营企业”称号

2000年7月——合肥市121百亿元工程首批承担单位

2001年7月——通过中国船级社质量认证公司ISO质量体系认证

2002年——被省工商行政管理局认定为“安徽省著名商标”

2002年8月——成为中国表面工程协会团体会员

2002年5月——被评为合肥市著名商标（电镀、电解装置上的三宇商标被认定为著名商标）

2003年3月——被合肥市工商行政管理局批准为免检企业

2005年——成为中国电源学会学会委员

2005年年底——易特流的概念开始孕育，是年推出概念机。

2006年3月——第一代易特流焊机400AB横空出世，融合IGBT单管、热仿真技术、计算机控制技术、预前安全控制技术等多种技术，以15kg的重量，大功率、高负载持续率震惊国内焊机业。以大功率的明显特征被业内称为“一头牛”，在业内创造了新产品上市的销售量纪录。

2007年——易特流推出第四代产品，细分机型为S1、Y1、P1，强化设计了各种电网环境下的不同输出特性，以满足不同行业用户对焊机的不同需求。同年，在国内焊接业的营销界首创易特流盈利模式。

2008年——第五代易特流焊机E5上市，整合了前四代的经验参数，并在功率密度比方面有了较大的进步。同时推出M2和E5M机型以满足更大功率的用户需求。

2009年——易特流再创奇迹，以适用焊条命名的“4.0焊条专用焊机”再度一鸣惊人，在行业内再掀狂潮。同时，营销模式进一步发展，业内第一个由代理商代表组成的“运营顾问委员会”成立，并以《全国运营公约》的方式规范全国市场。同年，易特流团队进驻合肥蜀山新产业园区，并将办公地址冠名为“易特流产业园”，计划发展成供产销战略联盟式运营园。

2011年——易特流再推“酷爱”C4概念机，以令国际同行震惊的功率密度比亮相国际焊接博览会，更以10万元人民币大奖现场挑战全球，再次强化手工焊机大功率霸主地位。当年的埃森国际焊接博览会，易特流以160和110手工焊机再度震惊全场，现场不报价不预售的政策令众多外商抱憾而归。

2012年——在C4的基础上，易特流重磅推出E4，在工业焊机市场创造最高功率密度比。同时完善市场机制，升级“易特流盈利模式”。产业园内第一家合资的核心部件装配厂投产，为产业园的供、产、销合作式战略联盟运营打下良好基础。内部管理厉兵秣马，为即将到来的发展年作好准备。

2013年——易特流将进一步完善产品系列，完善市场运营机制，同时打造“认真严谨”的团队工作作风，迈出易特流跨越式发展的、历史性的重要一步。

袁中杰简介

1961年10月出生，四川省自贡市人，1982年7月毕业于安徽大学物理系，获学士学位，高级工程师职称。

三宇电器集团董事长

中华全国青年联合会委员

安徽政协委员

中国电源学会特种电源专业委员会委员

安徽省焊接协会理事长

安徽省政府特殊学术津贴获得者

安徽省青年科技奖获得者

安徽省优秀民营企业家

1984年主持开发的“KYJ–G型扩散硅绝对压力传感器”项目，获省级重大科技成果奖。

1986年“KYJ–G型扩散硅绝对压力传感器”项目获得省级科学技术进步奖。

1991年成功开发的“DCG–Ⅲ型便携式动态心电监测记录仪”项目，打破了国外该产品对我国市场的垄断，填补了国内该行业空白，获省级重大科技成果奖。

1991年主持开发的“SY系列大功率高频逆变电源核心组件”项目，获“国家级火炬计划项目”证书。

1992年“DCG–Ⅲ型便携式动态心电监测记录仪”项目获得安徽省科学技术进步奖。

1993年“DCG–Ⅲ型便携式动态心电监测记录仪”获国家专利。

1993年主持开发的“打印机信号输入插头”、“单端直流交换电源”获国家专利。

1994年获合肥市人民政府授予的“合肥市优秀科技工作者”称号。

1994年主持开发的产品获得“全国星火科技精品奖”。

1995年主持设计开发系列“大功率IGBT逆变电源”产品，其技术处于世界领先水平并荣获多项国家专利和各级科技奖。

1995年获合肥市人民政府授予的“合肥市十佳私营企业家”称号。

1997年主持开发的“IGBT大功率高频逆变（开关）电源”获合肥市科学技术进步奖。

1997年被安徽省工商联评为“安徽优秀民营企业家”荣誉称号。

1998年被合肥市人民政府授予“合肥市劳动模范”荣誉称号。

1998年被合肥市委组织部授予“合肥市优秀青年企业经营管理者”荣誉称号。

1999年被安徽省委组织部授予“第

四届安徽青年科技奖”荣誉称号。

2000年开始享有安徽省政府颁发的“省政府特殊津贴”。

2000年由合肥市委市政府授予“专业技术拔尖人才”称号。

2002年主持开发的“大功率逆变电源”获国家专利。

2002年主持开发的“YCHDY型火箭炮专用电源”获中国人民解放军科学技术进步奖。

2003年主持开发的高频开关电源的组装结构,高频大电流变压器获国家专利。

2003年IGBT大功率表面处理逆变电源项目被列为国家级火炬计划项目。

2004年主持开发的平板式电抗器、新型电焊机的装配结构获国家专利。

2006年主持开发的开关电源中整流器与散热器安装结构、风冷式高频开关电源的结构、大功率高频开关电源的结构、开关电源IGBT模块和散热器的安装结构获国家专利。

2007年易特流焊机连续推出第二、三、四代产品，易特流一直致力于改变用户生产方式，创造用户价值。

2008年主持开发易特流E5（400A）第五代产品。

2009年主持开发易特流新一代4.0(4.0焊条专用）系列焊机，以6大便捷特性进一步牢固树立了易特流焊机的独特品类定位，上市第一年即创造了单一机型销售超4万台的业内奇迹。

2009年主持开发酷爱系列焊机的第一种产品——酷爱4.0焊条标准焊机，在十四届北京国际埃森博览会上以“世界最高功率密度比”亮相，在行业内引发又一轮单管 I G B T工业焊机热潮。

2009年主持开发高频钢轨闪光对焊焊接电源，为高频闪光对焊电源的国产化做出里程碑式的贡献。

2010年主持开发酷爱系列焊机的第一种产品——酷爱3.2焊条专用焊机，在十五届北京国际埃森博览会上展出，再次定义“世界最高功率密度比”，引发行业高度关注。

2010年，主持开发易特流E5（400A）第六代产品和E4（4.0焊条专用）第二代产品，围绕“用高科技改变生产方式”和“用高科技赢得竞争优势”将易特流的产品优势发挥到极致。

2011年主持开发160和110概念机，为世界之最

2012年主持开发最高功率密度比的工业焊机E4（三相电）

2013年主持开发钢筋电渣压力焊机，以轻便、易用、创造价值、安全等优势获得行业一致好评。

陈学高 安德利百货集团董事长

陈学高：区域零售巨头的商业传奇

胡方玉

1991年农历11月18日，这一天对于中国老百姓并没有特殊的纪念意义。然而，对于安徽省庐江县的不少老少爷们而言，这一天却让他们记忆犹新。

因为这一天，他们开始过上了一个“不是过年却和过年一样热闹”的节日——服装节。

也正是这一天，一个濒临倒闭的国营企业（庐江县工业品贸易中心）被打了一针“强心剂"，开始焕发出了勃勃的生机。时至今日，业已发展成为横跨三市五县的区域零售巨头。

给企业注射“强心剂”的不是别人，正是这家企业刚刚走马上任的经理、当时年仅32岁的毛头小伙——陈学高。

清贫童年

刚到而立之年就走上企业领导岗位陈学高，似乎有点年少得志的意思。然而，这种年少得志与其童年的经历却形成了强烈的反差。

1959年，陈学高出生于庐江县矾山镇的一个工人家庭。在其尚未过周岁生日的时候，父亲就因划为“右派”含冤而亡。母亲在异乡无力生存，带着年幼的陈学高和大女儿回到了娘家——庐江县龙桥镇黄屯村。

不过来到乡下后，母子三人的境况仍没得到改观。因为外公家的成分是富农，外公外婆及舅舅在经济上无法给予陈学高一家任何帮助，舅舅家困难得连一个多余的房间都拿不出来。不得已，母亲带着陈学高姐弟俩住在了生产队的养猪棚里。

在这样一个困难时期，饥寒交迫和别人的歧视在不断考验着母子三人的意志。“我小时候，天天想着就是能像一个正常人一样，三餐吃上白米饭，住上能遮风挡雨的屋子。”此时的陈学高，吃饱穿暖成了他最大的愿望。

为了能改变命运，母亲在陈学高到了学龄的时候，咬牙将其送入学校。上小学时，陈学高半天念书，半天放牛。到了初中，已经长成半大小伙的陈学高利用课余时间，给附近及学校搞房子的施工队打下手、和泥浆，还为学校喂了一头大肥猪，获得了一些饭菜票之类的补贴。

就这样半工半读坚持到了初中毕业，家里已经使出了最后一点力气。1974年，陈学高不得不辍学务农，直到4年后第一个命运转折点的到来。

1978年，庐江县举行全县民办教师统考，村里挑选了5名返乡青年参加考试，陈学高是其中之一并成绩优异。正好黄屯村小的一名老师因考试不合格被辞退，于是陈学高进入该校当上了老师，教小学二年级的语文和数学。

“这对我来说，真是一件大喜事！”虽然只是“民办”教师，可这对于原本吃饱穿暖都是奢望的陈学高家庭来说，无疑也是相当地满足。

打铁还需自身硬。为了珍惜这个难得的岗位，陈学高开始制定了严格的自学计划。他不但将初中文化知识重新梳理复习，还将高中的课本也自学完成，甚至连大学语文也纳入了学习计划。

功夫不负有心人，陈学高很快就完成了由一个返乡青年到优秀教师的转变。所带的班级在全公社13个学校的统考中，语文数学每年都双双第一。

值得一提的是，这段时间的文化课自学，不但让陈学高成了一名优秀的教师，更为将来的事业发展打下了基础。“我觉得自己的综合素质尤其是文化素养，很多都是那个阶段打下的底子。”

1982年7月，陈学高所带的班级顺利毕业。由于教学成绩优异，他被留在了毕业班继续任教，不再做“跟班上”的老师。

“自己的教学成果得到了大家的公认，我觉得特别开心，也坚定了做一名好教师的决心。”不过，就在陈学高踌踌满志投身教育的时候，新的机遇再次向他招手了。

招工进城

1983年，庐江县举行了计划经济时代最后一次的招工考试。

这次招工，是在全县所有符合条件的人员中，以文化考试的形式，招收50名将来捧“铁饭碗”的工人。

不可否认，在那个年代，进城成为一名工人对于只是民办教师的陈学高来说，无疑具有极大的吸引力。“就我而言，进城工作就意味着能改善家庭生活状况，就意味着能让母亲为家庭的拮据状况少着点急。”为了自己的家庭梦想，他决定抓住这次机会。

最终，在1700余名报名者中，他成为了被录取的50名佼佼者之一。随后，被分配到了县百货公司做送货员，主要工作就是“拉板车”。

虽然“板车工”在单位里是最不起眼的工种之一，但陈学高并没有觉得沮丧。他在工作中积极主动，甚至还在拉板车的过程中学会总结市场行情。“我在拉板车时，注意一年四季中哪些产品好卖，哪些不好卖，培养了基本的市场敏感。”

一年后，这名老实憨厚的“板车工”得到了大家的一致肯定。1984年夏天，庐江县全境发大水，县商业局派一名领导到基层包片抗洪，并在下属单位中挑选2名工作人员一道下乡，陈学高成为其中之一。

“当时一起下乡的三个人，只有我最年轻，又是从农村出来的，对基层比较熟悉，所以工作上我必须要主动一些，腿要勤快一点。”陈学高在这次抗洪过程中大显身手，除此之外，具有较好文化基础的他还写了不少情况汇报和工作总结，作为商业局的材料上报到县里。

令陈学高没有想到的是，这些材料得到了县里的肯定，县商业局的抗洪工作也因此获得了县里的表彰。

更令他没有想到的是，他在这次工作中的表现，给局领导留下了深刻的印象。抗洪结束后，县商业局组建“庐江县工业品贸易中心”，陈学高被借调到县商业局，负责工业品贸易中心大楼的基建工作。

“庐江县工业品贸易中心”就是安德利的前身。如今作为董事长兼总经理的陈学高，在企业尚在孕育过程时就参与其中，对企业的感情可见一斑。这也是其后来宁愿辞去政府副县长的位置而投身企业的原因之一。这是后话。

牛刀小试

经过一年多的建设，工艺品贸易中

心大楼顺利建成，而陈学高也没再回去拉板车——他被留在了这个刚刚成立的新单位，成为了单位业务股办公室的一名工作人员。

成为“白领”的陈学高，并没有安份地做着这份“坐班”工作，而是在做好本职工作之余做有心人，积极做好市场调研，并经常撰写一些市场分析类的文章。

这引起了单位领导的注意，1986年下半年，刚坐了半年办公室的陈学高被安排到了业务部门，负责庐江县工业品贸易中心的轻纺服装部。

陈学高的商业才能很快得到了小试牛刀的机会。上任之后，服装部的经营额度逐月递增。1987年初，单位又把家电部交给他管理，陈学高同样没让大家失望。到年底，单位干脆把贸易中心所辖的四大部门全部交给他来负责。1988年，陈学高再进一步，被提升为单位副经理。

短短两年时间内，他从一个普通的办事员上升到了一个拥有数百员工企业的副经理，大家对这个能说会写、业绩突出的副总都充满着信任与尊敬。此时的陈学高和庐江县工业品贸易中心，都迎来了事业发展的一个小高潮。

不过令人遗憾的是，就在企业步入正轨的时候，机制的弊端开始显现出来。单位里小富即安、人浮于事的现象日益严重，很快变成了屡遭“黄牌警告”的企业。与此同时，安定团结的局面也不复存在，陈学高本人甚至被待岗“调查”了一年。

经过检察机关一年的内查外调，结果却出现了极具戏剧性的一幕——调查不但没有查出贪腐分子，反而查出了一个爱岗敬业的典型。

这之后，县商业局对工业品贸易中心主要负责人进行了调整，并组织全体员工对副经理职位进行民主推荐，赋闲在家的陈学高竟然获得了95%的得票率。这一明显的人心向背让商业局的领导大吃一惊，陈学高也得以重新回到单位任原职。

然而，就在新班子尚未发挥合力效应之前，企业又遭受了一场重创。1991年，庐江县又发大水，县工业品贸易中心的仓库和柜台都泡在水中，损失惨重，这让正处困境的企业雪上加霜。

上任不到一年的负责人由此萌生了强烈退意，县商业局不得不重新考虑换帅。而企业急需要一个新的领头人带领大家走出困境。作为企业的首批员工、又是副经理的陈学高，成为这个领头人的最佳人选。

“刚开始商业局领导征求我意见，我也不敢挑这个担子。”作为土生土长的企业员工，他知道企业困境的主客观原因和矛盾，而这些矛盾自己能不能有效解决，他并没有十足的把握，一度陷入了犹豫之中。

最终在领导的信任与鼓励中，在同事们急于摆脱困境的渴望中，陈学高放下了思想包袱。1991年秋，32岁的陈学高出任庐江县工业品贸易中的主要负责人。

“板车工”出身的陈学高给自己想好了退路——干不好继续回去拉板车。

新官上任

新官上任，陈学高感觉不到任何的喜悦。一个个棘手的问题，就像一座座大山竖立在他的面前。

“刚接手的时候企业已经几个月发不出来工资了，很多员工对企业抱有悲观的态度。”企业眼前的困境与深层次的矛盾相互交织，对这个刚过而立之年的小伙提出了极大的考验。

“当时的企业主要有两大问题，一个是经营不善效益下降，还有一个就是大锅饭现象严重、人浮于事，后者也是前者的原因之一。”对于陈学高而言，如何解决好这些问题，不但挑战着自己的工作热情，更考验着自己的领导智慧。

思考再三，他决定先从经营上入手。“等第一个问题解决了，自己才有解决第二个问题的底气和基础。”当时他去浙江奉化参加当地的“服装节”，购销两旺的势头让其深受启发：“我们能不能也办一个服装节呢？”

他和一些参展商做了沟通，得到了别人的赞同。后来又将想法变成了方案去上海、浙江等地洽谈，同样得到了积极的回应。于是经过一个月的辛苦筹备，陈学高利用自己的人脉、以零成本的代价从外地拉回500多万的服装产品。并于1991年农历的11月18日，让庐江县历史上的第一个服装节粉墨登场。

500多万的服装集中展示，在当时并不繁荣的市场上形成了强烈的视觉震撼。同时，在实惠价格的刺激下，隐藏在老百姓内心深处的购买欲望得到了最大程度地释放。

服装节开始的第一天，销售额就达到了8万多元。整个活动下来，实现了超过200万的营业额！而此前，企业全年的营业额也不过500万左右。

服装节获得了空前的成功！

对于企业而言，服装节的成功收获的不仅仅是销售业绩，而且锻炼了队伍，发现了人才。更重要的是，企业员工的信心也澎湃起来了！

“企业不是搞不起来，而是要找到合适的办法，找到合适自己的工作思路，只要大家能团结一心，我们就大有希望。”陈学高用实际业绩，让企业上下达成了这样的共识。

服装节的成功举办，成了企业展翅高飞的一个重要节点，企业慢慢恢复了生气。这时候，陈学高开始着手解决企业深层次的矛盾——企业“大锅饭”的问题。

“这个问题很难解决，但是我没法回避，如果不解决，我们即使能获得短暂的突破，到头来还是要慢慢衰落，根本不可能获得持久深入的发展。”但如何解决，陈学高陷入了深深的沉思。

所幸的是，就在他一筹莫展的时候，一股改革的春风吹拂全国。而他则立即抓住了这次机遇，成功解决了难题。

借力改革

1992年，国家商业部在全国推行重庆市的“四放开”模式（经营放开，价格放开，用工放开，分配放开），陈学高积极争取，将县工业品贸易中心作为了庐江县“四放开”改革的试点单位。

这次试点改革，分管副县长亲任改革领导小组负责人，并由公安等部门保驾护航。半年时间内，陈学高借助改革的春风，使50余名出工不出力的干部职工被调离出了员工队伍，企业大锅饭的现象得到了根本改观。

“通过这次改革，我们第一次将肯干与不肯干、能干与不能干的区分开来。”在陈学高的印象中，改革后的员工精神面貌焕然一新，企业当年销售额就达到了1025万，相比较往年翻了一番。

就在这一年，陈学高开始考虑企业的长久发展，第一次制定了企业的5年发展规划，在人才培养、国定资产以及购销网络上加大投入力度。到1996年年底，企业的规模扩大近一倍，营业额也达到了5000余万元，在庐江县及周边市场上声誉鹊起。

1997年，陈学高如法炮制，再次将企业作为庐江县股份合作制改革的试点，进一步增强了企业的发展活力。同年，企业开始实施第二个五年计划，进入由量变到质变、由粗放型的发展模式向集约型模式的转型阶段。

“那时国家宏观调控，又逢东南亚经济危机，这期间，我们需要控制发展，苦练内功。”由于发展方式的转变，这一时段，企业在销售额上并没有取得太大的变化。

但陈学高在管理企业方面取得了突出成绩，仍获得了政府和社会的普遍赞誉。1999年，他进入了公务员序列，更被庐江县委县政府作为领导干部的培养对象。

他先后主持过外经贸委工作，担任过县商业局副局长，后又担任县长助理、政府副县长，在当时特殊的历史背景下，陈学高变成了亦官亦商的红人。

但和大多数人不同的是，虽然成了政府的领导干部，可陈学高的心还在企业。“我就像一个上战场的士兵，战前虽然也有畏惧，但真要上了火线就不想轻易下来。”对于企业初创就参与其中的陈学高而言，没有什么快乐能超过企业发展所带来的成就感。

2001年中国入世，他敏锐地察觉到零售业可能会迎来千载难逢的发展机遇，他的辞职之心更加蠢蠢欲动了。

而此时，恰逢企业进行股份制改革。陈学高安排员工对自己投了一次信任票。投票结果令陈学高非常惊叹和感动——原本准备得票不到70%的话，自己就打消辞职副县长的念头。但后来，得票率却超过了95%。

员工的信任和期盼，坚定了陈学高辞职的决心。2003年，陈学高如愿辞去副县长的职务，全力投入企业。

而此前一年，企业也已顺利完成股份制改革，更名“庐江县安德利贸易中心”，陈学高出任董事长兼总经理。

开疆辟土

重组新生的安德利，企业的活力得到了进一步提升，很快迎来一个快速发展的时期。

数字表明，改制以后安德利的销售额每年都以50%的速度递增。2003年到2008年，企业由单一的综合百货业态向物流、超市、卖场、专卖店、便民店多种业态进军，先后滚动投资3个多亿，由过去的1个店变成20多个店，销售收入增长了10倍。

2005年，安德利进入省政府重点扶持的十大商贸企业，2006年经济效益进入中国百货行业100强。

在企业的发展定位上，陈学高提出了走“农村包围城市”发展路子。明确地把自己定位在地级市、县城和乡镇，发展方向选定在三、四线市场。“我们有在三、四线市场多年打拼的体验，有其他企业所没有实践经验，这是我们能做大做强的比较优势。”

发展路径确定后，安德利主打县城。陈学高认为县城是一个县的政治、经济、文化中心，具有很强的集聚和辐射功能。他们在一个县市做大做强，把企业做成该县市的地标，成为县市的符号，不仅提升了城市的形象，而且推进了县城向

中等城市迈进的步伐，从整体上提升这个县市的商贸品位，促进了整个县域商贸繁荣和经济发展。

经过18年的风雨洗礼，安德利稳稳地在庐江站稳了脚跟。此时，陈学高又将“农村包围城市”的路线再一次升华，提出了“城市引领农村”的理念。

2003年，安德利一举收购了巢湖商厦，第一次从庐江走出去，在原地级巢湖市中心城区登台亮相。

对于此时的陈学高而言，走出去只是第一步，站得住脚、真正落下来、赢得尊重才是自己的目标。“我们走出去的目的是要在更大的市场空间、更充分地放大安德利品牌效应，把安德利品牌做得更厚重，让安德利为所在地域顾客真正接受，让广大消费者实惠受用，用安德利人的服务，给消费者带去更好的体验和价值。”

第一次开辟异地市场，虽然没有经验，但企业很快调整好自己。仅用一年时间，便以精神和诚信赢得了新的市场，获得了巢湖市广大消费者的认可和信任。

2010年，企业在稳定发展庐江、巢湖市场的同时，又在马鞍山市的和县新建了一座当时在全省县域最大的购物中心，一年之内便完工投入试营业。

2013年，安德利又投资6个多亿，在芜湖市的无为县城新建了一座营业面积达10万多平米的现代化大型购物广场，雄踞省内县域商场首位，当年便竣工营业。从而在皖中完成了布局，开创出一个全新的经营局面。

在占领县城这个制高点之后，作为承担安徽省推进乡村商贸体系建设试点任务的龙头企业之一，安德利将触角往乡镇延伸，将“城市引领农村”的理念落实到位。他们把安德利商贸中心建立在更多中心镇、把直营店开设在更多中心村。加快配送中心建设，形成了一个庞大的农村经营网点。

为了让企业落地生根，企业在在庐江、巢湖市、和县三地的城镇和乡村广聘监督员，企业对他们的批评和意见及时回应，凡被采纳的，都给予一定的奖励。

这种“花钱买批评建议”的做法与企业内部监督相结合，在企业所到之处均传为佳话。

自营制胜

就在安德利高歌猛进之时，新的挑战也不期而至。

2011年开始，随着巢湖市的区划调整结束，巢湖的零售市场引起了众多零售巨头的觊觎。沃尔玛、乐天玛特、世纪联华、苏宁、商之都等一批百货零售业，纷纷进入巢湖市场。

当时企业内部很多人有一种山雨欲来的恐慌：“安德利就有可能失去巢湖市场，企业下一步的扩展计划也会化为泡影。”

可是，半年过后，安德利不仅没有被挤出巢湖，反而加快了发展步伐。当年，安德利实现销售额13.5亿元，其中，巢湖安德利一家店就占据了当地一半的市场份额。

安德利“遇强更强”的奥秘何在?

“我们在经营上有一个鲜明的特点，那就是开放性的自营模式。”这么多年来，陈学高和安德利的高管们始终在不懈探索中坚持和发展自营模式，不断提升自己的商业营运能力。

在陈学高眼里，安德里的自营模式是自己的一个比较优势，是零售制胜的法宝。它的优点主要有：

一是质量保证优势，商品自采自营使把好质量关完全在安德利掌控中。

二是商品价格优势，企业直接从厂家进货，使安德利商品价格比同行平均低10~15%，平均毛利却高出3~5个百分点。

三是市场竞争优势，自营模式使员工既是采购员又是一线销售员，能快速捕捉市场信息，满足消费者需求，更使商品和竞争对手形成差异化竞争。

四是团队优势，员工到各个厂家采购，学到各个厂家的新观念、新做法，也更能培养出具有决策能力的人才。

值得一提的是，安德利坚持和发展的自营模式，有别于教科书上的一般定义，也有异于传统认识上的一般表述，它不绝对化，不囿于传统，对外不排斥、对内不封闭，是一种开放型的自营模式。

对网购、联营和其所有经营方式中一些好的经验和做法，安德利都认真学习，只要符合企业的实际，都会把它运用到自己的自营模式之中，转化成有利于自营模式发展的举措。

从这个意义上说，安德利的自营模式最大可贵之处在于能在自营模式中博取众长、为我所用。这也就是企业始终充满活力、在新的市场竞争中能发挥出更大效益，能高人一着、胜人一筹的原因所在。

这个鲜明的发展特点，是企业的核心竞争力之一。安德利也志在把它打磨得更加锃亮，让它闪耀于今后经营的全过程，并为全国零售百货业的发展，提供一个范本。

2013年，安德利的自营模式引起了全国业界的关注。当年7月，全国百

货业自营模式理论研讨会在巢湖市召开。会上对安德利自营模式进行了专题研讨，国家商务部和安徽省商务厅领导，以及与会学者均充分肯定了安德利的自营模式。

同年12月，首届中国商业创新大会在北京召开。陈学高在“全供应链时代的战略选择”会场作了专题报告，介绍了安德利自营模式的选择、坚持与发展，受到了同行和与会代表的高度关注，同样获得了很高的评价。

管理智慧

安德利的快速发展，除了在经营模式上独具特色，在管理上也有很多与众不同之处。

有别于许多大型商场的集权制（总经理负责制），安德利的管理模式是倒金字塔式，即分权式的管理模式。企业的经营权、采购权都在基层，到总经理这里只是协调服务。基层享有权力也就享有了动力和压力，各负其责，层层都有权力，层层都有压力，从而最充分地激发了企业的活力。权力、动力、压力和活力，这“四力”互为条件，互相转化。

2013年，企业对股份公司（集团）和各个商场又进行了明确的责任划分，形成七个业务分公司+四大商场的条块结合、以块为主的经营管理格局。通过组建七个业务分公司，强化统的功能，提高谈判地位和话语权；通过设立四个商场，合理对外的统一管理区域内的经营和发展，激发各个商场的积极性，形成四轮驱动、各个突破的良好发展态势。

值得注意的是，在安德利企业文化中，公平公正被摆在了突出的位置。“安德利是民营企业，但不是家族企业。我们把公平正义放在首位，提出重用用心做事的人，关心用力做事的人，淘汰既不用心又不用力做事的人。”这是陈学高经常和员工说的话。

在企业中，高管的亲属不允许在企业里担任任何职务。安德利最近几年每年都有一个多亿的基建投入，而陈学高本人的姐夫、亲戚都在做工程，但从未得到过一分钱的工程。安德利经营了2万个品种，企业的高管没有一个亲戚拿一个品牌进入其中。

管理者的率先垂范，在企业内部营造了让员工都能获得公平公正的成长环境，让每一个员工脚下都有一条通向成功的道路。

在安德利员工的意识中，只要踏踏实实、一步一个脚印向前走，只要勤奋刻苦，只要爱岗敬业，都能实现个人梦想，都能赢得公司的认可和敬重。

于是，企业的发展出现了良性循

环——多年来，企业一心一意谋发展，为员工创造了机会，员工看在眼里、记在心里，也用奋力打拼的奉献精神回报着企业。

百年企业靠文化。陈学高认为，企业要努力让自己的企业文化品位、效应和自觉，在新的发展实践中，不断焕发出更大的精神力量。当精神力量一旦转换成物质力量时，企业就一定会不愧今天担当的重任，不负明天的发展愿景。

“当企业的目标与员工目标相一致、企业的愿景也是员工的共同梦想时，真正的动力会源源不断地涌现。上下同欲者胜。”陈学高这样解释安德利的企业文化效应。

利及万家

在企业的发展过程中，安德利一直遵守这样一个准则——企业能否在一个地方落地生根，除了自身努力之外，还需要方方面面的关爱和呵护，需要社会各界的扶持和帮助，需要建立一个良好的生态链。

“单打独斗是成不了大气候的，也成就不了大业。互利共赢，在利及万家的同时，自己才可以获得认可，取得更好发展。”陈学高认为，企业的生态关系如何，对一个企业生存与发展来说至关重要。

事实表明，安德利每到一地，都能建立良好的生态链，这是其发展的又一显著特点。这主要表现在以下几个层面。

首先是和供应商有良好的信用关系。安德利提出善待供应商，企业的采购人员不允许在供应商那里拿一针一线，这是一条带电的高压线。任何人只要在供应商那里拿一点回扣、收一点礼品就立即辞退。正是这种讲信用、守诚信生态链的建立，这么多年，安德利的店开到哪里，就有一批忠实的厂家跟到哪里。

其次是和消费者有良好的和谐关系。安德利提出消费者一切都是对的，当企业的利益和消费者的利益相碰撞时，必须牺牲自己的利益。这么多年来，企业和消费者建立了非常和谐的关系。安德利每进驻一地，都力争把企业做成是家乡人自己的商场——这不是句广告词，而是企业管理的自我加压。

再次是和社会方方面面有良好的友善关系。安德利善于建立一个良好的生态链，勇于做承担社会责任的企业。近年来，企业一直在救助贫困学子、关心下岗职工等方面不遗余力。每年九月初九重阳节，企业全员放假一天回去孝敬父母。

陈学高和全体安德利人都认为，企

业的效益来源于社会，只有回报社会，企业才能得到社会给予的关爱、信任、理解和支持。这也是一个有责任心的企业发展的真正要义。

在安德利的发展规划中可以看到，未来5到10年，安德利立志成为我省县域流通领域第一个年销售额突破100亿元的企业；成为我省县域流通领域第一家上市公司；成为全国商业零售业中坚持自营模式、坚持独特企业文化、坚持特色发展的一个具有探索价值的企业。

“未来的发展愿景就是抱负。”在陈学高的眼中，这个抱负就是让“安德利”更加实至名归。真正把“安德利”打造成省内外有影响的企业品牌，真正成为安徽商人、县域领军。德行天下、利及万家！

第四篇

民营经济政策法规

第一章 国家部委

国务院关于批转促进就业规划（2011—2015年）的通知

国发〔2012〕6号　2012年1月24日

各省、自治区、直辖市人民政府，国务院各部委、各直属机构：

国务院同意人力资源社会保障部、发展改革委、教育部、工业和信息化部、财政部、农业部、商务部制定的《促进就业规划（2011—2015年）》，现转发给你们，请认真贯彻执行。

为了做好“十二五”时期就业工作，促进经济发展与扩大就业相协调，促进社会和谐稳定，根据《中华人民共和国国民经济和社会发展第十二个五年规划纲要》和《中华人民共和国就业促进法》制定本规划。

一、背景

（一）“十一五”时期就业工作的主要成效。

“十一五”时期是我国发展史上极不平凡的五年，也是就业工作积极应对挑战并取得显著成效的五年。在党中央、国务院的领导下，全面实施扩大就业发展战略和更加积极的就业政策，有效应对地震灾害和国际金融危机，就业规模不断扩大，就业结构不断改善，劳动者就业能力不断提高。市场机制在人力资源配置中的基础性作用得到有效发挥，妥善解决了体制转轨过程中遗留的下岗失业人员再就业问题，并在推进城乡统筹、引导农业富余劳动力有序转移就业、促进高校毕业生基层就业和自主创业等方面迈出新步伐。覆盖城乡的公共就业和人才服务体系基本形成，面向全体劳动者的职业培训制度和对困难群体的就业援助制度不断完善。就业促进法、劳动合同法、劳动争议调解仲裁法相继颁布实施，促进就业的法律体系和劳动关系协调机制逐步健全，企业工资分配制度改革稳步推进。

专栏 1 “十一五”时期就业工作进展情况

指标 / 项目	2005 年 “十一五” 规划目标	2010 年实现情况
五年城镇新增就业（万人）	〔4200〕〔4500〕	〔5771〕
城镇登记失业率（%）	4.2 5	4.1
五年转移农业劳动力（万人）	〔4000〕〔4500〕	〔4500〕
全国城乡就业人员（亿人）	7.46	7.61
一、二、三产业从业人员比重	44.8 ：23.8 ：31.4	36.7 ：28.7 ：34.6
全国农民工总量（亿人）	/	2.42
专业技术人才总量（万人）	4196	4686①

注：〔 〕表示五年累计数；①为 2008 年末数据。

（二）“十二五”时期面临的就业形势。

“十二五”时期，我国就业形势将更加复杂，就业总量压力将继续加大，劳动者技能与岗位需求不相适应、劳动力供给与企业用工需求不相匹配的结构性矛盾将更加突出，就业任务更加繁重。一是劳动力供大于求的总量压力持续加大，城镇需就业的劳动力年均 2500 万人，还有相当数量的农业富余劳动力需要转移就业。二是就业的结构性矛盾更加突出，随着技术进步加快和产业优化升级，技能人才短缺问题将更加凸显；部分地区、企业用工需求与劳动力供给存在结构性失衡，造成企业“招工难”与劳动者“就业难”并存；以高校毕业生为重点的青年就业、农业富余劳动力转移就业、失业人员再就业，以及就业困难群体实现就业难度依然很大。三是经济社会环境变化对促进就业提出了新的挑战。转变经济发展方式，推进产业升级、科技进步和管理创新对提高劳动者素质提出了更高的要求，推进城镇化对农业富余劳动力转移就业工作提出了新的任务。同时，公共就业和人才服务以及职业培训不能满足需要，人力资源市场信息化建设滞后，影响劳动力流动就业的体制机制障碍依然存在；经济社会转型过程中劳动关系矛盾凸显，劳动者利益诉求发生新的变化，劳动关系调整体制机制不完善的问题仍然比较突出，劳动关系协调难度加大。我们必须深刻认识就业工作面临的复杂形势，进一步明确任务和方向，全力以赴做好就业工作。

二、指导思想、基本原则和发展目标

（一）指导思想。

高举中国特色社会主义伟大旗帜，以邓小平理论和“三个代表”重要思想为指导，深入贯彻落实科学发展观，适应加快转变经济发展方式的要求，紧密结合保障和改善民生、构建和谐社会的需要，切实把就业作为民生之本，作为经济社会发展的优先目标，以充分开发和合理利用人力资源为出发点，健全劳动者自主择业、市场调节就业、政府促进就业相结合的机制，实施更加积极的就业政策，创造平等就业机会，构建和谐劳动关系，提高就业质量，努力实现充分就业。

（二）基本原则。

1. 坚持促进就业与经济社会发展相结合。将促进就业放在经济社会发展的优先位置，作为保障和改善民生的头等大事，依靠经济发展带动就业增长，以扩大就业来促进经济持续发展，为转变经济发展方式提供有力保证。

2. 坚持促进就业与人力资源开发相结合。适应加快转变经济发展方式，推动发展向主要依靠科技进步、劳动者素质提高、管理创新转变的要求，强化人力资源开发，大力加强职业培训和创业培训，通过全面提升劳动者职业素质和就业能力扩大就业，提高就业质量。

3. 坚持发挥市场机制作用与政府促进相结合。充分发挥市场机制在人力资源配置中的基础性作用，消除制度性、体制性障碍，进一步强化政府在促进就业中的责任，将促进就业作为制定、实施和调整经济社会政策的基本目标，广泛动员社会各方面力量，特别是注意充分发挥工会、共青团、妇联、残联等社会团体作用，调动企业履行社会责任、扩大和稳定就业的积极性，共同做好就业工作。

4. 坚持促进企业发展与维护劳动者权益相结合。重视劳动者利益诉求，探索形成企业与职工利益共享机制，统筹处理好维护劳动者就业权利与维护劳动者劳动报酬、休息休假等权利的关系，通过构建和发展和谐稳定的劳动关系，促进实现扩大就业规模与提升就业质量的统一。

（三）发展目标。

1. 就业规模持续扩大，就业结构更加合理。城镇新增就业4500万人。转移农业劳动力4000万人。城镇就业比重逐步提高，三次产业就业结构更加优化。

2. 有效控制失业，保持就业局势稳定。城镇登记失业率控制在5%以内。将失业人员组织到就业准备活动中，使平均失业周期进一步缩短。实现对就业困难人员和零就业家庭人员就业援助的长效化。

3. 人力资源开发水平得到明显提高。劳动者得到有效培训机会，全国技能劳动者总量达到1.25亿人，其中高技能人才总量达到3400万人，占技能劳动者的比重达到27%。专业技术人才总量达到6800万人。

4. 就业质量得到进一步提升。企业劳动合同签订率达到90%，企业集体合同签订率达到80%。形成正常的工资增长机制，职工工资收入水平合理较快增长，最低工资标准年均增长13%以上，绝大多数地区最低工资标准达到当地城镇从业人员平均工资的40%以上。劳动条件得到较大改善。社会保障制度覆盖所有劳动者，就业稳定性明显提高。

专栏2 “十二五”时期就业主要指标

指　　标	2010年	2015年
城镇新增就业人数（万人）	〔5771〕	〔4500〕
城镇登记失业率（%）	4.1	＜5
转移农业劳动力（万人）	〔4500〕	〔4000〕
高技能人才总量（万人）	2863	3400
专业技术人才总量（万人）	4686①	6800
企业劳动合同签订率（%）	65	90
企业集体合同签订率（%）	50	80
最低工资标准年均增长率(%)	12.5	＞13
劳动人事争议仲裁结案率（%	80	90

注：“十二五”时期主要指标为预期性指标；〔 〕表示五年累计数；①为2008年末数据。

5. 统一规范灵活的人力资源市场基本形成。人力资源市场管理制度逐步统一。覆盖城乡的公共就业和人才服务体系进一步健全，全部街道、乡镇和城市95%以上的社区设立基层劳动就业服务平台。加快公共就业和人才服务信息网络建设，实现全国互联互通。

6. 劳动者权益保障机制更加完善。基层劳动关系协调工作体系进一步加强。全国乡镇（街道）基本实现劳动保障监察“网格化、网络化”管理。企业、街道、乡镇基层调解组织和劳动人事争议仲裁机构实体化建设基本完成，仲裁结案率达到90%。

三、主要任务和政策措施

（一）提高经济发展对就业的拉动

能力。

1. 落实就业优先战略。各级政府在制订国民经济计划、对产业结构和产业布局进行重大调整时，把就业作为社会经济发展的优先目标予以考虑，建立健全经济发展、产业结构调整与扩大就业良性互动的长效机制。根据实现更加充分就业目标的要求合理确定经济发展速度，在制定财政、金融、产业等宏观经济政策时，要评估对就业的影响，注意防范失业风险。不断加大对就业的资金支持，形成公共财政保障、社会各方多元投入的机制。发挥政府投资和重大建设项目对就业的拉动作用，研究建立公共投资促进就业的考核评估机制。

2. 着力发展吸纳就业能力强的产业和企业。在培育战略性新兴产业中，不断开发就业新领域，增加智力密集型就业机会。在经济转型和结构调整中，加快实施有利于发挥劳动力比较优势的技术进步和产业升级战略。大力发展第三产业，广开服务业就业渠道，注重发展金融、物流等生产性服务业及餐饮等生活性服务业，加快高技术服务业和服务贸易发展，加大政策支持力度，着力提高服务业就业比重；稳步实现产业升级，发展资本密集、高技术制造业时，兼顾发展劳动密集型企业，特别是高附加值的劳动密集型企业，大力发展中小企业，重点扶持小型微型企业，使第二产业就业份额保持稳中有升；注重发展现代农业、精细农业，挖掘第一产业就业潜力，推进农业产业化经营，不断增加农村就业机会。

3. 促进以创业带动就业。完善并落实鼓励劳动者创业的税收优惠、小额担保贷款、财政贴息、资金补贴、场地安排等扶持政策，简化审批手续，严格规范收费行为，改善创业环境。健全创业培训体系，鼓励高等学校和中等职业学校开设创业培训课程。健全创业服务体系，为创业者提供项目信息、政策咨询、开业指导、融资服务、人力资源服务、跟踪扶持，鼓励有条件的地方建设一批示范性的创业孵化基地。推进创业型城市建设。加强宣传和舆论引导，弘扬创业精神，树立一批创业典型，营造崇尚创业、褒奖成功、宽容失败的良好创业氛围。

4. 发展家庭服务业促进就业。重点发展家政服务、养老服务、社区照料服务、病患陪护服务、残疾人居家托养服务等家庭服务业态，因地制宜发展其他家庭服务业态，满足家庭的基本需求。从财税、金融、土地、价格等方面加大政策扶持力度，在企业开办、融资、品牌建设等方面支持家庭服务企业发展。推进家庭服务业公益性信息服务平台建设，加强从业人员专项技能培训。广泛开展家庭服务业千户百强创建活动，树立一批知名家庭服务品牌。加快制定相应的劳动用工政策及劳动标准，规范对从事家庭服务人员的管理，维护家庭服务从业人员的合法权益。

（二）实施更加积极的就业政策。

1. 实行更加有利于促进就业的财政保障政策。公共财政向符合国家产业政策导向的小型微型企业和劳动密集型产业倾斜，财政支出逐步向民生倾斜，加大对困难群体的扶持力度。各级政府要加大就业资金投入，进一步完善资金使用管理办法，加强就业资金支出绩效评估，提高资金使用效益和管理水平。中央财政继续加大就业专项资金转移支付力度。

2. 实行支持和促进就业的税收优惠政策。建立健全有利于加快产业结构调整，促进服务业和小型微型企业发展的税收政策体系，减轻企业税收负担，充分发挥其在吸纳城乡劳动力就业中的作用；完善和落实促进高校毕业生、农民工、就业困难人员等重点群体就业的税收政策，鼓励企业吸纳重点群体就业。

3. 实行更加有利于促进就业的金融支持政策。积极发挥货币政策的宏观调控作用，支持经济发展方式转变和经济结构战略性调整，为实体经济发展和就业创造良好的宏观金融环境。加强宏观信贷政策指导，鼓励和引导金融机构支持符合国家产业政策导向的劳动密集型产业、服务业、小型微型企业发展和自主创业，落实促进小型微型企业贷款的财税支持政策。进一步完善小额担保贷款政策，建立政策监测评估机制，切实提高政策落实效果。

4. 实行更加有利于促进就业的对外贸易政策。将对国内就业的影响作为制定进出口政策，以及处理贸易争端的重要依据。积极支持有利于增加就业的行业和企业，对受贸易摩擦影响较大的行业或企业，适时采取有效措施减少失业。鼓励开展对外劳务合作。

5. 实施鼓励劳动者多渠道、多形式就业的扶持政策。通过优惠政策和就业服务扶持劳动者自谋职业、自主就业。鼓励和支持劳动者在小型微型企业就业、临时性就业以及其他形式的灵活就业，完善与此相适应的劳动关系、工资支付制度，完善就业与社会保障的联动机制，为劳动者灵活就业、流动就业或转换工作岗位提供支持，增强就业的稳定性。

（三）统筹做好城乡、重点群体就业工作。

1. 推进城乡和区域就业统筹协调发展。坚持城乡统筹，建立健全城乡劳动者平等就业的制度，消除劳动者就业的城乡差别和就业歧视，创造公平就业环境。加强分类指导，推动东部地区加快产业升级和经济结构调整，提高就业质量；指导中西部地区结合产业的梯次转移，引导更多的劳动力就地就近转移就业。重视解决少数民族地区和贫困地区的就业问题，给予政策倾斜，支持其发展经济扩大就业。

2. 切实做好高校毕业生和其他青年群体的就业工作。继续把高校毕业生就业放在就业工作的首位，积极拓展高校毕业生就业领域，鼓励中小企业吸纳高校毕业生就业。鼓励引导高校毕业生面向城乡基层、中西部地区，以及民族地区、贫困地区和艰苦边远地区就业，落实各项扶持政策。鼓励高校毕业生自主创业。支持高校毕业生参加就业见习和职业培训，鼓励科研项目单位吸纳高校毕业生就业。继续做好免费师范生的就业工作。积极做好征集高校毕业生入伍服义务兵役工作。大力加强就业指导、就业服务，更加关注女高校毕业生就业问题，加大对就业困难高校毕业生和其他长期失业青年的援助力度。大力发展适合青年和各类毕业生求职就业的互联网就业服务，完善以实名制为基础的高校毕业生就业统计制度。进一步改革高等教育人才培养模式，使之更加适应经济社会发展需要，提高人才培养质量。继续做好退役军人就业工作。

专栏3　高校毕业生就业推进计划

01　岗位拓展计划。拓宽就业渠道，引导高校毕业生到中小企业、非公有制企业和城乡基层就业。

02　就业服务与援助计划。加强对高校毕业生的就业服务与就业指导，做好高校毕业生就业见习、职业培训和困难高校毕业生就业援助。

03　创业引领计划。加强对高校毕业生的创业教育和培训，强化创业服务，完善创业扶持政策，促进帮扶高校毕业生自主创业。

04　基层就业项目。统筹实施“选聘高校毕业生到村任职”、“三支一扶（支教、支农、支医和扶贫）”、“大学生志愿服务西部计划”、“农村义务教育阶段学校教师特设岗位计划”等基层就业项目。

3. 推进农业富余劳动力转移就业。适应城镇化加速发展的趋势，加快建设小城镇，发展县域经济，发展乡镇企业和非农产业，为农业富余劳动力开辟更多的生产和就业门路，实现就地就近就业。完善并落实创业政策措施，积极支持农民工返乡创业。消除流动就业的制度壁垒，创造有利的政策环境，进一步完善职业培训、就业服务、劳动维权“三位一体”的工作机制，推进农业富余劳动力进城务工和稳定转移。坚持因地制宜、分步推进，积极稳妥地把有稳定劳动关系并在城镇居住一定年限的农民工及其家属逐步转为城镇居民。

4. 做好淘汰落后产能企业职工安置工作。将淘汰落后产能企业职工安置工作纳入本地区节能减排、淘汰落后产能工作的整体规划，统筹考虑企业退出与保障职工权益，健全淘汰落后产能企业职工安置工作协调机制，采取积极措施，多途径、多渠道安置职工。完善扶持和资金投入政策，妥善处理职工劳动关系，积极稳妥地做好职工社会保险关系接续和转移，扶持企业开展职工转岗转业培训，稳定就业，减少失业。

5. 加强对困难群体的就业援助。建立健全就业援助制度，完善就业援助政策，开发公益性岗位，形成长效工作机制。全面推进充分就业社区建设，为部分地区率先实现充分就业奠定基础。全面贯彻落实《残疾人就业条例》，完善残疾人就业促进和保护政策措施，推动党政机关、企事业单位按比例安排残疾人就业，加大对福利企业、盲人按摩机构等残疾人集中用人单位的管理和扶持力度，帮扶残疾人自主创业和灵活就业，推动残疾人在社区服务业、城市便民服务网点就业。建立与残联组织联合开展就业援助的工作机制，各级政府开发的公益性岗位优先安排残疾人。继续做好妇女就业工作。

（四）大力开发人力资源。

1. 加强专业技术人才队伍建设。进一步实施并完善新世纪百千万人才工程，完善政府特殊津贴制度，改革完善博士后制度。实施更加开放的人才政策，大力吸引海外留学人才回国工作、创业或以多种形式为国服务。积极实施海外高层次人才引进计划、留学人员回国创业启动支持计划和海外赤子为国服务行动计划，继续加强留学人员创业园建设。实施万名专家下基层服务行动计划。统筹专业技术人员职称制度和职业资格制度改革，完善专业技术人才评价机制，规范专业技术人才职业准入，完善专业技术人才职业水平评价办法和专业技术职务评价办法。深入实施专业技术人才知识更新工程，健全面向全体专业技术人员的继续教育制度。

2. 健全面向城乡全体劳动者的职业培训制度。紧密结合市场需求和就业要求，强化职业培训。统筹推动就业技能培训、岗位技能提升培训和创业培训，积极探索现代学徒制培训，加快构建劳动者终身职业培训体系，使城乡劳动者都能得到有针对性的培训，提升职业技能水平。加强培训管理，整合培训资源，健全社会化职业培训网络。依托一批具有较高培训质量、与就业紧密结合，并能在当地发挥示范带动作用的职业培训机构，建设职业技能实训基地。加强残疾人职业教育培训。落实培训补贴政策。

3. 加快培养产业发展急需的技能人才。进一步健全以企业为主体、职业院校为基础，学校教育与企业培养紧密联系、政府推动与社会支持相互结合的高技能人才培养培训体系。落实国家高技能人才振兴计划，依托大型骨干企业、重点职业院校和培训机构，以及高技能领军人才，加快重点行业（领域）急需紧缺职业（工种）高技能人才培养。完善职业资格证书制度，加快建立以职业能力为导向、以工作业绩为重点，注重职业道德和职业知识水平的技能人才评价体系，探索技能人才多元评价机制，畅通技能人才成长通道。

专栏 4　人力资源开发重大工程

01　专业技术人才知识更新工程。依托高等学校、科研院所和大型企业现有施教机构，建设一批国家级继续教育基地，开展大规模的知识更新继续教育，提高专业技术人才的水平和能力。

02　国家高技能人才振兴计划。

（1）高级技师培训。充分发挥行业、企业和职业院校作用，加快培养一批具有较深专业理论知识和精湛技艺技能的技师和高级技师。

（2）技能大师工作室建设。基本形成覆盖中心地区和重点行业的技能传递与扩散网络，建立较为完善的技能人才绝技绝活价值实现及代际传承机制。

03　加强就业、创业、技能实训工作。在产业集中度高的区域性中心城市以及地（市）级以上城市，建立一批实训基地，面向社会各类人员提供公益性、示范性技能训练和鉴定服务，更加注重实际操作能力和技能素质训练，特别是急需紧缺职业的高技能人才培养，并开展专业化创业培训。

（五）加强人力资源市场建设。

1. 加快形成统一规范灵活的人力资源市场。加快人力资源配置领域的改革进程，逐步消除人力资源市场城乡分割、地区分割和身份分割，促进城乡各类劳动者平等就业。加快推进劳动力市场与人才市场的统一和改革进程，建立健全政府部门加强宏观调控和提供公共服务、市场主体公平竞争、中介组织规范服务的市场运行格局，推动形成规范的管理制度和灵活的市场运行机制。建立人力资源市场监测体系，完善人力资源市场信息发布制度。完善人力资源市场监管体系，加快人力资源市场法制化建设。

2. 加强公共就业和人才服务。整合公共就业和人才服务机构公共管理和服务的职能，形成覆盖城乡的公共就业和人才服务体系。全面推进公共就业和人才服务的制度化、专业化和信息化建设。健全城乡均等的公共就业和人才服务制度，全面落实对劳动者的免费就业服务、对就业困难人员的就业援助和对特定群体的专项就业服务。不断丰富就业服务内容，拓展服务功能，为劳动者提供优质高效的就业服务。加强基层就业和社会保障服务体系建设，建立覆盖全国的就业信息监测和招聘信息公共服务平台，为社会提供公共就业信息服务。开展就业需求预测，有效引导教育和培训，改善劳动力供给结构。

3. 大力发展人力资源服务业。加快建立专业化、信息化、产业化的人力资源服务体系，逐步实现基本公共服务充分保障，市场化服务产业逐步壮大，服务社会就业与人力资源开发配置能力明显提升。以产业引导、政策扶持和环境营造为重点，规范发展人事代理、人才推荐、人员培训、劳务派遣等人力资源服务。实施品牌推进战略，打造一批人力资源服务品牌，加大品牌宣传力度，推动人力资源服务产业园区发展，形成集聚效应，完善人力资源服务链，构建多层次、多元化的人力资源服务机构集群，扩大服务供给。培育人力资源服务需求，鼓励人力资源服务创新，提升服务供给能力和水平。

专栏 5　公共就业和人才服务行动计划

01　公共就业和人才服务专项行动。开展“就业援助月”、“春风行动”、“民营企业招聘周”、“高校毕业生就业服务月”和“高校毕业生就业服务周”等全国性公共就业和人才服务专项活动，重点帮助就业困难人员、农业富余劳动力、高校毕业生等群体就业。

02　就业失业动态监测和预警工程。依托国家电子政务网络，建立健全覆盖全国的就业失业信息监测网络，完善就业信息统计和失业预警指标体系，开展就业需求预测，适时发布就业需求和失业预警信息。

（六）加强失业预防和调控。

1. 建立失业统计制度和失业预警机制。完善就业与失业登记管理办法，完善城镇调查失业率统计。完善失业动态监测制度，及时准确监测企业岗位变化情况。探索实行失业预警制度，加强预警预测，为采取有针对性的政策措施提供支持。

2. 建立健全失业预防和调控机制。完善失业保险制度。对结构调整和重大灾害及遇到危机情况下出现的失业风险进行积极预防和有效调控，制定应对预案，采取切实措施，保持就业稳定并将失业控制在社会可承受范围。鼓励企业履行稳定就业的社会责任，规范企业规模裁员行为。将失业人员组织到相应的就业培训、指导、服务、援助等就业准备活动中，缩短失业人员失业周期，分散失业风险。完善社会保障体系，提高就业的稳定性。

（七）健全劳动关系协调机制和企业工资分配制度。

1. 健全劳动标准体系和劳动关系协调机制。适时修订完善工作时间、休息休假、女职工和未成年工特殊保护等标准，大力推进劳动定额标准管理。全面实行劳动合同制度，提高小企业和农民工劳动合同签订率。加强对劳务派遣用工的规范管理。全面推进劳动用工备案制度建设，建立全国统一的劳动用工信息数据库。积极推进集体协商和集体合同制度建设，扩大集体合同制度覆盖面，提高集体协商实效性。加强和创新协调劳动关系三方机制建设，充分发挥三方机制在构建和谐劳动关系中的重要作用。完善依托三方机制协调处理集体协商争议的办法。深入开展和谐劳动关系创建活动。

2. 深入推进工资收入分配制度改革。完善并落实最低工资制度，逐步提高最低工资标准。积极稳妥推进工资集体协商工作，建立健全企业工资决定机制和正常增长机制。完善工资指导线制度。完善人力资源市场工资指导价位和行业人工成本信息指导制度，建立统一规范的企业薪酬调查和信息发布制度。改革国有企业工资总额管理办法，对部分行业工资总额和工资水平实行双重调控，缩小行业间工资水平差距。严格规范国有企业、金融机构高管人员薪酬管理。加强企业工资支付保障制度建设，完善工资保证金、欠薪应急周转金，以及清偿欠薪的工程总承包企业负责制、对拒不支付劳动报酬的行政司法联动打击机制和政府属地管理负责制等制度。

专栏6　构建和谐劳动关系计划

01　加强劳动标准体系建设。建立健全劳动标准工作体制机制，全面评估现有劳动标准实施状况，开展劳动标准制（修）订工作，加强劳动标准专业人才队伍和服务平台建设。

02　建立统一规范的企业薪酬调查和信息发布制度。及时掌握并定期发布不同职位劳动者的薪酬和企业人工成本信息，为加强工资分配宏观调控提供支持，为社会各方面提供公共信息服务。

（八）加强劳动保障监察和劳动人事争议调解仲裁。

1. 加强劳动保障监察工作体制建设。加强巡视检查工作，增强专项检查针对性，提高投诉举报处理时效性，建立预防预警机制。全面推进劳动保障监察网格化管理，提高监察执法效能。完善用人单位劳动保障守法诚信档案，实施动态分类监管。完善劳动保障监察与刑事司法联动机制和多部门综合治理机制，完善刑事案件移送制度和案件办理协查制度。推进劳动保障监察立法，建立重大劳动保障违法行为社会公布制度。健全覆盖省、市、县和街道、乡镇的劳动保障监察体系，推进监察机构队伍标准化建设，加强专职监察员培训，发展监察协管员队伍。

2. 加强劳动人事争议处理效能建设。坚持“预防为主、基层为主、调解为主”的方针，指导企业建立健全内部协商调解机制，推进乡镇、街道劳动争议调解组织建设，运用调解机制和方法化解劳动纠纷。建立健全重大集体劳动争议应急调处机制。进一步健全劳动人事争议仲裁体制机制，加快推进劳动人事争议仲裁机构实体化和调解仲裁队伍专业化建设，完善仲裁办案制度，规范办案程序，依法、公正、及时解决劳动人事争议，保护当事人的合法权益。

四、强化组织实施

（一）加强组织领导，落实责任分工。各级政府要加强对规划实施的组织领导，充分发挥促进就业工作协调机制的作用，确保规划各项目标任务得到落实。国务院人力资源社会保障行政部门牵头负责专项规划的实施、指导、协调、督促和检查工作，各有关部门加强协作配合，形成规划实施工作合力。地方各级政府要按照本规划的部署，结合实际分解目标任务，明确责任分工，完善政策体系，扎实做好各项工作。要把规划重点指标的完成情况纳入政府综合考核体系，作为考核地方各级政府实践科学发展观和解决民生问题的重要依据。

（二）加强能力建设，完善工作手段。加强就业领域基础理论和重大政策前瞻性研究，推动科研创新及成果运用，为就业工作提供系统科学的理论指导和决策支持。实施提升公共就业综合服务能力的重大项目，将就业政策措施和重大项目有机结合，提升就业领域基础设施建设和管理服务能力。加强就业领域信息化建设，积极为城乡劳动者提供就业信息、就业咨询、就业培训等公共信息服务，建立跨地区的就业服务信息共享、协同机制。推动就业工作的规范化、标准化和科学化。

专栏7　公共就业综合服务重大工程

01　基层劳动就业和社会保障综合服务平台建设工程。全面加强县、乡两级服务设施（设备）建设，开展就业和职业技能培训、劳动关系协调、劳动保障监察和调解仲裁、劳务输出等服务以及面向农民工的基本公共服务，提供社会保险参保登记、缴费、待遇核发、关系转移等经办服务。街道（乡镇）服务站、行政村（社区）服务窗口与其他公共服务设施共建共享。

02　省、地（市）级人力资源市场建设工程。新建和改扩建一批省、地（市）级人力资源综合服务设施，改善就业和人力资源服务、劳动关系协调、劳动人事争议仲裁、劳动保障监察的条件，强化包括农民工在内的各类群体的基本公共服务。

（三）加强监测评估，营造良好氛围。建立规划实施情况监测、评估和绩效考核机制，加强监测评估能力建设，强化对规划实施情况的跟踪分析。密切关注各地规划实施进展，加强规划实施的宏观指导，做好年度计划、地方规划与本规划目标任务的衔接。开展广泛宣传，引导劳动者转变就业观念，通过自身努力实现就业，动员社会各方关心、支持就业工作，营造良好舆论环境。

国务院关于进一步支持小型微型企业健康发展的意见

国发〔2012〕14号　2012年5月09日

各省、自治区、直辖市人民政府，国务院各部委、各直属机构：

小型微型企业在增加就业、促进经济增长、科技创新与社会和谐稳定等方面具有不可替代的作用，对国民经济和社会发展具有重要的战略意义。党中央、国务院高度重视小型微型企业的发展，出台了一系列财税金融扶持政策，取得了积极成效。但受国内外复杂多变的经济形势影响，当前，小型微型企业经营压力大、成本上升、融资困难和税费偏重等问题仍很突出，必须引起高度重视。为进一步支持小型微型企业健康发展，现提出以下意见。

一、充分认识进一步支持小型微型企业健康发展的重要意义

（一）增强做好小型微型企业工作的信心。各级政府和有关部门对当前小型微型企业发展面临的新情况、新问题要高度重视，增强信心，加大支持力度，把支持小型微型企业健康发展作为巩固和扩大应对国际金融危机冲击成果、保持经济平稳较快发展的重要举措，放在更加重要的位置上。要科学分析，正确把握，积极研究采取更有针对性的政策措施，帮助小型微型企业提振信心，稳健经营，提高盈利水平和发展后劲，增强企业的可持续发展能力。

二、进一步加大对小型微型企业的财税支持力度

（二）落实支持小型微型企业发展的各项税收优惠政策。提高增值税和营业税起征点；将小型微利企业减半征收企业所得税政策，延长到2015年底并扩大范围；将符合条件的国家中小企业公共服务示范平台中的技术类服务平台纳入现行科技开发用品进口税收优惠政策范围；自2011年11月1日至2014年10月31日，对金融机构与小型微型企业签订的借款合同免征印花税，将金融企业涉农贷款和中小企业贷款损失准备金税前扣除政策延长至2013年底，将符合条件的农村金融机构金融保险收入减按3%的税率征收营业税的政策延长至2015年底。加快推进营业税改征增值税试点，逐步解决服务业营业税重复征税问题。结合深化税收体制改革，完善结构性减税政策，研究进一步支持

小型微型企业发展的税收制度。

（三）完善财政资金支持政策。充分发挥现有中小企业专项资金的支持引导作用，2012 年将资金总规模由 128.7 亿元扩大至 141.7 亿元，以后逐年增加。专项资金要体现政策导向，增强针对性、连续性和可操作性，突出资金使用重点，向小型微型企业和中西部地区倾斜。

（四）依法设立国家中小企业发展基金。基金的资金来源包括中央财政预算安排、基金收益、捐赠等。中央财政安排资金 150 亿元，分 5 年到位，2012 年安排 30 亿元。基金主要用于引导地方、创业投资机构及其他社会资金支持处于初创期的小型微型企业等。鼓励向基金捐赠资金。对企事业单位、社会团体和个人等向基金捐赠资金的，企业在年度利润总额 12% 以内的部分，个人在申报个人所得税应纳税所得额 30% 以内的部分，准予在计算缴纳所得税税前扣除。

（五）政府采购支持小型微型企业发展。负有编制部门预算职责的各部门，应当安排不低于年度政府采购项目预算总额 18% 的份额专门面向小型微型企业采购。在政府采购评审中，对小型微型企业产品可视不同行业情况给予 6%—10% 的价格扣除。鼓励大中型企业与小型微型企业组成联合体共同参加政府采购，小型微型企业占联合体份额达到 30% 以上的，可给予联合体 2%—3% 的价格扣除。推进政府采购信用担保试点，鼓励为小型微型企业参与政府采购提供投标担保、履约担保和融资担保等服务。

（六）继续减免部分涉企收费并清理取消各种不合规收费。落实中央和省级财政、价格主管部门已公布取消的行政事业性收费。自 2012 年 1 月 1 日至 2014 年 12 月 31 日三年内对小型微型企业免征部分管理类、登记类和证照类行政事业性收费。清理取消一批各省（区、市）设立的涉企行政事业性收费。规范涉及行政许可和强制准入的经营服务性收费。继续做好收费公路专项清理工作，降低企业物流成本。加大对向企业乱收费、乱罚款和各种摊派行为监督检查的力度，严格执行收费公示制度，加强社会和舆论监督。完善涉企收费维权机制。

三、努力缓解小型微型企业融资困难

（七）落实支持小型微型企业发展的各项金融政策。银行业金融机构对小型微型企业贷款的增速不低于全部贷款平均增速，增量高于上年同期水平，对

达到要求的小金融机构继续执行较低存款准备金率。商业银行应对符合国家产业政策和信贷政策的小型微型企业给予信贷支持。鼓励金融机构建立科学合理的小型微型企业贷款定价机制，在合法、合规和风险可控前提下，由商业银行自主确定贷款利率，对创新型和创业型小型微型企业可优先予以支持。建立小企业信贷奖励考核制度，落实已出台的小型微型企业金融服务的差异化监管政策，适当提高对小型微型企业贷款不良率的容忍度。进一步研究完善小企业贷款呆账核销有关规定，简化呆账核销程序，提高小型微型企业贷款呆账核销效率。优先支持符合条件的商业银行发行专项用于小型微型企业贷款的金融债。支持商业银行开发适合小型微型企业特点的各类金融产品和服务，积极发展商圈融资、供应链融资等融资方式。加强对小型微型企业贷款的统计监测。

（八）加快发展小金融机构。在加强监管和防范风险的前提下，适当放宽民间资本、外资、国际组织资金参股设立小金融机构的条件。适当放宽小额贷款公司单一投资者持股比例限制。支持和鼓励符合条件的银行业金融机构重点到中西部设立村镇银行。强化小金融机构主要为小型微型企业服务的市场定位，创新金融产品和服务方式，优化业务流程，提高服务效率。引导小金融机构增加服务网点，向县域和乡镇延伸。符合条件的小额贷款公司可根据有关规定改制为村镇银行。

（九）拓宽融资渠道。搭建方便快捷的融资平台，支持符合条件的小企业上市融资、发行债券。推进多层次债券市场建设，发挥债券市场对微观主体的资金支持作用。加快统一监管的场外交易市场建设步伐，为尚不符合上市条件的小型微型企业提供资本市场配置资源的服务。逐步扩大小型微型企业集合票据、集合债券、集合信托和短期融资券等发行规模。积极稳妥发展私募股权投资和创业投资等融资工具，完善创业投资扶持机制，支持初创型和创新型小型微型企业发展。支持小型微型企业采取知识产权质押、仓单质押、商铺经营权质押、商业信用保险保单质押、商业保理、典当等多种方式融资。鼓励为小型微型企业提供设备融资租赁服务。积极发展小型微型企业贷款保证保险和信用保险。加快小型微型企业融资服务体系建设。深入开展科技和金融结合试点，为创新型小型微型企业创造良好的投融资环境。

（十）加强对小型微型企业的信

用担保服务。大力推进中小企业信用担保体系建设，继续执行对符合条件的信用担保机构免征营业税政策，加大中央财政资金的引导支持力度，鼓励担保机构提高小型微型企业担保业务规模，降低对小型微型企业的担保收费。引导外资设立面向小型微型企业的担保机构，加快推进利用外资设立担保公司试点工作。积极发展再担保机构，强化分散风险、增加信用功能。改善信用保险服务，定制符合小型微型企业需求的保险产品，扩大服务覆盖面。推动建立担保机构与银行业金融机构间的风险分担机制。加快推进企业信用体系建设，切实开展企业信用信息征集和信用等级评价工作。

（十一）规范对小型微型企业的融资服务。除银团贷款外，禁止金融机构对小型微型企业贷款收取承诺费、资金管理费。开展商业银行服务收费检查。严格限制金融机构向小型微型企业收取财务顾问费、咨询费等费用，清理纠正金融服务不合理收费。有效遏制民间借贷高利贷化倾向以及大型企业变相转贷现象，依法打击非法集资、金融传销等违法活动。严格禁止金融从业人员参与民间借贷。研究制定防止大企业长期拖欠小型微型企业资金的政策措施。

四、进一步推动小型微型企业创新发展和结构调整

（十二）支持小型微型企业技术改造。中央预算内投资扩大安排用于中小企业技术进步和技术改造资金规模，重点支持小型企业开发和应用新技术、新工艺、新材料、新装备，提高自主创新能力、促进节能减排、提高产品和服务质量、改善安全生产与经营条件等。各地也要加大对小型微型企业技术改造的支持力度。

（十三）提升小型微型企业创新能力。完善企业研究开发费用所得税前加计扣除政策，支持企业技术创新。实施中小企业创新能力建设计划，鼓励有条件的小型微型企业建立研发机构，参与产业共性关键技术研发、国家和地方科技计划项目以及标准制定。鼓励产业技术创新战略联盟向小型微型企业转移扩散技术创新成果。支持在小型微型企业集聚的区域建立健全技术服务平台，集中优势科技资源，为小型微型企业技术创新提供支撑服务。鼓励大专院校、科研机构和大企业向小型微型企业开放研发试验设施。实施中小企业信息化推进工程，重点提高小型微型企业生产制造、运营管理和市场开拓的信息化应用水平，鼓励信息技术企业、通信运营商为小型微型企业提供信息化应用平台。加快新技术和先进适用技术在小型微型企业的推广应用，鼓励各类技术服务机构、技术市场和研究院所为小型微型企业提供优质服务。

（十四）提高小型微型企业知识产权创造、运用、保护和管理水平。中小企业知识产权战略推进工程以培育具有自主知识产权优势小型微型企业为重点，加强宣传和培训，普及知识产权知识，推进重点区域和重点企业试点，开展面向小型微型企业的专利辅导、专利代理、专利预警等服务。加大对侵犯知识产权和制售假冒伪劣产品的打击力度，维护市场秩序，保护创新积极性。

（十五）支持创新型、创业型和劳动密集型的小型微型企业发展。鼓励小型微型企业发展现代服务业、战略性新兴产业、现代农业和文化产业，走“专精特新”和与大企业协作配套发展的道路，加快从要素驱动向创新驱动的转变。充分利用国家科技资源支持小型微型企业技术创新，鼓励科技人员利用科技成果创办小型微型企业，促进科技成果转化。实施创办小企业计划，培育和支持3000家小企业创业基地，大力开展创业培训和辅导，鼓励创办小企业，努力扩大社会就业。积极发展各类科技孵化器，到2015年，在孵企业规模达到10万家以上。支持劳动密集型企业稳定就业岗位，推动产业升级，加快调整产品结构和服务方式。

（十六）切实拓宽民间投资领域。要尽快出台贯彻落实国家有关鼓励和引导民间投资健康发展政策的实施细则，促进民间投资便利化、规范化，鼓励和引导小型微型企业进入教育、社会福利、科技、文化、旅游、体育、商贸流通等领域。各类政府性资金要对包括民间投资在内的各类投资主体同等对待。

（十七）加快淘汰落后产能。严格控制高污染、高耗能和资源浪费严重的小型微型企业发展，防止落后产能异地转移。严格执行国家有关法律法规，综合运用财税、金融、环保、土地、产业政策等手段，支持小型微型企业加快淘汰落后技术、工艺和装备，通过收购、兼并、重组、联营和产业转移等获得新的发展机会。

五、加大支持小型微型企业开拓市场的力度

（十八）创新营销和商业模式。鼓励小型微型企业运用电子商务、信用销售和信用保险，大力拓展经营领域。研究创新中国国际中小企业博览会办展机制，促进在国际化、市场化、专业化等

方面取得突破。支持小型微型企业参加国内外展览展销活动，加强工贸结合、农贸结合和内外贸结合。建设集中采购分销平台，支持小型微型企业通过联合采购、集中配送，降低采购成本。引导小型微型企业采取抱团方式“走出去”。培育商贸企业集聚区，发展专业市场和特色商业街，推广连锁经营、特许经营、物流配送等现代流通方式。加强对小型微型企业出口产品标准的培训。

（十九）改善通关服务。推进分类通关改革，积极研究为符合条件的小型微型企业提供担保验放、集中申报、24小时预约通关和不实行加工贸易保证金台账制度等便利通关措施。扩大“属地申报，口岸验放”通关模式适用范围。扩大进出口企业享受预归类、预审价、原产地预确定等措施的范围，提高企业通关效率，降低物流通关成本。

（二十）简化加工贸易内销手续。进一步落实好促进小型微型加工贸易企业内销便利化相关措施，允许联网企业“多次内销、一次申报”，并可在内销当月内集中办理内销申报手续，缩短企业办理时间。

（二十一）开展集成电路产业链保税监管模式试点。允许符合条件的小型微型集成电路设计企业作为加工贸易经营单位开展加工贸易业务，将集成电路产业链中的设计、芯片制造、封装测试企业等全部纳入保税监管范围。

六、切实帮助小型微型企业提高经营管理水平

（二十二）支持管理创新。实施中小企业管理提升计划，重点帮助和引导小型微型企业加强财务、安全、节能、环保、用工等管理。开展企业管理创新成果推广和标杆示范活动。实施小企业会计准则，开展培训和会计代理服务。建立小型微型企业管理咨询服务制度，支持管理咨询机构和志愿者面向小型微型企业开展管理咨询服务。

（二十三）提高质量管理水平。落实小型微型企业产品质量主体责任，加强质量诚信体系建设，开展质量承诺活动。督促和指导小型微型企业建立健全质量管理体系，严格执行生产许可、经营许可、强制认证等准入管理，不断增强质量安全保障能力。大力推广先进的质量管理理念和方法，严格执行国家标准和进口国标准。加强品牌建设指导，引导小型微型企业创建自主品牌。鼓励制定先进企业联盟标准，带动小型微型企业提升质量保证能力和专业化协作配套水平。充分发挥国家质检机构和重点实验室的辐射支撑作用，加快质量检验检疫公共服务平台建设。

（二十四）加强人力资源开发。加强对小型微型企业劳动用工的指导与服务，拓宽企业用工渠道。实施国家中小企业银河培训工程和企业经营管理人才素质提升工程，以小型微型企业为重点，每年培训50万名经营管理人员和创业者。指导小型微型企业积极参与高技能人才振兴计划，加强技能人才队伍建设工作，国家专业技术人才知识更新工程等重大人才工程要向小型微型企业倾斜。围绕《国家中长期人才发展规划纲要（2010—2020年）》确定的重点领域，开展面向小型微型企业创新型专业技术人才的培训。完善小型微型企业职工社会保障政策。

（二十五）制定和完善鼓励高校毕业生到小型微型企业就业的政策。对小型微型企业新招用高校毕业生并组织开展岗前培训的，按规定给予培训费补贴，并适当提高培训费补贴标准，具体标准由省级财政、人力资源和社会保障部门确定。对小型微型企业新招用毕业年度高校毕业生，签订1年以上劳动合同并按时足额缴纳社会保险费的，给予1年的社会保险补贴，政策执行期限截至2014年底。改善企业人力资源结构，实施大学生创业引领计划，切实落实已出台的鼓励高校毕业生自主创业的税费减免、小额担保贷款等扶持政策，加大公共就业服务力度，提高高校毕业生创办小型微型企业成功率。

七、促进小型微型企业集聚发展

（二十六）统筹安排产业集群发展用地。规划建设小企业创业基地、科技孵化器、商贸企业集聚区等，地方各级政府要优先安排用地计划指标。经济技术开发区、高新技术开发区以及工业园区等各类园区要集中建设标准厂房，积极为小型微型企业提供生产经营场地。对创办三年内租用经营场地和店铺的小型微型企业，符合条件的，给予一定比例的租金补贴。

（二十七）改善小型微型企业集聚发展环境。建立完善产业集聚区技术、电子商务、物流、信息等服务平台。发挥龙头骨干企业的引领和带动作用，推动上下游企业分工协作、品牌建设和专业市场发展，促进产业集群转型升级。以培育农村二、三产业小型微型企业为重点，大力发展县域经济。开展创新型产业集群试点建设工作。支持能源供应、排污综合治理等基础设施建设，加强节能管理和“三废”集中治理。

八、加强对小型微型企业的公共服务

（二十八）大力推进服务体系建设。到2015年，支持建立和完善4000个为小型微型企业服务的公共服务平台，重点培育认定500个国家中小企业公共服务示范平台，发挥示范带动作用。实施中小企业公共服务平台网络建设工程，支持各省（区、市）统筹建设资源共享、服务协同的公共服务平台网络，建立健全服务规范、服务评价和激励机制，调动和优化配置服务资源，增强政策咨询、创业创新、知识产权、投资融资、管理诊断、检验检测、人才培训、市场开拓、财务指导、信息化服务等各类服务功能，重点为小型微型企业提供质优价惠的服务。充分发挥行业协会（商会）的桥梁纽带作用，提高行业自律和组织水平。

（二十九）加强指导协调和统计监测。充分发挥国务院促进中小企业发展工作领导小组的统筹规划、组织领导和政策协调作用，明确部门分工和责任，加强监督检查和政策评估，将小型微型企业有关工作列入各地区、各有关部门年度考核范围。统计及有关部门要进一步加强对小型微型企业的调查统计工作，尽快建立和完善小型微型企业统计调查、监测分析和定期发布制度。

各地区、各部门要结合实际，研究制定本意见的具体贯彻落实办法，加大对小型微型企业的扶持力度，创造有利于小型微型企业发展的良好环境。

国务院关于全国中小企业股份转让系统有关问题的决定

国发〔2013〕49号　2013年12月13日

各省、自治区、直辖市人民政府，国务院各部委、各直属机构：

为更好地发挥金融对经济结构调整和转型升级的支持作用，进一步拓展民间投资渠道，充分发挥全国中小企业股份转让系统（以下简称全国股份转让系统）的功能，缓解中小微企业融资难，按照党的十八大、十八届三中全会关于多层次资本市场发展的精神和国务院第13次常务会议的有关要求，现就全国股份转让系统有关问题作出如下决定。

一、充分发挥全国股份转让系统服务中小微企业发展的功能

全国股份转让系统是经国务院批准，依据证券法设立的全国性证券交易场所，主要为创新型、创业型、成长型中小微企业发展服务。境内符合条件的股份公司均可通过主办券商申请在全国股份转让系统挂牌，公开转让股份，进行股权融资、债权融资、资产重组等。申请挂牌的公司应当业务明确、产权清晰、依法规范经营、公司治理健全，可以尚未盈利，但须履行信息披露义务，所披露的信息应当真实、准确、完整。

二、建立不同层次市场间的有机联系

在全国股份转让系统挂牌的公司，达到股票上市条件的，可以直接向证券交易所申请上市交易。在符合《国务院关于清理整顿各类交易场所切实防范金融风险的决定》（国发〔2011〕38号）要求的区域性股权转让市场进行股权非公开转让的公司，符合挂牌条件的，可以申请在全国股份转让系统挂牌公开转让股份。

三、简化行政许可程序

挂牌公司依法纳入非上市公众公司监管，股东人数可以超过200人。股东人数未超过200人的股份公司申请在全国股份转让系统挂牌，证监会豁免核准。挂牌公司向特定对象发行证券，且发行后证券持有人累计不超过200人的，证监会豁免核准。依法需要核准的行政许可事项，证监会应当建立简便、快捷、

高效的行政许可方式，简化审核流程，提高审核效率，无需再提交证监会发行审核委员会审核。

四、建立和完善投资者适当性管理制度

建立与投资者风险识别和承受能力相适应的投资者适当性管理制度。中小微企业具有业绩波动大、风险较高的特点，应当严格自然人投资者的准入条件。积极培育和发展机构投资者队伍，鼓励证券公司、保险公司、证券投资基金、私募股权投资基金、风险投资基金、合格境外机构投资者、企业年金等机构投资者参与市场，逐步将全国股份转让系统建成以机构投资者为主体的证券交易场所。

五、加强事中、事后监管，保障投资者合法权益

证监会应当比照证券法关于市场主体法律责任的相关规定，严格执法，对虚假披露、内幕交易、操纵市场等违法违规行为采取监管措施，实施行政处罚。全国股份转让系统要制定并完善业务规则体系，建立市场监控系统，完善风险管理制度和设施，保障技术系统和信息安全，切实履行自律监管职责。

六、加强协调配合，为挂牌公司健康发展创造良好环境

国务院有关部门应当加强统筹协调，为中小微企业利用全国股份转让系统发展创造良好的制度环境。市场建设中涉及税收政策的，原则上比照上市公司投资者的税收政策处理；涉及外资政策的，原则上比照交易所市场及上市公司相关规定办理；涉及国有股权监管事项的，应当同时遵守国有资产管理的相关规定。各省（区、市）人民政府要加强组织领导和协调，建立健全挂牌公司风险处置机制，切实维护社会稳定。

第二章 省直

中共安徽省委 安徽省人民政府
关于大力发展民营经济的意见

皖发〔2013〕7号 2013年2月21日

大力发展民营经济是实现我省经济总量争先进位、人均水平进入中等、居民收入赶上全国，确保与全国同步全面建成小康社会的重大战略举措。要全面贯彻落实党的十八大精神，全面贯彻落实中央发展民营经济的方针政策，进一步解放思想，开阔思路，彻底破除体制机制障碍，坚持工业化、信息化、城镇化、农业现代化同步发展，充分发挥我省发展潜力大、有利条件多的优势，充分激发各方面创造活力，奋力推进民营经济又好又快发展。

一、激发主体活力

1. 扶持民营企业做强做大。大力实施强企工程，引导优质资源向优势民营企业集中，支持科技创新、管理创新、产品创新和商业模式创新，加强质量和品牌建设，增强核心竞争力，着力打造一批自主创新能力强、市场影响力大的骨干企业，培育一批行业领军型企业和企业家。对新进入全国民营企业500强企业，获得中国驰名商标和主导制订国际标准、国家标准、行业标准的企业，省政府予以通报表彰，并给予一次性奖励。

2. 推动招商引资提质提速。把招商引资作为发展民营经济的重要途径，大力推动徽商“凤还巢”，深化与全国知名民营企业合作发展，鼓励省外境外企业家、战略投资者、技术和管理人才来皖投资兴业，广泛聚集发展资源。对总部或研发中心迁至我省的民营企业，按一事一议原则给予优惠政策；对徽商回皖投资，实行招商引资同等待遇。

3. 掀起全民创业新高潮。采取激励措施，推动更多社会成员兴办经济实体，引导更多外出务工人员回乡创业，促进更多个体工商户转型升级为企业法人。完善和落实小额担保贷款、财政贴息等鼓励自主创业政策。个体工商户转为小型微型企业，以及创办并稳定经营的微型企业，可由当地政府给予一定比例的补贴。力争到2017年，万人拥有企业数、

个体工商户数分别比2012年翻一番以上和增长50%以上，民营经济对经济发展的贡献率明显提高。

二、拓展发展空间

4. 落实准入政策。全面落实国务院关于鼓励和引导民间投资健康发展的“新36条”和国家有关部委的42个实施细则，按照“非禁即准”的原则，全面放开投资领域，切实做到平等准入、放手发展。支持民营资本参与国有企业改制重组，参与农村合作金融机构改制、农村商业银行增资扩股、发起或参与设立村镇银行等，以及兴办非义务教育、医院和社会中介机构等。建立健全民营资本参与重大项目投资招标长效机制。

5. 放宽经营条件。除一人有限责任公司外，允许注册资本货币“零首付”，可在法定期限内缴足注册资本。允许使用法律、法规和规章未禁止，尚未纳入国民经济行业分类的行业用语作为企业名称和经营范围表述用语。除法律、行政法规、国务院决定设置的企业登记注册前置许可外，一律不得设置其他前置许可。应当进行前置许可的，要简化环节、优化程序、提高效率。

6. 提升创新能力。支持民营企业建立研发机构，对企业所得税年增长较快的民营企业，可由同级财政将其增量地方留成部分按一定比例奖补企业用于研发和技改；对土地单位面积产出率高、研发投入达到规定比例的民营企业，可由同级财政将企业年纳税增量地方留成部分按一定比例奖补企业用于研发和技改。支持民营科技企业加快发展。对民营企业研发机构在承担国家科技任务、人才引进等方面与公办研发机构实行一视同仁的支持政策。引导民营企业加大技术改造投入，将符合省政府关于加快做大做强主导产业要求的民营企业技术改造项目纳入全省重点技术改造项目，给予贷款贴息扶持。合芜蚌试验区和技术创新工程试点省专项资金、省创业投资引导基金直接参股基金对初创期科技型中小企业予以重点支持，各类科技计划项目对纳入省高新技术企业培育库的民营企业予以优先支持。

7. 支持企业开拓市场。严禁在政府采购中通过设定附加条件等形式变相对民营企业设置门槛。支持符合条件的民营企业申请纳入国家推广企业、产品规格型号及销售网点目录。对照国家产品惠民政策，鼓励企业参与竞标。积极组织省内产需对接，促进中小微型企业与大企业建立稳定的协作配套关系。支持民营企业参加各类境内外交易会、展销会、博览会等，对其展位费等给予适当补助。积极支持民营企业“走出去”，开展对外合作，开拓国际市场。

三、加大财税支持

8. 加强财政资金引导。从 2013 年起连续 5 年，省财政每年安排 11 亿元扶持民营经济发展专项资金，以转移支付方式直接安排到各县(市、区)，用于充实县(市、区)担保公司国有资本金，支持工业、现代服务业固定资产投资贷款贴息、研发和担保贴费等，各市及各县(市、区)原则上各按省财政安排的资金等比例配套。对符合政府投资支持方向的民间投资项目，在中央投资项目、资金争取和省级政府性资金安排上，与其他项目一视同仁、同等待遇。

9. 落实税收优惠政策。加大国家结构性减税等税收优惠政策的宣传、培训和落实力度，确保民营企业知晓各项政策，确保各项优惠政策及时落实到位，并将其纳入对地方政府和省有关部门考核内容。2015 年底前，对微型企业月营业额未达到 2 万元、日(次)营业额未达到 500 元的，免征营业税；对经主管部门批准的民间投资兴办的学校、医院自用土地，免征城镇土地使用税；经省级机构认定的高新技术民营企业迁入我省的，3 年有效期内不再重新认定，享受高新技术企业所得税优惠政策。对在我省新设的股权投资企业，其所得税省级分成部分奖励给企业。

四、改善金融服务

10. 持续扩大有效信贷。各类金融机构要加大对涉农、小型微型民营企业信贷支持力度，确保两类贷款的增速不低于全省各类贷款平均增速，增量不低于上年。鼓励金融机构扩大土地承包经营权、农房、大型农用生产设备、林权、水域滩涂使用权等抵押贷款，应收账款、仓单、存单、股权、知识产权等权利质押贷款。发展信用户联保体和信用户共同体，对其信用户发放信用贷款。禁止银行业金融机构在发放贷款时附加不合理的贷款条件，严禁对小型微型企业收取承诺费、资金管理费，严格限制收取财务顾问费、咨询费等费用。对随意抬高融资成本、存在不规范经营行为的金融机构在年度考核时实行“一票否决”，政府有关部门会同银监部门依据有关规定予以处罚。

11. 拓宽融资渠道。加强对拟上市或发债民营企业的筛选、培育和储备，引导企业依法合规经营，完善法人治理结构，提高财务透明度，帮助企业做好改制、辅导和上市或发债申报工作。对成功上市的企业，省和同级财政分别给予 100 万元的奖励；企业因上市而改制的，对改制当年应补缴和辅导期内(不超过 3

年）超改制前基数部分企业所得税，省和同级财政按地方留成给予等额奖励。对成功发行企业债、公司债、债务融资工具、中小企业私募债和中小企业集合信托计划的中小企业，省和同级财政按发行额度3%给予补助，最高不超过75万元。

五、加强用地保障

12.有效保障企业用地需求。将民营企业用地纳入年度用地计划。民营企业投资符合国家产业发展方向、技术含量高、产业带动性强的大项目，优先统筹安排新增建设用地指标。各地要按产城一体、宜居宜业的原则，规划建设提升具有综合服务功能的城镇就业、农民工、大学生、留学生创业园等创业基地和科技孵化器、商贸集聚区、保障性住房，为各类投资者营造良好的生产生活条件。

13.鼓励节约集约用地。对建设3层以上标准化生产性厂房的，在保证设施专用的前提下，由同级财政给予一定补助。对租用政府投资多层标准化厂房的小型微型企业，3年内给予租金优惠。

六、强化人才支撑

14.缓解企业“用工难”。对职业中介机构为民营企业招用人员，按签订6个月以上用工证明和1年以上劳动合同人数，给予每人120—250元的职业介绍补贴；劳动者参加就业技能培训，给予200—1200元的培训补贴，并按规定建立动态调整机制。对民营企业新录用人员并与其签订6个月以上劳动合同，进行上岗前技能培训的，由当地政府给予不低于人均300元的补贴；对经岗位技能提升培训并取得中级工、高级工、技师、高级技师资格的，分别给予每人500元、1000元、2000元、3000元的补贴。支持和鼓励民营企业利用自有存量土地建设公共租赁住房用于员工公寓，纳入当地保障性安居工程建设计划，享受同等优惠政策。

15.支持企业引进和培育人才。对民营企业引进省外“两院”院士、“千人计划”、“百人计划”、“万人计划”人员并签订3年以上合同（每年在我省实际工作时间6个月以上）的，分别给予100万元、50万元、20万元、20万元补助资金。对建立院士工作站、博士后科研工作站和技能大师工作室的民营企业，分别给予50万元、10万元、10万元的建站资助。加强民营企业家队伍建设，实施千名民营企业家培养计划，定期组织民营企业经营管理人员和创业者开展管理提升培训，重视培养乡土人才。将民营企业的各类人才纳入享受政府特殊津贴、省学术技术带头人及后备人选等优秀人才选拔培养范围。

七、优化发展环境

16.切实减轻企业负担。各级党委、政府要切实保障企业除依法缴纳税费和依法接受监管外，不再承担其他社会负担。严禁任何机关、事业单位和各类协会、学会等社会团体向企业摊派费用，严禁违法违规审批、检查、评比，严禁违法指定中介机构让企业接受各种评审、评估、年检，严禁强行指定企业购买专用产品。在各级监察部门设立民营企业投诉服务电话，对加重企业负担、服务效能低下的单位和个人依法依规处理。

17.依法保护合法私有财产。鼓励劳动者通过诚实劳动创造美好生活。民营企业和民营企业家的合法财产受法律保护，任何单位和个人不得侵占、破坏，未经法定程序，不得非法改变权属关系。禁止滥用行政权力干预民营企业合法生产经营活动，不得非法查封、扣压、冻结企业财产。

18.营造良好舆论环境。广泛宣传发展民营经济的方针政策，大力倡导尊重创业、尊重劳动的风尚，营造重商、亲商、安商的良好氛围。大力宣传推介企业优质产品，提升产品的美誉度和市场占有率。引导广大民营企业和个体工商户自觉遵守法律法规，加强企业诚信体系建设，弘扬诚实守信精神，不断提高企业管理水平，认真履行社会责任。充分发挥新闻舆论监督作用，对侵犯民营企业及企业家合法权益和干扰合法经营活动的典型事例及时予以曝光。

八、加强督查考核

19.强化组织推动。各市、县(市、区)党委、政府要加强对发展民营经济工作的领导，按照中央和省委、省政府关于改进工作作风的要求，深入民营企业调查研究，千方百计解决制约民营经济发展的突出问题。建立健全合力扶持民营经济发展的工作协调机制，推动各项政策措施贯彻落实。加强民营企业党建工作，充分发挥党组织的作用，促进民营经济健康发展。省委、省政府每年以适当方式对国家和省委、省政府出台的政策规定落实情况进行督查，对政策不落实的部门和市、县(市、区)进行问责。

20.建立考核机制。建立健全民营经济统计监测制度。加强民营经济发展情况考核，每年对发展民营经济先进市、县(市、区)进行通报，每三年对发展民营经济先进市、县(市、区)和优秀民营企业、民营企业家进行表彰。除民营企业外，其他民营经济组织均享受以上优惠政策。各市、县(市、区)和省直有关单位要依据本意见精神，结合实际，制定具体实施办法。

安徽省人民政府办公厅关于印发全省民营经济考核评价办法的通知

皖政办秘〔2013〕26号　2013年3月1日

各市、县人民政府，省政府各部门、各直属机构：

《全省民营经济考核评价办法》已经省政府同意，现印发给你们，请结合实际，认真组织实施。

全省民营经济考核评价办法

贯彻落实《中共安徽省委安徽省人民政府关于大力发展民营经济的意见》（皖发〔2013〕7号），持续深入推动全省民营经济发展，省委、省政府将每年组织对各市、县（市、区）民营经济发展情况进行考核评价，并对涌现出的发展民营经济先进市和县（市、区）进行通报。特制定本办法。

一、考评范围

本办法考核评价民营经济主体的范围，是指在我省登记注册的除国有及国有控股、外商独资及控股（不包括港澳台资）之外的企业法人，个体工商户，以及获取执业许可的从事教育、医疗、养老等活动的各类民办非企业法人等。

二、考评方式

按照主体功能区划分，结合县域经济考核分类和各地民营经济发展基础，将16个市分为两类，107个县（市、区，含毛集实验区和叶集试验区）分为四类（见附件1、2），分别按照市、县（市、区）民营经济综合考核基础指标（见附件3、4），由省统计局进行统计考核，并征求各市对县（市、区）统计考核结果的意见进行综合考评，确定考评结果。

三、考评通报

按全省市、县（市、区）数的1/3，对得分排在前6名的市，由省委、省政府授予“发展民营经济先进市”称号；对一、二、三、四类县（市、区）分别按照其总数的40%、33%、30%、30%比例，对得分排在前12名、12名、7名、5名的县（市、区），由省委、省政府授予“发展民营经济先进县（市、区）”称号，并予以通报。

本办法由省发展民营经济工作领导小组办公室负责解释。

附件1

市分类

一类（15个）：合肥市、淮北市、亳州市、宿州市、蚌埠市、阜阳市、淮南市、滁州市、六安市、马鞍山市、芜湖市、宣城市、铜陵市、池州市、安庆市。

二类（1个）：黄山市。

附件2

县（市、区）分类

一类（30个）：肥东县、肥西县、长丰县、巢湖市、合肥市瑶海区、合肥市庐阳区、合肥市蜀山区、合肥市包河区、天长市、马鞍山市花山区、马鞍山市雨山区、马鞍山市博望区、当涂县、芜湖市镜湖区、芜湖市弋江区、芜湖市鸠江区、芜湖市三山区、无为县、芜湖县、繁昌县、南陵县、广德县、宁国市、铜陵市铜官山区、铜陵市狮子山区、铜陵市郊区、铜陵县、怀宁县、桐城市、枞阳县。

二类（36个）：庐江县、淮北市相山区、淮北市杜集区、淮北市烈山区、濉溪县、蒙城县、蚌埠市龙子湖区、蚌埠市蚌山区、蚌埠市禹会区、蚌埠市淮上区、怀远县、颍上县、凤台县、淮南市大通区、淮南市田家庵区、淮南市谢家集区、淮南市八公山区、淮南市潘集区、淮南市毛集实验区、滁州市琅琊区、滁州市南谯区、全椒县、来安县、六安市金安区、六安市裕安区、霍邱县、六安市叶集试验区、含山县、和县、宣城市宣州区、郎溪县、池州市贵池区、东至县、安庆市迎江区、安庆市大观区、安庆市宜秀区。

三类（24个）：亳州市谯城区、涡阳县、利辛县、宿州市埇桥区、砀山县、萧县、灵璧县、泗县、五河县、固镇县、阜阳市颍州区、阜阳市颍泉区、阜阳市颍东区、界首市、临泉县、阜南县、太和县、明光市、凤阳县、定远县、寿县、舒城县、宿松县、望江县。

四类（17个）：霍山县、金寨县、泾县、绩溪县、旌德县、青阳县、石台县、潜山县、太湖县、岳西县、黄山市屯溪区、黄山市黄山区、黄山市徽州区、歙县、休宁县、黟县、祁门县。

附件3

市民营经济综合考核基础指标

序号	基础指标		单位	一类市权重	二类市权重
1	地区生产总值	总量	亿元	4	5
		增长幅度	%	6	7
2	民营经济第二产业增加值	总量	亿元	5	2
		增长幅度	%	7	4
3	民营经济服务业增加值	总量	亿元	3	6
		增长幅度	%	5	8
4	民营经济税收	总量	亿元	7	7
		增长幅度	%	11	11
5	民营经济固定资产投资	总量	亿元	6	6
		增长幅度	%	6	6
6	地区存贷款	贷款总量	亿元	3	3
		存贷比	%	5	5
7	每万人拥有私营企业数		个／万人	7	7
8	每万人拥有个体工商户数		户／万人	5	5
9	民营企业研发（R & D）经费支出		亿元	5	3
10	民营企业拥有授权专利		个	3	3
11	民营企业拥有省级以上（含省级）名牌产品、省著名商标和中国驰名商标		个	2	2
12	民营企业出口额	总量	千万美元	2	2
		增长幅度	%	2	2
13	民营企业政策知晓率		%	3	3
14	发展民营经济优惠政策执行率		%	3	3

注：1.依据每项指标的重要性分配分值，总分100分。

2.每万人拥有私营企业、个体工商户数，按常住人口计算。

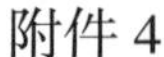

附件 4

县（市、区）民营经济综合考核基础指标

序号	基 础 指 标		单位	权重
1	地区生产总值	总量	亿元	4
		增长幅度	%	6
2	民营经济第二产业增加值	总量	亿元	5
		增长幅度	%	7
3	民营经济服务业增加值	总量	亿元	3
		增长幅度	%	5
4	民营经济税收	总量	千万元	7
		增长幅度	%	11
5	民营经济固定资产投资	总量	亿元	6
		增长幅度	%	6
6	地区存贷款	贷款总量	亿元	3
		存贷比	%	5
7	每万人拥有私营企业数		个 / 万人	7
8	每万人拥有个体工商户数		户 / 万人	5
9	民营企业研发（R & D）经费支出		千万元	5
10	民营企业拥有授权专利		个	3
11	民营企业拥有省级以上（含省级）名牌产品、省著名商标和中国驰名商标		个	2
12	民营企业出口额	总量	千万美元	2
		增长幅度	%	2
13	民营企业政策知晓率		%	3
14	发展民营经济优惠政策执行率		%	3

注：1. 依据每项指标的重要性分配分值，总分 100 分。
2. 每万人拥有私营企业、个体工商户数，按常住人口计算。

安徽省人民政府关于促进经济持续健康较快发展的意见

皖政〔2013〕5号　2013年1月29日

各市、县人民政府，省政府各部门、各直属机构：

今年是全面贯彻党的十八大精神的开局之年，做好经济社会发展各项工作意义重大。当前，国内外经济形势依然复杂严峻，不确定不稳定因素很多，实现今年全省经济社会发展目标面临不少风险挑战。各级各部门要全面贯彻落实党的十八大和中央及全省经济工作会议精神，以提高经济增长质量和效益为中心，坚持稳中求进，努力解决制约经济持续健康较快发展的突出问题，发挥好投资对经济增长的关键作用，增强消费对经济增长的基础作用，加快推进经济结构调整，着力优化发展环境，确保全面完成全年目标任务。为此，提出如下意见：

一、进一步加大企业帮扶力度

1. 各地、各有关部门和领导干部要按照中央和省委关于改进工作作风的要求，深入企业调查研究，千方百计帮助企业排忧解难。继续采取“一企一策”办法，对困难较多的骨干企业实施帮扶。

2. 各级财政支持企业发展的各类专项资金要尽快落实到企业。省财政预算安排的涉企专项资金，可直接明确到企业的，3月底前要完成下达或拨付；采取竞争性分配和申报评审方式安排的，4月底前下达完毕。

3. 认真落实国家结构性减税政策，继续减轻企业负担。对营业税改征增值税后因新老税制转换税负增加的企业，落实好过渡期财政扶持政策。2013年，对土地使用税适用税额标准不作上调，纳税人缴纳土地使用税确有困难的，按权限报批后予以减免。行政事业性收费标准凡有上下限的，一律按下限收取。2013年，暂缓征收河道滩地临时占用补偿费、铁路护路联防费，由省市县财政分担。各项涉企产品质量监督检验收费在现行标准上降低10%，计量检定收费降低20%，建筑活动综合技术服务费、交通建设工程实验检测费降低10%，人才中心摊位费、建筑消防设施检测费降低20%。

4. 2013年，继续允许困难企业缓缴养老、医疗、失业、工伤、生育保险费，缓缴期限6个月；各统筹地区可适当降低参保企业失业和生育保险费率，一般降幅为30%；可使用失业保险结余基金支付困难企业稳定就业岗位补贴，补贴额不低于上年度当期基金收支结余额的30%；参保企业人均工资低于上年度全省在岗职工平均工资60%的，单位缴纳社会保险费基数可按企业实际工资总额核定。新认定的困难企业可从2013年1月1日起享受相关政策。

5. 2013年，对高等学校和中职学校组织当年毕业生在市、县（市、区）就业达到一定比例，并签订1年以上期限劳动合同的，经审核确认，由同级政府给予一次性补贴；对职业中介机构介绍技能型人才和职业院校、技工院校、高校毕业生在省内企业就业，签订6个月以上用工证明和1年以上劳动合同的，给予120—250元职业介绍补贴。劳动者参加就业技能培训，给予200—1200元培训补贴；企业新录用人员并与其签订6个月以上劳动合同，进行上岗前技能培训的，由当地政府给予不低于人均300元补贴；企业开展岗位技能提升培训，按职工培训后取得国家职业资格证书的人数，分别给予相应补贴。

6. 同等条件下优先采购本省产品。鼓励购买省产汽车、农机设备、重大装备、煤炭、钢铁等产品，具体办法由省财政厅会同省有关部门研定。

7. 从2013年起，支持在供电公司独立开户、单独计量、用电电压等级110千伏以上、符合国家产业政策和节能环保要求的大型工业用户，按国家有关规定，坚持自愿协商原则，向省内单机容量30万千瓦以上的火力发电企业直接购电。

二、持续扩大有效投入

8. 坚持以项目为支撑，全力推进调结构、增后劲的产业项目和打基础、管长远的基础设施项目建设，全年固定资产投资增长20%以上。深入实施“861”行动计划，全年开工建设1300个以上超亿元项目，推进1500个以上超亿元在建项目，建成400个以上超亿元项目，完成年度投资6000亿元以上。可提前启动一批“十二五”规划后两年项目。健全省重大项目推进机制，实施2013年省重大前期工作项目推进计划，力争一批重大项目尽快获得国家批准。对今年新上项目，缩短环评、能评、安评、雷评等时间，降低收费（降幅不低于30%），实现早开工、早投产、早见

效。围绕主导产业、自主创新、“三农”、文化产业、社会事业、节能减排、生态环保、城镇基础设施、综合交通等，谋划储备一批重大项目。

9. 从2013年起连续5年，省财政每年安排11亿元扶持民营经济发展专项资金，以转移支付方式直接安排到各县（市、区），重点支持工业、现代服务业固定资产投资贷款贴息、研发补贴和担保贴费等，各市及各县（市、区）原则上各按省财政安排的资金等比例配套，具体办法另定。

10. 对供而未建闲置2年以上的项目用地依法进行清理和处置，清理出的土地优先保证急需用地的重点项目需求。对符合单独选址用地条件、省级立项的主导产业重大项目，省优先安排用地计划指标。为工业生产配套的信息服务、研发设计、创意产业以及仓储物流等投资项目用地，执行工业用地政策。

11. 省财政安排专项资金，支持县域规划编制。开展新型城镇化建设综合试点，加快农业转移人口市民化步伐。开工建设各类保障性住房40万套，年内基本建成25万套。继续实施房地产市场调控，落实好普通首套住房信贷和税收政策，促进房地产市场健康发展。

三、加快调整产业结构

12. 统筹运用各类省级产业发展专项资金，在不改变现有管理权限和管理渠道的前提下，集中用于培育和发展主导产业，支持战略性新兴产业集聚发展试点。支持建设20个左右省级现代服务业集聚区，区内生产性服务业企业，享受省级开发区工业企业同等优惠政策。

13. 支持企业加强科技创新、产品创新、品牌创新、产业组织创新、商业模式创新，省支持企业自主创新的优惠政策一律延长到2017年。实施国家新赋予合芜蚌综合试验区的完善研究开发费用加计扣除、提高职工教育经费税前扣除限额等税收试点政策。加快中科大先进技术研究院建设，率先落实重大政策试点。省对合芜蚌综合试验区专项资金、有关资助和奖励政策延长到2017年。发挥合芜蚌综合试验区政策先行先试的放大效应，其他市参照制定相关政策。有关政策延期具体实施办法由省财政厅会省科技厅另行制定。

14. 2013年，对企业所得税年增长较快的企业，可由同级财政将其增量地方留成部分按一定比例奖补企业研发和技改；对土地单位面积产出率高、研发投入达到规定比例的企业，可由同级财政将企业年纳税增量地方留成部分按一定比例奖补企业研发和技改。具体办法由市、县（市、区）政府自行制定。

15. 充分发挥文化产业创业投资基金作用，鼓励和引导社会资本投资文化产业。加快推进国家级文化和科技融合示范基地、动漫产业基地和数字出版基地建设。

16. 每年安排一定比例的农业产业化专项资金，奖补引进的龙头企业。农业产业化龙头企业的农产品生产基地、农产品临时性收购场所、农林种养殖场和设施农业生产用地，视同农业用地。对龙头企业从事农产品加工用电，受电变压器容量315千伏安以上的，比照省级开发区内企业用电政策执行；从事种养业用电，受电变压器容量315千伏安以下的，执行农业生产用电政策。

四、大力促进市场消费

17. 省有关部门要及时公布企业产品供应目录、企业互为市场产品供需目录、重点项目采购业主单位产品需求目录，促进省内产需对接。对照国家产品惠民政策，引导企业参与竞标。支持搭建品牌营销、推介、保护和信息等公共服务平台建设。对优先采购首台（套）省产装备的企业，给予一定补贴。组织省内企业到重点省区和国外进行产品推介，搭建产需合作对接平台。

18. 支持发展电子商务、网络购物等新型流通业态，支持培育限上商贸企业发展。支持大型流通企业在中心镇建设乡镇商贸中心，在中心村建设直营连锁便民超市，合理规划建设一批农村商品配送中心，并在规划、用地、税收等方面优先给予支持。支持“放心肉、菜、便利店、早餐、家政”放心体系建设。

19. 继续认真落实米袋子、菜篮子行政首长负责制，保障市场供应。着力增强市场调控能力，完善重要商品的储备体系建设。加强价格监测和市场监管，保持物价总水平基本稳定。落实完善社会保障和救助标准与物价上涨的联动机制。

五、继续扩大进出口

20. 省财政统筹安排专项资金，继续对企业年度出口增量给予鼓励，对企业进口机电设备、关键零部件每美元奖励0.02元，对企业参加境外展会给予60%补贴，对企业出口信用保险保费给予50%补贴，对中小企业申请国际认证、专利、商标、品牌、标准等发生的费用给予30%奖励。2013年，对加工贸易进出口额10亿美元以上的企业给予鼓励，对加工贸易企业设立的国家（省）级企业工程（技术）研究中心、工程实验室等给予奖励，对进出口过亿

美元企业（皖北地区和大别山片区进出口过3000万美元）给予支持。鼓励市县政府相向叠加外贸促进政策，积极探索新型贸易方式。

21. 完善省级“走出去”财政和金融扶持政策，加大对“走出去”企业的孵化培育和支持力度，支持有条件的企业“走出去”开展海外投资并购和承包工程，建立生产研发基地和营销网络，参与国际竞标，带动贸易、技术、资源等合作。对承揽过亿美元的大项目给予财政贴息支持。

六、突出抓好招商引资

22. 大力承接产业转移，提高招商引资质量和效率，对将总部或研发中心迁至我省的大中型企业，按一事一议原则给予优惠政策。实施境内自然人在皖江示范区和合芜蚌综合试验区投资设立中外合资、中外合作经营企业试点，促进外商投资合伙企业发展。深入挖掘与央企、知名民企和境外企业合作潜力。对徽商回皖投资，实行招商引资同等待遇。实施重大利用外资项目前期和履约推进协调机制。

23. 推进具备条件的省级开发区扩区升级，积极创建国家级开发区、国家承接产业转移示范园区和国家综合保税区。加快江北江南集中区和中新苏滁、郑蒲港新区、南北“3+5”现代产业园建设，鼓励开展多种形式的园区合作共建。将现代产业园区全面纳入所在地城镇体系规划和土地利用总体规划，核定园区规划面积和四至范围。省对江北江南集中区和中新苏滁现代产业园、郑蒲港新区、南北“3+5”现代产业园的建设用地指标安排（在年度评估和集约用地的前提下），以及入园企业新增企业所得税、个人所得税省级分成部分全部补贴园区的政策，延长到2017年。

24. 省财政对皖北三市七县（三市以及24个县、市、区），每年各补助2000万元用于工业园区基础设施建设或重大项目贷款贴息的政策，以及企业所得税省分成部分，以2009年为基数，增量全部留给地方使用的政策，延长到2017年；省财政对大别山革命老区11个县（区），每年各补助2000万元用于基础设施、现代农业、生态环保和库区移民建设的政策，延长到2017年。

七、着力改善金融服务

25. 各地要将银行业金融机构中小微企业贷款发放额与财政性资金存放考核相挂钩，对银行业金融机构、融资性担保机构的中小微企业贷款损失和担保代偿损失，同级财政给予一定补偿。继续实施县域金融机构涉农贷款增量奖励、新型农村金融机构定向费用补贴和小额担保贷款贴息等政策。

26. 对融资性担保机构开展的符合条件的小微企业担保贷款业务，省和同级财政对小微企业缴纳的担保费率1.5%以内部分给予全额贴费。对依法合规经营、年化年担保费率不高于同期贷款基准利率50%且放大倍数达到3倍以上的融资性担保机构，省和同级财政按其季末在保贷款平均余额增加额的0.5%，分别给予最高不超过150万元的奖励。

27. 对改制成功、办理上市辅导备案登记并成功上市的中小企业，省和同级财政分别给予100万元的奖励；企业因上市而改制的，改制当年应补缴的企业所得税地方留成部分，省和同级财政给予等额奖励。皖北地区和大别山片区每培育1家在中小板或创业板上市的中小企业，省财政给予企业所在地政府100万元奖励。对成功发行企业债、公司债、债务融资工具、中小企业私募债和中小企业集合信托计划的中小企业，省和同级财政按发行额度3%，分别给予不超过75万元的补助。

28. 对引进的总部或者地区总部性金融机构，注册资本超过10亿元的，省财政奖励500万元；注册资本5亿—10亿元的(不含5亿元)，奖励300万元；注册资本1—5亿元的，奖励200万元。省级银行业金融机构在皖北三市和大别山片区新设的市级分行，以及政策性银行、国有商业银行、股份制银行、城市商业银行、农村银行、邮政储蓄银行在县域新设的分支行，省财政按每个30万元予以奖励。

29. 支持新型农村金融机构发展，省和同级财政按新设机构实收货币资本的1%，分别给予最高不超过50万元奖励。对通过合并重组方式且注册资本超过3亿元（含）的市县融资性担保机构，省财政给予50万元奖励；对通过注资方式扩大注册资本规模的融资性担保机构，省财政按其新增注册资本的0.5%，给予最高不超过100万元奖励。小额贷款公司、融资性担保机构企业所得税前扣除，分别比照银行业金融机构相关政策执行。

30. 加大对银行业金融机构考核力度，对新增存贷比高于上年和全省平均水平的金融机构，以及开发适合中小微企业、“三农”和个人创业的金融创新产品的金融机构给予一定奖励。对年度考核合格的县域小额贷款公司、融资性担保机构，同级财政按其实际缴库营业税的40%返还。对在我省新设的股权投资企业，其所得税省级分成部分奖励给企业。

安徽省人民政府关于鼓励和引导民间投资健康发展的实施意见

皖政〔2010〕77号　2010年9月14日

各市、县人民政府，省政府各部门、各直属机构：

为认真贯彻落实《国务院关于鼓励和引导民间投资健康发展的若干意见》（国发〔2010〕13号）精神，促进我省民间投资进一步加快发展，现提出如下实施意见：

一、全面放宽民间投资领域

坚持“非禁即准、平等待遇”的原则，确立民间投资平等的市场主体地位。凡是法律法规未明令禁止的投资领域，全部向民间资本开放；凡是开放的领域，不得单对民间投资设置附加条件；凡是给予国有及外来投资的政策待遇，民间投资同样享受。

进一步调整优化国有资本布局，为民间投资开辟更广领域。国有资本主要应布局于市场不能有效配置资源、关系国家安全和国民经济命脉的重要行业和领域。对于国有资本占明显优势地位，同时具备市场化条件的行业和领域，国有资本应有序退出，以吸引更多的民间资本进入；对于主要依靠市场配置资源，市场竞争充分、市场化程度较高的行业和领域，国有资本应加快退出，为民间资本创造更大市场空间；鼓励和引导民间资本参与国有企业改革，通过参股、资产收购等多种方式，参与国有企业重组。

当前和今后一个时期，重点鼓励民间资本进入以下领域和行业：

（一）农业农村基础设施。鼓励民间资本独资、参股或租赁经营具有一定经济效益的水利水电工程项目，积极支持投资小水电、城镇水源建设、农村安全饮水、水资源综合利用项目。鼓励和支持民间资本参与发展壮大农业产业化龙头企业、农村合作经济组织，建设优势农产品原料生产基地和标准化规模养殖场（区），参与高标准农田、农田林网建设和立体农林业经营，发展现代农业服务业。积极开展试点，探索民间资本参与农村土地整治、促进新农村建设的新路子；支持通过市场方式参与农村土地整理、复垦项目建设。推进民间资本参与农村集中居住区建设。

（二）交通、能源、电信等基础设施。鼓励民间资本投资建设公路、水运、港口码头、民用机场、通用航空设施等交通基础设施项目，在国家政策范围内鼓励民间资本投资我省铁路建设。积极支持民间资本投资高速公路和国、省道建设及养护项目，参与综合交通枢纽站场和港口码头项目建设。

鼓励民间资本参与能源建设。鼓励民间资本参与风能、太阳能、生物质能等新能源产业建设；支持民间资本以独资、控股或参股方式参与水电站、火电站建设，参股建设核电站；支持民间资本参股建设原油、天然气、成品油的储运和管道输送设施及网络。

鼓励民间资本通过联合建设方式投资电信基础设施项目，支持民间资本参与电信增值业务经营服务。

鼓励民间资本参与矿产资源勘探和合理开发，支持投向矿山地质环境恢复和采煤塌陷地治理等领域。

（三）城市基础设施和政策性住房建设。鼓励民间资本投资建设各类园区。引导和支持民间资本独资或与国有企业参股、联合，参与江南和江北承接产业转移省级集中区建设。

支持民间资本参与城镇供水、供气、供热、公共交通、污水和垃圾处理、城市园林绿化等市政公用事业和基础设施的投资、建设与运营，重点支持民间投资参与跨地区和面向村镇的市政基础设施建设。政府部门要切实加强民间资本参与建设运营城镇基础设施的指导、服务和监管。

鼓励民间资本参与政策性住房建设。鼓励和引导民间资本按政策要求，投资建设廉租住房、公共租赁住房和经济适用住房等政策性住房，参与棚户区改造。鼓励和引导民间资本参与住宅产业化发展，参与皖江城市带承接产业转移示范区国家级住宅现代化试验区建设。

引导民间资本通过参股、控股、收购等方式参与国有建筑业企业改制重组。

（四）医疗、教育、社会福利、文化、旅游、体育等社会事业。鼓励民间资本参与发展医疗事业。全面贯彻国家深化医药卫生体制改革总体部署，各级政府在建立、完善城乡基本医疗服务体系的同时，积极探索多元化办医的途径，支持民间资本兴办各类医院、社区卫生服务机构、疗养院、康复院、门诊部、诊所等非营利性或营利性医疗机构，参

与公立医院转制改组和兼并重组。鼓励医疗人才资源依照有关法律法规及规定在公立医院和民营医疗机构之间合理流动。支持符合资质的民营医疗机构承担公共卫生服务、基本医疗服务和医疗保险定点服务。切实落实非营利性医疗机构的税收政策。指导民营医疗机构认真执行医疗保障制度和收费标准，保证医疗质量，为群众提供安全、有效、方便、价廉的医疗卫生服务。

鼓励民间资本参与发展教育和社会培训事业。支持民间资本以独资、股份、合作等多种形式兴办高等教育、高中教育、幼儿园、职业教育等各类非义务教育和社会培训机构，特别是到贫困地区和教育资源短缺地区办学，进一步增加与合理配置教育资源，促进区域教育协调发展。高度重视职业教育，县级以上人民政府可采取出租或转让闲置国有资产等措施对民办职业院校予以扶持。落实对民办学校的人才鼓励政策和公共财政资助政策。鼓励公办学校教师到民办学校任教，人事档案由当地人才交流中心托管，工龄可连续计算。受政府委托承担义务教育任务的民办学校应按协议获得教育经费补助，民办高校和中等职业学校的资助政策和资助标准与公办学校一视同仁。民办学校资产不改变用途的，过户免收资产过户税费，减免过户时的服务性收费。加快制定和完善促进民办教育发展的金融、产权和社保等政策。探索民办学校用非教学资产作抵押和学费收费权作质押向银行申请贷款，用于扩大和改善办学条件。

鼓励民间资本参与发展社会福利事业。通过用地保障、信贷支持和政府采购等多种形式，鼓励民间资本投资建设专业化的服务设施，兴办养（托）老服务和残疾人康复、托养服务等各类社会福利机构。凡符合法定的划拨用地条件或者协议方式出让土地的，可以划拨或者协议方式出让土地。

鼓励民间资本参与发展文化、旅游和体育产业。鼓励民间资本从事广告、印刷、演艺、娱乐、文化创意、文化会展、影视制作、网络文化、动漫游戏、出版物发行、文化产品数字制作与相关服务等活动，建设博物馆、图书馆、文化馆、电影院等文化设施。积极探索旅游资源开发权、经营权转让的方式，鼓励民间资本合理开发旅游资源，全面参与旅游基础设施及配套设施建设，参与国有旅游企业改制重组。鼓励民间资本投资生产体育用品，建设各类体育场馆及健身设施，运作体育赛事和活动，投资体育运动项目俱乐部，支持经营体育中介、健身、培训服务业。重点培育在文化、旅游、体育等社会服务产业领域的领军企业和服务品牌，积极参与国内外的竞争合作。

（五）金融服务。支持民间资本以入股方式参与商业银行的增资扩股和农村信用社改制。鼓励和引导民间资本发起或参与设立村镇银行、贷款公司和农村资金互助社等新型金融组织和小额贷款公司，参股政府出资担保机构。允许和支持加入行业协会、商会的民营企业在国家相关法律法规允许下，出资建立行业内融资担保机构，解决会员融资担保问题。鼓励民间资本以参股和债权等方式投资地方政府融资平台，并积极通过企业债、中期票据、短期融资券、产业投资基金等方式拓展融资渠道。鼓励民营企业投资创办投资企业，参与发起设立政府性创业投资引导基金。鼓励民间资本发起设立产业投资基金，促进股权投资基金依法健康发展。

（六）商贸流通。鼓励民间资本进入商品批发零售、现代物流领域。支持民营批发、零售企业发展，鼓励民间资本发展连锁经营、物流配送、电子商务、商业特许经营等现代流通方式，参与改造和提升传统商贸业。积极支持民间资本投入物流园区、物流信息化等基础设施建设，大力发展第三方物流，推进物流服务社会化和资源利用市场化。

（七）先进制造业和高新技术产业。《皖江城市带承接产业转移示范区产业发展指导目录》全面向民间资本开放，鼓励和引导民间资本进入战略性新兴产业和冶金、非金属、农副产品加工、纺织、家电、船舶、装备、化工等行业高端领域。鼓励和支持民间资本参与高新技术园区、特色产业基地、科技企业孵化器等自主创新载体建设。鼓励引导民营企业淘汰落后产能，加快产业转型升级。

（八）境外投资。积极贯彻实施国家《境外投资产业指导目录》，支持民营企业之间、民营企业与国有企业、外资企业之间组成联合体，发挥各自优势，在更高层次上充分利用两个市场、两种资源。推进有条件企业“走出去”开展境外资源开发、境外加工、生产制造、商品批发、网络营销及售后服务等经营活动。在巩固原有投资与合作国别和地区的基础上，重点开展与非洲和东盟自由贸易区的合作。建立健全“走出去”的促进、服务和支持体系，创造有利于企业“走出去”的体制和政策环境，提高便利化程度。

二、进一步拓宽民间融资渠道

（九）继续加大信贷支持。各级财

政要积极落实小企业贷款财政奖励、补助和风险补偿资金。引导银行业金融机构加快小企业金融服务专营机构建设，切实加大对小企业的信贷支持。鼓励和支持银行业金融机构针对小企业金融服务需求特点，创新产品服务，积极开展存货、林权等抵押贷款，以及知识产权、股权、应收账款、仓单等质押贷款。积极探索农村集体建设用地使用权和宅基地使用权质押贷款。各银行业金融机构应完善授权授信制度，优化审贷程序，简化审批手续，积极推进小企业金融服务电子化、信息化和规范化，提高小企业贷款的覆盖率、满足率和小企业金融服务满意度。

（十）加快完善融资担保体系。以壮大县级担保机构为重点，加快全省担保体系建设。各级财政要根据本辖区经济社会发展水平和财力状况，通过安排预算资金、整合有关专项资金等途径，采取注资、参股、合资等方式，对政府出资的融资性担保机构增补资本金；通过参股、合作等方式支持业务规模较大、经营状况较好、支撑作用较强的民营担保机构做大做强。争取到2015年，全省各县至少有1家资本金在亿元以上的担保机构。着力推进全省信用担保体系建设，支持财务健全、运作规范的融资性担保机构纳入全省再担保系统，提升信用等级，拓展担保业务，扩大担保规模。

（十一）大力发展地方金融机构。推动徽商银行、省农村信用联社、农村银行加快发展，在有效防范风险的前提下，进一步扩大网点覆盖面，创新金融服务产品和服务方式，充分发挥对民间投资和中小企业融资主渠道作用。加快农村信用社股份制改造，加快组建村镇银行。积极落实中小企业贷款税前全额拨备损失准备金政策，简化中小金融机构呆账核销审核程序；研究制定相关财税政策措施，促进小额贷款公司规范健康发展。继续大力发展财务公司、汽车金融公司、典当、设备租赁等各类融资机构，积极引进股份制银行、外资银行。在加强有效监管、促进规范经营、防范金融风险的前提下，鼓励民间资本发起设立金融中介服务机构，参与证券、保险等金融机构的改组改制。鼓励各类地方金融机构依法依规开展业务，合理竞争，构筑更加完善的地方金融体系。

（十二）积极支持民营企业直接融资。建立全省民营企业上市后备资源库，有计划地做好上市资源储备、改制、辅导和培训工作。推进一批自主创新型、成长型中小企业在创业板市场融资，帮助完备上市前土地、房产等资产确权工作。积极引导和支持符合条件的民营企业发行公司债券、企业债券、中期票据和短期融资券，支持有条件的民营企业探索发行中小企业集合债券、中小企业短期融资券。鼓励和支持实力较强的民营企业通过海外上市、吸收外资入股等形式从国际资本市场融资。推动金融机制创新，发挥财政资金引领作用，积极引进境内外战略投资者和风险投资机构，加快设立创业投资引导资金、股权投资基金。鼓励和支持民营企业进入代办股份转让系统。

三、全面落实各项配套支持政策

（十三）实行平等的财政支持政策。民间投资项目在获得财政支持上与其他所有制项目享受同等待遇。对符合条件的建设项目，不论项目主体性质，各级政府及部门在安排财政预算内投资、专项建设资金、创业投资引导基金、政策性贷款、国际金融组织贷款、外国政府贷款等政府性资金时均一视同仁。对鼓励民间资本进入的领域和行业，政府性资金可通过参股、补助、贴息、奖励等方式，保证投资者获得合理收益。对国家支持的重点项目，各级政府要积极落实地方配套资金。

（十四）实行平等的用地政策。民间投资项目在用地上与其他所有制项目享受同等待遇。各市、县人民政府在安排年度建设用地计划时，应合理安排民间投资项目用地指标，条件落实的，要依法及时审批用地，符合点供条件的，可安排点供计划指标。鼓励民营企业“退城入园”，支持民营企业在开发区内投资建设或租赁使用标准厂房。引导和支持民间投资项目集约用地，对符合规划、不改变原用途的工业用地，提高土地利用率和增加容积率的，不再收取或调整基础设施配套费的地方留成部分和土地有偿使用费。出台相关政策，鼓励淘汰关停企业存量建设用地的二次开发。

（十五）实行统一的税费政策。全面落实国家各项优惠扶持政策，对民营企业投资节能减排、资源综合利用和公共基础设施建设，购置环境保护、节能节水和安全生产专用设备，自主创新，加速固定资产折旧，以及安置国有企业下岗职工达到一定比例的，均按规定减免应纳税额。全面清理涉及投资的中介服务收费，统一标准，明确公示。进一步规范税费征收行为，加大投诉查处力度，坚决制止不合理收费，切实减轻民间投资者负担。

（十六）建立合理的民间资本投入回报机制。民营企业生产经营属市场调

节价的商品和服务项目与其他所有制企业一视同仁，由企业依法自主定价。民营企业生产经营属政府定价的商品和服务项目，价格部门应针对不同行业特点，综合考虑民间投资项目的建设投入、运营成本和利润回报，合理确定价格或收费标准，并可在投产初期采取一定的价格扶持政策。

（十七）创造公平的发展环境。各有关部门要调整完善相关政策，在人才引进、职称评定、科研课题申报、业务培训、教龄工龄计算、评先选优、户籍管理、子女就学以及因商务和技术交流需要办理出国（境）手续等方面，保证民营企业、员工享有与国有单位及人员同等的待遇。

四、进一步改进完善民间投资服务

（十八）提高行政审批效率。省投资主管部门要适时调整投资项目核准目录，规范和下放核准权限。除法律法规规定须由省级核准的外，原则上都下放到市、县（区）核准。未列入核准目录的项目，一律实行属地备案。项目所涉及的规划、人防、消防和施工许可等审批权限相应下放。由省环保行政主管部门审批的建设项目环境影响登记表，下放到设区市环保行政主管部门审批。国家要求省级部门初审的项目，有关部门要积极采取委托方式下放审查权限。各市、县（区）要切实改进政务服务，提高“一站式”服务水平，有条件的地方可施行网上并联审批。所有与民间投资项目有关的政府部门，都要进一步简化办事程序，规范服务流程。对于重大民间投资项目，涉及的政府部门要建立“绿色通道”，指定专人负责联络，跟踪服务，保证在协调调度上，民间投资项目与政府投资项目一视同仁。

（十九）建立健全投资政策、信息发布制度。省统计部门要抓紧改进统计方法，完善指标体系，切实加强民间投资的统计、监测、分析和发布工作，及时、全面、准确地反映民间投资状况。各级投资主管部门要积极会同有关部门，建立信息发布制度，定期公布发展规划、产业政策、行业动态、科学技术、项目合作、招商引资等信息，引导民间投资行为，避免低水平重复建设。

（二十）完善中介服务体系。鼓励政府部门下属的信息服务、技术研发、投资咨询、人才培训机构向民间投资主体提供服务。规范发展现有各类中介机构，进一步开放市场，建立法律咨询、技术支持、项目管理、信用担保、资金融通、税务代理、产权交易、市场开拓、人才培训、信息服务等民间投资服务体系。

（二十一）加快社会信用体系建设。支持、帮助民营企业规范产权制度和财会制度，强化信用基础建设。鼓励支持民间资本创办信用评级、信用咨询等信用中介机构，规范发展现有各类信用中介机构。在现有商业银行内部信用评价系统的基础上，整合工商、税务、质监、环保等政府部门掌握的企业信用信息资源，推动建立开放共享的企业信用档案和数据库。结合工程建设领域治理，开展重点建设工程招标投标领域应用企业信用报告试点工作。

（二十二）进一步发挥行业协会、商会的作用。对以民间投资为主的重点行业和产业集聚区，各地政府要积极推动设立行业协会和商会，引导行业协会、商会在支持产业发展、促进行业自律、维护企业合法权益等方面发挥积极作用。

五、为民间投资营造良好的发展环境

（二十三）高度重视民间投资工作。民间投资在发展经济、优化结构、活跃市场、增加收入、扩大就业等方面发挥着日益重要的作用。各地、各部门要深刻认识民间投资对促进全省经济社会发展的战略意义，把促进和引导民间投资加快发展摆在更加重要的位置。打破一切不利于民间投资加快发展的条条框框，用足用活各项支持政策，切实维护民间投资主体合法权益。抓紧建立健全民间投资工作协调机制，把民间投资发展纳入经济社会发展总体规划，把民间投资增长目标纳入政府考核体系，把民间投资计划列入年度投资计划统筹考虑，把民间投资重大项目列入重点项目库统一协调调度。

（二十四）鼓励各地先行先试。我省区域经济社会发展存在较大差异，民间投资发展也不够平衡。要充分尊重基层首创精神，鼓励和支持各地结合实际，先行先试。民间投资发展不足的地方，要着力解决民间投资规模不大、增长不快的问题。民间投资已有一定基础的地方，要进一步扶优扶强，把扩大民间投资与实现经济结构战略性调整有机结合起来，促进民间投资集聚发展、优化升级，不断提高投资的质量和效益。皖江城市带承接产业转移示范区、合芜蚌自主创新综合试验区暨国家技术创新工程试点省，是我省加快发展的战略平台，要积极引导、充分吸收民间投资参与支撑能力、基础设施、服务体系等方面建设，进一步发挥政策叠加效应，不断增强内生动力。

（二十五）指导民间投资健康发展。各地、各部门要继续深化国有企业、投资、金融、社会事业和公用事业、价格、收费、行政审批等方面改革，进一步规范市场准入，为民间投资加快发展提供公平竞争环境和机制体制保障。要切实加强指导和监管，督促民间投资主体按照法律法规要求，认真履行投资建设程序，严格遵守国家产业政策和环保、用地、节能以及质量、安全等规定。指导民营企业建立规范的产权、财务、用工等制度，对依法经营、诚实守信、认真履行社会责任、积极参与社会公益事业的民营企业家，积极加大舆论宣传力度。

各地、各部门要尽快清理与本意见不一致的文件规定，及时公布清理结果。省政府各有关部门和各市、县人民政府要按照本意见要求，抓紧研究制定具体的实施办法，10 月底前报省政府，抄省发展改革委。省政府将对各地各部门贯彻情况组织评估，作为考核年度工作的重要内容。

安徽省发展改革委 安徽省卫生厅
安徽省财政厅 安徽省商务厅
安徽省人力资源和社会保障厅

关于进一步鼓励和引导
社会资本举办医疗机构的意见

皖发改社会〔2013〕45号　2013年1月24日

各市、县人民政府，省政府有关部门、有关直属机构：

为贯彻《国务院办公厅转发发展改革委卫生部等部门关于进一步鼓励和引导社会资本举办医疗机构意见的通知》（国办发〔2010〕58号）精神，进一步鼓励和引导社会资本在我省举办医疗机构，加快形成多元办医格局，促进公立医院改革，经省政府同意，现就鼓励和引导社会资本举办医疗机构，提出如下意见。

一、进一步放开医疗服务市场

1. 支持社会资本进入医疗服务领域。制定和调整区域卫生规划，为社会资本举办医疗机构保留空间。新增医疗卫生资源，优先安排社会资本进入，或采用招标方式，面向社会公开引入投资者，实行公平竞争确定举办主体。力争到2015年，非公立医疗机构的床位数和服务量达到全省总量20%以上。

2. 支持社会资本举办各类医疗机构。对社会资本举办的非营利性和营利性医疗机构给予政策支持。鼓励社会资本举办提供较高水平的专科、个性化、新病种医疗服务的医疗机构，支持发展康复、护理、老年病、慢性病治疗等特色医疗机构。鼓励具有一定规模的诊所、门诊部创办一级专科医院，鼓励一级医院创办二级专科医院，提升非公立医疗机构的档次和水平。支持公立医院采取“公办民营”、入股、托管等形式举办高水平专科或综合性医院。大力支持社会资本在农村、边远地区、城乡结合部、城市新区等医疗卫生资源相对薄弱的地方举办医疗机构。

3. 鼓励社会资本参与公立医院改制。支持具有办医经验、社会信誉好的社会资本通过合作、兼并、购买、入股、

领办等多种方式参与公立医院改制，积极稳妥地将部分公立医院改制为非公立医疗机构。改制过程中须严格按照相关规定和程序进行清产核资、财务审计、资产处置、产权交易等工作，加强国有资产管理，防止国有资产流失；按照国家和省有关政策规定制定职工安置办法，保障职工合法权益。

4. 扩大医疗行业对外开放。经省发展改革委、省卫生厅、省商务厅批准，境外投资者可在我省以合资、合作形式举办医疗机构，试点开展独资形式举办医疗机构。鼓励外商投资医疗机构进行科学技术研究与创新，其成果与境内医疗机构享受同样奖励政策。支持符合条件的各类医疗机构利用国外贷款。鼓励省内有条件、有实力的医疗机构到境外设立分支机构。

二、积极为社会资本举办医疗机构创造良好环境

5. 规范审批程序。社会资本新举办三级综合医院，二、三级中医医院（含中西医结合医院，下同）、专科医院，100 张床位以上的康复医院，由省级卫生部门审批；100 张床位以上的二级综合医院，一级中医医院、专科医院和不满 100 张床位的康复医院，由市级卫生部门审批；不满 100 张床位的一级综合医院、社区卫生服务中心、村卫生室、诊所等医疗机构，由县级卫生部门从严控制审批，报上一级卫生部门备案。医疗机构设置应符合当地区域卫生规划和医疗机构设置规划。省级发展改革部门负责制定社会资本举办医疗机构基本建设的核准、备案目录，各级发展改革部门负责社会资本举办相应医疗机构基本建设项目的核准、备案工作。民政、工商、税务等相关部门要依法登记，分类管理。新举办一级以上非公立医疗机构，申请人必须取得医疗机构用房产权证明。

各级卫生部门要公开社会资本举办医疗机构的准入标准和审批程序，进一步规范审批环节，在规定期限内完成审批。卫生部门在审批非公立医疗机构及其开设的诊疗科目时，对其执业范围内需配备的大型医用设备可一并依规报批，凡符合配置规划和条件的不得限制配备。

6. 完善非公立医疗机构土地、财政和金融政策。在符合土地利用总体规划的前提下，国土资源部门要将非公立医疗机构用地纳入年度供地计划，合理安排用地需求。社会资本举办的非营利性医疗机构已经取得的划拨方式用地，可以按协议出让方式取得土地有偿使用权。非营利性医疗机构不得擅自改变土地用途。各地、各部门在安排财政预算内投资和专项建设资金时，根据法律和有关政策规定，对于符合条件的非营利性医疗机构，可采取投资补助、贷款贴息等方式予以支持。支持非公立医疗机构以股权融资、项目融资、抵押贷款等方式，筹集建设发展资金。鼓励和支持社会资本举办各类医院管理公司、医院咨询机构、中小医疗机构融资担保平台，提供专业化的服务。

7. 落实非公立医疗机构医保定点、税收和价格政策。非公立医疗机构可申请城镇基本医疗保险、新型农村合作医疗、医疗救助、工伤保险、大病保险等社会保障的定点服务资格，有关部门对各类医疗机构要统一审批标准。

非公立医疗机构承担的公共卫生和支农、支边、对口支援、突发公共卫生事件应急处理等指令性任务，政府以购买服务的方式予以补偿；用电、用水、用气、用热等与公立医疗机构同价；提供的医疗服务和药品执行政府指导价；营利性医疗机构提供的医疗服务和非营利性医疗机构提供的特需医疗服务执行市场调节价，不得高于政府指导价。

对非公立医疗机构提供的医疗服务免征营业税。对非营利性医疗机构自产自用的制剂免征增值税，自用房产、土地免征房产税和城镇土地使用税，获得非营利组织免税资格、符合有关规定的收入列为企业所得税免税收入。对营利性医疗机构取得的收入，直接用于改善医疗条件的，自取得执业登记之日起3年内，自产自用制剂免征增值税，自用房产、土地免征房产税和城镇土地使用税。非公立医疗机构通过公益性社会团体或县级以上政府及其部门，用于公益事业的捐赠支出，符合税法有关规定的，准予在计算应纳税所得额时扣除。

8. 支持非公立医疗机构人才队伍建设。将非公立医疗机构纳入当地医疗卫生职称评定、人才选拔和培训体系，在技术职称评定、继续教育、全科医生培养、住院医师规范化培训、职业技能培训等方面与公立医疗机构享受同等待遇。鼓励医务人员在公立和非公立医疗机构间合理流动。医疗卫生专业技术人员从公立医疗机构流入到非公立医疗机构，有关单位和部门要按有关规定及时办理档案移交、执业变更、人事劳动关系衔接、社会保险关系转移等相关手续，人力资源社会保障部门公共人才服务机构要及时提供政策咨询和人事代理服务。对申请举办医疗机构或到非公立医疗机构工作的离退休医务人员，原单位不得减少其按照政策规定应当享受的相关待遇。鼓励二级以上公立医院医务人员按照医师多点执业有关规定，在全省范围选择非公立医疗机构开展多点执业活动。

9. 改善非公立医疗机构外部学术环境。非公立医疗机构在科研课题申请、科研成果申报、重点学科建设等方面享受公立医疗机构同等待遇，可申请成为医学院校的附属医院、教学医院或临床教学基地，支持加强重点学科、特色专科、创新团队和科研基础条件建设。

各级卫生行政部门和行业学会、协会在组建专家委员会、医院评价、制定行业标准等工作时，应当从依法执业、诚信服务、规范管理的非公立医疗机构中吸收相关专家参与。保障非公立医疗机构医务人员享有担任与其学术水平和专业能力相适应的领导职务的机会。

10. 完善非公立医疗机构变更和退出相关政策。社会资本举办的非营利性医疗机构原则上不得转变为营利性医疗机构，确需转变的，需经原审批部门批准并依法办理相关手续；社会资本举办的营利性医疗机构转换为非营利性医疗机构，可提出申请并依法办理变更手续。变更后，按规定分别执行国家有关价格和税收政策。

非公立医疗机构如发生产权变更，可按有关规定处置相关投资。如发生停业或破产，按照有关规定执行；如投资者退出，资产要优先用于职工安置和病员分流。

11. 畅通非公立医疗机构信息获取渠道。保障非公立医疗机构在政策知情和信息、数据等公共资源共享方面与公立医疗机构享受同等权益。各级卫生行政部门和有关行业协会，要建立与非公立医疗机构的联系渠道，确保相关的政策、业务、学术信息及时畅通传递。

三、促进非公立医疗机构健康发展

12. 引导非公立医疗机构依法执业。非公立医疗机构作为独立法人实体，自负盈亏，独立核算，独立承担民事责任。要按照相关规定，执行医疗服务许可和医疗服务要素准入制度，严禁超范围服务，严禁发布虚假、违法医疗广告。

13. 完善非公立医疗机构监督机制。各级卫生行政部门要加强对非公立医疗机构执业行为的监督管理，切实保证医疗质量和安全。充分发挥各级非公立医院管理协会在行业自律等方面的积极作用，不断提高非公立医疗机构的社会信誉度。

14. 促进非公立医疗机构守法经营。非公立医疗机构要严格按照登记的经营性质开展经营活动，使用税务部门监制的符合医疗卫生行业特点的票据，执行国家规定的财务会计制度，并接受相关部门的监督检查。社会资本举办的非营利性医疗机构在扣除办医成本、预留发展基金以及按国家有关规定提取其他必需费用后，出资人可从办医结余中取得合理回报；营利性医疗机构所得收益可用于投资者经济回报。要按照临床必需的原则为患者提供适当的服务，严禁诱导医疗和过度医疗。财政、卫生等部门要进一步完善和落实营利性和非营利性医疗机构财务、会计制度及登记管理办法。充分发挥会计师事务所对非公立医疗机构的审计监督作用。

15. 鼓励非公立医疗机构提升管理水平和服务能力。引导非公立医疗机构建立现代化医院管理制度，完善法人治理机制。鼓励非公立医疗机构与公立医疗机构在预约挂号、双向转诊和分级医疗等方面开展合作，提供全天、无假日的医疗服务。支持有条件的非公立医疗机构向高水平、高技术含量的大型医疗集团发展，实施品牌发展战略，不断做大做强。

16. 建立和完善非公立医疗机构投诉渠道。任何单位和个人不得借检查、考核等名义对非公立医疗机构乱摊派、乱罚款、乱收费，变相增加其额外负担。非公立医疗机构可以采取行政诉讼、行政复议及投诉等形式，维护自身在准入、执业、监管等方面的权益。

17. 积极营造社会资本举办医疗机构的良好氛围。把支持社会资本举办医疗机构作为深化医药卫生体制改革的重要举措，充分利用广播、电视、报纸、网络等媒体，深入解读国家和省有关的政策措施，大力宣传非公立医疗机构在医疗卫生服务体系中的重要地位和作用，形成有利于非公立医疗机构发展的良好氛围。

安徽省人民政府关于加快做大做强主导产业的若干意见

皖政〔2012〕96号　2012年9月10日

各市、县人民政府，省政府各部门、各直属机构：

为深入贯彻落实省第九次党代会精神，进一步培育壮大具有国际竞争力的主导产业，努力打造经济强省、文化强省、生态强省，加快建设美好安徽，结合我省实际，现就加快做大做强主导产业提出如下意见：

一、总体思路和发展目标

（一）总体思路。

深入贯彻落实科学发展观，坚持绿色、低碳、循环发展，重点围绕电子信息和家用电器、汽车和装备制造、材料和新材料、能源和新能源、食品医药、轻工纺织、现代服务业、文化产业等主导产业，统筹实施生产力布局调整，整合各种资源，做强大企业、做长产业链、做大产业群，加速形成具有国际竞争力的现代产业体系。

（二）基本原则。

1. 新优融合，互动发展。立足安徽省情，坚持传统产业新兴化和新兴产业规模化，在传统产业优化升级中培育发展新兴产业，以新兴产业助推传统产业转型升级，加速信息化与主导产业的深度融合，推动主导产业向高端发展。

2. 突出特色，错位发展。聚焦区域优势，围绕省级主导产业，科学确定各市首位产业。省市联手，重点突破，坚持“人无我有、人有我新、人新我优、人优我强”，以错位发展促差异发展、特色发展，以区域合作共赢助推主导产业发展。

3. 龙头引领，集聚发展。围绕主导产业，打造一批创新能力强、行业领先的大型龙头企业，培育一批知名品牌。推动产业集聚，构建产业配套协作体系，加速形成产业群体竞争优势、规模效益和扩散效应。

4. 创新驱动，跨越发展。紧抓合芜蚌自主创新综合试验区和国家技术创新工程试点省建设契机，突出企业创新主体地位，完善技术创新体系，突破产业关键共性技术，激发产业发展内生动力，提升科技支撑能力，引领主导产业跨越发展。

5. 合力推进，持续发展。坚持企业主体、政府引导、市场运作，上下联动，多措并举，统筹各方，锁定主导产业发展目标，持续推进和培育壮大主导产业。

（三）发展目标。

到 2016 年，全省主导产业增加值占全省生产总值 70% 以上。电子信息和家用电器、汽车和装备制造、材料和新材料产业产值突破 1 万亿元，能源和新能源、食品医药、轻工纺织产业产值突破 6000 亿元，现代服务业（不含文化产业）增加值突破 4000 亿元，文化产业增加值占全省生产总值 5% 以上；主导产业大中型企业平均研发投入占主营业务收入的 2%，80% 规模以上工业企业建立技术中心，高新技术企业数与规模以上工业企业数比例达到 16% 以上，15 户以上工业企业进入全国 500 强，5 户以上服务业企业进入全国百强，2 户以上文化企业进入全国文化企业 30 强，初步形成产业布局合理、区域特色突出、结构明显优化的产业发展新格局。

到 2020 年，创新成为产业发展的主要动力，新优融合、高端引领成为产业发展的主要模式，一批具有国际竞争力的龙头企业发展壮大，一批具有国际影响力的产业基地基本形成，一批在国内外消费市场具有较高知名度的区域品牌加速成长，具有国际竞争力的现代产业体系初步形成。

二、发展重点

（一）电子信息和家用电器产业。加快形成一批具有自主知识产权和国际竞争力的电子信息和家电产品，建成全国最大的智能家电制造基地和国内领先的新型平板显示、LED 光电、晶硅太阳能电池产业基地，以及国内重要的电子材料及元器件制造基地，培育形成国内一流的公共安全产业集聚区。重点发展液晶显示、等离子显示、特种显示、有机电致发光显示（OLED）产业集群和节能环保型、个性化、智能化家电产品。重点发展服务于汽车和装备制造产业的电子控制系统、车身及车载电子系统等，服务于移动通信、物联网的各类传感器、射频元器件及中间件等，服务于通信、工业过程、食品生产及流通等领域的安全管控系统及仪器等，加快推进量子通信成果实用化。积极开发系统软件、嵌入式软件及各类应用软件，发展壮大语音产业。大力发展集成电路制造，完善产业链。扩大晶硅太阳能电池及组件、LED 外延及芯片的生产应用。推进电子材料、元器件及专用仪器设备产业规模快速扩张。坚持自主培育与引进吸收并举，在现有优势产业领域，加强自主

创新，突破核心关键技术瓶颈，向世界先进水平跨越。在市场空间大的产业领域，利用现有配套条件、政策环境、市场和资源优势，打造完备的高效承接平台，引进产业链核心环节重大项目和龙头企业，加快形成产业集群。

（二）汽车和装备制造产业。建成国内规模最大的自主品牌汽车及关键零部件创新发展基地、新能源汽车研发推广基地、国际汽车市场主要出口来源地和国内重要的工程机械、农业装备、节能环保设备和智能装备基地，以及长江流域重要的船舶修造基地，带动电子信息和家用电器、材料和新材料、能源和新能源等关联产业全面提升。部分汽车、工程机械、农业装备企业力争跻身世界前十强。重点发展中高端乘用车、工程机械重型专用底盘、特种专用车以及新一代动力总成，加速经济型轿车、轻型载货汽车、商务车、客车底盘等优势产品升级换代，大力推进纯电动汽车、插电式混合动力汽车等新能源汽车产业化。积极开发具有自主知识产权的重大基础装备、工业机器人、新型关键基础零部件、先进通用设备，以及农业、能源、矿产开采、轨道交通、节能环保和资源综合利用、大型工程建设等领域成套技术装备，促进制造业智能化、精密化、绿色化发展。注重与上游材料产业合作，共同开发铁基等新材料，延伸发展高端装备产品。加速信息技术应用，提升产业数字化和智能化水平。培育大型工程企业和系统成套企业，带动车用电子、纺织、橡塑制品等产业链式发展。紧盯产业创新动态，整合创新资源，加大研发投入，实施以骨干企业为核心的关键共性技术攻关。积极推进与国际知名企业的合资合作，鼓励骨干企业跨行业、跨地区、跨所有制联合重组，引进优质资本和先进技术，通过品牌和技术嫁接，丰富自主品牌价值内涵。

（三）材料和新材料产业。逐步形成创新能力强、结构优化、配套齐全、产学研用紧密结合的产业体系，打造国内最大的铜精炼和精深加工基地、全国前三强的煤化工基地、全国重要的石化和精品钢材基地、全国规模较大的铁基、铜基、硅基新材料产业基地，以及沿江最大的水泥熟料基地、区域内重要的盐化工基地，力争部分龙头企业跻身世界前五强。紧密围绕传统产业转型升级和新兴产业发展需求，积极开发高技术含量、高附加值、节能环保型材料和经济建设、国防急需的新材料产品。重点发展高强度汽车板、轨道交通用钢、高档电力用钢、高强度机械用钢、磁性材料等铁基新材料和高精度铜材、高强高导铜合金、稀有金属、稀土功能材料等铜基和特种金属功能材料，以及特种玻璃、有机硅材料、功能陶瓷等硅基材料和工程塑料、树脂基复合材料等化工新材料、高性能复合材料等。积极研究开发超导、纳米、智能、生物材料等前沿新材料。加强创新能力建设，改进金属冶炼、加工及非金属深加工技术，发展高附加值产品，加速向新材料产业领域延伸，提升产业层次，实现转型升级。鼓励优势核心企业加速兼并重组，建立跨产业战略联盟，实现与下游电子信息、汽车装备、能源新能源、轻工纺织等产业的协同发展。增强资源保障能力，促进内涵集约式发展，采用信息技术、节能环保等先进技术工艺改造提升传统材料工业，提高资源转化效率和节能减排水平。

（四）能源和新能源产业。国家级两淮大型煤炭基地竞争力进一步提升。超超临界机组装机比重大幅提高，国家特高压示范工程尽快建成投产，实现与国家“西电东送”、“北电南送”工程互联互通。天然气利用规模快速扩大。新能源产业加快发展，低风速发电走在全国前列。安徽作为华东能源基地的地位进一步巩固。重点建设一批安全高效的现代化大型煤矿和沿江煤炭储配中心，加快发展现代煤炭物流。积极建设大容量、高参数、低能耗燃煤机组，支持发展热电联产和集中供热，鼓励发展低热值煤发电。推进城乡电网改造升级，加快构建智能电网，根据新能源汽车产业化进程，积极推进充电设施建设。扩大原油加工和成品油生产规模。加快天然气管网和储备设施建设，争取煤层气、页岩气等非常规天然气勘探开发取得突破性进展。加强生物质能、风能、太阳能、地热能等资源开发利用，加快抽水蓄能电站建设。强化科技创新和体制改革，推进能源生产和利用方式变革。鼓励民间资本投资建设能源项目。加速煤矿企业兼并重组，培育大型综合能源企业集团。支持煤电联营，推进煤、电企业资产重组。加快洁净煤技术开发应用，促进其与化工等产业融合发展。鼓励大型煤炭企业“走出去”，推动煤矿技术服务产业化。促进能源开发利用与装备制造互动发展，培育先进煤机、电工装备产业。加速新能源技术开发和创新成果产业化，打造生物质能、光伏、风电等高水平产业链，实现新能源产业集群式发展。

（五）食品医药产业。建设具有国际竞争力的农副产品加工出口基地和区域性健康产业基地、全国重要的创新药物及仿制药研发生产基地、中药材种植及现代中药制造基地和医药流通中心，以及国内重要的生物育种产业集聚区。力争现代生物技术、基因工程药物、新型疫苗、诊断试剂等关键技术和重大新产品研制率先实现突破。适应消费和营养健康需求，重点发展方便食品、休闲食品、保健与功能性食品；针对重大疾病和多发性疾病防治需求，积极发展创新药物、品牌仿制药、特色原料药及先进医疗器械、高端生物医用材料等。大力发展中成药新药、饮片、中药提取物及养生保健品，以及生物育种和绿色农用生物产品。依托粮食、油料、畜牧、水产、蔬菜、水果、茶叶等优势农产品，加速信息技术、生物技术、纳米技术、新材料技术与传统加工制造技术的交叉融合，提高农产品精深加工和副产物综合利用比例。推动传统主食品工业化，实现食品结构多元化、优质化和营养化。加强中药材规范化种植基地和绿色加道地中药材品牌建设，利用酶工程等现代生物技术改造提升传统制药工艺和流程，支持各类新药和生物制品的研发、试验和产业化。促进食品和基本药物生产向优势企业集中，提高生产集约化、规模化水平。

（六）轻工纺织产业。加快建成全国重要的塑料制品基地和长江中下游重要的绿色造纸产业基地，以及现代纺织承接转移国家示范基地和全国新兴经编产业基地，打造国际精品纺织服装、名品制鞋基地和国际性先进纺织品贸易中心。重点发展管件管材、异型材、改性塑料、降解塑料、医用农用塑料等塑料制品和助剂产品，积极发展低定量、功能化纸、纸板新产品以及低白度和未漂纸浆等环保型纸产品。加快发展新型纺织纤维材料和面料新品种、高性能产业用纺织品、新型鞋材和个性化、功能性鞋类产品，争取在高端纺织装备制造领域取得突破。依托自主创新，利用新材料、电子信息、生物工程等高新技术和先进工艺装备改造提升轻工纺织产业。加快提升塑料制品业产业素质，实现塑料制品业绿色低碳发展。大力实施林纸一体化，加快推进清洁生产和淘汰落后产能，优化产品结构。加强棉花、茧丝绸等优势原料生产基地建设，提升纺织原料保障能力。积极承接产业转移，提升研发设计能力，完善纺织集群专业配套能力，实施自主品牌、营销网络、信息化三大建设工程，促进融入全球供应链体系。协同开发产业用纺织品材料与终端制品，提高为终端制品及工程用户的服务能力。

（七）现代服务业。服务业结构进一步优化，现代服务业比重逐年提高，服务业总量较快增长，占全国的比重稳步提高，增速居中部地区前列。服务业增长方式进一步转变，产业集中度和集约化水平不断提高，与先进制造业实现融合、互动发展。建成全国重要的旅游目的地。重点发展金融服务、现代物流、科技服务、信息和软件、商务服务、服务外包、电子商务、旅游、体育健身等现代服务业产业，促进房地产业健康有序发展。深入推进黄山市国家服务业综合改革试点，选择具备条件的县（市、区）开展省级服务业综合改革试点。围绕重点领域，规划建设省级现代服务业集聚区，促进集聚发展。推进企业规模化、品牌化、网络化经营，建立品牌培育机制，支持重点服务业企业做大做强。加大服务业投入，研究制定安徽省服务业产业指导目录，规划建设一批服务业重大项目。加快国家和省级服务业标准化试点建设，制定和实施物流、旅游、金融等领域服务标准，显著提升服务业标准化水平。

（八）文化产业。构建结构合理、门类齐全、科技含量高、富有创意、竞争力强的现代文化产业体系，打造国家级文化和科技融合示范基地、动漫产业基地、数字出版基地、数字发行基地，建设全国区域性包装印刷中心、出版物发行中心。重点发展出版发行、影视制作、印刷、广告、演艺、娱乐、会展等传统文化产业，加快发展文化创意、数字出版、移动多媒体、动漫游戏、科普等新兴文化产业。依托区域中心城市，优化产业布局，推进文化产业集群发展，统筹规划特色文化创业创意园区建设。加大重大文化基础设施项目建设投入力度，实施重大文化项目带动战略，推进“861”行动计划文化产业项目库建设。做大做强文化龙头企业，打造“徽”字号文化航母，发展“专、精、特、新”中小型文化企业。推进文化和科技融合发展，提升文化科技水平和创新能力，打造若干具有全国影响力的文化品牌。发展连锁经营、物流配送、电子商务等现代流通组织和流通形式，推动演出院线、电影院线跨区域发展，构建文化产品流通网络。

三、主要措施

（一）锁定目标错位发展。各市要立足本地资源禀赋、产业基础、龙头企业、市场潜力、政策环境等条件，围绕省级主导产业，科学确立2—3个市级优先培育发展的主导产业，集中力量，有序推进。在市级主导产业中，进一步

明确本市首位产业，集中扶持，重点培育，实现有中生新、有中生高、有中生优、有中生强。

（二）做大做强龙头企业。突出龙头引领，实施强企工程，选择一批龙头企业和优势骨干企业，加大政策扶持力度。多渠道增强企业融资能力，鼓励企业开展兼并重组。重点引导省属企业和传统优势企业进入新兴、高端产业领域，促进企业由生产制造向营销服务延伸，从产品经营向品牌经营转变。鼓励企业创新产品技术、体制机制和商业模式，加强合作交流，增强发展活力。

（三）推进重大项目建设。积极发挥项目支撑作用，不断调整提升“861”行动计划内涵，将符合条件的主导产业项目纳入“861”项目库，实行分级分层调度、部门及时调度和区域集中调度制度。集中力量谋划、实施一批关联度高、带动力大、支撑力强的标志性项目，列入省政府重点协调调度范围，保持项目接续不断，保障项目顺利推进。

（四）加快建设产业基地。发挥区域优势，突出产业特色，统筹实施布局调整，建设一批市场影响力大、产业配套和辐射带动力强的核心产业基地，择优实施省级示范基地授牌，争取升为国家级。加强商标品牌基地建设，培育主导产业商标集群。引导企业和各类要素加速集聚，搭建公共服务平台，引进和培育中介机构，完善分工协作体系。

（五）切实提升创新能力。充分发挥企业创新主体作用，增强创新能力。鼓励企业加大研发投入，多形式、多层次建立研发平台。推动高校提升创新服务能力，建设一批省级协同创新中心。以企业为主导深化产学研交流合作，引导建立一批省部（院）产学研战略联盟，组织实施一批重大技术攻关和成果产业化项目。支持和引导企业提升专利质量，提高专利发明率、授权率和转化率，建设一批省级知识产权试点示范区，并争取提升为国家级。

（六）倾力打造核心产品。鼓励主导产业骨干企业突出主业，积极参与相关标准制订，围绕核心技术持续推进研发攻关，打造拥有核心专利权的拳头产品。实施品牌培育工程，建立健全品牌培育、发展、保护机制，引导企业提高创牌意识和品牌经营能力，新增一批中国驰名商标、省著名商标和省级名牌产品，推动省级著名商标、名牌产品实行区域性互认，不断提高核心产品的技术含量、品牌价值和市场占有率。

（七）积极开拓全球市场。鼓励企业树立全球化意识，加强对外交流合作，抢抓产业结构加速调整契机，积极实施资源、技术、市场并购，建立完善适合企业特点的全球市场营销网络和服务体系，培育国际化品牌。引导企业建设一批境外资源开发基地、生产基地和研发中心，鼓励零部件、外包、物流等企业进入国际供应链体系，提升主导产业国际化水平和国际竞争力。

（八）深入推进产业融合。以产业发展需求为导向，重点实施一批产业融合示范工程，推动文化创意、电子信息、生物、新材料等新兴产业向传统产业渗透融合，引导汽车和装备、能源原材料等向新兴高端领域延伸融合，鼓励传统产业内部交叉融合，促进传统产业与服务业在互动融合中实现高端发展，不断提升产业竞争力。

（九）大力开展招商引资。强化承接载体建设，优化综合商务环境，培养专业招商团队，瞄准一流企业、项目、技术、人才，实施定向招商、精准招商。重点引进世界500强企业、中央企业和知名民营企业。鼓励已有企业以存量引增量，实施产业链配套招商，提高招商实效，确保引资项目落到实处。

（十）加快推进技术改造。引导企业紧紧围绕开发品种、提升质量、节能降耗、清洁生产、“两化”融合、安全生产等重点，积极采用高新技术和先进适用技术改造提升传统产业，实施一批投资规模和产业关联度大、技术水平高、市场前景好的技术改造项目，提高企业技术装备水平，推进企业实现内涵式发展。

（十一）不断优化融资环境。加强企业信用体系建设，建立多层次担保体系。鼓励企业实施股份制改造，加快培育企业上市。鼓励发展创业和股权投资企业，推动股权投资服务主导产业发展。引导企业内部挖潜，剥离不良资产，盘活存量资产，壮大资产规模。

四、支持政策

（一）财税政策。各地要加大对主导产业的财政扶持力度，充分发挥省级财政性资金的引导带动作用，逐步增加省战略性新兴产业发展引导资金额度，重点支持主导产业创新能力建设、重大创新成果产业化、产业融合示范工程和各市首位产业重大项目建设。统筹现有各类省级产业发展专项资金，在不改变现有管理权限和管理渠道的前提下，集中用于支持各市首位产业发展。优先选择首位产业项目争取国家各类产业发展补助资金支持。用足用活国家和省出台的一系列税收优惠政策，积极支持首位产业企业申报高新技术企业。实施财政

资金和政策的绩效评价，切实提高资金使用效益。

（二）金融政策。引导金融机构向主导产业企业优先提供信贷支持和保险服务，优先支持主导产业企业发行债券、短期融资券、中期票据、中小企业集合票据、中小企业集合债等。优先辅导主导产业骨干企业上市。充分利用风险投资、股权投资、信用保险、保证保险、金融租赁等金融工具，帮助主导产业企业多渠道融资。重点支持主导产业上市公司依托资本市场实施兼并重组、再融资、股权激励。

（三）土地政策。完善土地资源配置机制，在年度新增建设用地计划、年度供地计划中优先保障首位产业发展用地；在国家年中、年末追加调剂建设用地计划中安排部分指标对主导产业重大项目实行点供；鼓励各地利用存量土地优先发展首位产业。

（四）人才保障政策。围绕主导产业发展，加快实施省“百人计划”、“高端外国专家引智工程”等，创新人才引进模式，加强产教合作，培育一批产业创新团队和优秀企业家、高层次经营管理人才、专业技术人才和高素质技能人才。首选主导产业集聚区建立省级创新创业基地和产学研实体，优化创新创业环境，完善制度体系，激发人才创造活力，提升人才效能。各市首位产业领军和高端人才享受合芜蚌人才特区优惠政策。

（五）体制机制创新。加快国有企业产权多元化改革，引入战略投资者，实施股权、期权激励，推进企业上市，激发企业活力。在省国有资本经营预算中，安排省属企业转型发展专项资金，推动省属企业向新兴领域、高端领域转型。完善现代企业制度，建立完善法人治理模式；深化企业劳动用工、人事、分配三项制度改革，搞活经营机制，吸引人才集聚。建立政府资金引导、民间资本为主的产业创新风险投资制度，完善资本筹集和运作模式，创新资金监管、风险补偿和政府资金退出机制。

（六）落实地方配套资金。各市要围绕市级主导产业，借助“外脑”加强战略研究，制定发展规划，聚焦重点，持之以恒做精做专。根据规划制定并公布市级主导产业重点产品及技术发展指导目录，每两年修订一次，引导企业和社会资金投向。要充分整合本级财政资金和各项优惠政策，集中力量支持本市主导产业发展。要营造优良环境，加快完善各项基础设施建设和公共服务配套，全力开展招商选资，引导境外、省外关联企业投向各市主导产业。

五、组织保障

（一）加强组织领导。各级、各有关部门要进一步统一思想、提高认识，加强组织领导，主要领导要亲自抓，分管领导要具体抓，有关部门分工负责、协调推进。聚焦主导产业发展，调整工作思路、重点和措施，把做大做强主导产业作为建设经济强省的中心工作，作为皖江城市带承接产业转移示范区和合芜蚌自主创新综合试验区等战略平台建设的主要内容，树立全局观念，集中主要力量，创新工作方式，细化落实措施，完善工作方案，合力推进主导产业特别是各市首位产业发展。

（二）建立长效机制。各级、各有关部门要树立长期发展的理念，克服急功近利思想和盲目求新求变的短期行为，坚持有限目标，有所为有所不为，紧紧抓住主导产业不放松，牢牢盯住发展目标不动摇，真正做到常抓不懈，持续推进。

（三）完善统计评估。建立健全主导产业统计报表制度，实施专项统计。研究建立主导产业发展动态监测评估体系，逐季对重大项目建设情况进行调度，及时发现问题、解决问题；逐年对主导产业发展规模、速度、质量进行评估，形成年度评估报告供决策参考。

（四）开展信息发布。研究建立主导产业信息发布制度，及时向社会公布主导产业和各市首位产业发展目标、优惠政策、发展成果，发布国内外市场动态、产业政策、发展规划等。在加强宣传的同时，逐步建立产业风险防范和安全预警机制。

（五）实施绩效考核。层层落实行政一把手负责制，将主导产业培育纳入各级政府年度目标管理考核、省直机关效能建设考核评价体系，将主导产业发展成效作为各级政府主要领导绩效考核的重要内容，确保各项目标任务落到实处。

（六）做好督促检查。加强对培育发展主导产业相关政策贯彻落实情况的监督检查，及时发现政策执行中出现的新情况、新问题。强化手段，减少环节，持续推进，增强政策执行效力，巩固政策实施效果。

安徽省人民政府关于促进建筑业转型升级加快发展的指导意见

皖政〔2013〕4号　2013年1月26日

各市、县人民政府，省政府各部门、各直属机构：

建筑业是我省的支柱产业，在促进新型工业化、信息化、城镇化和农业现代化，以及吸纳就业尤其是农村富余劳动力就业等方面具有重要作用。为进一步加快我省建筑业改革发展步伐，促进建筑业转型升级、做大做强，推动我省向建筑业大省迈进，现提出以下指导意见：

一、主要目标

到2015年，全省建筑业总产值达7000亿元，比2011年“翻一番”。到2017年，全省建筑业总产值超1万亿元，进入建筑业大省行列；全省特级资质建筑业企业10家以上，二级及以上资质企业占40%以上；年产值500亿元以上企业达3家，100亿元以上企业达10家，50亿元以上企业达20家；安徽建筑业企业在省外产值占全省建筑业总产值的比例达到30%以上。

二、加快建筑业转型升级

（一）优化发展结构。按照扶优扶强、做专做精、提高产业集中度的原则，大力推行工程总承包，优化专业类别结构和布局，扶持高等级资质企业、专业企业发展，形成总承包、专业承包、劳务分包等比例协调、分工合作、优势互补的建筑业发展格局，促进传统建筑业向现代建筑服务业转变。

（二）培育壮大骨干企业。支持鼓励建筑业企业以产权为纽带跨地区、跨行业兼并重组，形成一批在全国有竞争力的安徽建筑业知名企业、品牌企业。联合组建的建筑业企业集团，其子公司可继续保持原有资质，共享企业业绩、人力资源等。支持施工企业向上下游产业延伸，形成主业突出、多元发展的经营格局。鼓励大型设计、施工企业发展成为集设计、咨询、施工于一体的综合性企业集团。

（三）提高专业施工能力。鼓励建筑施工总承包企业向交通、铁路、城市轨道交通、电力、水利等专业承包领域拓展，逐步提升在高端建筑市场的专业施工能力。规范行业管理，扶持装饰、钢结构、防腐等专业承包企业做专做精。提高建筑施工装备水平和装配能力，建筑业企业引进大型专用先进设备，根据相关规定享受贷款贴息等优惠政策。

（四）大力发展总部经济。各地要制定奖励补助政策，吸引中央、外省大型建筑业企业在我省设立总部，优先保障企业总部落户所需的生产生活用地。支持中央、外省大型建筑业企业与我省建筑业企业组建联合体，共同参与高端建筑市场竞争。

（五）扩大国内市场份额。依托各级政府驻外办事机构和驻外建筑业服务机构，推动我省建筑业企业积极参与国内市场竞争，增强市场拓展能力，提高“徽匠”品牌影响力。

三、提升经营管理水平

（六）深化产权制度改革。采取产权转让、增量改制、主辅分离、辅业改制等形式，推进建筑业企业股份制改造，完善法人治理结构。引导改制企业优化股权配置，调动经营管理层和业务骨干的积极性，激发企业活力。

（七）创新经营管理方式。大力发展工程总承包和项目管理总承包，稳妥推行设计、采购、施工、管理一体化。支持工程咨询、勘察、设计、监理、招标代理、造价咨询、检验检测等中介服务企业联合重组或互补合作，拓宽服务领域。积极运用信息技术改造传统建筑业，提升项目管理的标准化、信息化水平。有条件的地方可建立具有区域特色的建筑产业园区，整合装备制造、建材生产、设计咨询、资金物流等要素，引导建筑业企业集聚发展，努力形成建筑经济新的增长极。

（八）增强科技创新能力。实施建设行业科技创新联合行动计划，引导设计、施工、检测等企业采取校企合作、技术转让、技术参股等方式，开展产学研联合攻关，增加核心技术储备。鼓励企业编制工程建设标准和工法，开发专利和专有技术。对认定为高新技术企业的建筑业企业，可减按15%的税率征收企业所得税。建筑业企业因技术创新节约投资或提高效益的，建设单位应给予必要的奖励。积极推广使用建筑节能新技术、新工艺、新材料、新设备，大力发展绿色建筑，促进建设工程绿色施工，推进建筑业节能降耗。

（九）加强人才队伍建设。推动建筑业企业与高等院校共建各类创新创业载体，培养引进经营管理、专业技术人才。鼓励建筑业企业与职业技术院校合作培养适应专业岗位需求的高技能人才，合作培养的学员具备土木工程类或

建筑学类中等专科以上学历的，在报考二级建造师、二级建筑师执业资格时，其在校学龄可合并计算为工龄。督促建筑业企业足额提取职工教育经费，专项用于技术工种和一线职工技能培训。支持具备条件的大型建筑业企业组建初、中级专业技术资格评审委员会，授予相应专业技术资格评审权。对获得国家工程质量奖、国家级施工工法或3项以上“黄山杯”工程奖的专业技术人员，可不受学历、资历、论文数量等限制，破格申报参评相应专业技术资格。提高建筑业劳务输出组织化程度，推动农村富余劳动力向建筑业有序转移，支持皖北地区、大别山区建筑业和劳务分包企业发展。

（十）提高建筑设计水平。加强传承创新，弘扬徽派建筑文化。注重培养勘察设计领军人物，支持我省勘察设计骨干企业参与省内外大型工程项目建设，增强勘察设计企业竞争力。鼓励我省勘察设计骨干企业加强与国内外品牌设计企业的交流合作，吸引国内外品牌设计企业在我省设立法人机构，繁荣建筑设计创作，提升建筑设计水平。

四、实施“走出去”战略

（十一）拓展国外市场。鼓励符合条件的我省建筑业企业申报对外承包工程资格和援外成套项目实施企业资格，努力争取国外工程承包和国家援外工程项目。密切跟踪我国多（双）边经贸合作框架协议，大力推动我省建筑业企业承接框架协议下的建设项目。积极参与我国政府推动的境外经贸合作园区工程项目建设，带动我省设计、咨询、施工、监理以及建筑材料、装备制造等企业“走出去”发展。支持有条件的建筑业企业跻身全球工程承包500强。各级商务、外事、公安、财政、税务、海关、检验检疫等部门要积极为建筑业企业境外发展做好服务。

（十二）落实扶持政策。支持我省建筑业企业申请国家对外经济合作专项资金、对外承包工程保函风险专项资金、中非发展基金、对外承包工程项目流动资金贷款贴息和对外承包工程项目货物出口退税等国家扶持政策。鼓励各级金融机构对承包境外工程的建筑业企业实行授信额度差别化管理，对实力强、信誉好的企业承包项目提供人民币中长期贷款、外汇周转贷款。对外承包工程业务集中的市、县，可设立对外承包工程保函风险专项资金。

五、规范建筑业市场

（十三）加快建筑市场信用体系建设。建立全省统一的工程建设监管与信用体系平台，完善建筑业企业、人员、项目数据库。加强信用信息公开，健全信用奖惩机制，将信用信息作为招投标、资质审批、评优评奖、工程担保的重要参考，营造诚实守信的建筑市场信用环境。

（十四）加强招投标和工程造价管理。完善综合评标和合理低价评标办法，提倡优质优价、优质优先，坚决遏制和打击围标串标、转包、挂靠和低于成本价报价等违法违规行为，禁止在工程招投标中压减职工教育经费。建立政府投资项目和重点工程投标预选企业名录，支持列入名录的企业优先参与省内政府投资项目和重点工程投标活动。建立以市场为导向的工程造价机制，完善工程量清单计价办法，及时发布反映社会平均水平的消耗量标准和价格信息。建立国有投资招标控制价备案和竣工结算价信息报送制度，加强建设工程施工合同备案和履约管理，合理控制工程造价和工期。

（十五）强化工程质量安全监管。严格落实建设、勘察、设计、施工、监理等主体责任，加强对施工图设计文件审查机构和检测机构的管理，健全工程质量终身负责制和关键岗位带班制度，规范执业资格人员从业行为，确保工程质量安全。加快施工现场重大危险源数字化监管系统和施工现场关键岗位人员考核系统建设，强化监管能力，提高监管效能。

（十六）切实减轻企业负担。总承包企业将工程进行分包的，或总承包、专业承包企业进行劳务分包的，按全部工程额扣除分包工程额的余额计算缴纳营业税。建筑业企业从事技术转让、开发、咨询、服务取得的收入，免征增值税。建筑业企业在境外提供建筑业劳务，暂免征收营业税。任何单位不得擅自设立除投标保证金、履约保证金、质量保证（保修）金、农民工工资保证金之外的其他保证金。建筑业企业可采用银行保函作为保证金缴纳形式。建立工程款结算、协调、仲裁和清算约束机制，业主要求建筑业企业提供履约担保的，应对等向建筑业企业提供工程款支付担保。工程竣工验收合格后，业主要及时全额返还履约保证金，质量保证（保修）金滞留时间最长不得超过 24 个月。

（十七）维护从业人员合法权益。规范建筑业企业用工行为，加强劳动合同管理，推行建筑业务工人员实名制。健全建筑业农民工工资正常增长机制和支付保障机制，完善建筑业农民工工伤保险办法，探索推行建筑业企业以工程项目为单位参加工伤保险的参保方式。积极改善建筑业农民工生产生活条件，推动建筑业农民工向现代产业工人转化。

六、优化建筑业发展环境

（十八）加强组织领导。各级政府要将建筑业发展纳入经济社会发展规划和年度工作目标，制定落实扶持建筑业发展的具体政策措施。各级住房城乡建设行政主管部门要认真制定落实行业发展规划，加强协调服务和指导监督，组织评选优秀建筑项目和优秀建筑业企业、优秀建筑业企业家，开展“建筑徽匠技能大赛”等行业竞赛，营造建筑业发展的良好氛围。各有关部门要按照职责分工，积极支持配合，形成推动建筑业加快发展的合力。

（十九）加大资金支持力度。对符合条件的建筑业企业和项目，在安排产业发展、科技创新与成果转化、外经外贸、节能减排、人才引进与培训等专项资金方面予以优先支持。建筑业企业晋升特级、一级资质，创鲁班奖、国优工程奖，技术研发中心、发明专利、标准、工法获国家认定，在境外承包工程年外汇收入达1000万美元以上或在国内外资本市场成功上市的，各地可制定政策给予奖励。

（二十）拓宽融资渠道。鼓励金融机构从资金投入、信贷规模、贷款利率、担保费率等方面扶持建筑业企业发展。创新融资性担保方式，支持以建筑材料、工程设备、在建工程和应收账款等作为抵质押的反担保形式。支持主营业务突出、实力较强的建筑业企业进入融资性担保行业。

安徽省人民政府办公厅关于加快船舶工业发展的意见

皖政办〔2012〕44号　2012年5月23日

各市、县人民政府，省政府各部门、各直属机构：

船舶工业是为水上交通、海洋开发及国防建设提供技术装备的现代综合性产业，是军民结合的战略性产业，是先进装备制造业的重要组成部分。发展壮大船舶工业，对于促进我省经济增长、保障水上运输安全、发展对外贸易具有重要意义。近年来，我省船舶工业充分发挥区位和资源优势，主动融入长三角船舶产业分工合作，着力承接产业转移，整体规模和能力水平快速提升。同时，我省船舶工业自主研发能力不强、产品技术含量和附加值不高、优势骨干企业发展不足、产业集中度较低、船舶配套业发展滞后、人才缺乏等问题日益突出。为推进我省船舶工业加快发展，经省政府同意，现提出如下意见：

一、总体要求

深入贯彻落实科学发展观，坚持走新型工业化和军民融合式发展道路，依托皖江城市带承接产业转移示范区、合芜蚌自主创新综合试验区和国家技术创新工程试点省建设，加快转变船舶工业发展方式，全面提升科技研发能力，推进产业结构优化升级，培育壮大优势骨干企业，完善船舶业配套体系，努力实现我省船舶工业跨越式发展。

二、发展目标

到“十二五”末，全省形成造船能力700万载重吨；培育1户年造船能力100万载重吨、工业总产值100亿元以上的领军企业，2户年造船能力50万载重吨、工业总产值30亿元以上的骨干企业，8户年造船能力20万载重吨、工业总产值10亿元以上的重点企业；培育发展20户高新技术企业，建立3个国家级企业技术中心、14个省级企业技术中心和5个省级工程技术研究中心；船用低速柴油机产量达到500万马力，中速柴油机产量达到1000台。

到2020年，形成产业整体技术水平和综合竞争能力显著增强、核心骨干企业优势突出、造船业与配套业协调发展、产业集聚效应明显、结构合理的船舶工业体系，使我省成为全国重要的航

行船舶造修基地和船用中低速柴油机生产基地。

三、发展重点

（一）加快发展船舶产业集群。按照“集约资源、集聚发展”的原则，充分开发利用长江水系和淮河水系岸线资源，优化发展环境，加快承接船舶产业转移，重点建设沿江芜湖市三山区、池州市贵池区、无为县、和县、当涂县、枞阳县6个船舶工业聚集区，加快发展芜湖、马鞍山、安庆、宣城市造船及配套产业和池州、蚌埠、阜阳市造船产业以及合肥、滁州市船舶配套产业等9个沿江沿淮船舶工业产业集群。

（二）加快调整船舶产业结构。按照“差异发展、错位竞争”的原则，根据我省造船业的条件基础和优势特点，重点发展远洋散货船、快速集装箱船、成品油船、内河标准化船型及化学品船、游船、快艇、工程船等技术和附加值较高的船舶；支持发展汽车运输船、滚装船等高技术高附加值船舶和海洋工程船。鼓励研发绿色船舶，推广和运用新材料、新技术、新产品，推进内河船舶气体燃料动力改造等。鼓励利用现有造船设施发展修船、船舶中间产品和非船产品。

（三）加快船舶配套产业发展。按照“本地配套、协调发展”的原则，提升关键配套设备的供应能力和技术水平，强化产业配套发展能力，重点发展船用主、辅机及大型船用关键零部件产品（船用低速柴油机、中速柴油机、大型曲轴、铸件和锻件）和船用舾装件及其他产品类，如甲板机械、燃油供应单元、船用锅炉、焚烧炉、造水机，以及船用灯具、高速螺旋桨、船用钢材、油漆、锚链、电缆、大型舱口盖、水密门、人孔盖、卫生单元、铝质舷梯、家具、克令吊车、消防器具、泵阀等，不断延伸壮大产业链，形成船舶制造与配套协调发展的良好局面。

四、主要措施

（一）加强土地和岸线资源管理。加快船舶工业园区的规划与建设，对新建园区用地要依法批准、依法供应，节约集约开发土地和岸线资源，引导产业集聚发展。加大《安徽省船舶工业调整和振兴规划》已确定集聚区的存量土地和岸线资源整合力度，采取清理、收回、转让等方式盘活存量资源。支持达到投资强度的船舶企业依法取得土地和岸线资源使用权，并可依法进行抵押融资。

（二）鼓励技术进步和技术改造。各级有关工业专项资金应向船舶工业倾斜，对船舶工业核心技术、高技术高附加值产品研发、重大技术改造，或重大引进技术、装备的消化吸收再创新项目，纳入省科技专项资金和省工业发展专项资金支持范围。按照《中共安徽省委安徽省人民政府关于推进合芜蚌自主创新综合配套改革试验区工作的若干政策措施（试行）》（皖发〔2008〕18号）相关规定，给予有关高新技术船舶企业财政资金奖励和税费减免等扶持。

（三）支持扩大对外开放。省外经贸发展专项资金对符合条件的船舶和配套产品出口按有关政策给予支持；对船舶企业引进船舶设备和关键零部件，按有关规定给予外贸代理费补贴等资金支持。建设省级船舶出口集聚区公共服务平台，用于聚集区内企业检测、认证、信息服务、培训，关键技术和共性技术研发以及逐步在主要出口市场境外营销和售后服务网络建设。

（四）加大金融服务支持。鼓励各银行业金融机构制定支持我省船舶工业发展的信贷重点倾斜政策，优先安排信贷资金，对符合信贷条件的船舶企业，合理确定贷款期限和利率，提高服务质量和效率，扩大船舶工业信贷投放规模。支持金融机构在风险可控前提下扩大建造中船舶抵押融资规模，支持和鼓励依法设立的融资性担保和保险机构参与建造中船舶抵押融资活动，为建造中船舶提供融资性担保和保险服务，省外经贸发展专项资金给予保险费用补贴。综合运用买方信贷、卖方信贷和对外担保等多种融资手段，为船舶出口提供融资服务。支持船舶企业利用资本市场做大做强，推进船舶企业上市，鼓励符合条件的船舶企业实施债券融资，实现融资渠道多元化。

（五）着力优化产品结构。鼓励发展标准化内河船型，优化我省船舶运力结构，采用政府发起和市场发起两种方式推进内河标准船型研发和实施，引导市场船型逐步向标准化方向发展；现有老旧船舶提前退出航运市场，对符合条件的船舶，按有关政策对船东给予资金补助。鼓励发展高技术高附加值船型，省外经贸发展专项资金支持我省船舶出口企业制造研发万吨级以上散货船和集装箱船、油船及出口工程船、游船、海洋平台工作船等，以增强我省出口船舶科技含量和附加值，提高国际竞争力。

（六）加强人才培养和职业技能培训。支持省内院校与知名高校联合办学，培养船舶产业专业人才。加强省内学校与船舶企业的对接，通过校企联合定向培养和实习，开展职业技能培训。加强船舶企业职工培训，船舶企业开展职工岗位技能培训纳入企业职工岗位技能提升培训补贴范围。

（七）强化评估和监管。建立健全政府部门间高效协调联动机制，切实加强船舶建造质量安全管理。执行和推广《船舶生产企业生产条件基本要求及评价方法》、《船舶修理企业生产条件基本要求及评价方法》以及《船舶设计单位设计条件基本要求及评价方法》等国家标准，开展船舶生产、修理企业及设计单位等级评价工作。建立完善船舶项目进入和退出机制，提高准入门槛，提高造船质量，提升安徽造船信誉，防止低水平重复建设和无序发展。

（八）加强组织协调。各级政府和有关部门要进一步加强领导，统筹协调各方面力量，充分发挥职能作用，落实相关政策和措施，优化船舶工业发展环境。省船舶工业主管部门要加强对意见贯彻情况的指导和督查，及时协调解决船舶工业发展中的具体问题。

安徽省人民政府办公厅
关于促进我省化工产业健康发展的意见

皖政办〔2012〕57号　2012年10月10日

各市、县人民政府，省政府各部门、各直属机构：

化工产业是国民经济重要的支柱产业和基础产业。保障化工产业安全健康发展，事关人民群众生命财产安全，事关经济发展和社会稳定大局。为深入贯彻落实科学发展观，加快产业转型升级，有效防范环境等风险，规范和引导全省化工产业持续健康发展，经省政府同意，现提出如下意见：

一、坚持规划引导

按照统筹发展、集聚发展、绿色发展、提升发展的要求，制定《安徽新型化工基地发展纲要》，明确产业发展重点和发展布局。省级发展纲要中明确的基地和专业化工园，所在市、县（含市、区，下同）政府要根据纲要精神，结合本地区经济社会发展规划、城乡规划、安全生产状况和资源环境承载力，研究制定化工产业发展专项规划，报省政府批准实施。要强化规划约束力和执行力，确保规划顺利实施。拟列入专项规划的重大项目，要从维护社会公共利益角度进行论证，论证通过后方可列入规划；未列入规划的重大项目，原则上不得实施。

二、促进产业布局调整

新建化工项目，原则上在省政府确定的基地和专业化工园布局。其中，基础原料项目原则上只在基地布局。专业化工园要立足现有基础，延伸产业链条，坚持错位发展。已有化工产业的县要明确化工集中区，报市人民政府批准，严格控制化工集中区数量。基地、专业化工园和集中区（以下简称“园区”）要与城市建成区、人口密集区、水源保护地等敏感目标，保持足够的安全和卫生防护距离。引导现有化工企业搬迁至园区，重点推动不符合城市规划、存在安全和环保隐患的企业实施搬迁。严格控制非园区化工企业扩大产能。开展专项清理整顿行动，坚决关闭不符合安全和环保要求的化工企业，坚决淘汰落后工艺、装备和产品。

三、加快产业转型升级

坚持联合布局，推进化工与冶金、建材等重点耗能产业之间循环组合，实现园区内部企业联动发展，促进资源、能源的梯级利用和循环使用。新建项目鼓励采用安全高效、节能环保的先进技术、工艺和装备，严禁使用各类国家明令禁止和淘汰的落后技术、工艺和装备。推动现有企业技术改造和信息化建设，提升产品质量、环保、安全及信息化、自动化控制水平。以企业为主体，加强产学研合作，全力开展化工领域基础性、关键共性技术及节能环保、安全生产技术攻关。

四、优化要素资源配置

严格审核化工项目建设用地，对不符合产业政策、规划或布局要求的建设项目，一律不得批准用地。严禁各地以其他项目为名为违规化工项目办理用地手续。进一步规范煤炭及其他化工矿产资源勘查和开采管理，严禁越权审批和以招商引资为由越权将资源配置给违规化工项目。将主要污染物排放总量指标作为化工项目环评审批的前置条件，暂停污染减排任务未完成地区新增主要污染物化工项目审批。金融机构要加强对化工项目的信贷审核。统筹要素资源，向省政府确定的基地及专业化工园重大项目倾斜。

五、强化项目审批管理

严格执行规划环评，未进行环评的规划所包含的化工项目，其环评文件不予受理。化工项目环评文件由市级以上环保部门负责审批。其中，以铅为主要原料的建设项目，焦炭、电石及含重金属的危险废物处置、化工废液（渣）等危险废物利用项目的环评文件，由省级环保部门负责审批。除国家及省级投资主管部门审批、核准或备案的项目外，其余化工项目备案权限上收至市级。严格敏感行业项目审查，未取得环评、安评和能评审批文件的剧毒化学品、危险化学品、涉铅等重金属化学品及煤化工建设项目，投资主管部门不予审批、核准或备案。化工重大项目审批、核准或备案前必须开展社会稳定风险评估。为符合规定的化工重大项目设立审批绿色通道，实行“限时办结”，提高审批效率。

六、严格建设过程监管

遵循一体化、基地化、集约化、现代化、精深化的原则，高起点建设化工产业基地。按照规划先行、控制容量、统筹协调的原则，组织建设专业化工园和化工集中区。严格执行“三同时”规定，确保安全、环保和节能设施与主体工程同时设计、同时施工、同时投产和使用，并按要求开展建设项目环境监理工作。未按安评、环评、能评文件批准内容和要求建设的项目，不得办理竣工验收手续和核发生产许可。加强企业试生产期间的安全监管，督促企业严格按照规定，全面排查安全隐患，规范执行操作流程，实现装置安全稳定运行。

七、加强生产运行监测

推进园区封闭化管理，强化对园区重大危险源和重大环境风险单位的监控。制定主要污染物和特征污染物监测方案，建立全覆盖的监控系统。加强企业特征污染物监管，严厉打击擅自停运治污设施、偷排偷放等违法行为。对重大隐患实行挂牌督办，确保整改落实到位。各地要加强应急救援队伍和应急保障能力建设，推进园区和企业应急预案编制工作，注重园区、企业预案与政府相关应急预案的衔接，构建园区和企业环境污染事故防范与应急平台及动态监控体系。完善举报奖励制度，鼓励公众参与监督。支持媒体对重大隐患、违法排污典型事例予以曝光。

八、明确职责抓好落实

充分发挥省新型化工基地建设联席会议的统筹协调作用，明确工作责任，加强督促检查。各地、各部门要进一步增强大局意识、责任意识，充分认识促进化工产业健康发展工作的重要性和紧迫性。各有关部门要认真履行职责，依法依规把好安全、环保、城乡规划、土地、节能、信贷、产业政策和项目审批关。各市、县人民政府要严格执行国家和省相关政策规定，确保各项措施落到实处。对违反规定、工作严重失职或失误造成重大损失或恶劣影响的行为，要依据相关规定问责，严肃处理。

安徽省发展改革委关于加快发展我省智能制造装备产业的指导意见

皖发改高技〔2013〕89号

智能制造装备产业是为国民经济和国防建设提供技术装备的基础性产业，是产业升级、技术进步的重要保障，是区域综合实力和技术水平的集中体现，需求前景广阔，发展潜力巨大。经过多年发展，我省智能制造装备产业已具有一定基础。初步统计，2011年行业产值达到370亿元，在数控成形机床、工业机器人及集成应用、汽车用智能仪器仪表、水泥成套装备、节能环保智能装备等领域拥有一定优势。但总体看，我省智能制造装备产业仍处于起步阶段，领军企业少，产业规模小，基础部件和核心技术对外依存度高，市场有待培育。为加快我省智能制造装备产业发展，现提出如下意见。

一、总体要求

1. 指导思想。深入贯彻落实科学发展观，积极推进信息化与工业化深度融合，瞄准重点领域，以示范应用为引领，以集群发展和招商引资为抓手，以突破关键技术为支撑，加快提升产业规模和水平，全面增强我省制造业竞争力。

2. 发展目标

到2015年，智能制造装备产业产值在2011年基础上翻一番以上，达到1000亿元。到2020年，行业产值再翻一番，超过2000亿元，形成比较完整的智能制造装备产业体系，初步建成在全国具有较大影响力的智能制造装备产业基地。

——重点领域取得突破。到2020年，高档数控机床、工业机器人、智能农业装备、智能工程机械、节能环保智能装备等领域在全国居有重要地位。

——龙头企业作用显著增强。到2020年，打造若干销售收入超100亿、具有国际竞争力的骨干企业，培育一批“专、精、特、新”的专业化企业，形成一批特色明显的优势产业集群和特色产业园区。

——基础支撑能力明显提升。到2020年，产学研用相结合的产业创新体系基本形成，骨干企业研究开发经费占销售收入的比重超过5%。基础制造工艺水平全面提升，基础件配套能力显著提高。

二、发展重点

3. 高档数控机床。依托国家高档数控机床与基础制造装备等方面重大专项，重点突破整机动态设计、先进制造工艺、功能复合、可靠性设计、节能降耗等关键核心技术，大力发展大型数控液压机和锻压装备、加工中心和高档专用数控机床，培育发展关键功能部件，扩大皖产数控机床在国内外的影响力。

4. 工业机器人。面向汽车、家电、材料、智能电网等行业发展需求，着力突破高压传动、精密加工等关键技术和高效减速器、伺服驱动器以及微电机、控制器等核心部件，大力发展各类专用机器人和智能制造集成装备，持续提高生产能力与产业化水平。

5. 智能农业装备。围绕农业现代化和国家粮食安全的需求，重点发展智能大型拖拉机及配套的整地、播种、施肥、植保、收割等成套农机具，重点突破工厂化农产品生产智能控制和管理装备，推进精细化农业生产和农业物联网应用示范园区进程。

6. 智能工程机械。面向极端环境和大型化、功能多样化需求，通过攻克电子控制器、作业智能化机群控制、自动化物流等关键技术，研发特大型和微小型电动驱动、混合动力驱动等新型工程机械，增强安全性和可靠性，减少有害气体排放，降低噪声和振动，提升产品竞争力。

7. 节能环保智能装备。着眼于节能减排、发展循环经济和建设资源节约型环境友好型社会的需要，加快培育发展节能环保智能装备。推进窑炉蓄热式燃烧技术装备产业化，完善推广余热发电关键技术和设备；加快便携或车载式应急环境监测、污染源烟气、工业有机污染物和重金属污染在线 监测处理技术设备的开发和应用。

8. 智能成套装备。着力突破模块化设计、动态仿真等核心技术，大力发展智能化汽车装配生产线和冶金、化工、建材、家电成套装备，提升玻璃成套装备、煤炭采掘成套装备、包装印刷成套装备、食品灌装袋装自动化装备水平，培育发展电子产品制造装备、运载工具和智能国防装备、智能过程控制装备。

9. 智能测控装置。重点突破新型高灵敏度、高稳定性、强抗干扰能力的测控技术，大力发展高端传感器、执行器等 电子产品以及智能工业仪表及控制系统、高端光学仪器等产品，积极发展

精度高、稳定性好、响应迅速的压力、流量、位移传感器与仪器仪表。

10. 关键基础零部件。依托现有产业基础，以集成创新为先导，加强基础工艺和新材料研究，大力发展高参数、高精度、高可靠性的轴承、液压及气动元件、密封元件、齿轮传动装置以及大型、精密、复杂、长寿命模具，夯实产业发展基础。

三、主要任务

11. 积极培育领军企业。支持行业龙头骨干企业开展资产和业务重组，实现以企业为主体的兼并、联合及存量资产的优化配置。鼓励企业加大研发投入，提高龙头企业的核心竞争力。鼓励和支持中小配套企业做专做精，提供专业化特色化产品，为行业龙头骨干企业配套。推进智能制造装备产业链整合延伸、配套分工和价值提升，建立完整的产业链配套体系。

12. 推进重大项目建设。编制我省智能制造装备产业指导目录，建立完善重点项目库，着力谋划、论证、储备一批大项目、好项目。围绕关键技术、关键产品和关键系统，积极帮助企业争取国家支持，扶持、推进一批重大项目建设，形成“建设一批、开工一批、推进一批、储备一批”的梯次推动格局。充分发挥行业协会及中介机构的纽带作用，邀请业内专家、相关企业负责人组建专家咨询委员会，研究行业发展中的重大问题，评估论证申报项目，增强项目可操作性，降低项目实施风险。

13. 突出抓好招商引资。把握国内外产业升级和产业转移的趋势，瞄准世界500强、行业龙头企业、国内外领军企业，实施定向招商、精准招商，鼓励企业并购重组和相互配套协作、上下游资源共享，通过产业配套、研发配套延伸产业链，吸引一批整机及关键零部件高端装备项目落户。鼓励与境外企业及科研机构开展多种形式的合作，积极参与技术标准、技术设计的国际协作，支持智能制造技术、成套装备及工程服务出口，尽快做大产业规模。

14. 促进产业集聚发展。围绕产业链核心环节，立足各地产业基础，加强政策和资金引导，采取引进一批、并购一批、合作一批、培育一批等方式，促进各种生产要素向产业基地和特色产业园区聚集，促进产业专业化、特色化，形成一批产业集群。设立区域产业协作与发展基金，引导和鼓励各市以产业链为纽带，协同打造跨区域的产业基地。依托现有开发区、高新区，建设专业园区，加强对专业园区的规划引导，提升信息网络、污染集中处理、公共服务平台等基础设施水平。

15. 加大自主创新力度。围绕产业发展需求，充分利用国内外创新资源，推动产学研深度合作，促进集成创新和联合攻关，突破一批关键核心技术，创新一批自主产品，培育竞争新优势。鼓励企业通过引进消化吸收国内外新技术、在海外设立研发机构、收购国内外先进企业等方式，弥补产业链缺失环节。设立智能制造装备创新能力专项，支持工程研究中心和工程实验室等研发及应用平台建设。引导建立以企业为主体、高等院校与科研院所参与的产业技术联盟，建设完善共性技术研发、中试基地、测试中心等技术服务平台。

四、政策措施

16. 加强财政扶持。在省战略性新兴产业发展引导资金中设立智能制造装备产业专项，采用无偿资助、贷款贴息、有偿使用、入股、委托投资等方式，重点支持智能制造装备产业技术研发和产业化、先进工艺推广应用、新产品的试点示范以及研发、检测、培训等行业服务平台建设等。

17. 鼓励应用示范。组织实施智能制造装备应用示范工程。鼓励企业购买和应用数控机床、工业机器人等先进制造装备和技术。对于采购皖产首台（套）智能制造装备的企业，给予一定的税收减免、补贴和专项资金支持。鼓励金融保险机构开展对首台（套）设备的产品质量保险，建立制造商、用户、保险机构三位一体的质量保险责任机制。建立依托重大工程发展机制，鼓励由用户企业、制造企业和科研机构组成的产业联盟参与工程招投标，联合开发重大智能成套装备。

18. 强化金融支持。鼓励和支持智能制造装备骨干企业通过改制上市、引进战略投资者、发行企业债券等方式融资，争取培育一批企业上市，扩大直接融资规模。鼓励企业通过发行短期融资券、中小企业集合债、集合票据、信托产品、动产抵押、股权出质、商标及品牌质押等新型融资方式筹集资金。

19. 构建人才高地。建立智能制造装备产业紧缺人才开发目录，把招商引资和招才引智紧密结合起来，以重大项目建设和工程研究中心、工程实验室、博士后工作站等作为支撑平台，创造优良生活、科研和创业环境，吸引有自主知识产权和重大科技实施项目的一批留学归国人员和境外人才来皖创业，培养一批、引进一批智能制造装备领军人才和创业团队。用好用活股权和分红激励政策，进一步激发人才创新创业活力。

各级、各部门应深刻认识发展智能制造装备产业的重要性和紧迫性，切实把发展智能制造装备产业提到战略高度。各市要完善支持智能制造装备产业发展的相关政策，加大工作力度，确保各项任务措施落到实处。省直有关部门要按照职能分工，加强对智能制造装备产业发展的协调指导，推动我省智能制造装备产业又好又快发展。

安徽省财政厅 安徽省商务厅

关于印发《安徽省中央财政促进服务业发展专项资金实施细则》的通知

财企〔2013〕239 号 2013 年 3 月 8 日

各市、县财政局、商务局：

为加强促进服务业发展专项资金管理，提高资金使用效益，根据《财政部商务部关于印发中央财政促进服务业发展专项资金管理办法的通知》（财建〔2013〕4 号）等文件，结合我省实际，我们制定了《安徽省中央财政促进服务业发展专项资金实施细则》，现印发给你们，请遵照执行。

附件：

安徽省中央财政促进服务业发展专项资金实施细则

第一章 总 则

第一条 为贯彻落实《财政部 商务部关于印发中央财政促进服务业发展专项资金管理办法的通知》（财建〔2013〕4 号）等文件精神，促进商贸流通领域服务业发展，规范中央财政促进服务业发展专项资金（以下简称专项资金）管理，充分发挥专项资金使用效益，结合我省实际，制定本细则。

第二条 本细则所称专项资金是指中央财政切块安排我省专项用于支持商贸流通领域服务业项目建设和发展的资金，省级财政预算安排的促进商贸流通业发展的相关资金与中央专项资金统筹安排使用。

第三条 专项资金由财政部门会同商务主管部门管理。省财政厅会同省商务厅负责专项资金分配，组织实施监督检查和绩效评价；省商务厅会同省财政厅负责业务指导和项目管理，对项目建设实施情况进行绩效评价。市、县商务部门会同财政部门负责组织项目申报、监督项目实施、组织项目验收；市、县财政部门会同商务部门负责资金拨付、

监督检查和绩效评价以及报送季报、年度总结等。

第四条 专项资金实行申报评审等竞争性分配，以及根据因素法、项目建设情况等，实行切块分配或以奖代补方式安排使用，省财政厅会同省商务厅在中央专项资金管理办法规定范围内，确定专项资金支持重点，根据各地实际安排到具体项目。各地要按照商务部会同财政部发布的有关业务指导文件加强项目管理，接受财政部、商务部以及省财政厅、商务厅监督检查和绩效评价。

第五条 专项资金管理遵循公平、公开、公正、规范、高效原则，资金分配和使用情况通过省商务厅和省财政厅门户网站向社会公示，接受有关部门和社会监督。

第二章 资金支持范围

第六条 专项资金按照项目法管理，结合我省实际，支持重点和范围包括：

（一）民生商贸服务业项目

1. 支持大众化早餐企业建设主食加工配送中心、连锁门店等；

2. 支持家政企业建设连锁门店、信息服务平台、家政人员培训等；

3. 支持屠宰企业升级改造及屠宰监管技术系统等；

4. 支持公益性菜市场、标准化菜市场、农贸市场、批发市场等新建、升级改造以及直销菜点建设等；

5. 支持流通企业在城乡按标准建设直营便利店、连锁店。

（二）生产流通直接相关的服务业项目

主要支持生产生活资料商贸物流、酒类流通追溯、品牌促进、电子商务等。

（三）节能减排、环境保护相关的服务业项目

主要支持再生资源回收利用、报废汽车回收拆解、流通领域节能减排和绿色低碳流通体系建设等。

（四）公共服务直接相关的项目

主要支持市场监管、市场监测、商贸服务行业统计、应急调控等。

（五）其他经财政部、商务部确认的商贸流通领域服务业项目。

第三章 资金支持方式

第七条 专项资金采取以奖代补、贷款贴息和财政补助等方式安排到具体项目。其中：

（一）以奖代补。对于能够制定具体量化标准的项目，在项目竣工验收后，通过申报程序，对符合条件的项目予以补助，单个项目补助额不超过项目总投资的 30%。

（二）贷款贴息。对于投资规模大

且获取银行贷款的项目，可对上年实际发生的银行贷款利息予以补贴。贴息率不得超过同期中国人民银行发布的一年期贷款基准利率，贴息额不超过同期实际发生的利息额，贴息年限最长不超过3年。

（三）财政补助。对于使用自有资金建设的项目采取补助方式，一般对单个项目补助额不超过项目总投资的30%。

第四章　资金使用管理

第八条 项目申报条件和程序。

（一）申报条件。省商务厅、省财政厅每年制定具体项目申报通知，确定项目具体范围、申报条件、申报程序、支持标准和时间要求等；各地根据通知要求，结合本地的发展规划和产业布局，合理组织项目申报。对中央和省级其他财政资金已支持的项目，专项资金原则上不再安排。

（二）申报程序。企业按隶属关系分别向所在地商务、财政部门申报，经所在地商务、财政部门初审后，由市级商务、财政部门审核汇总后，联合行文分别报省商务厅和省财政厅。省属企业直接报省商务厅、财政厅。

第九条 项目评审及资金拨付。省商务厅、财政厅联合对各市上报的项目进行审核、评审，研究确定支持的项目和标准，在省商务厅、财政厅门户网站公示7个工作日无异议后，按有关规定及时拨付资金。

第十条 采取切块和以奖代补方式下达的专项资金，由市县自行确定具体扶持项目，并按文件规定报省商务厅、财政厅备案。

第十一条 专项资金主要用于项目建设、设备购置安装、信息系统开发、品牌展览推介、家政服务及公共服务岗位培训、应急调运运费、市场监测统计费用等与项目建设实施直接相关的支出，不得用于征收拆迁、车辆购置以及人员经费、设施维护等经常性开支。不符合规定支出范围的，不得纳入项目总投资。采取以奖代补方式的，可用于上述支出归垫。采取贴息方式的，主要用于补偿与上述支出相关的银行贷款利息。

第十二条 专项资金实行专款专用，专账核算。省财政在收到中央财政下达专项资金2个月内将专项资金分解下达到具体项目。市、县财政部门（以预算文件印发日为准）在收到省级下达的专项资金1个月内，按照项目进度和实施情况，将资金及时拨付到具体项目。县级财政部门会同商务部门在资金拨付7

日内将有关情况报送市级财政、商务部门备案，市级财政部门会同商务部门在省级下达资金15日内将本市的有关情况汇总后报省财政厅、商务厅备案。备案内容包括：具体项目清单、项目总投资、项目投资资金来源（包括专项资金、地方资金、项目单位及社会资金）、主要建设内容、建设地点、项目开竣工期限等。

第十三条 具体项目和专项资金安排上报备案后不得随意调整。确需调整的，应按照第十二条规定内容将项目调整情况及调整原因报省财政厅、商务厅备案，省财政厅、商务厅及时将相关情况报财政部、商务部备案。

第十四条 各地财政部门要切实加快资金支出进度，及时拨付专项资金。采取财政补助方式的，原则上按预算、按合同和按项目实施进度支付资金，并预留10%尾款，待项目完成验收且批复决算后支付；为确保项目实施资金需求，也可在确保资金安全情况下，在项目开工后预拨资金，并预留10%尾款，待项目完成验收且批复决算后支付。采取以奖代补和贴息方式的，应在专项资金安排到具体项目后，及时支付专项资金。

实行国库集中支付的，按照国库集中支付制度有关规定执行。

第五章 监督检查与绩效评价

第十五条 省财政厅会同商务厅对专项资金安排使用情况进行监督检查和绩效评价。市、县财政部门会同商务部门加强对本地区专项资金安排使用情况进行监督检查和绩效评价。

专项资金分配与绩效评价结果挂钩，对绩效评价不合格的市、县，在下年度安排项目资金时将予以扣减。

第十六条 专项资金绩效评价重点是预算执行进度、项目建设实施情况、地方资金投入及项目资金管理报备情况等。其中：

预算执行进度评价项目实施是否达到预算执行序时进度要求。

项目建设实施情况评价项目安排是否符合规定的范围、项目建设实施是否符合商务部有关业务指导文件要求、是否履行基本建设等相关程序、项目资金预算下达后是否频繁调整、项目实施是否按照进度要求实现相关效益目标、各地商务部门是否按要求及时报送市场监测和行业统计数据、是否切实履行行业监管职责等。

地方资金投入评价专项资金带动地方及社会资金投入情况。

项目资金管理报备情况评价各地财

政和商务部门是否及时、完整报送项目和资金安排情况以及季报、工作总结等。

第十七条 各市财政部门会同商务部门应于每季度结束后6个工作日内向省财政厅、商务厅报送专项资金预算执行及项目建设进展情况季报，并于每年1月31日前报送上年专项资金项目建设实施情况总结。季、年报格式另行制定下发。

第十八条 对于截留、挤占、挪用、骗取专项资金等违法行为，一经查实，省财政厅将收回已安排的专项资金，并按《财政违法行为处罚处分条例》（国务院令第427号）的相关规定进行处理。涉嫌犯罪的，移送司法机关处理。

第六章 附 则

第十九条 各市财政部门会同商务部门应结合本细则和当地实际制定各地的资金管理办法。

第二十条 本实施细则由省财政厅会同商务厅负责解释。

第二十一条 本实施细则自印发之日起执行。

安徽省人民政府办公厅关于进一步促进外贸加快发展的若干意见

皖政办〔2012〕33号　2012年4月26日

各市、县人民政府，省政府各部门、各直属机构：

为贯彻落实《安徽省人民政府关于促进经济平稳较快发展的若干意见》（皖政〔2012〕50号）和商务部等10部门《关于加快转变外贸发展方式的指导意见》（商贸发〔2012〕48号）精神，积极应对当前外贸面临的严峻形势，扎实推进外贸调结构、稳增长、促平衡，努力优化外贸发展环境，实现稳中求进目标，经省政府同意，现就进一步促进外贸加快发展提出以下意见：

一、努力扩大进出口规模

1. 积极支持企业扩大出口，巩固外贸过亿美元企业出口优势，加大对外贸有潜力过亿美元企业培育力度，对2012年企业出口增量给予鼓励（具体办法由省商务厅会同有关部门另行制定）。

2. 对生产企业进口机电设备、关键零部件，给予每美元奖励2分钱，对外贸公司代理手续费按合同金额给予不超过0.5%的补贴，单个企业补贴不超过100万元。允许民营企业利用自有资金自主选择采购方式进口非免关税类机电设备和技术。

3. 对引进投资总额5000万美元以上的外向型项目，给予不超过100万元支持。对在我省投资且在转出地已获认定的高新技术企业和产品直接予以确认。

4. 对企业参加境外展会给予30%—60%补贴，对企业开展产品国际认证、境外商标注册、境外专利申请等发生的费用给予不超过30%的补贴。

5. 对企业到境外参股或并购境外营销网络、售后服务体系或研发机构，承揽带动我省产品出口的EPC、BOT、BOOT项目，给予不超过100万元支持。大力支持农业“走出去”，鼓励企业对外开展资源类投资。

二、加大财税金融支持力度

6. 外贸政策资金应尽早、尽快、足额拨付，原则上涉企外经贸促进资金当年6月底前拨付到企业。

7. 积极争取出口退税计划，加快退税进度。做好出口退税分类管理试点，适时在全省推广；推行出口退税远程自动网络预审系统，开展出口退税税库银联网试点。

8. 加大对外向型中小微企业融资支持力度，充分发挥小微企业“统借统还”贷款作用，缓解中小企业融资难问题；积极开展出口基地建设固定资产投资项目贷款业务，大力发展出口买方信贷业务。

9. 扩大出口信用险承保额度，提高覆盖率。降低重大订单、政府推荐的重点行业和企业及小微企业的保费费率。对投保企业向出口信用保险公司实际缴纳保费给予50%的补贴，单个企业补贴不超过400万元。积极争取限额支持力度，加大高风险地区承保力度，提高承保、理赔效率；建立小微企业出口信用保险简易承保制度；扩大出口信用保单融资规模。

10. 推动进出口企业开展跨境贸易人民币结算业务；扩大“外保内贷”融资规模，增加贷款企业数量。

11. 降低省中小进出口企业专项担保资金担保门槛，取消个人30%的资产抵押，扩大受贷企业范围，增加担保贷款合作银行。

12. 支持外贸企业上市融资，帮助外贸企业拓宽融资渠道，支持有条件的外贸企业利用银行间债券市场发行短期融资券、中期票据、中小企业集合债券、中小企业集合票据等。

三、优化外贸发展环境

13. 提升贸易便利化水平，强化服务意识，提高办事效率，实行检验检疫和海关机构工作日24小时预约通关和报检。清理进出口环节不合理限制措施及收费，缩短出证时间，降低进出口交易成本。安徽出入境检验检疫局、合肥海关在未设立检验检疫、海关机构的市派驻服务工作组，积极争取设立检验检疫、海关办事处。进一步扩大跨关区和关区内“属地申报、口岸验放”通关模式范围，完善电子口岸建设。

14. 扩大检验检疫分类管理和“绿色通道”企业受惠范围。落实出口农产品检验检疫收费减半政策。免收小微型企业一般原产地证书费及工本费。实施加工贸易优惠措施，凡符合政策规定的，品质检验费减收30%。扩大免验产品种类。

15. 完善出口分类通关制度，推广进口分类通关改革，开展无纸化试点。支持有需求的市或企业设立保税仓库、保税工厂和出口监管仓库。建立“大客户”服务制度，指导申报A类和AA类企业。为重点项目进口设备争取税收减免优惠，简化、下放海关监管业务审批程序和权力，提供货物通关前预审核服务。

16.积极推动进出口核销制度整体改革，完善货物贸易外汇管理，逐步实行总量筛选、动态监测、分类监管。

17.强化贴进企业服务，积极开展政策宣讲，完善落实外贸重点企业、重点行业、重点区域对口联系服务机制，对年进出口额1000万美元以上企业实行包保责任制。

18.各地、各有关部门要细化工作措施，创造性开展工作，强化督促检查，确保各项政策措施落到实处。

安徽省财政厅　安徽省商务厅
关于我省 2013 年外贸促进政策的通知

财企〔2013〕201 号　2013 年 3 月 5 日

各市、县（区）财政局、商务局、省属有关企业：

根据省政府《关于促进经济持续健康较快发展的意见》（皖政〔2013〕5 号）等有关文件规定，以及省政府领导指示精神，2013 年我省外贸促进政策总体思路为：稳政策、强管理、提效益、促增长。现将有关外贸促进政策事项通知如下：

一、出口增量鼓励

对企业 2013 年出口增量继续给予鼓励，政策实施和算账期为 2013 年 1 月 1 日至 12 月 31 日，具体按有关规定执行。

二、进口补贴

对符合国家鼓励目录内进口的机电设备、先进技术，继续积极争取中央财政补助；对国家鼓励目录以外进口的机电设备、关键零部件，省财政按每美元给予 0.02 元补贴，对外贸公司代理手续费按合同金额 0.5% 给予补贴，原则上单个企业不超过 200 万元。

进口补贴的政策实施期间为 2013 年 1 月 1 日至 12 月 31 日。

三、开拓国际市场补贴

一是对出口额 4500 万美元以下的中小企业申请国际认证、专利、商标等发生的费用，以及参加境外展览、国际市场宣传推介、电子商务等项目发生的费用给予 30%—60% 补助，具体按国家及省有关文件执行；二是对出口额 4500 万美元以上的企业参加境外展览等费用给予 60% 补助。以上政策含文化服务贸易出口企业。政策执行期 2012 年 11 月初至 2013 年 9 月底。

四、出口信用险保费补贴

对投保企业向出口信用保险承办公司实际缴纳短期出口险保费给予不超过 50% 比例补贴，对部分小微企业探索保费缴纳、补贴方式改革。政策执期 2012 年 11 月 1 日至 2013 年 9 月 30 日。

五、外向型企业培育

对我省进出口额 4500 万美元以上 1 亿美元以下的大企业进行重点培育；

对加工贸易进出口额10亿美元以上的企业给予奖励；以贴息或补助方式，扶持有潜力的中小企业，增强发展后劲。

六、外贸公共服务平台及基地建设

对国家级及省级外贸基地和外贸公共服务平台建设予以资金支持，政策期限为当年项目当年安排，具体按国家及省有关文件执行。

七、企业孵化等综合服务

以补助、奖励方式支持进出口企业孵化、品牌建设、应对贸易摩擦等。

特此通知。具体项目申报文件另行下达。

安徽省财政厅　安徽省商务厅

关于下达2013年内贸发展促进政策的通知

财企〔2013〕203号　2013年3月6日

各市、县财政局、商务局，省属有关企业：

根据皖政〔2013〕5号文件规定及省政府领导指示精神，2013年我省内贸发展促进政策基本思路是：促进扩大消费、支持民生消费、保障放心消费。现就政策内容通知如下：

一、培育商贸流通主体

1. 培养重点商贸流通企业。支持商贸流通企业做大做强，对重点流通企业2012年度排名前20位的企业给予一定额度的资金奖励，用于支持企业节能减排、信息化建设、扩大销售等项目。每户企业支持50万—100万元。

2. 新增限额以上企业奖励。兑现上年新增限额以上企业奖励，对各市每新增1个限额以上商贸流通企业（以统计部门确认为准），按照2000元/个的标准对主管部门给予奖励。

3. 支持电子商务企业。对重点流通企业、电商企业新建电子购物平台、在购物网上新建电子商铺等，给予不超过总投资30%的补助，每个企业支持总额不超过80万元。

二、促进消费转型升级

1. 城市商贸服务业发展示范区。继续支持安庆迎江区、六安金安区、阜阳颍泉区进行城市商贸服务业示范区建设试点，每个区补助200万元。通过竞争性分配方式，筛选新增两个市开展城市商贸服务业示范区建设试点，每个区补助100万元。示范区建设要大力发展先进零售业态和营销模式，打造精品、名品相对集中的特色街区，建立和提升服务标准，推进专业化、品牌化发展。

2. 品牌促进体系建设。支持品牌培育、营销、信息服务等公共服务平台建设，支持企业建立名品展示展销中心和品牌网上销售平台建设，开展品牌集聚区建设；鼓励大企业培育自主品牌。项目支持不超过总投资30%，项目支持标准不超过100万元。

支持中华老字号的保护与开发。新获中华老字号企业每个给予20万元一次性奖励；对已获得中华老字号的企业

开展信息系统建设、连锁经营等开发与保护给予不超过100万元的补助。

3. 再生资源回收体系建设。支持已批准但尚未兑现的全国再生资源试点城市建设再生资源回收体系。通过竞争性分配，重点支持龙头企业建设社区回收点、分拣加工中心和集散市场，开展再生资源回收体系建设。支持报废汽车回收拆解企业按照《报废汽车回收拆解技术规范》（GB22128-2008）要求进行达标升级改造。对经评审符合支持条件的企业项目，支持不超过总投资30%，且单个企业支持总额不超过300万元。

4. 现代商贸物流配送体系建设。支持重点物流企业建立健全跨区域、辐射力强的商贸物流运作网络，升级完善操作流程、作业规范和客户服务体系，推广应用仓储管理系统、运输管理系统等先进物流技术，初步实现电子提单、货物跟踪等现代物流服务功能。对经评审符合支持条件的企业项目，支持不超过总投资30%，且单个企业支持总额不超过300万元。

三、促进城市便民消费

1. 城市连锁便利店建设。通过竞争性分配方式，支持大型连锁企业按照"标准化、信息化、连锁化、品牌化、规模化"五化一体的要求，建设城市放心购物直营连锁店（超市）。对新建达到标准的直营连锁店每个给予5万元的补助。

2. "放心早餐"体系建设。对重点早餐企业主食加工配送中心、食品检测中心、连锁固定门店等项目建设和产品研发、信息化建设、早餐车购置等给予不超过投资总额30%，且每户企业不超过100万元的补助。支持早餐标准化、低碳化及示范工程试点建设。

3. "放心家政"体系建设。支持重点家政服务企业总店升级改造、开设连锁门店、建设信息平台、实施员工制，开展家政从业人员培训，支持家政服务业标准化、信息化和集聚区示范项目。其中总店、开设连锁门店、信息平台等项目建设支持不超过投资总额的30%；家政服务人员培训，每人补助800—1000元；每个企业补助总额不超过100万元。

4. 公益性菜市场和标准化菜市场建设。支持符合标准的公益性直销菜市场和标准化菜市场建设，通过"以奖代补"的方式，对验收合格的公益性菜市场、标准化菜市场项目给予每个不超过50万元的补助。

四、支持农村流通体系建设

1. 县、乡农贸市场及农产品批发市场建设。对未开展农产品流通体系综合试点的地区，建设改造示范性强、服务人群广的县、乡农贸市场和农产品批发市场，每个给予分别不超过30万元、50万元的补助。

2.“放心肉”体系建设。按照全省3年建成的目标，今年计划安排30个县试点，推动管理体制改革，淘汰落后产能，提升生产加工水平，推广冷链运销模式，切实保障肉食品消费安全。采取以奖代补方式，对验收合格的试点县（区）给予100万元奖励，另外配置冷链配送车一辆，由省实行集中政府采购。继续支持放心肉体系屠宰监管技术支撑系统建设，实现对试点企业屠宰加工七个环节实施24小时实时监控。

3.万村千乡市场工程建设。积极争取中央财政专项资金，支持我省重点连锁企业建设乡镇商贸中心、农村商品配送中心、乡村直营店，开展多种形式的商品配送，提高商品配送率。对自建乡镇商贸中心每个补助不超过200万元，租赁建设乡镇商贸中心每个补助不超过100万元；新建日用品类农村商品配送中心每个补助不超过70万元，新建农资类商品配送中心每个补助不超过50万元；对建设符合标准的乡村连锁直营店每个补助5万元。通过竞争性分配方式，在皖南、皖中、皖北择优选择若干试点县进行集中连片建设，形成示范效应。

五、支持市场监管和调控

1.市场监管公共服务体系。资金主要用于投诉系统软硬件设施、应急防护装备、检测仪器及其他重大设备的购置和宣传培训等方面。

2.市场监测、商务服务行业统计及应急调控。市场监测主要用于对监测网络建设、数据采集、调研分析、信息发布、技能培训等相关费用予以补助。商务服务业行业统计主要用于对数据收集、分析报送、设备购置等相关费用予以补助。应急调控主要对组织企业调运投放应急商品时产生的相关运输、仓储等费用给予补贴。

3.重要商品储备资金。为保障市场供应，完善市场调控机制，用于省级活畜及食糖储备，并按相应资金管理办法给予资金补助。

六、茧丝绸结构调整资金

重点支持茧丝绸龙头企业开展技术改造、技术创新、资源综合利用、基地和营销网络建设等项目。支持不超过总投资30%，单个企业支持不超过100万元，专业大户、合作社支持不超过5万元。

特此通知，项目申报文件另行下达。

安徽省科技厅 安徽省政府金融办 人民银行合肥中心支行 安徽银监局 安徽证监局 安徽保监局

关于印发合芜蚌自主创新综合试验区促进科技和金融结合试点实施方案的通知

科财〔2013〕14号 2013年2月7日

各市及广德、宿松县人民政府，省直有关单位：

《合芜蚌自主创新综合试验区促进科技和金融结合试点实施方案》已经省政府同意，现印发给你们，请结合实际贯彻执行。

附件：

合芜蚌自主创新综合试验区促进科技和金融结合试点实施方案

为贯彻落实党的十八大和全国、全省科技创新大会精神，促进科技和金融结合，深入推进合芜蚌自主创新综合试验区（以下简称试验区）建设，根据科技部、中国人民银行、中国银监会、中国证监会、中国保监会关于开展促进科技和金融结合试点有关文件精神，经省政府同意，结合试验区实际，制定本方案。

一、指导思想

以党的十八大精神为指导，以放大试验区创新成果及创新效应、支撑引领经济发展方式转变为目标，围绕科技创新各环节的投融资需求，创新财政科技投入方式，探索科技资源与金融资源对接的新机制和新模式，引导社会资本积极参与自主创新，形成科技与金融相互促进、共同发展的良好局面。

二、总体目标

完善以政府投入为引导、社会投入为主体，股权融资与债权融资、直接融资与间接融资相结合的科技投融资体系，通过科技和金融结合，建成功能较为完善的试验区科技金融合作平台，实现科技资源与金融资源对接程度、科技金融专业机构数量、科技企业投融资总额的显著提高，在重大科技成果转化、科技型中小企业成长和战略性新兴产业培育上取得一批重要成果。

到2015年，试验区战略性新兴产业年产值达7600亿元；高新技术产业年产值达12000亿元，增加值占试验区生产总值的比重达30%；高新技术企业和创新型（试点）企业数达2750家；创业风险投资机构注册资本总额达110亿元。科技类贷款增幅高于各项贷款增长水平。科技型企业专利权、股权、商标专用权等权属质押贷款工作取得积极进展。

三、主要任务

（一）发挥财政资金引导作用。

1. 省及试验区各市在自主创新专项资金支持项目的立项评审、中期评估、结题验收等环节，注重发挥财政资金对社会资本投入的引导作用。（省科技厅牵头，省财政厅和合肥、芜湖、蚌埠市政府等参加）

2. 综合运用无偿资助、创业投资引导、风险补偿、贷款贴息及后补助等方式，引导社会资本参与科技重大专项、各类科技计划项目的实施。（省科技厅牵头，省财政厅等参加）

3. 科技部门会同金融机构和创投机构，联合遴选和共同支持重大科技成果转化项目。（省科技厅牵头，人行合肥中心支行、安徽银监局等参加）

（二）加大信贷支持力度。

4. 支持金融机构建立适应科技型企业特点的信贷管理制度和差异化的考核机制。（安徽银监局、人行合肥中心支行牵头）

5. 建立健全科技专家为科技型中小企业贷款项目评审提供咨询服务的工作机制。（省科技厅牵头，安徽银监局等参加）

6. 鼓励试验区有条件的市或高新区探索建立科技贷款风险补偿和奖励制度、科技担保风险补偿和再担保制度，引导银行加大对科技型中小企业的信贷支持。（合肥、芜湖、蚌埠市政府牵头，人行合肥中心支行、安徽银监局等参加）

7. 继续推进股权、商标专用权、专利权等权属质押贷款，鼓励试验区有条件的市或高新区开展高新技术企业信用贷款试点工作。（合肥、芜湖、蚌埠市政府牵头，省科技厅、人行合肥中心支行、安徽银监局等参加）

8. 鼓励商业银行在风险可控的前提下，与有资质的投资机构以贷款和投资相结合的方式支持科技型中小企业。（安徽银监局、人行合肥中心支行牵头）

9. 试验区各市、各高新区建立市场

化运作的科技金融重点企业，加大金融支持力度，推进战略性新兴产业培育和重大科技成果转化。（合肥、芜湖、蚌埠市政府牵头，省科技厅、省政府金融办、安徽银监局等参加）

（三）支持企业进入多层次资本市场。

10. 探索建立科技部门、上市主管部门和证券监管部门的信息沟通机制，培育和支持符合条件的科技型企业上市融资或再融资。（省科技厅牵头，省政府金融办、安徽证监局等参加）

11. 积极推动科技型中小企业开展股份制改造，推进非上市股份公司进入全国中小企业股份转让系统试点。（合肥、芜湖、蚌埠市政府牵头，省科技厅、省政府金融办、安徽证监局等参加）

12. 支持符合条件的科技型中小企业通过发行公司债券等方式融资，积极支持符合条件的高新技术企业发行私募债券和中小企业集合票据融资。（省政府金融办牵头，省发展改革委、人行合肥中心支行、安徽证监局等参加）

13. 加快建设全省统一的区域性股权交易市场，探索利用产权交易市场为小微科技型企业产权流转和融资服务。（省政府金融办牵头，省国资委等参加）

（四）深化和拓展科技保险工作。

14. 继续推进合肥高新区科技保险、合肥和蚌埠开展国家专利保险试点。（合肥、蚌埠市政府牵头，省科技厅、安徽保监局等参加）

15. 探索建立试验区自主研发的国产首（台）套装备的保险机制。（安徽保监局、省科技厅牵头，省财政厅等参加）

16. 鼓励各类保险机构创新科技保险产品，拓宽保险服务领域，加大对科技人员保险服务力度。（安徽保监局牵头，省科技厅等参加）

17. 试验区各市、各高新区组织凝炼一批基础设施建设、重大科技成果转化和战略性新兴产业培育项目，各保险分支机构向总部积极争取保险资金参与项目建设。适时组织保险资金对接会。（合肥、芜湖、蚌埠市政府牵头，省科技厅、安徽保监局等参加）

18. 引导和支持融资性担保公司研发科技担保产品、创新科技担保服务，为新产品研发、试生产和高新技术企业提供融资担保。（省政府金融办牵头，省财政厅和合肥、芜湖、蚌埠市政府等参加）

19. 试验区各市建立科技型中小企业信用互助担保制度。（合肥、芜湖、蚌埠市政府牵头）

（五）大力发展创业投资。

20. 扩大省及试验区各市创业投资引导基金规模，引导各类资金进入创业投资领域，支持初创期科技型企业发展。（省科技厅、省财政厅牵头，合肥、芜湖、蚌埠市政府等参加）

21. 鼓励试验区各市通过各种创新创业基金支持大学生创新创业。支持试验区各类开发区、孵化器设立种子基金、天使基金。（合肥、芜湖、蚌埠市政府牵头）

22. 试验区各市探索建立创业投资集聚区，吸引境内外创业投资机构入驻。（合肥、芜湖、蚌埠市政府牵头）

23. 创新国有创业投资企业管理制度，探索建立适合创业投资发展规律的资本筹集、投资决策、考核评价、转让退出和激励约束等制度。（省国资委牵头）

24. 鼓励各类国有及国有控股科技型企业引入创业投资等社会资本，实现投资主体多元化。（省国资委牵头）

25. 发挥省创业投资协会作用，引导和规范创业投资行业健康发展。（省科技厅牵头）

（六）加快科技金融服务体系建设。

26. 省及试验区各市建立科技金融基础数据库，促进供求双方融资对接和有效合作。（省科技厅牵头，省政府金融办、人行合肥中心支行、安徽银监局、安徽证监局、安徽保监局及合肥、芜湖、蚌埠市政府等参加）

27. 试验区各市开展科技企业信用征信和评级，引导各类金融机构依据企业信用评级提供专业化的投融资服务。（合肥、芜湖、蚌埠市政府牵头，省发展改革委、省科技厅、人行合肥中心支行等参加）

28. 支持建立科技金融综合服务平台，开展科技金融综合服务。（省科技厅、省政府金融办牵头）

（七）放大试点带动效应。

29. 鼓励和支持试验区外有条件的市、县（市、区）和高新区申报设立省级促进科技和金融试点地区。（省科技厅牵头，省政府金融办、人行合肥中心支行、安徽银监局、安徽证监局、安徽保监局等参加）

四、保障措施

（一）加强组织领导。省政府已成立省促进科技和金融结合试点工作推进小组，组织推进试点工作，省政府分管负责同志任组长，省政府有关副秘书长和省科技厅主要负责同志任副组长，省发展改革委、省财政厅、省人力资源社会保障厅、省地税局、省国资委、省政府金融办、省国税局、人行合肥中心支行、安徽银监局、安徽证监局、安徽保监局等部门以及试验区三市政府负责同志为成员，办公室设在省科技厅。合肥、芜湖、蚌埠市政府要成立相应的组织协调机构，扎实做好试点工作。

（二）分解细化任务。省有关部门和试验区各市、各高新区要根据本方案确立的总体目标和重点任务，编制年度工作计划，确定年度目标、具体任务、工作进度和责任主体，推进工作扎实有序开展。

（三）落实资金保障。积极争取国家专项资金支持，充分发挥试验区自主创新专项资金、创业风险投资引导基金等财政专项资金的集成联动作用，保障试点工作开展。

（四）强化评估考核。建立绩效评估机制、工作考核评价和奖惩机制，充分调动试点任务承担主体的积极性和创造性，确保各项目标任务顺利完成。

安徽省人力资源和社会保障厅关于落实合芜蚌自主创新综合试验区人才特区相关人才政策的通知

皖人社秘〔2012〕297号 2013年3月6日

合肥、芜湖、蚌埠市人力资源和社会保障局，省直有关单位：

为贯彻落实省委、省政府《关于建设合芜蚌自主创新综合试验区人才特区的意见》（皖发〔2012〕7号，以下简称《意见》）精神，现就《意见》中我厅牵头负责的有关人才政策实施办法通知如下。

一、建立市场化人才评价机制

《意见》政策内容：领军人才和高端人才定义。领军人才、高端人才认定标准。领军人才、高端人才认定程序。

实施办法：

1. 领军人才主要指掌握国际领先技术、引领战略性新兴产业发展的高层次创新创业人才。

领军人才认定标准。具有国际领先学术技术水平，掌握对产业发展具有主导作用的核心关键技术；拥有自主知识产权和发明专利，技术成果先进，能够填补国内空白，具有较好市场潜力和产业化发展前景；在我省经济社会发展重点产业、重点学科等领域能够突破关键技术、带动新兴学科、发展高新产业；具有较强的科研管理能力和团队组织协调能力，能引领团队发展的高层次创新创业人才。

2. 高端人才主要指从事主导产业关键核心技术研发并转化重大科技成果的高层次人才。

高端人才认定标准。在国内外知名高校、科研院所从事重大项目、关键技术或新兴学科研究工作，具有高级职称或相当职务的专家学者；在国内规模以上大型企业或曾在国外知名企业（机构）担任高级职务、熟悉相关产业发展和国际规则的专业技术或经营管理人才；符合我省重点产业、重点学科发展方向，学术技术达到国内领先水平，或能显著提升我省某一领域（学科）研究水平和

产业创新能力的人才；携带自主知识产权（核心技术）、资金（占企业投资30%以上）或项目来试验区创办（领办）企业，所办企业符合我省产业发展方向，近3年主要经营管理指标处于国内同行业先进水平的创业人才；在攻克技术难关、推广应用先进技术等方面作出突出贡献，代表本行业本工种最高技术水平的高技能人才；其他急需紧缺的高层次人才。

3. 认定程序。用人单位向试验区各市人社部门或省直主管部门申报；各市人社部门或省直主管部门初审；省人社厅组织评审；省创新办审核认定，下发批复意见，并颁发相应的证书，证书有效期3年。有关部门和用人单位根据批复意见和证书，认真落实相关优惠政策。

二、完善直接申报职称政策

《意见》政策内容：不受相关条件限制及免考直接申报职称评定政策范围、对象界定。“突出贡献的人才”标准界定。直接申报及审批程序。

实施办法：

1. 试验区高新技术企业中从事工程技术研发生产且作出突出贡献的人才，可不受学历、资历、身份、职称、任职年限和论文数量等限制，免于职称外语和计算机应用能力考试，直接申报高级工程师以上专业技术资格评审。

2. “突出贡献的人才”界定标准。获省（部）级科学技术奖以上奖励；作为主要完成人，取得国家发明专利或拥有国家实用新型专利，能够突破关键技术或显著提升企业发展能力；主持或参加完成省（部）级以上重点工程、科研、技术创新、高技术产业化项目，在解决关键性技术问题上起主导作用；作为主要完成人，完成省（部）级以上行业技术标准、规范、施工工法的编制，并颁布实施；主持完成重要骨干企业重大技术改造工程项目，或在重大技术装备推广应用中起到关键性作用，并取得明显经济效益或社会效益。

3. 直接申报及审批程序。个人申请；所在单位和主管部门审查；所在市人社部门或省直主管部门审核；报省人社厅审核；省工程系列专业技术资格评审委员会评审。

三、落实引育人才工程

《意见》政策内容：围绕壮大主导产业，制定引进领军人才、高端人才的专项计划。

实施办法：实施战略性新兴产业“111”人才聚集工程，大力引进高层次外国专家。

1. 大力实施战略性新兴产业“111”

人才聚集工程，到2015年，为试验区战略性新兴产业发展引进60家创新创业团队、500名技术领军人才和5000名高技能人才。

2. 加快推进引进高层次外国专家工作。利用国家“外专千人计划”及引进高端外国专家的平台，围绕主导产业和战略性新兴产业发展，积极组织试验区申报“外专千人计划”项目和高端外国专家项目。实施省“外专百人计划”项目。组织开展“引智促振兴——外国专家江淮行”系列专题活动。依托我省企业、高校驻国外机构建立安徽省引进国外智力海外工作站。

四、优化创新创业环境

《意见》政策内容：培育引进领军人才、高端人才的中介机构，建立面向领军人才、高端人才的跟踪服务和沟通反馈机制，协助解决工作和生活中的实际困难，不断优化特殊人才的工作环境、生活环境、政策环境和法制环境。更加尊重人才、珍惜人才、关爱人才、用好人才，努力营造“鼓励创新、宽容失败”的创新创业环境。

实施办法：

1. 推进人力资源服务机构“512”品牌建设。力争到“十二五”末，在试验区支持培育2家全国知名、区域范围内有较大影响力的省级人力资源配置中心，10家省级综合人力资源服务机构，5家省级专业人力资源服务机构。

2. 引进人才中介服务机构。鼓励试验区内各市引进国（境）内外猎头公司等高端人才中介机构，设立人力资源服务产业园，创新人才服务机制，拓宽人才流动渠道。

3. 建立人才联系制度。对于试验区内认定的领军人才、高端人才，会同相关部门进行对口联系，通过不定期走访慰问、信息沟通、专项咨询、座谈交流等方式，互通情况，交流信息，及时帮助解决领军人才、高端人才在创新创业过程中遇到的困难和问题。

4. 加大表彰奖励力度。进一步完善合芜蚌试验区创新人才奖励办法，对有突出贡献的领军人才、高端人才给予每人20万元奖励，对在创新型人才队伍建设方面取得突出成果的用人单位给予10万元奖励，大力加强表彰宣传，不断激发高层次人才的创造活力。

5. 强化人才公共服务。领军人才、高端人才家属及随迁子女有就业意愿的，公共就业服务机构免费给予职业推荐、政策咨询等公共就业服务；有就业技能培训需求的，为其提供技能培训，并按规定给予培训补贴；有创业意愿的，

引导其免费参加创业培训；创办经济实体及企业的，按规定享受小额担保贷款及贴息政策，按政策规定享受税收优惠。暂时无法安排工作的，领军人才、高端人才所在单位可参照本单位平均工资水平，以适当的方式为其配偶发放生活补贴。

安徽省人民政府办公厅转发省经济和信息化委等部门关于优化企业发展环境促进工业经济平稳较快增长意见的通知

皖政办〔2012〕32号　2012年4月23日

各市、县人民政府，省政府各部门、各直属机构：

省经济和信息化委、省财政厅、省人力资源社会保障厅《关于优化企业发展环境促进工业经济平稳较快增长的意见》已经省政府同意，现转发给你们，请结合实际，认真贯彻执行。

附件：

关于优化企业发展环境促进工业经济平稳较快增长意见

省经济和信息化委 省财政厅 省人力资源社会保障厅

为应对当前工业经济发展面临的困难和问题，保增长、保企业、保就业，调结构、促转型，根据《安徽省人民政府关于促进经济平稳较快发展的若干意见》（皖政〔2012〕50号）精神，现就优化企业发展环境，促进全省工业经济平稳较快增长提出以下意见：

一、加强工业经济运行监测和调节

（一）各地、各有关部门要切实加强工业经济运行监测调度与分析，抓好重点行业、重要骨干企业、重点产品和重要生产要素的运行监控，密切关注经济运行中的新情况、新问题，及时采取有针对性的对策措施，防止出现大的波动，保持经济平稳较快增长。

（二）各级工业经济主管部门要加强煤电油气运供需调度协调，进一步理顺煤电双方关系，指导煤电双方落实省内电煤供需合同，按序时进度足额兑现。制定电力迎峰度夏和度冬应急预案，保证煤电运有效衔接，确保电力供应。各地要加强调度，在抓好节能工作的同时，

切实保障符合产业政策、具有技术先进性和成长性强的企业的用电需求。

二、大力促进省产工业品销售

（三）鼓励省内能源、交通、水利、保障性住房等重点建设项目以及其他政府投资项目所需材料、设备和机具等采购使用省内产品，省内生产企业要给予价格优惠。

（四）省内企业生产所需的原材料、能源、燃料、辅料以及零配件等，凡是省内可以提供且达到质量要求的，鼓励优先采购使用省内产品。各级工业经济主管部门和行业协会要加强供需对接指导。

（五）鼓励政府机关、事业单位采购和使用省产装备和省内产品，鼓励社会团体、企业和居民采购本省名优特消费品，鼓励省内企业相互配套形成和延伸产业链条。

（六）各级政府和工业经济主管部门要将促进省产工业品销售作为一项日常工作，有针对性地组织展销，开展产需对接活动，搭建产需合作对接平台。省政府今年组织开展“皖货全国行”活动，重点赴西北地区开展系列产品展销，促进市场敏感度较强、竞争激烈的产品销售。

（七）各地、各有关部门要积极引导企业适应市场变化，加大技术创新和技术改造力度，加快结构调整和转型升级。同时，鼓励企业制订灵活的营销策略和措施，加大产品的市场开拓力度。

三、进一步减轻企业负担

（八）建立困难企业认定机制，由工业经济主管部门牵头，人力资源社会保障、财政和地税部门配合，分别于2012年4月底和6月底前分批在全省范围内动态认定困难企业。经认定为困难企业的，享受社会保险费缓缴、稳定就业岗位补贴政策，并可依法申请税收缓缴和房产税、城镇土地使用税减免。

（九）对以农副产品为原料的纺织、食品、轻工等劳动密集型企业，国税部门要根据企业实际情况，合理核定企业收购发票的申领数量和版面，保证收购业务需要，为企业提供优质高效服务。

（十）各地、省有关部门要健全减轻企业负担工作联席会议机制，加大对结构性减税、减费政策落实情况的监督。各地要公布投诉电话、信箱等，鼓励企业对不合理负担进行举报，加大对乱收费、乱评比、乱检查、乱摊派等“四乱”行为的监督检查和处理力度。

四、优化要素保障

（十一）积极保障工业项目用地，优先安排重点工业项目用地，切实保障与中央企业、知名民营企业等合作工业项目用地。落实节约集约用地政策，加大对闲置和低效利用土地的清理力度，清理出的土地优先用于工业项目。工业企业符合土地利用总体规划和城乡规划、建设3层以上标准化厂房的，用地纳入年度国有建设用地计划优先保障；在保证设施专用的前提下，同级财政给予适当补助；增加土地容积率的，不再增收土地出让金。

（十二）鼓励企业开展高技能人才培养，企业职工经岗位技能提升培训后，取得中级工、高级工、技师、高级技师国家职业资格证书的，对企业分别给予人均500、1000、2000、3000元补贴。

（十三）省有关部门要加大对银行业金融机构贷款利率上浮幅度的监管，降低票据贴现手续费，严格监督银行业金融机构和融资性担保公司收费，严禁强行“搭车”推销各种理财产品。

（十四）规范企业薪酬分配秩序，实行工资增长与企业效益和社会贡献相挂钩的分配机制，利润不增长的企业，工资薪酬总额原则上不应增加。

五、积极发挥财政专项资金引导作用

（十五）各级财政要加大对工业发展的支持力度，并视财力状况，逐步增加工业发展专项资金。

（十六）各级财政要围绕保增长、促转型，调整各类促进工业发展专项资金的使用方向和重点，使专项资金向符合产业发展方向、具备成长潜力和行业带动性、研发能力和综合竞争力强的中小、微型企业倾斜。

（十七）各级财政用于企业发展的各类专项资金要加快下拨进度，2012年度财政专项资金原则上上半年拨付至企业。

六、切实加强对工业经济发展的领导和协调

（十八）各地要高度重视和充分发挥新型工业化在“三化同步”中的支撑作用，建立由分管领导主抓、工业经济主管部门牵头、相关部门配合的工作协调机制，深入调查研究工业经济运行中的新情况、新问题，统筹协调解决工业发展中的重大问题。

（十九）各地、各有关部门要深入开展多种形式的帮扶服务活动，针对企业实际困难，实行“一企一策”。对盈利大户，鼓励其进一步增加盈利；对困难较多的骨干企业，实施特殊帮扶政策，帮助企业度过难关；对符合国家产业政策、产品有市场、发展有潜力的亏损企业，帮助其扭亏脱困。

安徽省地方税务局关于促进我省民营经济持续健康较快发展的若干意见

皖地税发〔2013〕76号　2013年9月11日

各市、县地方税务局，省地方税务局局属各单位：

为深入贯彻落实省委、省政府《关于大力发展民营经济的意见》（皖发〔2013〕7号），充分发挥地方税收职能，大力推进我省民营经济持续健康较快发展，现提出如下意见。

一、鼓励民营企业投资

1. 对农村信用社、村镇银行、农村资金互助社、由银行业机构全资发起设立的贷款公司、法人机构所在地在县（含县级市、区）及县以下地区的农村合作银行和农村商业银行的金融保险业收入减按3%的税率征收营业税。

2. 对经政府部门授权同意，依法登记注册的小额贷款公司，对农户小额贷款的利息收入，在2013年底前免征营业税。

3. 对从事学历教育的民办学校提供教育劳务取得的收入，免征营业税。

4. 对经省政府金融监管部门批准成立的融资性担保机构，按照国家规定标准收取的中小企业信用担保业务收入，经地税部门批准，3年内免征营业税。

5. 民营企业从事符合国家规定的港口码头、机场、铁路、公路、城市公共交通、电力、水利等公共基础设施项目的投资经营所得，自项目取得第一笔生产经营收入所属纳税年度起，第一年至第三年免征企业所得税，第四年至第六年减半征收企业所得税。

6. 创业投资型民营企业采取股权投资方式投资于未上市中小高新技术民营企业2年以上（含2年）的，可按其投资额的70%在股权持有满2年的当年抵扣该创业投资民营企业的应纳税所得额；当年不足抵扣的，可在以后纳税年度结转抵扣。

7. 新创办的软件和集成电路设计民营企业，自开始获利年度起，第一年至第二年免征企业所得税，第三年至第五年减半征收企业所得税。

8. 软件生产民营企业职工培训费用，可按实际发生额在企业所得税税前

扣除。

9. 软件生产和集成电路设计民营企业实行增值税即征即退政策所退还的税款，由企业用于研究开发软件产品和扩大再生产，不作为企业所得税应税收入，不予征收企业所得税。

二、促进民营企业科技创新

10. 对科技企业孵化器向孵化民营企业出租场地、房屋以及提供孵化服务的收入，免征营业税。

11. 通过科技等部门认定的民营高新技术企业，减按 15% 的税率征收企业所得税。在高新技术企业 3 年有效期内，企业搬迁或更名，均继续享受税收优惠。

12. 对合芜蚌自主创新综合试验区的民营高新技术企业发生的职工教育经费支出，不超过工资薪金总额 8% 的部分，准予在计算企业所得税应纳税所得税额时扣除；超过部分，准予在以后纳税年度结转扣除。

13. 对经商务等部门认定的技术先进型民营服务企业，减按 15% 的税率征收企业所得税。民营企业发生的职工教育经费，不超过工资总额 8% 的部分，准予税前扣除；超过部分，结转扣除。

14. 民营企业为开发新技术、新产品、新工艺发生的研究开发费用，未形成无形资产计入当期损益的，在按照规定据实扣除的基础上，按照研究开发费用的 50% 加计扣除；形成无形资产的，按照无形资产成本的 150% 摊销。

15. 对合芜蚌自主创新综合试验区的民营高新技术企业为科技人员缴纳的“五险一金”列入研发费用加计扣除范围，允许按实际发生额的 150% 比例，在缴纳企业所得税时予以税前扣除。

16. 民营企业由于技术进步，产品更新换代较快的或常年处于强震动、高腐蚀状态的固定资产，可以缩短折旧年限或者采取双倍余额递减法或者年数总和法等加速折旧方法。

17. 对经财政等部门认定的非营利性科技民营企业孵化器（高新技术创业服务中心）的收入，免征企业所得税。

18. 民营企业购进软件，凡符合固定资产或无形资产确认条件的，可以按照固定资产或无形资产进行核算，经主管税务机关核准，其折旧或摊销年限可以适当缩短，最短可为 2 年。

19. 集成电路生产民营企业的生产性设备，经主管税务机关核准，其折旧年限可以适当缩短，最短可为 3 年。

20. 民营企业技术转让所得，在一个纳税年度内不超过 500 万元的部分，免征企业所得税；超过 500 万元的部分，减半征收企业所得税。

21. 民营科研机构转化职务科技成果以股份或出资比例等股权形式给予科技人员的个人奖励，暂不征收个人所得税。

22. 对合芜蚌自主创新综合试验区民营高新技术企业相关技术人员获得本企业给予的以股份或出资比例等股权形式的奖励，一次缴纳个人所得税有困难的，经主管税务机关审核，可以在5年内分期缴纳。

23. 对符合条件的孵化器自用以及无偿或通过出租等方式提供给孵化民营企业使用的房产、土地，免征房产税和城镇土地使用税。

24. 非营利性民营科研机构自用的房产和土地，免征房产税和城镇土地使用税。

三、支持民营企业资源综合利用

25. 民营企业购置并实际使用符合《环境保护专用设备企业所得税优惠目录》、《节能节水专用设备企业所得税优惠目录》和《安全生产专用设备企业所得税优惠目录》规定的环境保护、节能节水、安全生产等专用设备的，专用设备投资额的10%从企业当年应纳税额中抵免；当年不足抵免的，可以在以后5个纳税年度结转抵免。

26. 民营企业从事符合国家规定条件的环境保护、节能节水项目的所得，自项目取得第一笔生产经营收入所属纳税年度起，第一年至第三年免征企业所得税，第四年至第六年减半征收企业所得税。

27. 民营企业以《资源综合利用企业所得税优惠目录》规定的资源作为主要原材料，生产国家非限制和非禁止并符合国家及行业相关标准的产品取得的收入，减按90%计入企业当年收入总额。

28. 民营企业从事符合条件的公共污水处理、公共垃圾处理、沼气综合开发利用、节能减排技术改造、海水淡化等环境保护、节能节水项目的所得，自项目取得第一笔生产经营收入所属纳税年度起，第一年至第三年免征企业所得税，第四年至第六年减半征收企业所得税。

29. 民营企业设立符合条件的节能服务公司实施合同能源管理项目，自项目取得第一笔生产经营收入所属纳税年度起，第一年至第三年免征企业所得税，第四年至第六年减半征收企业所得税。

30. 民营企业由节能管理合同实际支付给节能服务公司的合理支出，均可以在计算当期应纳税所得额时扣除，不再区分服务费用和资产价款进行税务处理。

31. 民营企业经相关部门批准改造的废弃土地，从使用的月份起10年免缴城镇土地使用税。

四、引导民营企业发展现代农业

32. 对民营企业从事农业机耕、排灌、病虫害防治、植物保护、农牧保险以及相关技术培训业务，家禽、牲畜、水生动物的配种和疾病防治业务，免征营业税。

33. 民营企业从事农、林、牧、渔业项目的所得，下列项目免征企业所得税：（1）蔬菜、谷物、薯类、油料、豆类、棉花、麻类、糖料、水果、坚果的种植；（2）农作物新品种的选育；（3）中药材的种植；（4）林木的培育和种植；（5）牲畜、家禽的饲养；（6）林产品的采集；（7）灌溉、农产品初加工、兽医、农技推广、农机作业和维修等农、林、牧、渔服务业项目；（8）远洋捕捞。

34. 民营企业从事农、林、牧、渔业项目的所得，下列项目减半征收企业所得税：（1）花卉、茶以及其他饮料作物和香料作物的种植；（2）海水养殖、内陆养殖。

35. 对直接用于农、林、牧、渔业的生产用地，免征城镇土地使用税。

36. 对经营采摘、观光农业的民营企业，其直接用于采摘、观光的种植、养殖、饲养的土地，免征城镇土地使用税。

37. 国家允许的收购单位与村民委员会、农民个人书立的农副产品收购合同，免征印花税；农民专业合作社与本社成员签订的农业产品和农业生产资料购销合同，免征印花税。

38. 民营企业承受荒山、荒沟、荒丘、荒滩土地使用权，用于农、林、牧、渔业生产的，免征契税。

五、扶持民营企业兼并重组

39. 民营企业以无形资产、不动产投资入股，参与接受投资方利润分配，共同承担投资风险的行为，不征收营业税；对股权转让不征收营业税。

40. 经省政府及企业主管部门批准改制的民营企业，因改制签订的产权转移书据免征印花税。

41. 除房地产开发企业外的民营企业，以土地、房产作价入股进行非房地产开发投资或联营的，暂免征收土地增值税。

42. 对民营企业自用的房产和土地，缴纳房产税和城镇土地使用税有困难的，按照税收管理权限报批后，可予以减征或免征。

43. 单位、个人以房屋、土地以外

的资产增资，相应扩大其在被投资公司的股权持有比例，无论被投资公司是否变更工商登记，其房屋、土地权属不发生转移，不征收契税。

44. 两个或两个以上的公司，依据法律规定、合同约定，合并为一个公司，且原投资主体存续的，对其合并后的公司承受原合并各方的土地、房屋权属，免征契税。

45. 个体工商户的经营者将其个人名下的房屋、土地权属转移至个体工商户名下，或个体工商户将其名下的房屋、土地权属转回原经营者个人名下，免征契税。合伙企业的合伙人将其名下的房屋、土地权属转移至合伙企业名下，或合伙企业将其名下的房屋、土地权属转回原合伙人名下，免征契税。

六、促进小微民营企业发展

46. 对月营业额未达到 2 万元、每次（日）营业额未达到 500 元的个体工商户和其他个人，免征营业税；对月营业额不超过 2 万元的民营企业，暂免征收营业税。

47. 持《就业失业登记证》人员从事个体经营（国家限制行业除外）的，按每户每年 8000 元的限额依次扣减其当年实际应缴纳的营业税、城市维护建设税、教育费附加和个人所得税。

48. 对符合条件的民营企业在新增加的岗位中，当年新招用持《就业失业登记证》人员，与其签订 1 年以上期限劳动合同并依法缴纳社会保险费的，按每人每年 4800 元的定额依次减免营业税、城市维护建设税、教育费附加和企业所得税。

49. 符合条件的小型微利民营企业，减按 20% 的税率征收企业所得税。对年应纳税所得额低于 6 万元（含 6 万元）的小型微利民营企业，其所得减按 50% 计入应纳税所得额，按 20% 的税率缴纳企业所得税。

50. 民营企业安置残疾人员的，在按照支付给残疾人工资据实扣除的基础上，按照支付给残疾职工工资的 100% 加计扣除。

51. 小型、微型民营企业与金融机构签订的借款合同，免征印花税。

52. 同一投资主体内部所属企业之间土地、房屋权属的划转，包括母公司与其全资子公司之间，同一公司所属全资子公司之间，同一自然人与其设立的个人独资企业、一人有限公司之间土地、房屋权属的划转，免征契税。

53. 服务业企业缴纳契税按国家规定的税率下限即 3% 执行。

54. 民营企业依照有关法律、法规

规定实施破产，债权人（包括破产企业职工）承受破产企业抵偿债务的土地、房屋权属，免征契税；对非债权人承受破产企业土地、房屋权属，凡按照《中华人民共和国劳动法》等国家有关法律法规政策妥善安置原企业全部职工，与原企业全部职工签订服务年限不少于三年的劳动用工合同的，对其承受所购企业的土地、房屋权属，免征契税；与原企业超过30%的职工签订服务年限不少于三年的劳动用工合同的，减半征收契税。

七、鼓励发展文教卫与旅游业

55. 对经主管部门批准的民间投资兴办的纪念馆、博物馆、文化馆、美术馆、展览馆、书画院、图书馆举办文化活动的门票收入，免征营业税。

56. 对从事旅游业务的民营服务型企业，以其取得的全部价款和价外费用扣除替旅游者支付给其他单位或者个人的住宿费、餐费、交通费、旅游景点门票和支付给其他接团旅游企业的旅游费后的余额为营业额计算征收营业税。

57. 非营利性医疗机构按照国家规定的价格取得的医疗服务收入，免征各项税收；营利性医疗机构自用的房产，自其取得执业登记之日起，3年内免征房产税。

58. 对经主管部门批准的民间投资兴办的学校、医院自用土地，免征城镇土地使用税。

59. 对县级以上人民政府教育行政主管部门或劳动行政主管部门审批并颁发办学许可证，由企业事业组织、社会团体及其他社会和公民个人利用非国家财政性教育经费面向社会举办的学校及教育机构，其承受的土地、房屋权属用于教学的，免征契税。

八、支持发展现代物流业

60. 对港口的码头（即泊位，包括岸边码头、伸入水中的浮码头、堤坝、栈桥等）用地，免征城镇土地使用税。

61. 对符合条件的民营物流企业自有的大宗商品仓储设施用地，减按所属土地等级适用税额标准的50%计征城镇土地使用税。

九、帮扶民营企业连锁发展

62. 新引进的属于鼓励发展的国内外服务业企业总部、地区总部、采购中心、研发中心等，其新建或购入的土地和房产，纳税确有困难的，按权限报批后，可以减征或免征房产税和城镇土地使用税。

63. 对省级服务业集聚区内鼓励发展的民营服务业企业，其新建或购入的土地和房产，报经地税部门批准，3年内减征或免征房产税和城镇土地使用税。

十、其他方面优惠政策

64.符合条件的安置残疾人的单位，以实际安置残疾人的人数，按规定限额减征营业税。

65.民营企业发生的公益性捐赠支出，在年度利润总额12%以内的部分，准予在计算应纳税所得额时扣除。

66.对安置残疾人就业且符合条件的单位，可减征或免征该年度城镇土地使用税。

安徽省档案局 安徽省经济委员会 安徽省工商业联合会

关于印发《安徽省民营企业档案管理办法》的通知

皖档联发〔2007〕8号 2007年11月5日

各市、县（区）档案局、经委、工商联：

经省政府法制办公室审查同意，现将《安徽省民营企业档案管理办法》印发给你们，请结合实际，认真贯彻施行。

附件：

安徽省民营企业档案管理办法

第一条 为加强民营企业档案管理，依法规范民营企业档案工作行为，促进民营企业档案工作为企业各项工作服务，根据《中华人民共和国档案法》、《安徽省档案条例》等有关法律、法规，结合本省实际，制定本办法。

第二条 民营企业档案是指民营企业在生产、经营和管理活动中直接形成的对国家、社会和企业具有保存价值的文字、图表、音像、电子数据等形式的历史记录。

民营企业档案是企业的重要资产和信息资源，属于企业所有，受国家法律保护。

第三条 民营企业的档案管理是指对民营企业形成的档案进行收集、整理、归档、保管、鉴定、销毁、移交、统计和开发利用等活动。

第四条 民营企业依法承担保护其形成和管理的档案的义务，建立和开展档案工作，维护档案的完整与安全，并有效提供利用。

第五条 县级以上各级人民政府档案行政管理部门依法对本行政区域内的民营企业档案工作进行监督、指导和服务，鼓励、支持、引导民营企业依法建立和开展档案工作。

民营企业应当接受档案行政管理部门对档案工作的监督和指导。

第六条 档案行政管理部门、政府经济管理部门、工商联及有关行业组织应当相互配合、协调，加强对民营企业

档案工作的统筹规划、组织领导、指导和服务，把推动民营企业建立健全档案工作列入工作日程，为民营企业档案工作的发展创造平等竞争的法律环境、政策环境和市场环境，促进民营企业提升档案管理水平。

第七条 民营企业应当依法加强档案管理，建立与企业发展相适应的、科学的、高效适用的档案管理体制，对档案工作实行统一领导、统一制度、统一管理。

第八条 民营企业应当明确档案管理的部门或人员，负责企业档案工作，履行下列职责：

（一）贯彻执行《档案法》等有关法律、法规和方针政策，制定本企业文件材料归档和档案保管、利用、保密、鉴定、销毁、移交等有关规章制度；

（二）统筹规划并负责本企业档案的收集、整理、保管、鉴定、统计和提供利用工作；

（三）指导本企业各部门文件材料的形成、积累、整理和归档工作；

（四）监督、指导本企业所属机构（含境外机构）的档案工作。企业档案人员应当具备相应的档案专业知识和业务能力。

第九条 民营企业应当根据国家法律和有关规定，结合本企业实际，建立文件材料归档制度，明确企业文件材料的归档范围（见附件）、时间、要求，保证归档文件材料齐全、完整、准确、系统。

归档文件材料应当为原件，其载体和字迹应当符合耐久性要求。具有保存价值的电子文件，应当形成一份相应的纸质文件一并归档保存。

第十条 民营企业应当根据国家关于企业档案管理的业务标准、规范要求，对归档文件材料进行系统整理，确定档案保管期限，划定档案密级，便于保管和利用。

第十一条 民营企业应当采取有效措施维护档案安全，必须妥善保管好自身形成和保管的对国家和社会具有保存价值或者应当保密的档案，这些档案主要包括：

1. 对国家、社会产生重大影响，涉及国家荣誉、利益的有关发明创造的档案；

2. 填补国内外空白的行业主导产品的档案，以及在国内属于高新技术、先进设备和行业主导产品的档案；

3. 参与或承担国家和省重大科研项目、重大建设项目的档案；

4. 反映地方特色、行业特点，对研

究本地区经济社会发展具有重要凭证或参考价值的档案；

5. 我国传统、独有的工艺、配方档案；

6. 涉及社会公共利益和国家安全、国家秘密的档案；

7. 记录党和国家领导人及安徽省主要领导来企业考察、调研、参加重大活动的档案；

8. 其他对国家和社会具有保存价值的档案。

前款所列档案，对于保管条件恶劣或者其他原因被认为可能导致档案严重损毁和不安全的，档案行政管理部门有权采取代为保管等确保档案完整和安全的措施；必要时，可以收购或者征购。

鼓励民营企业向国家综合档案馆寄存、捐赠或者出卖本条第一款所列档案。向国家综合档案馆以外的单位或者个人出卖、转让或赠送的，必须报经县级以上档案行政管理部门批准；严禁向外国人和外国组织出卖或赠送；禁止私自携运出境。

第十二条 民营企业应当做好档案的利用工作，开发档案信息资源，为企业提供及时、有效的服务。

政府有关部门、司法部门依法执行公务需要查阅民营企业档案时，民营企业必须提供。

第十三条 民营企业应当对保管期限已满的档案进行鉴定，对确无保存价值的档案登记造册，按有关规定经企业法定代表人批准后，进行监销。销毁本《办法》第十一条所列档案时，须报同级档案行政管理部门审核。销毁会计档案，按《安徽省会计档案管理办法实施细则》执行。

第十四条 民营企业应当适应企业信息化的要求，加强档案信息化建设，提高企业档案管理水平和管理效率。

第十五条 民营企业资产与产权发生变动，应当参照《安徽省国有企业产权变动档案处置暂行办法》做好档案的处置工作。

第十六条 根据自愿原则，民营企业可以参加档案行政管理部门组织、指导开展的下列档案工作活动：

1. 档案工作协作组或协会；

2. 档案学会；

3. 有关档案工作会议；

4. 档案业务培训、咨询；

5. 档案专业职称评审、考试；

6. 档案工作表彰；

7. 档案工作学习、交流、考察、观摩；

8. 档案技术服务、档案信息资源开发；

9. 其他相关档案工作活动。

第十七条 经协商同意，国家综合档案馆可以有计划地将具有代表性的民营企业的档案列入接收进馆范围。

第十八条 有条件的国家综合档案馆可以为民营企业提供档案寄存服务，应当维护民营企业的合法权益。

第十九条 民营企业及其工作人员在档案工作中做出突出成绩和贡献的或向国家捐赠重要珍贵档案的，有关部门应当给予表彰或奖励。

第二十条 违反本办法规定，造成民营企业档案丢失、损毁或泄密的，档案行政管理部门应当依法进行查处。

第二十一条 民营企业认为档案行政管理部门的具体行政行为侵犯其合法权益，可依法申请行政复议或提出行政诉讼。

第二十二条 本省其他民营经济实体的档案管理，参照本《办法》执行。

第二十三条 本《办法》由安徽省档案局负责解释。

附件：安徽省民营企业文件材料归档范围

附件：

安徽省民营企业文件材料归档范围

一、党群（社团）工作形成的文件材料

（一）党务综合性工作、党员代表大会或党组织其他有关会议。

（二）党组织建设、党员和党员干部管理、党纪监察工作、重要政治活动或事件。

（三）宣传及思想政治工作、企业文化和精神文明建设、统战工作。

（四）职工代表大会、工会工作、共青团工作、女工工作。

（五）专业学会、协会工作、群众团体活动。

二、行政管理工作形成的文件材料

（一）企业筹备期的可行性研究、申请、批准、企业章程。

（二）企业领导班子（包括董事会、股东会、监事会和经理层，下同）构成及变更，企业内部机构及变更。

（三）企业领导班子活动。

（四）综合性行政事务，企业事务公开，文秘、机要、保密、信访工作，印鉴的管理。

（五）法律事务，政纪监察，公证工作。

（六）审计工作。

（七）职工人事管理，劳动合同管理，劳动工资和社会保险，职工招聘、录用、调配，职务任免，职称评聘。

（八）职工教育与培训工作。

（九）医疗卫生、计划生育工作。

（十）后勤福利，住房管理。

（十一）安全保卫，综合治理，防范自然灾害。

（十二）外事工作。

三、经营管理工作形成的文件材料

（一）企业改革，经营战略决策。

（二）企业发展规划、各项专业发展计划，责任制管理，各种统计报表，企业综合性统计分析。

（三）资产管理，房地产管理，资本运作，对外投资，股权管理，多种经营管理，产权及其变动，清产核资。

（四）属企业所有的知识产权（专利、商标、著作权、工业品外观设计、反不正当竞争）和商业秘密及其管理。

（五）企业信用管理（企业申请登记注册、商标注册、纳税记录、借贷还贷、信用评估、质量论证、产品质量检查、资质认定、出口关税、审计、合同履约、售后服务、客户信用状况、倾销反倾销、索赔反索赔、社会对企业良好评价的证件、文字、图片等）、形象宣传。

（六）商务合同正本及与合同有关的补充材料，有关的资信调查等。

（七）财务管理，资金管理，成本价格管理。

（八）物资采购、保存、供应和流通。

（九）经营业务管理，服务质量管理。

（十）境外项目管理。

（十一）招投标项目管理。

四、生产技术管理工作形成的文件材料

（一）生产准备、组织、调度工作。

（二）质量管理，质量检测和质量控制工作。

（三）能源管理。

（四）企业管理现代化和信息化建设，科技管理。

（五）生产安全，消防工作，交通管理。

（六）环境保护、检测与控制。

（七）计量工作。

（八）标准化工作。

（九）档案、图书、情报工作。

五、产品生产或业务开发工作形成的文件材料

A 工业企业

（一）产品的市场调研、立项论证、设计。

（二）产品的工艺、工装、试制、加工制造。

（三）产品的检验、包装。

（四）产品的销售与售后服务。

（五）产品鉴定、评优。

（六）产品质量事故分析及处理。

B 非工业企业

（一）业务项目的研发与形成。

（二）业务项目的经营。

（三）业务项目的保障与监督。

六、科学技术研究工作形成的文件材料

（一）科研项目的调研、申报立项。

（二）科研项目的研究、试验。

（三）科研项目的总结、鉴定。

（四）科研项目的报奖、推广应用。

七、基本建设和技术改造工作形成的文件材料

（一）基建项目和技术改造项目的可行性研究、立项、勘探、测绘、招标、投标、征迁工作，以及建设单位项目管理工作。

（二）基建项目和技术改造项目的设计。

（三）基建项目和技术改造项目的施工。

（四）基建项目和技术改造项目的监理。

（五）基建项目和技术改造项目的竣工和验收。

（六）基建项目和技术改造项目的评奖、创优。

（七）基建项目的使用、维修、改建、扩建。

（八）事故分析和处理。

八、设备仪器管理形成的文件材料

（一）购置设备、仪器的立项审批，购置合同。

（二）设备、仪器的开箱验收或接收。

（三）设备、仪器的安装调试。

（四）设备、仪器的使用、维护和改造、报废。

（五）事故分析和处理。

九、会计工作形成的文件材料

（一）会计凭证。

（二）会计账簿。

（三）财务报告及报表。

（四）其他文件材料。

十、职工个人管理形成的文件材料

（一）职工（包括离退休职工、死亡职工）的履历材料。

（二）职工的自传材料。

（三）职工的鉴定、考核。

（四）职工的专业技术职务评聘。

（五）职工的奖励与处分。

（六）职工的工资、保险、福利待遇等。

（七）职工的培训与岗位技能评定等。

（八）其他记载个人重要社会活动

的文件材料。

十一、非纸质载体的文件材料

（一）声像文件材料：企业在重要活动中形成的照片、录音带、录像带。

（二）电子文件：企业在重要工作活动中形成的记录在磁带、磁盘、光盘等载体上的文本、数据、图形、图像及元数据、背景信息等。

（三）实物：企业获得的荣誉奖状、证书、锦旗、奖杯、奖牌、获赠的纪念品、书画作品、产品样品实物。

十二、其他对国家、社会和企业有保存价值的文件材料。

安徽省人力资源和社会保障厅 安徽省财政厅

关于进一步促进就业创业服务民营经济发展的通知

皖人社发〔2013〕32号 2013年6月28日

各市、县（市、区）人力资源和社会保障局、财政局：

为深入贯彻党的十八大精神，全面落实省委、省政府《关于大力发展民营经济的意见》（皖发〔2013〕7号），千方百计扩大就业，大力促进创业带动就业，进一步服务民营经济发展，经省政府同意，现就有关问题通知如下：

一、扩大社会保险补贴范围

对企业招用就业困难人员，与之签订1年以上劳动合同并按规定缴纳社会保险费的，给予职工基本养老、医疗、失业、工伤和生育保险五项社会保险补贴。享受社会保险补贴不超过3年（以初次核定其享受社会保险补贴时年龄为准），距法定退休年龄不足5年（含5年）的可延长至退休。

小型微型企业招用毕业年度高校毕业生，签订1年以上劳动合同并按规定缴纳社会保险费的，给予1年的五项社会保险补贴。

以上补贴不包括个人应缴纳的社会保险费。

二、提高社会保险补贴标准

对灵活就业的困难人员以个人身份缴纳社会保险费的，给予职工基本养老保险补贴每人每月200元（其中享受城市居民最低生活保障的就业困难人员补贴标准为每人每月250元），职工基本医疗保险补贴每人每月50元。

三、支持校企培训就业对接

支持职业院校、技工院校、定点培训机构与民营企业签订培训就业合作协议，积极开展定向或订单式就业技能培训，根据培训学员实际到合作企业就业人数，给予培训院校或机构人均100元就业补助。

四、加大创业培训扶持力度

免费为城乡劳动者提供多层次、全过程、阶梯式的创业培训。对定点培训机构开展创业意识培训、创办企业培训（改善企业培训）、创业模拟实训的，分别按照100元/人、1000元/人、1300元/人的标准给予补贴。

五、扶持高校毕业生自主创业

对高校毕业生初始创办科技型、现代服务型小型微型企业的，自工商注册登记之日起正常运营6个月以上、吸纳3人以上就业并按规定缴纳社会保险费的，给予一次性创业扶持补助，其中：个人自主创业的按5000元标准补助，合伙经营的根据合伙人数按每人2000元给予补助，合伙经营补助金额合计最高不超过10000元。补助资金用于抵缴企业应缴纳的社会保险费或水电、场租等生产经营成本性支出。

六、支持建设创业孵化基地

对认定的民营企业建立的创业孵化基地，吸纳创业人员在孵化基地创业并落实统一孵化政策的，按照吸纳企业户数（带动3人以上就业）和每户每年3000元的标准给予创业孵化基地创业服务补助（补贴期限最长不超过3年）。具体办法由省人力资源和社会保障厅、省财政厅另行制定。

七、强化民营企业人才支撑

对小型微型民营企业吸纳高校毕业生，按规定对其开展岗前技能培训的，给予人均500元岗前培训补贴。

对所学专业为我省企业紧缺专业（工种）的职业院校、技工院校毕业生，毕业时与省内民营企业签订1年以上劳动合同的，按每人3000元标准给予毕业生一次性补助（不含免费学生）。

对职业中介机构介绍中级工以上技能人才到省内民营企业就业的，在现行职业介绍补贴标准基础上再给予人均200元介绍补贴。

八、支持民营职业中介机构发展

根据民营职业中介机构A、AA、AAA信用评级等次，以及上年度服务人次和补贴金额，分别按60%、70%、80%提前预拨当年的职业介绍补贴，年终时按照实际成功介绍人数及补助标准进行结算。

经人力资源社会保障、财政部门同意，民营中介机构举办免费大型公益性招聘会的（入场企业户数50家以上、招聘岗位2500个以上，在当地主要媒体上刊登广告），按照入场招聘企业户数，每户不高于200元标准给予摊位补贴。

九、加大政策宣传

各级人力资源社会保障、财政部门要通过电视、广播、网络等媒体，以及发放宣传手册等多种形式，大力宣传支持自主创业和民营企业扩大就业扶持政策。充分发挥公共就业人才服务机构、

工商联、街道（乡镇）社区作用，组织人员主动到民营企业开展宣传，让民营企业及时了解政策，千方百计提高政策知晓率。各地可结合实际对就业创业政策宣传活动给予一定经费补助。

十、简化工作流程

各级人力资源社会保障、财政部门要制定就业创业政策和资金申报审核流程图，一次性告知申报条件、材料、程序、办理时限等。充分利用就业失业登记管理信息系统，全面推行无纸化申报，精简申报材料，对系统已记载相关信息的，企业和个人申报资金补助时不再提供身份证和《就业失业登记证》等复印件，已进行劳动用工备案的不再提供劳动合同，减少企业和个人享受政策的成本。

本通知有关补助标准自2013年4月1日起执行，相关补贴资金申报审批按照《安徽省就业专项资金使用管理暂行办法》有关规定执行，所涉及的扶持政策，如与其他相关扶持政策重复，不再重复享受。在用好就业专项资金的同时，各地要充分发挥失业保险基金促进就业、支持民营经济发展的功能，失业人员的技能培训类补贴、职业介绍类补贴资金可从失业保险基金中列支。

各地应结合实际，制定具体实施细则。

第三章 地市

中共合肥市委 合肥市人民政府
关于大力发展民营经济的实施意见

合发〔2013〕9号 2007年11月5日

为全面贯彻落实中央和省发展民营经济的方针政策，进一步促进我市民营经济持续快速健康发展，根据省委、省政府《关于大力发展民营经济的意见》（皖发〔2013〕7号）精神，结合我市实际，提出如下实施意见。

一、放宽市场准入

1. 放宽企业注册条件。除一人有限责任公司外，允许公司注册资本货币“零首付”，加快推行注册资本认缴登记制。（责任单位：市工商局）

2. 放宽企业登记条件。试行企业法人资格与经营资格分离登记制度。凡符合企业法人条件的，可先行申请登记，取得营业执照后即可从事一般生产经营活动，需要许可的生产经营活动可再申请取得许可审批。（责任单位：市工商局）

3. 放宽企业冠名限制。支持企业申请不冠行政区划名称登记和不使用国民经济行业类别企业名称登记；允许进出口企业在名称行业用语中直接使用“国际”字样；对申请从事网络经营的个体工商户和企业，允许在名称中使用“网店”或“电子商务”字样。（责任单位：市工商局）

4. 放宽企业集团登记条件。鼓励组建企业集团，母公司注册资本在500万元以上，母子公司注册资本总和在1000万元、拥有3家以上控股子公司的，允许申请设立企业集团。（责任单位：市工商局）

5. 减少审批事项。减少对投资项目的审批、核准和备案范围；减少对生产经营活动和产品物品的许可、对各类机构及其活动的认定等非许可审批；成立行业协会属于商会类、科技类、公益慈善类、城乡社区服务类社会组织的，逐步推行直接向民政部门依法申请登记制度。（责任单位：市发改委、市经信委、市民政局等）

6. 允许进入能源交通等领域。支持民营资本以独资、合作、联营、参股、

特许经营、BOT等方式，参与城镇供水、供气、供热、公共交通、污水垃圾处理等市政公用事业和基础设施投资；支持民营经济组织建设工业、商业、农业等领域创业孵化器，允许民营资本投向教卫文体及旅游、养老设施等社会事业，以及经济适用房、公租房等保障性住房建设领域。（责任单位：市经信委、市发改委、市国资委、市交通运输局、市财政局、市城乡建委、市科技局、市民政局、市商务局、市农委等）

7. 支持参与金融改革和国有企业改制重组。支持民营资本以参与农村合作金融机构改制、农村商业银行发起设立和增资扩股、设立村镇银行、发起设立融资性担保公司、小额贷款公司、典当、拍卖等多种形式投资各类金融行业。民营资本参与国有企业改制重组时，在资产处置、债务处理、职工安置、社会保障、土地使用等方面，参照国有企业改革相关政策执行。（责任单位：市金融办、市国资委、市工商局）

8. 项目招投标享受国有企业同等待遇。公共建设项目及政府采购项目实行项目招投标制度时，对符合资质的民营企业禁止设置任何限制条件。（责任单位：市招标投标监督管理局）

二、加大财税支持

9. 设立专项资金。结合省财政年度专项资金安排，市、县（市）区财政分别每年统筹安排一定数额的民营经济发展专项资金，重点用于省级专项资金配套，支持县（市）区充实担保公司国有资本金和建设中小企业各类服务平台等。（责任单位：市财政局、市经信委，各县＜市＞区、开发区）

10. 鼓励自主创业。对创办并稳定经营的微型企业和个体工商户转为小微企业的，2年内由同级财政按其缴纳企业所得税、增值税和营业税地方留成部分同等金额给予奖励。对获得国家、省创业示范基地的，分别给予50万元、30万元一次性奖励，市认定的各类创业基地均给予资金奖补。（责任单位：市工商局、市财政局、市人社局，各县＜市＞区、开发区）

11. 鼓励实施品牌战略。对新获得国家级、省级驰名商标、著名商标、名牌产品和“中华老字号”称号的，分别给予50万元、10万元一次性奖励。对新进入全国民营企业500强企业，一次性奖励管理团队30万元；对年营业收入首次突破100亿元、50亿元、10亿元的民营企业，分别一次性奖励管理团队100万元、50万元、10万元。支持民营企业申办APEC（亚太经合组织）

商务卡，鼓励走出去拓展海外市场。（责任单位：市工商局、市质监局、市经信委、市财政局、市外办）

12. 增强创新能力。支持民营企业开展企业股权和分红激励试点工作；企业用于开发新技术、新产品、新工艺发生的研发费用，未形成无形资产计入当期损益的，按照研发费用的50%加计扣除；形成无形资产的，按照无形资产成本的150%摊销。经省级认定的高新技术民营企业迁入我市的，3年有效期内不再重新认定，享受高新技术企业减按15%的优惠税率征收企业所得税。对企业所得税年增长较快的民营企业，3年内由同级财政按企业所得税新增地方留成部分的同等金额奖励给企业用于研发和技改。（责任单位：市科技局、市国税局、市地税局、市财政局）

13. 深化与全国知名民企合作。企业总部、采购中心和研发中心迁至我市的全国知名民营企业，3年内按其所缴纳营业税、增值税和企业所得税本市留成部分的同等金额50%的标准给予奖励。对返乡投资的民营企业，实行招商引资同等待遇。（责任单位：市经信委、市招商局、市财政局）

14. 减轻税费负担。落实国家结构性减税政策及其他各项税收优惠政策，加大“营改增”政策落实力度。对新创办或由个体工商户转为的小微企业，自登记之日起3年内实行自主申报缴税。对经批准兴办的学校、非营利性医疗机构和老年服务机构自用的房产、土地，免征房产税、城镇土地使用税（营利性医疗机构3年内免征上述各税）；对县级以上各级政府财政等部门奖补民营企业的财政性资金，在具备资金用途明确、专项资金管理办法完备、企业对该资金单独核算等条件下，可以不作为征税收入，在计算应纳税所得额时从收入总额中减除。（责任单位：市国税局、市地税局）

三、加强要素保障

15. 支持开展融资担保互助。鼓励民营企业按照“自愿互助、风险共担、利益共享”的原则组成担保合作组织，共同出资设立担保互助基金，对经认定的上述基金市财政通过参股方式予以支持。（责任单位：市金融办、市财政局）

16. 降低融资成本。继续开展“滨湖·春晓”信托发行计划，自2013年起每年发行不低于5亿元；大力推进中小企业集合票据发行工作，市财政采用购买信托产品、奖补和对经推介的优质小微企业贴息等方式，降低中小企业融资成本。（责任单位：市经信委、市财

政局、市金融办）

17. 加强融资担保服务。鼓励银行业金融机构、融资性担保机构扩大民营企业应收账款、仓单、存单、商标、商业信用保险、股权、知识产权等质押融资，土地承包经营权、农房、大型农用生产设备、林权、水域滩涂使用权等抵押贷款，以及应收账款债权凭证（合同）流转业务试点工作。开展小额贷款保证保险工作，由银行与保险机构联合对符合条件的民营企业发放贷款，保险机构对贷款本息承担保证保险责任。（责任单位：市金融办、市经信委）

18. 鼓励多层次资本市场融资。支持民营企业通过上市、发债、股权投资等直接融资手段做大做强，鼓励民营企业参与新三板等场外交易市场建设。对在安徽证监局办理上市辅导备案登记以及获得境外上市监管部门受理函的拟上市企业，市财政给予100万元的补助；首发上市及上市企业再融资的，市财政给予100万元的补助；企业因上市而改制的，对其应补交的企业所得税本市留成部分，同级财政给予等额奖励。对民营企业因上市办理土地、房产、车船等权证过户的，参照我市现行政策执行。（责任单位：市金融办）

19. 保障发展用地。把民营企业发展用地纳入土地利用总体规划和年度土地利用计划。对符合国家、省、市产业政策且达到一定投资强度的民营资本项目，统筹安排用地指标。（责任单位：市国土资源局）

20. 鼓励节约集约用地。民营企业新建标准化厂房符合建设要求的，有关费用减免和出售政策参照我市出台的《加快都市产业园标准化厂房建设的若干意见》执行。民营企业租驻标准化厂房一年以上的，市财政按年租金的30%给予一次性补助；购买标准化厂房的，按购房款的5%给予一次性补助；对符合规划、不改变土地用途，通过加层改造提高土地利用率和容积率的，不再收取容积率增加部分的土地出让金，免收城市基础设施配套费。（责任单位：市经信委、市国土资源局、市规划局、市财政局、市房产局）

21. 做好用工保障。对帮助企业引进技能型人才、企业加强新录用人员培训和开展岗位技能提升培训，以及经认定的困难企业缓缴“五险”、降低参保费率、稳定就业岗位补贴和企业社会保险补贴等相关支持政策，按《关于促进经济持续健康较快发展的实施意见》（合政〔2013〕23号）要求执行。（责任单位：市人社局、市财政局）

22. 支持引进人才。对来肥投资的民营企业家在肥落户、子女上学、就业等方面政策以及引进领军人才和高端人才政策，按《关于建设“合肥人才特区”的实施意见》（合发〔2012〕17号）要求执行。鼓励民营企业高层次人才参与政府特殊津贴专家、突出贡献专家、市管优秀专家等遴选，并按有关规定给予一次性奖励。（责任单位：市委组织部、市教育局、市人社局）

23. 加强企业家队伍建设。将民营企业高层管理人员纳入市级“511工程”培训计划，每年组织不少于100人次赴国内外知名高校进修培训，对培训费用给予适当补贴；继续组织民营企业管理人员参加“千人培训计划”，培训费用由市财政给予一定比例补贴。（责任单位：市委组织部、市经信委、市外办、市工商联）

四、优化发展环境

24. 改善企业经营环境。所有涉企行政事业性收费项目一律按收费标准的下限收取，完善和落实“宁静生产日”制度，严格涉企检查网上备案制度，严禁对民营企业组织强制性培训活动，严禁对民营企业摊派赞助、接待、广告和报刊杂志等费用。加强对民营企业专利权、商标权保护，对侵犯损害知名商标、地产品等行为开展专项治理活动。（责任单位：市监察局）

25. 加强服务体系建设。支持建设小微企业融资服务平台，对年度对接成效显著的给予一定奖励。支持中小企业公共服务示范平台建设，每年对经认定的10家市级公共服务示范平台，给予每家10万元一次性奖励；支持电子商务交易平台建设，按照每户5000元标准，每年重点支持200户中小民营企业开展网络营销交易业务。（责任单位：市经信委、市金融办）

26. 营造良好社会氛围。广泛宣传发展民营经济的方针政策，树立民营企业家积极向上、诚信守法的社会形象，营造创业至上、致富光荣的良好氛围。新闻媒体对侵犯民营企业及企业家合法权益和干扰民营企业合法经营活动的典型事例及时予以曝光。扩大民营经济代表人士有序参与政治事务的渠道，适当增加担任工商联及各类社团领导职务名额。每年对各县（市）区、开发区发展民营经济任务完成情况进行考核通报，每两年开展一次民营经济强县（市）区、十佳民营企业创业者、50强民营企业、50名优秀民营企业家评选活动，并召开全市民营经济发展大会予以表彰奖励。（责任单位：市委办公厅、市政府

办公厅、市委宣传部、市经信委、市统计局、市工商联，各县<市>区、开发区）

各县（市）区、开发区要按照本意见出台具体实施办法，各责任单位要按照本意见制定实施细则。执行期内，若国家和省出台优于本意见的新政策，从优执行。本意见中的各项奖补政策与市里出台的同类政策不重复享受。本意见自2013年1月1日起实行，有效期3年。

合肥市财政局 合肥市商务局 合肥市旅游局 合肥市卫生局 合肥市文广新局 合肥市民政局 合肥市城乡建设委员会 合肥市国土资源局 关于印发《承接产业转移 促进服务业发展的若干政策实施细则》的通知

2010年6月4日

各县区财政局、商务局（经贸局）、旅游局、卫生局、文广新局、民政局、建设局、国土资源局：

根据市政府《合肥市承接产业转移促进服务业发展若干政策》（合政〔2010〕28号），为规范服务业发展专项资金管理，简化程序，提高效能，充分发挥财政资金激励引导作用，推动服务业又好又快发展，现将《合肥市承接产业转移 促进服务业发展若干政策实施细则》印发给你们，请认真遵照执行。

合肥市财政局 合肥市商务局 合肥市旅游局 合肥市卫生局 合肥市文广新局 合肥市民政局 合肥市城乡建设委员会 合肥市国土资源局

合肥市承接产业转移促进服务业发展的若干政策实施细则

第一条 根据《合肥市承接产业转移促进服务业发展的若干政策》（合政〔2010〕28号）（以下简称《政策》）文件精神，特制定本实施细则。

第二条 《政策》所称新引进企业，是指从本市区域外新引进的企业；新设立企业不包括企业分立、改组、扩建、搬迁、转产、合并后继续经营，或者吸收新成员、改变隶属关系、改变企业名称等。具体企业须经市财政局会同市工商局、国税局、地税局、招商局等部门认定。

第三条 《政策》所称新引进、新设立、新获得和新建企业（项目）的计算时间，凡合政〔2008〕89号《合肥市加快发展现代服务业的若干政策（试行）》文件中已有规定且合政〔2010〕28号《合肥市承接产业转移促进服务业发展的若干政策》文件明确继续执行的条款均从2008年8月4日起计算，合政〔2010〕28号文件中规定的相应政策从2010年4月1日起计算。

第四条 《政策》第3条所称金融机构，是指国家金融监管机构批准经营金融业务的企业。

第五条 《政策》第3、51条所称高管人员，是指新引进的金融机构分行副行长以上、企业总部或地区总部及基地航空公司副总以上管理人员。

第六条 《政策》第6、7条所称国内外知名企业，是指注册资金不低于5000万元人民币、总资产不低于1亿元人民币、年销售收入不低于3亿元人民币的企业。具体企业须经市招商局会同市财政局等部门认定。

第七条 《政策》第9、10、11及12条所称物流园区、物流基地、物流配送中心、物流企业，是指符合本市物流发展规划的物流园区、物流基地、物流配送中心、物流企业；所称第三方物流企业，是指为客户提供包括设计规划、解决方案以及具体物流业务运作等综合物流服务的企业。具体项目须经市商务局会同市财政局等部门认定。

第八条 《政策》第14条所称大型商业设施，主要是指：城市商业综合体、大型购物中心、大型百货店、大型综合超市、大型会展场馆、区域性农副产品批发市场、特色商业街区、大型专业批发市场等商业设施。具体标准参照商务部《零售业态分类》（GB/T18106-2004）。

第九条 《政策》第14条所称自营是指投资者使用自主产权商业设施从事商业经营活动；物业租赁是指投资者以自主产权商业设施直接租赁给商业经营者并收取租赁费。

第十条 《政策》第15条所指称号是由商务部、省商务厅或由其授权机构正式授予的示范社区（特色商业示范街区）的称号。其奖励资金按社区30%，网点70%比例分配。网点奖励须经市商务部门会同财政部门认定。

第十一条 《政策》第16条所称标准化菜市场是指基本符合商务部关于标准化菜市场建设标准和规范的要求。

第十二条 《政策》第17条所称国内外知名连锁企业是指进入世界500

强、中国连锁百强或拥有区域性知名品牌的商业零售企业。

第十三条　《政策》第19条所称符合标准要求的配送中心和“农家店”，是指符合合肥市万村千乡市场工程验收要求的配送中心和“农家店”。具体项目须经市商务局会同市财政局等部门组织验收和认定。

第十四条　《政策》第33条所称养老社会福利机构的床位设置要符合《中华人民共和国行业标准——老年人社会福利机构基本规范》和省民政厅、财政厅有关规定，直接用于服务对象的生活、康复等用房所占比例不应低于总建筑面积的70%，并按单人间、双人间、三人间和合居型标准计算床位数。

第十五条　新建、扩建（或租赁经营）床位数50张以上的养老福利机构，开始运行时，应向市民政局报送运行材料进行备案，市民政局据此适时组织有关部门对其一年内的运行情况进行检查，无此项备案和运行检查，一年后不接受其一次性财政补贴申报。已领取一次性财政补贴的养老社会福利机构，原场所更名或转租他人兴办养老社会福利机构，该场所不再享受新建（或租赁经营）床位一次性财政补贴。已领取一次性财政补贴的养老社会福利机构，如择址另建或原址扩建养老社会福利机构，申请一次性财政补贴时，不包括原床位数。

第十六条　《政策》所称的服务外包企业，是指与境内外服务外包发包商签订中长期外包服务合同，且向客户提供一项或多项信息技术外包、业务流程外包、知识流程外包等外包服务的企业。

第十七条　《政策》所称的服务外包培训机构，是指在我市登记注册、具备教育培训资质、从事服务外包和软件相关人才培训的社会专业培训机构、大型服务外包企业内部可面向社会培训的机构及从事服务外包定制培训的大专院校。

第十八条　《政策》第36条所称的相关国际认证，主要包括开发能力成熟度模型集成（CMMI）、开发能力成熟度模型（CMM）、人力资源成熟度模型（PCMM）、信息安全管理(ISO27001/BS7799)、IT服务管理(ISO20000)、服务提供商环境安全性(SAS70)、国际实验动物评估和认可委员会认证（AAALAC）、优良实验室规范（GLP）、信息技术基础架构库认证（ITIL）、客户服务中心认证（COPC）、环球同业银行金融电讯协会认证（SWIFT）等相关认证。

第十九条　《政策》第38条所称的海关报关方式出口，出口数据以海关、外管部门的统计数据为准。

第二十条　《政策》第41条所称文化娱乐企业包括文化、广播影视、新闻出版、动漫和新媒体产业内容的企业；所称投资额包括现金投资、固定资产投资和知识产权作价投资。

第二十一条　《政策》第52条所称新获得驰名商标、名牌、老字号的，包含服务业、工业、农业等其他行业。

第二十二条　申报兑现政策的地点和时间

（一）申报地点

按照"大厅申报，窗口受理"的原则，申请兑现政策的企业和单位，按规定向市相关部门设在市行政服务中心的窗口申报。

1. 财政政策按不同产业分别向有关部门申报：

（1）物流业、商贸服务业、餐饮业、会展业及服务外包业向市商务局申报；

（2）酒店晋级奖励、旅游业向市旅游局申报；

（3）医疗卫生业向市卫生局申报；

（4）社会养老服务业向市民政局申报；

（5）文化产业向市文广新局申报；

（6）体育产业向市体育局申报；

（7）减（免）城市基础设施配套费向市建委申报；

（8）其他政策统一向市财政局申报，由市财政局根据申报兑现的具体政策，会同相关部门进行认定、审核。

2. 项目用地向市国土资源管理局申报。

（二）申报时间

1. 申报项目用地，需要征用土地的，每年年初申报，需要使用国有土地的，由企业（单位）根据项目具体情况及时申报。

2. 申报减（免）城市基础设施配套费，按项目建设规定时间办理。

3. 下列补贴、奖励按季申报：

（1）物流企业信息化建设投资及医疗机构固定资产投资补贴。

（2）标准化菜市场、"农家店"及会展业的展位补贴，早餐连锁企业新增单体店奖励。

（3）养老福利机构的床位补贴。

（4）新晋级的星级酒店、餐饮店、医院及国家级旅游风景区，新获得国家或省级商标、名牌及老字号奖励。

（5）新认定的国家级、省级文化产业示范基地及文化产业园区奖励。

（6）宣传合肥文艺作品的版权奖

励、原创影视动画播出奖励、动漫原创作品获国家及省级重大奖项奖励、网游研发企业原创游戏上线运营奖励。

按季申报的，于下一季度的第一个月10日前报送申报材料。

4. 其他奖励政策均实行按年度申报。

按年度申报的，申报税收地方留成部分等额资金奖励的，申报时间为次年6月底前报送申报材料，其他于次年3月底前报送申报材料。

第二十三条　申报材料

申报财政补贴和奖励的企业（单位），须将申请报告、申请表（详见附件1 ~ 8）及相关证明材料一式两份，向前一条规定的部门设在市行政服务中心的窗口申报。

（一）申报税收地方留成奖励（补助）应提供以下材料：

1. 申请报告和申请表；

2. 营业执照、税务登记证（复印件）；

3. 企业缴纳营业税、增值税、企业所得税、契税等政策规定的税种缴纳凭证（复印件），申报税收增量部分奖励的企业（单位），须同时提供经税务部门核实的基数年各税种税收缴纳凭证（复印件）；

4. 申报个人所得税补助的，应提供企业副总经理以上人员名单，以及个人所得税纳税证明。

（二）申报物流企业信息化建设投资及医疗机构固定资产投资补贴应提供以下材料：

1. 申请报告和申请表；

2. 营业执照（复印件）；

3. 项目可行性研究报告；

4. 项目建设和设备采购合同、协议，建设进度情况说明及资金支付凭证、发票；

5. 已完工的项目，经有资质的会计师事务所审计的项目竣工决算报告。

（三）申报会展补贴应提供以下材料：

1. 申请报告和申请表；

2. 举办会展企业的法人资格有效证件（营业执照、税务登记证、组织机构代码证、法人身份证等复印件）；

3. 举办展会的相关证明材料（举办展会批复、展会场地租赁合同、展会组织实施方案等）。

（四）申报标准化菜市场、早餐连锁店等补贴应提供以下材料：

1. 申请报告和申请表；

2. 营业执照（复印件）；

3. 菜市场、早餐店经营面积证明材料；

4. 标准化菜场须提供规划（土地）部门的批准文件和设计与施工单位的资质证书（复印件）、项目的施工图纸及验收报告。

（五）申报办公用房租金、养老福利机构床位、服务外包企业国际认证费用等补贴应提供以下材料：

1. 申请报告和申请表；

2. 营业执照（复印件）；

3. 办公用房租赁合同以及租金支付凭证；

4. 社会福利机构证书、民办非企业登记证书、卫生许可证书、消防合格证书等证书复印件，养老社会福利机构场所的证明文件（房屋租赁合同或自建房屋资料需加盖县区民政部门公章）；

5. 相关国际认证费用支付凭证。

（六）申报服务外包企业增长及出口奖励应提供以下材料：

1. 申请报告和申请表；

2. 营业执照（复印件）；

3. 企业上年度服务外包业务执行情况清单及相关凭证复印件；

4. 企业缴纳营业税、增值税、企业所得税、契税等政策规定的税种缴纳凭证（复印件）；

5. 申报软件出口奖励的企业还须提供企业上年度软件出口合同、结汇水单等相关证明材料（复印件）。

（七）申报服务外包人才培训资金支持的应提供如下材料：

1. 服务外包企业：

（1）申请报告和申请表；

（2）营业执照（复印件）；

（3）录用人员身份证明及大专以上学历证明（复印件）；

（4）被录用人员与服务外包企业签订的1年以上的《劳动合同》（复印件），企业为员工缴纳社会保险的证明材料（复印件）；

（5）企业上年度服务外包业务执行情况清单及相关凭证复印件。

已获得国家或省级服务外包人才资金支持的企业还需提供：已获得支持的员工在该企业继续工作一年的相关证明材料。

2. 服务外包培训机构：

（1）申请报告和申请表；

（2）有关部门提供的依法从业资质证明；

（3）培训机构颁发被培训人员专业知识和技能培训考核合格证书复印件；

（4）被培训人员的培训费用缴费凭证复印件；

（5）其他相关材料。

已获得国家或省级服务外包人才资金支持的培训机构还需提供：已获得支持的学员在原企业继续工作一年的相关证明材料。

（八）申报宣传合肥文艺作品奖励应提供以下材料：

1. 申请报告和申请表；

2. 营业执照和业务行政许可证（复印件）；

3. 文学作品的音像资料和文字简介；

4. 放映海报、节目单等证明材料；

5. 版权证明材料。

（九）申报文化企业、动漫企业销售收入奖励应提供以下材料：

1. 申请报告和申请表；

2. 营业执照、税务登记证（复印件）；

3. 经有资质的会计师事务所审计的年度财务报告。

（十）申报原创影视动画获奖、播出、原创游戏上线运营奖励应提供以下材料：

1. 申请报告和申请表；

2. 营业执照、安徽省版权登记证明和广播电视节目制作经营许可证（复印件）；

3. 市级以上电视台播出证明；

4. 播出单位资金到账证明复印件；

5. 作品获奖证明材料；

6. 网游作品版权登记、版号及上线运营证明复印件；

7. 动漫作品或网游作品二维或三维（2D 或 3D）证明复印件；

8. 其他需要提交的材料。

（十一）申报相关商标、名牌、星级酒店、钻级餐饮店、商业示范社区（特色商业示范街区）、国家级旅游风景区、全国百强旅行社、三级甲等医院等其他一次性奖励的应提供申请报告、申请表和获奖（晋级）证明等材料。

第二十四条　企业（单位）申报材料齐全后，市有关主管部门应在 10 个工作日内会同市财政局审结，经公示无异议后，报市政府批准。

第二十五条　经市政府批准后，市财政局应在 5 个工作日内将市级承担的兑现政策资金拨付县区财政局，由县区财政局直接拨付相关企业或单位。

第二十六条　凡申报兑现政策的企业（单位），应在规定申报时间内报送申报材料。逾期未申报的，视为其自动放弃，不再受理。

第二十七条　实行“一企一议”、“一事一议”的项目，不再重复享受《政策》中规定的其它优惠政策。申报享受“一企一议”、“一事一议”政策的项

目受理、审核和资金拨付程序按本实施细则执行。

第二十八条　已享受《政策》规定的有关用地、减免城市基础设施配套费以及税收奖励政策的有关企业（单位），市房产、国土部门应在权利证书上注记限定条件，企业（单位）不得在享受政策后违反限定条件，否则，市房产、土地部门不予办理相关产权变更手续，市财政部门全额追回减免费用和补贴、奖励资金。

第二十九条　企业（单位）对申报材料的真实性负责，弄虚作假，套取补贴、奖励资金的，一经发现，予以通报批评，追回补贴、奖励资金，五年内取消申报市级财政补助和奖励资格，涉嫌犯罪的移交司法机关依法处理。

第三十条　本实施细则由市财政局负责解释。

附件：

1. 物流企业信息化及医院项目投资补贴申请表

2. 会展补助申请表

3. 会展业全年一次性奖励申请表

4. 服务业财政补贴及一次性奖励申请表

5. 服务业税收奖励申请表

6. 标准化菜市场项目补贴申请表

7. 合肥市服务外包企业（培训机构）人才培训资

金申请表

8. 社会养老福利机构一次性财政补贴申请表

合肥地税务关于扶持民营企业政策优惠汇编（营业税与财产行为税部分）

一、农业领域

（一）农业机耕、排灌、病虫害防治、植物保护、农牧保险以及相关技术培训业务，家禽、牲畜、水生动物的配种和疾病防治免征营业税。

（二）对专门经营农产品的农产品批发市场、农贸市场使用的房产、土地，暂免征收房产税和城镇土地使用税。对同时经营其他产品的农产品批发市场和农贸市场使用的房产、土地，按其他产品与农产品交易场地面积的比例确定征免房产税和城镇土地使用税。

（三）自2009年1月1日至2013年12月31日，对金融机构农户小额贷款的利息收入，免征营业税。

自2009年1月1日至2015年12月31日，对农村信用社、村镇银行、农村资金互助社、由银行业机构全资发起设立的贷款公司、法人机构所在地在县（含县级市、区、旗）及县以下地区的农村合作银行和农村商业银行的金融保险业收入减按3%的税率征收营业税。

二、工业领域

（四）凡是在基建工地为基建工地服务的各种工棚、材料棚、休息棚和办公室、食堂、茶炉房、汽车房等临时性房屋，不论是施工企业自行建造还是由基建单位出资建造交施工企业使用的，在施工期间，一律免征房产税。

（五）单位和个人提供的污水处理劳务不属于营业税应税劳务，其处理污水取得的污水处理费，不征收营业税。

（六）对转移到皖江城市带承接产业转移示范区内的企业，在建期间建设用地，纳税确有困难的，按程序报批后，可减征或免征城镇土地使用税。建成后的经营期间，其自用的房产和土地，纳税确有困难的，按程序报批后，可以减征或免征房产税和城镇土地使用税。

三、服务业领域

（七）自2012年1月1日起至2014年12月31日止，对物流企业自有的（包括自用和出租）大宗商品仓储设施用地，减按所属土地等级适用税额标准的50%计征城镇土地使用税。

（八）纳税人从事旅游业务的，

以其取得的全部价款和价外费用扣除替旅游者支付给其他单位或者个人的住宿费、餐费、交通费、旅游景点门票和支付给其他接团旅游企业的旅游费后的余额为营业额。

四、金融领域

（九）列名的中小企业信用担保机构，按照其机构所在地地市级（含）以上人民政府规定标准取得的担保和再担保业务收入，自主管税务机关办理免税之日起，三年内免征营业税。

（十）经国务院批准，为鼓励金融机构对小型、微型企业提供金融支持，促进小型、微型企业发展，自2011年11月1日起至2014年10月31日止，对金融机构与小型、微型企业签订的借款合同免征印花税。

五、房地产业领域

（十一）开发商在经济适用住房、商品住房项目中配套建造廉租住房，在商品住房项目中配套建造经济适用住房，如能提供政府部门出具的相关材料，可按廉租住房、经济适用住房建筑面积占总建筑面积的比例免征开发商应缴纳的城镇土地使用税、印花税。

（十二）对改造安置住房建设用地免征城镇土地使用税。对改造安置住房经营管理单位、开发商与改造安置住房相关的印花税以及购买安置住房的个人涉及的印花税予以免征。在商品住房等开发项目中配套建造安置住房的，依据政府部门出具的相关材料和拆迁安置补偿协议，按改造安置住房建筑面积占总建筑面积的比例免征城镇土地使用税、印花税。

（十三）对公租房建设期间用地及公租房建成后占地免征城镇土地使用税。在其他住房项目中配套建设公租房，依据政府部门出具的相关材料，可按公租房建筑面积占总建筑面积的比例免征建造、管理公租房涉及的城镇土地使用税。对公租房经营管理单位建造公租房涉及的印花税予以免征。在其他住房项目中配套建设公租房，依据政府部门出具的相关材料，可按公租房建筑面积占总建筑面积的比例免征建造、管理公租房涉及的印花税。

六、社会民生领域

（十四）对非营利性医疗机构按照国家规定的价格取得的医疗服务收入，免征各项税收（2008年1月1日以后，不包括企业所得税）。

对非营利性医疗机构自用的房产、土地，免征房产税、城镇土地使用税。

（十五）医院、诊所和其他医疗机构提供的医疗服务免征营业税。

（十六）对从事学历教育的学校提供教育劳务取得的收入，免征营业税。

对学校从事技术开发、技术转让业务和与之相关的技术咨询、技术服务业务取得的收入，免征营业税。

对托儿所、幼儿园提供养育服务取得的收入，免征营业税。

企业办的各类学校、托儿所、幼儿园自用的房产、土地，免征房产税、城镇土地使用税。

（十七）养老院、残疾人福利机构提供的育养服务，免征营业税。

（十八）对政府部门和企事业单位、社会团体以及个人等社会力量投资兴办的福利性、非营利性的老年服务机构自用的房产暂免征收房产税。

（十九）纪念馆、博物馆、文化馆、文物保护单位管理机构、美术馆、展览馆、书画院、图书馆举办文化活动的门票收入，免征营业税。

(二十) 对符合条件的企业在新增加的岗位中，当年新招用持《就业失业登记证》人员，与其签订1年以上期限劳动合同并依法缴纳社会保险费的，按每人每年4800元的定额依次减免营业税、城市维护建设税、教育费附加和企业所得税。

七、涉外税收领域

（二十一）自2010年7月1日起至2013年12月31日，对注册在北京、天津、大连、哈尔滨、大庆、上海、南京、苏州、无锡、杭州、合肥、南昌、厦门、济南、武汉、长沙、广州、深圳、重庆、成都、西安等21个中国服务外包示范城市的企业从事离岸服务外包业务取得的收入免征营业税。

（二十二）对中华人民共和国境内(以下简称境内)单位或者个人在中华人民共和国境外(以下简称境外)提供建筑业、文化体育业(除播映)劳务暂免征收营业税。

八、创新企业税收优惠政策

（一）对符合条件的节能服务公司实施合同能源管理项目，取得的营业税应税收入，暂免征收营业税。

（二）对符合条件的软件企业和集成电路设计企业从事软件开发与测试，信息系统集成、咨询和运营维护，集成电路设计等业务，免征营业税。

合肥经济技术开发区关于大力发展民营经济的实施办法

2013年6月22日

为深入贯彻落实省、市民营经济大会精神，进一步落实省委、省政府《关于大力发展民营经济的意见》(皖发〔2013〕7号)和市委、市政府《关于大力发展民营经济的实施意见》(合发〔2013〕9号)，促进民营经济持续快速健康发展，结合合肥经济技术开发区(以下简称“开发区”)实际，特制定以下实施办法。

一、放宽民营企业注册和登记条件。除一人有限责任公司外，允许公司注册资本货币“零首付”，加快推行注册资本认缴登记制。试行企业法人资格与经营资格分离登记制度。凡符合企业法人条件的，可先行申请登记，取得营业执照后即可从事一般生产经营活动，需要许可的生产经营活动可再申请取得许可审批。(责任单位：区工商分局)

二、鼓励自主创业。对创办并稳定经营的微型企业和个体工商户转为小微企业的，2年内由同级财政按其缴纳企业所得税、增值税和营业税地方留成部分同等金额给予奖励。对获得国家、省创业示范基地的，帮助企业享受市以上规定奖励政策。(责任单位：区财政局、区人事劳动局)

三、鼓励实施品牌战略。对新获得国家级和省级驰名商标、著名商标、名牌产品的，除享受市以上规定奖励政策外，由区财政再分别给予企业管理团队一次性20万元、5万元奖励。凡当年产值增幅超过20%且产值首次达到10亿元、50亿元、100亿元的民营企业，除享受市以上规定奖励政策外，区财政再分别给予企业管理团队一次性5万元、10万元、20万元奖励一次性奖励。(责任单位：区工商分局、区质监分局、区经贸局、区财政局)

四、增强创新能力。支持民营企业开展企业股权和分红激励试点工作，区财政对完成股权和分红激励试点的民营企业给予一次性5万元补助。区财政对民营企业科技创新按照《合肥经济技术开发区进一步推进科技创新若干政策措施》予以优先奖补。对民营企业用于开发新技术、新产品、新工艺发生的研发费用，未形成无形资产计入当期损益的，按照研发费用的50%加计扣除；形成无形资产的，按照无形资产成本的150%摊销。经省级认定的高新技术民营企业迁入我区的，3年有效期内不再重新认定，享受高新技术企业减按15%的优惠税率征收企业所得税。对企业所得税年增长超过30%的民营企业，3年内由同级财政按企业所得税新增地方留成部分的同等金额奖励给企业用于研发和技改。(责任单位：区国税局、区地税局、区经贸局、区财政局)

五、减轻税费负担。对区级以上财政部门奖补民营企业的财政性资金，在具备资金用途明确、专项资金管理办法完备、企业对该资金单独核算等条件下，可以不作为征税收入，在计算应纳税所得额时从收入总额中减除。(责任单位：区国税局、区地税分局、区财政局)

六、支持民营企业融资。鼓励民营企业按照“自愿互助、风险共担、利益共享”的原则组成担保合作组织，共同出资设立担保互助基金，对经认定的上述基金区财政或区属国有独资公司通过参股方式予以支持。继续开展面向民营企业的银企对接活动，积极搭建支持民营企业发展的融资平台，降低企业融资成本。鼓励驻区银行业金融机构、融资性担保机构扩大民营企业应收账款、仓单、存单、商标、商业信用保险、股权、知识产权等质押融资，以及应收账款债权凭证(合同)流转业务试点工作。(责任单位：区财政局)

七、鼓励民营企业上市。支持民营企业通过上市、发债、股权投资等直接融资手段做大做强。对民营企业股改上市，除享受市以上奖励政策以外，区财政对完成安徽证监局上市辅导备案的拟上市企业给予一次性20万元补助；对获得安徽证监局辅导验收报告的拟上市企业给予一次性30万元的补助；对首发申请材料申请材料被中国证监会正式受理的拟上市企业给予一次性50万元补助；对首发上市，非上市公司股权托管交易市场挂牌上市，上市企业再融资和注册地、税务登记迁入开发区的，再给予相应的奖励。对民营拟上市企业盈余公积、未分配利润转增为自然人股本所缴纳的个人所得税等，按区级财政留成部分等额奖励给企业。对民营企业股改上市和募投项目建设的其他相关支持政策，按《合肥经济技术开发区鼓励和促进企业上市的暂行办法》要求执行。(责任单位：区经贸局、区财政局)

八、保障发展用地。把民营企业发展用地纳入土地利用总体规划和年度土地利用计划。对符合国家、省、市和开发区产业政策且达到一定投资强度的民营资本项目，优先申报用地指标。(责任单位：区国土分局、区建发局)

九、鼓励节约集约用地。对民营工业企业年度亩均纳税额(年度纳税额按入驻企业纳税额合计计算)大于30万元的，区财政给予企业管理团队10万元奖励。对符合规划、不改变土地用途，通过加层改造提高土地利用率和容积率的工业厂房，不再收取容积率增加部分的土地出让金，免收城市基础设施配套费。(责任单位：区经贸局、区建发局、区财政局)

十、做好用工保障。对帮助民营企业引进技能型人才、企业加强新录用人员培训和开展岗位技能提升培训，以及经认定的困难企业缓缴“五险”、降低参保费率、稳定就业岗位补贴和企业社会保险补贴等相关支持政策，按《关于促进经济持续健康较快发展的实施意见》(合政〔2013〕23号)要求执行。区财政对各类人力资源服务机构为区内企业组织劳动力就业，依法签订1年以上劳动合同的，给予200元/人的用工补贴；对各类技工(职业)院校为区内企业输送毕业生就业，签订6个月以上用工证明或1年以上劳动合同的，给予200元/人的用工补贴；对区内企业从市外引进技能型人员，引进技术工人和技师的，分别给予300元/人、500元/人的用工补贴。(责任单位：区财政局、区人事劳动局)

十一、支持引进人才。对民营企业引进、培养的高层次科技人才，除享受市以上人才政策外，区财政按《合肥经济技术开发区引进和培养高层次科技人才实施办法》给予优先奖补。(责任单位：区工委办、区经贸局、区财政局、区人事劳动局)

十二、加强企业家队伍建设。积极将开发区民营企业高层管理人员纳入市级“511工程”培训计划，组织开发区民营企业管理人员参加“千人培训计划”，帮助企业享受市以上补助政策。(责任单位：区工委办、区经贸局)

十三、改善企业经营环境。所有涉企行政事业性收费项目一律按收费标准的下限收取，完善和落实“宁静生产日”制度，严格涉企检查网上备案制度，严禁对民营企业组织强制性培训活动，严禁对民营企业摊派赞助、接待、广告和报刊杂志等费用。减少对民营企业投资项目的审批、核准和备案范围。(责任

单位：区纪工委、区经贸局）

十四、加强服务体系建设。支持开发区中小企业公共服务示范平台建设，帮助对经认定的市级公共服务示范平台兑现市规定的奖励政策；支持民营企业电子商务交易平台建设，大力推动“翔计划”，除享受市以上奖励政策以外，由区财政每年对25户成长性中小企业开展网络搜索营销业务的，再按照每户5000元标准予以支持。（责任单位：区经贸局、区财政局）

十五、执行期内，若国家和省市出台优于本办法的新政策，从优执行。本实施办法中的各项奖补政策与区财政其他扶持政策及市以上出台的需区财政承担的同类奖补政策不重复享受。本实施办法自2013年1月1日起实行，有效期3年。

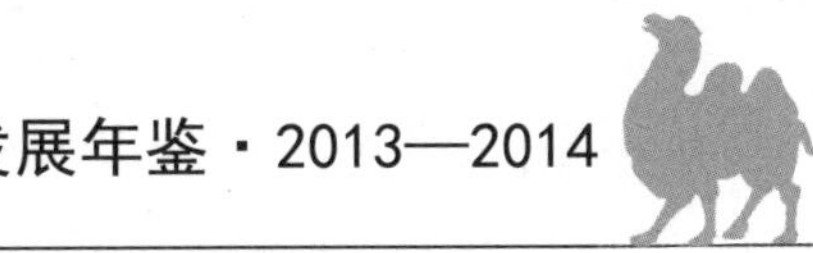

合肥市财政局　合肥市金融工作办公室　合肥市商务局　合肥市旅游局　合肥市文化广电新闻出版局　合肥市民政局　合肥市城乡建设委员会　合肥市房地产管理局

关于印发《合肥市承接产业转移促进服务业发展若干政策实施细则》的通知

合财企〔2011〕532号

各相关单位、企业：

根据市政府《合肥市承接产业转移促进服务业发展若干政策（试行）》（合政〔2011〕53号），为规范服务业发展专项资金管理，推动服务业又好又快发展，现将《合肥市承接产业转移促进服务业发展若干政策实施细则》印发给你们，请遵照执行。

合肥市承接产业转移促进服务业发展若干政策实施细则

第一条　根据《合肥市承接产业转移促进服务业发展若干政策》（合政〔2011〕53号）（以下简称《政策》）文件精神，特制定本实施细则。

第二条　《政策》所称新引进企业，是指从本市区域外新引进的企业；新设立企业不包括企业分立、改组、扩建、搬迁、转产、合并后继续经营，或者吸收新成员、改变隶属关系、改变企业名称等。具体企业须经市财政局会同市工商局、国税局、地税局、招商局等部门认定。

第三条　《政策》第1、75条所称高管人员，是指副总（含副总）以上管理人员，金融业的高管人员的认定需由行业主管部门批复。

第四条　《政策》第14、15条所称国内外知名企业，是指注册资金不低于5000万元人民币、总资产不低于1亿元人民币、年销售收入不低于3亿元人民币的企业。具体企业须经市招商局会同市财政局等部门认定。

第五条 《政策》第18条，企业计算税收留成奖励，在2009年纳税必须为完整年度。企业2010年为第一次完整纳税年度的，以当年税收作为基数。

第六条 《政策》第21条所称大型商业设施，主要是指：城市商业综合体、大型购物中心、大型百货店、大型综合超市、大型会展场馆、区域性农副产品批发市场、特色商业街区、大型专业批发市场等商业设施。具体标准参照商务部《零售业态分类》（GB/T18106-2004）。

第七条 《政策》第22条所指称号是由商务部、省商务厅或由其授权机构正式授予的示范社区（特色商业示范街区）的称号。

第八条 《政策》第24条所称国内外知名连锁企业是指进入世界500强、中国连锁百强或拥有区域性知名品牌的商业零售企业。

第九条 《政策》第26条所称符合标准要求的配送中心和"农家店"，是指符合合肥市万村千乡市场工程验收要求的配送中心和"农家店"。具体项目须经市商务局会同市财政局等部门组织验收和认定。

第十条 《政策》第41条新建、扩建（或租赁经营）床位数50张以上的养老福利机构，开始运行时，应向市民政局报送运行材料进行备案，残疾人养老、服务机构，开始运行时，应向残联报送材料进行备案。

民办养老机构（50张床位以上、集中居住）正常运行第2年起，入住率在60%以上的，按实际入住数，自行向市民政局报送运营报表材料。

第十一条《政策》所称的服务外包企业和服务外包培训机构是指经市商务局认定并在商务部"服务外包业务管理和统计系统"中注册的企业。

第十二条 《政策》第48条所称的服务外包业务额、离岸服务外包业务额排名以商务部"服务外包业务管理和统计系统"中的相关数据排名为准。

第十三条 《政策》第55条所称的世界500强以美国《财富》杂志每年发布的名单为准；全球外包100强以"外包专业化国际联合会（IAOP）"每年发布的名单为准；中国软件业务收入百强企业以国家工信部每年发布的名单为准。

第十四条 《政策》第56条所称的"服务外包十大领军企业"和"中国100强成长型服务外包企业"是指由国家商务部委托中国国际投资促进会一年一度评选出的领军型企业和成长型企

业。

第十五条 《政策》第58条所称文化娱乐企业包括文化、广播影视、新闻出版、动漫和新媒体产业内容的企业；所称投资额包括现金投资、固定资产投资和知识产权作价投资。

第十六条 申报兑现政策的地点和时间

（一）申报地点

按照“大厅申报，窗口受理”的原则，申请兑现政策的企业和单位，按规定向市相关部门设在市行政服务中心的窗口申报。

1. 金融业向市金融办申报；

2. 总部经济、中介服务业、物流业、商贸服务业、会展业、酒店及餐饮业中早餐工程部分、餐饮店晋级、服务外包业、电子商务向市商务局申报，由市商务局会同市财政、申报企业所属县区商务主管部门等相关部门进行认定、审核；

3. 酒店晋级、绿色饭店奖励、旅游业向市旅游局申报；

4. 社会养老服务业向市民政局申报；

5. 残疾人托养、服务向市残联申报；

6. 文化产业向市文广新局申报；

7. 体育产业向市体育局申报；

8. 物业服务向市房产局申报；

9. 教育事业向市教育局申报；

10. 城市基础设施配套费免除、奖励向市建委申报；

11. 其他政策统一向市财政局申报，由市财政局根据申报兑现的具体政策，会同相关部门进行认定、审核；

12. 项目用地向市国土资源局申报。

（二）申报时间

1. 下列补贴、奖励按季申报：

（1）金融业中企业上市奖励；

（2）标准化菜市场、“农家店”及会展业的展位补贴，早餐工程奖励；

（3）养老福利机构的床位补贴；

（4）新晋级的星级酒店、餐饮店，旅游业中全国百强社、A级旅游风景区和投资旅游景区建设及国家级旅游风景区，新获得国家或省级商标、名牌及老字号奖励；

（5）新认定的国家级、省级文化产业示范基地及文化产业园区奖励；

（6）在肥企业投资影视、广播剧作品播出奖励、原创影视动画播出奖励、动漫原创作品获国家及省级重大奖项奖励、网游研发企业原创游戏上线运营奖励；

（7）服务外包企业国际认证费用奖励，服务外包十大领军企业和中国100强成长型服务外包企业奖励，以及世界500强、全球外包100强、中国软件业务收入百强企业的一次性开业奖励；

（8）城市基础设施配套费免除、奖励。

按季申报的，于下一季度的第一个月10日前报送申报材料。

2. 其他奖励政策均实行按年度申报。

（1）申报税收地方留成部分等额资金奖励的，申报时间为次年6月底前报送申报材料；

（2）其他于次年3月底前报送申报材料。

第十七条　申报材料

申报财政补贴和奖励的企业（单位），须将申请报告、申请表（详见附件1～9）及相关证明材料一式两份，向部门设在市行政服务中心的窗口申报。

（一）申报税收地方留成奖励（补助）应提供以下材料：

1. 申请报告和申请表；

2. 营业执照、税务登记证（复印件）；

3. 企业缴纳营业税、增值税、企业所得税、契税等政策规定的税种缴纳凭证（复印件），申报税收增量部分奖励的企业（单位），须同时提供经税务部门核实的基数年各税种税收缴纳凭证（复印件）；

4. 申报个人所得税补助的，应提供企业副总经理以上人员名单，以及个人所得税纳税证明。金融业高管个税奖励申请需提供行业主管部门的开业批复和高管任命文件。

（二）申报担保机构奖励（补偿）

1. 申请报告和申请表；

2. 上年度融资性担保业务清单；

3. 上年度各项完税凭证复印件；

4. 上年度财务报表。

（三）申报企业上市奖励

1. 申请报告和申请表；

2. 企业相关年度完税凭证复印件；

3. 辅导报备证明材料、中国证监会或境外证券监管机构上市申请受理函；

4. 申报发行费用补贴的，需提供招股说明书、经审计的费用报告及相关凭证、证明资料；

5. 申请募集资金奖励的，需提供招股说明书、已投资证明。

（四）申报再生资源经营、旅游景区建设、电子商务平台等固定资产投资补贴应提供以下材料：

1. 申请报告和申请表；

2. 营业执照（复印件）；

3. 项目可行性研究报告；

4. 项目建设和设备采购合同、协议，建设进度情况说明及资金支付凭证、发票；

5. 已完工的项目，经有资质的会计师事务所审计的项目竣工决算报告。

6. 旅游景区建设项目，需提供会计师事务所的固定资产投资专项审计报告，报告附件要包含固定资产投资的相关原始单据复印件、合同及相关产权证明资料。

（五）申报会展补贴应提供以下材料：

1. 申请报告和申请表；

2. 举办会展企业的法人资格有效证件（营业执照、税务登记证、组织机构代码证、法人身份证等复印件）；

3. 举办展会的相关证明材料（举办展会批复、展会场地租赁合同、展会组织实施方案等）。

（六）申报标准化菜市场、新增家政连锁店、主食加工配送中心、新增早餐连锁网点、早餐美食街（市场）、省级以上老字号早餐店、早餐示范店、早餐车等补贴应提供以下材料：

1. 申请报告和申请表；

2. 营业执照（复印件）；

3. 菜市场、家政店、主食加工配送中心、早餐美食街（市场）、早餐店经营面积证明材料；

4. 标准化菜场、主食加工配送中心须提供规划（土地）部门的批准文件和设计与施工单位的资质证书（复印件）、项目的施工图纸及验收报告；

5. 早餐车需提供相关部门批准文件。

6. 家政店需提供区商务部门的相关证明材料。

（七）申报办公用房租金、养老福利机构、残疾人托养床位、服务外包企业国际认证费用、文化产业存量房租金等补贴应提供以下材料：

1. 申请报告和申请表；

2. 营业执照（复印件）；

3. 办公用房租赁合同以及租金支付凭证；

4. 社会福利机构证书、民办非企业登记证书、卫生许可证书、消防合格证书等证书复印件，养老社会福利机构场所的证明文件（房屋租赁合同或自建房屋资料需加盖县区民政部门公章）；

5. 残疾人托养另需提供残疾人托养、康复、培训机构的法人资格有效证件（营业执照、税务登记证、组织机构代码证、法人身份证、民办非企业登记证等原件、复印件）。

（八）申报服务外包企业国际认证

费用奖励应提供以下材料：

1. 申请报告和申请表；

2. 营业执照（复印件）；

3. 企业获得服务外包国际认证证书（复印件）；

4. 企业与相关国际认证评估顾问公司签订的合同协议复印件；

5. 企业缴纳认证费用凭证的复印件（包括认证费用发票和相对应的银行出具的支付凭证）。

（九）申报软件产品出口奖励应提供以下材料：

1. 申请报告和申请表；

2. 营业执照（复印件）；

3. 企业上年度软件出口合同登记证书和银行外汇兑换水单（复印件）；

（十）申报服务外包人才培训资金支持的应提供如下材料：

1. 服务外包企业：

（1）申请报告和申请表；

（2）营业执照（复印件）；

（3）录用人员身份证明及大专以上学历证明（复印件）；

（4）被录用人员与服务外包企业签订的1年以上的《劳动合同》（复印件），企业为员工缴纳社会保险的证明材料（复印件）；

（5）企业上年度服务外包业务合同及执行情况清单及相关凭证复印件（以商务部“服务外包业务管理和统计系统”中数据为准）；

（6）其他需要提交的关材料。

已获得国家人才培训资金支持的不需提供以上（3）至（5）项材料。

2. 已获得国家人才培训资金支持的服务外包培训机构：

（1）申请报告和申请表；

（2）有关部门提供的依法从业资格证明；

（3）被培训人员与我市服务外包企业签订的1年以上劳动合同；

（4）其他需要提交的材料。

（十一）申报呼叫中心坐席硬件投入资助的应提供如下材料：

（1）申请报告和申请表；

（2）营业执照（复印件）；

（3）所在区域商务部门关于其实际入驻席位数的证明文件。（实际入驻席位数是指具备开展呼叫业务硬件条件、相关硬件设备付款凭证齐备的席位数）；

（4）企业经营场地的产权证书或租赁合同（协议）复印件、设备付款凭证复印件；

（5）其他需要提交的材料。

（十二）租用服务外包通信网络

数据专线资助、开拓市场资助、境外分支机构或办事机构支持的应提供如下材料：

（1）申请报告和申请表；

（2）营业执照（复印件）；

（3）企业上年度服务外包业务合同及执行情况清单及相关凭证复印件（以商务部“服务外包业务管理和统计系统”中数据为准）。

（4）企业与国际或国内通信、网络数据专线提供方签订的线路使用合同（协议）复印件、企业使用专线费用发票和相关付款凭证复印件；参加相关展会活动市级以上的正式通知、邀请函等文件以及实际发生费用凭证复印件；设立境外分支机构或办事机构的证明和相关费用凭证等。

（5）其他相关材料。

（十三）申请世界500强、全球外包100强、中国软件业务收入百强企业的一次性开业奖励的应提供以下材料：

（1）申请报告和申请表；

（2）营业执照（复印件），外商投资企业批准证书（复印件）；

（3）第三方会计师事务所出具的资金到位验资报告；

（4）其他需要提交的材料。

（十四）申请新成立或新落户服务外包企业离岸业务奖励的应提供以下材料：

（1）申请报告和申请表；

（2）营业执照（复印件）；

（3）企业自注册之日起一年内服务外包业务合同及执行情况清单及相关凭证复印件（以商务部“服务外包业务管理和统计系统”中数据为准）；

（4）其他需要提交的材料。

（十五）申报文化企业、动漫企业销售收入奖励应提供以下材料：

1. 申请报告和申请表；

2. 营业执照、税务登记证（复印件）；

3. 经有资质的会计师事务所审计的年度财务报告。

（十六）申报影视、广播剧作品播出奖励、原创影视动画获奖、播出、原创游戏上线运营奖励应提供以下材料：

1. 申请报告和申请表；

2. 营业执照、安徽省版权登记证明和广播电视节目制作经营许可证（复印件）；

3. 市级以上电视台播出证明；

4. 播出单位资金到账证明复印件；

5. 作品获奖证明材料；

6. 网游作品版权登记、版号及上线运营证明复印件；

7. 动漫作品或网游作品二维或三维

（2D 或 3D）证明复印件；

8. 其他需要提交的材料。

（十七）申报相关商标、名牌、星级酒店、钻级餐饮店、商业示范社区（特色商业示范街区）、国家级旅游风景区、全国百强旅行社、优秀物业服务社区（企业）等其他一次性奖励的应提供申请报告、申请表和获奖（晋级）证明等材料。

第十八条　企业（单位）申报材料齐全后，市有关主管部门应在 10 个工作日内会同市财政局审结，经公示无异议后，报市政府批准。

第十九条　凡申报兑现政策的企业（单位），应在规定申报时间内报送申报材料。逾期未申报的，视为其自动放弃，不再受理。

第二十条　已享受《政策》规定的有关用地、城市基础设施配套费以及税收奖励政策的有关企业（单位），市房产、国土部门应在权利证书上注记限定条件，企业（单位）不得在享受政策后违反限定条件。否则，市房产、土地部门不予办理相关产权变更手续，市财政部门全额追回减免费用和补贴、奖励资金。

第二十一条　企业（单位）对申报材料的真实性负责，弄虚作假，套取补贴、奖励资金的，一经发现，予以通报批评，追回补贴、奖励资金，五年内取消申报市级财政补助和奖励资格，涉嫌犯罪的移交司法机关依法处理。

第二十二条　本实施细则由市财政局会同相关部门负责解释。

附件：

1. 企业（拟）上市奖励申请表

2. 服务业财政补贴及一次性奖励申请表

3. 服务业税收奖励申请表

4. 标准化菜市场项目补贴申请表

5. 会展补助申请表

6. 会展业全年一次性奖励申请表

7. 早餐工程项目补贴申请表

8. 合肥市服务外包企业（培训机构）人才培训资金申请表

9. 社会养老福利机构一次性财政补贴申请表

合肥市人民政府关于印发合肥市承接产业转移促进服务业发展若干政策（试行）的通知

合政〔2012〕51号　2012年3月21日

各县、区人民政府，市政府各部门、各直属机构：

现将《合肥市承接产业转移促进服务业发展若干政策（试行）》印发给你们，请遵照执行。

合肥市承接产业转移促进服务业发展若干政策（试行）

为贯彻落实科学发展观，加快承接产业转移，促进现代服务业发展，根据《国务院关于加快发展服务业的若干意见》（国发〔2008〕7号）等国家和省有关文件精神，结合合肥实际，特制定如下政策：

一、资金安排和兑现范围

1. 设立“促进服务业发展专项资金”。专项资金实行总量控制，预算管理。

2. 在合肥市注册并纳税的服务业企业、组织和个人，不分所有制及隶属关系，均属专项资金支持范围。

二、扶持政策

（一）金融业。

3. 新引进国内外银行、保险、证券机构，其高管人员（限名额）缴纳的个人所得税本市留成部分，按其等额标准，前两年给予100%奖励，后三年给予50%奖励。

4. 新设立风险投资公司和基金管理公司，其缴纳的营业税、企业所得税本市留成部分，按其等额标准，前两年给予100%奖励，后三年给予50%奖励。

对新引进的银行、保险等金融企业，自开业年度起，前两年缴纳的营业税，市财政给予50%的奖励。

5. 依法合规经营的融资性担保机构，季末平均融资担保余额同比增加且放大倍数达到5倍以上的，对放大倍数5倍以上部分对应的融资担保额，市财政按 1.5‰的比例予以奖励，单户最高不超过 150 万元。

开展农业保险保单质押担保业务的融资性担保机构，按其保单质押部分的季末平均担保余额的 5‰予以奖励。奖励资金由省和同级财政按 5 ∶ 5 分担。

对于不以任何形式向被担保人（企业）收取担保费和其他费用的担保机构，其担保的小额贷款，按照 2% 的年化担保费率对担保机构予以担保费补贴。

6. 在安徽证监局办理上市辅导备案登记的拟上市企业，因上市所补交的企业所得税本市留成部分全额奖励给企业。

7. 在安徽证监局办理上市辅导备案登记的拟上市企业，因上市需要办理土地、房产、车船等权证过户的，涉及的行政事业性收费（工本费和规定上缴的部分除外），市财政予以返还，涉及的有关税收本市留成部分，市财政按其全额标准奖励给企业。

8. 在安徽证监局办理上市辅导备案登记的拟上市企业，市财政给予 100 万元的补助。

首发上市及上市企业再融资的，市财政给予 100 万元的补助。

9. 借“壳”上市且上市公司注册地迁至我市的企业，按注册资金 2‰给予相关人员奖励，最高不超过 100 万元。规模较大的企业实行“一事一议”。

10. 参与“新三板”市场试点的企业，因改制发生的相关税费，比照第 6、7 条执行。

11. 企业进入“新三板”市场挂牌所发生的前期费用，在完成券商内核后，市财政给予 35 万元补助。

12. 拟上市企业因自身原因，3 年内未向证监会上报申请材料的，全额退还已享受的财政奖补。

参与“新三板”试点的企业因自身原因，完成股改后 2 年内未向有关部门提出备案申请的，全额退还已享受的财政奖补。

13. 成功实现债券融资的中小企业，市财政给予发行费用的 10% 补贴，最高不超过 20 万元。

（二）总部经济。

14. 新引进国内外著名服务业企业总部、地区总部、采购中心、研发中心等，经认定后，对其自建自用办公用房，减半征收城市基础设施配套费等相关规费；租赁自用办公用房，3 年内由企业所在地财政按房屋租金的 30% 给予补助；3 年内所缴纳的营业税、增值税和企业所得税本市留成部分，按其等额标准的 50% 给予奖励。

对总部企业新引进的高管(限名额)缴纳的个人所得税本市留成部分，按其等额标准，三年内给予100%奖励。

（三）中介服务业。

15.新设立注册资金100万元以上、从业人数20人以上、办公面积200m^{2}以上的律师事务所、会计师事务所、咨询公司、科研开发、科技成果交易、人才中介等专业服务机构，其所缴纳的营业税、企业所得税本市留成部分，按其等额标准的50%奖励给企业。租赁自用办公用房的，比照第14条政策执行。

（四）物流业。

16.新建投资额3000万元以上（不含土地费用，下同）、建筑面积8000m^{2}以上的物流园区、物流基地和物流配送中心，以及第三方物流企业实施技术改造和新增设施项目的，按其缴纳的城市基础设施配套费的50%给予奖励。

17.全年主营业务收入在500万元以上的物流企业，其所缴纳的增值税、营业税、企业所得税本市留成超基数增量部分，3年内按其等额标准的50%给予奖励。

18.新晋升为国家4A、5A级的物流企业，分别给予50万元、100万元一次性奖励。

（五）商贸服务业。

19.在市区投资建设建筑面积1万m^{2}以上、市辖县（市）投资建设建筑面积6000m^{2}以上商业设施（不含住宅小区配套建设的商业设施，下同），建成后产权不分割出售的，财政按其缴纳城市基础设施配套费的50%给予奖励。

20.在市区投资建设建筑面积5万m^{2}以上、市辖县（市）投资建设建筑面积3万m^{2}以上大型商业设施，建成后产权不分割出售的，投资企业自营和租赁经营的，自开业经营之日起，自营和物业租赁所缴纳的营业税、增值税和企业所得税本市留成部分，按其等额标准，前2年给予100%奖励，后3年给予50%奖励。

21.鼓励发展社区商业和特色商业街区。新获得国家级、省级商业示范社区称号的，分别给予20万元、10万元奖励。

22.投资建设(改造)符合商务部《标准化菜市场设置与管理规范》、建筑面积1000m^{2}以上的标准化菜场，建成后产权不分割出售，且不改变使用性质的，市财政按其缴纳城市基础设施配套费的100%给予奖励；开业经营后，市财政按100元/m^{2}给予一次性补贴。

23.新引进国内外知名连锁经营企业，其所缴纳营业税、增值税、企业所得税本市留成部分，3 年内按其等额标准的 50% 给予奖励。

24. 商贸企业新建符合标准要求的配送中心并在社区建立连锁直营便利店，经验收合格的，给予一次性奖励。新建的配送中心，一次性奖励 20 万元；年度新增社区便利店达到 5 个、10 个、20 个以上的，每个店分别给予 2 万元、3 万元、4 万元的奖励。

25. 首次引入国际一线品牌专卖店，正常经营 1 年以上，当年实现销售额 1000 万元以上，分别给予引进企业和一线品牌专卖店一次性奖励 10 万元。引进企业年奖励总额不超过 100 万元。

26. 新开业家政直营连锁店 5 家以上，每个面积不少于 20 m^2，符合国家相关要求，经营 1 年以上的，财政按其经营面积分为 20 m^2、30 m^2、50 m^2 三个档次，分别给予 5000 元、1 万元、1.5 万元一次性奖励。

27. 支持肉类蔬菜流通追溯体系建设。市财政安排配套资金，专项用于城市肉类蔬菜流通追溯平台建设，以及生产、运输、销售等环节软硬件平台建设和运行维护。具体办法由市商务局会同市财政局另行制定。

（六）会展业。

28. 新办经营会展场馆的会展企业，从开馆及开业年度起，前 3 年缴纳的营业税本市留成部分，3 年内按其等额标准的 50% 给予奖励；从获利年度起，前 3 年缴纳的企业所得税本市留成部分，按其等额标准的 100% 给予奖励。

29. 在本市举办超过 400 个标准展位或展览面积 8000m^2 以上的全国性、区域性展会，室外按每个标准展位 150 元给予补助，室内按每个标准展位 200 元给予补助。

全年在我市举办室内展会面积累计达到 5 万 m^2 的企业，一次性奖励 10 万元；超过 5 万 m^2 的，每增加 1 万 m^2，再奖励 1 万元。

30. 举办国际性、全国性展会，根据展会规模和影响力等情况，对主办单位或引进单位给予补贴。具体补贴标准由市商务部门会同财政等部门提出意见报市政府确定。

31. 积极组织小微企业参加国内外大型产品销售、会展活动，小微企业参加省级以上政府举办的国家级大型会展或国外知名会展的，市财政给予参展的小微企业每个标准展位 2000 元补贴，单个企业最多补贴两个展位。小微企业开拓国际市场，申请国际认证、商标等所发生的费用，市财政给予 20% 补贴。

32. 本市电子商务示范园区、服务

外包园区和电子商务、服务外包企业参加国家部委、省市政府组织的国内外招商、展览、展会活动，经市商务部门认可，按不超过2个标准展位展位费和2位参展人员参展费、交通费的50%给予资助，单个园区和企业每年资助金额分别不超过50万元和10万元。

（七）酒店及餐饮业。

33. 鼓励早餐工程建设。

（1）新建、扩建符合商务部“主食加工配送中心”基本规范要求的主食加工配送中心，使用面积在1800m²—5000m²的，按320元/m²标准给予补助；超过5000m²的，按400元/m²标准给予补助。最高补助不超过320万元。

（2）早餐连锁企业网点（门店）达到10个、20个、30个以上，每个网点（门店）营业面积大于50m²，符合《合肥市早餐经营规范》的，每新增1个网点（门店），分别按2万元、3万元、4万元标准给予补助；最高补助金额不超过200万元。

（3）新建、改建符合《合肥市早餐经营规范》的早餐美食街（早餐市场），经营固定门店30个以上且知名早餐品牌8家以上，每个门店营业面积大于30m²的，按经营面积300元/m²给予补助。

（4）新建、改建的省级以上老字号早餐店、早餐示范（特色）店，营业面积大于80m²，符合《合肥市早餐经营规范》的，按经营面积300元/m²给予补助。

（5）新增符合《合肥市早餐经营规范》的早餐车，按每辆2000元给予补助。

上述条款按照从高不重复原则给予补助。

34. 新引进国内外知名特色餐饮企业直营连锁店，企业缴纳的营业税、企业所得税本市留成部分，3年内按其等额资金的50%给予奖励。

本地餐饮企业被评为国家级非物质文化遗产的，给予一次性50万元奖励，被评为中国特色餐饮50强、中国火锅品牌20强、中国快餐小吃20强的，给予一次性20万元奖励。

国内外知名特色餐饮企业，每新增1个直营连锁店，给予一次性5万元奖励。

35. 经市民族部门核定的清真餐饮企业，在我市连续合法经营1年以上，营业面积达350m²以上，给予房租补贴：350—1000m²的给予80%的租金补贴；1000平方米以上的给予90%的租金补贴。租赁房屋中未直接用于清真餐饮的面积不计入补贴范围。

36. 新晋升三星、四星、五星级酒店，分别给予20万元、40万元、60万元的一次性奖励；新认定为四钻、五钻、白金级餐饮店，分别给予5万元、10万元、20万元一次性奖励；创建成功金叶级绿色饭店给予一次性5万元奖励。

（八）旅游业。

37. 新进入年度全国百强的旅行社，给予20万元一次性奖励。已进入年度全国百强的旅行社，位次每提升两位，奖励5万元，最高不超过20万元。年旅游业务收入超过3000万元的旅行社，按其当年缴纳的营业税、企业所得税本市留成增量部分（与上年相比）等额资金的50%给予奖励。

新晋升为国家4A、5A级旅游风景区，分别给予80万元、300万元的一次性奖励。

38. 投资旅游景区建设项目，2年内固定资产投资额（不含土地相关费用）超过5000万元的，按固定资产投资额的1%给予一次性奖补，最高不超过100万元。

（九）教育事业。

39. 市级以上示范中职学校，设置动漫专业或者物流专业且当年专业招生达300人以上，奖励20万元。

（十）社会养老服务业。

40. 新建、扩建（租赁经营）床位数50张以上养老福利机构，经市民政部门认定，正常运行1年后，按每张床位2000元给予一次性开办补助；新建、扩建（租赁经营）床位数300张以上养老福利机构，正常运行1年后，经市民政部门认定，按每张床位5000元给予一次性补助。自建养老福利机构的，按其缴纳的城市基础设施配套费的全额标准给予补助。

社会民办养老机构(50张床位以上、集中居住）正常运行第2年起，经市民政部门认定，按实际入住床位数，每张床位给予1200元的运营补助。

41. 新建、改建（租赁经营）床位数不低于20张的居家养老服务中心和新建、改建（租赁经营）床位数不低于10张的居家养老服务站，正常运行1年，经市老龄办认定并验收达标后，分别给予10万元、5万元一次性补助。自建居家养老服务中心（站）的，按其缴纳的城市基础设施配套费的全额标准给予补助。

居家养老服务机构从运营第2年起，按实际提供服务床位数，每张床位给予1200元的运营补助。

42. 新建、扩建（租赁经营3年以上）

符合《残疾人社会福利机构基本规范》要求、床位数50张以上的民办残疾人托养机构，正常运行1年后，经市残联认定，给予每张床位2000元的一次性补助。从第2年起，入住率在60%以上的，按实际入住床位数，每张床位给予1300元运营补助。

43.新建、扩建（租赁经营3年以上）民办残疾人康复、日间照料和残疾人儿童培训机构，康复训练、日间照料残疾人数15人以上、经营面积达300m^{2}的，正常运行1年后，经市残联和市财政部门认定，给予一次性补助10万元。

44.家政中介服务公司每年免费为残疾人家庭服务户数超过20户、每户均达到96小时的，给予1万元/年的补助；超过40户的，给予2万元/年的补助，以此类推。

（十一）服务外包业。

45.新设立服务外包企业和服务外包专业人才培训机构，自建自用办公用房的，按其缴纳城市基础设施配套费的100%给予补助；购买自用办公用房的，按其所缴契税的数额给予补助。其所缴纳营业税和企业所得税本市留成部分，按其等额标准，前2年给予100%奖励，后3年给予50%奖励。

46.通过软件能力成熟度模型（CMM）、开发能力成熟度模型集成（CMMI）认证的企业给予一次性奖励。其中，通过CMM3、CMMI3的，奖励30万元；通过CMM4、CMMI4的，奖励40万元；通过CMM5、CMMI5的，奖励50万元。

通过人力资源成熟度模型（PCMM）、信息安全管理（ISO27001/BS7799）、IT服务管理（ISO20000）、服务提供商环境安全性（SAS70）、国际实验动物评估和认可委员会认证（AAALAC）、优良实验室规范（GLP）、信息技术基础架构库认证（ITIL）、客户服务中心认证（COPC）、环球同业银行金融电讯协会认证（SWIFT）、质量管理体系要求（ISO9001）、业务持续性管理标准（BS25999）等相关认证的企业，按照实际认证费用的50%，给予不超过20万元的一次性奖励。

47.当年服务外包业务额达到1000万元、在我市排名前10位的企业，第一名奖励50万元，以后名次奖励依次递减5万元。

当年离岸服务外包业务额达到200万美元以上、在我市排名前10位的企业，第一名奖励50万元，以后名次奖励依次递减5万元。

服务外包业务额奖励和离岸服务外

包业务额奖励不重复享受。

48. 当年获得国家人才培训资金支持的我市服务外包企业，市财政按每人4500元的标准给予配套补贴，定向用于上述人员培训；当年获得国家人才培训资金支持的我市服务外包培训机构，其获得培训资金支持并在我市服务外包企业就业的人员，市财政按每人不超过1000元的标准给予资助。

49. 由于离岸业务比例原因未获得国家人才培训资金支持的我市服务外包企业，服务外包年营业额超过300万元人民币的，每新录用1名大专以上学历员工从事服务外包工作，并签订1年以上劳动合同的，市财政按照每人3000元的标准给予企业培训支持。离岸业务年营业额达到25万美元以上的，再按照每人1500元的标准给予企业培训支持。

50. 新建100座席以上呼叫中心的企业，经市商务部门认定，按实际入驻席位数给予每个席位1500元的一次性硬件投入资助；已建100座席以上呼叫中心的企业，经市商务部门认定，按实际增加席位数给予每个席位1500元硬件投入资助，最高不超过100万元。

51. 我市服务外包企业租用国际通信、网络数据专线开展离岸服务外包业务发生的费用，经市商务部门认定，市财政每年按实际发生数给予每户30%的资助，最高不超过50万元。

52. 新引进世界500强、全球外包100强、中国软件业务收入百强企业在肥注册的服务外包企业，注册资金500万元至2000万元的，市财政给予一次性开业奖励10万元；注册资金2000万元至5000万元的，给予一次性开业奖励20万元；注册资金5000万元至1亿元的，给予一次性开业奖励50万元。

53. 首次被商务部评定为年度“服务外包十大领军企业”的企业，市财政一次性奖励100万元；首次被商务部评定为年度“中国100强成长型服务外包企业”的企业，市财政一次性奖励50万元。

54. 在我市新成立或新落户的服务外包企业，1年内离岸服务外包业务额达到1000万美元的，一次性奖励100万元；达到500万美元的，一次性奖励50万元；达到300万美元的，一次性奖励30万元。（与第47条不重复享受）

我市服务外包企业以承接离岸服务外包业务为目的、新设立境外分支机构或办事机构，按实际投资额的20%给予最高不超过20万元的支持。

55. 鼓励高等院校、职业学院、培

训机构等和服务外包园区或企业共建服务外包人才实训基地。年实训规模达到300人以上的实训基地，给予20万元的一次性支持，年实训规模达到100人以上、300人以下的实训基地，给予10万元的一次性支持。

（十二）文化及体育产业。

56.新设立投资额2000万元以上的文化娱乐企业及投资额1000万元以上的体育经营企业，其所缴纳的营业税、企业所得税本市留成部分，3年内按其等额标准的50%给予奖励。

57.在合肥市注册设立的文化类商业演艺公司，其缴纳的营业税、所得税本市留成部分，3年内按其等额标准的50%给予奖励。

58.获得国家级、省级文化产业示范基地的，分别奖励20万元、10万元；获得国家级、省级文化产业园区的，分别奖励50万元、30万元。

59.在合肥市登记注册的文化企业，年销售收入首次达到2000万元的，按销售收入的1%给予奖励；首次达到5000万元的，5000万元以下部分按1%给予奖励，5000万元以上部分按1.5%给予奖励，每户企业最高奖励不超过100万元。

60.在合肥市登记注册的动漫企业，动漫产品年销售收入首次达到100万元的，奖励10万元；首次达到300万元的，奖励20万元。拥有自主知识产权的动漫产品，年境外销售收入首次达到200万元人民币的，奖励20万元；首次达到500万元人民币的，奖励30万元。

61.在合肥市登记注册的动漫企业，在本市立项生产、本省版权登记的原创影视动画产品，在中央、省级电视台9点至22点时段首播的，二维产品分别按每分钟2000元、1000元，三维产品分别按每分钟3000元、2000元，给予原创企业一次性奖励，每部奖励金额最高分别不超过100万元、50万元。

62.在合肥市登记注册的动漫企业，获国际、国家、省级重大奖项的动漫原创作品，分别一次性奖励100万元、50万元、30万元；列入文化部“中国原创动漫扶持计划成果”的原创作品或创作团队，被广电总局推荐为优先播出的优秀动画片，一次性奖励10万元，每部动漫作品的奖励按从高不重复原则给予一次性奖励；在本市登记注册的出版发行单位，发行我市原创动漫作品的，按销售收入的1.5%给予奖励，最高不超过50万元。

63.在合肥市登记注册的网游研发企业，产品完成全部研发并通过国家版权局著作权登记，获得政府出版部门版号后正式上线运营的原创游戏（不含单机版），2D 每款奖励 30 万元，3D 每款奖励 50 万元。

64. 在合肥市登记注册的企业投资拍摄的电影、电视剧（记录片）、广播剧，电影在院线公开放映的，每部一次性奖励 50 万元；电视剧（纪录片）在国家级、省级电视台播出的，分别按每集 3 万元、1 万元给予一次性补助；广播剧在国家级、省级电台播出的，分别按每集 2000 元、1000 元给予一次性补助。同一产品在多个电台、电视台播出的，按从高不重复原则给予补助。

65. 租赁存量房产 2 万 m^2 以上从事文化产业的，给予 5 元 /m^2/ 月的租金补助。租用面积 2 万—5 万 m^2，补助金额每年不高于 200 万元；租用面积 5 万 m^2 以上，补助金额每年不高于 300 万元。

66. 承办国际性、全国性文化体育重大活动及动漫展示活动（政府资助除外），承办单位广告收入缴纳的营业税本市留成部分，按其等额标准的 50% 给予奖励。

67. 在我市注册的演艺类公司原创舞台演出剧进行国内商业演出，年演出场次超过 40 场的，给予 50 万元一次性奖励；进行境外商业演出的，按 5 万元 / 场的标准给予奖励。

68. 在合肥市年组织剧场（剧院、奥体中心）演出活动 12 场以上的文化中介机构或文化经纪人，分别奖励 10 万元、5 万元。

69. 文化企业引进高层技术管理人员、知名演艺人员（限名额）缴纳的个人所得税本市留成部分，前两年按其等额标准的 100% 给予奖励，后三年给予 50% 奖励。

（十三）物业服务。

70. 全年物业服务面积 40 万 m^2 以上的企业，其所缴纳的营业税、企业所得税本市留成增量部分，按其等额标准的 50% 给予奖励。

71. 新获得国家级、省级优秀物业服务社区（企业）称号的，分别一次性给予 5 万元、2 万元奖励。新晋升国家一级、二级资质的合肥市物业服务企业，一次性给予 3 万元、1 万元奖励。

（十四）电子商务。

72. 新设立电子商务企业，其所缴纳营业税本市留成部分，按其等额标准，自开业年度起前 2 年给予 100% 奖励，后 3 年给予 50% 奖励；其所缴纳企业所得税本市留成部分，按其等额标准，自获利年度起前 2 年给予 100% 奖励，后 3 年给予 50% 奖励。其高管人员（限

名额)缴纳的个人所得税本市留成部分，按其等额标准，前两年给予100%奖励，后三年给予50%奖励。

73. 我市企业通过第三方电子商务平台开展电子商务应用的，按其首期服务年费的50%给予一次性资助，最高不超过5万元。

74. 国际排名100强，国内排名50强的电子商务企业在肥注册设立全国性、区域性（功能性）总部的，分别给予50万元、20万元一次性奖励。

75. 我市年在线销售收入超2000万元的零售或批发型电子商务企业，或年服务收入超1000万元的第三方电子商务企业，其宽带使用费用、网络通信费用、服务器托管费用等，按实际支出的30%给予资助，最高不超过50万元。

本市自主创新、自有品牌的电子商务商家对顾客（B2C）平台，年销售收入首次突破1000万元、5000万元、1亿元的，分别按10万元、30万元、50万元给予一次性奖励。

上述两项不重复奖励。

76. 我市企业建设独立电子商务平台，或第三方电子商务平台，正常运营满一年后，按平台建设设备和软件实际投资额的20%给予资助，单个平台资助金额最高不超过100万元。

77. 取得中国人民银行《支付业务许可证》的第三方支付平台在肥设立全国性总部，完成工商注册登记后给予企业200万元一次性补贴，对其市场拓展及推广活动费用给予50%的补贴，每次活动补贴不超过10万元。对通过本地第三方支付平台的电子商务企业所产生的银行管理费用给予50%的补贴，最高不超过50万元。

78. 获得国家、省级电子商务示范企业的，分别按50万元和20万元给予企业一次性奖励。

（十五）其他。

79. 获国家服务业引导资金项目，按照有关规定给予项目1：1配套支持，最高不超过500万元。

获得省级、市级现代服务业集聚区称号的，分别给予50万元、20万元的奖励。

80. 新引进国内外知名服务企业和服务外包企业总部、地区总部以及基地航空公司，其高管人员（限名额）个人所得税，比照第3条执行。

81. 新获得国家驰名商标、中国名牌、中华老字号的，一次性奖励管理团队50万元，其中法定代表人为40%；新获得安徽省著名商标、安徽名牌、安徽省老字号的，一次性奖励管理团队

10万元，其中法定代表人为40%。

82.投资额10亿元以上的服务业项目或对全市经济拉动性强、关联性大的项目，在符合用地、规划前提下，可实行“一事一议”。享受“一事一议”政策的项目，不重复享受我市其他扶持政策。

三、附则

83.上述奖励政策涉及税收本市留成部分、城市基础设施配套费，除已明确规定外，市与县（市）、区按现行财政体制承担，由同级财政负责落实。涉及城市基础设施配套费减免奖励的，除按规定直接减免外，一律先缴纳后返还。

84.本政策与其他财政奖补政策不重复享受。申请兑现政策的企业或单位，向市相关部门设在市行政服务中心的窗口申报，经审核批准后，由市财政局直接拨付到企业或单位。对弄虚作假、骗取奖补资金的，追回拨付的资金；情节严重的，追究相关单位负责人和直接责任人的责任。实施细则由市财政局会同有关部门制定。

85.本政策自2012年1月1日执行，有效期至2012年12月31日。2011年市政府发布的《合肥市承接产业转移促进服务业发展若干政策（试行）》（合政〔2011〕53号）同时废止。

合肥市财政局 商务局

发改委 金融办 房产局

合肥市促进服务业发展的若干政策实施细则

合财企〔2013〕514号

为落实《合肥市促进服务业发展若干政策（试行）》（合政〔2013〕66号，以下简称政策）文件精神，规范服务业发展专项资金管理，特制定本实施细则。

一、申报审核原则

项目申报和审核按窗口申报、部门受理、联合会审、媒体公示原则执行。

二、申报、审核时间及申报条件、申报资料

具备申报奖励条件的项目、企业和单位均需履行申报、受理与审核程序。

（一）申报时间。

1. 按季申报的政策：

（1）新晋升的4A、5A级物流企业奖励。

（2）商业示范社区奖励、特色商业街区奖励，特色商业街区改造、宣传奖励。标准化菜市场改造奖励，放心肉、菜、早餐奖励。

（3）会展业的展位补贴，小微企业展位补助，小微企业开拓国际市场国际认证、商标奖励。

（4）餐饮一次性奖励。

（5）服务外包企业国际认证费用奖励，呼叫中心席位奖励，服务外包十大领军企业和中国100强成长型服务外包企业奖励，新引进世界500强等企业开业奖励，服务外包十大领军企业、中国100强成长型服务外包企业奖励。

（6）物业服务一次性奖励。

（7）国家级、省级电子商务示范企业、园区奖励。

（8）国家服务业引导资金配套，现代服务业集聚区奖励，服务外包示范园区奖励，双回路供电改造奖励，中国驰名商标、中国名牌、中华老字号、安徽省著名商标、安徽名牌、安徽老字号、合肥名牌奖励。

（9）各类城市基础设施配套费奖励。

按季申报的，于下一季度的第一个月10日前报送申报材料。

2. 按年度申报的政策：

（1）金融业奖励、总部经济奖励。

（2）物流业、会展业、餐饮业、服务外包、物业服务、电子商务、其他类税收留成奖励政策。

（3）国际一线品牌奖励，限额以上商贸流通企业奖励，便利店、家政、乡镇商贸中心、直营连锁便民超市奖励，清真餐饮企业房租补贴。

申报税收地方留成部分等额资金奖励的，申报时间为次年6月底前报送申报材料，其他不涉及税收的奖励政策于次年1月底前报送申报材料。

3. 申报单位应在规定时间内报送材料，节假日顺延，逾期不予受理。

（二）审核时限。

项目审报材料受理后，在5个工作日内将申报材料整理齐全，市商务局、发改委、金融办、房产局等部门会同市财政及时审核。单类项目在10个工作日内审核结束。审核结果在市政府门户网站、财政局及政策执行部门网站、《合肥日报》或《合肥晚报》上公示。公示内容为申报企业（对象）名称、项目、对应条款、申报金额、审核金额、法人代表名称等。公示期为5天，公示无异议后报市政府审批。市财政局在收到政府审批文件3个工作日内，将资金拨付到位。

（三）申报方式。

1. 金融业中的第3、4条款向市金融办申报，其余金融业条款向市财政局行政服务中心窗口申报。（咨询电话：63532136）

2. 总部经济、物流业、商贸服务业、会展业、酒店及餐饮业、服务外包业、电子商务向市商务局行政服务中心窗口申报。（咨询电话：63538688）

3. 物业服务向市房产局行政服务中心窗口申报。（咨询电话：63537059）

4. 国家服务业引导资金配套、现代服务业集聚区奖励向市发改委窗口申报；（咨询电话：63538420）

5. 城市基础设施配套费奖励向市政府办公厅申报。（咨询电话：63755792）

6. 其他政策统一向市财政局申报，由市财政局根据申报兑现的具体政策，会同相关部门进行认定、审核。（咨询电话：63532313）

各受理单位在受理时须对申报材料的完整性、政策申报条件的符合性进行严格把关，对申报资料不全、不符合申报条件的项目予以退回。

（四）申报条件和申报材料。

在本市区域内注册、主体税种在本

市缴纳，且申请项目在本市范围内组织实施，具有独立法人资格的服务业企业，均可申报促进服务业发展专项资金支持政策。

申报合肥市促进服务业发展奖励政策的企业和单位须符合相应申报条件并由企业和单位提出书面申请，填写申报表，并提供相关必备的证明材料。申报时，按照不同类型的奖励条件和要求，填写相应的书面申请或申报表，提供相应的申报材料：

1. 金融业

（1）政策第3条：金融机构个人所得税奖励

申报条件：新引进的金融类企业高管人员。

申报材料：申请报告和申请表（附表1）、企业副总经理以上人员名单、个人所得税纳税证明、金融业高管个税奖励申请需提供行业主管部门的开业批复和高管任命文件。

（2）政策第4条：金融企业税收留成奖励

申报条件：新成立的基金管理机构、新引进的金融机构。

申报材料：申请报告和申请表（附表1），营业执照、税务登记证（复印件），企业缴纳营业税、增值税、企业所得税、契税等政策规定的税种缴纳凭证（复印件）。

（3）政策第5条：担保机构奖励奖励

申报条件：达到放大倍数等条件的担保机构。

申报材料：申请报告、上年度融资性担保业务清单及担保费收入清单、上年度各项完税凭证复印件、上年度财务报表。

（4）政策第6条：企业上市改制税收地方留成奖励

申报条件：因上市而改制的企业。

申报材料：申请报告和申请表（附表2）、企业相关年度完税凭证（复印件）、辅导报备证明材料、中国证监会或境外证券监管机构上市申请受理函。

（5）政策第7条：企业上市行政性收费和税收留成奖励

申报条件：在安徽证监局办理上市辅导备案登记的拟上市企业。

申报材料：申请报告和申请表（附表2）、企业相关年度完税凭证（复印件）、辅导报备证明材料、中国证监会或境外证券监管机构上市申请受理函。

（6）政策第8条：企业上市奖励

申报条件：上市企业及再融资上市企业。

申报材料：申请报告和申请表（附表2）、企业相关年度完税凭证（复印件）、辅导报备证明材料、中国证监会或境外证券监管机构上市申请受理函、上市及再融资批准文件、资金进账证明。

（7）政策第9条：企业进入“新三板”、安徽省股权托管交易中心成功挂牌融资奖励

申报条件：进入“新三板”、安徽省股权托管交易中心成功挂牌融资的企业。

申报材料：申请报告和申请表（附表2）、挂牌融资的相关证明材料、资金进账证明。

（8）政策第11条：债券融资奖励

申报条件：成功发行债券融资的中小企业。

申报材料：申请报告和申请表（附表3）、债务融资发行批准文件及证明资料、资金进账证明。

2. 总部经济

（9）政策第12条：总部经济基础设施配套费奖励、租金奖励、税收留成部分奖励

申报条件：经认定2013年新引进的国内外著名服务业企业总部、地区总部、采购中心、研发中心等。

申报材料：申请报告，营业执照、税务登记证（复印件），城市基础设施配套费缴费单，房屋租赁协议、房屋租金转帐凭证，企业缴纳营业税、增值税、企业所得税等政策规定的税种缴纳凭证（复印件），申报个人所得税补助的，应提供企业副总经理以上人员名单，以及个人所得税纳税证明。

3. 物流业

（10）政策第13条：物流园区、基地、配送中心等基础设施配套费奖励

申报条件：新建投资额3000万元以上（不含土地费用）、建筑面积8000m^{2}以上的物流园区。

申报材料：申请报告，营业执照、税务登记证（复印件），城市基础设施配套费缴费单，会计师事务所提供的投资情况审计报告，房屋产权证明。

（11）政策第14条：物流企业税收增量奖励

申报条件：全年主营业务收入500万元以上的物流企业

申报材料：申请报告和申请表（附表1），营业执照、税务登记证（复印件），企业缴纳营业税、增值税、企业所得税、契税等政策规定的税种缴纳凭证（复印件），经税务部门核实的基数年各税种税收缴纳凭证（复印件）。

（12）政策第15条：4A、5A级物

流企业奖励

申报条件：新晋升4A、5A级物流企业。

申报材料：申请报告和申请表（附表3），营业执照、税务登记证（复印件），物流企业晋级证书。

4.商贸服务业

（13）政策第16条：商业示范社区奖励、特色商业街区奖励、特色商业街区建设、宣传补助

申报条件：获得称号的商业示范社区奖励、特色商业街区。

申报材料：申请报告和申请表（附表3），称号证明文件，工程合同、经中介机构审核的工程决算及支付凭证，宣传证明，支出凭证。

（14）政策第17条：标准化菜市场改造奖励

申报条件：建设（改造）符合商务部《标准化菜市场设置于管理规范》、建筑面积1000 m^2 以上的标准化菜市场。

申报材料：申请报告和申请表（附表3）、营业执照（复印件）、设计与施工单位的资质证书（复印件）、项目的施工图纸及验收报告。

（15）政策第18条：放心肉、菜、便利店、早餐、家政放心体系建设

申报条件：符合放心肉、菜、便利店、早餐、家政放心体系建设要求的各类企业和部门。

申报材料：放心肉需提供申请报告和申请表（附表3），营业执照（复印件），推进放心肉体系建设相关工作文件资料，县市政府关闭屠宰点的证明材料，乡镇肉品配送点的证明材料，购买配送车的证明材料，屠宰企业有毒有害检测的费用明细及证明材料，奖补申报文件，县市商务局、财政局验收材料，市商务局、财政局复核材料；

直营便利店需提供申请报告和申请表（附表3），营业执照（复印件），社区直营便利店及配送中心经营面积证明材料；

早餐企业需提供申请报告和申请表（附表3），营业执照（复印件），早餐美食街（市场）、早餐店经营面积证明材料，主食加工配送中心须提供规划（土地）部门的批准文件和设计与施工单位的资质证书（复印件）、项目的施工图纸及验收报告，早餐车需提供相关部门批准文件及县（市）区商务、城管部门相关证明材料。

家政连锁店需提供申请报告和申请表（附表3），营业执照（复印件），县（市）、区商务部门的相关证明材料，符合省市家政服务业相关标准或试行规

则的相关证明材料。

（16）政策第19条：国际一线品牌专卖奖励

申报条件：进入世界奢侈品协会最近3年发布的全球最具价值品牌100强品牌名单中的消费品品牌。

申报材料：申请报告及申请表（附表8），营业执照、税务登记证（复印件），销售方与引进方签署的合同，当年实现销售额。

（17）政策第20条：支持肉类蔬菜流通追溯体系建设

申报条件：完成肉菜追溯节点系统建设并投入应用的试点企业（门店）。

申报材料：符合条件企业（门店）需提供申请报告和申请表（附表3），营业执照（复印件），区县商务局、财政局验收材料，市商务局、财政局复核材料，奖补申报文件；

（18）政策第21条：新增限额以上商贸流通企业奖励，乡镇商贸中心和直营连锁便民超市奖励

申报条件：批发业年销售收入2000万元以上、零售业年销售收入500万元以上、餐饮、住宿业年销售收入200万元以上的新增限额商贸流通法人企业；经市商务局、财政局认定的乡镇商贸中心、直营连锁超市。

限额以上商贸流通企业奖励申报材料：申请报告及申请表（附表7），营业执照、税务登记证（复印件），经统计部门认定的统计材料。

乡镇商贸中心、直营连锁超市奖励申报材料：申请报告，营业执照、税务登记证（复印件），市商务局、财政部门的验收材料。

5. 会展业

（19）政策第22条：新办经营会展场馆奖励

申报条件：新办经营会展场馆的会展企业。

申报材料：申请报告和申请表（附表1），营业执照、税务登记证（复印件），企业缴纳营业税、企业所得税缴纳凭证（复印件）。

（20）政策第23条：会展企业展位补助

申报条件：在本市举办超过400个标准展位或展览面积8000m^{2}以上的全国性、区域性展会；全年在我市举办室内展会面积累计达到5万m^{2}的会展企业。

申报材料：申请报告和申请表（附表4、附表5），举办会展企业的法人资格有效证件（营业执照、税务登记证、组织机构代码证、法人身份证等复

印件），举办展会的相关证明材料（举办展会批复、展会场地租赁合同、展会组织实施方案等）。

（21）政策第25条：小微企业参展补助，开拓国际市场补助

申报条件：工信部、统计局、发改委、财政部《关于印发中小企业划型标准规定的通知》（工信部联企业〔2011〕300号）文件中划分的小型企业、微型企业。

申报小微企业境内外展会奖励申报材料：境内外展会参展补贴申请报告，展会的招展通知或境外主办单位的邀请函（复印件），参展单位与主办方（或组展方）签订的含展位价格的展位确认书或合同复印件，项目实际发生费用的合法凭证（发票），费用报销单据原则上为原始单据；展位费支付凭证，如外汇付款则应提供银行付汇水单，提交参展小结，小结除简要说明参展情况外，需注明展会开展日期、展位面积及个数、参展人数、每个展位收费标准、意向成交额等成果等内容，企业营业执照（复印件），出国或赴港澳台批件/私人护照复印件，由税务机关或中小企业局出具的小微企业证明。

产品认证申报材料：产品认证补贴申请报告，产品认证证书和检验检测报告，申报单位与所委托的认证机构的合同，认证机构的资质材料（企业营业执照副本等），支付凭证，如外汇付款则应提供银行付汇水单，实际发生费用（发票）的合法凭证，由税务机关或中小企业局出具的小微企业证明。

境外商标、专利注册申报材料：，境外商标、专利注册补贴申请报告，商标、专利注册的注册文件及标识，申报单位与注册机构的合同，注册机构的资质材料（企业营业执照副本等），支付凭证，如外汇付款则应提供银行付汇水单，项目实际发生费用（发票）的合法凭证复印件，由税务机关或中小企业局出具的小微企业证明。

6. 酒店及餐饮业

（22）政策第26条：特色餐饮税收留成奖励、餐饮企业一次性奖励、餐饮转型发展奖励

申报条件：特色餐饮企业，获得文件中奖励称号的餐饮企业，营业额前10位的餐饮企业。

特色餐饮税收申报材料：申请报告和申请表（附表1），营业执照、税务登记证（复印件），特色餐饮认定材料（复印件），企业缴纳营业税、企业所得税等政策规定的税种缴纳凭证（复印件）。

各类一次性奖励申报材料：申请报

告和申请表（附表3），营业执照（复印件），获得称号证书（复印件）。

转型发展奖励申报材料：申请报告和申请表(附表3),营业执照(复印件),转型发展措施总结，年度纳税证明。

（23）政策第27条：清真餐饮房租补贴

申报条件：经民族事务部门核定的清真餐饮企业。

申报材料：申请报告和申请表（附表1),营业执照、税务登记证(复印件),房屋租赁协议、房屋租金转账凭证。

7. 服务外包

（24）政策第28条：服务外包企业和人才培训机构城市基础设施配套费和契税补助，营业税、企业所得税、增值税奖励等

申报条件：新设立，经市商务部门认定的服务外包企业和服务外包专业人才培训机构。

申报材料：申请报告和申请表（附表1），营业执照、组织机构代码证（培训机构需提供培训资质证明）和税务登记证（复印件）；城市基础设施配套费缴纳凭证，契税缴纳凭证，企业缴纳营业税、增值税、企业所得税政策规定的税种缴纳凭证（复印件）。

（25）政策第29条：各类认证奖励

申报条件：获得文件规定各类认证的企业。

申报材料：申请报告和申请表（附表3），营业执照、组织机构代码证和税务登记证（复印件）；企业获得服务外包国际认证证书（复印件）、企业与相关国际认证评估顾问公司签订的合同协议复印件、企业缴纳认证费用凭证，包括认证费用发票和相对应的银行出具的支付凭证（复印件）。

（26）政策第30条：国家人才培训资金支持的外包企业、培训机构配套奖励

申报条件：获得国家人才培训资金支持的服务外包企业、培训机构。

申报材料：申请报告和申请表（附表6）、营业执照、组织机构代码证（培训机构需提供培训资质证明）和税务登记证（复印件）；第三方机构出具的年度审计报告（复印件）。

（27）政策第31条：呼叫中心坐席奖励

申报条件：新建或续建超过100座席呼叫中心企业。

申报材料：申请报告和申请表（附表3），营业执照、组织机构代码证和税务登记证（复印件）；所在区域商务

部门关于其实际入驻席位数的证明（实际入驻席位数是指具备开展呼叫业务硬件条件、相关硬件设备付款凭证齐备的席位数），企业经营场地的产权证书或租赁合同协议（复印件），购置软件、硬件设备付款凭证（复印件），其他需要提交的材料。

（28）政策第32条：离岸服务外包通信、数据专线资助

申报条件：租用国际通信、网络数据专线开展离岸业务的服务外包企业。

申报材料：申请报告和申请表（附表3），营业执照、组织机构代码证和税务登记证（复印件）；企业与国际通信、网络数据专线提供方签订的线路使用合同（协议）复印件、企业使用专线费用发票和相关付款凭证复印件。

（29）政策第33条：新引进世界500强、全球外包100强、中国软件百强企业注册奖励

申报条件：新引进世界500强、全球外包100强、中国软件百强企业。

申报材料：申请报告和申请表（附表3），营业执照、组织机构代码证和税务登记证（复印件）；如是外资企业还请提供外商投资企业批准证书（复印件），第三方会计师事务所出具的资金到位验资报告，其他需要提交的材料。

（30）政策第34条：服务外包十大领军企业奖励和中国100强成长型服务外包企业奖励

申报条件：首次被评定为十大领军和100强成长型企业的服务外包企业。

申报材料：申请报告和申请表（附表3），营业执照、组织机构代码证和税务登记证（复印件）；获得表彰的证书或文件复印件。

（31）政策第35条：离岸服务外包业务奖励

申报条件：我市新成立或新落户的服务外包企业，一年内达到300万美元以上的；新设境外分支机构或办事机构的。

申报材料：申请报告和申请表（附表3），营业执照、组织机构代码证和税务登记证（复印件）；第三方机构出具的年度审计报告（复印件）；离岸业务额数据相关证明材料，其他需要提交的材料。新设境外分支机构或办事机构的相关证明文件及境外投资金额的相关凭证复印件。

（32）政策第36条：服务外包人才实训基地奖励

申报条件：我市与高等院校、职业学院、培训机构共建服务外包人才实训基地，且年实训人数不少于100人的服

务外包企业。

申报材料：申请报告和申请表（附表3），营业执照、组织机构代码证和税务登记证（复印件）；高等院校、职业学院、培训机构等和服务外包园区或企业共建服务外包人才实训基地的合作协议（复印件），实训项目方案（实训周期不低于三个月），实训人员花名册。

8. 物业服务

（33）政策第37条：物业服务企业税收留成奖励

申报条件：全年物业服务面积40万 m^2 以上物业企业。

申报材料：申请报告和申请表（附表1），营业执照、税务登记证，企业缴纳营业税、企业所得税等政策规定的税种缴纳凭证。企业设立时的验资报告；企业在管项目的物业服务合同和项目规划总平面图，其中住宅项目还需物价部门审核的服务价格登记证或其他有效证明；企业本年度涉及营业税、所得税的税票。（上述证件、税票等需审核原件，提供加盖企业印章的复印件）

（34）政策第38条：物业服务企业获得称号奖励

申报条件：新获得国家级、省级优秀物业服务社区（企业）称号物业企业。

申报材料：申请报告和申请表（附表3），营业执照（核原件，收复印件），获得称号证书、文件（核原件，收加盖申报企业印章的复印件）。

申报条件：新晋升国家一级、二级资质的合肥市物业服务企业。

申报材料：申请报告和申请表（附表3），营业执照（核原件，收复印件），新晋升的物业服务企业资质证书（核原件、收加盖申报企业印章的复印件）。

9. 电子商务

（35）政策第39条：新设立电子商务企业税收留成奖励

申报条件：2013年新设立电子商务企业。

申报材料：申请报告和申请表（附表1），营业执照、组织机构代码证和税务登记证（复印件）；企业缴纳营业税、增值税、企业所得税等政策规定的税种缴纳凭证（复印件）。国内外知名电子商务企业在我市新设立电子商务企业，其高管人员申报个人所得税奖励，应提供高管人员任职文件及个人所得税纳税证明。

（36）政策第40条：应用第三方电子商务平台服务年费资助

申报条件：我市通过第三方电子商务平台开展电子商务应用的企业。

申报材料：申请报告和申请表（附

表3），营业执照、组织机构代码证和税务登记证（复印件）；企业与第三方电子商务平台签订的合同协议（复印件），企业缴纳费用凭证，包括费用发票和相对应的银行出具的支付凭证，其他需要提交的材料。

（37）政策第41条：国际排名100强、国内排名50强设立总部奖励。

申报条件：国内外知名机构发布的的国际排名100强、国内排名50强电子商务企业在我市设立总部的。

申报材料：申请报告和申请表（附表3），营业执照、组织机构代码证和税务登记证（复印件）；如是外资企业还请提供外商投资企业批准证书（复印件），第三方会计师事务所出具的资金到位验资报告，其他需要提交的材料。

（38）政策第42条：电子商务企业网络使用费资助，电子商务平台年销售收入奖励

申报条件：我市年在线销售收入超2000万元的零售或批发型电子商务企业，年服务收入超1000万元的第三方电子商务企业。年销售收入首次突破1000万元、5000万元、1亿元的电子商务销售（B2C）平台。

申报材料：申请报告和申请表（附表3），营业执照、组织机构代码证和税务登记证（复印件）；第三方机构出具的年度审计报告和关于销售收入的专项审计报告（复印件）；企业与第三方电子商务平台签订的合同协议（复印件），企业缴纳费用凭证，包括费用发票和相对应的银行出具的支付凭证。

（39）政策第43条：电子商务平台投资补助

申报条件：企业建设的独立电子商务平台，或第三方电子商务平台。

申报材料：申请报告和申请表（附表3），营业执照、组织机构代码证和税务登记证（复印件）；第三方机构出具的年度审计报告；平台项目可行性研究报告；项目建设和设备采购合同、协议，建设进度情况说明及资金支付凭证、发票；第三方机构出具的项目竣工决算报告或验收报告，其他需要提交的材料。

（40）政策第44条：第三方支付平台在肥设立全国性总部奖励，市场推广费用奖励；使用本地第三方支付平台的银行管理费用补贴

申报条件：取得中国人民银行支付业务许可证的第三方支付平台在合肥设立全国性总部，并完成工商注册登记。通过本地第三方支付平台完成网上支付业务的电子商务企业。

申报材料：申请报告和申请表（附

表3），营业执照、组织机构代码证和税务登记证（复印件）；中华人民共和国电信与信息服务业务经营许可证，中华人民共和国增值电信业务经营许可证和支付业务许可证等（复印件），市场拓展及推广活动费用凭证（复印件），其他需要提交的材料。与第三方支付平台签订的合同协议复印件，企业缴纳银行管理费用凭证，包括费用发票和相关支付凭证。

（41）政策第45条：电子商务示范企业、园区奖励

申报条件：获得国家、省级电子商务示范企业、园区称号。

申报材料：申请报告和申请表（附表3），企业提供营业执照、组织机构代码证和税务登记证（复印件）；奖励文件（复印件）。

10. 其他服务业项目

（42）政策第46条：国家服务业引导资金奖励

申报条件：2013年获得国家服务业引导资金的项目

申报材料：申请报告和申请表（附表3），营业执照，国家级服务业引导资金到账证明。

（43）政策第47条：省、市级服务业集聚区奖励，国家、省级服务外包示范园区奖励

申报条件：获得现代服务业集聚区、服务外包示范园称号的园区。

省、市级现代服务业集聚区，国家、省级服务外包示范园项目申报材料：申请报告和申请表(附表3)，营业执照(复印件)，省、市级现代服务业集聚区项目文件，国家、省级服务外报示范园项目文件。

双回路供电改造项目申报材料：申请报告和申请表（附表3），供电部门出具的双回路改造证明，工程合同、经中介机构审核的工程决算报告及支付凭证，其他需要提交的材料。

（44）政策第48条：新引进国内外知名服务企业和服务外包企业总部、地区总部以及基地航空公司个人所得税奖励

申报条件：国内外知名服务企业和服务外包企业总部、地区总部以及基地航空公司。

申报材料：申请报告，企业副总经理以上人员名单，以及个人所得税纳税证明，高管任命文件。

（45）政策第49条：获得国家驰名商标、中国名牌、中华老字号等荣誉奖励

申报条件：新获得国家驰名商标、

中国名牌、中华老字号、安徽省著名商标、安徽名牌、安徽省老字号、合肥名牌称号的企业。

申报材料：申请报告，申请表（附表3），国家驰名商标、中国名牌、中华老字号、安徽省著名商标、安徽名牌、安徽省老字号、合肥名牌称号证书。

三、附则

（一）申报单位或个人对申报材料的真实性负责，弄虚作假，套取奖励资金的，一经发现，追回奖励资金，取消以后年度申报各类财政补助和奖励资格，涉嫌犯罪的移交司法机关依法处理。

（二）政策规定由县（市）、区财政安排配套资金的项目，应足额配套到位，对未足额安排配套资金的县（市）、区，将予以通报批评，并责令其整改到位。同时市财政通过财政体制和专项补助结算方式进行扣款。

（三）已享受政策规定的有关用地、城市基础设施配套费以及税收奖励政策的有关企业（单位），市房产、国土部门应在权利证书上注记限定条件，企业（单位）不得在享受政策后违反限定条件。否则，市房产、土地部门不予办理相关产权变更手续，市财政部门全额追回减免费用和补贴、奖励资金。

（五）本细则由市财政局会同有关部门负责解释，自2013年1月1日起正式实施，有效期一年。

附件一：政策名词说明。

附件二：各类申请表。

附件一：政策名词说明

1.《政策》所称新引进企业，是指从本市区域外新引进的企业；新设立企业不包括企业分立、改组、扩建、搬迁、转产、合并后继续经营，或者吸收新成员、改变隶属关系、改变企业名称等。具体企业须经市财政局会同市工商局、国税局、地税局、招商局等部门认定。

2.《政策》所指的税收本市留成部分奖励，其年度计算按照会计年度计算，即申请当年计算为一个完整年度。

3.《政策》所称高管人员，是指副总（含副总）以上管理人员，金融业的高管人员的认定需由行业主管部门批复。限名额是指认定高管人员数一般不超过5名。

4.《政策》第12条所称国内外著名服务业企业，是指注册资金不低于5000万元人民币、总资产不低于1亿元人民币、年销售收入不低于3亿元人民币的服务业企业。具体企业须经市招商局会同市财政局等部门认定。

5.国内外著名服务业企业在合肥市设立的企业总部、地区总部、采购中心、研发中心等，须具有独立法人资格，在境内外投资或授权管理和服务的企业不少于3个（房地产业除外），并在合肥市汇总缴纳企业所得税。

6.《政策》企业计算税收留成奖励，其基数年必须为一个完整纳税年度。

7.《政策》所称商业设施，主要是指：城市商业综合体、大型购物中心、大型百货店、大型综合超市、大型会展场馆、区域性农副产品批发市场、特色商业街区、大型专业批发市场等商业设施。具体标准参照商务部《零售业态分类》（GB/T18106-2004）。

8.《政策》所称社区直营便利店是指位于居民住宅区、学校以及客流量大的地区，以经营日常生活必需品为主，满足顾客应急性、便利性需求，能为居民提供便民服务项目的直营连锁零售店。经营面积30—300m^2；每天连续营业时间16小时以上，全年每天营业；经营的日常生活必需品品种（单品）在1500种以上，且食品饮料占总量的50%以上；便民服务项目可包括送货、速递、打印复印、代收公用事业费、票务等代订代购、中介咨询等。

9.《政策》所称的标准展位奖励，对每个企业每年所办同类展会，补贴次数不超过3次。

10.《政策》所称的服务外包企业或服务外包培训机构是指经市商务局认定并在商务部“服务外包业务管理和统计系统”中注册并如实、全面、及时填报业务数据的企业或培训机构。

11.《政策》所称的服务外包业务额、离岸服务外包业务额排名以商务部“服务外包业务管理和统计系统”中的服务外包接包合同执行金额和离岸执行金额等数据排名为准。

12.《政策》所称的电子商务企业，包括以下类型：

（1）电子商务平台企业：企业拥有利用互联网和移动通信进行产品展示、信息发布、价格指导等商务活动，并部分或全部实现在线撮合、网上交易、在线或移动支付等服务功能且正常运营半年以上的电子商务平台，企业主营业务收入来源于平台交易服务，有健全的技术、质量和财务管理制度。

（2）电子商务专业服务企业：企业为电子商务平台企业、电子商务应用企业、网商等提供营销渠道服务、应用解决方案、业务流程外包、第三方支付或移动支付服务、数字认证和培训服务等专业服务商和内容提供商。

（3）电子商务应用企业：包括加入第三方平台实现网上交易的企业、自建或共建电子商务营销渠道的企业。

13. 如遇到因政策调整，原条款不再执行，《政策》中的税收政策执行年度也不再延续。

合肥市人民政府关于印发合肥市促进服务业发展若干政策（试行）的通知

合政〔2013〕66号　2013年5月20日

各县（市）、区人民政府，市政府各部门、各直属机构：

《合肥市促进服务业发展若干政策（试行）》已经市政府常务会议讨论通过，现印发给你们，请遵照执行。

合肥市促进服务业发展若干政策（试行）

为贯彻落实科学发展观，促进现代服务业发展，结合合肥实际，特制定如下政策。

一、资金安排和兑现范围

1.设立“促进服务业发展专项资金”，实行预算管理和总量控制。

2.在本市区域内注册、纳税的服务业企业、组织和个人，均属专项资金支持范围。

二、扶持政策

（一）金融业

3.新引进国内外银行、保险、证券、基金管理机构，其高管人员（限名额）缴纳的个人所得税本市留成部分，前两年按其等额标准给予奖励，后三年按其等额标准的50%给予奖励。

4.2013年成立的基金管理机构，自缴纳第一笔营业税起，其缴纳的营业税本市留成部分，前两年按其等额标准给予奖励，后三年按其等额标准的50%给予奖励。自基金获利年度起，基金和基金管理机构所缴纳的企业所得税本市留成部分，前两年按其等额标准给予奖励，后三年按其等额标准的50%给予奖励。新引进国内外银行、保险、证券等金融机构，自开业年度起，前两年缴纳的营业税本市留成部分，按其等额标准的50%给予奖励。

5.对依法合规经营、年化担保费率不高于同期贷款基准利率50%且放大倍数达到3倍以上的融资性担保机构，同级财政按其季末在保贷款平均余额增加额的 0.5%，给予最高不超过 150 万元的奖励。

对不以任何形式向被担保人（企业）收取担保费和其他费用的担保机构，其担保的小额贷款，按照 2% 的年化担保费率对担保机构予以补贴。

6. 企业因上市而改制，其应补缴的企业所得税地方留成部分，同级财政给予等额奖励。

7. 在安徽证监局办理上市辅导备案登记的拟上市企业因上市需要办理土地、房产、车船等权证过户的行为，涉及的行政事业性收费（工本费和规定上缴的部分除外），市财政予以返还，涉及的有关税收本市留成部分，市财政按其全额标准奖励给企业。

8. 在安徽证监局办理上市辅导备案登记的以及获得境外上市监管部门受理函的拟上市企业，市财政给予 100 万元的补助。首发上市及上市企业再融资的，市财政给予 100 万元的补助。

9. 企业进入“新三板”、安徽省股权托管交易中心成功挂牌融资的，市财政给予 50 万元的一次性补助。

10. 已享受财政补贴的拟上市企业，如果三年内未能上市，全额退还财政补贴。

11. 对成功发行债券融资的中小企业，省和同级财政按发行额度的 3%，分别给予不超过 75 万元的补助。

（二）总部经济

12. 新引进的国内外著名服务业企业总部、地区总部、采购中心、研发中心等，经认定后，对其自建自用办公用房，减半征收城市基础设施配套费等相关规费；对其租赁自用办公用房，三年内由企业所在地财政按房屋租金的 30% 给予补助；三年内所缴纳的营业税、增值税和企业所得税本市留成部分，按其等额标准的 50% 给予奖励。

对总部企业新引进的高管（限名额）缴纳的个人所得税本市留成部分，三年内按其等额标准给予奖励。

（三）物流业

13. 新建投资额 3000 万元以上（不含土地费用，下同）、建筑面积 8000m^2 以上的物流园区、物流基地和物流配送中心，以及第三方物流企业实施技术改造和新增设施项目的，按其缴纳的城市基础设施配套费的 50% 给予奖励。

14. 全年主营业务收入 500 万元以上的物流企业所缴纳的增值税、企业所得税本市留成超上年度增量部分，三年内按其等额标准的 50% 给予奖励。

15. 新晋升为国家 4A、5A 级的物流企业，分别给予 50 万元、100 万元的一次性奖励。

（四）商贸服务业

16. 鼓励发展社区商业和特色商业街区。

（1）新获得国家级、省级商业示范社区称号的，分别给予20万元、10万元奖励；新获得国家级、省级、市级特色商业街区称号的，分别给予50万元、20万元、10万元奖励。

（2）鼓励各县（市）区、企业开展特色商业街区建设与改造。被认定为市级以上特色商业街区的，由市财政给予一次性补助。补助额为其规划设计、升级改造、功能完善、业态调整、配套服务、环境整治等实际投资额的20%，最高不超过200万元。

（3）对新建或改造完成投入运营的市级以上特色商业街区在宣传上给予支持。正常运营六个月内，其在省、市主要媒体的宣传费用，市财政给予50%补助，每街区最高不超过50万元。

17. 投资建设（改造）符合商务部《标准化菜市场设置与管理规范》、建筑面积1000m^{2}以上的标准化菜场，建成后产权不分割出售且不改变使用性质的，市财政按其缴纳城市基础设施配套费的100%给予奖励；开业经营后，市财政按100元/m^{2}给予一次性补贴。

18. 支持“放心肉、菜、便利店、早餐、家政”放心体系建设。

（1）对完成“放心肉”体系建设，关闭全部小型屠宰点的县（市），市财政给予100万元的一次性补贴；在乡镇新建的肉品配送中心（配送点），每个点给予10万元的一次性奖励；屠宰企业购置的肉品配送冷链运输车，每台车给予10万元的一次性补贴；屠宰企业开展有毒有害物质抽样检测的，市财政按实际费用的30%给予补贴。

（2）商贸企业新建符合标准要求的配送中心并在社区建立连锁直营便利店，经验收合格的，给予奖励。新建的配送中心，给予20万元的一次性奖励；年度新增社区便利店达到5个、10个、20个以上的，每个店分别给予2万元、3万元、4万元的一次性奖励。

（3）新建、扩建符合商务部“主食加工配送中心”基本规范要求的主食加工配送中心，使用面积在1800-5000m^{2}的，按320元/m^{2}标准给予一次性补助；超过5000m^{2}的，按400元/m^{2}标准给予一次性补助，最高补助不超过320万元。早餐连锁企业网点（门店）达到10个、20个、30个以上，每个网点（门店）营业面积大于50m^2，符合《合肥市早餐经营规范》的，每新增1

个网点（门店），分别按2万元、3万元、4万元标准给予一次性补助，最高补助金额不超过200万元。新建、改建符合早餐经营规范的早餐美食街（早餐市场），经营固定门店30个以上，拥有知名早餐品牌8家以上，每个门店营业面积大于30m^{2}的，按300元/m^{2}标准给予一次性补助。新建、改建的省级以上老字号早餐店，营业面积大于80m^2，且符合早餐经营规范的，按300元/m^{2}标准给予一次性补助。新增符合早餐经营规范的早餐车，按每辆2000元给予一次性补助。

（4）新开业家政连锁店（直营或加盟）5家以上，每个面积不少于20m^2，符合国家相关要求，经营1年以上的，按其经营面积分为20m^2、30m^2、50m^{2}三个档次，分别给予0.5万元、1万元、1.5万元的一次性奖励。

19. 本市首次引入的国际一线品牌专卖店，正常经营1年以上，当年实现销售额1000万元以上的，分别给予引进企业和一线品牌专卖店10万元的一次性奖励，引进企业年奖励总额不超过100万元。

20. 支持肉类蔬菜流通追溯体系建设。市财政安排配套资金，专项用于城市肉类蔬菜流通追溯平台建设，以及生产、运输、销售等环节软硬件平台建设和运行维护。具体办法由市商务局会同市财政局另行制定。

21. 积极培育限额以上商贸流通企业。对年内达到规模并纳入统计的净增限额以上商贸流通法人企业，给予5万元的一次性奖励。支持大中型流通企业在中心镇建设乡镇商贸中心，在中心村建设直营连锁便民超市。对符合国家商务部建设规范的乡镇商贸中心和直营连锁便民超市，市财政分别给予50万元、10万元的一次性补助。

（五）会展业

22. 新办经营会展场馆的会展企业，从开馆及开业年度起，前三年缴纳的营业税本市留成部分，三年内按其等额标准的50%给予奖励；从获利年度起，前三年缴纳的企业所得税本市留成部分，按其等额标准给予奖励。

23. 在本市举办超过400个标准展位或展览面积8000m^{2}以上的全国性、区域性展会，室外按每个标准展位150元给予补助，室内按每个标准展位200元给予补助。

全年在我市举办室内展会面积累计达到5万m^{2}的会展企业，给予10万元的一次性奖励；超过5万m^{2}的，每增加1万m^2，再奖励1万元。

24. 举办国际性、全国性展会，根据展会规模和影响力等情况，对主办单位或引进单位给予补贴。具体补贴标准由市商务部门会同财政等部门提出意见报市政府确定。

25. 积极组织小微企业参加国内外大型产品销售、会展活动。小微企业参加省级以上政府举办的国家级大型会展或国外知名会展的，市财政给予参展的小微企业每个标准展位2000元补贴，单个企业最多补贴两个展位。小微企业开拓国际市场，申请国际认证、商标等所发生的费用，市财政给予20%补贴。

（六）酒店及餐饮业

26. 新引进国内外知名特色餐饮企业直营连锁店，企业缴纳的营业税、企业所得税本市留成部分，三年内按其等额标准的50%给予奖励。

本地餐饮企业被评为国家级非物质文化遗产的，给予50万元的一次性奖励，被评为中国特色餐饮50强、中国火锅品牌20强、中国快餐小吃20强的，给予20万元的一次性奖励。

国内外知名特色餐饮企业，每新增1个直营连锁店，给予5万元的一次性奖励。

对餐饮业务年营业额前10位的企业（不含快餐连锁型企业），为支持其转型发展，对餐饮业务当年纳税本市留成部分，按其等额标准的10%给予补助，每户最高不超过30万元。

27. 经市民族事务主管部门核定的清真餐饮企业，在我市连续合法经营一年以上、营业面积达350m^{2}以上的，给予房租补贴。其中，营业面积达350-1000m^{2}的，给予80%的租金补贴；营业面积达1000m^{2}以上的，给予90%的租金补贴。每年最高补助不超过50万元。租赁房屋中未直接用于清真餐饮的面积不计入补贴范围。

（七）服务外包业

28. 新设立服务外包企业和服务外包专业人才培训机构，自建自用办公用房的，按其缴纳城市基础设施配套费的100%给予补助；购买自用办公用房的，按其所缴契税的数额给予补助。其所缴纳营业税、企业所得税和增值税本市留成部分，前两年按其等额标准给予奖励，后三年按其等额标准的50%给予奖励。

29. 通过软件能力成熟度模型（CMM）、开发能力成熟度模型集成（CMMI）、人力资源成熟度模型（PCMM）、信息安全管理（IS027001/BS7799）、IT服务管理（IS020000）、服务提供商环境安全性（SAS70）、国际实验动物评估和认可委员会认证

（AAALAC）、优良实验室规范（GLP）、信息技术基础架构库认证（ITIL）、客户服务中心认证（COPC）、环球同业银行金融电讯协会认证（SWIFT）、质量管理体系要求（ISO9001）、业务持续性管理标准（BS25999）等相关认证的企业，按照实际认证费用的50%，给予最多不超过30万元的一次性奖励。

30. 当年获得国家人才培训资金支持的我市服务外包企业，市财政按1 ：1比例予以配套，给予企业不超过每人4500元的培训支持；当年获得国家人才培训资金支持的我市培训机构，市财政按照1:1比例予以配套，并给予培训机构不超过每人500元的培训支持。

31. 新建100座席以上呼叫中心的企业，经市商务部门认定，按实际入驻席位数给予每个席位500元的一次性硬件投入补助；已建100座席以上呼叫中心的企业，经市商务部门认定，按实际增加席位数给予每个席位500元的一次性硬件投入补助，最高不超过100万元。

32. 我市服务外包企业租用国际通信、网络数据专线开展离岸服务外包业务发生的费用，经市商务部门认定，市财政每年按实际发生数给予每户30%的资助，最高不超过50万元。

33. 新引进世界500强、全球外包100强、中国软件业务收入百强企业在合肥注册的服务外包企业，注册资金1000万元至2000万元的，市财政给予10万元的一次性开业奖励；注册资金2000万元至5000万元的，给予20万元的一次性开业奖励；注册资金5000万元至1亿元的，给予50万元的一次性开业奖励。

34. 首次被商务部评定为年度“服务外包十大领军企业”的企业，市财政给予100万元的一次性奖励；首次被商务部评定为年度“中国100强成长型服务外包企业”的企业，市财政给予30万元的一次性奖励。

35. 在我市新成立或新落户的服务外包企业，一年内离岸服务外包业务额达到1000万美元的，给予100万元的一次性奖励；达到500万美元的，给予50万元的一次性奖励；达到300万美元的，给予30万元的一次性奖励。我市服务外包企业以承接离岸服务外包业务为目的，新设境外分支机构或办事机构的，按实际投资额的20%给予支持，最高不超过20万元。

36. 鼓励高等院校、职业学院、培训机构等与服务外包园区或企业共建服务外包人才实训基地。年实训规模达到300人以上的实训基地，给予20万元的一次性支持；年实训规模达到100人以上、300人以下的实训基地，给予10万元的一次性支持。

（八）物业服务

37. 全年物业服务面积40万 m^2 以上的企业，其所缴纳的营业税、企业所得税本市留成增量部分，按其等额标准的50%给予奖励。

38. 新获得国家级、省级优秀物业服务社区（企业）称号的，分别给予5万元、2万元的一次性奖励。新晋升国家一级、二级资质的合肥市物业服务企业，给予3万元、1万元的一次性奖励。

（九）电子商务

39. 新设立电子商务企业，其所缴纳营业税本市留成部分，自开业年度起前两年按其等额标准给予奖励，后三年按其等额标准的50%给予奖励；其所缴纳企业所得税本市留成部分，自获利年度起前两年按其等额标准给予奖励，后三年按其等额标准的50%给予奖励。高管人员（限名额）缴纳的个人所得税本市留成部分，前两年按其等额标准给予奖励，后三年按其等额标准的50%给予奖励。

40. 我市企业通过第三方电子商务平台开展电子商务应用的，按其首期服务年费的50%给予一次性资助，最高不超过5万元。

41. 国际排名100强、国内排名50强的电子商务企业在合肥注册设立全国性、区域性（功能性）总部的，分别给予50万元、20万元的一次性奖励。

42. 我市年在线销售收入超2000万元的零售或批发型电子商务企业，或年服务收入超1000万元的第三方电子商务企业，其宽带使用费用、网络通信费用、服务器托管费用等，按实际支出的30%给予资助，最高不超过50万元。

本市自主创新、自有品牌的电子商务商家对顾客（B2C）平台，年销售收入首次突破1000万元、5000万元、1亿元的，分别给予10万元、30万元、50万元的一次性奖励。

上述两项不重复奖励。

43. 我市企业建设的独立电子商务平台，或第三方电子商务平台，正常运营满一年后，按平台建设设备和软件实际投资额的20%给予资助，单个平台资助金额最高不超过100万元。

44. 取得中国人民银行《支付业务许可证》的第三方支付平台在合肥设立全国性总部，完成工商注册登记后给予企业200万元的一次性补贴，对其市场拓展及推广活动费用给予50%的补贴，每次活动补贴不超过10万元。对通过

本地第三方支付平台的电子商务企业所产生的银行管理费用给予50%的补贴，最高不超过50万元。

45. 获得国家、省级电子商务示范企业、园区称号的，分别给予50万元、20万元的一次性奖励。

（十）其他

46. 获国家服务业引导资金项目，其所获拨款资金在200万元以内的，给予50%的配套补助；所获拨款资金在200万元以上的，200万元以下部分按50%给予配套补助，超出部分，按超出部分的10%给予配套补助。累计补助资金不超过200万元。

47. 鼓励建设省、市级现代服务业集聚区，对获得省、市级服务业集聚区称号的，分别给予50万元、20万元的一次性奖励；省级集聚区内生产性服务业企业，享受省级开发区工业企业同等优惠政策。大力发展服务外包，对评定为国家、省级服务外包示范园区的，分别给予50万元、20万元的一次性奖励。对我市服务外包园区用于服务外包业务发展所需双回路供电改造费给予15%的补助，每户最高补助金额不超过300万元。

48. 新引进国内外知名服务企业和服务外包企业总部、地区总部以及基地航空公司，其高管人员（限名额）缴纳的个人所得税本市留成部分，前两年按其等额标准给予奖励，后三年按其等额标准的50%给予奖励。

49. 对新获得国家驰名商标、中国名牌、中华老字号的企业，给予管理团队50万元的一次性奖励，其中法定代表人为40%；新获得安徽省著名商标、安徽名牌、安徽省老字号的，给予管理团队10万元的一次性奖励，其中法定代表人为40%；获得合肥名牌产品的，给予企业5万元的奖励。

50. 对投资额10亿元以上的服务业项目或对全市经济拉动性强、关联性大的项目，在符合用地、规划前提下，可实行“一事一议”。享受“一事一议”政策的项目，不重复享受我市其他扶持政策。

三、附则

51. 上述奖励政策涉及税收本市留成部分、城市基础设施配套费，除已明确规定外，市与县（市）、区按现行财政体制承担，由同级财政负责落实。涉及城市基础设施配套费减免奖励的，除按规定直接减免外，一律先缴纳后返还。条款内容涉及对企业税收奖励的额度，除有明确规定外，均不超过该企业当年纳税本市留成部分。

52. 本政策由市财政局会市相关主管部门负责解释。具体实施细则由市财政局会市相关主管部门另行制定。

53. 市监察部门负责加强对各类资金审核、兑现程序的监督。

54. 本政策与其他财政奖补政策不重复享受。申请兑现政策的企业或单位，向市相关部门设在市行政服务中心的窗口申报，经审核批准后，由市财政局直接拨付到企业或单位。对弄虚作假、骗取奖补资金的，追回拨付的资金；情节严重的，追究相关单位负责人和直接责任人责任。

55. 本政策自2013年1月1日执行，有效期1年。

合肥市人力资源和社会保障局关于2013年度合肥市民营企业经济系列职称认定工作的通知

各市、县、区（开发区）人力资源和社会保障（人事劳动）局，各有关单位：

为贯彻落实市委、市政府大力发展民营经济，支持民营经济发展的要求，充分发挥民营企业在合肥跨越式发展中的重要作用，现就2013年度民营企业经济系列职称认定工作有关事项通知如下：

一、申报范围

在我市行政区域内工商行政管理部门登记注册的民营企业的中、高级经营管理者。

二、申报条件

申报民营企业经济系列职称认定人员，必须坚持四项基本原则，热爱祖国，遵纪守法，有良好的职业道德，具备认定相应职称的业绩和能力，近年来企业没有发生质量、安全责任事故，企业经营、社会、经济效益状况良好。

（一）高级经济师

符合下列条件之一并且企业达到相应纳税额的人员，可以申报高级经济师认定：

1. 博士研究生毕业后，从事经济管理工作满两年以上；

2. 硕士研究生毕业后，从事经济管理工作满七年以上；

3. 研究生课程班结业后，从事经济管理工作满十年以上；

4. 大学本科毕业后，从事经济管理工作满十五年以上；

5. 大学专科毕业后，从事经济管理工作满二十年以上；

6. 中专或高中毕业后，从事经济管理工作满二十五年以上；

7. 取得中级以上专业技术职务满七年以上；

8. 企业经营状况良好，近三年累计纳税500万元以上的企业高级经营管理者。

具备上述（1—7条）之一的，同时要求申报人所在企业近三年累计纳税达到100万元以上。

（二）经济师

符合下列条件之一并且企业达到相应纳税额的人员，可以申报经济师认定：

1. 博士研究生毕业后从事经济管理工作；

2. 硕士研究生毕业后，从事经济管理工作满三年以上；

3. 研究生课程班结业后，从事经济管理工作满五年以上；

4. 大学本科毕业后，从事经济管理工作满六年以上；

5. 大学专科毕业后，从事经济管理工作满八年以上；

6. 中专或高中毕业后，从事经济管理工作满十五年以上；

7. 取得初级以上专业技术职务满七年以上；

8. 企业经营状况良好，近三年累计纳税 300 万元以上的企业高级经营管理者。

具备上述（1—7 条）之一的，同时要求申报人所在企业近三年累计纳税达到 50 万元以上。

（三）助理经济师

具有中专或高中以上学历，从事经济管理工作满三年以上，企业近三年累计纳税 50 万元以上的企业经营管理者。

（四）经济员

具有初中以上文化程度，从事经济管理工作满一年以上，企业近三年累计纳税 10 万元以上的企业经营管理者。

三、申报程序

认定由个人自愿申请，经所在单位签署意见后，报送各级政府人社部门，高、中级职称须经所在县区人社部门签署意见后方可申报。

四、申报材料

1. 申报人员须填写《合肥市民营企业经济系列职称认定表》一式二份、《申报任职资格简明情况表》一式六份（由各申报单位统一与合肥东方英才人才有限公司联系）；

2. 本人业务工作总结一份；

3. 学历证书、专业技术资格证书、职位聘任证书、单位营业执照副本、相关业绩材料、企业和个人获经营管理、技术研发等奖励证书、本单位入库税金税票原件（原件审核后退回）和复印件（复印件需单位验章），或县区级以上税务部门出具的纳税证明原件；

4. 近期二寸同底彩照 3 张。

五、申报时间和地点

申报时间：2013 年 4 月 1 日至 5 月 15 日，逾期不予受理。

申报地点：合肥市蜀山区肥西路 66 号汇金大厦 906 室合肥东方英才人才有限公司（肥西路与南一环路交口）。

联系人：金先松

电话：65184511、65184711

合肥市人社局专业技术人员管理处王斌

电话：63536503

六、认定费用

认定费用参照省物价局、省财政厅皖价行费字〔2005〕72号文件规定执行。

合肥市人民政府办公厅关于印发合肥市促进工业和商业企业增产增销奖励办法的通知

合政办秘〔2013〕2号　2013年1月6日

各县（市）、区人民政府，市政府各部门、各直属机构：

《合肥市促进工业和商业企业增产增销奖励办法》已经市政府同意，现印发给你们，请认真贯彻执行。

合肥市促进工业和商业企业增产增销奖励办法

根据《关于促进经济平稳较快发展的实施意见》（合政〔2012〕92号）精神，为鼓励企业进一步扩大生产，开拓市场，促进工业和商业企业增产增销，推动我市经济持续健康较快发展，特制定本办法。

一、奖励原则

坚持“抓主抓重”原则，对2012年度产值超亿元的工业企业和销售额、营业额、纳税总额、出口额、执行额超一定限额的商贸流通企业，按照不同规模、档次给予奖励。

二、奖励对象

（一）工业企业。

1. 对2012年度产值超亿元以上企业，产值、主营业务收入、税收增幅分别达到或超过规定增幅且实现盈利的，按照产值规模的不同档次，给予一次性超产贡献奖励。

2. 同一投资主体在本市投资设立多家工业企业的，合并为一个考核单位计算奖励。

（二）商贸流通企业。

1. 对2012年度销售额超亿元的限额以上零售和批发商贸企业，销售额、税收增幅分别达到或超过规定增幅且实

现盈利的，按照销售额的不同档次，给予一次性奖励。

2. 对2012年度营业额亿元以上的餐饮企业，营业额、税收增幅分别达到或超过规定增幅且实现盈利的，按照营业额的不同档次，给予一次性奖励。

3. 对2012年度在合肥市纳税200万元以上的物流企业，税收增幅达到或超过规定增幅且实现盈利的，按照税收增幅的不同档次，给予一次性奖励。

4. 对2012年度出口额700万美元以上的外贸流通企业，出口额增幅达到或超过规定增幅且实现盈利的，按照出口额的不同档次，给予一次性奖励。

5. 对2012年度执行额200万美元以上的服务外包企业，执行额、税收增幅分别达到或超过规定增幅且实现盈利的，按照执行额的不同档次，给予一次性奖励。

三、奖励标准

（一）工业企业。

1. 产值100亿元以上的，产值、主营业务收入、税收增幅分别达到或超过18%、18%、10%，奖励300万元。

2. 产值50—100亿元的，产值、主营业务收入、税收增幅分别达到或超过20%、20%、12%，奖励200万元。

3. 产值10—50亿元的，产值、主营业务收入、税收增幅分别达到或超过25%、25%、12%，奖励100万元。

4. 产值5—10亿元的，产值、主营业务收入、税收增幅分别达到或超过28%、28%、16%，奖励50万元。

5. 产值1—5亿元的，产值、主营业务收入、税收增幅分别达到或超过30%、30%、16%，奖励30万元。

（二）商贸流通企业。

1. 年销售额5亿元以上零售企业和20亿元以上批发企业，销售额、税收增幅均达到或超过5%，奖励150万元，单项增长的按奖励额的一半计算；年销售额1—5亿元零售企业和10–20亿元批发企业，销售额、税收增幅均达到或超过5%，奖励50万元，单项增长的按奖励额的一半计算。

2. 年营业额3亿元以上餐饮企业，营业额、税收增幅均达到或超过10%，奖励100万元；年营业额1—3亿元的餐饮企业，营业额、税收增幅均达到或超过12%，奖励50万元。

3. 年纳税总额1000万元以上物流企业，税收增幅达到或超过10%，奖励100万元；年纳税总额500–1000万元的，税收增幅达到或超过12%，奖励50万元；年纳税总额200—500万元的，税收增幅达到或超过15%，奖励20万元。

4. 年出口额1000万美元以上外贸流通企业，出口额增幅达到或超过30%，奖励40万元；年出口额700—1000万美元的，出口额增幅达到或超过30%，奖励20万元。

5. 年执行额1000万美元以上服务外包企业，执行额、税收增幅均达到或超过20%，奖励30万元；年执行额500—1000万美元的，执行额、税收增幅均达到或超过20%，奖励20万元；年执行额200—500万美元的，执行额、税收增幅均达到或超过20%，奖励10万元。

四、申报、审核和兑现

（一）申报奖励的工业企业数据，其产值、主营业务收入以市统计局年底快报数据为依据；申报奖励的商贸流通企业数据，销售额、营业额、出口额、执行额分别以市统计局年底快报、海关数据查询系统、商务部服务外包业务管理和统计系统数据等为依据；企业税收以实际收缴入库并经财政和税务部门核查确认的税收数据为依据。

（二）产值亿元以上工业企业获得奖励金额不超过当年上缴税收中本市财政的实得额。其中，2012年新增规模企业不重复享受《合肥市承接产业转移加快新型工业化发展若干政策（试行）》（合政〔2012〕52号）规定的新增规模以上企业一次性奖励政策。

（三）单个商贸流通企业享受《合肥市承接产业转移促进服务业发展若干政策（试行）》（合政〔2012〕51号）中的奖励资金与本办法奖励资金之和，不超过2012年度该企业上缴税收中本市财政的实得额；单个外贸流通企业能够同时享受《关于进一步促进外贸加快发展若干政策》和本办法中的出口增量奖励政策的，按就高原则只能享受一次，不重复享受。

（四）市经信委会同市财政局、市统计局对工业企业进行年度审核，核定企业全年应得奖励数额。市商务局会同市财政局、市统计局等单位对商贸流通企业进行年度审核，核定企业全年应得奖励数额。审核结果在媒体上公示，公示无异议后报经市政府批准。

（五）奖励资金按企业税收缴库级次，由市与企业纳税地所在县（市）、区共同承担。四县、巢湖市和巢湖经开区范围内的企业，市与县（巢湖市、巢湖经开区）财政按5 ∶ 5比例承担兑现。四区和三大开发区范围内的企业，市与区（开发区）财政按8 ∶ 2比例承担。

（六）对当前生产发展快、代表性强且符合奖励条件的工业企业，由

市经信委、财政局、统计局进行会审，报市政府批准后提前预拨 80% 奖励资金，剩余奖励资金待年度审核后，据实结算，多退少补。市财政局将市级承担的奖励资金拨付至各县（市）、区财政局，由各县（市）、区财政局负责将市财政拨付的资金和县（市）、区承担的配套资金拨付相关企业。

五、其他

（一）水、电、气、烟草等工业行业企业和医药及医疗器械、能源、资源、书刊及音像制品、烟草制品、通信、汽车及零部件等商贸流通行业企业不享受本办法规定的奖励政策。

（二）本办法各条款政策企业不重复享受。

（三）对年主营业务收入 2000 万元至 1 亿元（含 2000 万元）实现增产增销的工业企业，具体奖励办法另行制订。

（四）对企业弄虚作假，故意套取、骗取奖励资金或涉税违规的，一经查实，全额追回奖励资金，并追究相关负责人和直接责任人责任。

（五）本办法由市经信委、商务局会同市财政局、统计局负责解释。

合肥市人民政府关于促进经济持续健康较快发展的实施意见

合政〔2013〕23号　2013年2月28日

各县（市）、区人民政府，市政府各部门、各直属机构：

为促进我市经济持续健康较快发展，确保全面完成全年目标任务，根据《安徽省人民政府关于促进经济持续健康较快发展的意见》(皖政〔2013〕5号)，结合我市实际，提出如下实施意见：

一、切实扩大有效投入

1. 加强项目库建设和项目前期工作，力争一批新的重大项目获得国家、省批准。2013年，争取500个项目纳入省“861”行动计划，市“1346”行动计划储备项目总投资规模达到4200亿元。修订完善《合肥市实施重点建设项目考核奖励办法》（合政〔2004〕106号），制定《合肥市重大项目前期工作管理办法》。市财政安排专项资金，对获得国家和省层面审批的总投资超5亿元的重大项目进行奖补。健全重大项目推进机制，原则上每季度召开重大项目领导小组调度会，每月召开领导小组办公室调度会，落实分级分类调度，及时跟踪督办事项。

2. 2013年，结合省财政每年资金安排，修订完善财政支持经济发展“四大政策”，设置专项资金，重点支持工业、现代服务业固定资产投资贷款贴息、研发补贴和担保贴费等。

3. 注册资本在50万元以下的公司（不含一人有限公司），允许注册资本货币“零首付”，可在2年内缴足注册资本。对注册资本50万元以下的企业免收注册登记费、税务登记证工本费。对市认定的各类创业基地，市财政给予资金奖补。对获得国家、省创业示范基地的，分别给予50万元、30万元一次性奖励。

4. 对供而未建闲置2年以上的项目用地，严格按照国土资源部《闲置土地处置办法》和我市项目开、竣工督查制度，依法进行清理和处置，清理出的土地优先保证急需用地的重点项目需求。对符合单独选址用地条件、省级立项的主导产业重大项目，积极争取省优先安

排用地计划指标。为工业生产配套的信息服务、研发设计、创意产业以及仓储物流等投资项目用地（含工业生产用地配套服务设施7%允许范围内或独立于工业生产用地之外的），执行工业用地政策。对经省政府批准立项的文化产业重点项目，可执行工业用地政策，其出让底价按不低于该项目土地取得费、土地前期开发成本和规定应收取的相关费用之和确定。

5. 支持和指导县城、中心镇编制总体规划、详细规划和专项规划，促进城乡统筹规划建设。积极开展新型城镇化建设综合试点，加快农业转移人口市民化步伐。

6. 各级政府按规定从住房公积金增值收益余额（扣除贷款风险准备金和管理费用）和土地出让净收益中提取资金统筹用于保障性住房建设。对政府投资建设的公共租赁住房，在中央和省级专项资金补助的基础上，每平方米不足1000元的，由市级财政予以补足。年内新增各类保障性住房4.2万套，基本建成1.64万套，形成以公共租赁住房保障为重点，廉租住房、经济适用住房建设（困难企业集资建房）和城市棚户区（城中村）、老旧小区综合整治等并举，多形式解决城镇中低收入家庭住房困难的政策体系。试点推行保障房建筑材料和部品的政府统一采购制度。进一步理顺保障房管理体制，实现“两级政府、三级网络、四级管理”。

7. 继续实施限购政策，鼓励首套住房和合理的改善性住房需求，落实好首套住房信贷和税收政策，支持行政区域内首套住房公积金贷款，积极探索异地购房住房公积金贷款政策。加大住房开工建设力度，增加普通商品住房供应，促进商品房销售和房地产市场平稳健康发展。

二、加快产业转型升级

8. 积极争取中央和省级补助资金支持，统筹运用市级专项资金，重点培育优势主导产业和战略性新兴产业。充实工业“双千工程”和战略性新兴产业项目库，加快推进新开工项目建设，促进在建续建项目建设。2013年，对当年开工且当年竣工、单体投资5000万以上（固定资产投资不低于总投资70%）的新开工项目，除享受《合肥市承接产业转移加快新型工业化发展若干政策（试行）的通知》（合政〔2012〕52号）文件中规定5%的固定资产投资补助外，再给予项目单位一次性奖励50万元；对单体投资10亿元以上（固定资产投资不低于总投资70%）且建设周期不超过24个月的重大续建项目，项目建设单位在与市有关部门签订协议后，按当年投资进度预先拨付5%的固定资产投资补助资金，项目竣工投产后兑现剩余部分固定资产投资补助资金。对智能语音、量子通信及公共安全、智能制造、平板显示、新能源汽车、生物技术及新医药、集成电路、光伏与新能源等爆发性增长源项目，在上述政策基础上，再给予项目设备投资额5%补助。

9. 促进工业化和信息化深度融合，对新认定为国家级、省级“两化融合”示范企业的，分别给予企业管理团队30万元、20万元一次性奖励；对评定为国家级、省级“两化融合”示范园区的，分别给予园区所在地政府或管委会50万元、20万元一次性奖励；对工业园区、行业协会、科研院所为工业企业或行业发展搭建的公益性中小企业信息化服务平台，给予10万元一次性奖励；大力推进“翔计划”工程，重点支持200户成长性中小企业开展网络搜索营销业务，按照每年每户5000元标准给予支持；推动企业信息化建设，对新认定的国家级、省级重点软件企业，给予30万元一次性奖励。

10. 鼓励建设省、市级现代服务业集聚区，对获得省、市级服务业集聚区称号的，分别给予50万元、20万元一次性奖励；省级集聚区内生产性服务业企业，享受省级开发区工业企业同等优惠政策。大力发展服务外包，对评定为国家、省级服务外包示范园区的，分别给予50万元、20万元一次性奖励；对我市服务外包园区用于服务外包业务发展所需双回路供电改造费，给予15%的补助，每个园区最高补助金额不超过300万元。

11. 出台《关于深化科技体制改革加快创新型城市建设的实施意见》，加强产业转型升级的政策支撑。对我市智能语音、量子通信及公共安全、智能制造、平板显示、新能源汽车、生物技术及新医药、集成电路、光伏与新能源产业等爆发性增长源的相关核心技术、重大装备研发项目，或重大引进技术、装备的消化吸收再创新项目，已进入项目库的，单个项目研发费用实际发生额超过300万元以上的，对其超额部分给予20%的一次性资助，最高不超过1000万元。对进入中科大先进技术研究院、合肥“一中心三基地”创新平台，固定资产投资额在500万元以上的，给予其固定资产投资额10%的一次性资助，最高不超过200万元；对企业投保科技研发类保险，按实际支出保费的50%

给予补贴，最高不超过20万元。积极谋划建设合工大智能制造技术研究院、中科院合肥技术创新工程院、清华大学合肥公共安全研究院等平台。

12. 继续完善现行所得税、增值税奖励科技创新条款等政策措施。对年税收增幅15%以上，年销售收入首次达到2000万元，销售收入增幅25%以上的高新技术企业、创新型企业，可由同级财政给予20万元一次性奖励；当年销售收入首次达到1亿元的高新技术企业、创新型企业，同级财政给予50万元一次性奖励。

13. 加大《关于推动文化产业跨越式发展的实施意见》落实力度，完善文化产业项目推进工作机制，设立市文化产业发展专项资金，组建市文化产业投资控股公司。扶持重点文化企业发展，建立文化产业项目库，对重大文化产业项目实行“一事一议”。加快推进国家级文化和科技融合示范基地、动漫产业基地和数字出版基地建设。引导社会资金组建市文化产业发展种子基金，重点支持初创期中小文化企业加快发展。

14. 固定资产投资总额在1亿元以上（含1亿元）的新建农副产品加工项目，国际、国内知名的跨国、跨省、跨市农业企业公司总部、生产基地及研发中心入驻我市的，可实行“一事一议”政策支持。加大对农业产业化龙头企业的扶持力度，市财政每年安排专项资金用于市级龙头企业贷款贴息。新认定为国家级、省级、市级现代农业示范区的，分别给予100万元、50万元、10万元的一次性奖励。蔬菜瓜果花卉工厂化育苗（生产）中心新建连栋温控大棚面积2000平方米以上，且辅助设施齐全的，按每平方米100元的标准给予一次性奖补。

15. 农业产业化龙头企业的农产品生产基地、农产品临时性收购场所、农林种养殖场和设施农业生产用地，视同农业用地。对龙头企业从事农产品加工用电，受电变压器容量315千伏安以上的，比照省级开发区内企业用电政策执行；从事种养业用电，受电变压器容量315千伏安以下的，执行农业生产用电政策。全面落实农贸市场、农产品批发市场、农产品冷链物流的用电、用水、用气与工业同价政策。

三、大力促进市场消费

16. 积极组织市级企业参加国内外大型产品销售、会展活动。对参加省级以上政府举办的国家级大型会展或国外知名会展的市级企业，市财政给予每个标准展位2000元补贴，每个企业最多补贴两个展位。对在本地举办的国际性、全国性展会，根据展会规模和影响力等情况，对主办单位或引进单位给予补贴。

17. 按照《合肥市电子商务“十二五”发展规划》，修订完善支持电子商务发展各项政策。对获得国家、省级电子商务示范园区、企业的，分别给予50万元、20万元一次性奖励。对新设立电子商务企业，其所缴纳营业税和增值税本市留成部分，按其等额标准，实行“两年全额、三年减半奖励”政策。对我市企业建设独立电子商务平台或第三方电子商务平台，正常运营满一年后，给予平台建设设备和软件实际投资额20%的一次性资助，每个平台资助金额最高不超过100万元；对取得中国人民银行《支付业务许可证》的第三方支付平台在肥设立全国性总部，完成工商注册登记后给予企业200万元一次性补贴。对国际排名100强、国内排名50强的电子商务企业在肥注册设立全国性、区域性（功能性）总部的，分别给予50万元、20万元一次性奖励。

18. 积极培育限上企业，对年内达到规模并纳入统计的净增限额以上商贸流通法人企业，给予5万元一次性奖励。支持大中型流通企业在中心镇建设乡镇商贸中心，在中心村建设直营连锁便民超市。对符合国家商务部建设规范的乡镇商贸中心和直营连锁便民超市，市财政分别给予50万元、10万元一次性补助。

19. 支持“放心肉、菜、便利店、早餐、家政”放心体系建设。完成“放心肉”体系建设，关闭全部小型屠宰点的县（市），市财政给予100万元一次性补贴；在乡镇新建肉品配送中心（配送点），每个点给予10万元一次性奖励；屠宰企业购置的肉品配送冷链运输车，每台车给予10万元一次性补贴；屠宰企业开展有毒有害物质抽样检测的，市财政按实际费用的30%给予补贴。商贸企业新建符合标准要求的配送中心并在社区建立连锁直营便利店，经验收合格的，给予奖励。新建的配送中心，给予20万元一次性奖励；年度新增社区便利店达到5个、10个、20个以上的，每个店分别给予2万元、3万元、4万元一次性奖励。家政企业的连锁店达到5家（含5家）以上，其净增的连锁店正常运行1年后，直营连锁店按其经营面积分别给予一次性奖励。新建、扩建符合商务部“主食加工配送中心”基本规范要求的主食加工配送中心，使用面积在1800—5000m^2的，按320元/m^2标准给予一次性补助；超过5000m^2的，

按400元/m^2标准给予一次性补助，最高补助不超过320万元。早餐连锁企业网点（门店）达到10个、20个、30个以上，每个网点（门店）营业面积大于50m^2，符合《合肥市早餐经营规范》的，每新增1个网点（门店），分别按2万元、3万元、4万元标准给予一次性补助，最高补助金额不超过200万元。新建、改建符合早餐经营规范的早餐美食街（早餐市场），经营固定门店30个以上且知名早餐品牌8家以上，每个门店营业面积大于30m^2的，按300元/m^2的标准给予一次性补助。新建、改建的省级以上老字号早餐店，营业面积大于80m^2，且符合早餐经营规范的，按300元/m^2的标准给予一次性补助。新增符合早餐经营规范的早餐车，按每辆2000元给予一次性补助。上述条款按照从高不重复原则给予补助。

20. 继续认真落实米袋子、菜篮子行政首长负责制，保障市场供应。完善惠民菜篮子工程的准入、运营监管考核等配套管理制度，加大监管考核力度，规范平价门店的经营和管理行为。2013年，全市惠民菜篮子活动定点门店增加到120家左右，逐步扩大惠民菜销售门店的覆盖面。增加储备品种和数量，完善重要商品储备体系。

21. 完善市价格调控联席会议制度，定期分析研究价格形势。制定出台合肥市价格调节基金管理办法，落实社会保障和救助标准与物价上涨的联动机制，保障低收入群体基本生活。建立覆盖更加广泛的应急、实时价格监测体系，拓展价格公共信息服务平台，提高民生价格采集、发布数据的覆盖面和实用性，保持价格总水平基本稳定。

四、大力开拓国内外市场

22. 继续加大财政出口补贴力度，修订完善《关于进一步促进外贸加快发展的若干政策》(合政办〔2012〕25号)。市财政统筹安排专项资金，按省里支持出口政策给予一定配套。

23. 完善市级“走出去”财政和金融扶持政策，加大对“走出去”企业的孵化培育和支持力度，设立支持企业“走出去”专项资金，支持有条件的企业到境外参股、投资并购和承包工程，并对企业发生的贷款项目，给予一定比例的贷款贴息。

五、提高招商引资水平

24. 围绕我市6个千亿元级产业、若干个五百亿级产业以及八大战略性新兴产业，瞄准央企、知名民企和世界500强企业，开展产业和产业链的龙头企业招商；大力开展环巢湖综合治理开发、都市产业、新兴业态和现代服务业招商。对投资总量大、产业关联度高、牵动性强的重大项目，采取“一企一议”的方式给予政策支持。

25. 充分发挥驻外联络处等各类招商平台作用，提高招商引资大项目政策审议效率，强化重点招商项目调度和月通报制度，加强跟踪落实，积极推动意向和协议类项目尽快转化为合同类项目、合同类项目尽快落地。对新引进且开工（或运营）的符合有关规定的工业和现代服务业大项目，给予项目引进团队奖励。

26. 推进具备条件的省级开发区扩区升级，积极创建国家级开发区。对新批准认定为国家级、省级新型工业化产业示范基地的，分别给予产业基地所在地政府、管委会100万元、50万元一次性资助，专项用于产业基地建设。鼓励在省级以上开发区设立合作园区，对合作园区在规划、土地、资金等方面给予政策支持，吸引海内外地区政府、开发园区以及跨国公司、中央企业、战略投资者对其进行整体开发。鼓励发展“飞地经济”，积极探索不同的管理模式和利益分享机制，广泛开展国际、市际之间合作。出台《关于加快都市产业园标准化厂房建设的若干意见》，加大标准化厂房建设和招商力度，鼓励企业入驻标准化厂房，对建设符合规划和用地条件的多层标准化厂房实行补助。

六、加大金融支持力度

27. 完善金融机构支持地方发展考核奖励办法，引导银行业金融机构加大信贷投放。对银行业金融机构、融资性担保机构的中小微企业贷款损失和担保代偿损失，同级财政给予一定补偿。

28. 对融资性担保机构开展的符合条件的小微企业担保贷款业务，省和同级财政对小微企业缴纳的担保费率1.5%以内部分给予全额贴费。对依法合规经营、年化年担保费率不高于同期贷款基准利率50%且放大倍数达到3倍以上的融资性担保机构，同级财政按其季末在保贷款平均余额增加额的0.5%，给予最高不超过150万元的奖励。

29. 在安徽证监局办理上市辅导备案登记的拟上市企业，市财政给予100万元的补助。首发上市及上市企业再融资的，市财政给予100万元的补助。企业因上市而改制的，应补缴的企业所得税地方留成部分，同级财政给予等额奖励。对成功发行债券融资的中小企业，省和同级财政按发行额度的3%，分别给予不超过75万元的补助。企业进入“新三板”、安徽省股权托管交易中心

成功挂牌融资的，市财政给予50万元的一次性补助。

30. 支持新型农村金融机构发展，在省财政给予支持的基础上，同级财政按新设机构实收货币资本的1%，给予最高不超过50万元的奖励。引导融资性担保机构通过合并重组、注资等方式扩大资本规模。小额贷款公司、融资性担保机构企业所得税前扣除，分别比照银行业金融机构相关政策执行。

31. 对年度考核合格的县域小额贷款公司、融资性担保机构，同级财政按其实际缴库营业税的40%返还。新引进国内外银行、保险、证券、基金管理机构，其高管人员（限名额）缴纳的个人所得税本市留成部分，按其等额标准，前两年给予100%奖励，后三年给予50%奖励。基金管理机构自缴纳第一笔营业税起，其缴纳的营业税本市留成部分，前两年给予100%奖励，后三年给予50%奖励。自基金获利年度起，基金和基金管理机构所缴纳的企业所得税本市留成部分，前两年给予100%奖励，后三年给予50%奖励。

32. 支持建设小微企业融资服务平台，全年举办3—5次面向中小企业的专场银企对接活动，组织县（市）区每季度开展不少于一次的银企对接活动。

七、强化企业帮扶

33. 认真贯彻执行中央“八项规定”、省委省政府“三十条规定”、市委市政府“十条规定”，深入企业调查研究、宣传政策，千方百计帮助企业排忧解难。建立市领导联系重点企业制度，选派市直机关县处级干部进驻骨干企业现场服务，针对企业反映的具体问题，采取“派单销号”等“一企一策”办法解决。

34. 及时拨付中央和省级补助资金。加快市“四大政策”支持资金支出进度，增加兑现频率、缩短兑现期限。积极兑现《合肥市促进工业和商业企业增产增销奖励办法》（合政办秘〔2013〕2号），对2012年度产值超1亿元，产值、主营业务收入、税收保持一定增长的，按照不同规模、档次给予企业10万—300万元的一次性奖励。

35. 认真落实国家结构性减税政策及其他各项税收优惠政策，继续减轻企业负担。严格按照《关于印发合肥市贯彻实施营业税改征增值税试点过渡性财政扶持政策意见的通知》（合财预〔2012〕959号）规定，落实好过渡期财政扶持政策。2013年，对土地使用税适用税额标准不作上调，纳税人缴纳土地使用税确有困难的，经主管地税机关按权限审批后予以减免。行政事业性收费标准凡有上下限的，一律按下限收取。2013年，各项涉企产品质量监督检验收费、交通建设工程实验检测费在现行标准上降低10%，计量检定收费、建筑活动综合技术服务费、人才中心摊位费、建筑消防设施检测费降低20%。暂缓征收河道滩地临时占用补偿费、铁路护路联防费，取消和停征城市房屋安全鉴定费、户口簿工本费、户口迁移证和准迁证工本费，降低人事关系和档案收费，继续对工业园区工业投资项目和小微型企业实行免收费政策。

36. 2013年，继续允许困难企业缓缴养老、医疗、失业、工伤、生育保险费，缓缴期限6个月；适当降低参保企业失业保险费率，单位缴费部分按不低于30%比例降低，个人缴费费率不变。

37. 对采取在岗培训、轮班工作、协商薪酬等办法稳定员工队伍并承诺不裁员的困难企业，可使用失业保险结余基金支付困难企业稳定就业岗位补贴，2013年用于支付困难企业稳定就业岗位补贴的资金规模，不低于上年度当期基金收支结余额的30%。参保企业人均工资低于上年度全省在岗职工平均工资60%的，单位缴纳社会保险费基数可按企业实际工资总额核定。

38. 2013年，对高等学校和中职学校、技工院校组织当年毕业生在市、县（市）就业达到一定比例，并签订1年以上期限劳动合同的，经审核确认，由同级政府按照300元/人的标准给予一次性补贴；对职业中介机构介绍技能型人才和职业院校(中职学校)、技工院校、高校毕业生前往在肥企业就业，签订6个月以上用工证明和1年以上劳动合同的，给予人均120—250元一次性职业介绍补贴；劳动者参加就业技能培训，按照培训工种目录给予人均200—1200元一次性培训补贴；企业新录用人员并与其签订6个月以上劳动合同，进行上岗前技能培训的，由市财政给予人均350元一次性补贴；企业开展岗位技能提升培训，按培训后取得国家职业资格中级工、高级工、技师、高级技师证书的人数，分别给予人均500、1000、2000、3000元一次性补贴。

39. 鼓励购买本地生产的太阳能光伏设备、汽车等工业产品；继续推广使用本地生产的钢材、水泥、管材等大宗建筑主材；政府投资的重大项目同等条件下优先采购本地企业生产的新材料、新设备、新产品。

40. 各地要主动协调和引导本区域工业企业加强直购电政策分析，开展直购电成本、利益、风险测算和评估。2013 年，凡符合国家产业政策和有关节能环保要求等条件、在供电公司独立开户、单独计量、用电电压等级 110 千伏以上、自愿申请争取电力直接交易政策的工业企业，市物价局、发展改革委负责接受申报、供用电双方协调和上报工作，向省内单机容量 30 万千瓦以上的火力发电企业直接购电。

各县（市）、区政府，开发区管委会，市有关部门要按照本意见精神制定具体实施方案，确保各项政策措施落实到位。本意见中的各项财政奖补政策与市里出台的其他政策不重复享受。各条款政策由市相关部门负责解释。

本实施意见自 2013 年 1 月 1 日起施行，有效期一年。

合肥市发展私营企业条例

《合肥市发展私营企业条例》经1999年6月30日合肥市十二届人大常委会第12次会议通过，1999年8月1日安徽省九届人大常委会第11次会议批准。该《条例》分总则、权益保护、扶持与服务、监督检查、附则5章38条，自1999年10月1日起施行。2013年4月28日，合肥市十五届人大常委会第3次会议通过《合肥市促进民营经济发展条例》。该《条例》第43条决定，废止1999年8月1日安徽省九届人大常委会第11次会议批准的《合肥市发展私营企业条例》。

第一章　总 则

第一条　为了鼓励、促进私营经济健康发展，维护私营企业的合法权益，规范其经营行为，根据有关法律、法规，结合本市实际，制定本条例。

第二条　本市行政区域内的私营企业和涉及对私营企业管理及服务的部门适用本条例。

第三条　本条例所称的私营企业是指企业资产属于自然人所有或者由自然人控股，从事生产经营活动的营利性经济组织。

第四条　本条例由工商行政管理部门组织实施。政府有关行政管理部门及工商业联合会、私营企业协会协助实施本条例。

第五条　私营经济是社会主义市场经济的重要组成部分。市、县（区）人民政府应当将私营经济纳入国民经济和社会发展年度计划与中长期规划。鼓励私营企业加快发展，维护其合法权益，为私营企业创造公平竞争的社会环境。

有关行政管理部门应当按照各自职责，做好对私营企业的管理、服务工作。

第六条　私营企业应当合法经营，依法缴纳税费，建立健全内部各项管理制度，接受监督管理，不得损害国家利益和社会公共利益，不得损害企业职工和消费者的合法权益。

私营企业应当依法成立工会组织，保障职工合法权益。

第二章　权益保护

第七条　私营企业对其所有财产依法享有占有、使用、收益和处分的权利。

任何组织和个人不得索取、侵占、哄抢、破坏或者非法查封、扣押、冻结、没收私营企业的合法财产。

第八条　私营企业合法使用的生产经营场所，任何组织和个人不得侵占；因建设需要拆迁的，建设单位应当依法予以安置和补偿。

私营企业依法获得的土地使用权，可以依法出租、抵押、转让和折价入股。

第九条　任何组织和个人不得非法改变私营企业的经济性质。

第十条　任何组织和个人不得非法要求私营企业参加评优、达标、升级、考核等活动。

第十一条　私营企业的董事、监事、合伙人或者职工不得有下列行为：

（一）利用职务或者工作上的便利侵占企业财物或者牟取其他非法收入；

（二）将企业资金以个人名义开立账户存储、使用或者借贷给他人；

（三）擅自以企业资产为他人债务提供担保；

（四）不履行企业章程或者合伙人协议规定的义务；

（五）泄露企业的技术、生产工艺、经营策略等商业秘密；

（六）损毁企业的设备、工具、设施等财物；

（七）超越授权范围从事生产经营活动；

（八）其他损害企业权益的行为。

第十二条　私营企业依法享有下列权利：

（一）核准登记的字号、名称的专用权；

（二）经营自主权；

（三）申请取得商标、专利等知识产权的权利；

（四）申请自营进出口权；

（五）决定企业机构设置，依法自主用工；

（六）自主决定劳动报酬和收入分配；

（七）决定企业产品价格和服务收费标准；

（八）申报国家科研课题、申请科研成果鉴定；

（九）参加国家专业技术职称评定；

（十）法律、法规赋予的其他权利。

第十三条　私营企业应当依法与职工订立劳动合同，为职工缴纳养老、失业等各项社会保险费用；对试用期职工应当依法发给劳动报酬。

第三章　扶持与服务

第十四条　各级人民政府应当鼓励私营企业发展规模经营，组建企业集团；兴办科技型、生产型、外向型企业，发展第三产业；支持私营企业参与能源、交通、水利、通信、市政工程等基础设施的投资、经营以及农业综合开发；支持私营企业承包、租赁、购买、兼并各类企业。

第十五条　各级人民政府应当鼓励私营企业与外商合资、合作兴办企业或者到境外从事投资经营活动。

私营企业人员在办理出国（境）审批事项时，由工商业联合会或者私营企业协会依法签署意见。有关部门应当按照规定及时办理相关手续。

第十六条　鼓励大中专毕业生受聘于私营企业。在私营企业工作的大中专毕业生，其工龄连续计算。

私营企业接纳或引进所需的人才，有关部门应当按照规定及时办理相关手续。

第十七条　金融机构应当根据国家产业政策和信贷原则向私营企业提供贷款和金融信息服务。

第十八条　私营企业从事咨询业、信息业、技术服务业、交通运输业、邮电通讯业、公用事业、商业、物资业、对外贸易业、旅游业、仓储业、居民服务业、饮食业、教育文化事业、卫生事业，经主管税务机关审核批准，自成立之日起可减征或者免征企业所得税一至两年。

私营盈利企业，研究开发新产品、新技术、新工艺的费用，比上年实际发生额增长达到10%以上（含10%），其当年实际发生的费用除按规定据实列支外，年终经主管税务机关审核批准后，可再按其实际发生额的0%，直接抵扣当年应纳税所得额。

私营企业兴办学校、医院，科研等项目投资，经地税机关审核，免征固定资产投资方向调节税。

第十九条　工商行政管理部门应当在受理登记申请之日起十五日内核发营业执照；不予核准登记的，应当说明理由并通知申请人。

依法需要登记前置审批的，有关部门应当在接到申请人申请后十日内作出是否批准的决定；不予批准的，应当说明理由并书面通知申请人。

第二十条　除法律法规及国家计委、财政部和省以上人民政府批准的行政事业性收费外，任何部门无权制定涉及私营企业的行政事业性收费项目。取消及调整标准的，由有关部门及时向社会公布。私营企业自成立之日起一年内，除税和法律法规规定的费以外，免收其他费用。

有关部门向私营企业收取费用时，必须持有物价部门核发的收费许可证，按规定收费并开具财政、税务部门印制的票据。不符合上述规定的，私营企业有权拒付。

在私营企业中逐步实行行政事业性收费登记卡制度，加强收费的管理和监督检查。

第二十一条　教育部门应当采取有效措施，对在本辖区内从事正常经营活动两年以上非本市户籍的私营企业投资者，经所在地县级以上工商行政管理部门出具证明后，帮助其子女就近入学接受义务教育。

第二十二条　对原在国有、城镇集体企业的人员兴办私营企业或者到私营企业就业，按照规定缴纳社会保险费的，依法继续享受各项社会保险待遇。

第二十三条　有关部门和单位应当切实保障私营企业生产经营所需的水、电、气的供给。

第二十四条　私营企业及其职工在参加评选先进、模范和奖励时，享有与国有企业同等权利。

第四章　监督检查

第二十五条　各级人民政府应当加强对有关行政管理部门行政执法的监督管理，协调解决私营企业发展中的重大问题。

各有关行政管理部门应当执行国家和省、市发展私营企业的各项规定，加强对工作人员的监督检查，查处违法行为。

第二十六条　行政执法部门应当依法行政、文明执法。在对私营企业进行执法检查时，执法人员不得少于两人，并应当出示相关证件。

第二十七条　任何单位和个人均有权向监察等有关部门举报侵犯私营企业合法权益的行为。有关部门接到举报后应当及时调查，在三十日内作出处理，并答复举报者。

第二十八条　新闻单位对侵犯私营企业合法权益的行为应当及时进行舆论监督。

第二十九条　各级工商业联合会、私营企业协会应当维护私营企业的合法权益，接受私营企业的投诉、咨询，协调处理有关事项。

第五章　法律责任

第三十条　违反本条例第七条、第八条规定，侵犯私营企业财产所有权、土地使用权的，应当承担相应的民事责任；构成犯罪的，依法追究刑事责任。

第三十一条　违反本条例第十一条规定，侵占企业财产的，责令退还；牟取非法收入，有违法所得的，没收违法所得；造成损失的，依法承担赔偿责任；构成犯罪的，依法追究刑事责任。

第三十二条　违反本条例第二十条规定，非法向私营企业收费的，由财政、物价部门或者其上一级主管部门责令退还；对直接责任人和有关负责人，由其所在单位或者上级主管部门给予行政处分。

第三十三条　对私营企业及其有关责任人员违反本条例第六条、第十三条有关规定的，由有关行政管理部门依据法律、法规的规定予以处罚。

第三十四条　私营企业认为有关行政管理部门及其工作人员的具体行政行为侵犯其合法权益的，可以依法申请行政复议或者提起行政诉讼。

第三十五条　有关机关和组织工作人员玩忽职守、徇私舞弊、收受贿赂、滥用职权，侵害私营企业合法权益的，由其所在单位或者上级主管部门给予行政处分；给私营企业的合法权益造成损害的，依法赔偿；构成犯罪的，依法追究刑事责任。

第六章　附则

第三十六条　本条例具体应用中的问题由市人民政府负责解释。

第三十七条　个体工商户发展参照本条例执行。

第三十八条　本条例自1999年10月1日起施行。

合肥市促进民营经济发展条例

（2013年4月28日合肥市第十五届人民代表大会常务委员会第3次会议通过 2013年5月29日安徽省第十二届人民代表大会常务委员会第2次会议批准）

第一章　总　则

………

第五章 附　则

………

第四十三条　本条例自2013年7月1日起施行。1999年8月1日安徽省第九届人民代表大会常务委员会第十一次会议批准的《合肥市发展私营企业条例》同时废止。

合肥市经济和信息化委员会关于印发关于大力发展民营经济的实施细则的通知

合经信中〔2013〕265号　2013年7月6日

各县（市）经贸委（中小局）、区经促局、开发区经贸局：

为贯彻落实市委、市政府《关于大力发展民营经济的实施意见》（合发〔2013〕9号）文件精神，充分发挥财政资金激励引导作用，促进我市民营经济持续快速健康发展，特制定本实施细则（市经信委部分），现予以印发，请遵照执行。

关于大力发展民营经济的实施细则（市经信委部分）

根据《关于大力发展民营经济的实施意见》（合发〔2013〕9号）文件精神，制定本实施细则。

一、小微企业流动资金贷款贴息及担保费补贴申报细则

（一）申报条件

由市政府推介、符合产业政策要求的成长型小微企业（按照新划型标准，工信部联企业〔2011〕300号《关于印发中小企业划型标准规定的通知》），实行贷款贴息和担保费补贴。凡企业当年上缴各项税收比上年增长10%（含10%）以上的，给予当年新发生流动资金贷款按同期基准利率利息金额50%的财政贴息，并对企业流动资金贷款担保费按担保额1%给予补贴。补贴资金，市与市辖各区按共享税分成比例分别承担；四县和巢湖市参照执行，所需资金由同级财政承担。

（二）申报材料

1.“降低小微企业融资成本”项目资金申请书（附表1）；

2.申请报告；

3.“降低小微企业融资成本”项目资金申请表（附表2）；

4.营业执照和税务登记证复印件；

5. 企业已发生贷款的“借款凭证”汇总表(按银行贷款合同编号汇总)(附表3);

6. 银行贷款利息支出明细表:附企业与金融机构签订的贷款合同、借款凭证、银行借款利息结算凭证复印件(每一笔贷款分别按贷款合同、借款凭证或贷款进账单、借款利息结算凭证的顺序装订)(附表4);

7. 企业已发生贷款的担保凭证汇总表(按担保合同编号汇总):附企业与担保机构签订的担保合同、担保费用结算凭证复印件(每一笔贷款担保分别按担保合同、担保费用转账凭证、担保费发票的顺序装订)(附表5);

8. 企业本年度累计及上年同期完税证明汇总表及完税确认证明表,并经税务部门核实盖章(附表6、附表7);

9. “降低小微企业融资成本”项目资金汇总表(附表8)。

二、市级中小企业公共服务示范平台申报细则

(一)申报条件

1. 申报单位属独立法人单位,注册资本在50万元以上,且运行两年以上。

2. 申报单位的服务功能完善,服务特色突出。从业人数、年服务企业数、用户满意率等指标符合示范平台标准。

3. 申报单位必须是主要服务于合肥市中小企业集聚的区域或行业的服务机构,且是在市中小企业局备案的中小企业服务机构。

(二)申报材料

1. 合肥市中小企业公共服务示范平台申请报告(见附件2);

2. 法人证书或营业执照副本复印件;

3. 上一年度服务收支情况的专项审计报告;

4. 主要服务设施、软件或仪器设备清单;

5. 主要管理人员和专业技术人员名单及职称情况;

6. 签订服务协议的中小企业名单和服务中小企业成效的评价;

7. 发展规划或年度运营计划;

8. 市级及以上政府主管部门颁发的从业资格、资质(证明)复印件,授予的荣誉证书(证明)复印件;

9. 能够证明符合申报条件的其他材料;

10. 对申报材料真实性的声明。

三、全国知名民营企业奖励申报细则

(一)申报条件

1. 全国知名民营企业包括全国民

营企业500强企业及全国工商联执委企业。

2. 将企业总部、采购中心、研发中心迁至我市且生产经营一年以上。

（二）申报材料

1. 合肥市全国知名民营企业奖励申请书（见附件3）；

2. 申请报告；

3. 合肥市全国知名民营企业奖励申请表（见附件4）；

4. 上年度财务报表及纳税申报表；

5. 其他证明材料。

四、民营经济考核表彰工作评选细则

（一）评选范围

纳入考评的民营经济主体，是指在我省登记注册的除国有及国有控股、外商独资及控股（不包括港澳台资）之外的企业法人，个体工商户，以及获取执业许可的从事教育、医疗、养老等活动的各类民办非企业法人等。

（二）评选种类

1. 优秀民营企业。从全市民营经济主体中评选出50户优秀民营企业。

2. 优秀民营企业家。从全市民营经济主体的主要负责人中评选出100名优秀民营企业家。

3.10佳民营企业创业者。从全市民营经济主体的主要负责人中评选出10名优秀民营创业者。

（三）评选方法

1. 优秀民营企业。考虑到照顾地区面、涵盖行业面，由各县（市）区、开发区从纳入统计范围的民营企业中推荐30户在当地影响大、发展快、贡献多的企业参加评选。同时，考虑到民营企业涉及多行业多领域，由市经信委、市商务局、市卫生局、市教育局、市工商联等单位推荐行业排名靠前的企业和单位，确定了20户其他行业优秀民营企业。

2. 优秀民营企业家。根据各县（市）区、开发区推荐情况，结合省统计局综合考核得分情况（根据年度主营业务收入、税收、吸纳就业、工资福利支出等4项指标计算），参考企业年实际入库税额，从推荐企业中确定30户民营企业的董事长或总经理作为优秀民营企业家人选。同时，考虑到各地民营经济发展差异，涉及的行业领域越来越广，为体现表彰的广泛性，调动各方面的积极性，由部分市直单位推荐20名优秀民营企业家人选。

3.10佳民营企业创业者。由各县（市）区、开发区推荐，根据省统计局综合考核得分情况（根据年度主营业务收入、税收、吸纳就业、工资福利支出等4项指标计算），结合市经信委、市人社局等部门意见研究确定10佳民营企业创业者。

（四）评选表彰

评选工作每两年开展一次，由市经信委牵头会同市直有关部门确定优秀民营企业、优秀民营企业家、10佳民营企业创业者初选名单后，在市经信委网站上进行公示。公示期间无异议后，经市政府常务会、市委常委会研究讨论通过后发文，并召开全市民营经济发展大会予以表彰奖励。

五、其他

（一）申报材料受理、审核、审批

1. 申报“流动资金贷款贴息及担保费补贴”。符合条件的小微企业，统一向市行政服务中心经信委窗口申报，由市中小企业局会同相关责任单位联合审核，经公示合格的企业补助项目报市政府审批。（联系电话：63537919）

2. 申报“中小企业公共服务示范平台”。由申报单位提出书面申请，经市经信委窗口，报市中小企业局。由专家评审确定并公示合格后，报市政府审批。

3. 申报“全国知名民营企业奖励”。由各企业主体向所在辖区的相关部门提出书面申请，初审同意后，经市经信委窗口，报市中小企业局。市直相关部门联合审核。公示合格的企业补助项目报市政府审批。

4. 申报“民营经济考核表彰工作”。各申报单位向所在辖区的相关部门提出书面申报，经初审同意后，报市中小企业局申报，经市直有关部门联合审核，公示确认后报市政府审批。

（二）形式审查

对企业申报材料的真实性、有效性、完整性核实后予以受理。企业申报材料中的法人证书或营业执照、年度专项审计报告、设备清单及发票、合同、付款凭证等相关材料均应提供原件，经验证后退回。

（三）申报时间

各类项目按年度申报，小微企业流动资金贷款贴息及担保费补贴项目于次年的3月15日前报送申报材料。全国知名民营企业奖励及民营经济考核表彰工作评选于次年的3月20日前报送申报材料。中小企业公共服务示范平台申报工作于每年6月30日前报送申报材料。各单位均应在规定申报时间内报送申报材料。逾期没有申报的项目，视为其自动放弃，不再受理。

（四）补助期限

小微企业流动资金贷款贴息及担保

费补贴项目，补助期最长不超过1年。

（五）政策衔接

本细则自2013年1月1日起执行，有效期三年。由市中小企业局会同相关部门负责解释。

附件：

(附件1) 附表(1—8) 小微企业申报贷款贴息及担保费补贴项目表.xls

（附件2）市中小企业公共服务示范平台申请报告.xls

（附件3）合肥市全国知名民营企业奖励申请书.doc

（附件4）合肥市全国知名民营企业奖励申请表.xls

合肥市财政局文件关于印发《合肥市民营经济发展专项资金管理办法》的通知

合财企〔2013〕432 号　2013 年 5 月 21 日

各市属国有担保公司：

根据《合肥市大力发展民营经济的实施意见》（合发〔2013〕9 号）及省财政厅《安徽省民营经济发展专项扶持资金绩效评价暂行办法》（财企〔2013〕205 号）文件规定，现将《合肥市民营经济发展专项资金管理办法》印发给你们，请遵照执行。

合肥市民营经济发展专项资金管理办法

为积极发挥财政职能，大力支持民营经济发展，进一步加强市民营经济发展专项资金管理，提高资金使用效益，根据市委、市政府《关于大力发展民营经济的意见》（合发〔2013〕9 号）和省财政厅《安徽省民营经济发展专项扶持资金绩效评价暂行办法》（财企〔2013〕205 号），制定本办法。

一、资金安排规模

根据省财政下达我市年度民营专项资金规模，由市财政统筹安排民营经济发展专项资金，作为省级专项资金的配套资金，并根据省民营经济发展专项扶持资金绩效评价暂行办法，全部用于充实担保公司国有资本金。

二、资金使用原则和范围

（一）市民营经济发展专项资金实施预算安排、总量控制、集中使用、绩效考核的原则。

（二）按照“做大做强”国有担保企业的精神，对市级配套的民营经济专项资金进行集中使用，集中用于充实市属国有担保公司注册资本金。

（三）由市财政局牵头会同相关部门，根据我市现有市属国有担保公司现状，提出年度专项资金安排规模和使用意见，报市政府批准后执行。

三、开展专项资金绩效评价

（一）绩效评价原则。根据设定的绩效目标，运用合理的绩效评价指标、

标准和方法，对资金支出的合规性、效率性和效益性绩效进行客观公正的评价。

（二）绩效评价范围和对象。绩效评价的对象为市财政配套安排的民营经济发展专项扶持资金。绩效评价的范围主要为年度资金扶持的市属国有担保有限公司。

（三）绩效评价内容。绩效评价对市属国有担保有限公司使用民营经济发展专项资金情况进行评价，重点是市属国有担保有限公司对民营企业担保贷款放大情况及扶持民营企业的效果。

（四）绩效评价指标。绩效评价指标是衡量绩效目标实现程度的考核工具，包括为民营企业提供担保的合规性、效率性和效益性。分为中期评估情况、年度指标考核和评价。

绩效评价实行百分制。绩效评价结果分四个等级：总分90分及以上为优秀；80–89分为良好；70—79分为一般；69分以下为较差。（评价内容和评分指标见附件）。

（五）绩效评价组织实施和工作程序。市财政局负责拟定绩效评价指标体系，组织实施绩效评价工作。绩效评价按以下程序进行：

1. 市属国有担保有限公司按照本办法要求，及时开展绩效评价中期评估和年度自评工作。中期评估报告于市民营经济发展专项资金拨付当年的7月上旬报送，内容包括支持企业情况（企业获担保贷款情况）及上半年工作情况和本年内工作打算等，并填写《中期评估情况表》。绩效评价报告于市民营经济发展专项资金拨付次年的2月初报送。绩效评价报告包括专项基金使用管理情况、提供担保情况、担保资金使用效果、存在的问题、政策建议及下一步工作打算等，并填写《担保机构基本情况表》、《担保机构支持县（市）区民营企业情况表》、《民营专项资金使用绩效评价指标体系表》。

2. 市财政局对市属国有担保有限公司提交的中期评估报告、绩效评价报告及自评表进行审核，分别于当年8月中旬和次年4月中旬完成审核评定工作，形成总体中期评估报告和绩效评价报告。

3. 中期评估报告和绩效评价结果作为市财政局确定对市属国有担保有限公司下一年度资金支持的重要依据。

附件：

1. 中期评估情况表

2. 担保机构基本情况表

3. 担保机构支持县（市）区民营企

业情况表

4. 民营专项资金使用绩效评价指标体系表

（附件 1）中期评估情况表 .xls

（附件 2）担保机构基本情况表 .xls

（附件 3）担保机构扶持企业情况表 .xls

（附件 4）专项扶持资金考评指标 .xls

中国共产党合肥市庐阳区委员会关于印发《庐阳区大力发展民营经济的实施方案》的通知

庐〔2013〕24号 2013年5月15日

各党（工）委、党组，各乡镇人民政府、街道办事处、庐阳工业区管委会，区直各部门：

《庐阳区大力发展民营经济的实施方案》已经区委、区政府同意，现印发给你们，请认真贯彻执行。

庐阳区关于大力发展民营经济的实施方案

为全面贯彻落实中央、省、市发展民营经济的一系列方针政策，大力发展民营经济，增强民营经济实力、竞争力和发展活力，进一步促进全区民营经济实现跨越式发展，结合我区实际，现制定如下实施方案。

一、总体要求和主要目标

（一）总体要求

深入贯彻科学发展观，全面落实省、市民营经济政策，以加快转变经济发展方式为主线，以扩大规模、优化结构、提档升级为重点，着力推进政策创新、技术创新和管理创新，着力优化发展环境，不断提高民营经济发展的质量和效益，努力把我区建设成为全市乃至全省民营经济政策最优惠、服务最优良、经商最诚信的城区之一。认真组织实施民营经济“3+2”战略，促进民营经济跨越发展、转型发展、持续发展，形成民营经济与其他所有制经济相互促进、共同发展的新格局。

（二）主要目标

力争到2017年，全区每万人拥有企业数、个体工商户数分别比2012年翻一番和增长60%以上，全区民营经济增速不断提高。民营经济第二产业、服务业增加值年均分别增长13%以上，并实现效益与速度同步增长；民营经济税收年均增幅15%以上，民营经济固定资产投资年均增幅20%以上，民营经济政策知晓率达100%。

——形成政策支持体系。相关职能部门制定相应的支持配套措施，初步构建起涵盖财政、税收、工商、土地、农业、工业、商贸、科教文卫等多领域的经济政策支持体系。

——健全公共服务体系。构建各类服务平台，为民营经济发展提供信息、技术的咨询、交流、共享与交易等功能。建立健全民营中小企业创业孵育支持体系。

——完善产业结构调整。按照"突出重点、分类指导、梯次扶持"的原则，打造一批国内和省内领先、综合竞争力强、带动行业发展的龙头企业；打造一批专业领域知名度高、技术领先的重点企业；孵化育成一大批高质量的中小型民营企业，打造完善的全区民营企业梯队。

二、主要任务

组织实施民营经济"3+2"战略，建立健全三大民营经济发展支持体系，实施两大支持民营企业壮大工程，着力推动全区民营经济健康快速发展。

（一）健全民营经济政策支持体系

1.出台相应的配套政策和措施

根据中共安徽省委、安徽省人民政府《关于大力发展民营经济的意见》（皖发〔2013〕7号）和中共合肥市委、合肥市人民政府《关于大力发展民营经济的实施意见》（合发〔2013〕9号）等文件精神，区政府相关职能部门结合自身职责范围，制定促进民营经济发展的具体政策。各乡镇、街道、工业区分别制定本辖区促进民营经济发展的措施。

2.设立发展民营经济专项资金

结合省、市财政年度专项资金安排，设立区发展民营经济专项资金，区财政每年统筹安排专项资金5000万元，重点用于省、市级专项资金配套，充实区属政策性担保公司资本金，支持各乡镇、街道、工业区发展民营经济及中小企业各类服务平台建设，同时用于相关表彰奖励和鼓励各类产业的贴息、研发费用等。进一步加强发展民营经济专项资金管理，发挥政府性资金的引导作用。

3.支持民营企业参与多领域发展

用好、用足、用活各项政策措施，重点引导和支持民营企业发展新一代信息技术、节能环保、新能源、新材料等战略性新兴产业，不断做优做强做大；对民营企业在战略性新兴产业领域的重要研发成果，采取提供研发资助等多种方式给予支持；支持民营资本参与城镇

供水、供气、供热、公共交通、污水垃圾处理等市政公用事业和基础设施投资；鼓励民营企业加速发展担保小贷等生产性服务业，允许投向教卫文体及旅游、养老设施等社会事业；鼓励和支持民营企业参与传统产业的结构调整和改造升级。

（二）健全民营企业发展要素保障体系

1. 保障发展用地需求

在制定实施土地利用总体规划和年度土地供应计划时，对自主创新、高新技术、高税收、高附加值的民营企业给予优先考虑，促进民营企业集约发展。对符合国家、省、市产业政策和全市产业结构调整方向且达到一定投资强度（不含土地价款）的民营资本项目，给予重点支持。

2. 鼓励节约集约用地

鼓励民营企业建设、租赁和购买工业标准化厂房。企业将自有单层厂房改建为多层工业标准化厂房并继续用于工业生产的，三层以上（含三层）按面积给予投资方一次性建设补助。民营企业租赁和购买工业标准化厂房的，在享受市相关政策基础上再给予一次性补助。

3. 拓宽民营企业融资渠道

支持民营企业通过上市、发债、股权投资等融资手段做大做强，鼓励民营企业积极通过新三板等场外交易市场获取发展资金，对成功交易产生的服务费用，区财政给予适当的补贴。在安徽证监局办理上市辅导备案登记的拟上市民营企业，区财政在市财政给予100万元补助的基础上再给予一定的补助；首发上市及上市民营企业再融资的，区财政在市财政给予100万元补助的基础上再给予一定的补助。

进一步创新融资服务，继续做好“滨湖·春晓”等发行服务工作。每季度召开一次银企对接会，同时根据工作需要，按行业、分类别不定期举办专场银企对接活动，积极为民营企业做好融资服务。对经推介认定的优质小微企业，采取贷款贴息等方式，进一步降低融资成本。

4. 切实做好用工保障

对帮助民营企业引进技能型人才、企业加强新录用人员培训和开展岗位技能提升培训的，以及经认定的困难企业缓缴“五险”、降低参保费率、稳定就业岗位补贴和企业社会保险补贴等政策，按《关于促进经济持续健康较快发展的实施意见》（合政〔2013〕23号）相关条款执行。

（三）健全民营经济公共服务体系

1. 加快公共服务平台建设

整合资源，形成建立政府主导与市场运作相结合的资金投入机制，建设信息、金融、商务、科技等专业化服务平台，为中小企业提供信息查询、技术创新、创业辅导等各种专业服务。鼓励民营资本参与建设、运营各类专业化服务平台。

2. 加强民营企业人才队伍服务

继续实施民营企业高层管理人员培训，将民营企业高管纳入区级培训计划分期进行，每年组织不少于50人次民营企业家赴国内外知名高校进修培训；适时组织民营企业管理人员进行专项技术、能力提升、管理水平等培训，培训费用由区财政给予一定补贴。支持民营企业引进人才，相关政策按《关于建设“合肥人才特区”的实施意见》（合发〔2012〕17号）执行。

（四）实施民营企业梯次培育工程

1. 实施民营企业创业孵育计划

放宽民营企业注册门槛和准入条件，支持创业基地建设，加大创业培训力度，扶持初始创业，提升孵化培育能力，完善创业服务组织体系。对创办并稳定经营的微型企业和个体工商户转为小微企业的，2年内由区级财政按其缴纳企业所得税、增值税和营业税地方留成部分给予奖励。

2. 实施民营中小企业成长计划

针对民营中小企业的不同发展阶段和行业特点，建立一系列的梯次服务机制，不断优化政府资源配置；建立民营企业数据库，对各类民营企业实行动态管理。按行业、分类别对年营业收入首次达到一定规模的民营企业，给予企业管理团队一次性奖励。

强化政府采购民营企业自主创新产品和服务。鼓励区内民营企业申报政府采购项目，加大政府投资类项目采购自主创新产品的力度，对中标企业给予一定补贴。对纳入政府采购目录的民营企业自主创新产品和服务实行动态管理，不断优化政府采购评标方法，给予民营企业更多项目机会。

3. 实施民营龙头企业培育计划

为民营企业做优做强做大提供全方位服务，打造一批龙头企业。按行业筛选出一批掌握核心技术、具有行业领先地位和跨国经营能力的民营骨干企业，实行“一企一策”，有针对性地解决企业发展中遇到的困难和问题；深化与全国知名民企合作，对企业总部、采购、研发和销售中心迁至我区的全国知名民营企业，除享受市级政策外，采取“一企一议”的方式给予一定奖励，对新进入全国民营企业500强和全省民营企业100强的企业，给予一次性奖励。

（五）实施民营企业发展引领工程

1. 支持民营企业加大科技创新

认真落实国家、省、市支持高新企业和科技型中小企业的各项政策，建立健全有利于自主创新和科技成果转化的激励机制，鼓励企业提高自主创新能力。对新认定的国家级高新技术企业、创新型企业、知识产权、工程技术研究中心等服务平台给予奖励；鼓励民营企业加大研发投入，积极参与科研项目研发，增强科技成果转化能力。

2. 支持民营企业实施品牌战略

加大对民营企业的品牌培育，支持民营企业加强企业网站等信息化建设，不断创新商业模式，开展特色企业文化宣传，塑造特色企业品牌。支持民营企业制定实施自身商标发展战略，加大商标注册申请力度，增加注册商标拥有量，并积极开展商标国际注册，争创国家驰名商标、省著名商标和市知名商标，提高品牌知名度和市场占有率。对新获得国家、省、市级驰著知名商标和名牌产品等称号的，分别给予一次性奖励。

3. 支持民营企业转型升级

加快产业转型升级，鼓励传统工业“腾笼换鸟”，推进企业“两化融合”，支持民营企业扩大投资和发展新兴产业。进一步加大政府投入，支持现代服务业发展，促进传统产业向生态都市农业、现代都市工业发展转变。

三、保障措施

（一）建立健全组织领导机构

建立健全全区发展民营经济工作领导机制，建立完善民营经济联席会制度，每季度召开一次会议，及时掌握全区民营经济发展动态，加大督查、协调、指导力度，着力解决民营经济发展中遇到的问题和困难。将“庐阳区非公有制经济工作领导小组”更名为“庐阳区发展民营经济领导小组”，办公室设在区经促局。区经促局原下属事业单位“庐阳区中小企业服务办公室”更名为“庐阳区发展民营经济办公室”，主要负责全区民营经济情况的组织调研、综合指导、政策落实、沟通协调等日常工作。

（二）完善工作考核机制

建立健全民营经济统计监测制度，加强对民营经济发展动态监测预警分析，准确反映民营经济的整体情况，为制定相关政策和计划、进行经济管理和宏观调控提供依据。将发展民营经济情况纳入政府考核指标体系，细化指标，制定具体年度考核办法。每年对各乡镇、街道、工业区发展民营经济任务完成情况进行考核通报，每年评选一次发展民营经济先进街道（乡镇）和优秀社区

（村），十佳民营企业创业者、20强民营企业、20名优秀民营企业家，召开全区发展民营经济表彰大会予以表彰奖励。

（三）优化民营经济发展环境

建立区级领导联系重点民营企业制度，深入开展“一线为企服务”和“为企服务全程代理”活动，及时帮助协调处理企业生产经营和项目建设中的困难和问题，健全企业评议政府相关职能部门机制，将企业评议情况纳入部门年度目标考核。创新干部考核机制，邀请部分相关企业参与考评，以提高职能部门领导干部服务企业的意识和能力。健全投诉机制，设立服务投诉电话，除法律、法规等另有规定外，5个工作日内回复投诉事项处理情况。健全查访机制，严查“门难进、脸难看、事难办”和“吃拿卡要”等问题。健全问责机制，对故意刁难、妨碍企业生产经营造成严重影响的单位和个人依法依规处理。

（四）发挥党组织、工商联（商会）和工、青、妇等组织作用

加强和完善民营企业党建工作，充分发挥基层党组织作用，积极贯彻党的方针政策，促进民营经济健康发展。发挥工商联（商会）在民营经济工作中的桥梁和纽带作用，开展企业家联谊会、企业家商会等活动，加强与民营企业的联系和沟通，并做好调查研究、教育培训和各项服务工作。发挥工会、共青团、妇联组织在发展民营经济工作中创业引导和依法维权等作用。发挥个体、私营企业协会在成员企业中的自律和服务作用。

（五）营造民营企业发展良好舆论氛围

大力宣传关于鼓励、支持、引导民营企业发展的政策和措施，开展“送政策进企业”等活动，逐步提高民营企业政策知晓率。大力倡导尊重创业、尊重劳动的风尚，营造公平公正的市场环境，发挥民营经济推动科学发展的积极作用。扩大民营经济代表人士有序参与政治事务的渠道，确保一切合法经营并为庐阳作出贡献的企业家社会上有地位、政治上有荣誉、经济上有实惠，形成有利于民营经济发展的良好社会舆论环境。

本方案中未涉及的条款按皖发〔2013〕7号和合发〔2013〕9号文件执行。执行期内，若国家、省和市出台优于本方案的新政策，从优执行。本方案中的各项奖补政策与市、区出台的同类政策不重复享受。

本方案条款由区发展民营经济领导

小组会同区直相关职能部门负责解释。

本方案自2013年1月1日起实行，有效期3年。

附：《庐阳区大力发展民营经济实施方案责任分工》

附件：

庐阳区大力发展民营经济实施方案责任分工

项目 工作内容 工作目标 完成时限 责任部门

一、健全民营经济政策支持体系

1. 出台相应的配套政策和措施 形成政策支持体系 2013年6月 经促局、财政局、商务局、农林水务局等

2. 设立发展民营经济专项资金 区财政每年安排5000万元配套资金 2013年6月 财政局、经促局

3. 支持民营经济多领域发展 在战略性新兴产业等多领域引进和培育一批民营企业 2013年12月 发统局、经促局、财政局（国资办）、科技局、民政局、住建局、商务局

二、健全民营企业发展要素保障体系

4. 保障发展用地需求 做好土地利用总体规划和年度供应计划 每年 国土庐阳分局

5. 鼓励节约集约用地 加大标准化厂房建设力度 每年 国土庐阳分局、经促局、招商局、规划庐阳分局、财政局

6. 拓宽民营企业融资渠道 推动民营企业上市、发债，定期召开银企对接会 2013年12月 财政局、经促局、商务局、农林水务局、科技局

7. 切实做好用工保障 加强培训、稳定就业岗位，服务企业用工 每年 人社局、财政局

三、健全民营经济公共服务体系

8. 加快公共服务平台建设 建设专业化公共服务平台，提供各类专业服务 2013年12月 经促局、发统局、财政局、商务局、人社局等

9. 加强民营企业人才队伍服务 提升企业高层次人才队伍能力水平 每年 区委组织部、人社局、财政局、经促局、工商联

四、实施民营企业梯次培育工程

10. 实施民营企业创业孵育计划 支持创业基地建设，加大创业培训力度，扶持初始创业，提升孵化培育能力 每

年 人社局、工商庐阳分局

11. 实施民营中小企业成长计划 建立梯次服务机制，优化政府资源，实行动态管理 每年 经促局、财政局、农林水务局、商务局、工商联

12. 实施民营龙头企业培育计划 鼓励民营企业做优做强做大 每年 经促局、财政局、农林水务局、商务局、工商联

五、实施民营企业发展引领工程

13. 支持民营企业加大科技创新 鼓励企业提高自主创新能力，成为科技型民营企业 每年 科技局、经促局、财政局、农林水务局、商务局、发统局

14. 支持民营企业实施品牌战略 培育和扶持一批驰著名商标品牌企业 每年 质监庐阳分局、工商庐阳分局、财政局

15. 支持民营企业转型升级 加快传统产业转型升级 每年 经促局、财政局、农林水务局、商务局

六、保障措施

16. 建立健全组织领导机构 成立民营经济工作领导小组及办公室 2013 年5 月 全区各职能部门

17. 完善工作考核机制 制定考核办法 2013 年 6 月 政府办、发统局、财政局、经促局、工商联

18. 优化民营经济发展环境 完善机制，创建有利于民营企业发展的优良环境 每年 区委组织部、监察局

19. 发挥党组织、工商联（商会）和工、青、妇等组织的作用 开展党建和群团组织活动，切实发挥作用 每年 区委组织部、工商联、经促局、民政局、工会、团区委、妇联

20. 营造民营企业发展良好舆论氛围 提高民企政策知晓率 每年 区委宣传部、工商联、民政局等

备注：“责任部门”栏内排在第一位的为牵头责任部门。

中共芜湖市委 芜湖市人民政府
关于大力发展民营经济的实施意见

2013年07月11日

为深入贯彻落实《中共安徽省委、安徽省人民政府关于大力发展民营经济的意见》（皖发〔2013〕7号）精神，进一步鼓励和支持全市民营经济发展，现结合芜湖实际，提出如下实施意见。

一、主要目标

力争到2017年，万人拥有企业数、个体工商户数分别比2012年翻一番以上和增长50%以上，民营经济对经济发展的贡献率明显提高，民营经济增加值占全市GDP的比重达到70%以上。民营经济取得突破性大发展，可持续发展能力进一步提升，综合竞争力显著增强。

二、重点工作任务

（一）激发主体活力

1. 扶持民营企业做强做大，大力实施强企工程，引导优质资源向优势民营企业集中。（责任单位：市经信委、市发改委、市金融办、市科技局、市商务局、市人社局、市国土局、市农委、市工商联）

2. 支持科技创新、管理创新、产品创新和商业模式创新。（责任单位：市科技局、市经信委、市商务局、市工商联）

3. 加强质量和品牌建设。（责任单位：市质监局、市住建委、市工商局）

4. 增强核心竞争力，着力打造一批自主创新能力强、市场影响力大的骨干企业，培育一批行业领军型企业和企业家。（责任单位：市经信委、市发改委、市金融办、市农委、市科技局、市商务局）

5. 对新进入全国民营企业500强企业，在省级奖励基础上给予30万元一次性奖励；对新进入全省民营企业50强的企业，给予20万元一次性奖励。对获得中国驰名商标、安徽省著名商标和芜湖市知名商标的企业，分别奖励100万元、20万元、2万元； 主导制订国际标准、国家标准、行业标准、省级地方标准的企业，分别奖励120万元、50万元、30万元、5万元；参与制订国家标准、行业标准的企业（排名前三位），分别奖励30万元、10万元。以

上企业市政府予以通报表彰。（责任单位：市工商联、市工商局、市质监局、市财政局、市经信委）

6. 把招商引资作为发展民营经济的重要途径，大力推动徽商“凤还巢”，对徽商回芜湖投资，实行与外商投资同等待遇。深化与全国知名民营企业合作发展，鼓励市外企业家、战略投资者、技术和管理人才来芜湖投资兴业，广泛聚集发展资源。对总部或研发中心迁至我市的民营企业，按一事一议原则给予优惠政策。（责任单位：市招商局、市经信委、市发改委、市金融办、市科技局、市商务局、市财政局、市工商联）

7. 掀起全民创业新高潮。采取激励措施，推动更多的社会成员兴办经济实体，引导更多外出务工人员回乡创业，促进更多个体工商户转型升级为企业法人。个体工商户转为小型微型企业、创办并稳定经营的微型企业，县区财政可给予一定比例补贴。到 2017 年，力争万人拥有企业数、个体工商户数分别比 2012 年翻一番以上和增长 50% 以上。（责任单位：市经信委、市人社局、市工商局、市统计局、市财政局）

8. 完善和落实小额担保贷款、财政贴息等鼓励自主创业政策。（责任单位：市人社局、市发改委、市金融办、市财政局、团市委、市妇联）

（二）拓展发展空间

9. 全面落实国务院关于鼓励和引导民间投资健康发展的“新 36 条”和国家有关部委的 42 个实施细则，按照“非禁即准”的原则，全面放开投资领域，切实做到平等准入、放手发展。（责任单位：市发改委、市金融办、市工商局、市商务局、市工商联）

10. 支持民营资本参与国有企业改制重组。（责任单位：市国资委、市经信委、市财政局、市工商联）

11. 支持民营资本参与农村合作金融机构改制、农村商业银行增资扩股、支持民营企业发起或参与设立村镇银行等。（责任单位：市人行、市银监局、市发改委、市金融办、市工商联）

12. 支持民营资本兴办非义务教育、医院、社会中介机构等。（责任单位：市教育局、市卫生局、市工商局、市工商联、市民政局）

13. 建立健全民营资本参与重大项目投资招标长效机制。（责任单位：市招标办、市发改委、市金融办、市重点局、市住建委、市监察局、市财政局）

14. 放宽经营条件，除一人有限责任公司外，允许注册资本货币“零首付”，可在法定期限内缴足注册资本。允许使

用法律、法规和规章未禁止，尚未纳入国民经济行业分类的行业用语作为企业名称和经营范围表述用语。（责任单位：市工商局）

15. 除法律、行政法规、国务院决定设置的企业登记注册前置许可外，一律不得设置其他前置许可。应当进行前置许可的，要简化环节、优化程序、提高效率。（责任单位：市工商局、市环保局、市国土局、市住建委、市城乡规划局）

16. 提升创新能力，鼓励民营企业建立研发机构。2013 年，对企业所得税年增长率超过全市财政收入增长率的民营企业，由同级财政将其企业所得税超过财政收入增长率部分的地方留成的 50% 奖补企业用于研发和技改。对亩均税收超过 4 万元，研发投入达到规定比例的民营企业，可由同级财政将其年缴纳企业所得税增量地方留成的 50% 奖补企业用于研发和技改。（责任单位：市财政局、市科技局）

17. 支持民营科技企业加快发展。（责任单位：市科技局、市经信委、市工商联）

18. 对民营企业研发机构在承担国家科技任务、人才引进等方面与公办研发机构实行一视同仁的支持政策。（责任单位：市科技局、市经信委、市商务局、市人社局、市财政局、市国税局、市地税局）

19. 引导民营企业加大技术改造投入，将符合省政府关于加快做大做强主导产业要求的民营企业技术改造项目纳入重点技术改造项目，给予贷款贴息扶持。（责任单位：市发改委、市金融办、市经信委、市科技局、市财政局）

20. 合芜蚌试验区和技术创新工程试点省专项资金、省创业投资引导基金直接参股基金对初创期科技型中小企业予以重点支持。各类科技计划项目对纳入高新技术企业培育库的民营企业予以优先支持。（责任单位：市科技局、市财政局、市发改委、市金融办、市人社局）

21. 支持企业开拓市场，严禁在政府采购中通过设定附加条件等形式变相对民营企业设置门槛。（责任单位：市招标办、市财政局、市监察局）

22. 支持符合条件的民营企业申请纳入国家推广企业、产品规格型号及销售网点目录。（责任单位：市经信委、市农委、市商务局）

23. 对照国家产品惠民政策，鼓励企业参与竞标。（责任单位：市商务局、市财政局）

24. 积极组织民营企业产需对接，

促进中小微型企业与大企业建立稳定的协作配套关系。（责任单位：市经信委、市商务局、市科技局、市工商联）

25. 积极支持民营企业“走出去”，开展对外合作，开拓国际市场。支持民营企业参加境内外展会，对提供样品并参加国家部委主办、省政府组团、市政府组织参加的全国性展会，以及国际知名的专业展会，省内参展补助5000元、省外参展补助8000元；境外参展在省补助60%的基础上，市再补助20%。（责任单位：市商务局、市经信委、市发改委、市金融办、市农委、市科技局、市财政局、市工商联）

（三）加大财税支持

26. 加强财政资金引导，从2013年起连续5年，市和县区财政按省安排我市扶持民营经济发展专项资金规模，1:1比例配套，重点用于充实担保公司国有资本金，以及工业、现代服务业固定资产投资贷款贴息、研发补贴和担保贴费等。（责任单位：市财政局、市经信委、市发改委、市金融办、市科技局）

27. 对符合政府投资支持方向的民间投资项目，在中央投资项目、上级资金争取和市级政府性政策资金安排上，与其他项目一视同仁、同等待遇。（责任单位：市发改委、市金融办、市经信委、市农委、市商务局、市科技局、市财政局等）

28. 加大国家结构性减税等税收优惠政策的宣传、培训和落实力度，提高民营企业的政策知晓率，确保各项优惠政策及时落实到位，并将其纳入县区政府和市有关部门考核内容。（责任单位：市经信委、市商务局、市工商联、市财政局、市地税局、市国税局、市工商局、市考核办）

29.2015年底前，对微型企业月营业额未达到2万元、日（次）营业额未达到500元的，免征营业税。对经主管部门批准的民间投资兴办的学校、医院自用土地，免征城镇土地使用税。（责任单位：市地税局、市财政局、市国土局、市教育局、市卫生局）

30. 经认定的民营高新技术企业整体迁入我市的，3年有效期内不再重新认定，符合条件的，享受高新技术企业所得税优惠政策。（责任单位：市科技局、市地税局、市国税局、市财政局）

31. 支持发展股权投资企业。（责任单位：市发改委、市金融办、市财政局）

（四）改善金融服务

32. 持续扩大信贷支持，各类金融机构要加大对涉农、小型微型民营企业信贷投放力度，确保两类贷款的增速不

低于全市当年各项贷款平均增速，增量不低于上年。（责任单位：市发改委、市金融办、市财政局、市银监局、市人行）

33. 有效扩大抵押担保范围，鼓励金融机构根据农村土地承包经营权流转和农房用地制度改革进展情况，启动并逐步扩大土地承包经营权、农房抵押贷款，进一步推进林权、水域滩涂使用权等抵押贷款业务，积极开展应收账款、仓单、存单、股权、知识产权等权利质押贷款，加强对符合条件出口企业的信贷支持。（责任单位：市发改委、市金融办、市银监局、市人行、市工商局、市农委、市国土局、市水务局、市住建委、市科技局）

34. 鼓励银行业金融机构有条件发展信用户联保体和信用户共同体，对符合条件的信用户发放信用贷款。（责任单位：市发改委、市金融办、市银监局、市人行）

35. 禁止银行业金融机构在发放贷款时附加不合理的贷款条件，严禁对小型微型企业收取承诺费、资金管理费，严格限制收取财务顾问费、咨询费等费用。对随意抬高融资成本、存在不规范经营行为的金融机构在年度考核时实行"一票否决"，政府有关部门会同银监部门依据有关规定予以处罚。（责任单位：市发改委、市金融办、市银监局、市监察局、市工商联）

36. 拓宽融资渠道，加强对拟上市或发债民营企业的筛选、培育和储备，引导企业依法合规经营，完善法人治理结构，提高财务透明度，帮助企业做好改制、辅导和上市或发债申报工作。（责任单位：市发改委、市金融办、市经信委、市财政局、市工商联）

37. 对改制成功、办理上市辅导备案登记并成功上市的民营企业，在省级奖励100万元基础上，市、县区财政再给予100万元奖励，其中对改制成功、办理辅导备案并成功报会的给予30万元奖励，对成功上市的给予70万元奖励；企业因上市而改制的，对改制当年应补缴和辅导期内（不超过3年）超改制前基数部分企业所得税，在省级奖励基础上，市、县区财政按地方留成给予等额奖励。（责任单位：市发改委、市金融办、市财政局）

38. 对成功发行企业债、公司债、债务融资工具、中小企业私募债和中小企业集合信托计划的中小企业，在省级奖励基础上，市、县区再按发行额度3%、最高不超过75万元的标准补助，其中首位产业及关联企业发行中小企业私募债继续享受保费补贴和财政贴息政策，

不重复享受。（责任单位：市发改委、市金融办、市财政局）

（五）加强用地保障

39. 有效保障用地需求，将民营企业用地纳入年度用地计划。民营企业投资符合国家产业发展方向、技术含量高、产业带动性强的大项目，优先统筹安排新增建设用地指标。（责任单位：市国土局、市发改委、市金融办）

40. 按产城一体、宜居宜业的原则，规划建设提升具有综合服务功能的城镇就业、农民工、大学生、留学生创业园和科技孵化器等创业载体，统筹建设商贸集聚区、保障性住房等生产生活配套设施。（责任单位：市城乡规划局、市住建委、市人社局、市科技局、市商务局）

41. 鼓励节约集约用地，对建设2层以上标准化生产性厂房的，在保证设施专用的前提下，由市、县区财政给予每平方米300—500元的补助。对租用政府投资多层标准化厂房的小型微型企业，3年内给予租金优惠。（责任单位：市国土局、市经信委、市财政局）

（六）强化人才支撑

42. 支持扩大就业和就业培训，对职业中介机构为民营企业招用人员，按签订6个月以上用工证明和1年以上劳动合同人数，给予每人120—250元的职业介绍补贴；劳动者参加就业技能培训，给予200—1200元的培训补贴，并按规定建立动态调整机制。对民营企业新录用人员并与其签订6个月以上劳动合同，进行上岗前技能培训的，由当地政府给予不低于人均300元的补贴；对经岗位技能提升培训并取得中级工、高级工、技师、高级技师资格的，分别给予每人500元、1000元、2000元、3000元的补贴。（责任单位：市人社局、市财政局）

43. 支持和鼓励民营企业利用自有存量土地建设公共租赁住房用于员工公寓，纳入当地保障性安居工程建设计划，享受同等优惠政策。（责任单位：市住建委、市城乡规划局、市国土局、市财政局）

44. 支持企业引进高端人才。对来我市创新创业的领军人才、高端人才和创新创业团队最高分别给予200万元、50万元和30万元一次性补贴。对入选国家“千人计划”、省“百人计划”、市“产业振兴千名人才计划”的人员，分别给予50万元、30万元、5万元奖励，同时入选的按就高标准奖励，不重复奖励。（责任单位：市委组织部、市人才办、市人社局、市科技局、市财政局、市教育局）

45. 对新认定省级以上院士工作站、博士后科研工作站和技能大师工作室分别给予10万元、5万元、3万元一次性资助，对在站工作的院士、博士后，根据工作时间，每年分别给予最高3万元、2万元生活补贴。(责任单位：市科技局、市经信委、市财政局、市人社局)

46. 加强民营企业家队伍建设，实施百名民营企业家培养计划，定期组织民营企业经营管理人员和创业者开展管理提升培训，重视培养乡土人才。(责任单位：市委组织部、市人才办、市经信委、市人社局、市工商联)

47. 将民营企业的各类人才纳入享受政府特殊津贴、省学术技术带头人及后备人选等优秀人才选拔培养范围，享受相关人才奖励和补助政策。(责任单位：市人社局、市财政局、市工商联)

(七)优化发展环境

48. 切实减轻企业负担，严禁任何机关、事业单位和各类协会、学会等社会团体向企业摊派费用，严禁违法违规审批、检查、评比，严禁违法指定中介机构让企业接受各种评审、评估、年检，严禁强行指定企业购买专用产品。各级监察部门要把办理解决民营企业投诉作为优化经济发展环境的重点工作，对加重企业负担、服务效能低下的单位和工作人员依法依规处理。(责任单位：市监察局、市民政局)

49. 民营企业和民营企业家的合法财产受法律保护，任何单位和个人不得侵占、破坏，未经法定程序，不得非法改变权属关系。禁止滥用行政权力干预民营企业合法生产经营活动，不得非法查封、扣压、冻结企业财产。(责任单位：市中级法院、市检察院、市公安局、市监察局、市工商局、市工商联)

50. 广泛宣传发展民营经济的方针政策，大力倡导尊重创业、尊重劳动的风尚，营造重商、亲商、安商的良好氛围。(责任单位：市委宣传部、市经信委、市商务局、市农委、市工商联)

51. 大力宣传推介企业优质产品，提升产品的美誉度和市场占有率。(责任单位：市委宣传部、经信委、市商务局、市农委、市工商联)

52. 引导广大民营企业和个体工商户自觉遵守法律法规，加强企业诚信体系建设，弘扬诚实守信精神，不断提高企业管理水平，认真履行社会责任。(责任单位：市工商局、市经信委、市商务局、市农委、市工商联、市人行)

53. 充分发挥新闻舆论监督作用，对侵犯民营企业及企业家合法权益和干扰合法经营活动的典型事例及时予以曝

光。（责任单位：市委宣传部、市监察局、市工商联）

54. 加强民营企业党建工作，充分发挥党组织的作用，促进民营经济健康发展。（责任单位：市委组织部、市委非公有制经济和社会组织工作委员会、市经信委、市工商局、市工商联）

55. 除民营企业外，其他民营经济组织机构均可参照享受以上相关政策。（责任单位：市民政局、市工商局、市财政局、市工商联）

三、保障措施

（一）加强组织领导。建立党委领导、政府负责，全社会合力支持民营经济发展的工作协调机制，推动各项政策措施的贯彻落实。成立由市政府主要负责同志任组长、常务副市长和分管副市长任副组长、有关部门主要负责同志为成员的市发展民营经济工作领导小组，负责统筹、协调、指导全市民营经济发展工作，研究相关政策措施，协调解决民营企业发展的重大问题。领导办公室设在市经信委，负责日常工作。各县区成立相应领导机构。

（二）加强责任落实。把促进民营经济加快发展纳入各级党委、政府和有关部门工作目标考核体系。每年制定地方经济和社会发展规划，要注重听取、吸纳民营企业的意见和建议。各责任单位要结合本单位职能，制定切实可行的工作措施，落实好国家和省、市出台的鼓励民营经济发展的各项政策。市、县区（开发区、集中区）经济运行领导小组定期召开经济运行协调会，重点研究民营经济运行形势，推进民营企业重点项目建设，研究落实企业反映的各类问题，通报帮扶活动开展情况。

（三）加强联系帮扶。按照民营企业规模、经营类型划分，分别建立市领导、各县区（开发区、集中区）、市直相关部门领导分层次联系企业制度。畅通联系企业反映问题的渠道，联系企业的领导每年赴企业实地调研不少于2次，每月电话联系了解企业生产经营情况不少于1次。组织机关干部开展经常性的帮扶企业活动，强化服务企业意识，改进服务方式，创新服务手段，千方百计解决制约民营经济发展的突出问题。

（四）加强舆论宣传。各县区各部门各单位和新闻媒体要采取切实有效的措施，积极营造发展民营经济的舆论氛围，开辟专栏或专题，广泛宣传鼓励和支持民营经济发展的方针、政策和措施，引导更多的社会资本兴办经济实体。大力弘扬“崇尚创新、宽容失败、支持冒险、鼓励冒尖”的创新文化，重点宣传

创业致富带头人和成效卓著的优秀民营企业家，形成尊重、支持、善待民营企业家的良好社会风尚。

（五）加强资金引导。市财政每年安排扶持民营经济发展专项资金，确保专项资金规模与市财政收入同步增长。专项资金的使用要体现产业导向和扶优扶弱，切实增强政策连续性和可操作性，重点支持全民创业、民营企业技术创新、技术改造、产品结构调整、品牌培育创建、中小企业生产经营上台阶、中小企业信用担保体系和服务体系建设、企业引进人才、管理人员培训等方面。

（六）加强统计监测。统计部门建立全市民营经济发展情况的统计、监测、分析和数据报送制度；国家统计局芜湖调查队做好规模（限额等）以下企业的抽样调查和统计分析工作，按季公布民营经济有关数据，及时、准确、全面反映民营经济的发展状况。每年公布民营经济发展有关数据，全面反映民营经济的发展状况。有关部门要及时向社会公开发布产业政策、行业动态等信息，逐步建立民营经济市场监测、风险防范和预警机制，推进民营企业诚信体系建设，引导民营经济健康发展。

（七）加强考核督查。建立民营经济发展情况考核机制。自2013年起，市政府每年对各县区促进民营经济发展的情况进行考核并通报。每两年开展一次全市民营经济发展考核评比，由市委、市政府对促进民营经济发展的先进县区、贡献突出的优秀民营企业家和优秀创业者进行表彰。市发展民营经济工作领导小组办公室、市监察局要把市相关单位和部门发展民营经济及政策落实情况纳入重点督查内容，定期进行督查，对工作不落实的部门和县区（开发区、集中区）及工作人员进行问责。各县区（开发区、集中区）要依据皖发〔2013〕7号文件和本通知精神，结合实际，制定具体实施办法。

中共蚌埠市委蚌埠市人民政府 关于促进全市民营经济加快发展的实施意见

蚌发〔2013〕2号　2013年1月29日

为深入贯彻落实党的十八大精神，加速蚌埠跨越赶超、重返全省第一方阵，着力解决民营企业规模不够大、融资渠道不够多、创新能力不够强、管理水平不够高等问题，鼓励和引导全市民营经济大发展、大繁荣，进一步打破民营经济发展的体制机制障碍和要素制约，进一步激发民营经济发展活力，进一步优化民营经济发展环境，结合我市实际，现对促进我市民营经济加快发展提出如下实施意见。

一、扩大投资领域

（一）非禁即入。除国家明令禁止外，凡允许公有制企业、外商投资企业进入的行业和领域，鼓励民营企业进入。在可以实行市场化运作的基础设施、基础产业、市政公用事业、社会事业和其他公共服务领域，支持民间资本进入。在一般竞争性领域，为民间资本创造更广阔的市场空间。（责任单位：市发改委）

（二）鼓励民间资本参与基础设施建设。支持民间资本以独资、控股、参股等方式投资公路、桥梁、水运、港口、铁路专用线等项目。鼓励民间资本参与建设蚌埠至五河高速公路、蚌埠港长淮卫作业区码头、蚌埠东部物流中心、蚌埠南部物流中心、蚌埠北部物流中心等项目。积极吸引民间资本投资农田水利、水资源综合利用等项目。（责任单位：市发改委、市交通局、市农委、市水利局）

（三）鼓励民间资本参与市政公用事业建设。支持民间资本投资城市供水、供气、供热、公共交通、污水和垃圾处理、城市园林绿化等领域，参与建设全市小城镇供水、城市和城镇污水处理等项目，已建成项目可通过公开转让产权或经营权方式鼓励民营企业参与运营管理。支持和吸引民间资本参与经济适用房、公租房等政策性住房建设和棚户区改造，并享受政策性住房建设政策。（责任单位：市住建委、市交通局）

（四）鼓励民间资本参与社会文化事业建设。支持民间资本兴办各类医疗机构，参与市第四人民医院新病区暨市康复医院等项目建设；鼓励民间资本参与公立医院转制改组。支持民间资本兴办幼儿园、中小学校、职业教育学校等各类教育和社会培训机构，参与职教园区建设等项目。支持民间资本兴办养（托）老服务和残疾人康复、托养等各类社会福利机构。经主管部门批准的民间投资兴办的学校、医院、养老院，对其自用的房产、土地免征房产税、城镇土地使用税、城市基础设施建设费，占用耕地的免征耕地占用税。支持民间资本投资文化创意、动漫游戏、影视制作、演艺娱乐、文博会展、数字网络等领域，参与博物馆、文化馆、体育馆、影剧院等文化体育设施建设。支持民间资本参与旅游景区和旅游集散中心的投资开发、经营管理。（责任单位：市文广新局、市卫生局、市教育局、市民政局、市体育局、市旅游局、市国税局、市地税局）

（五）鼓励民间资本进入金融服务领域。放宽民间资本兴办金融机构的股份比例限制，支持民间资本以入股方式参与商业银行增资扩股、城乡信用社改制，支持民间资本发起或参与设立村镇银行、贷款公司、信用担保公司。放宽村镇银行中法人银行最低出资比例限制。放宽小额贷款公司投资者持股比例限制，最大股东或主发起人持股比例放宽至35%，其他发起人最大持股比例放宽至20%。（责任单位：市金融办、蚌埠银监分局、人民银行蚌埠中心支行）

（六）鼓励民营企业开放合作。支持民营企业之间、民营企业与国有企业之间组成联合体。支持民营企业通过参股、控股、资产收购等方式参与国有企业改制重组。支持民营企业利用市场组合民间资本和社会资源，通过产权交易、联合重组等方式做大做强。（责任单位：市国资委、市工商局、市招商局）

二、放宽经营条件

（七）放宽准入条件。实行“零成本”注册，对民营企业、个体工商户注册登记及变更注册登记免收登记类、证照类行政事业性收费。试行注册资本货币“零首付”，适当延长出资期限，企业自成立之日起3个月内缴付不低于20%（最低3万元人民币）的注册资本金，剩余出资可在2年内缴足。允许企业以实物、债权、股权、资本公积金、非专利技术或专利权、商标权等出资，非货币出资最高可占公司注册资本的70%。民营企业母公司注册资本达1000万元、下设三个子公司并具备相关条件的，可以申请组建民企集团。（责任单位：市工商局）

（八）放宽住所及经营场所限制。对不能提供产权证明或国土部门权属证明的，凭当地政府或其派出机构出具的相关产权证明文件，可予办理注册登记；申办个体工商户无法提交经营场所产权证明的，申请人可以持市场主办单位和开发小区（含工业小区、科技园区）管委会、居委会、村委会出具的同意在该场所从事经营活动的相关证明，办理注册登记。对进入政府设立的产业聚集区的信息服务企业，园区管委会出具的证明即可作为注册场地的证明文件；农民以宅基地房屋自营或出租给他人经营的，无房屋产权证明时，可凭合法的建房许可证明或乡（镇）、村（社居委）证明申请办理注册登记。

申请将住宅改变为经营性用房的，在办理注册登记时，只需提交住所使用证明、住所（经营场所）登记表、居委会或业主委员会出具的有利害关系业主的同意证明即可；申请将住宅改变为经营性用房，从事加工制造、餐饮、娱乐、洗浴、棋牌室等可能影响环境和居民生活行业的，办理注册登记时，在提交上述材料的同时，需提供县、区政府的同意证明。（责任单位：市工商局、各县区政府）

三、激发创业活力

（九）实行初始创业补贴政策。市区大中专技职校毕业生、下岗失业人员、被征地农民、进城创业的农村劳动者、复转军人及残疾人员等，初始创办工业类个体工商户的，在本地领取营业执照、依法纳税、稳定经营6个月后，可享受3000元的一次性初始创业补贴。（责任单位：市人社局、市经信委、市财政局、市工商局、市残联、各区政府）

（十）鼓励个体工商户转型升级。个体工商户转型升级及新办私营有限责任公司、私营股份有限公司等民营工业企业的，凭营业执照、纳税证明等材料，每户可享受1万元的一次性创业升级补贴。（责任单位：市工商局、市经信委、市财政局、各县区政府）

（十一）给予创业者和劳动密集型小企业贴息扶持。创业并依法注册登记的各类城乡劳动者和劳动密集型小企业，可申请创业担保贴息贷款。个人担保贴息贷款最高额度为8万元，劳动密集型小企业贴息贷款最高额度为400万元，贷款期限为2年。经认定的个人创业担保贷款给予全额贴息。参加社会保险且经认定的劳动密集型企业，贷款额度在200万元（含）以内的，按照基准利率的50%给予贴息；贷款额度在200万元以上的，200万元以上400万元（含）以下部分按照基准利率的25%给予贴息。（责任单位：市人社局、市财政局、

人民银行蚌埠中心支行、各县区政府）

（十二）鼓励职务发明。允许和鼓励在蚌高等院校、科研院所职务发明成果在蚌实施产业化，三年内公司所得税地方留成部分的50%用于奖励科技人员及其团队。科技人员经所在单位同意，在业余时间兼职从事科技创业、科技成果转化活动，其收入归个人所有。（责任单位：市科技局、市教育局、市财政局）

（十三）推进创业基地建设。实行差异化供地政策，优先安排各类创业基地用地指标，支持建设多层标准化厂房。对当年为小微企业发展建设三层（含三层）以上标准化厂房的投资主体，按其当年实际建成标准化厂房投资的10%给予奖励，单个项目最高奖励50万元。对新入驻各类创业基地、孵化中心的小微企业、初创企业，对其自用办公、研发、生产用房，三年内给予房租租金20%的补助，单个企业年度最高补助20万元。（责任单位：市经信委、市科技局、市人社局、市财政局、市国土资源局、市规划局、市发改委、各县区政府）

（十四）鼓励企业集约用地。民营工业企业建设多层厂房，经批准提高容积率的，免收容积率增加部分土地出让金。（责任单位：市国土资源局、市规划局、市财政局）

（十五）促进物流业发展。对经省、市政府投资主管部门批准的新建投资额3000万元以上（不含土地费用）、建筑面积10000平米以上的物流园区、物流基地和物流配送中心建设以及第三方物流企业技术改造和新增设施项目，城市基础设施配套费按50%收取。（责任单位：市发改委、市交通局、市商务局、市财政局）

（十六）加快“晚间经济”发展。努力扩大晚间商品销售，倡导重点商贸流通企业延时营业，繁荣活跃晚间餐饮服务市场，丰富晚间文化娱乐生活。重点扶持培育华夏一条街、宝龙城市广场休闲购物夜市，张公山美食城、蚂虾街特色餐饮夜市，淮河文化广场、火车站、高铁南站休闲观光夜市。在一定时期内，鼓励各区筹措资金，对合法经营户（店）提供用电和延长营业时间补贴。（责任单位：市商务局、市文广新局、各县区政府）

四、支持做大做强

（十七）加大财政支持力度。市财政每年安排5000万元促进民营经济发展专项资金，并在财政收入增长的基础上，逐年扩大专项资金规模，重点用于市区民营企业的技术改造、科技创新、市场开拓、经营管理水平提升及公共服务改善等。设立民营经济投资集团公司，作为民营企业的投融资平台。鼓励各县（区）设立民营经济发展专项资金。（责任单位：市财政局、市经信委、各县区政府）

（十八）加大税收奖励力度。对当年新进入的规模以上民营企业或新增加的上缴税金200万元以上的民营工业企业，由受益财政按其上缴税金地方留成部分6%以上给予奖励。对当年新进入的限额以上民营商贸企业或新增加的上缴税金100万元以上的民营商贸企业，由受益财政按上缴税金地方留成部分10%以上给予奖励。（责任单位：市经信委、市商务局、市财政局、市国税局、市地税局、市统计局、各县区政府）

（十九）鼓励企业上台阶。对销售收入首次超过一定规模的企业法定代表人给予一次性奖励。本地纳税年销售收入首次突破5亿元的，奖励10万元；首次突破10亿元的，奖励30万元；首次突破50亿元的，奖励50万元；首次突破100亿元的，奖励100万元。对5—10亿元、10—50亿元、50—100亿元、100亿元以上的企业实现本地纳税年销售收入同比增长30%以上的，分别给予20万元、30万元、50万元、100万元奖励；同一年度同一企业不重复享受首次突破奖励和同比增长奖励。（责任单位：市经信委、市财政局、市统计局、各区政府）

（二十）降低税费负担。贯彻落实民营小微企业营业税、增值税起征点政策。全面取消税务发票工本费。中小企业因有特殊困难不能按期纳税的，可依法申请在三个月内延期缴纳。中小企业缴纳城镇土地使用税确有困难且符合减免税条件的，可按有关规定予以减免。（责任单位：市国税局、市地税局）

（二十一）持续提高金融扶持水平。实施“小微企业金融扶持计划”，引导各金融机构对民营小微企业实行重点帮扶，确保民营小微企业信贷惠及面不断扩大，贷款增幅高于各金融机构贷款平均增速，贷款增量高于上年水平。（责任单位：市金融办、人民银行蚌埠中心支行）

（二十二）规范金融机构经营行为。各银行业金融机构要严格按照国家利率管理规定进行贷款定价，不得利用贷款进行搭售，尽力对民营企业减费让利。推行服务收费价格公示，严格执行价格标准并提供实质性金融服务。规范融资性担保公司经营行为，全市各融资性担保公司除担保费外，不得超过国家规定收取保证金。在国家规定出台前，担保

公司向客户收取的保证金比例不得超过银行向担保公司收取的保证金比例。不得以收取咨询费、财务顾问费等名义变相提高保费。（责任单位：市金融办、人民银行蚌埠中心支行、市银监分局）

（二十三）支持直接融资。对改制成功、与保荐机构签订上市辅导协议，且在安徽证监局办理上市辅导备案登记的上市后备民营企业，由税收入库地财政给予100万元补助；在中小板或创业板首发上市成功的民营企业，由税收入库地财政给予50万元奖励；上市民营企业成功实施增发和配股再融资的，由税收入库地财政给予50万元奖励。成功实现债务融资的民营企业，由税收入库地财政给予其发行费用（包括中介机构费用、发行交易费用、推广宣传费用等）10%、最高不超过20万元的补贴。（责任单位：市金融办、市财政局、各县区政府）

（二十四）鼓励技术创新。民营企业开发新技术、新产品、新工艺产生的研究开发费用，计入当期损益未形成无形资产的，允许再按其当年研发费用实际发生额的50%，直接抵扣当年的应纳税所得额；形成无形资产的，按该无形资产成本的150%在税前摊销。对被认定为高新技术企业的民营企业，按15%的税率减征企业所得税。企业研发投入占销售收入比重首次突破3%的规上民营企业，给予30万元奖励；购买国外先进技术的，给予技术转让合同实际成交额30%、最高不超过200万元的资助；年购买国外先进设备100万元以上的，给予实际成交额5%、最高不超过200万元的资助；租赁科研、检测、生产设备的，给予其租赁费用10%、最高不超过50万元的资助。被首次认定为国家高新技术企业的，给予30万元奖励；获得国家火炬计划和重点新产品认定的，给予10万元奖励，获得省级火炬计划、重点新产品和高新技术产品认定的，给予5万元奖励。（责任单位：市科技局、市经信委、市财政局、市国税局、市地税局）

（二十五）帮助开拓市场。设立进出口贡献奖，对民营企业当年进出口额净增300万美元以上的，每100万美元奖励1万元；净增2000万美元以上的，每200万美元奖励3万元，最高奖励100万元。积极组织民营企业参加全国性、全省性展销会，对省级以上政府主办的国际性经贸展会或国外知名展会，市财政给予每个标准展位2000元补贴，每个企业参加单个展会补贴最多不超过4000元。（责任单位：市商务局、市

经信委、市财政局）

（二十六）加快人才引进步伐。对引进、培育入选国家“千人计划”的专家，给予每人50万元的奖励；入选省“百人计划”的专家，给予每人30万元的奖励。对新建院士工作站、博士后工作站的民营企业，给予10万元的启动经费支持。（责任单位：市人才办、市人社局、市工商联、市财政局）

（二十七）优化职称评审方式。民营企业中从事工程技术研发、经营管理且作出突出贡献的人才，可不受学历、资历、身份、职称、任职年限和论文数量等限制，免于职称英语和计算机应用能力考试，直接申报中级及以上专业技术职称。（责任单位：市人社局、市经信委）

（二十八）加强员工培训。鼓励民营企业利用自身条件或通过校企合作的方式，对员工开展技能培训。企业按规定对新录用劳动者开展技能培训的，按照每人300元的标准给予企业培训补贴。符合条件的企业对签订一年以上劳动合同职工开展岗位技能提升培训的，根据培训后取得中级工、高级工、技师、高级技师国家职业资格证书的人数，按照每人500—3000元不等的标准，给予企业培训补贴。（责任单位：市人社局、市教育局、市工商联、市财政局）

（二十九）推进民营企业联合重组。对民营企业兼并重组发生的土地使用权、不动产所有权和相关股权转让，免收变更过户手续费；民营企业兼并国有企业、集体企业和破产企业，符合有关规定的，免征契税。（责任单位：市工商局、市财政局、市国税局、市地税局）

五、优化发展环境

（三十）健全领导机制。成立市发展民营经济领导小组，负责统筹、协调、推进全市民营经济发展工作，领导小组办公室设在市经信委。建立健全组织领导、分工负责、责任明确、合力推进的工作协调机制，加强市、县（区）部门联动，推动各项政策措施落到实处。（责任单位：市发展民营经济领导小组办公室、市直各相关部门、各县区政府）

（三十一）建立考核机制。将民营经济发展情况纳入目标考核体系，制定分类考核办法，对各县（区）、市直各相关部门进行考核奖惩。各县（区）、市直各相关部门要把民营经济发展纳入中长期规划和年度工作计划，围绕目标任务，加大工作力度，促进民营经济健康发展。市每年评选表彰一批优秀民营企业和民营企业家。（责任单位：市发展民营经济领导小组办公室、市目标考

核办、市财政局、市统计局、各县区政府）

（三十二）改进管理模式。引导民营企业规范发展、科学发展，鼓励企业制定发展规划、实施战略管理，加强企业财务、质量、人力、现场、安全等基础管理。对初创小微民营企业按照“首错从宽、惯错从严”原则予以管理。（责任单位：市发展民营经济领导小组办公室、市直各相关部门、各县区政府）

（三十三）强化分级协调服务机制。当企业生产经营发生重大变化时，按照分级服务原则，对注册资本500万元以上的民营企业，由县（区）、园区主要负责人作为第一协调人及时帮助解决有关问题；注册资本5000万以上的民营企业，特别是上市公司，由市委、市政府主要领导作为第一协调人帮助解决有关问题，为民营企业在我市落地生根、稳定发展、持续发展创造良好服务环境。（责任单位：市发展民营经济领导小组办公室、各县区政府）

（三十四）依法清理涉企收费。凡未按规定权限和程序批准的行政事业性收费项目一律取消，凡无上位法依据的行政事业性收费项目一律不得设定。各类涉企收费标准一律按下限执行。（责任单位：市监察局、市物价局）

（三十五）优化投诉机制。发挥企业服务热线作用，及时帮助解决民营经济发展中出现的困难和问题，大力弘扬“我负责、我来办、马上办”的工作作风，严防“门难进、脸难看、事难办”和“吃、拿、卡、要”等问题的发生。严肃查处故意刁难、妨碍企业正常生产经营的单位和个人。（责任单位：市效能办、市监察局）

（三十六）营造鼓励民营经济发展的浓厚氛围。大力宣传促进民营经济发展的各项政策，宣传各地各部门落实政策的有效做法，宣传优秀民营企业、民营企业家的先进事迹和经验做法，切实让为蚌埠发展作出贡献的企业家在政治上有荣誉、经济上有效益、社会上有地位。（责任单位：市委宣传部、市经信委、市工商联、各县区政府）

六、其他

（三十七）各县（区）政府和市直有关部门、单位对本实施意见要细化落实措施，加强督促检查，确保各项政策落实到位。本实施意见列出的责任单位，排在第一位的为牵头单位。（责任单位：各县区政府、市直各相关部门）

（三十八）本实施意见所涉及的税收留成部分奖励，按税收入库级次，分别由市、县（区）负责兑现。市区奖励类补助资金由市、区各按50%予以兑现，

各县奖励类补助资金由各县予以兑现。（责任单位：市财政局、市国税局、市地税局、各县区政府）

（三十九）本实施意见自2013年1月1日起实行，与市其他同类政策不重复享受。

（四十）本实施意见由市发展民营经济领导小组办公室负责解释。

蚌埠市人民政府关于进一步鼓励和引导民间投资健康发展的实施意见

蚌政〔2014〕141号　2010年12月9日

各县、区人民政府，市政府各部门、各直属单位：

为进一步促进民间投资健康快速发展，根据《国务院关于鼓励和引导民间投资健康发展的若干意见》（国发〔2010〕13号）和《安徽省人民政府关于鼓励和引导民间投资健康发展的实施意见》（皖政〔2010〕77号）精神，结合我市发展实际，现制定如下实施意见：

一、进一步鼓励和引导民间投资健康发展的总体要求

（一）指导思想

1. 以科学发展观为指导，按照社会主义市场经济基本规律，紧紧围绕工业强市、创新驱动、开放带动、城乡统筹和可持续发展战略，积极发挥我市区位、产业优势，继续挖掘提升我市民间投资潜力，鼓励和引导民间投资健康发展，进一步促进全民创业，促进传统产业转型升级，促进战略性新兴产业培育，促进现代服务业加快发展，为我市争先崛起作出新的更大贡献。

（二）基本原则

2. 坚持民间投资健康发展与经济结构调整相统一。既要重视发挥国有资本在经济发展中的带动作用，又要按照"非禁即入、一视同仁、主动调整"的原则，推动国有资本适度退出一般性竞争领域，加大社会事业领域和公共服务领域的创新力度，为民营资本创造更加广阔的发展空间，形成民间投资健康发展的良好机制，不断增强民间投资对保障经济平稳较快发展的推动作用。

3. 坚持民间投资健康发展与城市发展战略相统一。围绕合芜蚌自主创新综合配套改革试验区建设、城市大建设两大战略平台，既要注重调动民间投资的积极性，扩大民间投资规模，又要注重把握和引导民间投资的投向，引导民间投资重点投向基础设施、传统优势产业升级、战略性新兴产业、现代服务业、社会事业等领域，充分发挥民间投资在转型升级、推动发展中的重要作用，促进经济结构调整和发展方式转变。

4. 坚持民间投资健康发展与富民强市相一致。既要引导民营企业开展联合创新投资，又要重视鼓励农民、城镇居民、高校毕业生和科技人员的创业投资，进一步扩大就业，繁荣经济，增加城乡居民的创业投入，促进资源节约、节能减排，推进发展成果和谐共享。

二、进一步鼓励和引导民间投资健康发展的重点方向

（三）鼓励民间投资加快新农村建设

5. 鼓励民间投资进入农业农村基础设施建设。积极支持和引导民间资本独资、参股或租赁经营农村水利设施；积极支持民间投资参与现代农业，发展现代农业服务业；积极支持民间投资开垦荒山、荒地、荒水；积极支持民间投资通过市场方式参与农村土地整理、复垦项目建设。推进民间投资参与农村集中居住区建设。

6. 鼓励民间投资参与农业产业化投资。支持民间投资发展农产品加工业、农产品现代物流业。鼓励和引导农民以承包土地入股的方式组建土地股份合作社，加快发展农业适度规模经营，完善农民参与农业产业化投资创业的指导服务，鼓励农民投资高效生态农业产业基地和农业科技示范基地等。

7. 鼓励农民开展经营性创业投资。支持民间投资依托城镇商贸、旅游、餐饮等特色专业街开展经营性创业投资。鼓励农民兴办或参与农村社区生产、生活、购物、连锁配送等经营性服务业，鼓励投资农资供应、农产品购销、日用品消费等“多位一体”的基层便民服务综合体系建设。

8. 鼓励民间投资进入农业综合服务体系建设。积极引导民间投资加强农业科技人才队伍建设，引导民间投资进入农业科研领域、农业生产服务体系、农产品交易市场体系、农产品品牌经营等农业综合服务体系建设，加大农业科技创新，推动农业生产、经营进一步繁荣。

（四）鼓励民间投资参与城市建设

9. 鼓励民间投资参与城市基础设施建设。扩大对外合作，积极支持民间投资以独资、合资、合作、联营、参股、特许经营、bot 等方式，参与城市道路、城市出口和港口等交通项目建设，为城市大建设增添动力。

10. 鼓励民间投资进入市政公用事业。按照“谁投资、谁经营、谁受益”的原则，鼓励社会资本采取多种形式进入城市供水、供气、停车场、集贸市场和污水、垃圾处理、城镇园林绿化等领

域，参与经营性市政公用设施的建设和运营。

11. 鼓励民间投资参与保障性住房建设。按照市场化原则，引导民间投资参与棚户区改造，投资建设廉租住房、公共租赁房和经济适用房。积极支持民间投资参与住宅产业化发展，参与滨湖新区、高铁新区等城市重点功能区开发。

（五）鼓励民间投资加快自主创新试验区建设

12. 鼓励民营企业投资战略性新兴产业。进一步严格合芜蚌自主创新综合配套改革试验区建设政策，积极支持民营企业、外来投资，加快培育光伏、生物、新材料等战略性新兴产业，不断延伸产业链，努力壮大产业规模。

13. 鼓励民间投资改造提升传统产业。积极支持骨干企业、传统产业，通过战略重组、合作经营等多种方式，引进民间投资、外来技术，加快技术改造和产品档次提升步伐，不断提升产业链、价值链和核心竞争力。

14. 鼓励民间投资参与创新体系建设。引导民间投资建设各类研发中心、创业孵化器、科技中介交易机构，支持民间投资发展技术交易与技术咨询评估、知识产权转让中介等科技服务业，鼓励民间投资设立创业投资公司、小额贷款公司、信用担保机构、村镇银行等创新金融机构，加快股份制商业银行引进步伐。

15.鼓励科技人员领办科技型企业。充分发挥现有上海理工大学科技园蚌埠基地、科技创业服务中心等资源，完善创业扶持政策，支持各类科技人员携带科技成果在我市创办科技型企业，开展技术交流合作。

（六）鼓励民间投资加快社会事业建设

16. 鼓励民间投资投资民政福利事业。鼓励民间投资投资民政福利机构，对各类福利机构在用地保障、信贷和政府采购等方面给予扶持。

17. 支持民间投资加快文化产业发展。围绕弘扬大禹文化、明文化，支持民间投资通过独资、合资、股份合作、联营等形式参与文化产业发展，建设影剧场所、图书馆、博物馆等文化事业和文化基础设施建设。

18. 鼓励民间投资开发旅游资源。支持民间投资举办旅行社等旅游企业，鼓励在符合土地利用总体规划、城市总体规划和旅游规划的前提下建设旅游设施。

三、进一步加强对民间投资的服务，优化民间投资环境

（七）加大财政资金支持。民间投资项目在获得财政支持上与其他所有制项目享受同等待遇。对于民间投资的经营性基础设施、公用事业项目，各级政府可以相应安排部分资金，以资本金注入方式参与建设，并可在一定时期内不参与收益分配。对于民间投资的农业开发、技术创新和技术改造、资源节约和环境保护、社会福利、文化产业等项目，符合条件的，各级政府应当以投资补助、贷款贴息的方式给予支持。

（八）保障公平的发展环境。各有关部门要调整完善相关政策，保证民营企业、员工享有与国有单位及人员同等的待遇。要严格落实国家税费等各项优惠扶持政策，全面清理涉及投资的中介服务收费，统一标准，明确公示。进一步规范税费征收行为，加大投诉查处力度，坚决制止不合理收费，切实减轻民间投资者负担。

（九）切实保护投资者合法权益。坚持依法行政，规范管理行为。充分尊重投资者意愿，不得干涉投资者选择投资项目的自由。抓好社会治安管理，依法打击干扰民间正常投资活动的违法行为。加强机关效能建设，提高办事效率和服务水平，完善投诉受理、协调、处理机制，对损害投资者权益的行为进行公开曝光和严格处理。

蚌埠市重大招商引资合同管理暂行办法

蚌政〔2012〕139号　2013年3月15日

第一条　为规范招商引资合同签订、履行、备案行为，防止因合同签订、履行不当造成损失，提高招商引资工作效率和质量，推进招商引资项目顺利落地、投产、达效，根据《中华人民共和国合同法》等法律法规，结合我市实际，制定本办法。

第二条　本办法所称重大招商引资合同是指市人民政府及其部门、各区人民政府、市高新区管委会、市经济开发区管委会等招商主体单位（以下简称"招商主体单位"）与投资商签订的具有法律效力的各类招商引资项目合同或协议，具体包括：

（一）市人民政府与投资商签订的招商引资合同；

（二）市人民政府部门与投资商签订的招商引资合同；

（三）各区人民政府、市高新区管委会、市经济开发区管委会与投资商签订的投资总额10亿元人民币以上或外资5000万美元以上的招商引资合同；

（四）市政府要求的其他招商引资合同。

第三条　重大招商引资合同商谈过程中或签订15日前，各招商主体单位应将合同草案文本及有关材料报市招商局，由市招商局会同市发改委、科技局、经信委、财政局、国土局、环保局、农委、商务局、规划局、法制办、金融办、国税局、地税局、工商局等部门进行审查。对于特别重要的招商引资项目，由市政府直接组织协调、审查。

市直各单位依据《蚌埠市招商政策协调小组工作制度（试行）》（蚌招商协调〔2011〕1号）进行分工负责，提出书面审查意见，并由单位主要负责人签字、盖章。

第四条　重大招商引资合同草案报送市招商局进行审查时，招商主体单位应提供以下材料：

（一）招商引资合同草案文本；

（二）本单位法制机构和法律顾问审查意见；

（三）起草说明；

（四）有关文件、材料依据（法律

法规除外）；

（五）其他有关材料或说明。

第五条 市招商局在收到合同草案和相关材料后，应及时组织相关部门进行审查，7日内提出书面审查意见，特别复杂的合同草案，10日内提出审查意见。

各相关部门应当在收到合同草案后3日内提出书面审查意见。市法制办在部门审查的基础上3日内提出合法性审查意见，特别复杂的，5日内提出合法性审查意见。

特殊情况下，由市招商局及时组织相关部门对合同草案进行联合审查并提出审查意见，以满足合同签订时限要求。

第六条 各招商主体单位在重大招商引资项目实质性洽谈时，可邀请市法制办派员参加。市法制办视情派工作人员或政府法律顾问参与洽谈。

第七条 各招商主体单位应按照《项目投资合同（工业类或商贸类）》规范文本签订合同。对规范文本的条款确需调整的，可进行适当增减或完善。给予投资方优惠政策的，应明确约定相应的投资条件和违约责任，做到合同双方权利义务对等。

市招商局应会同市发改委、经信委、财政局、国土局、商务局、规划局、金融办、法制办等单位根据国家法律、法规和招商引资政策的变化适时对《项目投资合同（工业类或商贸类）》规范文本修订完善。

第八条 招商主体单位应根据审查意见对合同草案修改、完善。招商主体单位对审查意见有不同意见的，应及时与市招商局沟通，由市招商局组织相关部门论证，提交市招商政策协调小组研究后报请市政府审议决定。凡需市政府签章的重大招商引资合同，如无市招商局和市法制办审查意见，未经市政府负责人同意，市政府一律不予签章。市政府原则上不为各区人民政府、市高新区管委会、市经济开发区管委会及市政府各部门、各单位与投资商签订的招商引资合同见证签章。

各区人民政府、市高新区管委会、市经济开发区管委会与投资商签订的其他招商引资合同由区自行审查把关。

第九条 各招商主体单位应在重大招商引资合同签订之日起10日内，将签订的合同文本原件及有关材料报市招商局备案。

第十条 各招商主体单位应建立招商引资合同档案和档案管理制度。档案内容应包括：

（一）招商引资项目合同；

（二）国有土地使用权出让合同；

（三）合同履行过程中产生的各类往来函件、会议纪要、补充协议、报告等资料；

（四）项目阶段性验收资料；

（五）相关优惠政策兑现和项目对接等资料；

（六）合同履行过程中变更、补充原合同的各类文件、资料；

（七）合同履行完毕后的验收报告等材料；

（八）其他有关材料。

第十一条　重大招商引资合同审查、备案、履行情况纳入年度依法行政考核和招商引资考核。

第十二条　招商引资合同生效后，各招商主体单位应加强对合同履行情况的监督，及时协调合同履行中出现的问题。发现合同签约方违反约定的，应及时督促其履行合同义务。经督促后在合理限期内仍未履行的，依照合同约定追究相应违约责任。对合同履行中的突出问题，招商主体单位应及时向市招商政策协调小组报告。

第十三条　招商主体单位，市招商局、发改委、财政局、国土局、规划局、商务局、统计局、法制办、国税局、地税局以及有关行业主管部门按照以下分工，负责做好重大招商引资合同的监督管理工作，促进合同全面履行。

（一）招商主体单位负责重大招商引资合同约定的建设工期、建设进度等合同履行情况的监督、协调等工作。

（二）市招商局负责重大招商引资合同的审查、备案管理等工作。

（三）市发改委会同市统计局、国土局负责重大招商引资合同约定的固定资产投资额的审核确认等监督管理工作。

（四）市财政局会同市国税局、地税局等单位负责重大招商引资合同约定的税收优惠确认及优惠待遇执行情况的监督管理工作。

（五）市国土局负责重大招商引资合同约定的土地出让、土地利用等监督管理工作。

（六）市规划局负责重大招商引资合同约定的规划执行情况的监督管理工作。

（七）市商务局负责重大招商外资项目合同约定的投资总额、注册资本、各方的出资比例等监督管理工作。

（八）市法制办负责重大招商引资项目合同的合法性审查工作。

（九）各有关行业主管部门负责重大招商引资合同约定的经营业态、营业规模、自持比例的审核确认等监督管理工作。

第十四条 违反本办法规定，重大招商引资合同未经审查、备案，或合同履行过程中玩忽职守、徇私舞弊造成重大损失或负面影响的，对相关单位负责人和直接责任人，依法依纪给予处分；构成犯罪的，依法追究刑事责任。

第十五条 本办法由市招商局、市法制办负责解释。

第十六条 各县、区可根据本办法，结合实际，制定本县、区的招商引资合同审查监督管理办法。

第十七条 本办法自发布之日起施行。

蚌埠市中小微企业发展专项资金使用管理暂行办法

蚌政〔2012〕143号　2013年2月20日

第一章 总则

第一条　为贯彻落实《蚌埠市人民政府关于促进经济平稳较快发展的实施意见》（蚌政〔2012〕52号），改善中小微企业经营发展环境，规范专项资金的使用和管理，提高资金使用效益，促进中小微企业健康发展，依据《安徽省中小企业发展专项资金管理暂行办法》（财企〔2009〕477号）等文件精神，制定本办法。

第二条　本办法所指中小微企业发展专项资金（以下简称专项资金），是指市级财政预算安排的专项用于支持全市中小微工业企业发展的财政性资金。

第三条　专项资金的使用和管理应当符合国家宏观经济政策、产业政策和地区发展政策；坚持公平、公正、公开的原则；坚持统筹安排、突出重点和规范运作的原则。

第四条　专项资金坚持总量控制、择优扶持原则。当年申报项目资金超预算额度，由市经信委提出调减项目资金的意见，在专项资金预算额度内，择优确定一定数量的拟支持项目。当年申报项目资金未达预算额度，应严格审核，不得提高补助和奖励标准，未使用完的专项资金不结转下年。

第二章 支持的对象和范围

第五条　专项资金的支持对象：在蚌埠市行政辖区内依法登记注册、生产经营、成长性好的中小微工业企业（含“专精特新”中小企业）和为中小微企业提供优质服务的各类服务机构。优先支持电子信息、高端装备制造、生物医药、节能环保、新能源、新材料等六大战略性新兴产业类中小微企业和高新技术企业。

中小微工业企业划分标准按工业和信息化部、国家统计局、国家发展和改革委员会、财政部《关于印发中小企业划型标准规定的通知》（工信部联企业〔2011〕300号）执行。

中小微企业服务机构是指依法设立的专门为促进中小微企业发展提供服务

的中小企业服务中心、中小企业公共服务平台、社会中介服务组织等。

第六条 专项资金的支持范围：企业自主创新、节能降耗、“两化融合”项目以及公共服务平台建设项目。

（一）鼓励企业自主创新，促进产业升级和结构调整。重点支持中小微企业为扩大生产规模、加快产品结构调整升级、实现技术改造和技术创新而进行的固定资产投资建设项目。

（二）鼓励企业节能降耗，推动企业清洁生产。重点支持中小微企业应用、生产节能降耗产品，或者为改善安全生产条件而进行的技术改造与清洁生产项目。

（三）鼓励企业“两化融合”，提高企业信息化水平。重点对促进信息化与工业化深度融合，加强信息技术在企业发展环节中的应用效果明显，并获得国家、省级和市级认定等项目给予补助。

（四）加强公共服务平台建设，改善企业服务环境。重点支持公共服务平台、创业基地、产业集群专业镇、创业辅导中心建设。

第三章支持的方式及额度

第七条 专项资金采取后支持方式。补助或奖励金额根据公共服务平台、企业完成固定资产投资的多少或创新成果大小确定。

第八条 专项资金的支持额度。

（一）技术创新与技术改造项目。按照实际完成固定资产投资额的一定比例给予补助，其中传统产业类项目，按实际投资额的3%给予补助，每个项目补助最多不超过30万元；战略性新兴产业项目和高新技术企业项目，按实际投资总额的5%给予补助，每个项目补助最多不超过50万元。项目固定资产投资额应大于100万元，项目实施企业应为中、小、微型企业。

对新认定为国家级、省级、市级产学研联合示范企业、自主创新品牌示范企业的，分别一次性给予30万元、20万元、10万元的奖励。

列为省级新产品或省级重点新产品的奖励5万元，列为国家级新产品或国家级重点新产品的奖励10万元。

（二）节能降耗项目。成长性好的中小微企业通过实施节能技术改造项目后，实现年节能量300吨标准煤以上的，按300元/吨标准煤给予奖励，最多不超过15万元；中小微企业开展清洁生产并通过审核（非强制性）的，奖励10万元。

（三）“两化融合”项目。对获得国家级、省级和市级“两化融合示范企业”或“两化融合示范园区”称号的单位分别给予30万元、20万元和10万元补助。

（四）公共平台项目。考核评估达标后，对下列项目予以支持：

1. 公共服务平台建设，根据服务机构当年开展服务项目实际费用发生额或平台建设实际完成厂房、辅助用房、专业设备等固定资产投资额的20%给予补助，每个项目补助最多不超过50万元；

2. 小企业创业基地建设，按当年实际厂房、辅助用房、专业设备等固定资产投资额的20%给予补助，每个项目补助最多不超过50万元；

3. 产业集群专业镇建设，按当年实际厂房、辅助用房、专业设备等固定资产投资额的20%给予补助，每个项目补助最多不超过50万元。

第九条对同一企业、同一项目在同一年度不予重复支持。同一企业（单位）当年只能申报一类专项资金项目；法人代表为同一人的不同企业当年只能申报其中一个企业的项目；当年已申报各类中央、省财政资金的项目或已获得中央、省财政支持的项目不能再次申报；本年度以前已获得国家、省财政专项资金支持项目未办理竣工验收手续的企业不再申报。

第四章 资金申报、审批和拨付

第十条项目申报条件：具有独立法人资格、成立1年以上、生产经营或业务开展情况良好，会计信用和纳税信用良好，及时足额缴纳社会保险金，按时向统计部门报送企业报表、向市财政部门报送企业财务快报。同时必须符合以下条件：

（一）申报技术创新与技术改造项目的条件。

项目符合国家产业政策；依照有关规定进行核准或备案；高新技术企业、自主创新企业、产学研联合示范企业获相关部门认定。

（二）申报节能降耗项目的条件。

节能技术改造项目依照有关规定核准或备案。

（三）申报中小微企业“两化融合”项目的条件。

电子信息技术广泛应用到生产的各个环节，具备信息化应用所需的软硬件设备和条件，信息化成为企业经营管理的常规手段，并能够切实提升企业的管理水平和竞争力；当年已经获得相关部门认定。

（四）申报中小微企业公共服务平台建设项目的条件。

经相关部门批准或认定，依法注册、登记，有规范、完整的服务规程，拥有为中小微企业服务的相应业务资质，全年服务中小微企业不少于30家，且用户满意度在80%以上；具有固定的工作场所、专业为中小微企业服务的人员及服务设施，在涉及的服务领域拥有较好的服务业绩。

（五）申报小企业创业基地建设项目的条件。

纳入各县区创业基地建设项目规划，截至项目申报前一年基本建成；创业基地建筑面积应在10000平方米以上，具有连续滚动孵化小企业的功能；基础配套设施完备；入驻企业数不少于15家，入驻企业创业成功率在50%以上；具有为新办企业提供非营利性创业服务的功能，包括创业指导、咨询策划、代理服务、融资指导、人才培训、技术服务等。

（六）申报产业集群专业镇建设项目的条件。

主导产业特色鲜明，年销售额在2亿元以上、上缴税金400万元以上；从事主导产业或产品生产经营企业户数在30户以上。主导产业集聚度50%以上，60%从业人员从事于主导产业或产品的生产经营活动；初步具备产品研发、质量检验检测、人员培训、信息咨询、商务代理等服务功能；基础配套设施完备；具有明确的产业发展规划和中长期发展目标，并积极组织实施；镇政府能为企业创造良好发展环境，指导和扶持特色产业发展。

第十一条 申报程序。

（一）专项资金项目采取集中申报、统一受理。

（二）符合申报条件的市级中小微企业及服务机构直接向市经信委、市财政局提出申请；县区中小微企业及服务机构向所在县区经信、财政部门提出申请。

（三）各县区经信、财政部门对申报材料进行审核，初审合格后联合行文上报市经信委、市财政局。

（四）次年3月底前为各县区申报时间。每年一次。

第十二条 项目申报材料。

（一）项目资金申请报告；

（二）专项资金申请表；

（三）法人营业执照副本（复印件）；

（四）生产经营情况及业务开展情况；

（五）项目核准或备案材料；

（六）企业缴纳的社会保险金凭证，项目环评批复文件（申请国家级和省级新产品、购置专项用于研发的设备、公共服务平台服务项目、小企业创业基地建设项目、产业集群专业镇建设项目除外）；

（七）项目进展情况；

（八）经会计师事务所审计的上一年度财务决算报表、项目投资专项审计报告及项目申报前一个月的财务报表；

（九）完成投资相关证明材料。

此外，服务机构还须提供相应业务资格证书、单位基本情况及为中小微企业提供相应业务服务的情况汇总，为中小微企业提供服务的合同、收费凭证、服务效果证明等相关证明材料（复印件），服务对象（中小微企业）对服务满意程度进行评价的证明材料。

第十三条 建立专家评审制度。按照公平、公正、公开的原则，市经信委会同市财政局组织相关专家对申报的项目进行评审。

第十四条 依据专家评审意见，在专项资金使用规模内，结合企业发展情况，按照择优原则，市经信委、市财政局会同相关部门确定一定数量的当年拟支持项目，并以适当方式进行公示。

第十五条 公示无异议后，市经信委会同相关部门确定当年最终支持项目及专项资金使用计划，经审定后下达专项资金通知书。市财政局根据国库集中支付的有关规定办理资金拨付。

第十六条 项目单位收到财政部门拨付的专项资金后，应按国家有关财务规定进行账务处理，并做好书面记录，以备查验。

第五章 专项资金的监督与检查

第十七条 市财政局负责专项资金的年度预算安排及拨付管理，市经信委、市财政局等有关部门共同对资金的使用情况进行监督检查。

第十八条 承担固定资产投资项目的企业，应在项目建成后1个月内向市经信委和市财政局书面报告项目建设情况及专项资金使用情况。不能按期完成的项目，需在原定项目建成期前书面说明理由和预计完成日期。

承担中小微企业公共服务平台建设项目、小企业创业基地建设项目和产业集群专业镇建设项目的企业或单位，应于年底前向市经信委和市财政局书面报告专项资金使用情况和具体项目实施情况。

第十九 条凡专项资金支持的项目，竣工后要及时进行验收。对项目未按规定进行验收的企业，以及项目未按照核准或备案内容实施的企业，其新申报的项目原则上不再予以支持。

第二十条 专项资金必须专款专用。对弄虚作假、骗取财政资金，或不按申报用途使用的，一经发现，予以通报批评，并追回专项资金，5年内不得申报专项资金。构成违法犯罪的，移交司法部门依法处理。

第六章 附则

第二十一条 本办法由市经信委负责解释。鼓励各县区出台相应配套政策支持中小微企业发展。

第二十二条 本办法自印发之日起施行。

蚌埠市政府关于《蚌埠市“孔雀计划”实施办法》

第一章 总 则

第一条 为贯彻落实《蚌埠市人民政府关于实施蚌埠市“孔雀计划”的若干意见》（蚌政〔2012〕11号）精神，吸引和鼓励在外蚌埠籍企业家、科技工作者、务工人员返乡回蚌创业就业，促进全市经济社会又好又快发展，结合我市实际，制定本实施办法。

第二条 基本原则：对返乡回蚌创业就业人员政策上给优惠、经济上给待遇、政治上给地位。

第二章 蚌埠籍企业家返乡回蚌创业扶持政策

第三条 蚌埠籍企业家带项目、带技术、带资金返乡回蚌创办、领办各类企业，投资人民币500万元以上的，适用本章各项优惠政策。

第四条 放宽准入条件。积极引导和支持蚌埠籍企业家进入我市优势产业和特色经济行业创业就业。（责任单位：市发改委、市经信委、市招商局、市工商局、市科技局）

第五条 降低工商登记门槛。除法律、法规另有规定外，蚌埠籍企业家设立股份制有限责任公司最低注册资本按3万元执行；股份制有限责任公司可分期缴纳出资，首期只需缴纳注册资本的20%，最低可降至3万元，即可登记注册，其余部分自公司成立之日起2年内缴足。允许1名自然人或1个法人投资设立一人有限公司，注册资本最低可降至10万元，但需一次足额缴纳。（责任单位：市工商局）

第六条 享受招商引资和产业发展优惠政策。把蚌埠籍企业家纳入招商引资范围，与外地客商享受同样的优惠政策。符合条件的，可按规定享受国家和本地扶持发展中小企业、非公有制经济、现代服务业、高新技术企业、农产品加工业、农业产业化龙头企业及现代农业的优惠政策。（责任单位：市招商局、市发改委、市财政局、市农委、市商务局、市经信委、市科技局）

第七条 市、县（区）财政设立创业扶持基金。对企业的技术改造和新产品开发、节能减排、资源综合利用等项目给予支持；每年安排一定资金用于创业培训、创业项目引导、国家和省有关扶持资金的配套以及创业表彰等。（责任单位：市财政局、市人社局）

第八条　实行税收优惠政策。对蚌埠籍企业家返乡回蚌创办的企业，自登记注册之日起，3年内按规定缴纳的企业所得税地方留成部分，前2年全额奖励给企业，第3年奖励50%。由企业税收缴入地财政兑现奖励政策，支持企业加快发展。（责任单位：市财政局、市国税局、市地税局）

第九条　实行贷款贴息优惠政策。蚌埠籍企业家返乡回蚌创办或领办企业，符合劳动密集型小企业贷款贴息条件的，经认定后可享受劳动密集型企业贷款贴息政策，贴息期限为2年。贷款额度在200万元（含）以内的，按照基准利率的50%给予贴息；贷款额度在200万元以上400万元（含）以下部分按照基准利率的25%给予贴息。（责任单位：人行蚌埠市中心支行、市人社局、市财政局）

第十条　落实技能培训补贴政策。返乡创业企业按规定对职工实施岗位技能提升培训的，根据培训后取得中级工、高级工、技师、高级技师职业资格证书的人数，分别按每人500-3000元不等的标准给予企业培训补贴。企业招收符合条件的"就业援助对象"，签订1年以上劳动合同并缴纳社会保险的，可享受社会保险补贴政策。（责任单位：市人社局、市财政局、市地税局、市国税局）

第十一条　设立企业人才培训补贴专项经费。返乡回蚌创业企业通过技校、职业院校定向培养技能人才的，按培训后取得高级工、技师和高级技师以上职业资格证书的人数，分别给予职业院校1000-3000元不等的人才培训补贴。（责任单位：市人社局、市财政局）

第三章　蚌埠籍科技型人才返乡回蚌创业就业扶持政策

第十二条　蚌埠籍科技型人才是指：蚌埠籍具有硕士以上学位或副高以上专业技术职称的紧缺专业人才，省内某一学科、技术领域的带头人、领军人才，具有自主知识产权并有较好产业化开发前景的各类高层次人才。上述三类高层次人才返乡回蚌创业就业的，适用本章各项优惠政策。

第十三条　放宽知识产权等出资比例限制。除国家限制性行业外，经专门机构评估认定后，蚌埠籍科技型人才返乡回蚌创业可以用知识产权、实物、土地使用权等可用货币估价并可依法转让的非货币财产作价出资，其出资比例在不超过70%的前提下，由投资各方协商确定。（责任单位：市工商局）

第十四条　实行税收优惠政策。蚌埠籍科技型人才返乡回蚌创办、领办企

业，经认定为高新技术企业的，减按15%的税率征收企业所得税。（责任单位：市科技局、市国税局、市地税局）

符合条件的科技创业人才，年收入10万元以上（含10万元）且纳税信用记录良好、为本企业职工依法办理各项社会保险并按时足额缴纳保险费的，对其上年度实际缴纳的个人所得税，地方留成部分实行全额奖励。（责任单位：市国资委、市财政局）

第十五条 支持金融机构和担保机构联合开展知识产权质押。担保公司和小额贷款公司为返乡回蚌科技型人才创办的科技型中小企业担保或贷款发生风险损失的，给予风险损失额10%、每年最高100万元资助。（责任单位：市科技局、市财政局、市金融办、人行蚌埠市中心支行）

第十六条 设立市创业风险投资引导基金。市财政每年安排专项资金，通过阶段参股、跟进投资、风险补偿等方式，引导各类创业投资机构投资返乡回蚌科技型人才创办的科技型企业。（责任单位：市财政局、市科技局）

第十七条 实施引进人才优惠政策。每年事业单位拿出一定数量的编制和科级领导职数，用于公开招聘国家重点大学（“985”、“211”工程大学）硕士以上学位高层次人才。（责任单位：市人才办、市编办、市人社局）

第十八条 鼓励符合条件的返乡回蚌科技型人才创办的科技型企业，按照合芜蚌自主创新综合试验区有关政策参加股权激励、分红激励试点。（责任单位：市财政局、市发改委、市科技局）

第四章　蚌埠籍高技能人才返乡回蚌创业就业扶持政策

第十九条 蚌埠籍持有高级工、技师、高级技师技能等级证书，或具有特殊专长、可以带来重大技术改造和较高经济效益的高技能人才返乡回蚌创业就业的，适用本章各项优惠政策。

第二十条 降低工商登记门槛。在符合安全、环保、消防等法律法规规定的前提下，允许蚌埠籍高技能人才利用家庭住所、租借房、临时商业用房作为过渡性创业经营场所。（责任单位：市工商局）

第二十一条 支持从事个体经营。各级工商部门对手续合法、齐全、符合法定形式的，当场核准发放营业执照；当场不能办理的，限时做好跟踪服务。（责任单位：市工商局）

第二十二条 支持入园创业。蚌埠籍高技能人才在农民工创业园、城镇就业创业园创办的各类企业或经济实体，享受所在园区各类优惠政策。免交登记类、证照类、管理类等各项行政事业性收费，免交物管费、卫生费、治安费、环保费等管理性费用，减半缴纳场地费，适当减免水电费。（责任单位：市人社局、市地税局，各县、区人民政府）

第二十三条 扶持出园企业。对孵化期满的出园企业，以出园时与企业签订1年以上劳动合同、参加和足额缴纳社会保险费的职工人数为基数，给予12个月的社会保险补贴和一次性组织起来就业补助。（责任单位：市财政局、市人社局）

第二十四条 享受贷款贴息优惠政策。蚌埠籍高技能人才返乡回蚌自主创业的，可按规定享受小额担保贴息贷款，额度最高10万元，期限不超过2年，对诚实守信、生产经营前景好的项目，期满后可再申请一次。（责任单位：市人社局、人行蚌埠市中心支行）

第五章 其他在外蚌埠籍就业人员返乡回蚌创业就业扶持政策

第二十五条 蚌埠籍企业家、科技型人才、高技能人才以外的蚌埠籍人员返乡回蚌创业就业的，适用本章各项优惠政策。

第二十六 条享受创业扶持经费补贴。在外蚌埠籍人员返乡回蚌自主创业，带动30人以上就业，并按规定签订劳动合同、缴纳社会保险的，经有关部门认定后，给予一次性创业扶持经费10万元。（责任单位：市人社局、市财政局）

第二十七条 支持入园创业。蚌埠籍就业人员在大学生、留学人员、农民工等创业园创办的各类企业或经济实体，享受所在园区各类优惠政策。经认定符合条件的，享受贷款贴息政策。对符合条件的孵化期满出园企业，给予社会保险补贴和一次性组织起来就业补助。（责任单位：各县、区人民政府，市财政局、市人社局）

第二十八条 落实创业培训扶持政策。对有创业愿望和培训需求的蚌埠籍人员开展创业意识培训、创办企业培训、改善企业培训等服务，按每人100—1000元不等的标准给予培训机构创业培训补贴。（责任单位：市人社局、市财政局）

第二十九条 提供公共就业服务。公布免费求职登记电话，对有就业愿望和就业能力的蚌埠籍人员，在1周内提供2个以上岗位供其选择，并协调用工单位给予适当的工资待遇和社会保障，减免3年的人事代理和档案托管服务费用。（责任单位：市人社局）

第三十条 定期举办专场招聘会。

充分发挥市场在人力资源配置中的基础性作用，定期向社会公开发布企业对人力资源的需求信息和人力资源市场职业供求分析报告，为劳动者提供及时、全面、准确的用工信息。通过举办专场招聘会、推介会等形式，为返乡回蚌企业招聘和劳动者求职牵线搭桥。（责任单位：市人社局，各县、区人民政府）

第三十一条 享受职业技能培训优惠政策。对符合条件的蚌埠籍人员，自主选择定点培训机构、工种（项目），参加就业技能培训合格并取得相应证书的，按相关规定给予培训补贴。就读我市职业院校的本市农村初高中毕业生，所学专业为我市企业紧缺专业（工种）的，毕业时与本市企业签订1年以上劳动合同的，按每人2000元标准给予一次性培训补助（不含免费学生）。（责任单位：市财政局、市人社局）

第六章 建立蚌埠籍人员返乡回蚌“绿色通道”

第三十二条 加大宣传推介力度。充分利用广播、电视、报刊、网络等媒体，广泛宣传蚌埠籍人员返乡回蚌创业就业的优惠政策。市各相关部门要通过各自门户网站、外出招商引资等渠道，积极宣传“孔雀计划”，吸引更多在外蚌埠籍人员返乡回蚌创业就业。

第三十三条 建立信息发布平台。加强与园区、企业等联系，广泛收集人力资源需求和招聘信息，实现市、县（区）、乡（镇）信息资源共享，由市人力资源交流服务中心面向全国公开发布。

第三十四条 建立一站式服务平台。市、县（区）设立专门服务窗口，为返乡回蚌创业就业人员提供户口迁移、相关证照申领等全方位服务，做到“一站式受理、一次性告知、一条龙服务”。

第三十五条 为返乡回蚌创业就业人员配偶提供公共就业服务。按原身份渠道优先推荐就业岗位，积极提供就业服务。随迁配偶为我市紧缺的科技型、高技能人才的，同时享受本实施办法相关优惠政策。（责任单位：市人社局、市人才办）

第三十六条 方便返乡回蚌创业就业人员子女入学。返乡回蚌创业就业人员，其子女入园及义务教育阶段入学，享受城区居民子女入学（入园）同等待遇，由户籍地或居住地所在县、区教育部门就近安排到相应的公办学校就读。（责任单位：市教育局）

第三十七条 落实住房保障政策。符合条件的返乡回蚌创业就业人员可享受购房补贴、租房补贴和实物配租等住房优惠政策，每年预留一定数量的公共租赁住房，用于返乡回蚌创业就业人员住房周转。我市建造的人才公寓可按照规定定向配售给科技型、高技能返乡回蚌人员自住。（责任单位：市住建委、市财政局，各县、区人民政府）

第三十八条 提供医疗保障服务待遇。符合条件的领军人才和高端人才享受医疗照顾人员待遇，到指定的医疗机构就医，所需医疗经费通过现行医疗保障制度解决，不足部分由用人单位按照有关规定予以解决。（责任单位：市卫生局、市人才办、市人社局）

第三十九条 放宽户口准入条件。凡自愿来我市工作的大、中专以上毕业生及引进的各类人才，暂未落实工作单位又没有合法固定住所的，可在市人力资源交流服务中心实行劳动人事代理，登记为市人力资源交流服务中心集体户口。对符合相关条件的，积极为其共同居住生活的配偶、未婚子女、父母办理落户手续。（责任单位：市人社局、市公安局）

第四十条 提供法律服务或法律援助。为需要法律服务或法律援助的返乡回蚌创业就业人员相应减免部分律师代理费或公证服务费用，对符合条件的，免费提供法律援助服务。（责任单位：市司法局）

第四十一条 加大表彰宣传力度。积极开展优秀返乡创业就业人员评选表彰活动，每年评选一批创业就业先进典型，并择优申报省级、国家级创业就业之星。充分利用广播、电视、报刊、网络等媒体，广泛宣传蚌埠籍人员返乡回蚌创业就业中涌现出的先进典型，积极营造“返乡创业有功、回蚌就业光荣”的良好社会氛围。

第四十二条 提高政治待遇。积极培养吸收返乡回蚌创业就业的先进典型加入党团组织，优先推荐评先评优，增强他们的政治荣誉感。

第七章 附 则

第四十三条 统一身份认定。返乡回蚌创业就业人员，由市、县人力资源交流服务机构依据其户口、身份证、学历（技能等级）证书、企业登记注册和税务登记证等资料进行审核确认。

第四十四条 实施目标管理。将“孔雀计划”并入市就业和社会保障统筹工作体系，纳入政府年度目标管理考核，加强督查，奖优罚劣，强化落实。各县（区）政府和市相关部门要进一步明确职责，细化措施，密切配合，形成合力，确保工作取得实效。

第四十五条 本实施办法中的优惠

政策与本市其他优惠政策同类型的，不重复享受，符合条件的返乡回蚌人员可按就高原则享受。

第四十六条　非蚌埠籍企业家、科技工作者来我市创办、领办企业的，参照本实施办法执行。

第四十七条　本实施办法由市人力资源和社会保障局负责解释。

第四十八条　本实施办法自发布之日起施行。

蚌埠市地方税务局关于支持民营经济加快发展的实施意见

为落实蚌埠市委、市政府《关于促进全市民营经济加快发展的实施意见》(蚌发〔2013〕2号，以下简称《意见》)，充分发挥地税职能作用，更好地支持和服务我市民营经济发展，现提出以下实施意见。

一、支持创办民营企业

1. 民营企业从事港口码头、机场、铁路、公路、城市公共交通、电力、水利等国家重点扶持的公共基础设施项目所得，自取得第一笔生产经营收入所属纳税年度起，对企业所得税实行“三免三减半”优惠。

2. 新办的集成电路设计企业和符合条件的软件企业，经认定后，在2017年12月31日前自获利年度起计算优惠期，第一年至第二年免征企业所得税，第三年至第五年按照25%的法定税率减半征收企业所得税。

3. 鼓励发展民营软件企业和集成电路企业，对国家规划布局内的重点软件企业和集成电路设计企业，如当年未享受免税优惠的，减按10%的税率征收企业所得税。

4. 民营企业兴办托儿所、幼儿园、养老院、残疾人福利机构，提供育养服务，婚姻介绍，殡葬服务取得的收入免征营业税，其托儿所、幼儿园自用房产、土地免征房产税、土地使用税。

5. 民间资本投资兴办医院、诊所和其他医疗机构，提供的医疗服务免征营业税；非营利性医疗机构自用房产、土地免征房产税、土地使用税；营利性医疗机构，自取得执业登记之日起，其自用房产、土地3年内免征房产税、土地使用税。

6. 经主管部门批准的成立、国家承认其学员学历的民办学校，提供教育劳务取得的收入免征营业税；其自用房产、土地免征房产税、土地使用税。

7. 鼓励民间资本参与廉租住房、经济适用住房建设，在商品住房项目中配套建造廉租住房或经济适用住房的，可按廉租住房、经济适用住房建筑面积占总建筑面积的比例免征城镇土地使用税、印花税。对廉租住房经营管理单位

按照政府规定价格、向规定保障对象出租廉租住房的租金收入，免征营业税、房产税。

8. 鼓励民间资本参与棚户区改造，在商品住房等开发项目中配套建造安置住房的，依据政府部门出具的相关材料和拆迁安置补偿协议，按改造安置住房建筑面积占总建筑面积的比例免征城镇土地使用税、印花税。

9. 凡是在基建工地为基建工地服务的各种工棚、材料棚、休息棚和办公室、食堂、茶炉房、汽车房等临时性房屋，不论是民营施工企业自行建造还是由基建单位出资建造交施工企业使用的，在施工期间，一律免征房产税。

10. 民间投资主体经政府主管部门批准举办的纪念馆、博物馆、文化馆、文物保护单位管理机构、美术馆、展览馆、书画院、图书馆，举办文化活动的第一道门票收入免征营业税。

11. 鼓励民间资本进入金融领域，自2009年1月1日至2015年12月31日，对农村信用社、村镇银行、农村资金互助社、由银行业机构全资发起设立的贷款公司、法人机构所在地县及县以下地区的农村合作银行和农村商业银行的金融保险业收入减按3%的税率征收营业税。

12. 支持民营资本参与旅游服务业发展，对从事旅游业务的民营服务企业，以其取得的全部价款和价外费用扣除替旅游者支付给其他单位或者个人的住宿费、餐费、交通费、旅游景点门票和支付给其他接团旅游企业的旅游费后的余额为营业额计算征收营业税。

13. 自2011年10月1日至2014年9月30日，对家政服务企业由员工制家政服务员提供的家政服务取得的收入免征营业税。

14. 经认定的民营动漫企业自主开发、生产动漫产品，可享受国家现行鼓励软件产业发展的所得税优惠政策。

二、支持民营企业开放合作

15. 帮助民营企业开拓国际市场，其来源于境外的应税所得以及从其直接或者间接控制的境外企业分得的股息、红利等权益性投资收益，已在境外缴纳的所得税税额，可按税法的规定从其应纳税额中抵免。

16. 鼓励具备条件的民营企业成立担保机构和开展担保业务。对符合信用担保机构免税条件且列入免税名单的中小企业信用担保机构，其取得的担保和再担保业务收入，自担保机构向主管税务机关办理免税手续之日起，3年内免征营业税。

17. 民营企业在资产重组过程中，通过合并、分立、出售、置换等方式，将全部或者部分实物资产以及与其相关联的债权、债务和劳动力一并转让给其他单位和个人的行为，其中涉及的不动产、土地使用权转让，不征收营业税。

18. 除从事房地产开发以外的民营企业，以土地、房产作价入股进行非房地产开发投资或联营的，暂免征收土地增值税。

19. 民营企业兼并劣势企业，被兼并企业将房地产转让到兼并企业中，暂免征收土地增值税；符合有关规定的免征契税。

20. 以无形资产、不动产投资入股，参与接受投资方利润分配，共同承担投资风险的行为，不征收营业税。

21. 对股权转让不征收营业税。民营企业对外进行权益性(股权)投资所发生的损失，在经确认的损失发生年度，作为企业损失在计算企业应纳税所得额时一次性扣除。

三、鼓励民营企业技术创新

22. 民营企业为开发新技术、新产品、新工艺发生的研究开发费用，未形成无形资产计入当期损益的，在按规定实行100%扣除的基础上，可以再按实际发生额的50%在企业所得税前加计扣除；形成无形资产的，按照无形资产成本的150%摊销。

23. 民营企业符合条件的技术转让所得，在一个纳税年度内不超过500万元的部分，免征企业所得税；超过500万元的部分，减半征收企业所得税。

24. 民营企业对由于技术进步，产品更新换代较快的固定资产，常年处于强震动、高腐蚀状态的固定资产，可以缩短折旧年限或者采取加速折旧的方法。

25. 经有关部门认定为高新技术企业的民营企业，减按15%的优惠税率征收企业所得税。在高新技术企业3年有效期内，企业搬迁或更名，均继续享受税收优惠。

26. 民营企业发生的符合条件的广告费和业务宣传费支出，不超过当年销售(营业)收入15%的部分，准予在企业所得税前扣除；超过部分，准予在以后纳税年度结转扣除。

27. 经认定的技术先进型民营服务企业，减按15%的税率征收企业所得税。经认定的技术先进型民营服务企业发生的职工教育经费不超过工资总额8%的比例据实在企业所得税前扣除，超过部分，准予其在以后纳税年度结转扣除。

28. 从事软件生产和集成电路设计

的民营企业，实行增值税即征即退政策所退还的税款，由企业用于研究开发软件产品和扩大再生产，不作为企业所得税应税收入，免征企业所得税。

29. 支持高新技术民营企业到我市投资兴业，比照皖江城市带承接产业转移示范区相关政策规定，对已认定的高新技术企业转移到我市落户的，在三年有效期内不再重复认定，减按15%的税率征收企业所得税。

30. 在2012年1月1日至2013年12月31日期间，对合芜蚌自主创新综合试验区内科技创新企业转化科技成果，以股份或出资比例等股权形式给予本企业相关技术人员的奖励，技术人员一次缴纳税款有困难的，经主管税务机关审核，可分期缴纳个人所得税，但最长不得超过5年。

四、支持民营企业资源综合利用

31. 民营企业购买并实际使用企业所得税优惠目录规定的环境保护、节能节水、安全生产等专用设备，该专用设备投资额的10%可从当年的应纳税额中抵免；当年不足抵免的，可以在以后5个纳税年度结转抵免。

32. 民营企业从事符合国家规定条件的环境保护、节能节水项目的所得，自项目取得第一笔生产经营收入所属纳税年度起，第一年至第三年免征企业所得税，第四年至第六年减半征收企业所得税。

33. 民营企业以《资源综合利用企业所得税优惠目录》规定的资源作为主要原材料，生产国家非限制、非禁止并符合国家和行业相关标准的产品取得的收入，减按90%计入收入总额。

五、引导民营企业发展现代农业

34. 支持民营企业发展现代农业，对从事农业机耕、排灌、病虫害防治、植保、农牧保险以及相关技术培训业务，家禽、牲畜、水生动物的配种和疾病防治业务的，免征营业税。对从事农作物新品种选育和林木的培育、灌溉、农产品初加工、兽医、农技推广、农机作业和维修等农、林、牧、渔服务业项目的所得，免征企业所得税。

35. 对从事农作物和中药材种植、牲畜和家禽的饲养所得，免征企业所得税。对从事花卉、茶以及饮料作物的种植及养殖的所得，减半征收企业所得税。

36. 民营企业直接用于农、林、牧、渔业的生产用地，免征城镇土地使用税。经营采摘、观光农业的民营企业，其直接用于采摘、观光的种植、养殖、饲养的土地，免征城镇土地使用税。

六、降低民营企业税收负担

37. 对按期纳税的个体工商户及其它有经营行为的个人，月营业额未达到20000元、日（次）营业额未达到500元的，免征营业税、城市维护建设税、教育费附加。

38. 对符合条件的小型微利企业，适用20%的企业所得税优惠税率；2012年1月1日至2015年12月31日，对年应纳税所得额低于6万元(含6万元)的小型微利民营企业，其所得减按50%计入应纳税所得额，按20%的税率缴纳企业所得税。

39. 自2011年11月1日起至2014年10月31日止，对金融机构与小型、微型企业签订的借款合同免征印花税。

40. 自2012年1月1日起至2014年12月31日止，对符合条件的民营物流企业自有(包括自用和出租)占地面积在6000平方米以上的大宗商品仓储设施用地，减按所属土地等级适用税额标准的50%计征城镇土地使用税。

41. 自2010年4月1日起，调低娱乐业营业税税率，高尔夫球营业税税率由原20%调整为10%，其他娱乐业营业税税率由原20%调整为5%。

42. 民营企业缴纳房产税、城镇土地使用税有困难的，经审批后可给予一定的减免。

43. 全面取消税务登记证工本费、发票工本费，税务机关应及时广泛宣传，严格执行工本费免收政策，大力支持民营企业正常生产经营，不得随意限制、减少发票正常供应量。

44. 民营企业利用政策性搬迁或处置收入购置或改良固定资产，按照规定计算折旧或摊销，并在企业所得税税前扣除。民营企业从规划搬迁次年起的五年内，其所得的搬迁收入或处置收入暂不计入企业当年应纳税所得额。企业搬迁后，原有场地不使用的，暂免征收城镇土地使用税。

45. 支持民营企业减负增收。对企业从各级人民政府财政部门及其他部门取得的财政补助，符合税法规定条件的，作为不征税收入，不计入企业所得税应纳税所得额。

46. 对因不可抗力发生较大损失，正常生产经营活动受到较大影响的民营企业，或者当期货币资金在扣除应付职工工资、社会保险费后，不足以缴纳税款的民营企业，要及时办理延期缴纳税款手续，帮助企业解决暂时困难。

47.2013年内，参加失业保险的民营企业，单位缴费费率由2%下调到1%。参加生育保险的民营企业，单位缴费费率由0.8%下调到0.6%。允许经审查认定，办理相关手续后的困难企业缓缴五项社会保险费，缓缴期限不超过6个月，补缴日期最迟不超过2013年12月20日。

七、鼓励民营企业用工

48. 对安置残疾人符合条件的民营企业，由税务机关按单位实际安置残疾人数，限额(最高不超过每人每年3.5万元)即征即退增值税或减征营业税。企业支付给残疾人的实际工资可在企业所得税税前据实扣除，并可按支付给残疾人实际工资的100%加计扣除。

49. 对符合条件的商贸企业、服务型企业、劳动就业服务企业中的加工型企业和街道社区具有加工性质的小型企业实体，在新增加的岗位中，当年新招用持就业失业登记证(注明“企业吸纳税收政策”)人员，与其签订1年以上期限劳动合同并依法缴纳社会保险费的，在3年内按实际招用人数予以每人每年4800元定额依次扣减营业税、城市维护建设税、教育费附加和企业所得税优惠。

50. 对为安置自谋职业退役士兵就业而新办的服务型民营企业(除广告业、桑拿、按摩、网吧、氧吧外)，当年新安置自谋职业退役士兵人数达到企业职工总数30%以上并与其签订1年以上期限劳动合同的，经县级以上民政部门认定，税务机关审核批准，3年内免征营业税（属于营改增试点范围的，相应免征增值税）、城市维护建设税、教育费附加。

中共淮南市委淮南市人民政府贯彻落实关于进一步加快民营经济发展的实施意见

淮发〔2013〕9号　2013年07月11日

为认真贯彻落实省委、省政府《关于大力发展民营经济的意见》（皖发〔2013〕7号）精神，加快转变经济增长方式，进一步推动全民创业，实现新一轮民营经济大发展，结合我市实际，现提出以下实施意见。

一、落实注册资本货币“零首付”，企业（一人有限公司除外）自成立之日起3个月内首付最低可至注册资本金的20%（最低3万元人民币），其余部分可在2年内缴足。

二、市、县（区）共同筹措1亿元支持个体工商户发展专项资金，为贷款额度在10万元以下个体工商户信用贷款提供担保。

三、个体工商户转型升级为企业后，凡实行定期定额征收方式（达到增值税一般纳税人标准除外）的纳税人，两年内税收标准不变，并对所增加的地方财政贡献给予50%的奖励。两年内仍按个体工商户的相关规定办理社会保险业务。

四、对入驻标准化厂房等新办的小微企业，在正常经营6个月后，给予50%贷款贴息补助，最高不超过1万元。民办创业园经认定后，享受公办创业园相关优惠政策。

五、2015年12月31日前，对年应纳税所得额不超过6万元的小型微利企业，其所得减按50%计入应纳税所得额，按20%的税率缴纳企业所得税。

六、对大学本科毕业5年内领办、创办工业企业，年生产经营指标达到规模以上工业企业标准的，由所在县区政府奖励60平方米以上住房一套。对个体工商户升格为“三上”企业的，每个奖励20万元。对回乡人员在各类工业园区创办符合国家产业政策、符合我市产业投资目录的企业，按招商引资企业享受园区内相关优惠政策。上述奖励市、县（区）财政1 ∶ 1承担。

七、将本地中小微企业符合条件的产品纳入政府采购目录，同等条件下优先采购。市财政商有关部门制定奖励政策鼓励区域内大型企业优先采购本市中小微企业产品。

八、对租用政府投资建设标准化厂房，年销售收入超亿元、5000万元以上、2000万元以上的企业分别给予减免80%、70%、60%的租金。对小微企业和个体工商户租用政府投资标准化厂房的鼓励政策另行制定。对规模以上企业固定资产投资或技改投资亩均超过300万元的，按机器设备采购发票金额的2%给予奖励，最高不超过500万元。

九、对主持制定国际标准、国家标准的企业给予50万元奖励；对参与制定（排名前三）国际标准、国家标准的企业给予30万元的奖励；对主持制定行业标准的企业给予30万元奖励；对参与制定（排名前三）行业标准的企业给予10万元奖励。对企业研发新产品被国家部委和省直部门认定的，给予奖励。对企业研发和经营管理环节数字化程度达到80%以上、生产制造环节数字化程度达到80%以上的企业，经审查认定，给予一次性20万元的奖励。

十、鼓励市、县（区）融资性担保机构通过分保、再保和反担保等多种方式加强业务合作，提高融资性担保整体服务能力。通过多家机构联保方式解决规模较大项目融资受到损失、且担保费率不超过平均担保费率水平的，企业承担保费的50%，其余50%由市、县（区）财政再按1∶1比例承担。

十一、对融资性担保季平均放大倍数超过5倍、代偿率低于1%的，按照季平均在保余额的0.5‰给予担保机构奖励，单户不超过100万元。对为小微企业和“三农”提供单笔100万元以下的融资担保，且年化担保费不高于2%的，市财政和项目所在地财政给予担保机构50%的担保费补贴。县（区）推荐，由市级国有担保机构提供担保的项目，须有县区担保机构提供反担保，年化担保费率不高于1%的，按在保余额给予1%的补贴，用于风险补偿。凡属于市、县区财政给予奖励、补助的部分，均按1∶1比例分担。

十二、对从市外引进的高级管理人才或高级技术人才签订服务合同满3年的，按每人50%的平均市价标准给予企业租房补贴，对有重大特殊贡献的另行奖励。对企业录用大学本科以上人才在本地就业并签订服务合同的，采取“先交后补”的办法，给予50平方米左右廉租房房租补助，第一年补助三分之一房租；第二年补助三分之二房租；第三年全额补助。鼓励大专院校与企业联合办学，对获得专科、本科和硕士学历证书的，一次性分别资助企业 1000 元、3000 元和 5000 元。上述三项补助，市、县（区）和淮南经济技术开发区各承担 50%。

十三、成立淮南市诚信民营企业评审委员会，成员单位由人民银行淮南中心支行、市经信委、市工商联、市金融办、市工商局等相关单位组成，制定诚信民营企业认定、使用和管理办法，建立《淮南市诚信民营企业库》，实现资源共享、共用。

十四、对新进入全国民营企业 500 强且总部在淮南的企业给予一次性 500 万元奖励；对新进入全省民营企业 20 强、50 强、100 强的企业分别给予一次性 100 万元、50 万元、20 万元的奖励（按最高奖励，不重复享受）。每新增 1 户规模以上工业企业、限额以上商贸企业、资质三级以上（含三级）建筑业企业，各奖励县（区）2 万元、0.5 万元、0.5 万元。

十五、从 2013 年起连续 5 年，市财政每年安排不少于 1 亿元扶持民营经济发展专项资金（其中含 3000 万元中小微企业贷款风险补偿资金），用于充实市、县（区）担保公司国有资本金、贷款贴息以及有关政策的兑现。各县（区）原则上按市财政安排的资金等比例配套。

十六、成立市发展民营经济领导小组，负责统筹协调民营经济发展相关事宜。领导小组实行按季调度、半年分析制度，每半年对县（区）民营经济发展情况进行汇总分析，每年对民营企业进行排序，对民营经济发展主要指标超过全省平均水平的先进县（区）和业绩良好的优秀民营企业、优秀民营企业家进行表彰；对主要指标低于全省水平的县（区），要进行通报。成员单位每年要围绕发展民营经济工作开展 1—2 次调研活动，提出意见建议，报市委、市政府和市发展民营经济领导小组。将发展民营经济纳入各县（区）、各有关单位年度目标考核。市纪委牵头，每年对民营经济发展政策落实情况进行一次检查通报。

十七、本意见自印发之日起施行。适用范围按省政府办公厅《关于印发全省民营经济考核评价办法的通知》（皖政办秘〔2013〕26 号）的考评范围进行界定。市委、市政府此前发布的政策规定与本意见不一致的，以本意见为准。

中共淮北市委 淮北市人民政府贯彻落实《省委省政府关于大力发展民营经济的意见》的通知

淮发〔2013〕6号　2013年07月11日

为大力促进民营经济发展，把民营经济打造成为我市经济增长的主体力量和强大支撑，努力形成各种所有制经济平等竞争、相互促进、共同发展的新格局，根据《省委、省政府关于大力发展民营经济的意见》（皖发〔2013〕7号）和《省政府办公厅关于落实大力发展民营经济意见有关政策措施分工的通知》（皖政办〔2013〕7号）文件精神，现就全面贯彻落实省委、省政府大力发展民营经济系列政策措施，通知如下：

一、总体要求

全面贯彻落实党的十八大精神，以扩大存量、抓好增量、壮大总量、提升质量为重点，加强政策引导，优化发展环境，破除发展障碍，充分激发各方面的创新创造活力，把民营经济打造成为我市经济增长的主体力量和强大支撑，努力形成各种所有制经济平等竞争、相互促进、共同发展的新格局。

二、发展目标

确保到“十二五”末，民营经济增加值占经济总量的比重达到50%以上；到2017年，民营企业确保达到1.6万户、力争2万户，万人拥有企业数确保达到72户、力争90户，比2012年翻一番以上；个体工商户数确保达到8.54万户、力争9万户，比2012年增长50%以上。

三、保障机制

（一）健全组织领导机制

成立市发展民营经济领导小组，负责统筹、协调、指导全市民营经济发展工作。领导小组办公室设在市经信委，具体负责全市发展民营经济日常工作。建立党委领导、政府负责、内生与外引相结合、全社会合力支持民营经济发展的工作协调机制，推动各项政策措施的贯彻落实。

（二）健全推进落实机制

把促进民营经济发展纳入各级党委、政府和有关职能部门工作指标体系。各级党委、政府要改进工作作风，建立联系民营企业制度，每年专题研究民营经济发展不少于两次，解决民营经济发展的突出问题；研究制定地方经济和社会发展规划要注重吸纳、听取民营企业的意见和建议。各责任单位要结合职能，制定切实可行的工作措施，落实好国家和省、市出台的鼓励民营经济发展的各项政策。领导小组办公室要督促各级党委、政府和有关职能部门，每季度上报支持民营经济发展的措施和成效，半年专题汇报，年终总结通报表彰。

（三）健全措施保障机制

市财政每年安排扶持民营经济发展专项资金，并在财政收入增长的基础上，逐年扩大专项资金规模。各县区要按省财政安排的资金等比例配套。健全民营经济统计监测制度，建立对民营经济发展主要指标进行统计和监测的报表制度，引导民营经济健康发展。组织开展机关干部帮扶企业活动，并形成长效机制。

（四）健全督查考核机制

自2013年起，市委、市政府每年对县区发展民营经济工作和市直部门服务民营经济发展工作进行考核评比，对发展和服务工作先进单位以及优秀民营企业、民营企业家和创业之星进行表彰。市大督查办公室要把各单位发展民营经济及政策落实情况纳入年度重点督查内容，对政策不落实的部门和县区进行问责。

（五）健全宣传引导机制

各级各部门、新闻媒体要采取各种有效措施，开辟专栏或专题，广泛宣传国家和省、市关于鼓励、发展民营经济的方针、政策和措施，在全社会形成敢想、敢试、敢闯、敢干的社会氛围。大力表彰依法经营、诚实守信、认真履行社会责任的民营企业家的先进事迹和经验做法，引导更多的社会成员兴办经济实体，充分激活和凝聚全社会的创业热情和正能量，努力形成民营经济铺天盖地、蓬勃发展的大好局面。优先推荐优秀民营企业家为各级人大代表、政协委员人选，提高民营企业家入选各级劳动模范的比例，切实让为淮北发展作出贡献的企业家和创业者在政治上有荣誉、社会上有地位，形成全社会尊重民营企业家、支持民营企业家、善待民营企业家的良好社会风尚。

（六）健全责任追究机制

在市纪委（监察局）设立民营企业投诉中心和投诉服务电话，除法律、法规、规章另有规定外，各承办单位必须在5个工作日内回复投诉事项处理情况。健全责任追究机制，对故意刁难、妨碍企业生产经营造成严重影响的单位和个人，依法依规严肃处理。

附件：

淮北市贯彻实施《省委省政府关于大力发展民营经济的意见》责任分工的方案

淮北市贯彻实施《省委省政府关于大力发展民营经济的意见》责任分工的方案

为全面贯彻实施《省委、省政府关于大力发展民营经济的意见》（皖发〔2013〕7号），根据《省政府办公厅关于落实大力发展民营经济意见有关政策措施分工的通知》（皖政办〔2013〕7号）精神，结合我市实际，就全市大力发展民营经济工作，制定如下责任分工方案：

一、激发主体活力

1. 大力实施强企工程，引导优质资源向优势民营企业集中。

责任单位：市经信委、市发改委、市科技局、市商务局、市人社局、市国土资源局、市金融办、市工商联。排序第一者为牵头单位，下同

2. 支持科技创新、管理创新、产品创新和商业模式创新。

责任单位：市科技局、市经信委、市商务局、市工商联

3. 加强质量和品牌建设。

责任单位：市质监局、市城乡建委、市工商局

4. 增强核心竞争力，着力打造一批自主创新能力强、市场影响力大的骨干企业，培育一批行业领军型企业和企业家。

责任单位：市经信委、市委组织部、市科技局、市商务局、市人社局、市工商联

5. 对新进入全国民营企业500强和安徽民营企业100强企业，市政府予以通报表彰，并给予一次性奖励。

责任单位：市经信委、市财政局、市工商联

6. 对获得中国驰名商标和安徽省著名商标的企业，市政府予以通报表彰，并给予一次性奖励。

责任单位：市经信委、市财政局、市工商局、市工商联

7. 对主导制订国际标准、国家标准、行业标准、地方标准的企业，市政府予以通报表彰，并给予一次性奖励。

责任单位：市经信委、市财政局、市质监局、市工商联

8. 把招商引资作为发展民营经济的重要途径，大力推动徽商“凤还巢”。

责任单位：市招商局、市发改委、市经信委、市商务局、市工商联

9. 深化与全国知名民营企业合作发

展。

责任单位：市经信委、市招商局、市工商联

10. 鼓励市外企业家、战略投资者、技术和管理人才来淮北投资兴业，广泛聚集发展资源。

责任单位：市招商局、市经信委、市发改委、市商务局、市工商联

11. 对总部或研发中心迁至我市的民营企业，按一事一议的原则给予优惠政策。

责任单位：市招商局、市经信委、市科技局、市商务局、市财政局、市国土资源局、市规划局、市房管局、市工商联

12. 对徽商回淮北投资及本地民间资本投资，享受外商投资同等待遇。

责任单位：市招商局、市经信委、市工商联

13. 采取激励措施，推动更多的社会成员兴办经济实体，引导更多的外出务工人员回乡创业。

责任单位：市人社局、市委组织部、市经信委、市工商局

14. 促进更多的个体工商户转型升级为企业法人。

责任单位：市工商局、市人社局、市经信委

15. 完善和落实小额担保贷款、财政贴息等鼓励自主创业政策。

责任单位：市人社局、市财政局

16. 个体工商户转为小型微型企业，以及创办并稳定经营的微型企业，可由当地政府给予一定比例的补贴。

责任单位：市工商局、市人社局、市经信委、市财政局

17. 确保到2017年，万人拥有企业数、个体工商户数分别比2012年翻一番以上和增长50%以上，民营经济对经济发展的贡献率明显提高。

责任单位：市经信委、市人社局、市工商局、市工商联

二、拓展发展空间

18. 全面落实国务院关于鼓励和引导民间投资健康发展的“新36条”和国家有关部委的42个实施细则。

责任单位：市发改委、市工商局、市经信委、市商务局、市工商联

19. 按照“非禁即准”的原则，全面放开投资领域，切实做到平等准入、放手发展。

责任单位：市发改委、市工商局、市经信委、市环保局、市商务局、市工商联

20. 支持民营资本参与国有企业改制重组。

责任单位：市国资委、市财政局、市工商联

21. 支持民营资本参与农村合作金融机构改制、农村商业银行增资扩股、支持民营企业参与村镇银行发起设立或增资扩股等。

责任单位：市金融办、市经信委、淮北银监分局、市工商联

22. 支持民营资本兴办非义务教育。

责任单位：市教育局、市工商联

23. 支持民营资本兴办医院。

责任单位：市卫生局、市工商联

24. 支持民营资本兴办社会中介机构。

责任单位：市民政局、市工商联

25. 建立健全民营资本参与重大项目投资招标长效机制。

责任单位：市招标局、市发改委、市重点建设局、市城乡建委、市监察局、市工商联

26. 除一人有限责任公司外，允许注册资本货币“零首付”，可在法定期限内缴足注册资本。允许使用法律法规和规章未禁止、尚未纳入国民经济行业分类的行业用语，作为企业名称和经营范围表述用语。

责任单位：市工商局

27. 除法律、行政法规、国务院决定设置的企业登记注册前置许可外，一律不得设置其他前置许可。应当进行前置许可的，要简化环节、优化程序、提高效率。

责任单位：市工商局、市环保局、市国土局、市城乡建委、市规划局、市房管局、市招商局

28. 支持民营企业建立研发机构。

责任单位：市经信委、市科技局、市商务局、市人社局

29. 对企业所得税年增长较快的民营企业，可由同级财政将其增量地方留成部分按一定比例奖补企业用于研发和技改。

责任单位：市经信委、市财政局

30. 对土地单位面积产出率高、研发投入达到规定比例的民营企业，可由同级财政将企业年纳税增量地方留成部分按一定比例奖补企业用于研发和技改。

责任单位：市经信委、市科技局、市财政局

31. 支持民营科技企业加快发展。

责任单位：市经信委、市科技局、市发改委、市工商联

32. 对民营企业研发机构在承担国家科技任务、人才引进等方面与公办研发机构实行一视同仁的支持政策。

责任单位：市科技局、市财政局、市经信委、市商务局、市人社局、市国税局、市地税局

33. 引导民营企业加大技术改造投入，将符合省、市政府关于加快做大做强主导产业要求的民营企业技术改造项目纳入重点技术改造项目，给予贷款贴息扶持。

责任单位：市经信委、市财政局

34. 技术创新工程试点省专项资金、省创业投资引导基金直接参股基金对初创期科技型中小企业予以重点支持。

责任单位：市科技局、市财政局、市发改委、市人社局

35. 各类科技计划项目对纳入高新技术企业培育库的民营企业予以优先支持。

责任单位：市科技局、市财政局、市经信委、市人社局

36. 严禁在政府采购中通过设定附加条件等形式变相对民营企业设置门槛。

责任单位：市招投标局、市监察局

37. 支持符合条件的民营企业申请纳入国家推广企业、产品规格型号及销售网点目录。

责任单位：市经信委、市农委、市商务局

38. 对照国家产品惠民政策，引导企业参与竞标。

责任单位：市商务局、市招投标局、市经信委

39. 积极组织产需对接，促进中小微型企业与大企业建立稳定的协作配套关系。

责任单位：市经信委、市商务局、市科技局、市工商联

40. 支持民营企业参加各类洽谈会、展销会、博览会等，对其展位费、公共布展费等给予适当补助。

责任单位：市商务局、市经信委、市农委、市科技局、市财政局、市工商联

41. 积极支持民营企业“走出去”，开展对外合作，开拓国际市场。

责任单位：市商务局、市经信委、市发改委、市农委、市工商联

三、加大财税支持

42. 从2013年起连续5年，省财政每年安排11亿元扶持民营经济发展专项资金，以转移支付方式直接安排到各县区，用于充实县区担保公司国有资本金，支持工业、现代服务业固定资产投资贷款贴息、研发和担保贴费等，市及各县区原则上各按省财政安排的资金等比例配套。

责任单位：市财政局、县区政府、市经济开发区、市经信委、市发改委、市金融办

43. 对符合政府投资支持方向的民间投资项目，在中央和省级投资项目、资金争取及市级政府性资金安排上，与其他项目一视同仁、同等待遇。

责任单位：市发改委、市经信委、市农委、市商务局、市科技局、市环保局、市财政局

44. 加大国家结构性减税等税收优惠政策的宣传、培训和落实力度，确保民营企业知晓各项政策，确保各项优惠政策及时落实到位，并将其纳入对县区政府和市有关部门考核内容。

责任单位：市经信委、市财政局、市工商联、市地税局、市国税局、市工商局、市商务局、市统计局、市目标办

45. 2015 年底前，对微型企业月营业额未达到 2 万元、日（次）营业额未达到 500 元的，免征营业税。

责任单位：市地税局、市财政局

46. 对经主管部门批准的民间投资兴办的学校、医院自用土地，免征城镇土地使用税。

责任单位：市地税局、市财政局、市国土局、市教育局、市卫生局

47. 经省级机构认定的高新技术民营企业迁入我市的，3 年有效期内不再重新认定，享受高新技术企业所得税优惠政策。

责任单位：市科技局、市地税局、市国税局、市财政局

48. 对在我市新设的股权投资企业，其所得税省级分成部分奖励给企业。

责任单位：市经信委、市招商局、市财政局

四、改善金融服务

49. 各类金融机构要加大对涉农、小型微型民营企业信贷支持力度，确保两类贷款的增速不低于当年各项贷款平均增速，实现涉农信贷总量持续增加。

责任单位：市金融办、市财政局、淮北银监分局、人行淮北市中心支行

50. 鼓励金融机构扩大土地承包经营权、农房、乡镇门面房、农用大棚、大型农用生产设备、林权、水域滩涂使用权等抵押贷款，应收账款、仓单、存单、股权、知识产权等权利质押贷款。

责任单位：市金融办、市物价局、淮北银监分局、人行淮北市中心支行、市工商局、市农委、市国土局、市林业局、市水务局、市房管局、市商务局、市科技局、市经信委、市工商联

51. 鼓励银行业金融机构发展信用户联保体和信用户共同体，对其信用户

发放信用贷款。

责任单位：市金融办、市物价局、淮北银监分局、人行淮北市中心支行、市工商联

52. 禁止银行业金融机构在发放贷款时附加不合理的贷款条件，严禁对小型微型企业收取承诺费、资金管理费，严格限制收取财务顾问费、咨询费等费用。对随意抬高融资成本、存在不规范经营行为的金融机构在年度考核时实行“一票否决”，政府有关部门会同银监部门依据有关规定予以处罚。

责任单位：市金融办、淮北银监分局、市物价局、市监察局、市经信委、市工商联

53. 加强对拟上市或发债民营企业的筛选、培育和储备，引导企业依法合规经营，完善法人治理结构，提高财务透明度，帮助企业做好改制、辅导和上市或发债申报工作。

责任单位：市经信委、市金融办、市财政局、市工商联

54. 对成功上市的企业，省和同级财政分别给予100万元的奖励。企业因上市而改制的，对改制当年应补缴和辅导期内（不超过3年）超改制前基数部分企业所得税，省和同级财政按地方留成给予等额奖励。

责任单位：市经信委、市财政局

55. 对成功发行企业债、公司债、债务融资工具、中小企业私募债和中小企业集合信托计划的中小企业，省和同级财政按发行额度3%给予补助，最高不超过75万元。

责任单位：市财政局、市金融办、市经信委、市工商联

五、加强用地保障

56. 将民营企业用地纳入年度用地计划。

责任单位：市国土局、市发改委、市经信委、市规划局

57. 民营企业投资符合国家产业发展方向、技术含量高、产业带动性强的大项目，优先统筹安排建设用地指标。

责任单位：市国土局、市发改委、市经信委、市规划局

58. 按产城一体、宜居宜业的原则，规划建设提升具有综合服务功能的城镇就业、农民工、大学生、留学生创业园等创业基地。

责任单位：市人社局、市规划局

59. 按产城一体、宜居宜业的原则，规划建设科技孵化器、商贸集聚区、保障性住房，为各类投资者营造良好的生产生活条件。

责任单位：市科技局、市商务局、

市房管局、市规划局

60. 对建设3层以上标准化生产性厂房的，在保证设施专用的前提下，由同级财政给予一次性补助。对租用政府投资多层标准化厂房的小型微型企业，3年内给予租金优惠。

责任单位：市招商局、市财政局、市经信委、市人社局、市工商联

六、强化人才支撑

61. 对职业中介机构为民营企业招用人员，按签订6个月以上用工证明和1年以上劳动合同人数，给予每人120-250元的职业介绍补贴；劳动者参加就业技能培训，给予200—1200元的培训补贴，并按规定建立动态调整机制。对民营企业新录用人员并与其签订6个月以上劳动合同，进行上岗前技能培训的，由当地政府给予不低于人均300元的补贴；对经岗位技能提升培训并取得中级工、高级工、技师、高级技师资格的，分别给予每人500元、1000元、2000元、3000元的补贴。

责任单位：市人社局、市财政局

62. 支持和鼓励民营企业利用自有存量土地建设公共租赁住房用于员工公寓，纳入当地保障性安居工程建设计划，享受同等优惠政策。

责任单位：市房管局、市发改委、市城乡建委、市财政局、市规划局、市国土局、市地税局

63. 对民营企业引进省外“两院”院士、“千人计划”、“百人计划”、“万人计划”人员并签订3年以上合同（每年在我市实际工作时间6个月以上）的，分别给予100万元、50万元、20万元和20万元的补助资金。

责任单位：市人社局、市科技局、市委组织部、市财政局、市教育局、市经信委

64. 对建立院士工作站、博士后科研工作站和技能大师工作室的民营企业，分别给予50万元、10万元、10万元的建站资助。

责任单位：市人社局、市科技局、市委组织部、市经信委、市财政局

65. 加强民营企业家队伍建设，实施千名民营企业家培养计划，定期组织民营企业经营管理人员和创业者开展管理提升培训，重视培养乡土人才。

责任单位：市经信委、市委组织部、市人社局、市工商联

66. 将民营企业的各类人才纳入享受政府特殊津贴、省学术技术带头人及后备人选等优秀人才选拔培养范围。

责任单位：市人社局、市财政局、市工商联

七、优化发展环境

67. 各级党委、政府要切实保障企业除依法缴纳税费和依法接受监管外，不再承担任何社会负担。严禁任何机关、事业单位和各类协会、学会等社会团体向企业摊派费用，严禁违法违规审批、检查、评比，严禁违法指定中介机构让企业接受各种评审、评估、年检，严禁强行指定企业购买专用产品。在各级监察部门设立民营企业投诉服务电话，对加重企业负担、服务效能低下的单位和个人依法依规处理。

责任单位：市纪委、市监察局、市民政局、市物价局、市经信委

68. 鼓励劳动者通过诚实劳动创造美好生活，民营企业和民营企业家的合法财产受法律保护，任何单位和个人不得侵占、破坏，未经法定程序，不得非法改变权属关系。禁止滥用行政权力干预民营企业合法生产经营活动，不得非法查封、扣押、冻结企业财产。

责任单位：市纪委、市监察局、市中院、市检察院、市公安局、市工商局、市质监局、市经信委、市工商联

69. 广泛宣传发展民营经济的方针政策，大力倡导尊重创业、尊重劳动的风尚，营造重商、亲商、安商的良好氛围。

责任单位：市委宣传部、市经信委、市招商局、市商务局、市农委、市工商联

70. 大力宣传推介企业优质产品，提升产品的美誉度和市场占有率。

责任单位：市委宣传部、市经信委、市商务局、市农委、市工商联

71. 引导广大民营企业和个体工商户自觉遵守法律法规，加强企业诚信体系建设，弘扬诚实守信精神，不断提高企业管理水平，认真履行社会责任。

责任单位：市经信委、市工商联、人行淮北市中心支行、市工商局、市质监局

72. 充分发挥新闻舆论监督作用，对侵犯民营企业及企业家合法权益和干扰经济合法经营活动的典型事例及时予以曝光。

责任单位：市委宣传部、市纪委、市监察局、市经信委、市商务局、市农委、市工商联

八、加强督查考核

73. 市、县区党委、政府要加强对发展民营经济工作的领导。

责任单位：市委办公室、市政府办公室、市经信委、市工商联

74. 按照中央和省委、省政府关于改进工作作风的要求，深入民营企业调查研究，千方百计解决制约民营经济发

展的突出问题。

责任单位：市委办公室、市委政研室、市政府办公室、市政府研究室、市经信委、市工商联

75. 建立健全合力扶持民营经济发展的工作协调机制，推动各项政策措施贯彻落实。

责任单位：市经信委、市工商联

76. 加强民营企业党建工作，充分发挥党组织的作用，促进民营经济健康发展。

责任单位：市委组织部、市经信委、市工商局、市工商联

77. 每年以适当方式对国家和省委、省政府及市委、市政府出台的政策规定落实情况进行督查，对政策不落实的部门和县区、市经济开发区进行问责。

责任单位：市大督查办公室、市纪委、市监察局

78. 建立健全民营经济统计监测制度。

责任单位：市经信委、市统计局、市工商联

79. 加强民营经济发展情况考核，民营规模项目纳入招商引资考核，每年对县区、市经济开发区及镇办发展民营经济情况进行考核评比，对优秀民营企业、民营企业家进行表彰，对民营企业50强进行排序。

责任单位：市经信委、市目标办、市招商局、市财政局、市人社局、市统计局、市地税局、市国税局、市工商局、市工商联

80. 除民营企业外，外商投资企业和其他民营经济组织均享受以上优惠政策。

责任单位：市经信委、市工商联

81. 本方案自下发通知之日起执行。过去我市有关规定与《方案》相抵触的，按本《方案》执行；本《方案》未提及的，且国家、省、市有规定的优惠政策，按有关规定执行。

责任单位：各有关单位

82. 县区、市经济开发区和各责任单位要依据本《方案》，结合实际，制定具体落实措施。

责任单位：市大督查办公室、市纪委、市监察局、市经信委、市工商联、各县区党委政府、市经济开发区

阜阳市人民政府关于大力发展民营经济的实施意见

阜政发〔2013〕25号 2013年07月11日

各县、市、区人民政府，市开发区管委会，市政府各部门、各直属机构：

为全面贯彻落实中央发展民营经济的方针政策，进一步破除体制机制障碍，充分激发各方面创造活力，促进全市民营经济大发展、大繁荣，根据《中共安徽省委安徽省人民政府关于大力发展民营经济的意见》（皖发〔2013〕7号），结合我市实际，提出如下实施意见。

一、激发主体活力

1. 扶持民营企业做强做大。对销售收入新上100亿元、50亿元、10亿元、5亿元台阶的民营企业，由企业所在地政府分别给予100万元、50万元、20万元、10万元奖励。对新认定为国家级、省级工程研究中心、工程实验室、工程技术研究中心、技术中心和检验检测中心的民营企业，分别给予30万元、20万元奖励；对新获得中国名牌产品、省名牌产品的民营企业，分别给予30万元、10万元奖励；对获得中国驰名商标、省著名商标、证明商标和集体商标的民营企业，分别给予30万元、6万元、5万元奖励；对参与制订国际标准、国家标准、行业标准的民营企业，分别给予20万元、15万元、10万元奖励；对新认定为国家级、省级高新技术企业的民营企业，分别给予20万元、10万元奖励。对新认定的国家级、省级高新技术产品、重点新产品，分别给予5万元、3万元奖励。具体由市经济和信息化委、财政局制定奖励实施办法。（责任单位：市经济和信息化委、财政局、发展改革委、科技局、人力资源社会保障局、金融办、工商联、质监局、工商局，各县市区政府。排在第一位的为牵头单位，下同）

2. 支持企业技术改造和自主创新。民营企业技术改造项目竣工验收合格的，从投产之日起，国家项目3年内、省重点项目2年内企业所得税新增地方留成部分，由企业纳税所在地政府全部奖励给企业；民营企业经国家或省认定的高新技术产品和新产品，从认定之日起所缴纳增值税新增部分的地方留成部

分，3 年内由企业纳税所在地政府全部奖励给企业。（责任单位：市经济和信息化委、科技局、财政局、国税局、地税局，各县市区政府）

3. 推动招商引资提质提速。鼓励市外投资者来阜阳投资兴业，鼓励阜阳籍在外务工和创业人员返乡创业就业，鼓励在阜投资企业以商招商。对总部或研发中心迁至我市的民营企业，按一事一议原则给予优惠政策。对外来投资项目的奖励，按照《阜阳市鼓励外来投资若干规定》执行。（责任单位：市发展改革委、商务局、招商局、住房城乡建设委、工商联、经济和信息化委、财政局、人力资源社会保障局，各县市区政府）

4. 深化与全国知名民营企业合作发展。市及各县市区要参照省里做法，明确负责同志和工作机构，充实人员力量，创造必要的工作条件，提供必要的工作经费，保障合作发展工作有序推进。（责任单位：市经济和信息化委、工商联、编办，各县市区政府）

5. 掀起全民创业热潮。对民营投资，与招商引资同等对待，推动更多社会成员兴办经济实体，引导更多外出务工人员回乡创业，促进更多个体工商户转型升级为企业法人。创业并依法注册登记的各类城乡劳动者和劳动密集型小企业，可申请创业担保贴息贷款，其中个人最高额度为 5 万元，劳动密集型小企业最高额度为 200 万元，贷款期限为 2 年。2014 年 12 月 31 日前，对小微企业免征部分管理类、登记类和证照类行政事业性收费。（责任单位：市经济和信息化委、工商局、人力资源社会保障局、财政局）

二、拓展发展空间

6. 落实准入政策。全面落实国务院关于鼓励和引导民间投资健康发展的“新 36 条”和国家有关部委的 42 个实施细则，按照“非禁即准”的原则，全面放开投资领域，切实做到平等准入、放手发展。鼓励民营资本参与农村合作金融机构改制、农村商业银行增资扩股、发起或参与设立村镇银行等，放宽小额贷款公司投资者持股比例限制，主发起人持股比例放宽至 35%，主发起人及其关联发起人最大持股比例放宽至 50%，其他发起人及其关联发起人最大持股比例放宽至 30%。（责任单位：市发展改革委、经济和信息化委、商务局、工商局、工商联、财政局、金融办，阜阳银监分局）

7. 放宽经营条件。实行“零成本”注册，除 1 人有限责任公司外，允许注册资本货币“零首付”，可在两年内缴足注册资本。允许企业以实物、债权、股权、资本公积金、非专利技术或专利权、商标权等出资，非货币出资最高可占公司注册资本的70%。民营企业母公司注册资本达1000万元、下设3个子公司并具备相关条件的，可以申请组建民企集团。对个体私营企业申请登记时提交住所、经营场所产权证明有困难的，由房产管理部门、街道办事处、居委会或村委会出具权属证明即可办理工商登记。对股权投资企业、电子商务、文化创意、软件设计、动漫游戏等现代服务产业放宽住所登记条件，同一地址可以作为2个以上企业的住所。除法律、法规和国务院决定设置的企业登记注册前置许可外，一律不得设置其他前置许可。应当进行前置许可的，要简化环节、优化程序、提高效率。（责任单位：市工商局）

8. 提升创新能力。支持民营企业建立研发机构，对民营企业年新增的所得税，可由同级财政按其增量地方留成部分的50%奖补企业用于研发和技改；对单位面积销售收入每亩400万元及以上或研发投入占比达到3%的民营企业，可由同级财政按企业年纳税增量地方留成部分的50%奖补企业用于研发和技改。（责任单位：市财政局、经济和信息化委）

9. 支持民营科技企业加快发展。对民营企业研发机构在承担国家科技任务、人才引进等方面与公办研发机构实行一视同仁的支持政策。（责任单位：市科技局、人力资源社会保障局、经济和信息化委）

10. 支持企业开拓市场。政府采购中严禁对民营企业设定特定附加条件；政府采购年度预算总额18%以上的份额要专门面向小微企业采购；政府采购评审中，对小微企业产品视不同行业情况给予6%—10%的价格扣除。支持符合条件的民营企业申请纳入国家推广企业、产品规格型号及销售网点目录。支持民营企业参加各类境内外交易会、展销会、博览会等，对其展位费等给予适当补助。支持民营企业"走出去"，开展对外合作，开拓国际市场。（责任单位：市财政局、商务局、经济和信息化委、工商联）

三、加大财税支持

11. 加强财政资金引导。从2013年起连续5年，市财政每年从工业经济发展专项资金中安排5000万元扶持民营经济发展专项资金，并随着财政收入的增长逐年增加。专项资金主要用于支持工业、现代服务业固定资产投资贷款贴息、研发补助、担保贴费和担保公司国有资本金充实等。对符合政府投资支持方向的民间投资项目，在中央、省投资项目、资金争取和市级政府性资金安排上，与其他项目一视同仁、同等待遇。（责任单位：市财政局、经济和信息化委、发展改革委）

12. 落实税收优惠政策。加大国家结构性减税等税收优惠政策的宣传、培训和落实力度，并将其纳入对地方政府和市有关部门考核内容。落实小微企业营业税、增值税起征点提高的政策，将小微企业所得税优惠政策延长到2015年底并扩大范围。2013年，对土地使用税适用税额标准不作上调，纳税人缴纳土地使用税确有困难的，按权限报批后予以减免。2015年底前，对微型企业月营业额未达到2万元、日(次)营业额未达到500元的，免征营业税；经省级机构认定的高新技术民营企业迁入我市的，3年有效期内不再重新认定，享受高新技术企业所得税优惠政策。(责任单位：市经济和信息化委、工商联、地税局、国税局、工商局、商务局、统计局、科技局，市政府督查室)

13.鼓励股权投资企业在我市设立。对在我市新设立的股权投资企业，3年内按其所得税市级分成部分等额奖励给企业。（责任单位：市财政局、发展改革委）

四、改善金融服务

14. 持续扩大有效信贷。各类金融机构要确保对涉农、小微民营企业信贷增速不低于全省各类贷款平均增速，增量不低于上年。对当年小企业贷款投放余额增幅超过30%的市级银行类金融机构，市政府奖励20万元，其中10万元奖励给金融机构法人代表。对金融机构、小额贷款公司新增小企业贷款和无担保或无抵押类贷款的，分别按0.1‰和0.5‰给予奖励，并按其当年新增贷款月均余额的5‰给予贷款风险补偿。禁止银行业金融机构在发放贷款时附加不合理的贷款条件，严禁对小型微型企业收取承诺费、资金管理费，严格限制收取财务顾问费、咨询费等费用。对随意抬高融资成本、存在不规范经营行为的金融机构，在年度考核时实行“一票否决”，政府有关部门会同银监部门依据有关规定予以处罚。（责任单位：市金融办、财政局、工商联，人行阜阳市中心支行、阜阳银监分局）

15. 拓宽融资渠道。加强对拟上市或发债民营企业的筛选、培育和储备，帮助企业做好改制、辅导和上市或发债申报工作。对已办理上市辅导备案登记和成功上市企业的奖励，以及企业因上市而涉及的税收、费用等，按照《阜阳市鼓励和扶持企业上市若干政策规定》（阜政发〔2012〕8号）执行；对成功发行企业债、公司债、债务融资工具、中小企业私募债和中小企业集合信托计划的中小企业，同级财政按发行额度3%给予补助，最高不超过75万元。（责任单位：市金融办、发展改革委、财政局、工商联，各县市区政府）

五、加强用地保障

16. 有效保障企业用地需求。对民营企业投资符合国家产业发展方向、技术含量高、产业带动性强的大项目，优先统筹安排新增建设用地指标。各地要按产城一体、宜居宜业的原则，规划建设提升具有综合服务功能的城镇就业、农民工、大学生、留学生创业园等创业基地和科技孵化器、商贸集聚区、保障性住房，为各类投资者营造良好的生产生活条件。（责任单位：市国土资源局、经济和信息化委、住房城乡建设委、人力资源社会保障局、科技局、商务局、房产局）

17. 鼓励节约集约用地。对工业项目容积率达到1.2—1.5的，由同级财政按每平方米150元的标准给予奖励；达到1.5（含本数以上的，由同级财政按每平方米200元的标准给予奖励。对租用政府投资多层标准化厂房的小微企业，3年内减半征收租金。（责任单位：市财政局、国土资源局、住房城乡建设委，各县市区政府）

六、强化人才支撑

18. 缓解企业“用工难”。各类职业介绍机构为民营企业招用人员提供免费中介服务的，按签订6个月以上用工证明和1年以上劳动合同人数，给予每人120元—250元的职业介绍补贴；劳动者参加就业技能培训，给予200元—1200元的培训补贴；民营企业对新录用人员进行上岗前技能培训的，由当地政府给予不低于人均300元的补贴；对取得中级工、高级工、技师、高级技师资格的，分别给予每人500元、1000元、2000元、3000元的补贴。民营企业利用自有存量土地依规按7%的比例建设公共租赁住房用于员工公寓，纳入当地保障性安居工程建设计划，享受同等优惠政策。（责任单位：市人力资源社会保障局、财政局、住房城乡建设建委、房产局、国土资源局、地税局，各县市区政府）

19. 支持企业引进和培育人才。对民营企业引进市外“两院”院士和“千人计划”、“百人计划”、“万人计划”

人员并签订3年以上合同(每年在我市实际工作时间6个月以上)的，分别给予100万元、50万元、20万元、20万元补助资金。对建立院士工作站、博士后科研工作站和技能大师工作室的民营企业，分别给予50万元、10万元、10万元的建站资助。（责任单位：市人力资源社会保障局、财政局、科技局）

20. 加强民营企业家队伍建设。市财政每年安排100万元非公有制企业和中小企业人才培训专项资金，做好与北京大学民营经济研究院的合作培训项目。将民营企业各类人才纳入享受政府特殊津贴、省学术技术带头人及后备人选等优秀人才选拔培养范围。（责任单位：市经济和信息化委、财政局、人力资源社会保障局、工商联、人才办）

七、优化发展环境

21. 切实减轻企业负担。各级政府要切实保障企业除依法缴纳税费和依法接受监管外，不再承担其他社会负担。行政事业性收费标准凡有上下限的，一律按下限收取。在各级监察部门设立民营企业投诉服务电话，对加重企业负担、服务效能低下的单位和个人依法依规处理。（责任单位：市监察局、民政局、经济和信息化委）

22. 依法保护合法私有财产。民营企业和民营企业家的合法财产受法律保护，任何单位和个人不得侵占、破坏，未经法定程序，不得非法改变权属关系。禁止滥用行政权力干预民营企业合法生产经营活动，不得非法查封、扣压、冻结企业财产。（责任单位：市经济和信息化委、公安局、工商局、工商联）

23. 营造良好舆论环境。广泛宣传发展民营经济的方针政策，宣传落实政策的有效做法，大力倡导尊重创业、尊重劳动的风尚，营造重商、亲商、安商的良好氛围。充分发挥新闻舆论监督作用，对侵犯民营企业及企业家合法权益和干扰合法经营活动的典型事例及时予以曝光。切实让为阜阳发展作出贡献的企业家在政治上有荣誉、经济上有效益、社会上有地位。（责任单位：市经济和信息化委、商务局、工商联，市政府新闻办）

八、加强督查考核

24. 强化组织推动。成立市民营经济发展领导小组，负责统筹、协调、推进全市民营经济发展工作，领导小组办公室设在市经济和信息化委。建立健全合力扶持民营经济发展的工作协调机制，推动各项政策措施贯彻落实。市政府每年对国家、省、市出台的政策规定落实情况进行督查，对政策不落实的部

门和县市区进行问责。（责任单位：市经济和信息化委、人力资源社会保障局、工商联、效能办，市政府督查室）

25. 建立考核机制。建立健全民营经济统计监测制度。加强民营经济发展情况考核，市政府每年对民营经济发展先进县（市、区）进行通报表彰，每两年对发展民营经济先进县（市、区）和优秀民营企业、民营企业家进行表彰。（责任单位：市经济和信息化委、统计局、人力资源社会保障局、财政局、工商联）

各县市区政府和市直有关部门、单位对本实施意见要细化落实措施，确保各项政策落实到位。本实施意见自2013年1月1日起施行，与市其他同类政策不重复享受。

中共滁州市委 滁州市人民政府
关于大力发展民营经济的实施意见

滁发〔2013〕6号 2013年5月14日

为认真贯彻全省发展民营经济大会和省委、省政府《关于大力发展民营经济的意见》（皖发〔2013〕7号）、省政府办公厅《关于落实大力发展民营经济意见有关政策措施分工的通知》（皖政办〔2013〕7号）文件精神，结合我市实际，制定本实施意见：

一、指导思想

全面贯彻落实党的十八大精神和国家、省发展民营经济的方针政策，进一步解放思想，破除体制机制障碍，充分激发我市各方面创造活力，再掀全民创业热潮，奋力推进民营经济又好又快发展，为我市实现争先进位、冲刺全省第一方阵、打造美好安徽第一印象的目标任务提供有力支撑。

二、目标任务

力争2013年全市新增个体工商户20000户、民营企业3000家；民营经济实现增加值685亿元，占GDP比重达62.5%；实现税收90亿元；民营经济固定资产投资810亿元；在全省综合考核位次上升到第8位。

力争到2015年全市个体工商户达15万户、民营企业达27000家；民营经济实现增加值1055亿元，占GDP比重达66%；实现税收130亿元；民营经济固定资产投资1300亿元；在全省综合考核位次上升到第7位。

力争到2017年全市个体工商户达18万户以上、民营企业达3万家以上；万人拥有企业数、个体工商户数分别比2012年翻一番和增长80%；民营经济实现增加值1490亿元，占GDP比重达68%；实现税收180亿元；民营经济固定资产投资2000亿元；在全省综合考核位次上升到第5位，进入全省第一方阵。

三、工作措施

推动民营经济的发展是一项庞大的系统工程，涉及思想观念转变、环境营造、政策制定和落实、工作跟进等方方面面，需要各级各部门、各行各业共同努力，全方位发动，全社会联动。

（一）“五点”结合，明晰路径，创新发展民营经济工作的总体方法

1. 找准切入点。以农村家庭户、城镇居民户为切入点，创办家庭工业、商贸业、服务业以及农场、林场等经济实体。

2. 找准发力点。将培育壮大创业主体作为发力点，从单个家庭经济细胞开始培育、培养，促使成长壮大。

3. 找准结合点。有效地将农林水、工业、建筑业、商业、交通、旅游、文教卫、服务业等各行业结合起来，实现行业联动；将农村经济实体发展和城市经济实体发展结合起来，实现城乡联动。

4. 找准闪光点。培育一批创业典型，以典型引路，起到示范带动作用。

5. 找准增长点。围绕增加对地方贡献、增加城乡居民收入、实现富民强市目标，宜农则农、宜工则工、宜商则商。

（二）“转化”和“培育”结合，双管齐下，紧扣民营经济每个增长点

1. 开展“转化工程”活动。围绕农村家庭户、城镇居民户，全民动员，鼓励将农民家庭经济收入、财产性收入、工资性收入、转移性收入和城镇居民工薪收入、经营净收入、财产性收入、转移性收入作为创业资本投入，制定促进创业政策，实现“一域一行一政策，一家一就业，一家一创业”，将每个家庭细胞转化为经济细胞，提升就业率和创业率。每个季度分区域、分行业，将新增私营企业、个体户、林场、农场和私立学校、医院等私营经济体情况进行通报。

2. 开展“培育工程”活动。围绕招大引强、扶优扶强，实施“太阳计划”，促民营大型企业崛起；围绕专精特新、产业集聚，实施“月亮计划”，促中型企业振兴、小型企业做大；围绕个体户培育、孵化，实施“星星计划”，促微型企业做活、雏型经济体成长，抓大不放小。

（三）“点线面”结合，齐抓共管，全方位推动民营经济发展

点：围绕单个经济实体快速成长，推进大中小企业和经济体同步发展；线：围绕各行业部门比业绩，各综合执法、服务部门比贡献；面：围绕争先进位，同步推进民营经济发展考核和环境营造工作。

（四）与群众路线教育活动相结合，把控源头，激发民营经济发展的主体活力

将全民创业，发展民营经济工作结合于解民忧、促民富、宽民心的群众路线教育实践活动之中，与个体户、私营

企业主交流沟通问计于民，探索总结成功创业模式和做法；问策于民，共同实现群众求发展、盼致富的期望。

四、政策支持

（一）积极争取省级支持民营经济发展政策

根据市委办公室、市政府办公室《关于对 < 中共安徽省委、安徽省人民政府关于大力发展民营经济的意见 > 主要任务进行责任分工的通知》（滁办字〔2013〕26 号）要求，各级、各部门尽快拿出具体工作办法，加强与省直部门对接和联系，兑现省级各项扶持政策，积极争取更多支持。

（二）认真落实我市支持民营经济发展政策

1. 鼓励全民创业

（1）全面落实国务院关于鼓励和引导民间投资健康发展的“新 36 条”和国家有关部委的 42 个实施细则，清理现有企业登记注册的前置许可，除涉及国家安全、公民生命财产安全等仍需前置许可外，对其他需要许可的生产经营活动，相关责任人可持营业执照和有关材料向主管部门申请许可；采取激励措施，推动更多的社会成员兴办经济实体，支持鼓励农村家庭户、城镇居民创业就业，引导更多外出务工人员回乡创业。

（2）促进更多个体工商户转型升级为企业法人，个体工商户转型后至 2015 年底前不增加税负，增加部分由受益财政给予奖励。

（3）支持加快建设各类经济开发区、城镇就业再就业创业园、农民工创业园、大学生创业园、中小企业创业园、科技孵化园、各大商业综合体和各专业市场、商业街区等，大力推动“凤还巢”。

2. 扶持做大做强

（1）紧盯国内知名民营企业，既要围绕我市产业特色，引进行业领军企业和产业链条中的缺失环节，积极引进新材料、生物医药、节能环保等战略兴新产业，深化与全国知名民营企业合作发展。

（2）加快推进“151”重点企业发展，大力实施强企工程，引导土地、资金、人力等优质资源向“151”优势民营企业集中。对新进入全国民营企业 500 强的企业，市政府给予一次性奖励 500 万元；对受省委、省政府表彰的进入全省百强民营企业，市政府给予一次性奖励 100 万元；对新进入全省民营企业 50 的强企业，市政府给予一次性奖励 50 万元。奖励资金由市财政负担。

（3）支持民营企业建立研发机构，

对企业所得税年增长50%以上且增量在50万元以上的民营企业，可由受益财政将其增量地方留成部分50%奖补企业用于研发和技改；对亩均土地纳税超5万元、研发投入首次超销售收入2%的民营企业，可由受益财政将当年企业年纳税增量地方留成部分50%奖补企业用于研发和技改。

（4）加强质量和品牌建设，对获得省著名商标、省名牌产品、中国驰名商标、中国名牌产品的企业，市政府分别给予一次性奖励10万元、10万元、50万元、50万元；对主导制订国际标准、国家标准、行业标准的企业，市政府分别给予一次性奖励50万元、30万元、20万元，并予以通报表彰。奖励资金由市财政负担。

（5）支持各类国际、国家级检验、检测、认证等服务机构进驻滁州，在场地、项目申报等方面优先支持；加快滁州市中小企业服务中心建设。

（6）严禁在政府采购中通过设定附加条件等形式变相对民营企业设置门槛，鼓励各级各部门优先采购本地企业的产品、工程或服务。

（7）市财政每年从工业发展专项资金中整合不少于5000万元，注入市工业投资公司和市担保公司，专项用于扶持民营经济发展，各县（市、区）原则上按省、市财政安排的资金等比例配套。

（8）对在我市新设的股权投资企业，其所得税地方留成部分由受益财政按50%奖励给企业。

3. 强化要素保障

（1）持续扩大有效信贷，拓宽融资渠道，设立工投基金，创新金融服务平台和工具，盘活中小企业有效资产。

（2）有效保障企业用地需求，鼓励制定“腾笼换鸟”税费减免政策；鼓励建设3层以上标准化生产性厂房；对租用政府建设的多层标准化厂房的小微型企业，企业投产后3年内给予减免50%租金优惠。

（3）开展各类招聘活动，加强校企合作，建设完善“一中心、四网络”，积极发挥中介组织作用，以创业带动就业，缓解企业“用工难”，支持企业引进和培育人才。

（4）实行三产服务业用电价格实行与工业用电价格并轨政策。对用电容量100千伏安以上的商业零售企业，暂缓实行峰谷分时电价。

4. 优化发展环境

切实减轻企业负担，依法保护合法私有财产，营造良好舆论环境。加强民

营企业党组织、共青团建设和工会工作，充分发挥党组织、共青团和工会的作用，充分发挥工商联桥梁作用，促进民营经济健康发展，加强发展民营经济政策宣传，提升政策知晓度。

五、组织领导

（一）成立市发展民营经济领导小组，各县（市、区）也要参照成立领导小组。

（二）各地、各部门要对照本实施意见，制定具体工作方案，找准发展民营经济的载体和抓手，细化发展规划和目标任务，完善支持民营经济发展的服务平台，进一步明确和落实发展政策。同时在推进民营经济发展的过程中，要认真分析各个行业业态，注意总结和学习好的发展模式和路径，结合本地、本部门特点，形成自己的特色发展模式。

（三）市民营经济发展领导小组办公室将对各地、各部门工作落实情况开展督查，并向市委、市政府报告全市民营经济发展情况，年终制定业绩“曲线图”向社会公告。

（四）建立健全统计监测和考核制度，市委、市政府每年对民营经济发展情况进行考核、评比，对发展民营经济先进县（市、区）和优秀民营企业、民营企业家和创业之星进行表彰。

本意见自印发之日起实行，有效期五年。

中共六安市委 六安市人民政府
关于大力发展民营经济的实施意见

六发〔2013〕10号 2013年07月11日

为深入贯彻落实《中共安徽省委 安徽省人民政府关于大力发展民营经济的意见》(皖发〔2013〕7号)文件精神，进一步解放思想，开拓创新，推动民营经济再上新台阶，结合我市实际，现提出如下实施意见。

一、总体要求和主要目标

全面贯彻落实全省发展民营经济工作要求，以扩大存量、做好增量、壮大总量、提升质量为重点，加强政策引导，优化发展环境，破除发展障碍，充分激发活力，把民营经济打造成为我市经济社会发展的主体力量和强大支撑。到2017年，力争实现非公有制经济占GDP比重达到72%，民营企业达到2.5万个，个体工商户达20万户，民营经济实现增加值1200亿元，税收140亿元。

二、扩大投资领域

（一）有效贯彻非禁即准。深入贯彻《国务院关于鼓励和引导民间投资健康发展的若干意见》(国发〔2010〕13号)精神，按照“非禁即准”原则，全面放开投资领域，除国家明令禁止外，凡允许公有制企业、外商投资企业进入的行业和领域，鼓励并引导民营企业进入。

责任单位：市发改委、市工商联、市工商局、市商务局等。排序第一者为牵头单位

（二）鼓励民间资本投资。支持民间资本参与农村合作金融机构改制、农村商业银行增资扩股、发起或参与设立村镇银行。支持民间资本依法设立金融（融资）租赁公司、融资担保公司、小额贷款公司、信托投资公司等非银行金融机构。支持民间资本进入城市供水、供气、污水和垃圾处理、城市园林绿化等领域。支持和吸引民间资本参与廉租房、公租房等保障性住房建设，并享受相应的优惠政策；鼓励民间资本参与发展医疗事业，支持兴办各类医疗机构，参与公立医院转制改组；并与公立医疗机构享受同等待遇；支持民间资本以多种形式进入文化旅游产业、现代服务业和教育领域，兴办各类教育和社会培训

机构，鼓励兴办各类社会福利机构。

责任单位：市金融办、市发改委、人行六安市中心支行、六安银监分局、各县区政府（管委）

（三）放宽准入条件。鼓励和支持全民创业，企业以实物、商标权、专利权、著作权、土地使用权、拥有的其他公司股权等作价出资的，出资比例最高可占注册资本的70%。除一人有限责任公司外，允许注册资本货币“零首付”，可在法定期限内缴足注册资本。允许使用法律、法规和规章未禁止，尚未纳入国民经济行业分类的行业用语作为企业名称和经营范围表述用语。个体工商户转为私营企业可保留或沿用原名称字号。放宽企业冠名限制，支持并帮助规模较大的企业和企业集团申请冠无行政区划的企业名称。

责任单位：市工商局、各县区政府（管委）

三、激活发展动力

（一）提升招商质量。坚持招商引资主战略，深化产业招商，围绕主导产业、核心企业和产业链上下游配套，紧盯全国知名民企、央企、省企、行业龙头企业开展精准招商，加强项目对接，推动项目落户。积极鼓励省内外企业家、战略投资者和高层次人才来我市投资兴业，广泛集聚发展后劲。严格兑现招商引资优惠和奖励政策，对总部或研发中心迁至我市的重大项目，实行“一事一议”，给予更多优惠。优化政务服务，严格落实全程帮办制和限时办结制，对重点项目、重点企业要落实“绿色通道”有关规定，提供“保姆式”服务。进一步精简行政审批环节和条件，对基本建设项目推行项目联合审批，以市政务服务中心为载体，联合接收、联合图审、“一表”收费、联合验收，压缩审批服务时限。

责任单位：市招商局、市政务服务中心、市直有关单位、各县区政府（管委）

（二）掀起创业高潮。积极扶持各类创业园建设，加大市、县级中小企业服务中心建设力度，推动更多社会成员兴办经济实体。对城乡劳动者初始创办科技型、现代服务型小微企业的，在本市领取营业执照、依法纳税、稳定经营6个月以上并吸纳3个人以上就业的，由所在地财政给予5000元一次性创业扶持补助；促进更多个体工商户转型升级为企业法人，个体工商户转为小微企业，由所在地财政给予适当补贴。力争到2017年，万人拥有企业数比2012年翻一番以上，个体工商户数比2012年增长60%以上。

责任单位：市人社局、市经信委、市工商联、市工商局、市财政局、各县区政府（管委）

（三）强化创新驱动。支持科技创新、产品创新、管理创新和商业模式创新，2013年，对企业所得税年增长20%以上且地方留成部分增长1万元以上的企业，同级财政将其增量地方留成部分按50%奖补企业研发和技改；对土地单位面积产出率高、研发投入达到规定比例的企业，同级财政将企业年纳税增量地方留成部分按50%奖补企业研发和技改。对获得国家级创新型企业试点的，给予30万元奖励；获得全国企事业知识产权试点单位的，给予20万元奖励；获得国家重点新产品、国家级工程技术研究中心、国家级企业技术（设计）中心认定的，给予20万元奖励；获得省级产业技术创新战略联盟试点的，给予20万元奖励；对首次被认定为高新技术企业、省级创新型企业、省级新产品和省级企业技术中心、省级工程技术研究中心和省级知识产权优势企业的，给予10万元奖励；对当年获得国家发明专利授权、省高新技术产品认定的，每项给予1万元奖励。以上企业奖励由市财政和同级财政各承担50%。

责任单位：市科技局、市经信委、市财政局、市国税局、市地税局、各县区政府（管委）

四、加大财税支持

（一）设立专项资金。从2013年起连续5年，同级财政每年按照不低于省财政专项转移支付的资金额度安排配套民营经济发展专项资金，主要用于工业和现代服务业固定资产投资贷款贴息、研发和担保补贴等。加强民营经济发展专项资金管理和绩效考核，发挥政府性资金的引导作用。

责任单位：市经信委、市财政局、各县区政府（管委）

（二）落实税收政策。严格执行中央、省关于支持民营经济发展有关财税优惠政策。加大国家结构性减税等税收政策的宣传、培训和落实力度，确保民营企业知晓各项政策，确保各项税收政策及时落实到位。对经主管部门批准的民间投资兴办的学校、医院自用土地，按规定免征城镇土地使用税；民间资本兴办的学校、幼儿园、养老院、医院依法占用耕地的，按规定免征耕地占用税。2015年底前，对微型企业月营业额未达到2万元、日（次）营业额未达到500元的，按规定免征营业税。全面取消税务发票工本费。

责任单位：市国税局、市地税局、

市财政局、各县区政府（管委）

（三）降低收费标准。凡未按照规定权限和程序批准的行政事业性收费一律取消，凡无上位法依据的行政事业性收费一律不得设定。对保留的企业收费项目一律按下限收取，对特殊困难企业，阶段性降低企业收费标准；对符合规定的小型和微型民营企业，2014年12月31日前免征管理类、登记类和证照类等有关行政事业性收费。

责任单位：市物价局、市效能办、市工商联、市监察局、市住建委、各县区政府（管委）

（四）鼓励拓展市场。支持并鼓励民营企业参与政府采购和政府投资项目建设，政府采购在同等条件下优先使用民营企业地产品，建立健全民营资本参与重大项目投资招标长效机制。积极支持民营企业“走出去”，开展对外合作，开拓国际市场。加大对民营企业进出口和参加会展的支持力度，对企业年出口增量，由同级财政给予鼓励；对企业进口机电设备、关键零部件，由同级财政给予每美元奖励0.02元；对企业参加境外展会展位费，由同级财政给予20%补贴；对企业出口信用保险保费，由市财政给予30%补贴，同级财政给予10%补贴；对中小企业申请境外专利、产品国际认证、境外商标注册等发生的费用在省财政补贴的基础上，由同级财政给予10%补贴。

责任单位：市商务局、市财政局

五、支持做大做强

（一）支持企业扩大规模。支持企业上规模、上台阶。对当年新进入的规模以上民营企业或新增加的上缴税金200万元以上的民营工业企业和当年新进入的限额以上民营商贸企业或新增加的上缴税金100万元以上的民营商贸企业，由市政府予以通报表彰，同级财政给予一定奖励。

责任单位：市经信委、市商务局、市地税局、市国税局、各县区政府（管委）

（二）实施“强企工程”。大力推动“百亿产值企业培育、十亿产值企业成长、纳税超亿企业扶持”三年行动计划，到2015年底，培育4户产值超100亿元、30户产值超10亿元、15户税收超亿元民营企业。从2013年起连续3年，对当年产值首次突破5亿元、10亿元、50亿、100亿元的，增幅超过当年全市规上工业企业平均增长水平且当年盈利的工业企业，同级财政分别给予奖励5万元、20万元、40万元、100万元奖励；对企业本地纳税首次突破1亿元、5亿元、10亿元的民营企业，同级财政分别给予10万元、50万元、100万元奖励。企业在同一年度不重复享受产值和税收收入奖励，以奖励额度高的进行奖励。对获得中国驰名商标、省著名商标、中国名牌产品、省名牌产品和主制订国际标准、国家标准、行业标准的企业，按照规定给予一次性奖励。

责任单位：市经信委、市工商联、市统计局、市国税局、市地税局、市财政局、市科技局、市质监局、各县区政府（管委）

（三）推动企业联合重组。推动资源向优势企业集中，加快现代企业制度建设，完善法人治理结构，支持企业兼并重组，做大做强。鼓励和引导民营企业通过参股、控股、资产收购等多种形式，参与国有企业的改制重组。民营企业兼并国有企业、集体企业和破产企业承受的原企业的土地、房屋权属，符合有关规定的，免征契税。

责任单位：市经信委、市工商联、市财政局、市国税局、市地税局

六、强化要素保障

（一）提升金融支持。完善银行业金融机构支持地方经济发展考核奖励办法，引导银行业金融机构加大对民营经济的支持力度。金融机构加大对涉农、小型微型民营企业信贷支持力度，确保两类贷款的增速不低于全市各类贷款平均增速，增量不低于上年；鼓励金融机构扩大土地承包经营权、农房、大型农用生产设备、林权、水域滩涂使用权等抵押贷款，应收账款、仓单、存单、股权、知识产权等权利质押贷款。对随意抬高融资成本、存在不规范经营行为的金融机构年度考核时实行“一票否决”。各银行业金融机构要严格按照国家利率管理规定进行贷款定价，不得利用贷款进行搭售，严禁对小微型企业收取承诺费、资金管理费。规范融资性担保公司经营行为，不得违规收取保证金。

责任单位：市金融办、人行六安市中心支行、六安银监分局、各县区政府（管委）

（二）支持直接融资。鼓励民营企业发行企业债、公司债、债务融资工具、中小企业私募债和中小企业集合信托计划，发行成功的，同级财政给予发行费用的10%最高不超过20万元的补贴。加强对拟上市民营企业的培育和储备，帮助企业做好改制、辅导和上市申报工作，大力扶持民营企业上市。对通过上市辅导验收的企业，给予一次性20万元的奖励；对申请材料获证监会受理的，给予一次性50万元的奖励；对2013年上市成功的，在省奖励的基础上给予一

次性150万元的奖励；上市公司注册地迁至本市的，参照以上标准执行。上市民营企业成功实施增发和配股再融资的，由募集资金项目所在地财政给予50万元奖励。

责任单位：市金融办、人行六安市中心支行、六安银监分局、市财政局、各县区政府（管委）

（三）加强用地保障。民营企业投资符合国家产业政策发展方向、技术含量高、产业带动性强的大项目，优先统筹安排新增建设用地指标。实行差异化的供地政策，优先安排小企业创业基地用地指标，支持建设多层标准化厂房。支持和鼓励民营企业利用自有存量土地建设公共租赁住房用于员工公寓，纳入当地保障性安居工程建设计划，享受同等优惠政策。对当年为小微企业建设3层（含3层）以上标准化厂房的投资主体，在容积率等各项指标满足国家相关规定的条件下，且能保证设施专用的，同级财政按照其实际投资的5%给予奖励，单个项目最高奖励20万元。对入驻政府投资建设的各类创业基地、孵化中心的小微企业，享受相关物业管理费、房屋租金等减免政策。

责任单位：市国土局、市住建委、市财政局、各县区政府（管委）

（四）加快人才引进。贯彻落实《中共六安市委 六安市人民政府关于引进高层次创新创业人才的若干意见（试行）》（六发〔2012〕20号）关于引进人才的优惠政策要求，认真做好引进高层次创新创业人才的奖励补助工作、随迁配偶和子女的就业就学工作。对我市民营企业引进国家“千人计划”、省“百人计划”人员并签订3年以上合同（每年在我市实际工作时间6个月以上）及新建院士工作站、博士后工作站、技能大师工作室的民营企业，按照省政策规定给予资金补助。

责任单位：市人社局、市委组织部、市财政局、各县区政府（管委）

（五）强化培养培训。加强我市民营企业家队伍建设，实施百名民营企业家培养计划，组织企业高管参加各类管理培训。强化技能培训，民营企业新录用人员并与其签订6个月以上劳动合同，进行上岗前技能培训的，由当地政府给予不低于每人300元的补贴；对民营企业开展岗位技能提升培训的，按职工培训后取得中级工、高级工、技师、高级技师等国家职业资格证书的人数，分别给予企业每人500元、1000元、2000元、3000元的培训补贴。

责任单位：市人社局、市工商联、

市财政局，各县区政府（管委）

七、优化发展环境

（一）营造发展氛围。大力宣传发展民营经济的各项方针政策，大力倡导尊重创业、尊重劳动的风尚，大力营造重商、亲商、安商的良好氛围。宣传推介我市优秀民营企业家、优秀民营企业、优秀企业产品，依法保护民营企业合法私有财产，引导广大民营企业和个体工商户自觉遵守法律法规，加强企业信用体系建设，指导民营企业建立规范的产权、财务、用工等制度，依法经营。

责任单位：市委宣传部、市直有关单位、各县区政府（管委）

（二）减轻企业负担。各级党委、政府要切实保障企业除依法缴纳税费和依法接受监管外，不再承担其他社会负担。严禁任何机关、事业单位和各类协会、学会等社会团体向企业摊派费用，严禁违法违规审批、检查、评比，严禁违法指定中介机构让企业接受各种评审、评估、年检，严禁强行指定企业购买专用产品。禁止滥用行政权力干预民营企业合法生产经营活动，在市效能办设立民营企业投诉服务电话，对加重企业负担、服务效能低下的单位和个人依法依规处理。

责任单位：市效能办、市工商局、市经信委、市工商联等，各县区政府（管委）

（三）提高服务质量。各级党委、政府及有关部门要提升服务意识和工作效能，继续改变作风，深入企业调研指导，及时解决企业经营中遇到的困难和问题。加强非公企业党建工作，充分发挥企业党建指导员作用，促进非公经济发展。将民营企业的各类人才纳入享受政府特殊津贴、省学术技术带头人及后备人选等优秀人才选拔培养范围。充分发挥新闻舆论监督作用，对侵犯民营企业及企业家合法权益和干扰合法经营活动的典型事例及时予以曝光。

责任单位：市委组织部、市委宣传部、市经信委、市工商联，各县区政府（管委）

八、加强督查考核

（一）加强组织协调。加强对民营经济发展工作的领导，调整充实市民营经济领导小组及其办事机构，所需工作经费由财政予以保障。建立完善联席会议制度，健全组织领导、分工负责、责任明确、合力推进的工作协调机制，加强市、县（区）部门联动，推动各项政策措施落实。

责任单位：市民营经济领导小组及成员单位、各县区政府（管委）

（二）完善考核机制。建立半年座谈、年度总结的例会制度，通报民营经济发展情况，分析存在问题，研究解决措施，总结部署民营经济发展工作。进一步完善县（区）发展民营经济考评考核办法，坚持每年对民营经济先进县（区）和突出贡献民营企业家进行表彰奖励。

责任单位：市民营经济领导小组及成员单位、各县区政府（管委）

（三）强化督查检查。各县区政府（管委）和市直有关部门、单位要结合本实施意见，进一步制定具体措施，抓好细化落实，确保政策执行到位。市委、市政府每年以适当方式对发展民营经济政策落实情况等进行督查，对政策落实不力的部门和县区进行问责。

责任单位：市委督查室、市政府督办室、市经信委、市工商联、各县区政府（管委）

执行期内，若国家和省出台优于本意见的新政策，从优执行。本意见中的各项奖补政策与本市出台的同类政策不重复享受。

中共马鞍山市委 马鞍山市人民政府关于大力发展民营经济的实施意见

马发〔2013〕6号　2013年07月11日

为认真贯彻国家支持民营经济发展的政策，切实落实《中共安徽省委、安徽省人民政府关于大力发展民营经济的意见》（皖发〔2013〕7号）文件精神，着力解决我市民营企业发展中存在的问题，发挥其在促进经济增长、增加就业等方面的作用，推进民营经济加快发展，结合我市实际，制定如下实施意见。

一、鼓励民营企业做大规模

对列入工业企业升级计划的民营企业，年主营业务收入首次超过亿元的，奖励管理团队10万元；超过5亿元的，奖励管理团队20万元；超过10亿元的，奖励管理团队50万元；超过50亿元的，奖励管理团队100万元；超过百亿元的，奖励管理团队200万元；超过200亿元的，由市政府给予特别奖励；对首次达到规模以上统计范围的企业，给予管理团队5万元奖励；对新进入全国民营企业500强并受到省政府通报表彰的，由市政府给予特别奖励。

二、支持民营企业提高核心竞争力

支持科技创新、管理创新、产品创新和商业模式创新，引导民营企业加强质量和品牌建设。国际标准的起草单位（含主导起草单位和协助起草单位），每项标准给予50万元奖励；国家标准的主导起草单位，每项标准给予30万元奖励，参与起草单位（排名前三位的），每项标准给予15万元奖励；行业标准的主导起草单位，每项标准给予20万元奖励，参与起草单位（排名前三位），每项标准给予10万元奖励，同一单位在同年度内参与多个国际、国家、行业标准的制（修）订并符合奖励条件的，奖励总额最高50万元。对确认为AAAA级标准化良好行为企业的单位，一次性奖励企业10万元；对确认为AAA级标准化良好行为企业的单位，一次性奖励企业5万元。获奖单位可安排获奖资金的20%奖励给标准起草人，以资鼓励。

首次获得“中国质量奖”企业，奖励管理团队50万元，首次获得“安徽省政府质量奖”企业，奖励管理团队10万元；被评定为“中国名牌”企业奖励50万元，被评为“安徽名牌”企业奖励10万元；获得“中国出口名牌”企业奖励50万元，获得“安徽省出口名牌”企业奖励10万元；获得国家级“中华老字号”企业奖励20万元，省级“中华老字号”企业奖励10万元；获得“中国驰名商标”、“安徽省著名商标”、地理标志商标和集体商标的企业，分别一次性奖励50万元、10万元、5万元、5万元，对新申请注册商标并获商标局认定的，每件补贴1000元。

三、加大招商引资力度

深化与央企和全国知名民营企业合作发展，鼓励我市民营企业与央企合作发展，鼓励市外、省外、境外企业家、战略投资者、技术和管理人才来马投资兴业，广泛集聚发展资源。新引进的国内外知名企业总部、地区总部贸易公司、销售中心，三年内按其缴纳的营业税、增值税和企业所得税市本级财政留成部分等额资金的50%给予奖励；新引进的国内外知名企业总部、地区总部或研发中心、采购中心、销售中心、结算中心，自建自用办公用房的，城市基础设施配套费按50%收取，购买自用办公用房的，所缴纳的契税市财政留成部分给予等额补助；对引进或加盟国际著名连锁企业，投资在500万元以上的补助10万元，投资1000万元以上的补助15万元。对2013年1月1日以后开工，总投资1000万元以上，并列入《马鞍山市工业项目投资导向计划》的企业技改项目，不需新征用地的，在项目竣工投产后，给予固定资产投资额1%的补助；需新征用地的，在项目竣工投产后，给予设备投资额1%的补助，每户企业最高补助200万元；对2013年1月1日以后开工、总投资1亿元以上的新建工业项目，在项目竣工投产后，给予设备投资额1%的补助，最高不超过300万元；对投资总量大、产业关联度高、牵动性强的重大工业项目，可采取“一企一议”、“一事一议”的办法给予政策支持（不重复享受我市其它扶持政策）。

四、着力激发全民创业热潮

采取激励措施，推动更多的社会成员兴办经济实体，引导更多的外出务工人员回乡创业，促进更多的个体工商户升级为企业法人。新办或从外地整体搬迁来我市的中小工业企业，竣工投产后，在3年内实现年销售收入5000万元以上的，按其当年实际缴纳增值税和所得税市本级财政留成部分的1%，一次性奖励给企业法定代表人，最高奖励金额为20万元。

五、切实落实准入政策

坚持“非禁即准、平等竞争”的原则，进一步确立民间投资平等的市场主体地位，所有领域一律对民间资本开放，市场准入条件和优惠扶持政策公开透明，不得对民间资本设置任何附加条件。支持民营资本参与国有企业改制重组，参与农村合作金融机构改制、农村商业银行增资扩股、发起或参与设立村镇银行等，以及兴办非义务教育、医院和社会中介机构等。建立健全民营资本参与重大项目投资招标长效机制。

六、进一步放宽经营条件

除一人有限责任公司外，允许注册资本货币“零首付”，可在法定期限内缴足注册资本。允许使用法律、法规和规章未禁止、尚未纳入国民经济行业分类的行业用语作为企业名称和经营范围表述用语。除法律、行政法规、国务院决定设置的企业登记注册前置许可外，一律不得设置其他前置许可。必须进行前置许可的，要简化环节、优化程序、提高效率。

七、提升技术改造和创新能力

对新认定为国家火炬计划重点高新技术企业的，一次性奖励100万元；对新认定为高新技术企业的，一次性奖励10万元；对新认定为国家级创新型企业、省级创新型企业，分别一次性奖励100万元、50万元。国家级、省级创新型企业自认定之日起3年内，将其所缴纳企业所得税新增部分的市本级财政留成部分奖励给企业。对我市高新技术企业、创新型企业的各项行政性收费市本级财政留成部分，实行免征；对新创办的科技型企业实行零收费。对新认定为国家级、省级高新技术产品、重点新产品的，分别给予产品研发团队20万元、10万元奖励，同一产品不重复享受奖励，同一企业，该项奖励额度累计不超过30万元。经认定的高新技术产品和重点新产品，自认定之日起所缴纳增值税新增部分的市本级财政留成部分，3年内全额奖励企业。

八、鼓励民营企业开拓市场

支持符合条件的民营企业申请纳入国家推广企业、产品规格型号及销售网点目录。对照国家产品惠民政策，鼓励企业参与竞标。支持本地企业积极参与我市建设工程和政府采购的投标。积极组织市内产需对接，促进中小微型企业与大企业建立稳定的协作配套关系。企业参加国家、省组织的境内外展览会、展销会，给予其展览费、展品运输费30%的补贴，单个企业每次最高补助5

万元。积极支持企业在我市举办全国性或国家级相关活动，依据其规模、影响力给予一定的专项补助，每项活动最高补助30万元。

九、加大财政资金扶持力度

从2013年起连续5年，市财政每年安排与省财政等比配套专项资金扶持民营经济发展，用于充实担保公司国有资本金，支持工业、现代服务业固定资产投资贷款贴息、研发和担保贴费等。

十、认真落实税收优惠政策

2014年10月31日前，对金融机构与小微企业签订的借款合同免征印花税。2015年12月31日前，对年应纳税所得额低于6万元（含6万元）的小型微利企业，其所得减按50%计入应纳税所得额，按20%的税率缴纳企业所得税。对增值税、营业税起征点按最高调整，按期纳税的，为月销售额2万元；按次纳税的，为每次（日）营业额500元；对经主管部门批准的民间投资兴办的学校、医院自用土地，免征城镇土地使用税；经省级机构认定的高新技术民营企业迁入我市的，3年有效期内不再重新认定，享受高新技术企业所得税优惠政策。对小微企业免收税务登记工本费及发票工本费。

十一、切实降低民营企业融资成本

被认定为劳动密集型小企业申请小额担保贷款，贷款额度在200万元以内、贷款期限在2年以下的，由市财政部门按照中国人民银行公布的贷款基准利率的50%给予贴息，逾期或展期不再贴息。

十二、拓宽民营企业融资渠道

鼓励有条件的企业发行企业债券。对成功发行企业债、公司债、债务融资工具、中小企业私募债和中小企业集合信托计划的中小企业，按照募集资金1‰给予发行企业奖励，奖励金额不超过50万元；企业在争取上市期间（指企业与券商等中介机构签订了改制或辅导协议，进入实质运作阶段），年所得税纳税额以不低于上年纳税额10%的环比增速增长的，超过10%的市本级财政留成部分，由市财政等额补贴给改制后的企业，补贴期限至上市止（不超过3年）。改制辅导企业利用资产评估增值增资扩股、用未分配利润和盈余公积转增股本或资产重组过程中所发生的个人所得税，缓征个人所得税，在发生转让时一并交纳；市财政为进入上市程序的企业（指企业与券商等中介机构签订了改制或辅导协议，进入实质运作阶段）每个垫付上市前期费用100万元，成功上市后归还，企业3年内未能上市的，全额归还给市财政；对成功上市企业因上市而补缴的企业所得税市本级财政留成部分，全额奖励给企业。企业上市成功后，上缴地方税收以超过15%的环比速度增长的，对超过15%的增幅市本级财政留成部分，第一年全额奖励、第二年按50%奖励。

十三、切实解决民营企业用地困难

将民营企业用地纳入年度用地计划。民营企业为工业生产配套的信息服务、研发设计、创意产业以及仓储物流等投资项目用地，执行工业用地政策。民营企业投资符合国家产业发展方向、技术含量高、产业带动性强的大项目，优先统筹安排新增建设用地指标。

十四、大力鼓励节约集约用地

对开发区、产业园区兴建多层标准化厂房，按当年实际建成多层标准化厂房建设资金的10%给予补助；对企业实施“零增地”技改，利用老厂房翻建多层厂房和利用厂内空地建造多层厂房的，按当年实际建成多层标准化厂房建设资金的15%给予补助，最高补助均为300万元；对租赁标准化厂房的小微型企业，租赁面积达到500平方米以上，3年内，按2元/平方米·月的标准给予补助，每户年补贴额度最高不超过5万元。

十五、缓解民营企业“用工难”

对职业中介机构为民营企业招用人员，按签订6个月以上用工证明和1年以上劳动合同人数，给予每人120元—250元的职业介绍补贴；劳动者参加就业技能培训，给予每人200元—1200元的培训补贴，并按规定建立动态调整机制。对民营企业新录用人员并与其签订6个月以上劳动合同，进行上岗前技能培训的，由市财政给予不低于人均300元的补贴；对经岗位技能提升培训并取得中级工、高级工、技师、高级技师资格的，分别给予每人500元、1000元、2000元、3000元的补贴。

十六、鼓励民营企业引进和培育人才

企业引进的高层次人才（须与用人单位签订5年以上工作合同）和来马创业的高层次人才，在本市购买住房的，享受30万元安家补贴，5年内凭购房发票按季度发放，每年发放20%；若自行租房，可享受为期5年的1000元/月租房补贴。对新建院士、博士后工作站，分别给予10万元、5万元资助；对在工作站工作的院士、博士后每人每年分别给予3万元、2万元生活补助经费，博士后研究项目择优资助3万元。加强民营企业家队伍建设，鼓励各类培训机构分行业、分地区、有针对性的开展培训，并组织高级企业经营管理人才赴境外培训及参加国内著名高校专题研修，对企业经营管理人才境外培训和国内高校培训分别给予一定补贴。

十七、切实减轻民营企业负担

全面落实国家、省市出台的免征民营企业及小微企业部分行政事业性收费的有关政策规定。严格执行税收征管法律法规，不得违规向企业提前征税、摊派税款。市负责企业减负部门要切实履行职责，加强对企业负担的监督检查，严肃查处乱收费、乱罚款及各种摊派行为，切实减轻企业负担。

十八、积极营造民营经济发展良好氛围

各级各部门、新闻媒体要采取各种有效措施，广泛宣传国家和省、市关于鼓励、发展民营经济的方针、政策和措施，大力表彰依法经营、诚实守信、认真履行社会责任、积极参与社会公益事业的民营企业家的先进事迹。在全社会营造重商、亲商、安商、成商的良好氛围。优先推荐优秀民营企业家参选各级人大代表、政协委员；提高民营企业家入选各级劳动模范的比例。

十九、建立长效工作机制

为强化组织推动，成立市发展民营经济领导小组，负责统筹、协调、指导全市民营经济发展工作，领导小组办公室设在市经信委。建立健全政府领导负责、部门分工明确、责任到位、合力扶持民营经济发展的工作协调机制，加强部门联动，推动各项政策措施的贯彻落实。各级党委、政府要建立联系民营企业制度，每年专题研究民营经济发展不少于两次，主要领导每月调研民营企业至少一次；研究制定地方经济和社会发展规划，要注重吸纳、听取民营企业的意见和建议。

二十、加大监督考核表彰力度

加强对县（区）和有关部门贯彻落实支持民营企业相关政策情况的督导、检查和通报。对促进民营经济发展工作情况进行年度考核，继续强化民营经济发展指标在县（区）年度考核中的比重；市委市政府每两年开展一次民营经济表彰活动，对发展民营经济的先进典型进行表彰。各有关部门要加强对民营企业相关法律、法规和政策特别是金融、财税政策贯彻落实情况的监督检查，发现问题及时整改。

二十一、附则

（一）除民营企业外，其他民营经济组织同样享受以上优惠政策。

（二）为充分发挥财政资金的引导作用，产业政策补助资金原则上用于对企业的贴息或担保费用的补贴，政策的兑现资金除有明确规定需县（区）配套外，原则上由市财政全部承担。本政策与市财政其他扶持政策不重复享受。

（三）意见自发布之日起执行，由市经信委会同市财政局负责解释。

（四）原有政策规定与本意见不一致的，以本意见为准。

中共黄山市委 黄山市人民政府 关于大力发展民营经济的实施意见

黄字〔2013〕7号　2013年07月11日

为深入贯彻落实《中共安徽省委、安徽省人民政府关于大力发展民营经济的意见》（皖发〔2013〕7号），进一步解放思想、开拓创新，充分激发各方面创造活力，推动全市民营经济加快发展，促进全面转型、加速崛起、富民强市，结合我市实际，制定如下实施意见：

一、激发全民创业

1.鼓励全民创业。鼓励并推动更多社会成员创办经济实体，引导更多外出务工人员回乡创业，落实并逐步完善担保贷款、财政贴息等鼓励自主创业政策。对个体工商户转为小微型企业，以及创办并稳定经营的微型企业，由区县政府给予适当补贴。放宽经营条件，除一人有限责任公司外，允许注册资本货币“零首付”，可在法定期限内缴足注册资本。力争到2017年，万人拥有企业数、个体工商户数分别比2012年翻一番以上、增长50%以上，民营经济对经济发展的贡献率提高到75%以上。

2.放宽市场准入。全面落实国务院关于鼓励和引导民间投资健康发展的“新36条”和国家有关部委的42项实施细则，明确界定政府投资范围，充分发挥市场作用，不与民争利。按照“非禁即准”的原则，全面放开投资领域，做到平等准入、放手发展。降低村镇银行中发起行最低出资比例限制，最低持股比例由20%降低为15%。允许小额贷款公司按规定改制设立为村镇银行。建立健全民营资本参与重大项目投资招标长效机制。市场准入标准和优惠扶持政策要公开透明，对各类投资主体同等对待，不得单对民间资本设置附加条件。

3.搭建创业平台。按产城一体、宜居宜业的原则，优先统筹安排建设用地指标，规划建设提升具有综合服务功能的城镇就业、农民工、大学生、留学生创业园等创业基地和科技孵化器、商贸集聚区、保障性住房，营造良好的生产生活条件。经济开发区、工业园区等各类园区要集中建设标准厂房，积极为小型微型企业提供生产经营场所，促进小微型企业集聚发展。

二、推动招大引强

4.鼓励引进大型项目。强力开展招商引资，大力推动徽商“凤还巢”，推进与全国知名民企合作发展，鼓励市外境外企业家、战略投资者、技术和管理人才投资兴业。对引进亿元以上招商项目（不含单纯房地产项目）实施引荐人奖励政策。按引进项目实际形成的固定资产投资额4‰奖励，工业项目按5‰执行。其中，投资额1亿—5亿元，单个项目最高奖励50万元，工业项目最高奖励70万元；投资额5亿—10亿元，单个项目最高奖励80万元，工业项目最高奖励100万元；投资额10亿元以上，单个项目最高奖励100万元，工业项目最高奖励120万元。上述奖励按项目投资实际进度核定，分年度兑现。民营企业开展股权招商，增资扩股，引进战略投资者，按实际新增出资额5‰奖励。对世界500强、国内500强招商引资重大项目实行“一事一议”政策。

三、扶持做大做强

5.扶持重点骨干企业。围绕旅游、文化、工业等九大优势产业，分别优选出若干户经营者发展理念好信心足、自主创新能力强、企业成长性好、具有行业领先地位的骨干企业建立重点扶持名录，实行领导联系企业制度，予以政策倾斜、项目优先。优先给予申报国债地方债、技改与创新、科技计划与攻关、农业产业化、节能与综合利用、商贸流通、中小企业发展专项等项目，市级资金跟进扶持。重点扶持名录企业纳入全省重点技术改造的项目，按照同期贷款利息的50%给予贴息，单个项目最高补贴200万。对新进入全国民营企业500强、全省民营企业100强和全国行业100强，市政府通报表彰并分别奖励200万元、100万元和50万元。

6.支持企业开拓市场。支持并鼓励民营企业参与政府采购和政府投资项目建设，政府采购优先使用民营企业地产品，政府投资项目招投标平等对待民营企业。支持民营企业参加各类交易会、展销会、博览会等，由市政府组织参加的全国性展销会每个展位补贴5000元，省级展销会每个展位补贴4000元，对企业参加市政府推荐的重点境外展销会给予展位费40%补贴。支持民营企业“走出去”，开展对外合作。对企业开展海外投资并购，在境外建立生产研发基地和营销网络，给予实际对外投资额5%奖励，单个企业最高奖励50万元。各类旅游企业用于宣传促销的费用依法纳入企业经营成本。

四、加大政策支持

7. 加大财政扶持力度。2013年起连续5年，按照省委省政府要求，等比例配套安排扶持民营经济发展专项资金，用于充实担保公司国有资本金，支持工业、现代服务业固定资产投资贷款贴息、研发和担保贴费。市、区县每年用于充实担保公司国有资本金分别不少于1000万元、500万元。担保公司为民营企业提供担保，资本金规模放大三倍以上、收费标准未超过银行同期贷款基准利率50%的，按当年新增融资担保额的5‰给予补助。新进规上民营工业企业和新进限上民营商贸企业，由同级财政按其上缴税收增量地方留成10%给予奖励。对新设的股权投资企业，其所得税同级财政分成奖励给企业。对年度销售收入首次达到1亿元且实际入库税收300万元以上的奖励30万元；对年度销售收入首次达到5亿元且实际入库税收1500万元以上的奖励100万元；对年度销售收入首次达到10亿元且实际入库税收3000万元以上的奖励300万元。

对建设3层以上标准化生产性厂房，在保证设施专用前提下，由同级财政按厂房投资的10%给予补助，单个项目最高补助50万元。对租用政府投资多层标准化厂房的小微型企业，3年内给予租金20%补助，单个企业年度最高补助20万元。对新建投资额3000万元以上、建筑面积10000平方米以上的物流园区、物流基地和物流配送中心，免收城市基础设施配套费。

8. 鼓励企业直接融资。对成功上市的民营企业，市政府奖励100万元；企业因上市改制的，对改制当年应补缴和辅导期内（不超过3年）超改制前基数部分企业所得税，在省级奖励基础上，同级财政按地方留成给予等额奖励。对成功发行企业债、公司债、债务融资工具、中小企业私募债和中小企业集合信托计划的中小企业，省和同级财政按发行额度3%给予补助，最高不超过75万元。

9. 促进企业技改创新。对扩建工业项目购置生产设备，且设备购置额在50万元以上，市财政按照设备购置额的10%补助，最高补助50万元。支持民营企业建立研发机构，对企业所得税年增长20%以上的民营企业，将其增量地方留成部分按10%奖补企业用于研发和技改。对获得中国驰名商标的给予30万元一次性奖励，主导制订国际标准、国家标准、行业标准的，分别给予200万元、100万元、50万元一次性奖励。

10. 支持培育引进人才。对民营企业引进、培育"两院"院士、"千人计划"、"百人计划"、"万人计划"人员并签订3年以上合同(每年在我市实际工作时间6个月以上)的企业，分别给予100万元、50万元、20万元、20万元补助。对建立院士工作站、博士后科研工作站和技能大师工作室的民营企业，分别给予50万元、20万元、10万元资助。对外来投资者和引进人才，帮助解决配偶就业，安排子女就近上学。选派政府机关、事业单位优秀工作人员到民营企业挂职。组织开展"百名民营企业家"培训提升工程。

11. 缓解企业"用工难"。对职业中介机构为民营企业招用人员，按签订6个月以上用工证明和1年以上劳动合同人数，给予每人120—250元的职业介绍补贴；劳动者参加就业技能培训，给予200—1200元的培训补贴，并按规定建立动态调整机制。对民营企业新录用人员并与其签订6个月以上劳动合同，进行上岗前技能培训的，由当地政府给予每人350元补贴；对经岗位技能提升培训并取得中级工、高级工、技师、高级技师资格，分别给予每人500元、1000元、2000元、3000元的补贴。支持和鼓励民营企业利用自有存量土地建设公共租赁住房用于员工公寓，纳入当地保障性安居工程建设计划，享受同等优惠政策。

五、优化发展环境

12. 切实减轻企业负担。严禁以各种名义、各种形式向企业索要赞助、捐赠、会费等摊派行为。全面落实民营企业登记、注册、办证、申报等"一站式"服务，实行限时办结制。保障企业除依法缴纳税费和依法接受监管外，不再承担其他社会负担。各类涉企收费标准一律按下限执行。各项涉企产品质量监督检验收费在现行标准上降低10%，计量检定收费降低20%，建筑活动综合技术服务费、交通建设工程实验检测费降低10%，人才中心摊位费、建筑消防设施检测费降低20%。

13. 大力创新金融服务。金融机构加大对涉农、小型微型民营企业信贷支持力度，确保两类贷款的增速不低于全市各类贷款平均增速，增量不低于上年。鼓励金融机构扩大土地承包经营权、农房、大型农用生产设备、林权、水域滩涂使用权等抵押贷款，应收账款、仓单、存单、股权、知识产权等权利质押贷款。积极落实政策性林业森林保险各项措施，对林农参加保险、贷款给予适当补贴。发展信用户联保体和信用户共同体，对其信用户发放信用贷款。

14. 健全监管约束机制。充分发挥企业发展环境监测点的作用，完善民营企业投诉受理机制，有诉必理，理而必果。改进机关和公共服务单位效能、政风、行风建设“三位一体”评议，加强作风效能建设，严肃查纠向企业吃拿卡要和效率低下等问题，严厉查处侵害民营企业合法权益的行为。落实民营企业定期联席会议制度，听取意见建议，解决实际问题。健全民营企业诚信评价体系，加强中小企业和农村信用体系实验区省级试点建设，完善信用信息采集、评价、运用范围，营造诚实守信的信用环境。金融、工商、税务、质监等部门每年开展民营企业诚信评价，并进行通报。

15. 营造良好舆论环境。广泛宣传发展民营经济的方针政策，大力倡导尊重创业、尊重劳动的风尚，营造重商、亲商、安商的良好氛围。大力宣传推介企业优质产品，提升产品的美誉度和市场占有率。引导广大民营企业和个体工商户自觉遵守法律法规，不断提高企业管理水平，认真履行社会责任。充分发挥新闻舆论监督作用，对侵犯民营企业及企业家合法权益和干扰合法经营活动的典型事例及时予以曝光。

六、加强组织领导

16. 强化组织推动。进一步落实民营经济领导小组成员单位工作协调机制，充分发挥民营经济领导小组办公室作用。各地、各有关部门将民营经济发展纳入年度工作计划，围绕目标任务，加大工作力度，着力解决制约民营经济发展的突出问题，推动各项政策措施落实。加强民营企业党建工作，充分发挥党组织作用，促进民营经济健康发展。

17. 严格督查考核。市委、市政府每年对国家和省市出台的政策规定落实情况进行督查，对政策落实情况进行绩效评估，对政策不落实的部门和区县进行问责。建立健全民营经济统计监测制度，实行年度考核。开展优秀个体工商户、优秀民营企业、优秀民营企业家和服务民营经济先进单位评选，市委、市政府每两年表彰奖励一次。优秀个体工商户奖励1万元，优秀民营企业根据贡献奖励5万—10万元，优秀民营企业家奖励5万元，服务民营经济先进单位奖励5万元。

本实施意见所涉及的各项奖励和补助，按税收入库级次，分别由市、区县负责兑现，区县奖励和补助资金由区县予以兑现。

本实施意见自2013年1月1日起实行，与市其他同类政策不重复享受。民营服务业企业享受《黄山市服务业综合改革试点专项资金使用办法》等政策。

本实施意见由市发展民营经济领导小组办公室负责解释。

铜陵市：转发《中共安徽省委 安徽省人民政府关于大力发展民营经济的意见》的通知

铜发〔2013〕6号　2013年07月11日

各党委（党组、党工委），县、区人民政府，市直各部门：

现将《中共安徽省委 安徽省人民政府关于大力发展民营经济的意见》（皖发〔2013〕7号）转发给你们，并提出以下贯彻意见，请一并认真执行。

1. 改革工商登记制度。发挥我市作为全国发展改革试点市的优势，积极改革工商登记制度。对按照法律、行政法规和国务院决定需要取得前置许可的事项，除涉及国家安全、公民生命财产安全等外，不再实行先主管部门审批、再工商登记的制度，创业主体向工商部门申请登记，取得营业执照后即可从事一般生产经营活动；对从事需要许可的生产经营活动，持营业执照和有关材料向主管部门申请许可。将注册资本实缴登记制改为认缴登记制，并放宽工商登记其他条件。具体实施办法另行制定。（牵头单位：市工商局。责任单位：市政务服务中心、市政府法制办。）

2. 鼓励个体工商户转型升级。个体工商户转型为小型微型企业的，其转型后一年内的纳税，按其转型时原个体工商户年纳税额标准执行。（牵头单位：市工商局。责任单位：市财政局、市国税局、市地税局、县区政府、市开发区管委会。）

3. 提高小企业贴息扶持标准。创业并依法注册登记的各类城乡劳动者和劳动密集型小企业，可申请创业担保贴息贷款。个人担保贴息贷款最高额度为10万元，劳动密集型小企业贴息贷款最高额度为400万元，贷款期限为2年。经认定的个人创业担保贷款给予全额贴息。经认定的劳动密集型小企业，贷款额度在200万元（含）以内的，按照基准利率的50%给予贴息；200万元以上400万元（含）以下部分按照基准利率的25%给予贴息。（牵头单位：市人社局。责任单位：市经信委、市财政局、人行铜陵中支。）

4. 多渠道提供还贷周转金服务。加大对具备还贷能力和有良好信誉，且符合产业发展方向民营企业的帮扶力度，切实缓解企业贷款到期转贷周转困难。鼓励和支持县区财政设立企业还贷周转金(增信资金),专项用于企业还贷周转，市财政可在资金协调调度上给予支持；进一步发挥金融超市的牵线搭桥作用，为金融机构与企业，以及企业相互之间的还贷周转资金融通搭建合作平台；鼓励和支持行业协会、商会牵头组织会员企业开展互助性还贷周转融资服务；鼓励和支持民营企业之间尤其是有产业关联的产业集群内的企业之间构建资金互助机制，缓解还贷周转困难。（牵头单位：市财政局。责任单位：市经信委、县区政府、市开发区管委会。）

5. 改进金融服务。各银行业金融机构要提高民营企业贷款审批效率，对前期审批通过且与担保机构已签订担保合同的民营企业贷款项目，应在7个工作日内放款；对符合条件的续贷项目，应在10个工作日内放款；对新增贷款项目，从受理到审批原则上不超过一个月。降低民营企业融资成本，对符合我市产业政策的民营企业，政府及政府控股的融资性担保机构担保费率，按不超过1.5%的标准执行。严格按照《铜陵市人民政府办公室关于印发铜陵市市本级政府性资金存放商业银行管理改革实施方案的通知》(铜政办〔2011〕66号)要求，对商业银行进行考评，把政府性资金存款比例与商业银行对我市中小微企业信贷支持规模挂钩，引导商业银行加大对民营企业的贷款支持力度。（牵头单位：市投融资办。责任单位：市经信委、人行铜陵中支、铜陵银监分局。）

6. 增强融资担保能力。鼓励、支持、引导民营资本参与融资担保体系建设，进一步壮大资本实力。从2013年起连续5年，各级民营经济发展专项资金，每年用于充实担保机构国有资本金的比例不低于30%。（牵头单位：市财政局。责任单位：市经信委、县区政府、市开发区管委会。）

7. 优化发展环境。切实减轻企业负担，依法保护民营企业合法权益。市发展民营经济领导小组办公室负责每月通报民营企业投诉受理情况、每季度组织涉企部门与民营企业恳谈会、每年组织开展“百家民营企业评议政府部门”活动，有关情况定期向市委、市政府报告，对加重企业负担、服务效能低下的单位和个人依法依规处理。（牵头单位：市经信委。责任单位：市监察局。）

8. 加强工作督查。加大对各级促进民营经济发展政策的宣传、培训和落实力度，确保民营企业知晓各项政策，确

保各项优惠政策及时落实到位。市委、市政府每年对国家和省、市出台的促进民营经济发展政策规定落实情况进行督查，对政策不落实的相关部门和责任人，按照《市党政机关关于干部庸懒散奢行为问责暂行办法》处理。（牵头单位：市监察局。责任单位：市委督查室、市政府督查室、市经信委。）

9.《中共安徽省委、安徽省人民政府关于大力发展民营经济的意见》（皖发〔2013〕7号）中要求设立民营经济发展专项资金、支持民营企业提升创新能力、民营企业参加展览展销活动展位补贴等，按照《铜陵市人民政府关于促进经济平稳较快发展实施意见》（铜政〔2013〕13号）中相关规定执行。

中共宿州市委 宿州市人民政府
关于大力发展民营经济的实施意见

2013年07月11日

为深入贯彻党的十八大精神，全面落实省委、省政府《关于大力发展民营经济的意见》（皖发〔2013〕7号），切实解决制约民营经济发展的突出问题，促进全市经济持续健康快速发展，结合我市实际就大力发展民营经济制定如下实施意见：

一、激发创业活力

1. 掀起全民创业新高潮。个体工商户转型升级为小型微型企业，稳定经营6个月后，由当地政府给予一次性创业补贴。力争到2017年，万人拥有企业数、个体工商户数分别比2012年翻一番以上和增长60%以上。（责任单位：市工商局、市经信委、各县区政府）

2. 加强创业培训。免费为城乡劳动者提供多层次、全过程、阶梯式的创业培训；认定一批有条件的企业作为创业实训定点基地，为创业者提供创业见习服务，时间为1–3个月。按实训人数给予实训基地800元/人的补助。（责任单位：市人社局）

3. 鼓励创业带动就业。对新创办的民营企业，开办5年内，当年安置就业新增30人以上、年经营收入达到300万元以上的服务型企业奖励30000元，当年安置就业新增50人以上、年经营收入达到500万元以上的工业企业奖励50000元。被认定为省级创业孵化基地的园区奖励10万元。（责任单位：市人社局、市财政局、市经信委）

4. 给予创业者贴息扶持。对符合条件的城乡各类劳动者从事个体经营、自主创业或组织起来创业的，提供不超过2年的小额担保贷款，个人贷款额度不高于10万元，组织起来创业的贷款额度最高不超过50万元，由财政给予全额贴息。对新创办的小微企业，贷款额度不超过400万元（含）、贷款期限不超过2年的，200万元（含）以下部分按照基准利率的50%给予贴息，200万元以上部分按照基准利率的25%给予贴息。（责任单位：市人社局、市人民银行、各县区政府）

5. 支持民营企业做大做强。对我市范围内的全国民营企业500强、全省民营企业100强的企业，市政府每年给予50万元、20万元的奖励。对新获得国家驰名商标、中国名牌产品、安徽省著名商标、安徽省名牌产品、宿州知名产品和主导制定国家标准、行业标准的民营企业，按照有关规定分别给予一次性奖励。（责任单位：市经信委、市统计局、市工商局、市质监局）

6. 推进新型乡村工业园建设扩面提效。设立市新型乡村工业园发展专项资金500万元，各县区要等比例配套，一并用于支持新型乡村工业园建设。到2015年，市级新型乡村工业园达到50个，百亩园区年实现产值、税收比2012年翻一番以上，就业人数和职工收入有较快提升。（责任单位：市经信委、市人社局、各县区政府）

7. 推动招商引资提质提速。对总部和研发中心迁至我市的年销售收入过亿元的民营企业，按一事一议原则给予优惠政策；对外地来宿投资过亿元的企业家，其随迁适龄子女可在我市教育部门主管的公办幼儿园、中小学校选择入托和入学；对在宿州新办企业的本土企业家，实行招商引资同等待遇。（责任单位：市招商局、市教育局、市统计局）

二、拓展发展空间

8. 放宽经营条件。按照“非禁即准”的原则，全面放开投资领域，切实做到平等准入、放手发展。实行“零成本”注册，对民营企业、个体工商户注册登记及变更注册登记免收登记类、证照类行政事业性收费。除一人有限责任公司外，允许注册资本货币“零首付”，可在法定期限内缴足注册资本。（责任单位：市工商局）

9. 提升创新能力。支持民营企业技术创新，对建立省级以上院士工作站、重点实验室（工程实验室）、工程技术研究中心（工程研究中心、企业技术中心）的民营企业给予5万—10万元的资助；获批高新技术企业的一次性奖励10万元；获得国外授权专利的每件奖励2万元，获得国内授权发明专利的每件奖励5千元；对积极开展产学研合作实现成果转化并产业化生产，新增销售收入超过500万元的，按技术交易额的20%进行资助（最高不超过20万元）。（责任单位：市科技局、市发改委、市总工会、市经信委）

10. 支持电子商务。鼓励引导民营企业发展电子商务，每年支持10家加入电子商务平台，一次性给予每家企业5万元补助。（责任单位：市经信委、

市商务局）

三、提升金融服务

11. 充分发挥地方金融组织支持民营经济发展的重要作用。各级财政出资的融资性担保公司要加大力度支持民营经济发展。进一步简化流程，创新服务，降低民营企业融资成本，融资担保费率不得超过2%。支持民营企业发起设立融资性担保机构。为民营企业提供融资担保余额超过全部担保余额80%的部分，同级财政按超出部分的0.5%给予融资性担保机构不超过200万元的奖励。鼓励小额贷款公司做大做强，在税收优惠返还方面给予招商引资企业同等待遇。（责任单位：市金融办、市财政局、市国税局、市地税局）

12. 支持民营企业拓宽直接融资渠道。每年安排专项资金，用于民营企业上市融资培训、诊断、推介、宣传、奖励等工作。支持民营企业发行企业债、公司债、债务融资工具、中小企业私募债、集合债和中小企业集合信托计划等直接融资产品，对成功发行的，按发行额度的3%给予不超过75万元的补助。引导各类社会资本参与股权投资基金设立，优先投向本市民营企业，不断拓宽民营企业融资渠道。（责任单位：市金融办、市发改委）

四、强化人力资源支撑

13. 强化员工职业技能培训。对职业中介机构为民营企业招用人员，按签订6个月以上用工证明和1年以上劳动合同人数，给予每人150—300元的职业介绍补贴；民营企业新录用人员并与其签订6个月以上劳动合同，进行上岗前技能培训的，由当地政府给予人均不低于300元补贴。符合条件的企业对签订一年以上劳动合同职工开展岗位技能提升培训的，根据培训后取得不同级别职业资格证书的人数，按照每人500–3000元不等的标准，给予企业培训补贴。（市人社局、市总工会）

14. 支持民营企业引进高端人才。对于民营企业引进的“两院院士”、国家“千人计划”、省“百人计划”、教授或博士人员，签订3年以上合同且每年在我市实际工作时间达到6个月以上的，分别给予120万元、100万元、80万元、20万元的补助。（责任单位：市经信委、市人社局）

五、加强用地保障

15. 有效保障企业用地需求。将民营企业用地纳入年度用地计划。民营企业投资符合国家产业发展方向、技术含量高、用工数量大、产业带动性强的大项目，优先统筹安排新增建设用地指标。

（责任单位：市国土局）

16. 鼓励节约集约用地。对建设3层以上标准化生产厂房的企业，给予20万元的一次性奖励。对租用政府投资多层标准化厂房的小型微型企业，3年内给予租金优惠。（责任单位：市经信委、各县区政府）

六、加大财税支持

17. 鼓励民营企业上台阶。招商引资等优惠政策期满后，对当年新增加上缴税金200万元以上的民营企业，由受益财政按其上缴税金地方留成新增部分20%给予奖励。对当年新进入的限额以上民营商贸企业或年新增加上缴税金100万元以上的民营商贸企业，由受益财政按上缴税金地方留成新增部分20%给予奖励。(责任单位：市财政局、市地税局、市国税局)

18. 落实民营企业税收优惠政策。贯彻落实民营小微企业营业税起征点政策。全面取消税务发票工本费。民营企业因有特殊困难不能按期纳税的，可依法申请在三个月内延期缴纳。每年对重点发展的主导产业、科技型企业、发展前景好的困难企业，经批准后减征或免征城镇土地使用税和房产税，（责任单位：市国税局、市地税局）

19. 加强财政资金引导。从2013年起连续5年，市财政每年安排6000万元设立扶持民营经济发展专项资金，用于省民营经济发展资金的配套和本实施意见中各类奖补政策的兑现。各县（区）应配套设立民营经济发展专项资金。(责任单位：市财政局、各县区政府）

七、优化发展环境

20. 切实减轻民营企业负担。减少行政审批事项，优化审批程序。贯彻落实收费许可证制度，严禁擅自增设收费项目，提高收费标准，严禁任何机关、事业单位和各类协会、学会等社会团体向企业摊派费用，严禁违法违规审批、检查、评比，严禁指定中介机构让企业接受各种评审、评估、年检，严禁强行指定企业购买专用产品。（责任单位：市监察局、市物价局、市经信委）

21. 加强对部门工作作风的监督与评议。定期由监察机关牵头，吸收人大代表、政协委员、民营企业家代表参加对部门的工作作风开展民主评议。各级监察机关设立民营企业投诉服务电话，畅通民营企业投诉渠道，优先办理民营企业投诉，对加重企业负担、服务效能低下的单位和个人依法依规处理。（责任单位：市监察局、市经信委）

22. 打造民营企业综合服务平台。成立民营经济信息服务中心，通过网站、媒体、刊物等形式，为民营企业提供市场、价格、技术等信息服务。成立民营企业家培训中心，为民营企业家提供学习培训服务。建立民营企业家联系交流制度，及时了解民营企业的经营情况，帮助解决影响民营企业发展的困难和问题。（责任单位：市工商联、市经信委）

23. 营造良好舆论环境。各级各部门、新闻媒体要采取多种有效措施，积极营造鼓励民营经济发展的浓厚氛围。广泛宣传国家、省、市关于鼓励、发展民营经济的方针、政策和措施，大力表彰依法经营、诚实守信、认真履行社会责任、积极参与社会公益事业的民营企业家及其先进事迹，切实让为宿州发展做出贡献的企业家在政治上有荣誉、经济上有效益、社会上有地位。市主要媒体集中宣传民营经济，《拂晓报》每星期要不少于2个版面、市电视台每星期在黄金时间段要不少于2个小时。（责任单位：市委宣传部、市经信委、市工商联、各县区政府）

24、提高优秀民营企业家政治待遇。对做出突出贡献的民营企业家，在“两代表一委员”的推荐时优先考虑，符合劳动模范评选条件的可优先推荐为劳动模范人选。（责任单位：市发展非公经济领导小组办公室、市总工会）

八、加强督查考核

25. 强化组织领导推动。成立市发展民营经济领导小组，负责统筹、协调、推进全市民营经济发展工作，领导小组办公室设在市经信委。建立健全组织领导、分工负责、责任明确、合力推进的工作协调机制，加强市、县（区）部门联动，推动各项政策措施落到实处。进一步发挥各职能部门与工商联组织的联系，充分发挥工商联及行业协会（商会）的作用。（责任单位：市发展民营经济领导小组办公室、市直各相关部门、各县区政府）

26. 建立考核奖惩机制。将民营经济发展情况纳入目标考核体系，制定分类考核办法，对各县（区）、市直各部门进行考核奖惩。各县（区）、市直各部门要把民营经济发展纳入中长期规划和年度工作计划，围绕目标任务，加大工作力度，促进民营经济健康发展。市政府每年开展一次发展民营经济的表彰活动。（责任单位：市发展民营经济领导小组办公室、市财政局、市统计局、各县区政府）

九、其他

27、本实施意见自发文之日起实行，已享受其他同类政策的企业、单位和个人不再重复享受本实施意见优惠政策。

列出的责任单位，排在第一位的为牵头单位。

本实施意见由市发展非公经济领导小组办公室负责解释。

中共池州市委 池州市人民政府
关于大力发展民营经济的实施意见

2013 年 07 月 11 日

为认真贯彻落实《中共安徽省委 安徽省人民政府关于大力发展民营经济的意见》(皖发〔2013〕7 号)精神,进一步促进全市民营经济大发展,到 2017 年,力争民营经济增加值占全市 GDP 的 70% 以上,万人拥有企业数达 100 户,个体工商户数比 2012 年增加 50%,进入全省民营 100 强的企业 2 户以上,企业上市 3 户以上,新增中国驰名商标 5 个,民营企业科技创新能力和发展水平显著提升。现结合我市实际,提出以下实施意见:

一、放宽发展条件

(一)坚持非禁即入原则。除国家明令禁止的外,所有领域一律对民间资本开放。在可以实行市场化运作的基础设施、市政公用事业、社会事业和其他公共服务领域,支持民间资本进入。在一般竞争性领域,为民间资本创造更广阔的市场空间。

(二)放宽企业经营条件。在全面落实国家、省里各项支持政策的基础上,进一步放宽经营条件,企业注册资本实行认缴登记制。除一人有限责任公司外,允许企业注册资本"零首付",可在法定期限内缴足注册资本。

(三)简化行政审批程序。民营企业在园区投资建设厂房、仓储、办公楼等建筑所涉及的行政审批由市、县(区)行政服务中心组织综合审批、综合验收。积极探索简捷的小微企业投资行政审批程序,对小微企业投资符合产业政策的项目(除涉及公共安全、污染环境等项目),一般应由项目备案机关组织相关部门,依据备案相关资料进行综合评价或综合验收,不再单独进行环保、安全、节能、消防等专项评价或专项验收。对企业利用现有建筑实施技术改造或开发生产与主业相关产品的项目,可免于项目备案等前期工作。

(四)鼓励全民创业兴业。鼓励各地建设创业基地,支持小微企业向创业基地集聚,对入驻基地标准化厂房的,由同级财政给予 3 年租金补贴,年补贴

额度不低于年租金三分之一。每年评选认定10个市级创业示范基地，优先享受市级担保公司、投资公司的融资服务和市财政专项资金支持。个体工商户在转为小型微型企业的当年，凭营业执照、纳税证明或就业证明等材料，由同级财政给予每户3000元的一次性补助，新设立企业（含家庭农场、旅游服务和农村合作组织）比照执行。对新创办并稳定经营两年的科技研发、工业设计、软件开发、文化创意等行业的小型微型企业，凭营业执照、纳税证明和就业证明等材料，可由同级财政按其实缴注册资本5%给予补贴，最高补贴不超过10万元。对新纳入统计的限额以上批发零售住宿餐饮企业、资质等级以上建筑企业，比照新增规模以上工业企业奖励政策一次性奖励5万元。对新进入全国民营企业500强企业、全省民营企业100强企业，市政府予以通报表彰，并分别给予企业法定代表人100万元、50万元奖励。

（五）支持企业招商重组。对引进全国500强企业或国内外行业龙头企业或与其合资合作的民营企业，采取“一事一议”的方式给予奖励。推进民营企业联合重组，对民营企业兼并重组发生的土地使用权、不动产所有权和相关股权（不含矿业权）转让，免收其变更过户相关费用。

二、强化要素保障

（六）加大融资支持力度。鼓励金融机构扩大旅游经营权、土地承包经营权、林权、水域滩涂使用权、农房、农业设施等所有权或使用权抵押贷款，以及应收账款、仓单、存单、股权、知识产权等流动资产或无形资产质押贷款。积极推行互联互保、信用担保等贷款模式，并纳入市政府对金融机构的考核内容。不断增强担保能力，同级财政将国有或国有控股担保公司国有资本金增资计划纳入预算，年增资额不低于上年度新增担保贷款10%。市、县（区）国有及国有控股的担保公司、投资公司要建立还贷周转金，缓解企业短期还贷资金困难。鼓励民间资本以入股方式参股各类金融机构的增资扩股或兼并重组。鼓励引进或发展典当行、小额信贷公司、股权投资公司、信托公司、财务公司等各类非银行金融机构，所有新设立的金融机构均比照招商引资企业享受相关优惠政策。支持企业上市或发债。同时加大对金融机构附加贷款条件、乱收费等随意抬高融资成本行为的查处力度，发现一起、查处一起，并在年度考核时实行“一票否决”。

（七）帮助企业招工引才。认真落实介绍企业用工、劳动者参加就业技能培训和企业引进培育人才补贴补助政策。重视培养乡土人才，开展创业辅导，鼓励民营企业经营管理人员和创业者参加管理提升培训。大力培育行业领军技术人才、营销专业人才等各类人才。民营企业专业技术人员在职称评审、政府特殊津贴、省学术技术带头人及后备人选等优秀人才选拔培养等方面与国家事业单位专业技术人员同等享受。其中，在民营企业从事工程技术研发、经营管理且作出突出贡献的人才，可不受学历、资历、身份、职称、任职年限和论文数量等限制，免于职称英语和计算机应用能力考试，直接申报中级及以上专业技术职称。

（八）保障企业用地需求。将民营企业用地纳入年度用地计划统筹安排。鼓励企业节约集约用地，在符合容积率的基础上，对建设3层以上标准化生产性厂房，且保证设施专用的，由同级财政给予一定补助，补助标准由各县区自行制定。民营企业利用自有存量土地建设用于员工公寓的公共租赁住房，在配套用地不超过7%的情况下，可不改变土地用途，不再收取土地有偿使用费。

（九）支持企业开拓市场。鼓励民营企业参与政府各类采购招标。积极组织企业间产需对接，促进中小微型企业与大企业建立稳定的协作配套关系，对采购使用本市企业产品用作生产和施工装备的民营企业，可按其采购额在企业所得税地方留成部分给予一定比例奖励。支持民营企业参加境内外交易会、展销会、博览会等各类会展，鼓励发展会展、电子商务、广告、物流、旅游接待等服务业。

（十）加强物流配套建设。新建投资额5000万元以上（不含土地费用）、建筑面积10000平方米以上的物流基地和物流配送中心建设，城市基础设施配套费按50%收取。新设立的物流企业，前三年缴纳的企业所得税地方留成部分按50%给予奖励，缴纳的增值税比营改增前增加的税负由同级财政给予补助。对新引进或新晋升的A级以上物流企业，一次性分别给予5万元(A级)、10万元(2A级)、20万元(3A)、50万元(4A级)、100万元(5A级)奖励。鼓励物流企业运用新技术加快企业信息化建设，企业用于物流综合信息平台建设的设备投资，给予10%补贴。

（十一）加快中介机构发展。利用政府闲置房产以免租金、低租金等优惠条件，鼓励创办和引进管理咨询、会计

师事务所、律师事务所、职业培训、创业辅导、职业介绍等中介机构。对创办的中介机构，比照小微企业享受优惠政策；对引进的中介机构，可按其规模及行业影响力，比照招商引资企业，享受土地出让、税收减免等方面优惠政策。凡在本市注册登记的中介机构，每晋升一级国家规定的行业资质，由同级财政在晋级当年给予5万元奖励。职能部门对市内外同等资质的同类中介机构为本市企业提供的服务、出具的文书应一视同仁、同等认可。强化中介市场监管，规范中介机构行为，建立开放公平的中介市场，不断提高服务效率。

三、加大财税扶持

（十二）加强财政资金引导。民营企业平等享受国家、省、市各项财政专项资金扶持政策。从2013年起连续5年，市财政每年安排5000万元专项资金扶持民营经济发展，并在财政收入增长的基础上，逐年扩大专项资金规模。市专项资金除与省民营经济发展专项资金配套外，主要用于市本级国有担保公司资本金增资和各项奖励。

（十三）落实税收优惠政策。加大国家结构性减税等税收优惠政策的宣传、培训和落实力度，确保民营企业知晓各项政策，确保各项政策及时落实到位，并将其纳入对县区政府、管委会和市有关部门工作考核内容。2015年底前，对微型企业月营业额未达2万元、日（次）营业额未达500元的，免征营业税。对经主管部门批准的民间投资兴办的学校、医院自用土地，免征城镇土地使用税。对迁入我市的民营企业及民营经济组织，其经认定的各类技术创新平台及各类资质，在有效期内均可比照本地同类情况予以认可，比照享受相关优惠政策。

（十四）奖补企业创新投入。对企业所得税年增长20%以上的民营企业，可由同级财政将其增量地方留成部分按30%比例奖补企业用于研发和技改。对土地单位面积产出率高、研发投入达到规定比例的民营企业，可由同级财政将其税收增量地方留成部分按30%奖补企业用于研发和技改。

四、优化发展环境

（十五）保护企业合法权益。民营企业和民营企业家的合法财产受法律保护，任何单位和个人不得侵占、破坏，未经法定程序，不得非法改变权属关系，不得滥用行政权力干预民营企业合法生产经营活动，不得非法查封、扣压、冻结企业财产。

（十六）切实减轻企业负担。各级

党委、政府要切实保障企业除依法缴纳税费和依法接受监管外，不再承担其他社会负担。认真落实国家、省、市行政事业性收费减免政策，对民营企业行政事业性收费一律按照下限收取，对民营企业行政执法原则上以批评教育和责令整改为主。经常性开展涉企负担情况监督检查，严禁任何机关、事业单位和各类协会、学会等社会团体向企业摊派费用，严禁违法违规审批、检查、评比，严禁违规违法指定中介机构让企业接受各种评审、评估、年检，严禁强行指定企业购买专用产品及服务。

（十七）营造良好社会氛围。将民营经济宣传列入年度计划，多形式、多渠道广泛宣传发展民营经济的方针政策，大力倡导尊重创业、尊重劳动、尊重企业家的风尚，营造重商、亲商、安商和支持创业者、褒扬成功者、宽容失误者的社会氛围。大力宣传推介企业优质产品，提升产品的美誉度和市场占有率。引导广大民营企业和个体工商户自觉遵守法律法规，加强企业诚信体系建设，弘扬诚实守信精神，不断提高企业管理水平，认真履行社会责任。充分发挥新闻舆论监督作用，对侵犯民营企业及企业家合法权益和干扰合法经营活动的典型事例及时予以曝光。

五、加强组织领导

（十八）建立健全工作机制。建立领导协调机制，成立由市政府主要负责同志任组长的发展民营经济领导小组，组织落实相关政策法规，研究解决相关问题，统筹推动民营经济发展。优化企业帮扶机制，继续落实领导联系企业和选派机关干部到企业挂职制度；各类开发园区均要设立专门机构，为企业提供行政许可全程代理服务；各职能部门要明确专门机构或人员，对涉及本部门的所有行政许可事宜统一受理、跟踪服务。强化投诉处理机制，各级纪检监察机关要设立民营企业投诉服务中心，对发现的问题迅速受理、立即交办、限时办结、通报批评，对加重企业负担、服务效能低下、干扰企业正常生产生活秩序的单位和个人严格依法依规处理。建立督查问责机制。市委、市政府定期对国家、省、市出台的支持企业发展的政策落实情况进行督查，并对督查中发现的问题，严格依照有关规定进行问责。

（十九）强化统计监测考核。加强民营经济统计监测及分析研究，市发展民营经济领导小组办公室要充分利用现有统计框架和渠道，建立健全民营经济统计监测制度，每半年通报一次全市民营经济情况。把民营经济发展情况列

入各地各有关部门年度工作目标考核内容，每年召开一次民营经济发展会议，对发展民营经济先进集体和优秀民营企业、民营企业家进行表彰。

本实施意见自印发之日起施行，市委、市政府现行的相关各项扶持政策与本实施意见一并执行，并按照“从高从优不重复”的原则落实。

宣城市人民政府关于加快民营经济发展的实施意见

宣政〔2013〕18号　2013年07月11日

各县、市、区人民政府，市政府各部门、各直属机构：

为贯彻落实《中共安徽省委、安徽省人民政府关于大力发展民营经济的意见》（皖发〔2013〕7号）和《安徽省人民政府办公厅关于落实大力发展民营经济意见有关政策措施分工的通知》（皖政办〔2013〕7号）精神，着力解决制约民营经济发展的突出问题，进一步促进全市民营经济又好又快发展，现提出如下实施意见：

一、发展目标

总量壮大。到“十二五”末，全市民营经济占经济总量的比重达到70%以上，实现增加值达到700亿元以上。到2017年，全市万人拥有民营企业数和个体工商户数分别比2012年翻一番以上、增长50%以上。其中，万人拥有民营企业数由2012年的60个增长至120个。

质量提升。到“十二五”末，力争民营企业拥有安徽省名牌130个以上，安徽省著名商标130件以上，安徽省名牌农产品100个以上。民营企业专利授权量1500件，其中发明专利300件，省级以上创新型（试点）企业累计达到20家，高新技术企业累计达到150家，省级以上工程技术研究中心、企业技术中心、重点实验室累计达到60家。

二、政策措施

1. 加大财政扶持力度。市财政和市开发区财政共同筹资设立1亿元的民营经济发展专项资金，其中5000万元用于建立民营企业贷款风险补偿基金，其余用于重点支持一、二、三产业中市本级民营企业的发展。（责任单位：市开发区管委会、市财政局、市经信委、市商务局、市农委、市旅游局、市工商联）

对企业贷款进行财政贴息。对规模以上成长性强、年税收超60万元且当年纳税比上年增长10%以上的工业企业（“两高一资”企业除外），受益财政给予当年新发生流动资金贷款基准利率利息额50%的财政贴息。同一企业

贷款贴息额控制在当年上缴税收地方留成部分以内，单个企业贴息最高不超过50万元。（责任单位：市经信委、市财政局、市国税局、市地税局）

促进产品销售。对企业参加省级以上政府部门（工业、商务、农业、科技、旅游、贸促会等）组织的国际性、全国性、区域性会展，受益财政分别给予参会企业展位费50%、40%、30%的补助。（责任单位：市财政局、市经信委、市商务局、市农委、市科技局、市旅游局）

鼓励扩大进出口。对当年新发生进出口实绩的外贸企业，受益财政每户给予5000元奖励；对外贸企业当年新增出口实绩，受益财政按每美元给予1分钱人民币奖励，每户企业奖励金额不超过20万元。对全市当年进出口实绩超过500万美元且增量位居全市前10位的生产型企业，受益财政给予每户10万元奖励。（责任单位：市商务局、市财政局）

鼓励争创产品质量品牌。着力培养一批技术含量高、市场竞争力强、品牌信誉好、具有鲜明特色的拳头产品，争创国家、省级“名牌产品”、“驰名商标”、“著名商标”。对新获得中国“驰名商标”的企业，受益财政一次性奖励20万元；对新获得国家免检产品、安徽省名牌产品或著名商标的企业，受益财政一次性奖励2万元；对获得“商务部重点培养和发展的出口名牌”的工业企业，受益财政一次性奖励10万元；对获得“安徽省出口名牌商品”的工业企业，受益财政一次性奖励5万元。（责任单位：市工商局、市质监局、市商务局、市财政局）

鼓励企业自主创新。对列入国家火炬计划重点高新技术企业和新认定的高新技术企业，受益财政分别给予50万元和20万元奖励，通过高新技术企业复审的，受益财政给予5万元奖励；对新认定的国家级、省级创新型企业，受益财政分别给予50万元、20万元奖励；对新认定为国家级工程（技术）研究中心、企业技术中心、重点实验室的企业，受益财政给予50万元一次性奖励；对新认定为省级工程（技术）研究中心、企业技术中心、重点实验室的企业，受益财政给予20万元一次性奖励；对新组建的省院士工作站、博士后工作站，受益财政分别给予20万元经费资助；对新获得发明专利授权的企业，受益财政给予每件3万元奖励；对主导制定国际标准、国家标准、行业标准、省级地方标准的企业，受益财政分别给予50万元、20万元、10万元、5万元奖励。

（责任单位：市经信委、市科技局、市质监局、市财政局）

鼓励加大工业投入。对符合产业政策、固定资产投资额5000万元以上的新建工业项目或固定资产投资1000万元以上的工业技改项目，按期竣工投产纳税后，受益财政给予设备投资额5%的补助。其中，对当年引进国际先进、国内领先单台（套）投资达100万元以上的设备，由受益财政按该设备价款10%补助。单个企业补助最多不超过200万元。（责任单位：市经信委、市财政局）

加快发展现代服务业。对在我市工商注册和税务登记，从事服务外包、创意设计、数字动漫、影视传媒、艺术品生产、出版发行、演艺演出、体育经营等文化企业和新引进的金融机构，从营业年度起，所缴纳的营业税、增值税和企业所得税地方留成部分，2年内给予100%奖励。对其高管人员缴纳的个人所得税地方留成部分，2年内给予100%奖励。（责任单位：市商务局、文广新局、市财政局）

大力培育现代物流业。对新建固定资产投资额（不含土地款）在2000万元以上的现代物流企业，由受益财政给予50万元的一次性补助；企业实缴税收地方留成部分，2年内由受益财政给予100%奖励。（责任单位：市商务局、市财政局）

推进商贸流通业发展。对总部设在本市、年营业额超1亿元的购物中心、连锁超市等商贸流通企业，当年实现的社会消费品零售总额占全市社会消费品零售总额比重（以上年为基数）每增加1%，受益财政给予50万元奖励；新建100平方米以上便民直营店，受益财政给予每个5万元奖励。（责任单位：市商务局、市财政局）

2. 加大税收优惠支持力度。加强国家结构性减税等税收优惠政策的宣传、培训和落实力度，确保民营企业知晓各项政策，确保各项优惠政策及时落实到位。2015年底前，对微型企业月营业额未达到2万元、日（次）营业额未达到500元的，免征营业税；对经主管部门批准的民间投资兴办的学校、医院自用土地，免征城镇土地使用税；经省级机构认定的高新技术民营企业迁入我市的，3年有效期内不再重新认定，享受高新技术企业所得税优惠政策。对在我市新设的股权投资企业，其所得税省、市分成部分奖励给企业。（责任单位：市国税局、市地税局、市科技局）

3. 着力缓解融资难。全市银行业

金融机构每年净增中小企业贷款不低于全部新增贷款的50%。其中，小型微型民营企业贷款增速不低于全市各类贷款增速，且增量高于上年10%。（责任单位：市金融办、市人行、市银监分局）

积极推动直接融资。鼓励民营企业上市，对改制成功并与券商签订了辅导协议的企业，受益财政给予50万元奖励；对证监会决定受理其发行申请文件的企业，受益财政给予100万元奖励；成功首发上市的民营企业，在省级奖励100万元的基础上，受益财政给予100万元的奖励，对县（市、区）的企业市财政再奖励60万元。对成功发行企业债券、公司债、债务融资工具、中小企业私募债和中小企业集合信托计划的民营企业，在省财政奖励基础上，同级财政再按照发行额度3%，总额最高不超过75万元的标准给予奖励。（责任单位：市金融办、市财政局、市人行、市银监分局）

4. 着力缓解用工难。对职业中介机构为民营企业招用人员，按签订6个月以上用工证明和1年以上劳动合同人数，受益财政给予每人200元职业介绍补贴；对民营企业与职业院校、职业培训机构签订的定向技能培训（3个月以上），培训合格取得国家职业资格4级证书且与企业签订1年以上劳动合同并缴纳社会保险费的，受益财政按培训实际人数给予培训单位每人500元补助；鼓励民营企业与市内职业院校开展“订单培养”，培训合格取得国家职业资格3级证书且与企业签订1年以上劳动合同并缴纳社会保险费的，受益财政给予职业院校每人1000元奖励。（责任单位：市人社局、市财政局、市教体局、市工商联）

从2013年起2年内，对规模以上民营工业企业当年新招用员工，与其签订2年以上劳动合同并缴纳社会保险费的，由受益财政按年底实际员工数与上年末职工数的差额，2年内按每人每年4000元的限额给予补助。（责任单位：市人社局、市财政局）

对民营企业新引进的高层次人才（具有博士学位、硕士学位、高级专业技术职务以上）或高技能人才（高级技师、技师），在与该企业签订2年以上劳动合同且工作满2年的，由受益财政给予该企业5万元或3万元奖励。高新技术企业、创新型民营企业的高级技术人员、高级管理人员，年薪10万元以上的，实际缴纳的个人所得税地方留成部分，由受益财政全额奖励个人。（责任单位：市人社局、市财政局）

5. 着力缓解用地难。开发区（园区）每年安排不低于10%的用地指标，作为创业基地中孵化器（标准厂房、职工临时倒班房和公共服务机构）建设，创业基地用地的城镇土地使用税新增部分给予全额返还。（责任单位：市开发区管委会、市国土局、市规划局、市国税局、市地税局、市财政局、市经信委）

对新增工业项目建设多层标准化厂房的企业，第3层及其以上部分，受益财政按建筑面积不少于50元/平方米给予建设补助。对租用政府投资的3层及以上标准化厂房的小型微型企业，3年内房租租费减半；对购买3层及以上标准化厂房的小型微型企业给予分割办证；积极促进存量土地的开发利用，对依法取得工业用地，在符合规划且不改变土地用途的前提下，提高土地利用率和增加容积率的，不再增收土地价款。（责任单位：市开发区管委会、市国土局、市规划局、市国税局、市地税局、市财政局、市经信委）

三、优化环境

6. 落实准入政策。按照“非禁即准”原则，全面放开投资领域。放宽经营条件，除一人有限责任公司外，允许注册资本货币“零首付”，可在法定期限内缴足注册资本金。除法律、行政法规、国务院决定设置的企业登记注册前置许可外，一律不得设置其他前置许可。（责任单位：市工商局）

7. 进一步减轻企业负担。严格执行国家和省行政事业收费减免政策。对于民营工业企业，除人防易地建设费可缓交外，免收其他各项行政事业性收费；列入政府定价目录的经营服务性收费，严格控制在标准下限的40%以内收取。继续免收工业项目建筑活动综合技术服务费，非工业企业项目建筑活动的综合技术服务费按现标准减半收取，即按2‰收取。（责任单位：市监察局、市经信委、市物价局、市住建委、市人防办等）

8. 严禁乱收费、乱检查。禁止滥用行政权力干预民营企业合法生产经营活动，不得非法查封、扣压、冻结企业财产。严禁任何机关、事业单位和各类协会、学会等社会团体向对民营企业（包括个体工商户）摊派费用、强行服务，确保企业除依法缴纳税费和依法接受监管外，不再承担其他社会负担。每年对企业缴费负担情况（不含税收、社保费）以及国家、省市已出台的涉企减免政策落实情况开展一次专项调研督促检查，对涉及单位的相关政策执行情况纳入效能考核。（责任单位：市监察局、市经信委、市工商联、市民政局、市财政局、

市人社局、市民政局、市统计局、市物价局）

9. 规范银行经营行为。银行业金融机构不得强制贷款企业购买理财、保险、基金等金融产品，不得强制符合贷款条件的企业再到相关担保机构办理担保，不得违规收取企业手续费和承诺费、资金管理费。严格规范银行的中间业务，取消名不副实的贷款咨询、财务顾问等中间业务收费。鼓励银行业金融机构对民营企业贷款执行优惠利率，严格控制上浮幅度，原则上对民营企业贷款利率控制在银行基准利率上浮30%以内。（责任单位：市银监分局、市人行、市金融办）

10. 促进地产品销售。对政府性投资建设项目和政府采购招投标中，在同等质量、价格前提下，优先使用本市民营企业产品和服务。（责任单位：市经信委、市财政局、市住建委等）

11. 加大宣传力度。加强对发展民营经济政策宣传解读，提高社会知晓度，提高各级各部门掌握运用政策的水平，提高民营企业用好用足政策的能力；大力宣传民营企业在产品创新、技术创新、管理创新上好的经验和做法；大力倡导尊重创业、尊重劳动的风尚，宣传创业兴业的先进人物和先进典型，对经济贡献大、吸纳就业多、公益捐赠多、企业形象好的优秀民营企业和民营企业家，优先参与各种评比表彰，优先推荐优秀民营企业家为各级党代表、人大代表、政协委员人选。（责任单位：市委宣传部、市委组织部、市委统战部、市工商联）

12. 重视企业家的培养。每年由市委组织部门和经济主管部门根据企业需求，选择专题，与全国知名高校合作开展培训，并有计划选送优秀年轻企业家赴高校参加高级管理人员培训教育。培训费用从民营经济发展专项资金中列支。（责任单位：市委组织部、市经信委、市工商联、市商务局、市农委、市旅游局）

13. 营造良好的政务环境。每年开展一次对民营经济发展情况的调研，组织一次由市委、市政府主要领导同志参加的民营企业家座谈会，听取民营企业家对加快发展民营经济的意见和建议。利用“工商联直通车”平台，对民营经济发展中反映的重大问题及时直报市委、市政府，形成领导批示、部门办理、督查反馈的工作机制。（责任单位：市委督查室、市政府督办室、市工商联、市经信委）

14. 切实兑现扶持政策。各地各部门要不折不扣地落实国家、省、市已出台的促进民营经济发展各项政策措施。每年对政策落实情况开展一次督促检查，对政策不落实的地方和部门实行问责。（责任单位：市监察局、市委督查室、市政府督办室、市财政局、市国税局、市地税局、市科技局、市商务局、市农委、市经信委、市工商联）

四、考核奖励

15. 建立考核奖励机制。将民营企业发展目标纳入市目标管理绩效考核内容。市委市政府每两年对发展民营经济先进县（市、区）进行考核评比，设立发展民营经济一、二、三等奖，给予通报表彰。对获省委、省政府表彰的优秀民营企业和优秀民营企业家，分别给予10万元和5万元的奖励。（责任单位：市经信委、市政府目标办、市工商联、市统计局、市财政局）

五、加强领导

16. 成立市促进民营经济发展领导组，下设办公室，办公室设在市经信委，办公室从市经信委、市工商联、市工商局等单位抽调人员组成，具体负责日常工作。

六、其他

17. 本意见中未涉及的政策措施，按国家、省、市已出台的政策执行，有关政策措施与本意见不一致的，按本意见执行。对单个企业累计补助和奖励等资金总额不超过其对地方可支配财力的贡献额。

18. 工作责任单位排在第一位的为牵头单位。各牵头单位要按本实施意见制定具体实施办法，并负责组织实施，其他部门、单位按照各自职责分工，大力配合、积极支持。各牵头单位将牵头负责工作的落实情况分别于年中、年底前报送市促进民营经济发展领导组办公室。

19. 本意见自2013年1月1日起施行。

第五篇 数据与徽商

安徽省国民经济和社会发展总量与速度指标

指　标	总量指标					速度指标（%）						
						指 数（2012 年比以下各年）				平均增长速度		
	2000	2005	2010	2011	2012	2000	2005	2010	2011	2001—2005	2006—2010	2011—2012
人口与就业												
人　口												
年底总人口（万人）	6278	6516	6827	6876	6902	109.9	105.9	101.1	100.4	0.7	0.9	0.6
# 市镇人口	1758	2313	2949	3080	3209	182.6	138.8	108.8	104.2	5.6	5.0	4.3
乡村人口	4520	4203	3878	3796	3693	81.7	87.9	95.2	97.3	−1.4	−1.6	−2.4
# 男性人口	3258	3388	3543	3567	3580	109.9	105.7	101.0	100.4	0.8	0.9	0.5
女性人口	3020	3127	3283	3309	3322	110.0	106.2	101.2	100.4	0.7	1.0	0.6
出生人口（万人）	81.5	75.9	75.2	72.9	77.7	95.4	102.4	103.3	106.6	−1.4	−0.2	1.7
死亡人口（万人）	34.5	37.9	35.2	35.2	36.7	106.4	96.8	104.3	104.3	1.9	−1.5	2.1
人口密度（人 / 平方公里）	448	465	490	493	495	110.5	106.5	101.1	100.4	0.7	1.0	0.6
年末总户数（万户）	1656.1	1849.4	2093.4	2118.0	2138.8	129.1	115.6	102.2	101.0	2.2	2.5	1.1
# 乡村户数	1294.6	1346.1	1424.3	1438.5	1446.1	111.7	107.4	101.5	100.5	0.8	1.1	0.8
就　业（万人）												
经济活动人口	3530.9	3712.8	4096.8	4177.8	4254.3	120.5	114.6	103.8	101.8	1.0	2.0	1.9

安徽省国民经济和社会发展总量与速度指标

指 标	总量指标					速度指标（%）						
						指 数（2012年比以下各年）				平均增长速度		
	2000	2005	2010	2011	2012	2000	2005	2010	2011	2001—2005	2006—2010	2011—2012
从业人员	3450.7	3669.7	4050.0	4120.9	4206.8	121.9	114.6	103.9	102.1	1.2	2.0	1.9
# 国有经济	314.8	208.7	206.0	219.0	225.7	71.7	108.2	109.6	103.1	-7.9	-0.3	4.7
城镇集体经济	91.2	30.8	17.9	18.3	17.2	18.8	55.8	96.1	93.9	-19.5	-10.3	-2.0
港澳台投资经济	2.3	3.7	7.0	8.3	8.0	347.8	216.2	114.4	96.4	10.0	13.6	7.0
外商投资经济	3.8	6.7	14.7	16.7	15.9	418.4	237.3	108.5	95.2	12.0	17.0	4.1
城镇私营经济	37.6	86.5	133.3	165.0	196.5	522.6	227.2	147.4	119.1	18.1	9.0	21.4
城镇个体	134.8	123.6	264.1	255.1	286.1	212.2	231.5	108.3	112.2	-1.7	16.4	4.1
职工人数	470.0	317.4	372.9	411.6	436.8	92.9	137.6	117.1	106.1	-7.6	3.3	8.2
国有经济	307.8	199.2	206.0	219.0	225.7	73.3	113.3	109.6	103.0	-8.3	0.7	4.7
城镇集体经济	89.1	28.2	17.9	18.3	17.2	19.3	61.0	96.2	93.8	-20.6	-8.7	-1.9
其他经济合计	73.1	90.1	149.1	174.2	193.9	265.3	215.2	130.0	111.3	4.3	10.6	14.0
城镇登记失业人数	31.6	27.8	28.5	36.9	36.4	115.1	130.9	127.7	98.6	-2.5	0.5	13.0
宏观经济												
国民经济核算（亿元）												
生产总值	2902.1	5350.2	12359.3	15300.6	17212.1	391.2	238.4	127.2	112.1	10.4	13.4	12.8
第一产业	741.8	966.5	1729.0	2015.3	2178.7	149.2	138.7	109.8	105.5	1.5	4.8	4.8
第二产业	1056.8	2245.9	6436.6	8309.4	9404.8	590.3	313.8	134.9	114.4	13.5	18.4	16.1

安徽省国民经济和社会发展总量与速度指标

指　标	总量指标					速度指标（%）						
						指数（2012年比以下各年）				平均增长速度		
	2000	2005	2010	2011	2012	2000	2005	2010	2011	2001—2005	2006—2010	2011—2012
#工　业	885.1	1837.4	5407.4	7062.0	8025.8	625.2	337.2	137.9	115.3	13.1	19.6	17.4
第三产业	1103.5	2137.8	4193.7	4976.0	5628.5	368.3	205.3	122.7	111.0	12.4	10.8	10.8
支出法生产总值	3041.2	5350.2	12359.3	15300.7	17212.1							
#最终消费	1947.8	3006.7	6213.1	7604.3	8439.0							
居民消费	1615.4	2399.4	4873.4	5995.1	6562.7							
政府消费	332.3	607.3	1339.8	1609.2	1876.3							
资本形成总额	1095.0	2354.1	6171.5	7725.0	8855.8							
固定资本形成	928.1	2214.0	6061.1	7594.4	8680.9							
存货增加	166.9	140.0	110.5	130.7	174.9							
固定资产投资（亿元）												
全社会固定资产投资额	866.7	2521.0	11849.4	12147.8	15055.0	2260.7	777.2	158.4	123.9	23.8	37.5	25.8
#国有单位	431.1	880.6	3061.3	2765.4	3677.5	1063.7	520.8	149.9	133.0	15.4	28.3	22.4
集体单位	124.7	48.4	323.9	248.3	261.7	261.6	673.2	100.7	105.4	-17.2	46.2	0.3
固定资产投资按产业分	0.0	0.0	0.0	0.0	0.0	0.0	0.0	0.0	0.0	0.0	0.0	0.0
#第一产业	9.1	75.4	221.6	149.5	258.2	4167.2	502.9	171.2	172.7	52.6	24.1	30.8
第二产业	232.9	995.1	5617.4	6070.7	6939.7	3598.1	842.1	149.2	114.3	33.7	41.4	22.1
第三产业	624.7	1450.4	6010.5	5927.6	7857.0	1609.4	693.2	167.3	132.6	18.3	32.9	29.3
#房地产开发	87.9	459.4	2251.8	2611.5	3151.6	3952.9	756.5	154.3	120.7	39.2	37.4	24.2

安徽省国民经济和社会发展总量与速度指标

指　标	总量指标					速度指标（%）						
						指　数（2012 年比以下各年）				平均增长速度		
	2000	2005	2010	2011	2012	2000	2005	2010	2011	2001—2005	2006—2010	2011—2012
财　政（亿元）												
财政收入	290.4	656.6	2063.8	2633.0	3026.0	1042.0	460.9	146.6	114.9	17.7	25.7	21.1
中　央	111.7	277.0	831.8	1052.1	1078.2	965.3	389.2	129.6	102.5	19.9	24.6	13.8
地　方	178.7	334.0	1149.4	1463.6	1792.7	1003.2	536.7	156.0	122.5	13.3	28.0	24.9
#增值税	26.3	57.7	129.5	164.7	175.3	666.7	303.9	135.4	106.5	17.0	17.5	16.4
营业税	32.0	78.1	291.9	379.2	451.4	1410.7	578.0	154.6	119.1	19.5	30.2	24.4
企业所得税	23.4	30.1	106.6	153.3	184.5	788.5	612.9	173.1	120.4	5.2	28.8	31.6
财政支出	323.5	713.1	2587.6	3303.0	3961.0	1224.4	555.5	153.1	119.9	17.1	29.4	23.7
地　方	323.5	713.1	2587.6	3303.0	3961.0	1224.4	555.5	153.1	119.9	17.1	29.4	23.7
#一般公共服务			273.7	345.3	426.0			155.6	123.4			24.8
教　育			386.3	564.7	717.9			185.8	127.1			36.3
社会保障和就业			334.2	393.0	459.2			137.4	116.8			17.2
物价总指数（上年 =100）												
商品零售价格指数	98.0	100.6	103.2	105.3	102.1	127.3	123.1	107.5	102.1	0.7	2.7	3.7
居民消费价格指数	100.7	101.4	103.1	105.6	102.3	133.9	124.9	108.0	102.3	1.4	2.9	3.9
农业生产资料价格指数	98.2	108.3	102.0	114.3	105.3	185.0	155.6	120.4	105.3	3.5	5.3	9.7
农产品生产价格指数	0.0	98.7	110.8	112.8	103.0	213.2	165.9	116.2	103.0	5.1	7.4	7.8
工业生产者出厂价格指数	98.9	103.3	109.0	108.3	98.3	142.0	124.7	106.5	98.3	2.6	3.2	3.2

安徽省国民经济和社会发展总量与速度指标

指标	总量指标					速度指标（%）						
						指数（2012年比以下各年）				平均增长速度		
	2000	2005	2010	2011	2012	2000	2005	2010	2011	2001—2005	2006—2010	2011—2012
工业生产者购进价格指数	102.6	107.1	111.8	110.8	98.2	183.9	142.3	108.8	98.2	5.3	5.5	4.3
固定资产投资价格指数	101.6	101.0	105.4	108.1	101.0	144.8	129.7	109.2	101.0	2.2	3.5	4.5
利用外资（万美元）												
外商直接投资合同金额	63602	155358	216462	344324	253481	398.5	163.2	117.1	73.6	19.6	6.9	8.2
实际利用外商直接投资额	31847	68845	501446	662887	863811	2080.4	1254.7	172.3	130.3	10.6	48.8	31.2
能源生产与消费（万吨标准煤）												
能源生产总量	3436	6215	9696	10281	10947	318.6	176.1	112.9	106.5	12.6	9.3	6.3
能源消费总量	4879	6506	9707	10570	11358	232.8	174.6	117.0	107.5	5.9	8.3	8.2
产业												
农业												
耕地面积（千公顷）	4229.6	4092.5	4181.3	4184.3	4184.2	98.9	102.2	100.1	100.0	−0.7	0.4	0.0
总播种面积（千公顷）	8418	8755.2	9054.9	9023.0	8969.6	106.6	102.4	99.1	99.4	0.8	0.7	−0.5
#粮食播种面积	5565.6	5988.1	6616.4	6621.5	6622.0	119.0	110.6	100.1	100.0	1.5	2.0	0.0
农林牧渔业总产值（亿元）	1220	1666.2	2955.4	3459.7	3728.3	158.4	142.1	109.8	105.6	2.2	5.3	4.9
主要农产品产量												
粮食（万吨）	2472.0	2605.3	3080.5	3135.5	3289.1	133.1	126.2	106.8	104.9	1.1	3.4	3.3
棉花（万吨）	28.5	31.1	31.6	37.6	29.4	103.1	94.5	93.0	78.2	1.8	0.3	−3.5

安徽省国民经济和社会发展总量与速度指标

指　标	总量指标					速度指标（%）						
						指　数（2012 年比以下各年）				平均增长速度		
	2000	2005	2010	2011	2012	2000	2005	2010	2011	2001—2005	2006—2010	2011—2012
油　料（万吨）	285.1	270.7	227.6	213.8	227.7	79.9	84.1	100.0	106.5	-1.0	-3.4	0.0
黄红麻（万吨）	2.2	1.9	1.2	1.4	1.6	71.6	82.0	128.2	113.6	-2.9	-8.2	13.2
烤　烟（万吨）	3.1	2.5	2.9	3.0	3.5	113.3	141.7	120.1	115.9	-4.2	3.1	9.6
茶　叶（万吨）	4.5	6.0	8.3	8.8	9.5	212.0	160.1	114.9	108.9	5.9	6.7	7.2
猪　肉（万吨）	198.5	231.7	238.8	233.1	249.7	125.8	107.8	104.6	107.1	3.1	0.6	2.3
牛　肉（万吨）	31.9	31.5	18.3	17.8	18.1	56.8	57.6	99.1	101.7	-0.3	-10.3	-0.5
羊　肉（万吨）	11.2	17.6	14.2	14.2	14.6	130.3	82.9	102.7	102.9	9.5	-4.2	1.4
肉猪出栏（万头）	2393.2	2812.1	2782.1	2721.1	2927.6	122.3	104.1	105.2	107.6	3.3	-0.2	2.6
奶　类（万吨）	4.1	11.0	20.5	22.5	24.1	584.6	218.0	117.5	107.0	21.8	13.2	8.4
水产品（万吨）	159.8	177.6	193.3	199.6	207.5	129.8	116.8	107.3	104.0	2.1	1.7	3.6
农业机械总动力（万千瓦）	2975.9	3983.8	5409.8	5657.1	5902.8	198.4	148.2	109.1	104.3	6.0	6.3	4.5
有效灌溉面积（千公顷）	3197.4	3330.8	3519.8	3547.7	3585.1	112.1	107.6	101.9	101.1	0.8	1.1	0.9
化肥使用量　（万吨）	253.2	285.7	319.8	329.7	333.5	131.7	116.7	104.3	101.2	2.4	2.3	2.1
农村用电量　（亿千瓦时）	45.8	64.2	107.4	117.3	128.8	281.2	200.6	119.9	109.8	7.0	10.8	9.5
工　业（规模以上）												
主要工业产品产量												
布（亿米）	7.4	5.6	10.9	11.8	9.744698	131.6	173.1	89.7	82.7	-5.3	14.1	-5.3
家用电冰箱（万台）	169.9	530.4	2078.9	3114.0	2589.08	1523.9	488.1	124.5	83.1	25.6	31.4	11.6

安徽省国民经济和社会发展总量与速度指标

指标	总量指标					速度指标（%）						
						指数（2012年比以下各年）				平均增长速度		
	2000	2005	2010	2011	2012	2000	2005	2010	2011	2001—2005	2006—2010	2011—2012
房间空气调节器（万台）	115.8	515.0	1666.1	2821.9	2992.87	2584.5	581.1	179.6	106.1	34.8	26.5	34.0
家用洗衣机（万台）	131.7	441.8	1267.0	1629.6	1499.34	1138.5	339.4	118.3	92.0	27.4	23.5	8.8
彩色电视机（万台）	156.1	374.4	395.3	550.5	610.5	391.1	163.1	154.4	110.9	19.1	1.1	24.3
原煤（亿吨）	0.5	0.8	1.3	1.4	1.504896	314.2	178.4	115.5	106.9	12.0	9.1	7.5
发电量（亿千瓦时）	368.1	645.7	1443.9	1632.8	1767.53	480.2	273.7	122.4	108.2	11.9	17.5	10.6
粗钢（万吨）	460.6	1105.6	1853.8	1966.7	2147.01	466.1	194.2	115.8	109.2	19.1	10.9	7.6
钢材（万吨）	431.7	1141.6	2446.4	2743.2	2765.35	640.6	242.2	113.0	100.8	21.5	16.5	6.3
水泥（万吨）	2136	3218	7873.74	9204.65	10869.75	508.9	337.8	138.1	118.1	8.5	19.6	17.5
企业单位数（个）	3680	5277	16277	12432	14514	394.4	275.0	89.2	116.7	7.5	25.3	–5.6
#大型企业	193	61	100	245	259.00	134.2	424.6	259.0	105.7	–20.6	10.4	60.9
工业总产值（亿元）	1661.4	4567.2	18732.0	25875.9	29245.17	0.0	0.0	0.0	0.0	0.0	0.0	0.0
工业增加值（亿元）	507.4	1483.8	5290.6	6776.0	7614.11	0.0	0.0	0.0	0.0	0.0	0.0	0.0
资产总计（亿元）	2977.9	5067.1	15930.3	19148.7	22797.65	765.6	449.9	143.1	119.1	11.2	25.7	19.6
负债合计（亿元）	1855.1	3029.0	9565.9	11398.7	13612.01	733.8	449.4	142.3	119.4	10.3	25.9	19.3
主营业务收入（亿元）	1688.1	4523.3	18164.6	24960.2	28905.07	1712.3	639.0	159.1	115.8	21.8	32.1	26.1
利润总额（亿元）	38.2	218.2	1445.6	1663.2	1870.26	4896.0	857.1	129.4	112.5	41.7	46.0	13.7
建筑业												
企业单位数（个）	40785	1946	2469	2528	2662	0.0	136.8	107.8	105.3	–45.6	4.9	3.8

安徽省国民经济和社会发展总量与速度指标

指标	总量指标					速度指标（%）						
						指数（2012年比以下各年）				平均增长速度		
	2000	2005	2010	2011	2012	2000	2005	2010	2011	2001—2005	2006—2010	2011—2012
企业从业人员（万人）	125.6	98.6	157.97	167.01	168.9	134.5	171.3	106.9	101.1	–4.7	9.9	3.4
建筑业总产值（亿元）	532	923.1	2864.9619	3599.622	4230.4412	795.2	458.3	147.7	117.5	11.7	25.4	21.5
房屋建筑施工面积（万平方米）	4631.3	9869.5	23295.69	28472.86	33335.6471	719.8	337.8	143.1	117.1	16.3	18.7	19.6
房屋建筑竣工面积（万平方米）	2595.3	5081.3	10512.36	11897.81	13346.2062	514.2	262.7	127.0	112.2	14.4	15.6	12.7
#住宅面积	1448	3073.9	6461.4631	7222.8599	8380.502	578.8	272.6	129.7	116.0	16.2	16.0	13.9
交通运输												
货运量（万吨）	44536	67128	228106	268415	312442	701.5	465.4	137.0	116.4	8.6	27.7	17.0
铁路	6473	10386	12091	12507	12263	189.4	118.1	101.4	98.0	9.9	3.1	0.7
公路	32740	49614	183658	219467	259461	792.5	523.0	141.3	118.2	8.7	29.9	18.9
水运	5320	7125	32355	36439	40716	765.3	571.5	125.8	111.7	6.0	35.3	12.2
民航	1.5	3.0	2.2	2.1	2.0	136.1	68.0	93.6	97.2	14.9	–6.2	–3.3
客运量（万人）	62033	72871	159597	185789	213671	344.4	293.2	133.9	115.0	3.3	17.0	15.7
铁路	2994	3486	5552	5980	6385.2769	213.3	183.2	115.0	106.8	3.1	9.8	7.2
公路	58026	68927	153697	179440	206888	356.5	300.2	134.6	115.3	3.5	17.4	16.0
水运	860	244	139	155	159	18.5	65.2	114.4	102.6	–22.3	–10.6	7.0
民航	153	214	208	214	239.07	156.3	111.7	114.8	111.5	6.9	–0.6	7.2
主要港口货物吞吐量（万吨）	7114	17157	32502	37418.6	36097.2	507.4	210.4	111.1	96.5	19.3	13.6	5.4
公路里程（公里）	44493	72807	149382	149535	165157	371.2	226.8	110.6	110.4	10.4	15.5	5.1

安徽省国民经济和社会发展总量与速度指标

指标	总量指标					速度指标（%）						
						指数（2012年比以下各年）				平均增长速度		
	2000	2005	2010	2011	2012	2000	2005	2010	2011	2001—2005	2006—2010	2011—2012
等级路里数（公里）	42579	67083	142340	143403	159427	374.4	237.7	112.0	111.2	9.5	16.2	5.8
邮电通信业												
邮电业务总量(1990年不变价)(亿元)	120.14	284.01	300.32	361.61	405.18	0.0	0.0	134.9	112.0	18.8	0.0	16.2
函　件（亿件）	1.93	2.11	2.11	1.74	1.64	85.0	77.7	77.7	94.3	1.8	平	-11.9
报刊期发数（万份）	929.81	738.00	602.24	521.83	556.40	59.8	75.4	92.4	106.6	-4.5	-4.0	-3.9
交换机容量（万门）	717.05	1611.67	1214.90	1129.31	905.04	126.2	56.2	74.5	80.1	17.6	-5.5	-13.7
移动电话年末用户（万户）	209.07	1046.91	2798.70	3259.41	3609.84	1726.6	344.8	129.0	110.8	38.0	21.7	13.6
固定电话年末用户（万户）	483.82	1349.52	1230.97	1243.95	1081.94	223.6	80.2	87.9	87.0	22.8	-1.8	-6.2
城　市	272.99	680.02	612.89	661.49	631.47	231.3	92.9	103.0	95.5	20.0	-2.1	1.5
农　村	210.83	669.50	618.08	582.46	450.46	213.7	67.3	72.9	77.3	26.0	-1.6	-14.6
公用电话（万户）	10.93	65.51	87.89	104.46	85.05	777.9	129.8	96.8	81.4	43.1	6.1	-1.6
国内商业												
社会消费品零售总额（亿元）	1077.8	1776.7	4151.5	4900.6	5685.6	527.5	320.0	137.0	116.0	10.5	18.5	17.0
#餐饮收入	0	0	509.3	579.2	680.1	0.0	0.0	133.5	117.4	0.0	0.0	15.6
商品零售	0	0	3642.2	4321.4	5005.5	0.0	0.0	137.4	115.8	0.0	0.0	17.2
批发零售业购进总额（亿元）	1901.1	1513.1	4653	6185.9	7184.6	377.9	474.8	154.4	116.1	-4.5	25.2	24.3
批发零售业销售总额(亿元)	1764	3835.3	10044.5	12895.2	15830.5	897.4	412.8	157.6	122.8	16.8	21.2	25.5
批发零售业库存总额（亿元）	393.8	116.2	397.5	478.5	526.6	133.7	453.2	132.5	110.1	-21.7	27.9	15.1

安徽省国民经济和社会发展总量与速度指标

指标	总量指标					速度指标（%）						
						指数（2012年比以下各年）				平均增长速度		
	2000	2005	2010	2011	2012	2000	2005	2010	2011	2001—2005	2006—2010	2011—2012
对外经济贸易												
进出口总额（万美元）	334689	911971	2427677	3133782	3932527	1175.0	431.2	162.0	125.5	22.2	21.6	27.3
进口额	117483	392933	1186388	1425393	1257299	1070.2	320.0	106.0	88.2	27.3	24.7	2.9
出口额	217206	519038	1241288	1708389	2675228	1231.7	515.4	215.5	156.6	19.0	19.1	46.8
国际旅游												
旅游人数（万人次）	31.8	63.3	198.4174	262.8662	331.4679	1042.4	523.6	167.1	126.1	14.8	25.7	29.3
#外国人	16.8	41.1	117.4	151.7	190.4	1134.0	463.3	162.2	125.5	19.6	23.4	27.4
旅游外汇收入（万美元）	8621	18559	82025	117918	156267	1812.6	842.0	190.5	132.5	16.6	34.6	38.0
旅游星级宾馆个数（个）	163	373	453	462	480	294.5	128.7	106.0	103.9	18.0	4.0	2.9
金融保险												
金融机构存款余额（亿元）	2485.5	5993.8	16366.1	19404.3	22977.3	924.5	383.4	140.4	118.4	19.2	22.2	18.5
#单位存款	0.0	0.0	0.0	9295.7	10679.1	0.0	0.0	0.0	114.9	0.0	0.0	0.0
个人储蓄存款	1447.2	3508.7	7788.5	9233.6	11178.6	772.4	318.6	143.5	121.1	19.4	17.3	19.8
定期	1091.4	2445.5	4852.9	0.0	0.0	0.0	0.0	0.0	0.0	17.5	14.7	0.0
活期	355.7	1063.1	2935.6	0.0	0.0	0.0	0.0	0.0	0.0	24.5	22.5	0.0
金融机构贷款余额（亿元）	2385.0	4313.6	11452.3	13729.8	16294.3	683.2	377.7	142.3	118.7	12.6	21.6	19.3
#个人贷款及透支	0.0	0.0	3280.1	3971.3	4677.6	0.0	0.0	142.6	117.8	0.0	0.0	19.4
单位贷款及透支	0.0	0.0	7416.9	8522.0	9777.1	0.0	0.0	131.8	114.7	0.0	0.0	14.8

安徽省国民经济和社会发展总量与速度指标

指　标	总量指标					速度指标（%）						
						指　数（2012年比以下各年）				平均增长速度		
	2000	2005	2010	2011	2012	2000	2005	2010	2011	2001—2005	2006—2010	2011—2012
#经营贷款	0.0	0.0	3872.0	4419.4	5169.7	0.0	0.0	133.5	117.0	0.0	0.0	15.5
保险公司保费收入（亿元）	38.2	133.2	438.2	432.3	453.6	1187.5	340.5	103.5	104.9	28.4	26.9	1.7
保险公司赔款及给付（亿元）	12.3	30.4	104.6	125.4	152.7	1241.1	502.1	145.9	121.7	19.8	28.0	20.8
教育、科技、文化												
教　育												
幼儿园数（个）	3932	2715.00	4018.00	4613.00	5192.00	132.0	191.2	129.2	112.6	-7.1	8.2	13.7
入园儿童数（万人）	116.19	72.38	100.82	116.81	157.87	135.9	218.1	156.6	135.2	-9.0	6.9	25.1
学龄儿童入学率（%）	99.67	99.54	99.93	99.78	99.92	0.0	0.0	0.0	0.0	0.0	0.0	0.0
专任教师数（万人）												
普通高等学校	1.51	3.24	4.93	5.12	5.31	351.7	163.9	107.7	103.8	16.5	8.8	3.8
中等专业学校	0.88	0.61	0.77	0.96	1.02	115.6	166.7	131.3	106.4	-7.1	4.9	14.6
普通中学	15.81	19.70	23.01	23.12	23.28	147.2	118.2	101.2	100.7	4.5	3.2	0.6
#高　中	2.92	5.11	6.69	6.96	7.18	245.9	140.5	107.3	103.2	11.8	5.5	3.6
职业中学	1.94	1.73	1.40	1.90	2.05	105.4	118.2	146.4	107.8	-2.3	-4.2	21.0
小　学	27.37	25.95	24.57	24.33	24.15	88.2	93.1	98.3	99.3	-1.1	-1.1	-0.9
在校学生数（万人）												
普通高等学校	18.24	58.91	93.90	99.13	102.30	560.9	173.7	109.0	103.2	26.4	9.8	4.4

安徽省国民经济和社会发展总量与速度指标

指标	总量指标					速度指标（%）						
						指数（2012年比以下各年）				平均增长速度		
	2000	2005	2010	2011	2012	2000	2005	2010	2011	2001—2005	2006—2010	2011—2012
中等专业学校	19.19	18.55	28.93	27.71	27.33	142.4	147.3	94.5	98.6	-0.7	9.3	-2.8
普通中学	358.32	460.86	406.58	377.74	342.30	95.5	74.3	84.2	90.6	5.2	-2.5	-8.2
#高中	54.14	116.90	127.60	127.89	129.29	238.8	110.6	101.3	101.1	16.6	1.8	0.7
职业中学	45.28	54.78	48.68	48.92	47.62	105.2	86.9	97.8	97.3	3.9	-2.3	-1.1
小学	644.24	584.11	460.44	443.58	404.70	62.8	69.3	87.9	91.2	-1.9	-4.6	-6.2
在校学生毕业生数（万人）												
普通高等学校	2.59	11.70	23.22	25.61	26.55	1025.0	226.9	114.3	103.6	35.2	14.7	6.9
中等专业学校	6.04	3.78	9.61	10.26	8.99	148.9	237.9	93.6	87.7	-8.9	20.5	-3.3
普通中学	102.31	142.61	136.57	134.62	128.23	125.3	89.9	93.9	95.3	6.9	-0.9	-3.1
#高中	13.15	30.10	44.38	42.42	41.28	313.9	137.1	93.0	97.3	18.0	8.1	-3.6
职业中学	14.83	14.51	17.76	16.33	15.49	104.4	106.8	87.2	94.9	-0.4	4.1	-6.6
小学	121.20	116.25	87.41	76.94	72.09	59.5	62.0	82.5	93.7	-0.8	-5.5	-9.2
预算内教育经费支出（亿元）	53.99	117.40	436.06	619.14	738.12	1367.1	628.7	169.3	119.2	16.8	30.0	30.1
科技												
科技活动人员（万人）	9.72	8.94	23.65	26.78	30.52	314.0	341.4	129.0	114.0	-1.7	21.5	13.6
研究与试验发展经费支出（亿元）	20	46	164	215	282	1407.6	617.8	172.1	131.3	17.9	29.1	31.2
技术市场成交额（万元）	61011	142553	461470	650337	861592	1412.2	604.4	186.7	132.5	18.5	26.5	36.6
文化												

安徽省国民经济和社会发展总量与速度指标

指　标	总量指标					速度指标（%）						
						指　数（2012年比以下各年）				平均增长速度		
	2000	2005	2010	2011	2012	2000	2005	2010	2011	2001—2005	2006—2010	2011—2012
出版数量												
图　书（万册）	30992.00	25220.00	23891.00	25185.00	24440.41	78.9	96.9	102.3	97.0	−4.0	−1.1	1.1
杂　志（万册）	7736	5804	5842	5948	6172	79.8	106.3	105.6	103.8	−5.6	0.1	2.8
报　纸（万份）	76083	98134	116988	120769	125807	165.4	128.2	107.5	104.2	5.2	3.6	3.7
公共图书馆（个）	84	88	88	100	102	121.4	115.9	115.9	102.0	0.9	平	7.7
公共图书馆藏书量（万册）	787	847	1236	1375	2264	287.6	267.2	183.2	164.6	1.5	7.8	35.4
电视节目制作时间（小时）	24833	58725	82427	76953	86881	349.9	147.9	105.4	112.9	18.8	7.0	2.7
广播覆盖率（%）	94.80	95.60	97.31	97.62	97.85	0.0	0.0	0.0	0.0	0.0	0.0	0.0
电视覆盖率（%）	93.80	95.00	97.50	97.92	98.10	0.0	0.0	0.0	0.0	0.0	0.0	0.0
家庭、生活、环境												
家　庭												
城镇居民平均每户人口（人）	3.08	2.95	2.84	2.80	2.78	90.3	94.2	97.9	99.3	−0.9	−0.8	−1.1
农村居民平均每户人口（人）	4.18	4.08	4.03	3.88	3.85	92.1	94.4	95.5	99.2	−0.5	−0.2	−2.3
婚　姻（万对）												
结婚数	49.20	43.94	65.09	71.05	76.49	155.5	174.1	117.5	107.7	−2.2	8.2	8.4
离婚数	4.27	5.75	13.24	14.68	16.23	379.9	282.3	122.6	110.6	6.1	18.1	10.7
居　住（平方米）												

安徽省国民经济和社会发展总量与速度指标

指标	总量指标					速度指标（%）						
						指数（2012年比以下各年）				平均增长速度		
	2000	2005	2010	2011	2012	2000	2005	2010	2011	2001—2005	2006—2010	2011—2012
城市居民人均居住面积	15	20	32	32	32	219.4	162.7	102.6	100.9	6.2	9.7	1.3
农村居民人均居住面积	22	27	32	35	36	161.9	132.9	112.0	102.4	4.0	3.5	5.8
生活												
城镇居民人均可支配收入（元）	5294	8471	15788	18606	21024	397.1	248.2	133.2	113.0	9.9	13.3	15.4
城镇居民人均消费性支出（元）	4233	6368	11513	13181	15012	354.6	235.7	130.4	113.9	8.5	12.6	14.2
#食品支出	1935	2782	4370	5247	5815	300.5	209.0	133.1	110.8	7.5	9.5	15.4
农村居民人均纯收入（元）	1934.6	2641.0	5285.2	6232.2	7160.5	370.1	271.1	135.5	114.9	6.4	14.9	16.4
农村居民人均生活费支出（元）	1321.5	2196.2	4013.3	4957.3	5556.0	420.4	253.0	138.4	112.1	10.7	12.8	17.7
#食品支出	693.2	999.8	1633.0	2055.2	2180.8	314.6	218.1	133.5	106.1	7.6	10.3	15.6
工资、居民生活和保障												
城镇非私营单位就业人员工资总额（亿元）	275.53	484.13	1225.12	1590.14	1925.98	699.0	397.8	157.2	121.1	11.9	20.4	25.4
国有单位	201.58	307.16	691.48	849.53	1008.09	500.1	328.2	145.8	118.7	8.8	17.6	20.7
城镇集体单位	31.74	27.69	42.56	51.76	58.04	182.8	209.6	136.4	112.1	-2.7	9.0	16.8
其他单位	42.20	149.28	491.07	688.85	859.86	2037.6	576.0	175.1	124.8	28.7	26.9	32.3
城镇非私营单位就业人员平均工资（元）	6989	15334	33341	39352	44601	638.2	290.9	133.8	113.3	17.0	16.8	15.7
城镇居民最低生活保障（人）	126460	977182	883944	842005	818502	647.2	83.8	92.6	97.2	50.5	-2.0	-3.8
农村居民最低生活保障（人）	102973	251183	2146238	2165937	2146135	2084.2	854.4	100.0	99.1	19.5	53.6	平
卫生												

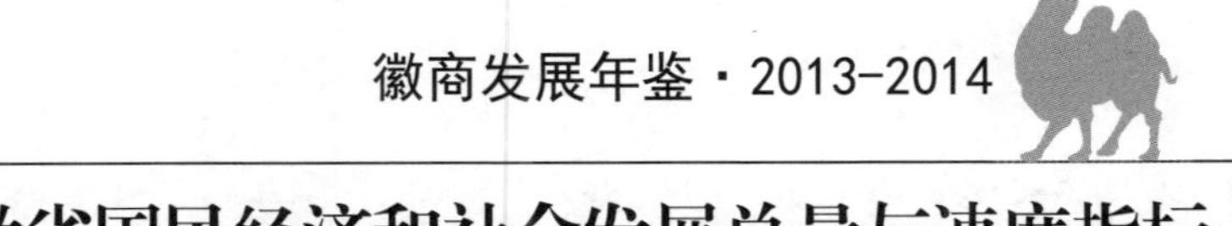

安徽省国民经济和社会发展总量与速度指标

指标	总量指标					速度指标（%）						
						指数（2012年比以下各年）				平均增长速度		
	2000	2005	2010	2011	2012	2000	2005	2010	2011	2001—2005	2006—2010	2011—2012
卫生机构数（个）	6705	32044	23019	22884	23278	0.0	72.6	101.1	101.7	0.0	-6.4	0.6
医院、卫生院	2953	2663	2167	2311	2314	78.4	86.9	106.8	100.0	-1.9	-4.1	3.3
疾病防治中心	166	132	124	124	121	72.9	91.7	97.6	97.6	-4.5	-1.2	-1.2
妇幼保健站	110	117	119	119	118	107.3	100.9	99.2	99.2	1.2	0.3	-0.4
卫生机构床位数（张）	123873	127179	186116	203042	222283	179.4	174.8	119.4	109.5	0.5	7.9	9.3
#医院、卫生院	114921	119625	171389	187156	206136	179.4	172.3	120.3	110.1	0.8	7.5	9.7
卫生机构人员数（人）	188278	193973	247493	315514	334736	177.8	172.6	135.3	106.1	0.6	5.0	16.3
专业卫生技术人员（人）	153808	159788	205403	217709	236172	153.5	147.8	115.0	108.5	0.8	5.2	7.2
#执业（助理）医师	69943	66102	81097	84773	92009	131.5	139.2	113.5	108.5	-1.1	4.2	6.5
注册护士	41226	47329	76550	84495	95042	230.5	200.8	124.2	112.5	2.8	10.1	11.4
市政建设												
供水管道长度（公里）	6236	8745	14730	17031	18869	302.6	215.8	128.1	110.8	7.0	11.0	13.2
供水总量（万吨）	200918	206386	160816	158038	156888	78.1	76.0	97.6	99.3	0.5	-4.9	-1.2
#生活用水	61398	49728	50889	56014	59439	96.8	119.5	116.8	106.1	-4.1	0.5	8.1
用水人口（万人）	794	1053	1799	0	0	0.0	0.0	0.0	0.0	5.8	11.3	0.0
天然气供气量（万立方米）	600	11564	112190	138832	171251	28541.9	1480.9	152.6	123.4	80.7	57.5	23.5
#家庭用量	560	5123	25154	41320	53131	9487.6	1037.1	211.2	128.6	55.7	37.5	45.3
液化石油气供气量（吨）	458621	613614	615770	567246	537160	117.1	87.5	87.2	94.7	6.0	0.1	-6.6

安徽省国民经济和社会发展总量与速度指标

指标	总量指标					速度指标（%）						
						指数（2012年比以下各年）				平均增长速度		
	2000	2005	2010	2011	2012	2000	2005	2010	2011	2001—2005	2006—2010	2011—2012
#家庭用量	167146	195508	166335	155069	143506	85.9	73.4	86.3	92.5	3.2	-3.2	-7.1
污水排放量（万吨）	104871	126761	124449	127134	131535	125.4	103.8	105.7	103.5	3.9	-0.4	2.8
污水处理量（万吨）	40660	66347	89086	100490	113636	279.5	171.3	127.6	113.1	10.3	6.1	12.9
排水管长度（公里）	4120	7606	13136	16380	19885	482.6	261.4	151.4	121.4	13.0	11.5	23.0
生活垃圾清运量（万吨）	327.0	477.0	435.3	435.1	442.1	135.2	92.7	101.6	101.6	7.8	-1.8	0.8
生活垃圾无公害处理量（万吨）	165.0	83.9	281.0	378.5	402.9	244.2	480.2	143.4	106.5	-12.7	27.3	19.7
公共汽（电）车总数（辆）	6359.0	8450.0	11875.0	13614.0	15128.0	237.9	179.0	127.4	111.1	5.9	7.0	12.9
出租汽车数（辆）	31998.0	34287.0	50068.0	50119.0	51511.0	161.0	150.2	102.9	102.8	1.4	7.9	1.4
铺装道路长度（公里）	5954.0	7985.0	10157.3	10854.5	11571.1	194.3	144.9	113.9	106.6	6.0	4.9	6.7
公园面积（公顷）	3472.0	3970.0	8685.0	9576.0	9881.0	284.6	248.9	113.8	103.2	2.7	16.9	6.7
园林绿地面积（公顷）	32852	41896	71463	75977	79592	242.3	190.0	111.4	104.8	5.0	11.3	5.5
建成区绿化覆盖率（%）	27	28	38	39	39	0.0	0.0	0.0	0.0	0.0	0.0	0.0
环境、灾害												
污染治理项目本年完成投资额（万元）	56470	45443	58895	107084	127350	225.5	280.2	216.2	118.9	-4.3	5.3	47.0
化学需氧量排放量（万吨）	44.4	44.4	41.1	95.3	92.4	0.0	0.0	0.0	97.0	平	-1.5	0.0
二氧化硫排放量（万吨）	57.1	67.2	53.3	52.9	52.0	91.0	77.3	97.5	98.1	3.3	-4.5	-1.3
突发环境事件次数（次）	66	28	30	12	20	30.3	71.4	66.7	166.7	-15.8	1.4	-18.4
环境污染直接经济损失（万元）	802	275	232	51	897	111.8	325.5	387.1	1762.0	-19.2	-3.4	96.7

安徽省国民经济和社会发展总量与速度指标

指标	总量指标					速度指标（%）						
						指数（2012年比以下各年）				平均增长速度		
	2000	2005	2010	2011	2012	2000	2005	2010	2011	2001—2005	2006—2010	2011—2012
火灾事故发生数（起）	6099	9182	5174	5400	5377	88.2	58.6	103.9	99.6	8.5	-10.8	1.9
火灾伤亡人数（人）	227	191	56	46	46	20.3	24.1	82.1	100.0	-3.4	-21.8	-9.4
火灾损失金额（万元）	6819	4956	8474	5496	5293	92.8	156.0	62.5	96.3	-9.9	20.1	-21.0
交通事故发生数（起）	25809	17474	7714	14008	18075	70.0	103.4	234.3	129.0	-7.5	-15.1	53.1
交通受伤人数（人）	20096	19771	9364	16500	21108	105.0	106.8	225.4	127.9	-0.3	-13.9	50.1
交通死亡人数（人）	3782	4355	2808	2757	2691	71.2	61.8	95.8	97.6	2.9	-8.4	-2.1
交通事故损失金额（万元）	7970	6118	2350	4838	10727	134.6	175.3	456.5	221.7	-5.2	-17.4	113.7

安徽省国民经济和社会发展结构指标

单位：%

指　标	2000	2005	2010	2011	2012
人口与就业					
人　口					
城乡结构					
城　镇	28.0	35.5	43.2	44.8	46.5
乡　村	72.0	64.5	56.8	55.2	53.5
性别结构					
男	51.9	52.0	51.9	51.9	51.9
女	48.1	48.0	48.1	48.1	48.1
就　业					
产业结构					
第一产业	58.5	48.6	39.1	38.8	36.4
第二产业	16.9	21.4	25.1	25.2	26.3
第三产业	24.6	30.0	35.8	36.0	37.3
宏观经济					
国民核算					
生产总值产业结构					
第一产业	25.6	18.1	14.0	13.2	12.7
第二产业	36.4	42.0	52.1	54.3	54.6
第三产业	38.0	39.9	33.9	32.5	32.7
投　资					
固定资产投资产业结构					
第一产业	1.0	3.0	1.9	1.2	1.7
第二产业	26.9	39.5	47.4	50.0	46.1
第三产业	72.1	57.5	50.7	48.8	52.2

资金来源结构					
国家预算内资金	6.4	4.6	7.3	6.6	6.0
国内贷款	18.7	17.4	9.4	8.9	9.5
利用外资	2.5	1.8	0.9	0.8	0.7
自筹和其他投资	72.4	76.2	82.4	83.7	83.8
财　政					
财政收入结构					
中　央	38.5	42.2	40.3	40.0	35.6
地　方	61.5	50.9	55.7	55.6	59.2
财政支出结构					
地　方	100.0	100.0	100.0	100.0	100.0
利用外资					
实际利用外资结构					
外商直接投资	76.7	100.0	100.0	100.0	100.0
能源生产与消费					
能源生产总量结构					
原　煤	99.8	99.8	98.4	98.3	98.1
一次电力	0.2	0.2	1.2	0.9	1.1
能源消费总量结构	0.0	0.0	0.0	0.0	0.0
煤　品	0.0	88.6	86.2	82.2	80.6
油　品	0.0	10.5	10.3	11.6	12.8
天然气	0.0	0.2	1.8	2.5	2.9
一次电力	0.0	0.7	1.2	0.9	1.1
其　他	0.0	0.0	0.5	2.8	2.7
产　业					
农　业					
农林牧渔业产值结构					
农　业	55.4	49.1	52.3	49.6	50.1

林　业	5.2	4.7	4.6	5.3	5.6
牧　业	28.6	33.2	29.3	31.3	30.0
渔　业	10.8	9.9	10.0	10.0	10.3
工　业					
工业总产值规模结构					
大型企业	49.3	41.2	34.3	39.8	37.1
中型企业	14.9	32.2	25.9	19.4	20.6
小微型企业	35.8	26.6	39.9	40.8	42.3
建筑业					
建筑业总产值结构					
建筑工程	86.6	85.1	87.5	86.4	86.0
安装工程	11.0	10.8	8.6	8.5	7.8
其　　他	2.4	4.1	3.9	5.1	6.2
运输业					
货运量结构					
铁　路	14.5	15.5	5.3	4.7	3.9
公　路	73.5	73.9	80.5	81.8	83.0
水　运	12.0	10.6	14.2	13.6	13.0
民　航	0.0	0.0	0.0	0.0	0.0
国内商业					
社会消费品零售总额构成					
城　镇	0.0	0.0	83.8	82.9	82.1
乡　村	0.0	0.0	16.2	17.1	17.8
对外经济贸易					
出口商品结构					
初级产品	13.3	7.1	6.3	8.9	6.4
工业制成品	86.7	92.9	93.7	91.1	93.6
进口商品结构	0.0				
初级产品	38.9	53.0	53.1	57.2	57.2

工业制成品	61.1	47.0	46.9	42.8	42.8
国际旅游					
来华旅游人数结构					
外国人及华侨	52.7	64.9	59.2	57.7	57.4
港澳台同胞	47.3	35.1	40.8	42.3	42.6
金融保险业					
金融机构资金来源结构					
# 各项存款	99.1	96.3	103.4	99.7	102.1
其　他		3.7	–3.4	0.3	–2.1
金融机构资金运用结构					
# 各项贷款	95.1	69.3	72.4	70.5	72.4
有价证券及投资	2.7	3.1	4.7	0.0	2.1
教育、科技、文化					
教　育					
在校学生结构					
大 学 生	1.7	4.7	8.2	8.9	9.4
中 学 生	32.8	41.2	39.8	40.7	38.5
小 学 生	59.0	46.7	40.2	39.8	37.4
专任教师结构					
大　学	3.2	6.3	8.5	8.7	8.8
中　学	39.2	42.9	43.6	43.9	43.7
小　学	57.6	50.6	42.5	41.1	40.1
科　技					
研究与试验发展经费筹集款结构					
# 政府资金	0.0	31.7	22.0	21.8	21.4
企业资金	0.0	60.1	72.6	74.4	74.2
研究与试验发展经费支出	0.0	0.0	0.0	0.0	0.0
# 基础研究	0.0	9.0	7.5	8.3	6.5

应用研究	0.0	20.1	9.6	8.9	9.5
试验发展	0.0	61.4	82.9	82.8	83.9
生活、环境					
生 活					
城镇居民消费结构					
食 品 类	45.7	43.7	38.0	39.8	38.7
衣 着 类	10.3	12.0	10.6	10.4	10.3
居 住	8.8	9.3	10.7	11.4	9.3
家庭设备用品及服务	7.1	4.6	5.9	5.2	5.4
医疗保健	4.3	6.3	6.4	6.9	7.6
交通通信	7.3	10.6	11.8	10.4	12.1
教育文化娱乐服务	12.0	10.5	12.9	12.4	12.9
杂项商品与服务	4.5	3.1	3.8	3.5	3.7
农村居民消费结构					
食 品 类	52.5	45.5	40.7	41.5	39.3
衣 着 类	5.4	5.4	5.8	6.0	6.0
居 住	14.9	15.7	21.6	17.9	20.5
家庭设备用品及服务	4.4	4.8	5.8	6.1	6.2
交通通讯	4.4	9.0	8.5	9.6	9.3
文教娱乐用品及服务	11.0	11.7	9.1	7.6	6.9
医疗保健	4.4	6.1	6.6	8.9	9.2
其他商品及服务	3.1	1.8	2.0	2.5	2.6
卫 生					
卫生技术人员结构					
#执业（助理）医师	45.5	41.4	39.5	38.9	39.0
注册护士	26.8	29.6	37.3	38.8	40.2
医院床位结构					
综合医院	0.0	0.0	0.0	77.0	74.7

中医医院	0.0	0.0	0.0	11.3	12.3
专科医院	0.0	0.0	0.0	10.8	12.0
环境、灾害					
治理污染资金使用结构					
治理废水	46.7	53.1	24.2	26.4	16.9
治理废气	45.4	36.9	52.5	38.6	79.1
治理固体废物	3.8	6.4	0.0	2.9	2.0
治理噪声	0.7	0.5	0.2	0.3	0.1
其 他	3.4	3.1	23.1	31.8	2.0
火灾事故损失额结构					
特 大	41.6	10.7	29.4	0.0	0.0
重 大	6.3	10.9	29.5	0.0	0.0
一 般	52.1	78.4	41.0	97.8	99.7
交通事故损失额结构					
特 大	3.8	5.0	5.0	3.1	3.6
重 大	19.9	31.6	48.7	41.8	36.8
一 般	76.3	63.4	46.4	55.1	59.6

安徽省国民经济和社会发展比例和效益指标

指　　标	2000	2005	2010	2011	2012
人　口					
出生率　（‰）	13.40	12.43	12.70	12.23	13.00
死亡率　（‰）	5.76	6.23	5.95	5.91	6.14
自然增长率　（‰）	7.64	6.20	6.75	6.32	6.86
就　业					
三次产业从业者比例（以第一产业为100）					
第一产业	100.00	100.00	100.00	100.00	100.00
第二产业	29.00	43.96	64.19	64.95	72.32
第三产业	42.00	61.82	91.56	92.78	102.42
城镇登记失业率　（%）	3.30	4.40	3.66	3.72	3.68
国民核算					
全社会劳动生产率（元/人）	8410	14709	30752	37452	41337
第一产业	3674	5345	10979	12665	13921
第二产业	18071	29590	63966	80870	87656
第三产业	13029	19975	29165	33926	36887
人均生产总值　（元）	4779	8631	20888	25659	28792
固定资产投资					
全社会固定资产投资相当于生产总值比例（%）	29.90	47.10	95.90	79.40	87.47
全社会房屋建筑面积竣工率　（%）	83.20	56.40	24.50	21.60	18.60
财　政					
财政收入相当于生产总值比例　（%）	10.00	12.30	16.70	17.20	17.60
财政支出相当于生产总值比例　（%）	11.11	13.26	20.94	21.60	23.00
地方收入相当于中央财政收入比例　（%）	160.00	120.59	138.17	139.10	166.30
利用外资					
实际利用外资额相当于签订利用外资额比例　（%）	50.10	44.31	231.66	192.50	340.80

能源生产与消费					
能源生产弹性系数	0.26	0.54	0.30	0.45	0.54
电力生产弹性系数	1.84	0.51	0.69	0.97	0.76
能源消费弹性系数	0.66	0.71	0.62	0.66	0.62
电力消费弹性系数	1.00	1.08	0.90	0.98	0.95
每万元生产总值	1.68	1.22	0.79	0.75	0.72
农 业					
每公顷耕地农业机械总动力（千瓦）	7.04	9.73	12.94	13.52	14.11
每公顷耕地用电量 （千瓦时）	1083	1569	2569	2803	3078
每公顷耕地化肥施用量 （公斤）	599	698	765	788	797
农业从业者人均农产品产量（公斤）					
粮 食	1235	1474	1956	1970	2102
棉 花	14	18	20	24	19
油 料	142	153	145	134	145
肉 类	156	217	239	236	254
水产品	80	100	123	125	133
每公顷播种面积农产品产量（公斤）					
粮 食	4442	4351	4656	4735	4967
棉 花	867	816	918	1073	964
油 料	1956	2077	2410	2434	2699
工 业					
总资产贡献率 （%）	7.09	38.90	16.22	15.78	15.25
资产负债率 （%）	63.19	61.63	60.05	59.53	59.71
成本费用利润率 （%）	2.40	5.14	8.63	7.04	6.87
流动资产周转次数 （次/年）	1.43	2.25	2.63	3.02	2.95
产品销售率 （%）	0.00	98.24	97.57	97.63	97.74
建筑业					
技术装备率 （元/人）	4570	9020	9287	10630	9937
产值利税率 （%）	4.16	5.40	7.33	6.64	6.58

全员劳动生产率　（元/人）	42406	95803	177486	229630	291191
交通运输业					
客运量弹性系数	0.20	0.47	0.88	1.21	1.24
货运量弹性系数	0.99	1.04	1.09	1.31	1.36
铁路网密度　（公里/万平方公里）	155	169	204	224	234
公路网密度　（公里/万平方公里）	3191	5222	10714	10727	11845
铁路货运密度　（吨/公里）	29912	44139	42424	40074	37619
公路货运密度　（吨/公里）	7358	6814	12295	14677	15710
邮电通信业					
邮电业务总量弹性系数	3.19	2.30	0.00	1.51	1.00
全省电话普及率　（部/百人）	11.38	36.78	59.03	75.50	78.22
#移动电话普及率	3.43	16.07	40.10	54.61	60.18
国内商业					
批零和住宿餐饮业人均消费品零售额（元）	1281	2700	6096	7153	8253
对外经济贸易					
进出口总额相当于生产总值比例　（%）	9.1	13.9	13.3	13.2	14.4
国际旅游					
每一来华游客花费　（美元）	271	293	413	449	471
国内旅游人均花费　（元）	0	662	838	896	862
金融保险					
金融机构存款相当于生产总值比例　（%）	81.80	111.50	132.42	126.82	133.50
金融机构贷款相当于生产总值比例　（%）	78.50	80.24	92.66	89.73	94.67
教　育					
学龄儿童入学率　（%）	99.67	99.54	99.93	99.78	99.92
小学升学率　（%）	97.55	99.56	99.92	98.89	95.63
初中升学率　（%）	33.46	60.51	83.86	84.49	86.34
学校教师负担系数　（%）					
高等学校	12.11	18.16	19.05	19.37	19.26
中等学校	22.69	24.24	19.23	17.50	15.84

小学学校	23.53	22.51	18.74	18.23	16.76
科　技					
研究与开发经费支出相当于生产总值比例（%）	0.66	0.85	1.32	1.40	1.64
卫　生					
每万人执业（助理）医师数（人）	11.21	10.19	11.91	12.37	13.36
每万人医院床位数　（张）	11.80	12.60	17.90	20.40	22.91
医院病床使用率　（%）	58.19	68.64	85.88	87.19	88.14
文　化					
每百万人有艺术表演团体（个）	1.50	1.42	0.81	18.89	14.75
每百万人有公共图书馆（个）	1.30	1.36	1.29	1.45	1.48
每百万人有博物馆　（个）	0.60	0.66	1.76	1.91	2.05
家　庭					
负担少儿系数　（%）	38.10	34.51	24.68	26.56	26.37
负担老年系数　（%）	11.35	15.08	14.21	16.30	17.36
婚　姻					
离 婚 率　（‰）	1.37	1.76	3.89	4.28	4.71
生　活					
城镇与农村居民收入增长率比例　（1990=100）	1.09	1.28	1.19	1.19	1.17
市政建设					
城市自来水普及率　（%）	95.78	90.52	96.06	96.55	98.02
城市用气普及率　（%）	76.95	72.29	90.52	93.35	94.61
人均公园绿地面积（平方米）			11.00	11.88	11.92

2013年中国民营企业500强

500强	企业名称	所属行业	所在地	2012年营收总额（万元）
1	苏宁电器集团	零售业	江苏省	23,272,272
2	联想控股有限公司	计算机、通信和其他电子设备制造业	北京市	22,664,582
3	华为投资控股有限公司	计算机、通信和其他电子设备制造业	广东省	22,019,800
4	江苏沙钢集团有限公司	黑色金属冶炼和压延加工业	江苏省	21,803,696
5	山东魏桥创业集团有限公司	有色金属冶炼和压延加工业	山东省	18,651,498
6	浙江吉利控股集团有限公司	汽车制造业	浙江省	15,489,452
7	大连万达集团股份有限公司	房地产业	辽宁省	14,168,000
8	雨润控股集团有限公司	食品制造业	江苏省	10,616,987
9	万科企业股份有限公司	房地产业	广东省	10,311,625
10	美的集团股份有限公司	电气机械和器材制造业	广东省	10,265,111
11	恒力集团有限公司	化学纤维制造业	江苏省	8,501,258
12	新疆广汇实业投资（集团）有限责任公司	零售业	新疆维吾尔自治区	8,271,091
13	三一集团有限公司	专用设备制造业	湖南省	8,236,876
14	新希望集团有限公司	农、林、牧、渔服务业	四川省	8,063,941
15	海亮集团有限公司	有色金属冶炼和压延加工业	浙江省	7,852,780
16	浙江恒逸集团有限公司	化学纤维制造业	浙江省	7,032,005
17	中天钢铁集团有限公司	黑色金属冶炼和压延加工业	江苏省	7,019,947
18	北京建龙重工集团有限公司	黑色金属冶炼和压延加工业	北京市	6,769,522
19	杭州娃哈哈集团有限公司	酒、饮料和精制茶制造业	浙江省	6,363,451
20	新华联合冶金控股集团有限公司	黑色金属冶炼和压延加工业	北京市	6,002,209
21	庞大汽贸集团股份有限公司	批发业	河北省	5,779,628
22	山东新希望六和集团有限公司	畜牧业	山东省	5,769,129
23	江苏三房巷集团有限公司	化学纤维制造业	江苏省	5,302,057
24	三胞集团有限公司	零售业	江苏省	5,300,411
25	苏宁环球集团有限公司	房地产业	江苏省	5,300,000
26	上海复星高科技（集团）有限公司	综合	上海市	5,290,594
27	河北津西钢铁集团有限公司	黑色金属冶炼和压延加工业	河北省	5,090,487
28	山东晨曦集团有限公司	批发业	山东省	4,973,270
29	陕西东岭工贸集团股份有限公司	批发业	陕西省	4,909,746
30	江苏西城三联控股集团有限公司	黑色金属冶炼和压延加工业	江苏省	4,855,056
31	玖龙纸业（控股）有限公司	造纸和纸制品业	广东省	4,720,326
32	比亚迪股份有限公司	汽车制造业	广东省	4,690,429
33	浙江荣盛控股集团有限公司	化学纤维制造业	浙江省	4,682,896
34	天津荣程联合钢铁集团有限公司	黑色金属冶炼和压延加工业	天津市	4,601,212
35	内蒙古伊泰集团有限公司	煤炭开采和洗选业	内蒙古自治区	4,499,977
36	日照钢铁控股集团有限公司	黑色金属冶炼和压延加工业	山东省	4,455,815
37	雅戈尔集团股份有限公司	纺织服装、服饰业	浙江省	4,444,227
38	江苏新长江实业集团有限公司	黑色金属冶炼和压延加工业	江苏省	4,324,677
39	青山控股集团有限公司	黑色金属冶炼和压延加工业	浙江省	4,244,772
40	碧桂园控股有限公司	房地产业	广东省	4,189,098
41	物美控股集团有限公司	零售业	北京市	4,150,000

42	通威集团有限公司	农副食品加工业	四川省	4,127,387
43	中天发展控股集团有限公司	房屋建筑业	浙江省	4,127,039
44	奥克斯集团有限公司	电气机械和器材制造业	浙江省	4,050,820
45	红豆集团有限公司	纺织服装、服饰业	江苏省	4,021,249
46	新奥集团股份有限公司	燃气生产和供应业	河北省	4,000,157
47	盾安控股集团有限公司	专用设备制造业	浙江省	3,895,031
48	临沂新程金锣肉制品集团有限公司	食品制造业	山东省	3,869,522
49	新华联集团有限公司	综合	湖南省	3,822,805
50	江苏南通三建集团有限公司	房屋建筑业	江苏省	3,816,548
51	江苏永钢集团有限公司	黑色金属冶炼和压延加工业	江苏省	3,803,891
52	江阴澄星实业集团有限公司	化学原料和化学制品制造业	江苏省	3,802,090
53	天能集团	电气机械和器材制造业	浙江省	3,794,514
54	四川省川威集团有限公司	有色金属冶炼和压延加工业	四川省	3,787,014
55	江西萍钢实业股份有限公司	黑色金属冶炼和压延加工业	江西省	3,722,428
56	四川宏达（集团）有限公司	有色金属矿采选业	四川省	3,685,289
57	盛虹控股集团有限公司	化学纤维制造业	江苏省	3,656,846
58	远大物产集团有限公司	批发业	浙江省	3,632,214
59	江苏申特钢铁有限公司	黑色金属冶炼和压延加工业	江苏省	3,602,668
60	中南控股集团有限公司	房地产业	江苏省	3,504,837
61	科创控股集团有限公司	医药制造业	四川省	3,480,000
62	超威集团	电气机械和器材制造业	浙江省	3,451,888
63	东方希望集团有限公司	有色金属冶炼和压延加工业	上海市	3,408,304
64	华盛江泉集团有限公司	综合	山东省	3,324,842
65	山东泰山钢铁集团有限公司	黑色金属冶炼和压延加工业	山东省	3,305,846
66	江苏南通二建集团有限公司	房屋建筑业	江苏省	3,286,404
67	银亿集团有限公司	批发业	浙江省	3,268,189
68	华勤橡胶工业集团有限公司	橡胶和塑料制品业	山东省	3,192,043
69	金龙精密铜管集团股份有限公司	有色金属冶炼和压延加工业	河南省	3,181,653
70	修正药业集团	医药制造业	吉林省	3,150,113
71	正泰集团股份有限公司	电气机械和器材制造业	浙江省	3,118,073
72	宁波金田投资控股有限公司	有色金属冶炼和压延加工业	浙江省	3,108,829
73	江苏高力集团有限公司	房地产业	江苏省	3,107,452
74	双胞胎(集团)股份有限公司	农副食品加工业	江西省	3,082,715
75	云南中豪置业有限责任公司	房地产业	云南省	3,030,243
76	华泰集团有限公司	造纸和纸制品业	山东省	3,017,857
77	四川德胜集团钢铁有限公司	黑色金属冶炼和压延加工业	四川省	3,014,565
78	江苏扬子江船业集团公司	铁路、船舶、航空航天和其他运输设备制造业	江苏省	2,953,677
79	九州通医药集团股份有限公司	批发业	湖北省	2,950,766
80	重庆龙湖企业拓展有限公司	房地产业	重庆市	2,922,453
81	山东金诚石化集团有限公司	石油加工、炼焦和核燃料加工业	山东省	2,892,519
82	四川科伦实业集团有限公司	医药制造业	四川省	2,884,595
83	浙江中成控股集团有限公司	房屋建筑业	浙江省	2,852,081
84	广厦控股集团有限公司	房屋建筑业	浙江省	2,817,785
85	上海人民企业（集团）有限公司	综合	上海市	2,800,215
86	山东京博控股股份有限公司	石油加工、炼焦和核燃料加工业	山东省	2,800,000
87	亚邦投资控股集团有限公司	化学原料和化学制品制造业	江苏省	2,797,814
88	人民电器集团有限公司	电气机械和器材制造业	浙江省	2,786,551

89	德力西集团有限公司	电气机械和器材制造业	浙江省	2,763,261
90	浙江前程投资股份有限公司	批发业	浙江省	2,734,592
91	华芳集团有限公司	纺织业	江苏省	2,682,758
92	青建集团股份公司	房屋建筑业	山东省	2,665,208
93	利华益集团股份有限公司	石油加工、炼焦和核燃料加工业	山东省	2,665,007
94	百兴集团有限公司	商务服务业	江苏省	2,656,353
95	天正集团有限公司	电气机械和器材制造业	浙江省	2,650,652
96	亨通集团有限公司	计算机、通信和其他电子设备制造业	江苏省	2,639,500
97	唐山国丰钢铁有限公司	黑色金属冶炼和压延加工业	河北省	2,637,334
98	天津宝迪农业科技股份有限公司	食品制造业	天津市	2,632,204
99	晟通科技集团有限公司	有色金属冶炼和压延加工业	湖南省	2,625,201
100	山东大海集团有限公司	纺织业	山东省	2,600,000
101	亿利资源集团有限公司	综合	内蒙古自治区	2,600,000
102	和润集团有限公司	农副食品加工业	浙江省	2,583,108
103	亿达集团有限公司	综合	辽宁省	2,568,740
104	浙江昆仑控股集团有限公司	房屋建筑业	浙江省	2,501,322
105	河北普阳钢铁有限公司	黑色金属冶炼和压延加工业	河北省	2,494,506
106	江苏金辉铜业集团有限公司	有色金属冶炼和压延加工业	江苏省	2,491,863
107	传化集团有限公司	化学原料和化学制品制造业	浙江省	2,489,782
108	新疆特变电工集团有限公司	专用设备制造业	新疆维吾尔自治区	2,471,128
109	浙江桐昆控股集团有限公司	化学纤维制造业	浙江省	2,466,369
110	江苏双良集团有限公司	综合	江苏省	2,456,165
111	东营方圆有色金属有限公司	有色金属冶炼和压延加工业	山东省	2,449,311
112	上海华冶钢铁集团有限公司	黑色金属冶炼和压延加工业	上海市	2,441,320
113	河北文丰钢铁有限公司	黑色金属冶炼和压延加工业	河北省	2,430,287
114	河北新金钢铁有限公司	黑色金属冶炼和压延加工业	河北省	2,379,830
115	郑州宇通集团有限公司	汽车制造业	河南省	2,375,456
116	东方集团实业股份有限公司	综合	黑龙江省	2,358,810
117	万达控股集团有限公司	化学原料和化学制品制造业	山东省	2,355,301
118	南京丰盛产业控股集团有限公司	土木工程建筑业	江苏省	2,352,550
119	江苏省苏中建设集团股份有限公司	房屋建筑业	江苏省	2,350,890
120	重庆市金科投资控股（集团）有限责任公司	房地产业	重庆市	2,350,000
121	浙江新湖集团股份有限公司	综合	浙江省	2,341,581
122	贵阳宏益房地产开发有限公司	房地产业	贵州省	2,331,383
123	大汉控股集团有限公司	综合	湖南省	2,324,294
124	全威（铜陵）铜业科技有限公司	有色金属冶炼和压延加工业	安徽省	2,309,629
125	浙江八达建设集团有限公司	房屋建筑业	浙江省	2,301,756
126	嘉晨集团有限公司	黑色金属冶炼和压延加工业	辽宁省	2,300,616
127	江苏法尔胜泓昇集团有限公司	金属制品业	江苏省	2,293,832
128	波司登股份有限公司	纺织服装、服饰业	江苏省	2,282,376
129	维维集团股份有限公司	食品制造业	江苏省	2,281,573
130	河南豫联能源集团有限责任公司	有色金属冶炼和压延加工业	河南省	2,263,600
131	宁波富邦控股集团有限公司	零售业	浙江省	2,262,129
132	天瑞集团有限公司	非金属矿物制品业	河南省	2,253,360
133	山东科达集团有限公司	房屋建筑业	山东省	2,250,212
134	隆鑫控股有限公司	铁路、船舶、航空航天和其他运输设备制造业	重庆市	2,247,099
135	百度在线网络技术（北京）有限公司	互联网和相关服务	北京市	2,230,603

136	天津友发钢管集团股份有限公司	金属制品业	天津市	2,211,661
137	中基宁波集团股份有限公司	商务服务业	浙江省	2,211,318
138	重庆力帆控股有限公司	汽车制造业	重庆市	2,208,780
139	河北新武安钢铁集团明芳钢铁有限公司	黑色金属冶炼和压延加工业	河北省	2,185,658
140	东岳集团有限公司	化学原料和化学制品制造业	山东省	2,172,600
141	四川蓝光实业集团有限公司	房地产业	四川省	2,163,155
142	山东九羊集团有限公司	黑色金属冶炼和压延加工业	山东省	2,152,641
143	远东控股集团有限公司	电气机械和器材制造业	江苏省	2,149,747
144	浙江龙盛控股有限公司	化学原料和化学制品制造业	浙江省	2,135,037
145	武安市裕华钢铁有限公司	黑色金属冶炼和压延加工业	河北省	2,120,926
146	丰立集团有限公司	废弃资源综合利用业	江苏省	2,120,313
147	四川省达州钢铁集团有限责任公司	黑色金属冶炼和压延加工业	四川省	2,095,521
148	江苏文峰集团有限公司	批发业	江苏省	2,083,769
149	精功集团有限公司	综合	浙江省	2,082,662
150	上海龙昂国际贸易有限公司	批发业	上海市	2,073,149
151	浙江宝业建设集团有限公司	房屋建筑业	浙江省	2,065,314
152	西子联合控股有限公司	专用设备制造业	浙江省	2,058,239
153	湖南博长控股集团有限公司	黑色金属冶炼和压延加工业	湖南省	2,054,485
154	澳洋集团有限公司	化学纤维制造业	江苏省	2,020,667
155	河北新武安钢铁集团文安钢铁有限公司	黑色金属冶炼和压延加工业	河北省	2,013,257
156	杭州锦江集团有限公司	有色金属冶炼和压延加工业	浙江省	2,011,262
157	山东汇丰石化集团有限公司	石油加工、炼焦和核燃料加工业	山东省	2,000,070
158	晶龙实业集团有限公司	电气机械和器材制造业	河北省	1,950,059
159	四川金广实业（集团）股份有限公司	黑色金属冶炼和压延加工业	四川省	1,945,828
160	内蒙古伊东资源集团股份有限公司	煤炭开采和洗选业	内蒙古自治区	1,936,663
161	宁夏宝塔石化集团有限公司	石油加工、炼焦和核燃料加工业	宁夏回族自治区	1,925,627
162	162 香江集团有限公司	综合	广东省	1,910,311
163	东兆长泰投资集团有限公司	房屋建筑业	北京市	1,909,746
164	内蒙古鄂尔多斯羊绒集团有限责任公司	纺织服装、服饰业	内蒙古自治区	1,909,066
165	江苏华厦融创置地集团有限公司	房地产业	江苏省	1,906,715
166	成都蛟龙工业港（双流蛟龙投资有限责任公司、成都蛟龙经济开发有限公司）	综合	四川省	1,892,840
167	福建恒安集团有限公司	造纸和纸制品业	福建省	1,852,423
168	天津天士力集团有限公司	医药制造业	天津市	1,852,130
169	西林钢铁集团有限公司	省 黑色金属冶炼和压延加工业	黑龙江	1,850,463
170	天津领先控股集团有限公司	批发业	天津市	1,842,608
171	浙江元立金属制品集团有限公司	金属制品业	浙江省	1,842,468
172	中球冠集团有限公司	批发业	浙江省	1,824,389
173	新城控股集团有限公司	房地产业	江苏省	1,751,727
174	日照昌华海产食品有限公司	农副食品加工业	山东省	1,747,733
175	攀枝花钢城集团有限公司	黑色金属冶炼和压延加工业	四川省	1,714,987
176	山东长星集团有限公司	电气机械和器材制造业	山东省	1,710,355
177	河北省武安市元宝山工业集团有限公司	黑色金属冶炼和压延加工业	河北省	1,708,543
178	重庆华南物资（集团）有限公司	批发业	重庆市	1,707,197
179	金鼎重工股份有限公司	有色金属冶炼和压延加工业	河北省	1,706,000
180	银泰百货（集团）有限公司	零售业	浙江省	1,699,877
181	通鼎集团有限公司	电气机械和器材制造业	江苏省	1,681,196
182	天地龙控股集团有限公司	有色金属冶炼和压延加工业	江苏省	1,671,178

183	江苏三木集团有限公司	化学原料和化学制品制造业	江苏省	1,660,750
184	海鑫钢铁集团有限公司	黑色金属冶炼和压延加工业	山西省	1,654,982
185	威高集团有限公司	专用设备制造业	山东省	1,650,084
186	福星集团	房地产业	湖北省	1,623,985
187	新华锦集团	批发业	山东省	1,618,023
188	金花投资控股集团有限公司	零售业	陕西省	1,613,201
189	南通化工轻工股份有限公司	批发业	江苏省	1,607,461
190	升华集团控股有限公司	综合	浙江省	1,605,044
191	湖北稻花香集团	酒、饮料和精制茶制造业	湖北省	1,600,426
192	德龙钢铁有限公司	黑色金属冶炼和压延加工业	河北省	1,600,077
193	广东圣丰集团有限公司	综合	广东省	1,580,126
194	广州立白企业集团有限公司	化学原料和化学制品制造业	广东省	1,574,916
195	江苏新海石化有限公司	石油加工、炼焦和核燃料加工业	江苏省	1,573,770
196	海城市后英经贸集团有限公司	批发业	辽宁省	1,568,412
197	河南联合煤炭化工集团有限公司	批发业	河南省	1,566,876
198	江苏江都建设集团有限公司	房屋建筑业	江苏省	1,562,521
199	金澳科技（湖北）化工有限公司	石油加工、炼焦和核燃料加工业	湖北省	1,560,000
200	盘锦北方沥青燃料有限公司	石油加工、炼焦和核燃料加工业	辽宁省	1,556,795
201	永鼎集团有限公司	电气机械和器材制造业	江苏省	1,547,920
202	奥康集团有限公司	皮革、毛皮、羽毛及其制品和制鞋业	浙江省	1,545,195
203	广东海大集团股份有限公司	农副食品加工业	广东省	1,545,145
204	河南济源钢铁（集团）有限公司	黑色金属冶炼和压延加工业	河南省	1,530,892
205	天津塑力线缆集团有限公司	综合	天津市	1,529,884
206	卧龙控股集团有限公司	电气机械和器材制造业	浙江省	1,527,728
207	山河建设集团有限公司	房屋建筑业	湖北省	1,523,393
208	浙江大东南集团有限公司	橡胶和塑料制品业	浙江省	1,518,052
209	江苏南通六建建设集团有限公司	房屋建筑业	江苏省	1,451,668
210	红狮控股集团有限公司	非金属矿物制品业	浙江省	1,439,566
211	宁波神化化学品经营有限责任公司	批发业	浙江省	1,432,589
212	苏州金螳螂企业（集团）有限公司	建筑装饰和其他建筑业	江苏省	1,431,198
213	卓尔控股有限公司	综合	湖北省	1,430,000
214	亚厦控股有限公司	建筑装饰和其他建筑业	浙江省	1,417,653
215	环宇集团有限公司	电气机械和器材制造业	浙江省	1,416,717
216	杭州富春江冶炼有限公司	有色金属冶炼和压延加工业	浙江省	1,414,860
217	大全集团有限公司	电气机械和器材制造业	江苏省	1,414,585
218	山西安泰控股集团有限公司	黑色金属冶炼和压延加工业	山西省	1,413,170
219	上海均瑶(集团)有限公司	综合	上海市	1,412,327
220	山西立恒钢铁股份有限公司	黑色金属冶炼和压延加工业	山西省	1,410,302
221	南通四建集团有限公司	房屋建筑业	江苏省	1,408,846
222	天津聚龙嘉华投资集团有限公司	农副食品加工业	天津市	1,403,102
223	沈阳远大企业集团	建筑装饰和其他建筑业	辽宁省	1,399,626
224	山东五征集团	汽车制造业	山东省	1,399,493
225	浙江广天日月集团股份有限公司	房屋建筑业	浙江省	1,397,231
226	江苏沃得机电集团有限公司	通用设备制造业	江苏省	1,394,534
227	云南惠嘉进出口有限公司	批发业	云南省	1,382,028
228	金海重工股份有限公司	铁路、船舶、航空航天和其他运输设备制造业	浙江省	1,376,445
229	江苏天工集团有限公司	黑色金属冶炼和压延加工业	江苏省	1,362,731

230	上海胜华电缆（集团）有限公司	电气机械和器材制造业	上海市	1,361,720
231	江苏华宏实业集团有限公司	化学纤维制造业	江苏省	1,353,895
232	宜华企业（集团）有限公司	家具制造业	广东省	1,351,100
233	安徽国购投资集团	房地产业	安徽省	1,350,092
234	春和集团有限公司	铁路、船舶、航空航天和其他运输设备制造业	浙江省	1,347,254
235	深圳海王集团股份有限公司	批发业	广东省	1,335,985
236	上海绿地建设（集团）有限公司	房屋建筑业	上海市	1,335,617
237	方大特钢科技股份有限公司	黑色金属冶炼和压延加工业	江西省	1,335,510
238	山西常平钢铁有限公司	黑色金属冶炼和压延加工业	山西省	1,331,109
239	浙江华成控股集团有限公司	房屋建筑业	浙江省	1,330,806
240	华立集团股份有限公司	医药制造业	浙江省	1,324,872
241	泰地控股集团有限公司	仓储业	浙江省	1,324,133
242	中发实业（集团）有限公司	保险业	黑龙江省	1,323,680
243	海外海集团有限公司	商务服务业	浙江省	1,323,600
244	广西洋浦南华糖业集团股份有限公司	农副食品加工业	广西壮族自治区	1,317,517
245	富通集团有限公司	电气机械和器材制造业	浙江省	1,312,076
246	欧美投资集团有限公司	综合	山东省	1,310,327
247	诸城外贸有限责任公司	农副食品加工业	山东省	1,308,408
248	山东联盟化工集团有限公司	化学原料和化学制品制造业	山东省	1,306,001
249	通州建总集团有限公司	房屋建筑业	江苏省	1,304,624
250	浙江东南网架集团有限公司	建筑装饰和其他建筑业	浙江省	1,300,615
251	润东汽车集团有限公司	零售业	江苏省	1,300,000
252	武汉欧亚达家居集团有限公司	租赁业	湖北省	1,296,885
253	常州东方特钢有限公司	黑色金属冶炼和压延加工业	江苏省	1,296,100
254	山东万通石油化工集团有限公司	石油加工、炼焦和核燃料加工业	山东省	1,294,587
255	辽宁忠旺集团有限公司	有色金属冶炼和压延加工业	辽宁省	1,293,491
256	人人乐连锁商业集团股份有限公司	零售业	广东省	1,291,343
257	福晟集团有限公司	房屋建筑业	福建省	1,287,243
258	新八建设集团有限公司	房屋建筑业	湖北省	1,280,036
259	龙信建设集团有限公司	房屋建筑业	江苏省	1,275,184
260	山东胜通集团股份有限公司	金属制品业	山东省	1,273,978
261	中天科技集团有限公司	电气机械和器材制造业	江苏省	1,265,162
262	包商银行股份有限公司	货币金融服务	内蒙古自治区	1,255,667
263	万马联合控股集团有限公司	批发业	浙江省	1,250,746
264	博发控股集团	电气机械和器材制造业	黑龙江省	1,248,322
265	宗申产业集团有限公司	铁路、船舶、航空航天和其他运输设备制造业	重庆市	1,240,378
266	江苏新时代控股集团有限公司	有色金属冶炼和压延加工业	江苏省	1,240,059
267	上海均和集团有限公司	批发业	上海市	1,239,679
268	五洋建设集团股份有限公司	房屋建筑业	浙江省	1,236,630
269	福中集团有限公司	综合	江苏省	1,232,600
270	中浪环保股份有限公司	批发业	浙江省	1,230,483
271	东辰控股集团有限公司	化学原料和化学制品制造业	山东省	1,226,091
272	腾邦投资控股有限公司	航空运输业	广东省	1,224,408
273	金发科技股份有限公司	橡胶和塑料制品业	广东省	1,224,014
274	河南黄河实业集团股份有限公司	非金属矿物制品业	河南省	1,213,866
275	龙元建设集团股份有限公司	房屋建筑业	浙江省	1,211,390
276	葵花药业集团股份有限公司	医药制造业	黑龙江省	1,210,637

277	浙江翔盛集团有限公司	化学纤维制造业	浙江省	1,207,711
278	重庆市博赛矿业（集团）有限公司	有色金属冶炼和压延加工业	重庆市	1,206,048
279	宁夏天元锰业有限公司	有色金属冶炼和压延加工业	宁夏回族自治区	1,202,609
280	山西通达（集团）有限公司	铁路、船舶、航空航天和其他运输设备制造业	山西省	1,201,877
281	鄂尔多斯市乌兰煤炭（集团）有限责任公司	煤炭开采和洗选业	内蒙古自治区	1,198,524
282	江苏吴中集团有限公司	综合	江苏省	1,195,786
283	江苏飞达控股集团有限公司	金属制品业	江苏省	1,194,277
284	研祥高科技控股集团有限公司	计算机、通信和其他电子设备制造业	广东省	1,190,000
285	江苏上上电缆集团有限公司	电气机械和器材制造业	江苏省	1,187,553
286	江苏邗建集团有限公司	房屋建筑业	江苏省	1,184,786
287	四川盛马化工股份有限公司	石油加工、炼焦和核燃料加工业	四川省	1,177,365
288	红太阳集团有限公司	化学原料和化学制品制造业	江苏省	1,172,126
289	山东神驰化工集团有限公司	石油加工、炼焦和核燃料加工业	山东省	1,170,869
290	江苏大明金属制品有限公司	金属制品业	江苏省	1,170,588
291	江苏中金再生资源有限公司	有色金属冶炼和压延加工业	江苏省	1,157,705
292	山东鲁花集团有限公司	农副食品加工业	山东省	1,153,222
293	山东香驰粮油有限公司	农副食品加工业	山东省	1,150,058
294	江苏新华发集团有限公司	批发业	江苏省	1,138,381
295	常州市盛洲铜业有限公司	有色金属冶炼和压延加工业	江苏省	1,137,575
296	中厦建设集团有限公司	房屋建筑业	浙江省	1,136,876
297	华峰集团有限公司	化学原料和化学制品制造业	浙江省	1,135,002
298	利时集团股份有限公司	橡胶和塑料制品业	浙江省	1,134,527
299	内蒙古明华能源集团有限公司	批发业	内蒙古自治区	1,132,482
300	青年汽车集团有限公司	汽车制造业	浙江省	1,131,683
301	天津立业钢铁集团有限公司	批发业	天津市	1,130,336
302	浙江长业控股集团有限公司	房屋建筑业	浙江省	1,129,567
303	辽宁曙光汽车集团股份有限公司	汽车制造业	辽宁省	1,128,563
304	内蒙古特弘煤电集团有限责任公司	煤炭开采和洗选业	内蒙古自治区	1,127,754
305	华泽集团有限公司	批发业	湖南省	1,126,000
306	泰通（泰州）工业有限公司	电气机械和器材制造业	江苏省	1,125,000
307	中设建工集团有限公司	房屋建筑业	浙江省	1,124,578
308	康美药业股份有限公司	医药制造业	广东省	1,116,515
309	蓝思科技股份有限公司	计算机、通信和其他电子设备制造业	湖南省	1,116,311
310	浙江康桥汽车工贸集团股份有限公司	零售业	浙江省	1,110,880
311	华升建设集团有限公司	房屋建筑业	浙江省	1,106,636
312	红楼集团有限公司	商务服务业	浙江省	1,106,274
313	杭州滨江房产集团股份有限公司	房地产业	浙江省	1,105,881
314	曙光控股集团有限公司	房屋建筑业	浙江省	1,100,256
315	南通建工集团股份有限公司	房屋建筑业	江苏省	1,100,028
316	美锦能源集团有限公司	石油加工、炼焦和核燃料加工业	山西省	1,100,000
317	群升集团有限公司	综合	浙江省	1,098,340
318	浙江栋梁新材股份有限公司	有色金属冶炼和压延加工业	浙江省	1,097,293
319	大亚科技集团有限公司	木材加工和木、竹、藤、棕、草制品业	江苏省	1,096,136
320	绿都控股集团有限公司	房地产业	浙江省	1,087,331
321	山东昂立房地产集团有限公司	房地产业	山东省	1,086,000
322	宁夏宝丰集团有限公司	石油加工、炼焦和核燃料加工业	宁夏回族自治区	1,084,559
323	兴乐集团有限公司	电气机械和器材制造业	浙江省	1,083,841

324	浙商新业投资集团有限公司	商务服务业	重庆市	1,083,229
325	新凤鸣集团股份有限公司	化学纤维制造业	浙江省	1,076,782
326	祐康食品集团有限公司	食品制造业	浙江省	1,071,867
327	内蒙古满世投资集团有限公司	煤炭开采和洗选业	内蒙古自治区	1,067,867
328	上海奥盛投资控股（集团）有限公司	金属制品业	上海市	1,067,236
329	港龙控股集团有限公司	房地产业	江苏省	1,064,974
330	浙江天宇交通建设集团有限公司	土木工程建筑业	浙江省	1,063,576
331	重庆协信控股（集团）有限公司	房地产业	重庆市	1,063,200
332	唐人神集团股份有限公司	农副食品加工业	湖南省	1,062,982
333	山东华兴机械股份有限公司	专用设备制造业	山东省	1,062,557
334	河南龙成集团有限公司	黑色金属冶炼和压延加工业	河南省	1,061,600
335	河南森源集团有限公司	汽车制造业	河南省	1,061,332
336	河南金汇不锈钢产业集团有限公司	黑色金属冶炼和压延加工业	河南省	1,059,365
337	苏州市相城区江南化纤集团有限公司	化学纤维制造业	江苏省	1,057,411
338	世纪华丰控股有限公司	土木工程建筑业	浙江省	1,056,053
339	万丰奥特控股集团有限公司	汽车制造业	浙江省	1,055,450
340	震雄铜业集团有限公司	有色金属冶炼和压延加工业	江苏省	1,052,714
341	中经汇通有限责任公司	软件和信息技术服务业	广东省	1,050,000
342	山东远通汽车贸易集团有限公司	批发业	山东省	1,045,884
343	河南省淅川铝业（集团）有限公司	有色金属冶炼和压延加工业	河南省	1,042,576
344	山东太阳纸业股份有限公司	造纸和纸制品业	山东省	1,040,864
345	新七建设集团有限公司	房屋建筑业	湖北省	1,040,288
346	江苏华地国际控股集团有限公司	零售业	江苏省	1,039,330
347	山西潞宝集团	石油加工、炼焦和核燃料加工业	山西省	1,038,049
348	山东润峰集团有限公司	电气机械和器材制造业	山东省	1,036,972
349	内蒙古庆华集团有限公司	石油加工、炼焦和核燃料加工业	内蒙古自治区	1,036,342
350	内蒙古黄河能源科技集团有限责任公司	煤炭开采和洗选业	内蒙古自治区	1,036,241
351	金猴集团有限公司	皮革、毛皮、羽毛及其制品和制鞋业	山东省	1,035,501
352	内蒙古源通煤化集团有限责任公司	煤炭开采和洗选业	内蒙古自治区	1,032,574
353	浙江富春江通信集团有限公司	电气机械和器材制造业	浙江省	1,031,359
354	人本集团有限公司	通用设备制造业	浙江省	1,027,766
355	天洁集团有限公司	通用设备制造业	浙江省	1,025,496
356	山东金正大生态工程股份有限公司	化学原料和化学制品制造业	山东省	1,025,422
357	大华（集团）有限公司	房地产业	上海市	1,024,882
358	福耀玻璃工业集团股份有限公司	非金属矿物制品业	福建省	1,024,739
359	华太建设集团有限公司	房屋建筑业	浙江省	1,023,526
360	中博建设集团有限公司	房屋建筑业	浙江省	1,022,310
361	济源市万洋冶炼（集团）有限公司	有色金属冶炼和压延加工业	河南省	1,020,994
362	杭州华三通信技术有限公司	软件和信息技术服务业	浙江省	1,020,810
363	三花控股集团有限公司	电气机械和器材制造业	浙江省	1,020,182
364	山东海力化工股份有限公司	化学原料和化学制品制造业	山东省	1,019,250
365	胜达集团有限公司	造纸和纸制品业	浙江省	1,018,513
366	得利斯集团有限公司	农副食品加工业	山东省	1,017,614
367	常州天合光能有限公司	电气机械和器材制造业	江苏省	1,016,812
368	天颂建设集团有限公司	房屋建筑业	浙江省	1,016,418
369	永兴特种不锈钢股份有限公司	黑色金属冶炼和压延加工业	浙江省	1,015,527
370	歌山建设集团有限公司	房屋建筑业	浙江省	1,013,669

371	江苏集群信息产业集团	软件和信息技术服务业	江苏省	1,012,315
372	内蒙古恒东能源集团有限责任公司	煤炭开采和洗选业	内蒙古自治区	1,012,105
373	四川西南不锈钢有限责任公司	黑色金属冶炼和压延加工业	四川省	1,009,276
374	河南金利金铅有限公司	有色金属冶炼和压延加工业	河南省	1,005,794
375	花园集团有限公司	综合	浙江省	1,003,881
376	法派集团有限公司	纺织服装、服饰业	浙江省	1,001,218
377	步步高商业连锁股份有限公司	零售业	湖南省	1,000,565
378	攀华集团有限公司	金属制品业	江苏省	995,357
379	山东中海化工集团有限公司	石油加工、炼焦和核燃料加工业	山东省	993,016
380	天津现代集团有限公司	房地产业	天津市	983,173
381	东方建设集团有限公司	房屋建筑业	浙江省	982,064
382	昆明诺仕达企业（集团）有限公司	房地产业	云南省	979,809
383	上海春秋国际旅行社（集团）有限公司	航空运输业	上海市	977,411
384	云南力帆骏马车辆有限公司	汽车制造业	云南省	973,783
385	秦皇岛安丰钢铁有限公司	黑色金属冶炼和压延加工业	河北省	963,292
386	齐鲁特钢有限公司	黑色金属冶炼和压延加工业	山东省	960,000
387	中昂地产（集团）有限公司	房地产业	重庆市	955,683
388	陕西黄河矿业（集团）有限责任公司	化学原料和化学制品制造业	陕西省	952,324
389	上海美特斯邦威服饰股份有限公司	纺织服装、服饰业	上海市	950,955
390	浙江明日控股集团股份有限公司	批发业	浙江省	949,000
391	天津市恒兴钢业有限公司	黑色金属冶炼和压延加工业	天津市	947,082
392	海天塑机集团有限公司	专用设备制造业	浙江省	942,858
393	洛阳颐和今世福珠宝集团有限公司	零售业	河南省	942,458
394	浙江中南建设集团有限公司	房屋建筑业	浙江省	940,143
395	农夫山泉股份有限公司	酒、饮料和精制茶制造业	浙江省	938,633
396	浙江富陵控股集团有限公司	石油加工、炼焦和核燃料加工业	浙江省	935,488
397	湖北东圣化工集团有限公司	化学原料和化学制品制造业	湖北省	928,006
398	浙江航民实业集团有限公司	文教、工美、体育和娱乐用品制造业	浙江省	927,222
399	内蒙古双欣能源化工有限公司	煤炭开采和洗选业	内蒙古自治区	923,638
400	致远控股集团有限公司	有色金属冶炼和压延加工业	浙江省	921,703
401	广州东凌实业集团有限公司	农副食品加工业	广东省	921,498
402	南通五建建设工程有限公司	房屋建筑业	江苏省	921,262
403	杭叉集团股份有限公司	通用设备制造业	浙江省	920,050
404	骆驼集团股份有限公司	电气机械和器材制造业	湖北省	919,634
405	浙江国泰建设集团有限公司	房屋建筑业	浙江省	917,321
406	浙江展诚建设集团股份有限公司	房屋建筑业	浙江省	916,241
407	青岛世纪瑞丰集团有限公司	批发业	山东省	914,750
408	振石控股集团有限公司	黑色金属冶炼和压延加工业	浙江省	910,799
409	富丽达集团控股有限公司	化学纤维制造业	浙江省	909,715
410	南京建工集团有限公司	房屋建筑业	江苏省	906,192
411	常熟市龙腾特种钢有限公司	黑色金属冶炼和压延加工业	江苏省	906,045
412	浙江协和集团有限公司	黑色金属冶炼和压延加工业	浙江省	903,327
413	山东创新金属科技股份有限公司	有色金属冶炼和压延加工业	山东省	902,304
414	湖北枝江酒业集团	酒、饮料和精制茶制造业	湖北省	902,139
415	湖南联创控股集团有限公司	批发业	湖南省	901,772
416	苏州二建建筑集团有限公司	房屋建筑业	江苏省	901,470
417	湖北新洋丰肥业股份有限公司	化学原料和化学制品制造业	湖北省	900,544

418	江河创建集团股份有限公司	建筑装饰和其他建筑业	北京市	898,920
419	佛山市顺德区乐从供销集团有限公司	批发业	广东省	898,856
420	徐龙食品集团有限公司	农副食品加工业	浙江省	895,842
421	宁波申洲针织有限公司	纺织服装、服饰业	浙江省	893,758
422	武汉康顺集团有限公司	批发业	湖北省	891,085
423	月星集团有限公司	零售业	江苏省	887,515
424	云南南磷集团股份有限公司	化学原料和化学制品制造业	云南省	879,374
425	内蒙古太西煤集团股份有限公司	煤炭开采和洗选业	内蒙古自治区	877,537
426	无锡兴达泡塑新材料股份有限公司	化学原料和化学制品制造业	江苏省	872,078
427	山西建邦集团有限公司	黑色金属冶炼和压延加工业	山西省	871,439
428	天津开发区四达石化产品经销有限公司	批发业	天津市	866,267
429	华仪电器集团有限公司	电气机械和器材制造业	浙江省	864,512
430	兴惠化纤集团有限公司	纺织业	浙江省	861,158
431	山东永泰化工有限公司	橡胶和塑料制品业	山东省	860,018
432	蒙发能源控股集团有限责任公司	煤炭开采和洗选业	内蒙古自治区	858,615
433	重庆小康控股有限公司	汽车制造业	重庆市	858,184
434	汇宇控股集团	房地产业	浙江省	857,055
435	宝胜科技创新股份有限公司	电气机械和器材制造业	江苏省	856,947
436	天津市通源钢铁集团有限公司	黑色金属冶炼和压延加工业	天津市	856,931
437	万事利集团有限公司	纺织服装、服饰业	浙江省	855,830
438	南通新华建筑集团有限公司	房屋建筑业	江苏省	854,862
439	星星集团有限公司	电气机械和器材制造业	浙江省	853,544
440	山东寿光鲁清石化有限公司	石油加工、炼焦和核燃料加工业	山东省	853,090
441	柳桥集团有限公司	皮革、毛皮、羽毛及其制品和制鞋业	浙江省	852,856
442	百步亭集团有限公司	房地产业	湖北省	852,651
443	新龙药业集团	零售业	湖北省	852,558
444	道恩集团有限公司	批发业	山东省	852,148
445	盘锦和运新材料有限公司	化学原料和化学制品制造业	辽宁省	850,168
446	广博集团	文教、工美、体育和娱乐用品制造业	浙江省	850,123
447	江苏顺通建设集团有限公司	房屋建筑业	江苏省	846,301
448	海马汽车集团股份有限公司	汽车制造业	海南省	846,130
449	太平鸟集团有限公司	综合	浙江省	845,136
450	鸿翔控股集团有限公司	房屋建筑业	浙江省	838,000
451	高运控股集团有限公司	土木工程建筑业	浙江省	837,443
452	兴源轮胎集团有限公司	橡胶和塑料制品业	山东省	837,111
453	伟星集团有限公司	综合	浙江省	836,638
454	武汉市金马凯旋家具投资有限公司	零售业	湖北省	835,465
455	四川濠吉食品（集团）有限责任公司	食品制造业	四川省	832,810
456	广东东凌粮油股份有限公司	农副食品加工业	广东省	831,682
457	江苏骏马集团有限责任公司	纺织业	江苏省	829,083
458	佳杰科技（上海）有限公司	软件和信息技术服务业	上海市	828,166
459	北京京奥港集团	批发业	北京市	824,937
460	铜陵精达铜材（集团）有限责任公司	电气机械和器材制造业	安徽省	824,843
461	府谷县煤化工集团有限责任公司	石油加工、炼焦和核燃料加工业	陕西省	824,000
462	宁波市慈溪进出口股份有限公司	商务服务业	浙江省	818,884
463	江苏常发实业集团有限公司	专用设备制造业	江苏省	818,042
464	湖南金龙国际集团	废弃资源综合利用业	湖南省	816,783

465	浙江中富建筑集团股份有限公司	房屋建筑业	浙江省	815,672
466	杭州杭锅江南能源有限公司	批发业	浙江省	815,477
467	辽宁禾丰牧业股份有限公司	畜牧业	辽宁省	813,852
468	开氏集团有限公司	化学纤维制造业	浙江省	812,721
469	方远建设集团股份有限公司	房屋建筑业	浙江省	812,621
470	锦联控股集团有限公司	水上运输业	辽宁省	812,443
471	江苏国强镀锌实业有限公司	金属制品业	江苏省	811,062
472	江苏海达科技集团有限公司	有色金属冶炼和压延加工业	江苏省	810,378
473	浙江建华集团有限公司	批发业	浙江省	809,109
474	无锡市凌峰铜业有限公司	有色金属冶炼和压延加工业	江苏省	807,459
475	浙江舜江建设集团有限公司	房屋建筑业	浙江省	807,410
476	江苏东渡纺织集团有限公司	纺织业	江苏省	806,886
477	九鼎建设集团股份有限公司	综合	浙江省	805,842
478	山东尧王控股集团	综合	山东省	804,386
479	致达控股集团有限公司	房地产业	上海市	803,852
480	龙大食品集团有限公司	食品制造业	山东省	803,309
481	浙江万达建设集团有限公司	房屋建筑业	浙江省	802,553
482	万控集团有限公司	电气机械和器材制造业	浙江省	801,508
483	江西民生集团有限公司	房地产业	江西省	800,132
484	内蒙古兴泰置业集团有限公司	房屋建筑业	内蒙古自治区	799,671
485	宝业湖北建工集团有限公司	房屋建筑业	湖北省	798,537
486	浙江东杭控股集团有限公司	批发业	浙江省	798,411
487	河北新武安钢铁集团鑫汇冶金有限公司	黑色金属冶炼和压延加工业	河北省	798,161
488	临清三和纺织集团	纺织业	山东省	798,023
489	宝盛投资股份有限公司	建筑安装业	浙江省	798,013
490	高深（集团）有限公司	橡胶和塑料制品业	云南省	795,102
491	腾达建设集团股份有限公司	土木工程建筑业	浙江省	793,025
492	中国龙工控股有限公司	专用设备制造业	福建省	789,596
493	华翔集团股份有限公司	汽车制造业	浙江省	786,409
494	杭州诺贝尔集团有限公司	非金属矿物制品业	浙江省	785,329
495	浙江兴日钢控股集团有限公司	黑色金属冶炼和压延加工业	浙江省	783,012
496	金洲集团有限公司	金属制品业	浙江省	782,485
497	富阳申能固废环保再生有限公司	有色金属冶炼和压延加工业	浙江省	781,135
498	安钢集团河南凤宝特钢有限公司	黑色金属冶炼和压延加工业	河南省	780,702
499	江苏江中集团有限公司	房屋建筑业	江苏省	780,519
500	上海龙宇燃油股份有限公司	批发业	上海市	777174

2012 年度安徽省民营企业百强排序

纳税百强名单

名次	企业名称	纳税总额（万元）
1	安徽迎驾集团股份有限公司	105330
2	安徽口子酒业股份有限公司	89322
3	广东美的集团芜湖制冷设备有限公司	51724
4	安徽鑫港炉料股份有限公司	42526
5	安徽省南翔贸易（集团）有限公司	38139
6	百丽鞋业（宿州）有限公司	35990
7	安徽省华鑫铅业集团有限公司	31657
8	安徽安庆环新集团有限公司	29442
9	铜陵上峰水泥股份有限公司	27220
10	安徽省庐江龙桥矿业有限公司	27174
11	长江精工钢结构（集团）股份有限公司	24448
12	安徽双轮酒业有限责任公司	24324
13	安徽盘景水泥有限公司	23717
14	安徽金安矿业有限公司	20817
15	安徽金日盛矿业有限责任公司	19244
16	安徽天大企业（集团）有限公司	19169
17	安徽中鼎控股（集团）股份有限公司	18304
18	安徽阜阳市临沂商城投资发展有限公司	15712
19	安徽金禾实业股份有限公司	15331
20	安徽三安光电有限公司	14899
21	安徽伟星置业有限公司	14713
22	安徽天康（集团）股份有限公司	14668
23	安徽瑞丰商品交易博览城投资开发有限公司	14307

24	安徽文王酿酒股份有限公司	14006
25	安徽宣酒集团股份有限公司	13964
26	宁国市双赢再生资源有限公司	13863
27	华润雪花啤酒（安徽）有限公司蚌埠分公司	12797
28	安徽国购投资集团	12396
29	安徽华菱电缆集团有限公司	12109
30	芜湖市华强旅游城投资开发有限公司	11688
31	安徽苏晟贸易有限公司	11014
32	黄山永新股份有限公司	11006
33	安徽鸿路钢结构（集团）股份有限公司	10750
34	安徽皖酒制造集团有限公司	10447
35	安徽明珠格力电器销售有限公司	10338
36	安徽金彩牛实业集团有限公司	9979
37	合肥市世纪金源购物中心有限公司	9699
38	铜陵市富鑫钢铁有限公司	9078
39	安徽丰原集团有限公司	8991
40	安徽珍珠水泥集团股份有限公司	8941
41	安徽国祯集团股份有限公司	8923
42	合肥常青机械股份有限公司	8703
43	安徽同济建设集团	8677
44	芜湖中燃城市燃气发展有限公司	8504
45	荣盛（蚌埠）置业有限公司	8486
46	宝业集团安徽有限公司	8236
47	铜陵精达铜材(集团)有限责任公司	8081
48	蚌埠市天源再生资源有限公司	7941
49	威灵（芜湖）电机制造有限公司	7937
50	安徽晋煤中能化工股份有限公司	7927
51	安徽新亚特电缆集团有限公司	7830

52	安徽太平洋电缆集团有限公司	7630
53	芜湖市富鑫钢铁有限公司	7579
54	芜湖欧宝机电有限公司	7469
55	安徽国星生物化学有限公司	7215
56	马鞍山市广力再生物资回收有限公司	7169
57	芜湖长信科技有限公司	7123
58	安徽雪龙纤维科技股份有限公司	7116
59	池州市星鑫再生资源有限公司	7107
60	马鞍山达利食品有限公司	7043
61	天能电池（芜湖）有限公司	7023
62	安徽建华管桩有限公司	7002
63	安徽新安金融集团股份有限公司	6989
64	蚌埠金黄山凹版印刷有限公司	6965
65	同福碗粥股份有限公司	6669
66	安徽盛运机械股份有限公司	6598
67	安徽庆发集团股份有限公司	6336
68	黄山广宇房地产开发有限公司	6242
69	合肥伊利乳业有限责任公司	6209
70	安徽中闽置业有限公司	6084
71	安徽科达机电有限公司	5971
72	安徽佳达房地产开发（集团）有限公司	5820
73	安徽华宇电缆集团有限公司	5624
74	安徽省凤形耐磨材料股份有限公司	5548
75	安徽振兴房地产集团有限公司	5501
76	铜陵市三佳电子（集团）有限责任公司	5500
77	安徽昊源化工集团有限公司	5336
78	芜湖运泰汽车运输集团有限责任公司	5151
79	安徽静安投资集团有限公司	5131

80	安徽江淮电缆集团有限公司	5128
81	华孚色纺股份有限公司	5107
82	安徽盈创石化检修安装有限责任公司	5042
83	淮南民生置业有限公司	4948
84	界首市南都华宇电源有限公司	4928
85	安徽楚江投资集团有限公司	4910
86	安徽龙庵电缆集团有限公司	4818
87	安徽省池州市曙光建设集团有限公司	4755
88	昌辉汽车电器（黄山）股份公司	4750
89	申洲针织（安徽）有限公司	4642
90	桂龙药业（马鞍山）有限公司	4622
91	马鞍山汇成置业有限公司	4560
92	马鞍山天立建设有限公司	4554
93	马鞍山立白日化有限公司	4538
94	安徽铜峰电子集团有限公司	4529
95	安徽德邦化工有限公司	4508
96	安徽阜阳汇鑫发展有限公司	4463
97	黄山市建工集团有限公司	4400
98	芜湖鸠兹建设有限公司	4306
99	泰尔重工股份有限公司	4295
100	全威（铜陵）铜业科技有限公司	4276

2012年度安徽省民营企业百强排序

营收百强名单

名次	企业名称	营收总额（万元）
1	全威（铜陵）铜业科技有限公司	2309629
2	安徽国购投资集团	1350092
3	广东美的集团芜湖制冷设备有限公司	1091743
4	铜陵精达铜材（集团）有限责任公司	824843
5	安徽楚江投资集团有限公司	758963
6	安徽中鼎控股（集团）股份有限公司	649906
7	安徽天康（集团）股份有限公司	614135
8	长江精工钢结构（集团）股份有限公司	614012
9	安徽亚夏实业股份有限公司	604285
10	安徽省文一投资控股集团	592366
11	华孚色纺股份有限公司	573243
12	安徽鑫港炉料股份有限公司	479084
13	安徽迎驾集团股份有限公司	465107
14	安徽天大企业（集团）有限公司	464774
15	安徽省正大源饲料集团有限公司	463240
16	安徽省华鑫铅业集团有限公司	451704
17	芜湖市富鑫钢铁有限公司	439953
18	安徽丰原集团有限公司	431826
19	安徽鸿路钢结构（集团）股份有限公司	425678
20	安徽鲁班建设投资集团有限公司	421298
21	宝业集团安徽有限公司	417027
22	铜陵市富鑫钢铁有限公司	403737
23	安徽中杭集团有限公司	394832

24	安徽昊源化工集团有限公司	393223
25	安徽鑫科新材料股份有限公司	392101
26	黄山永佳（集团）有限公司	392030
27	合肥华泰集团股份有限公司	377941
28	安徽安庆环新集团有限公司	373044
29	安徽凯源建设集团有限责任公司	355840
30	安徽庆发集团股份有限公司	342698
31	安徽宝迪肉类食品有限公司	342055
32	安徽广厦建筑（集团）股份有限公司	338987
33	安徽晋煤中能化工股份有限公司	330683
34	安徽精诚铜业股份有限公司	320522
35	百丽鞋业（宿州）有限公司	308147
36	滁州市金鹏建设集团	302870
37	安徽华亿工贸集团有限责任公司	302385
38	安徽伟星置业有限公司	299322
39	安徽常青建设集团有限公司	293610
40	安徽庐南建设投资集团建筑安装有限公司	285579
41	安徽三安光电有限公司	280790
42	安徽金禾实业股份有限公司	278070
43	马鞍山市润华钢铁材料有限公司	265929
44	安徽五建建设工程集团有限公司	256239
45	安徽口子酒业股份有限公司	250655
46	铜陵物华集团股份有限公司	243270
47	安徽蓝德集团股份有限公司	237330
48	益海嘉里（安徽）粮油工业有限公司	234867
49	安徽森海高新电材有限公司	230896
50	安徽康宏园食品有限公司	228558
51	安徽同济建设集团	226970

52	安徽明珠格力电器销售有限公司	226757
53	黄山兴乐铜业有限公司	225937
54	安徽新华阳光控股集团有限公司	225612
55	安徽省加烨置业集团有限公司	221548
56	安徽国信建设集团有限公司	213887
57	阜阳华联集团股份有限公司	205835
58	安徽天鹅科技实业（集团）有限公司	204797
59	安徽江淮电缆集团有限公司	203659
60	安徽理士电池技术有限公司	201085
61	申洲针织（安徽）有限公司	196994
62	同福碗粥股份有限公司	195069
63	安徽江淮起重运输机械有限公司	193188
64	安徽美芝精密制造有限公司	190614
65	安徽世林照明股份有限公司	188200
66	安徽光明槐祥工贸集团有限公司	187550
67	马鞍山市三和仓储配送有限公司	184025
68	芜湖欧宝机电有限公司	181983
69	铜陵上峰水泥股份有限公司	180820
70	安徽省交通建设有限责任公司	179180
71	安徽江南化工股份有限公司	177374
72	安徽正宇面粉有限公司	173561
73	安徽东皖建设集团有限公司	170283
74	安徽金彩牛实业集团有限公司	169020
75	荣盛（蚌埠）置业有限公司	168790
76	安徽金禾粮油集团有限公司	168772
77	安徽省福润肉类加工有限公司	167000
78	安徽国祯集团股份有限公司	160218
79	安徽众源新材料股份有限公司	159845

80	海南卫康制药（潜山）有限公司	158833
81	安徽新锦丰企业投资集团有限公司	154151
82	安徽省南峰实业（集团）有限公司	153486
83	安徽宝翔建设集团有限责任公司	153426
84	合肥伊利乳业有限责任公司	153310
85	安徽省稼仙米业集团有限公司	152252
86	安徽渡民粮油有限公司	151127
87	威灵（芜湖）电机制造有限公司	150582
88	六安索伊电器制造有限公司	150123
89	安徽省阜阳众诚药业有限责任公司	148950
90	北海果业砀山惠丰有限公司	148732
91	池州市星鑫再生资源有限公司	146313
92	安徽安德利百货股份有限公司	142762
93	安徽皖王面粉集团公司	139826
94	安徽燕之坊食品有限公司	139623
95	安徽省南翔贸易（集团）有限公司	139599
96	安徽珍珠水泥集团股份有限公司	137440
97	界首市南都华宇电源有限公司	136267
98	安徽建鑫投资集团有限公司	136200
99	安徽华宇电缆集团有限公司	135553
100	滁州安兴环保彩纤有限公司	133052

2012年度安徽省民营企业百强排序

进出口百强名单

名次	企业名称	进出口总额（万元）
1	芜湖美智空调设备有限公司	32477
2	安徽天大企业（集团）有限公司	19836
3	安徽中鼎控股（集团）股份有限公司	18561
4	安徽省华安进出口有限公司	15770
5	合肥宝龙达信息技术有限公司	8976
6	安徽丰原国际贸易有限公司	8906
7	安徽广信农化股份有限公司	7656
8	芜湖长信科技股份有限公司	7442
9	芜湖德豪润达光电科技有限公司	7223
10	安徽华星化工股份有限公司	6680
11	安徽庆发集团股份有限公司	6064
12	安徽久工科技实业有限责任公司	5643
13	合肥景欣进出口有限公司	5400
14	安徽省安迈达进出口有限公司	4813
15	安徽新富泰发饰有限公司	4748
16	安徽鸿润（集团）股份有限公司	4526
17	安徽省瑞丰化肥贸易有限公司	4422
18	安徽中安进出口股份有限公司	4183
19	安徽理士电池技术有限公司	4065
20	基伊埃工业热交换器系统（芜湖）有限公司	4059
21	杉杉（芜湖）服饰有限公司	4003
22	安徽广印堂中药股份有限公司	3908
23	安徽铜峰世贸进出口有限公司	3764

24	安庆市恒昌机械制造有限责任公司	3625
25	滁州安兴环保彩纤有限公司	3565
26	安徽鸿路钢结构（集团）股份有限公司	3532
27	安徽省华图进出口贸易有限公司	3386
28	安徽三安光电有限公司	3316
29	安徽金禾实业股份有限公司	3288
30	黄山永新股份有限公司	3221
31	淮北石泰贸易有限责任公司	3200
32	安徽雪龙纤维科技股份有限公司	3090
33	安徽昊方机电股份有限公司	2870
34	安徽大地熊新材料股份有限公司	2846
35	安徽龙华竹业有限公司	2754
36	芜湖市华阳服装集团有限公司	2698
37	合肥中南光电有限公司	2695
38	安庆申洲进出口有限公司	2653
39	芜湖欧宝机电有限公司	2585
40	安徽华安达集团工艺品有限公司	2536
41	安徽天森贸易有限公司	2510
42	亚新科噪声与振动技术（安徽）有限公司	2475
43	合肥海歌进出口有限公司	2324
44	无为县景阳进出口贸易有限公司	2238
45	安徽达旺贸易有限公司	2196
46	安徽天康（集团）股份有限公司	2163
47	安徽省纺织品发展进出口有限责任公司	2156
48	明光市佳宏商贸有限公司	2150
49	安徽尊贵电器集团有限公司	2146
50	黄山永磊贸易有限公司	2121
51	芜湖风雪橡胶有限公司	2067

52	洽洽食品股份有限公司	2055
53	安徽豪杰塑胶制品有限公司	1925
54	安徽世林照明股份有限公司	1807
55	蚌埠凤凰滤清器有限责任公司	1751
56	芜湖恒达薄板有限公司	1726
57	龙徽服装（安庆）有限公司	1687
58	安徽龙磁科技股份有限公司	1625
59	安徽省碧绿春生物科技有限公司	1599
60	安徽协和成药业饮片有限公司	1552
61	黄山市松萝有机茶叶开发有限公司	1545
62	淮北维科印染有限公司	1534
63	安徽金瑞祥发制品有限公司	1494
64	芜湖荣基密封系统有限公司	1492
65	黄山嵊峰针织有限公司	1439
66	芜湖市金贸流体科技股份有限公司	1387
67	鑫鸿交通工业（安徽）有限公司	1349
68	淮北今一纺织制衣有限公司	1307
69	黄山市歙县薇薇茶业有限公司	1263
70	滁州市德式马服饰有限公司	1241
71	安徽奥登服饰有限公司	1234
72	安徽省长兴工艺玩具集团有限责任公司	1143
73	安徽德力日用玻璃股份有限公司	1126
74	黄山文保贸易有限公司	1092
75	安徽一隆羽绒有限公司	1074
76	芜湖佳先传动轴有限公司	1072
77	安徽富博医药化工股份有限公司	1065
78	安徽恒远化工有限公司	1058
79	宁国市风形进出口贸易有限公司	1035

80	安徽蜜之源食品集团有限公司	1035
81	芜湖众源进出口有限公司	1014
82	安徽天鹅科技实业（集团）有限公司	1007
83	安徽浙泰不锈钢集团有限公司	961
84	中盟（淮北）制衣有限公司	955
85	安徽金邦医药化工有限公司	952
86	舒城圣桂食品有限公司	938
87	安徽省舒城三乐童车有限责任公司	920
88	安徽省皖西羽绒厂	915
89	安徽天星光纤通信设备有限公司	909
90	合肥精诚塑料制品有限公司	862
91	安徽省林锦记食品工业有限公司	851
92	安徽绍峰实业集团股份有限公司	846
93	天长市禾益化学药品有限公司	801
94	安徽金冠汇晶玻璃有限责任公司	800
95	安徽华业香料股份有限公司	776
96	安徽中山化工有限公司	758
97	安徽昊源化工集团有限公司	753
98	华孚色纺股份有限公司	737
99	安徽美裕服装有限公司	662
100	安庆市红爱服饰有限责任公司	613

安徽省2013年国民经济和社会发展统计公报

安徽省统计局 国家统计局安徽调查总队 2014年2月19日

2013年，全省人民在省委、省政府的坚强领导下，深入贯彻落实党的十八大和十八届三中全会精神，坚持稳中求进的工作总基调，统筹稳增长、调结构、促改革、惠民生，攻坚克难，开拓奋进，保持了经济社会稳定健康较快发展，圆满完成年初确定的主要目标任务。

一、综 合

初步核算[1]，全年生产总值（GDP）[2]19038.9亿元，按可比价格计算，比上年增长10.4%。分产业看，第一产业增加值2348.1亿元，增长3.5%；第二产业增加值10404亿元，增长12.4%；第三产业增加值6286.8亿元，增长9.5%。三次产业结构由上年的12.7:54.6:32.7调整为12.3:54.6:33.1，其中第三产业比重提高0.4个百分点、工业增加值占GDP比重由上年的46.6%提高到46.9%。全社会劳动生产率44889元/人，比上年增加3553元/人。人均GDP31684元（折合5116美元），比上年增加2892元。全年民营经济[3]增加值10843亿元，比上年增长10.7%，占GDP比重由上年的56%提高到57%。

2013年全省居民消费价格比上年涨跌幅度

单位：亿元

指　　标	绝对数	比上年增长%
生产总值	19038.9	10.4
第一产业	2348.1	3.5
第二产业	10404.0	12.4
工业	8928.0	13.3
建筑业	1476.0	6.7
第三产业	6286.8	9.5
交通运输、仓储和邮政业	707.1	7.2
批发和零售业	1355.5	9.3

指　标	绝对数	比上年增长 %
住宿和餐饮业	298.0	6.5
金融业	735.5	17.5
房地产业	763.6	12.2
营利性服务业	900.0	10.3
非营利性服务业	1527.1	6.5

全年居民消费价格上涨2.4%，其中食品价格上涨4.7%。商品零售价格上涨1.3%。工业生产者出厂价格下降1.8%，工业生产者购进价格下降3.1%。固定资产投资价格上涨0.2%，农业生产资料价格上涨0.9%。

2013年全省居民消费价格比上年涨跌幅度

单位：%

指　标	全省	城市	农村
居民消费价格	2.4	2.4	2.5
其中：食品	4.7	4.9	4.4
烟酒及用品	−1.3	−1.3	−1.3
衣着	2.1	1.8	2.9
家庭设备用品及维修服务	0.9	0.6	1.4
医疗保健和个人用品	1.2	0.9	1.9
交通和通信	−0.1	−0.1	−0.2
娱乐教育文化用品及服务	2.7	2.3	3.6
居住	1.4	1.5	1.1

年末全省从业人员4275.9万人，比上年增加69.1万人。其中，第一产业1469.7万人，减少61.5万人；第二产业1169.2万人，增加61.9万人；第三产业1637万人，增加68.7万人；城乡私营企业从业人员和个体劳动者705.1万人，增加56.8万人。全年城镇实名制新增就业67.5万人，下岗失业人员再就业25.9万人。年末城镇登记失业率为3.41%，比上年下降0.27个百分点。全省农民工总量为1783万人，其中

外出农民工 1288 万人。

二、农 业

全年粮食作物种植面积 6625.3 千公顷，比上年扩大 3.3 千公顷，其中优质专用小麦面积 2106.8 千公顷，扩大 27.1 千公顷。油料种植面积 802 千公顷，减少 41.6 千公顷。棉花种植面积 285.1 千公顷，减少 19.8 千公顷。蔬菜种植面积 836 千公顷，扩大 25.4 千公顷。

全年粮食产量 3279.6 万吨，比上年减少 9.5 万吨，减产 0.3%。其中，夏粮 1338.5 万吨，增加 37 万吨，增产 2.8%；秋粮 1810.3 万吨，减少 45.3 万吨，减产 2.4%。油料产量 225.4 万吨，下降 1%。棉花产量 25.1 万吨，下降 14.6%。

2013 年全省主要农产品产量及其增长速度

单位：万吨

产品名称	绝对数	比上年增长 %
粮食	3279.6	–0.3
油料	225.4	–1.0
# 花生	88.7	2.1
油菜籽	130.1	–3.2
棉花	25.1	–14.6
烤烟	4.2	20.5
蚕茧	3.2	–1.1
茶叶	10.1	5.8
蔬菜	2418.0	3.9
水果	905.1	2.2

年末全省生猪存栏 1612.6 万头，比上年增长 3.7%；全年生猪出栏 2971.5 万头，增长 1.5%。肉类总产量 403.8 万吨，增长 1.5%，其中猪牛羊肉产量 286.6 万吨，增长 1.5%。禽蛋产量 124.5 万吨，增长 1.5%。牛奶产量 25.3 万吨，增长 5.2%。水产品产量 215.5 万吨，增长 3.9%。

年末全省农业机械总动力 6140.3 万千瓦，比上年增长 4%。农用拖拉机 243 万台，减少 2.5%；农用运输车 67.5 万辆，减少 0.2%。全年化肥施用量（折纯）338.4 万吨，增长1.5%。农村用电量137.9亿千瓦小时，增长7%。有效灌溉面积4307.9千公顷，新增43.4千公顷；新增节水灌溉面积40.1千公顷。

三、工业和建筑业

年末全省规模以上工业企业[4]达15114户，比上年净增2144户。全年规模以上工业增加值增长13.7%，其中轻、重工业分别增长12.5%和14.3%；国有及国有控股企业增长9.2%，集体企业增长6.5%，股份制、外商及港澳台商投资企业分别增长13.4%和20.3%。

规模以上工业中，40个工业行业有38个增加值保持增长，其中计算机、通信和其他电子设备制造业增长34.7%，有色金属冶炼和压延加工业增长19.7%，通用设备制造业增长19.6%，非金属矿物制品业增长16.2%，化学原料和化学制品制造业增长14.5%，电气机械和器材制造业增长13.2%，农副食品加工业和汽车制造业均增长9.4%，黑色金属冶炼和压延加工业增长8.2%，电力、热力生产和供应业增长7.5%，煤炭开采和洗选业增长4.7%。六大工业主导产业增加值增长13.3%，装备制造业增长15.7%，高新技术产业增长15.7%；战略性新兴产业产值增长23.4%。

规模以上工业统计的主要产品产量中，原煤下降6.4%，发电量增长8.5%，粗钢、钢材分别增长13.1%和10.5%，水泥增长12.3%，家用电冰箱增长14.8%，家用洗衣机增长13.2%，房间空调器增长1.8%，彩色电视机下降8%，汽车下降5%。

2013年全省规模以上工业企业主要产品产量及其增长速度

指标	单位	绝对数	比上年增长%
纱	万吨	90.0	7.9
布	亿米	10.0	2.2
化纤	万吨	32.7	17.1
饮料酒	亿升	22.1	2.4
卷烟	亿支	1313.4	2.1
彩色电视机	万部	561.8	-8.0
家用洗衣机	万台	1697.8	13.2
家用电冰箱	万台	2973.9	14.8

指　　标	单 位	绝对数	比上年增长 %
房间空调器	万台	3046.7	1.8
能源生产总量	万吨标准煤	10052.5	–6.2
原煤	万吨	13879.6	–6.4
发电量	亿千瓦时	1958.4	8.5
柴油	万吨	225.1	24.4
生铁	万吨	2017.4	4.7
粗钢	万吨	2787.5	13.1
钢材	万吨	3138.6	10.5
十种有色金属	万吨	128.8	27.6
水泥	万吨	12131.4	12.3
平板玻璃	万重量箱	3346.8	40.1
硫酸	万吨	584.2	17.6
纯碱	万吨	54.7	10.7
化肥	万吨	325.8	5.3
化学农药	万吨	19.8	–20.8
合成洗涤剂	万吨	89.7	13.5
金属切削机床	万台	7.2	19.6
汽车	万辆	103.1	–5.0
电力电缆	百万米	2841.0	–11.2
橡胶轮胎外胎	万条	2944.7	17.0

全年规模以上工业企业主营业务收入 33079.5 亿元，增长 16.1%；利税 3046.4 亿元，增长 17.3%，其中利润 1758.8 亿元，增长 16.9%。电气机械和器材制造业、非金属矿物制品业、化学原料和化学制品制造业、农副食品加工业、通用设备制造业、汽车制造业等 14 个利润超 50 亿元的行业，累计实现利润 1410.8 亿元，增长 28.2%，占全部规模以上工业的比重为 80.2%。

全年资质内建筑企业利税总额 324.8 亿元，增长 16.7%。房屋建筑施工面积

37117.2 万平方米，比上年增加 3781.6 万平方米；房屋竣工面积 14258.6 万平方米，增加 912.4 万平方米。

四、固定资产投资

全年固定资产投资[5]18251.1 亿元，比上年增长 21.2%。其中，工业及信息化产业技术改造投资 4316.6 亿元，增长 12.5%；民间投资 12146 亿元，增长 25.6%。分区域看，皖江示范区投资 12559 亿元，增长 20.4%；皖北六市投资 4522 亿元，增长 23.9%；合肥经济圈投资 7449.9 亿元，增长 20.7%。分产业看，第一产业投资增长 28.9%，第二产业增长 18.9%，第三产业增长 23%。分行业看，工业投资增长 18.6%，其中制造业增长 20.4%，制造业中的装备制造业增长 20.6%。六大高耗能行业投资增长 16%。

2013 年全省分行业固定资产投资额及其增长速度

单位：亿元

行 业	投资额	比上年增长 %
农、林、牧、渔业	389.3	28.9
采矿业	341.2	–12.5
制造业	7309.4	20.4
电力、热力、燃气及水生产和供应业	531.8	22.3
建筑业	83.2	54.2
交通运输、仓储和邮政业	812.5	24.3
信息传输、软件和信息技术服务业	115.8	59.0
批发和零售业	474.2	32.6
住宿和餐饮业	276.6	28.4
金融业	90.9	45.1
房地产业	5013.3	22.1
租赁和商务服务业	203.1	33.8
科学研究和技术服务业	151.1	7.0
水利、环境和公共设施管理业	1575.1	23.8
居民服务、修理和其他服务业	63.6	44.3

行 业	投资额	比上年增长 %
教育	240.5	17.9
卫生和社会工作	135.1	25.5
文化、体育和娱乐业	187.8	18.9
公共管理、社会保障和社会组织	256.6	0.9

全年房地产开发投资3946.2亿元，比上年增长25.2%。商品房销售面积6265.4万平方米，增长29.7%；商品房销售额3182.9亿元，增长36.6%。全年开工建设城镇保障性安居工程住房41.8万套，基本建成32万套。

全年共安排“861”行动计划项目3389个，当年完成投资8948.4亿元。开工建设合肥航嘉源家电、铜陵铜冠电子铜箔二期、华清（合肥）高科表面工程、马鞍山正崴科技园、中科院（宿州）云计算、奇瑞发动机升级扩产、淮南平圩电厂三期、合肥统一一分厂、广药集团亳州药业、含山昭关温泉文化产业项目、芜湖长江公路二桥、济祁高速永城至利辛至淮南至合肥段、宿扬高速天长段、合肥轨道交通2号线等项目;建成投产蚌埠日产150吨玻璃基板、江淮客车新基地、江汽年产20万台1.5T发动机、芜湖海创高新节能装备制造基地、马鞍山新联合压缩机配件、铜陵全威铜业二期铜加工、合肥电厂6号机组、合肥航空产业基地二期、江南文化园三期等项目。

全年新增煤炭产能900万吨，电力装机容量401万千瓦。

五、国内贸易

全年社会消费品零售总额6481.4亿元，比上年增长14%，扣除价格因素，实际增长12.5%。按经营地统计，城镇消费品零售额5283.3亿元，增长13.9%；乡村消费品零售额1198.1亿元，增长14.2%。按消费形态统计，商品零售5781.7亿元，增长14.2%；餐饮收入699.7亿元，增长12.1%。

在限额以上企业商品零售额中，吃、穿、用类商品零售额分别比上年增长21.7%、18.8%和18.3%，粮油类增长18.2%，肉禽蛋类增长27.6%，服装类增长20.1%，化妆品类增长20.2%，金银珠宝类增长28.9%，日用品类增长20.1%，中西药品类增长17.5%，家用电器和音像器材类增长16.7%，建筑及装潢材料类增长19.4%，家具类增长29.1%，汽车类增长19.9%，石油及制品类增长16.2%。

六、对外经济和旅游

全年进出口总额456.3亿美元，比上年增长16.2%。其中，出口282.5亿美元，增长5.6%；进口173.8亿美元，增长38.6%。从出口经营主体看，生产型企业出口增长18.7%，贸易型企业出口下降45%。从出口商品看，机电产品、高新技术产品出口分别增长11.9%和31.7%。

2013年全省出口主要分类及地区分布

单位：亿美元

指　标	绝对数	比上年增长%
出口额	282.5	5.6
其中：机电产品	128.3	11.9
其中：高新技术产品	42.3	31.7
其中：一般贸易	221.7	7.8
加工贸易	53.4	31.3
其中：对亚洲	118.6	14.2
对欧洲	57.1	2.7
对北美洲	47.1	6.8
对非洲	25.0	–5.3
对拉丁美洲	29.2	–9.0
对大洋洲	5.5	2.9

全年新批外商投资企业246家，比上年增长26.8%；合同利用外资26.9亿美元，增长6.1%；实际利用外商直接投资106.9亿美元，增长23.7%。到2013年底，来皖投资的境外世界500强企业增加到67家，其中当年新引进4家。

全年对外经济技术合作新签合同金额28.2亿美元，比上年增长15.8%；完成营业额31亿美元，增长3.1%；当年外派劳务人员12531人，下降6.3%。全年新批境外企业（机构）60个，实际对外投资6.9亿美元，增长26.6%。

全年入境旅游人数385.5万人次，比上年增长16.3%；国内游客3.36亿人次，增长15%。旅游总收入3010.4亿元，增长15.3%。其中，旅游外汇收入17.3亿美元，增长15.8%；国内旅游收入2903.2亿元，增长15.3%。年末全省有A级及以上旅游景点（区）461 处。

七、交通和邮电

全年旅客运输量 24.5 亿人，货物运输量 35.7 亿吨，比上年分别增长 15.4% 和 15.6%；旅客运输周转量 2118.5 亿人公里，货物运输周转量 11136.5 亿吨公里，分别增长 14.2% 和 14.1%。全年港口货物吞吐量 4 亿吨，增长 9.8%，其中外贸货物吞吐量 331.5 万吨，增长 21.8%。全省民航机场旅客吞吐量 671.3 万人次，增长 11.2%，其中合肥机场旅客吞吐量 562.8 万人次，增长 8.4%。

年末全省民用汽车拥有量 376 万辆，比上年增长 13.9%，其中私人汽车 289.3 万辆，增长 17.3%。民用轿车拥有量 186.5 万辆，增长 24.9%，其中私人轿车 164.3 万辆，增长 28.2%。

全年新增高速公路 311 公里、一级公路 783 公里、铁路营业里程 271 公里。到 2013 年末，全省高速公路达 3521 公里、一级公路达 2280 公里、铁路营业里程达 3443 公里。

全年邮电业务总量 466.2 亿元，比上年增长 10.8%。其中，电信业务总量 408.7 亿元，增长 9.9%；邮政业务总量 57.5 亿元，增长 25.4%。年末本地固定电话交换机总容量 844.4 万门，比上年减少 424.7 万门。本地固定电话用户 976.7 万户，减少 114.7 万户；移动电话用户 3958.9 万户，增加 349.1 万户。每百人拥有电话（含移动）82 部，增加 3 部。年末基础电信运营企业计算机互联网宽带接入用户 642.6 万户，增加 135.6 万户。

2013 年全省各种运输方式完成旅客运输量及其增长速度

指　标	单位	绝对数	比上年增长 %
旅客运输量	亿人	24.5	15.4
其中：铁路	亿人	0.7	12.9
公路	亿人	23.8	15.4
水运	万人	360.0	126.4
旅客运输周转量	亿人公里	2118.5	14.2
其中：铁路	亿人公里	552.1	11.2

指　标	单位	绝对数	比上年增长 %
公路	亿人公里	1534.0	15.5
水运	亿人公里	0.3	8.6

2013 年全省各种运输方式完成货物运输量及其增长速度

指　标	单位	绝对数	比上年增长 %
货物运输量	亿　吨	35.7	15.6
其中：铁路	亿　吨	1.2	–5.3
公路	亿　吨	30.0	15.7
水运	亿　吨	4.5	22.2
货物运输周转量	亿吨公里	11136.5	14.1
其中：铁路	亿吨公里	864.4	–6.7
公路	亿吨公里	8433.0	16.1
水运	亿吨公里	1838.7	17.1

八、财政、金融、证券和保险业

全年财政收入 3365.1 亿元，比上年增长 11.2%，其中地方财政收入 2075.1 亿元，增长 15.8%。全部财政收入中，增值税增长 10.6%，营业税增长 11.3%，企业所得税增长 2.9%。财政支出 4351.6 亿元，增长 9.9%。其中，社会保障与就业支出增长 15.4%，医疗卫生支出增长 12.7%，城乡社区事务支出增长 30.7%，文化体育与传媒支出增长 11.3%，节能环保支出增长 12%，科学技术支出增长 13.6%。全年 33 项民生工程累计投入 605.6 亿元，惠及 6000 多万城乡居民。

年末全省金融机构各项存款余额（人民币口径，下同）26739.3 亿元，比上年末增加 3762 亿元，增长 16.4%。其中，单位存款余额 12374.1 亿元，增长 15.9%；居民储蓄存款余额 12924.9 亿元，增长 15.6%。金融机构各项贷款余额 19088.8 亿元，比上年末增加 2794.5 亿元，增长 17.2%。其中，短期贷款余额 7343 亿元，增长 21.6%；中长期贷款余额 10953 亿元，增长 16.1%，中长期贷款中个人贷款余额 4200.4 亿元，增长 23.9%。

2013 年末全省金融机构人民币各项存贷款余额及其增长速度

单位：亿元

指　标	年末数	比上年增长 %
各项存款余额	26739.3	16.4
其中：单位存款	12374.1	15.9
个人存款	13350.9	17.2
其中：居民储蓄存款	12924.9	15.6
各项贷款余额	19088.8	17.2
其中：短期贷款	7343.0	21.6
中长期贷款	10953.0	16.1

全年上市公司通过境内市场累计筹资 244.6 亿元，其中 A 股再筹资（包括配股、公开增发、非公开增发、认股权证）176.4 亿元；上市公司通过发行可转债、可分离债、公司债筹资 68.2 亿元。到 2013 年末，全省有上市公司 78 家，上市公司市价总值 5018.4 亿元，比上年增长 3.6%。

全年发行非上市企业（公司）债券 101 亿元。企业发行短期融资券 262.5 亿元。

全年我省境内证券经营机构证券交易量 17461.5 亿元，期货经营机构代理交易量 106245.4 亿元。

全年保险业保费收入 483 亿元，比上年增长 6.5%。其中，财产险业务保费收入 203.9 亿元，增长 20.6%；人身险业务保费收入 279.2 亿元，下降 1.9%。赔款和给付 223 亿元，增长 46.1%。其中，财产险业务赔款支出 115.3 亿元，增长 26%；人身险业务赔款和给付支出 107.7 亿元，增长 76.1%。

九、教育和科学技术

年末全省有研究生培养单位 21 个，在学研究生 46506 人。普通高校 106 所，普通本专科在校生 105.2 万人，高等教育毛入学率 35%，比上年上升 4.4 个百分点。各类中等职业教育（不含技工学校）463 所，在校生 96.8 万人。普通高中 698 所，在校生 125.5 万人，高中阶段毛入学率 90%，比上年上升 4 个百分点。初中 2902 所，在校生 199.7 万人，初中阶段适龄人口入学率为 99.2%。小学 11507 所，在校生409.2万人，小学学龄儿童入学率为99.7%。各级各类成人学校毕业生101.8万人。

2013年全省各级各类教育发展情况

单位：亿元

指　标	招生数	在校生数	毕业生数
研究生	1.6	4.7	1.3
普通本专科	31.5	105.2	28.0
中等职业教育	36.9	96.8	32.5
普通高中	38.1	125.5	41.7
初中阶段	65.3	199.7	72.4
小学	75.3	409.2	65.5

年末全省有各类专业技术人员194万人，比上年增长6.1%。科研机构3013个，其中大中型工业企业办机构978个。从事研发活动人员15.6万人。全年用于研究与试验发展（R&D）经费支出341.8亿元，增长21.3%；相当于全省生产总值的1.8%，比上年提高0.16个百分点。全省有国家大科学工程5个；有国家实验室2个，国家重点（工程）实验室19个，省级（含重点）实验室111个，部属（含院属）实验室51个；有省级以上工程（技术）研究中心468家，其中国家级23家。有高新技术产业开发区15个，其中国家级4个。有高新技术企业2018家，其中新认定441家。

全年取得省部级以上科技成果920项。主要科技成果有自主泊车系统产业化关键技术、露天矿边坡岩体操作与灾变智能控制技术研究等。全年受理申请专利93353件，授权专利48849件，比上年分别增长24.7%和12.8%。共签订各类技术合同6951项，成交金额130.8亿元，比上年增长51.7%。

年末全省有县以上产品质量检验机构830个，其中系统内110个，国家质量监督检验中心22个；有产品质量、体系认证机构1个，累计完成强制性产品认证的企业1954个；法定计量技术机构80个，全年强制检定计量器具110万台（件）；累计制定国际标准4项、国家标准677项，制定、修订地方标准2119项。有国家地理标志产品44个、安徽名牌产品1353个。

全年省测绘档案资料馆为社会各界提供各种比例尺地形图21832幅，测绘基准成果6732点（次），航空航天遥感数据99.7万平方千米，数据量29307 GB；完成

国家基本比例尺地形图生产与更新36274幅、地理国情动态监测1980平方千米、“天地图·安徽”地图网站数据更新2310GB。

十、文化、卫生和体育

年末全省有文化馆121个，公共图书馆102个，博物馆154个（含民营博物馆），乡镇街道综合文化站1433个。全国重点文物保护单位130处、合并国保项目4处，省级重点文物保护单位708处。国家级非物质文化遗产名录60项，省级名录273项。广播电台15座，中波发射台和转播台23座，广播综合人口覆盖率98.34%。电视台15座，有线电视用户708.26万户，电视综合人口覆盖率98.57%。全年出版报纸98种，总印数12.6亿份；期刊（杂志）180种，总印数0.63亿册；图书10514种，总印数2.52亿册。有各级国家档案馆142个，馆藏档案资料2291.3万卷（件、册），库馆总建筑面积28.7万平方米。

年末全省有医疗卫生机构24643个，其中医院938个、基层医疗卫生机构21873个、专业公共卫生机构1734个，其他卫生机构98个。基层医疗卫生机构中，卫生院1388个，社区卫生服务中心（站）1942个，村卫生室15311个；专业公共卫生机构中，疾病预防控制中心120个，专科疾病防治院（所、站）43个，妇幼保健院（所、站）121个，卫生监督所（中心）113个。全省卫生技术人员25.3万人，其中执业（助理）医师9.8万人，注册护士10.3万人。乡村医生和卫生员5.2万人。医疗卫生机构床位24万张，其中医院、卫生院床位22.5万张。全年医疗卫生机构共诊疗2.6亿人次。参加新型农村合作医疗的农业人口5149.6万人，参合率为100.6%。

全年在国际国内重大比赛中，我省运动健儿共获得21.5枚金牌、31枚银牌、28枚铜牌。其中，在第十二届全国运动会上获得8.5枚金牌、9枚银牌、12枚铜牌。“全民健身、健康安徽”系列主题活动蓬勃开展，全年共举办百人以上的群众体育健身活动1722次，参加活动总人数236万人次。

十一、人口、人民生活和社会保障

全年人口出生率为12.88‰，比上年下降0.12个千分点；死亡率6.06‰，下降0.08个千分点；自然增长率为6.82‰，下降0.04个千分点。年末户籍人口6928.5万人，比上年增加26.5万人；常住人口6029.8万人，比上年增加41.8万人。城镇化率47.9%，比上年提高1.4个百分点。

2013年末全省人口数及其构成

单位：万人

指 标	年末数	比重%
年末户籍人口	6928.5	
年末常住人口	6029.8	
其中：城镇	2885.9	47.9
乡村	3143.9	52.1
其中：0—14岁	1092.0	18.1
15—59岁	3953.1	65.6
60岁及以上	984.7	16.3
其中：65岁及以上	650.0	10.8

全年城镇居民人均可支配收入23114元，比上年增长9.9%，扣除价格因素，实际增长7.4%。人均消费性支出16285元，增长8.5%。其中，食品支出增长9.5%，衣着增长9.5%，居住增长19.1%，家庭设备用品及服务增长10.8%，医疗保健下降23.9%，交通和通信增长33.2%，教育文化娱乐服务下降1.5%。城镇居民家庭恩格尔系数[6]为39.1%，比上年上升0.4个百分点。年末城镇居民人均住房建筑面积34.9平方米，比上年增加2.5平方米。

全年农村居民人均纯收入8098元，比上年增长13.1%，扣除价格因素，实际增长10.3%。人均生活消费支出5725元，增长3%。其中，食品支出增长4.1%，衣着增长1%，居住下降0.1%，家庭设备用品及服务增长12.5%，医疗保健增长8.2%，交通通讯增长4.7%，文教娱乐用品及服务下降2.4%。农村居民家庭恩格尔系数为39.6%，比上年上升0.4个百分点。年末农村居民人均住房面积32.2平方米，比上年减少3.7平方米。

年末全省参加城镇基本养老、医疗保险人数分别为811.3万人和1665.9万人。参加失业保险的人数为409万人，全年为11.8万名失业人员发放了不同期限的失业保险金。全省参加工伤、生育保险人数分别为473.2万人和458.9万人。城乡居民养

老保险参保人数 3308.7 万人。

年末 78.2 万城市居民享受政府最低生活保障，216.1 万农村居民享受政府最低生活保障，43.6 万农村五保户享受政府供养。全年救助城市医疗困难群众 49.9 万人次，救助农村医疗困难群众 266.8 万人次。

年末全省有各类提供住宿的社会服务机构 2465 个，床位 27.4 万张，收养各类人员 19.6 万人。有各类社区服务设施 5540 个，其中社区服务中心 1053 个，社区服务站 2578 个。全年销售社会福利彩票 59 亿元，筹集社会福利资金 16.7 亿元。

十二、资源、环境和安全生产

全省已发现的矿种为 158 种（含亚矿种）。查明资源储量的矿种 125 种（含普通建筑用石料矿种），其中能源矿种 6 种，金属矿种 22 种，非金属矿种 95 种，水气矿种 2 种。全年地质勘查部门开展各类地质（科研）项目（省级）429 项，其中新开展 97 项。新增查明资源储量的大中型矿产地 14 处。

年末全省有省、市、县级环境监测站 91 个。16 个省辖城市均开展了空气环境质量监测，其中 8 个城市空气质量达到二级标准。已建成自然保护区 39 个，其中国家级 7 个、省级 30 个、市级 2 个。当年人工造林面积 202.8 千公顷。年末森林面积 3804.2 千公顷，活立木总蓄积量 23868.2 万立方米，森林蓄积量 20987.9 万立方米。

淮河干流安徽段水质以Ⅲ类为主，总体水质优。长江干流安徽段以Ⅱ类水质为主，总体水质优；主要支流总体水质良好。巢湖湖区整体水质轻度污染，9 条主要环湖支流整体水质中度污染。新安江干、支流水质优。全省城市集中式饮用水水源地水质达标率为 97.6%。

全年亿元 GDP 生产安全事故死亡人数为 0.16 人，比上年下降 13.7%；工矿商贸从业人员十万人生产安全事故死亡人数为 1.07 人，下降 14.5%；煤矿百万吨死亡人数为 0.16 人，下降 24.8%；道路交通万车事故死亡人数为 2.19 人，下降 16.2%。全年发生道路交通事故 17610 起，发生火灾事故 11691 起。

注：

[1] 本公报数据为初步统计数。

[2] 生产总值及各产业增加值绝对数按现价计算，增长速度按可比价格计算。

[3] 民营经济统计的范围为集体经济（不包括第一产业中的集体经济）、私营经

济、港澳台经济和个体经济。

[4][5]2011 年国家统计制度改革，规模以上工业统计范围为年主营业务收入 2000 万元及以上的企业，固定资产投资统计范围为计划总投资 500 万元及以上项目和房地产。

[6] 恩格尔系数是指居民食品消费支出占全部消费性支出的比重。2013 年全省生产总值及其增长速度。

第六篇 6

徽商风采

安徽徽商500强简介

安徽华电芜湖发电有限公司

安徽华电芜湖发电有限公司成立于2004年6月8日，为华电国际电力股份有限公司控股经营的现代化大型火力发电企业之一。公司处于长江下游南岸，交通运输便捷，水资源充足；与淮南矿业（集团）公司开展了战略合作，煤电联营，供需产业链稳定；地处安徽省的电力负荷中心，对安徽电网起到强有力的支撑作用。公司建设发展条件优越，资源配置优化合理，符合“煤电港一体”和“高效环保节能电源项目”条件。

www.hd-whpc.com

安徽生力轻工制品有限公司

安徽生力轻工制品有限公司位于安徽省宁国市经济技术开发区外环南路38号，与江苏、浙江、上海等发达省市毗邻。自然环境优美，交通便利。

www.ahshengli.com

电子科技集团公司第41研究所

中国电子科技集团公司第四十一研究所(简称41所),是我国唯一的专业电子测量仪器研究所，主要从事微波/毫米波、光电通信、数字通信、基础通用类测量仪器以及自动测试系统、微波毫米波部件等产品的研制、开发和批量生产，并为电子元器件、整机和系统的研制、生产提供检测手段。所本部位于安徽省蚌埠市高新技术产业开发区，占地面积83,900平方米；分部位于山东青岛经济技术开发区，占地面积110，000平方米；在北京、上海、深圳、成都、西安等地设有办事机构。

www.ei-electro.com

安徽杭萧钢结构有限公司

经过20余年的发展，杭萧钢构发展为国内首家钢结构上市公司（股票代码：600477），被列入建设部首批建筑钢结构定点企业和全国民营企业500强，截至2009年年底，公司总资产达到31.57亿元，2009年主营业务收入超过28.45亿元。2004年，被确定为国家火炬计划重点高新技术企业。与浙江大学、福州大学和同济大学共同研发的“高层建筑钢—混凝土组合结构产业化项目”被列入国家重点技术创新项目,2010年通过了住建部专家组论证获得了“国家住宅产业化基地”认定。

www.hxss.com.cn

铜陵上峰水泥股份有限公司

上峰水泥集团是一家专业从事水泥熟料、水泥、水泥制品生产、销售的大型水泥企业，现有浙江与安徽两大战略区域，诸暨、萧山、铜陵和安庆怀宁四大生产基地。目前，上峰水泥拥有总资产28亿元，员工2000多人，其中各类专业技术人员700余人，年产水泥熟料900万吨，水泥200万吨，可创产值21亿元，利税5亿元。其中铜陵上峰水泥股份有限公司被国家发改委等列入国家重点支持的水泥工业结构调整大型企业（集团）60强，位列第23位。公司已通过ISO9001质量体系认证、ISO14000环境管理体系认证和职业健康安全管理认证。

www.sfsn.com.cn

合肥太古可乐饮料有限公司

合肥太古可口可乐饮料有限公司位于合肥经济技术开发区，是由香港太古饮料有限公司、北京中萃发展有限公司和中国国际信托投资公司共同投资的中外合资企业，是经美国可口可乐公司授权的特许装瓶厂之一。公司总投资为1800万美元，注册资本1200万美元，合同外资960万美元。2002年销售收入12652万美元、纳税总额613万美元、外汇收入4万美元。

4715585.71ab.com

安徽长江精工钢结构有限公司

长江精工钢结构（集团）股份有限公司（Stock Code:600496）成立于1999年，是一家专注于建筑钢结构领域的行业领先型企业。公司集钢结构建筑设计、研发、销售、制造和施工于一体，确立了以商务写字楼、宾馆、高层住宅等为主的高层钢结构建筑体系，以机场、会展中心、体育场馆等公共建筑为主的空间大跨钢结构建筑体系，以各类工业建筑、仓储、超市、多层钢结构建筑等为主的轻钢结构建筑体系以及超轻钢集成住宅体系和与之配套的相关建筑体系，提供包括设计、咨询等其他相关工程服务。

www.600496.com/cn

国家铜陵发电有限公司

国家铜陵发电有限公司位于安徽省铜陵市铜陵县东联乡境内，厂区襟长江，含远山，风景秀丽，风光宜人，宛如一颗璀璨的明珠镶嵌在中国生态山水铜都——铜陵。

www.gdtf.com

安徽鳌牌金属制品有限公司

安徽鳌牌金属制品有限公司是华东地区规模最大的金属酒包装和烟具生产专业企业，地处安徽省霍山工业园区。

东接105国道，北临312国道，与宁西铁路相毗邻，山清水秀，交通便捷。占地面积300余亩。

www.ahaopai.com

芜湖三益制药有限公司

芜湖三益信成制药有限公司是原芜湖三益制药有限公司分立组建的外用药生产企业，具有独立法人资格。公司生产的外用药系列产品注册商标“三益”为安徽省著名商标。原芜湖三益制药有限公司的“复方醋酸氟轻松酊”等45个品种现由芜湖三益信成制药有限公司生产经营。

www.wuhusanyi.com.cn

守塑科技（滁州）有限公司

守塑科技（滁州）有限公司是一家于2002年5月16日在中国注册成立的专业生产手机 、数码相机按键的日本独资企业。公司坐落于安徽省滁州市经济技术开发区内。

www.moripura.com

安徽环球药业股份有限公司

安徽环球药业股份有限公司始建于1958年，原为蚌埠市第一制药厂，历经50年的持续积累和创新，现已发展成为产学研相结合、科工贸为一体的股份制制药企业。秉承“关注健康，造福人类”的经营理念，环球药业不断加快科技创新、自主品牌建设步伐，打造企业核心竞争力，企业综合经济实力得到快速提升。

www.ahgp.com.cn

安徽美祥实业有限公司

安徽美祥实业有限公司系侨资私营企业，创立于1981年，从几个人的小作坊，发展成为占地5.8万平方米，300多名员工，总资产达8000万元的高新技术企业。

www.meixiang.com.cn

芜湖盛力制动有限责任公司

芜湖盛力制动有限责任公司属原中国汽车工业公司定点生产汽车制动元器件的专业骨干企业，系全国汽车零配件双百推展工作委员会成员单位，先后加入中国重型汽车集团、安徽江淮汽车集团和中国汽车工程学会、中国汽车工业协会、中国工程机械工业协会，同时是中国汽车、工程机械六十余家主机配套战略合作伙伴。公司位于芜湖高新技术产业开发区，占地10万平方米，拥有4.3万平方米现代化厂房和国内先进的工艺装备和生产流水线。

www.slzd.com

安徽雁湖面粉有限公司

雁湖面粉(集团)有限公司位于淮北平原优质小麦区域带上，是在原安徽省国营龙亢农场面粉厂的基础上组建而成，集粮食收购、存储、加工、销售于一体的农业产业化省级龙头企业、全国农产品加工业示范企业、省政府重点培育的“专、精、特、新”企业，全省最大的制粉企业。

www.ahyanhu.cn

马鞍山港华燃气有限公司

马鞍山港华燃气有限公司是经马鞍山市对外贸易经济合作局2003年5月26日批准（批准文号马外贸〔2003〕37号），由马鞍山市燃气总公司与香港中华煤气有限公司按50%：50%股权投资设立的一家中外合资企业。2003年7月1日正式挂牌营运，注册资本1300万美元。

www.mastowngas.com

马鞍山市海狮织造有限公司

公司现有职工1500余人，资产总值12839万，主要产品为毛巾和针织服装。毛巾生产拥有剑杆织机、电脑提花机、双刀割绒机、平网印花机、检针机等先进织造设备，主要生产：全棉提花、提印花、提缎、提花蜂巢毛巾被；麻棉/竹棉毛巾被、无捻提缎毛巾被；全棉提缎、色格缎档毛巾系列、彩棉提缎毛巾系列、无捻提缎毛巾系列产品。年产各类巾被产品4000万条，产品主要销往欧美、日本、东南亚和中国港台地区。

www.sealionweaving.com.cn

安徽丰华工贸集团有限公司

安徽丰华工贸集团有限公司是“安徽省高新技术企业”、“安徽省民营科技企业”、“安徽省‘861’重点企业”。公司占地面积8万平方米，总资产5000万元，员工近300人，其中中高级技术人员占30%。公司坐落于美丽的科教、园林之城、全国著名的叉车生产基地——合肥，位于合肥市合马路3km处，毗邻合宁高速合肥东门入口。

www.fenghuagroup.com

蚌埠中环水务有限公司

www.bbzhsw.com

宁国市东方碾磨材料公司

东方碾磨材料有限公司是中国最大的三大耐磨材料生产厂家之一，企业占地面积50000平方米，现有职工500余人，其中各类专业技术人员50余人，拥有专业的生产车间、热处理车间和理化检测中心，形成年产近4万吨耐磨材料的能力。公司生产的“东旭”牌铬系列合金铸球、铸锻荣获2006年“安徽省名牌产品”称号，“东旭”商标被评为“安徽省著名商标”，并经国家钢材材料质量检测中心（NACIS）抽检合格，先后获得“质量信得过企业”、“首届名优

产品”、安徽省首批“银行诚信客户”等荣誉。公司通过ISO9001：2000质量

www.ng-df.com

枞阳县毛巾有限责任公司

枞阳县毛巾有限责任公司（注册资金588万元），民营企业，员工600余人。主要从事出口产品生产、加工及销售业务，拥有进出口自营权，安徽省出口生产重点企业。商标中文标识“蓝兰”，英文标识LLAN，是LANLAN的缩写；标准色选用翠兰和深蓝，寓意理性、深邃和对未知领域的探索；“蓝兰”寓意蓝天下的兰草，具有顽强生命力，能遍布全球生根发芽，中国中部蓝兰人的一个由内陆，走向世界的信念。

www.ahllan.com.cn

黄山市汽车电器有限公司

黄山市汽车电器股份公司(简称“黄山汽电”）是昌辉集团核心子公司。公司自1988年第一套汽车多功能组合开关及车锁产品下线，至今已有20多年的专业经验。20年来，企业通过多次技术改造和自主创新，目前已具备年产各种汽车关键零部件500多万套的生产能力，企业管理也进入了国际化的全面新时期。

www.changhui.com

安庆市恒昌机械制造公司

公司成立于1988年,20多年来，在全体员工的不懈努力和业界同仁的关怀支持下，现已发展成为拥有各类专业技术人员400余人、各种加工设备100余台套的业内知名企业。恒昌公司宗旨是“质量为本、信誉第一”。

www.aqhch.com.cn

合肥江淮铸造有限责任公司

合肥江淮铸造有限责任公司成立于1996年9月，是安徽江淮汽车股份公司控股子公司，具有独立法人资格，系安徽省高新技术企业。公司位于206国道长丰岗集段，现有固定资产3亿元，2009年销售额2.5亿元，具有年产6万吨铸件的生产能力。

www.jacjhzz.com

安徽肯帝亚皖华人造板公司

www.czwhmy.com

安徽省旌德县麻业有限公司

安徽省华龙麻业有限公司位于安徽省宣城市旌德县德山里工业区，占地面积13万平方米，建筑面积4万平方米。距205国道5公里，距黄山风景区50公里，距黄山机场116公里，距芜湖外运码头150公里，交通十分便利，区位优势明显。

www.ahhualong.com

安徽省白湖阀门厂有限公司

安徽省白湖阀门厂有限责任公司原名安徽省白湖阀门厂，具有40多年阀门生产历史，是中国阀门行业协会理事单位，安徽省省级技术中心，是全国最大的阀门厂家之一。公司总部位于安徽省庐江县白湖镇。公司占地面积105万平方米，资产1亿多元，现有职工1200多人，各类专业技术人员近400人。公司下设八个部门、五个分公司、三个分厂和四个直属车间。

www.ahbhfm.com

黄山胶囊公司

安徽黄山胶囊有限公司创建于1988年10月，是一家专业生产空心胶囊和肠溶空心胶囊的大型胶囊生产制造商。

www.hsjn.com

芜湖微特电机有限公司

芜湖微特电机有限公司是中国最大的缝纫机电机生产企业之一，主要产品包括工业缝纫电机、分马力电机、伺服电机、永磁电机、纺织机械电机、烫台电机，年生产能力100万台（套）。产品采用独特的加工工艺和国际上的先进生产技术，以其低振动、低噪音、低温升、高力矩、高节能的卓越性能，畅销全国，远销欧洲、东南亚、南美及中东地区。

www.whweite.cn

安徽莱恩电泵有限公司

安徽莱恩电泵有限公司位于宁国市，是国家火炬计划重点高新技术企业、中国泵行业骨干重点企业、全国双优企业、省重点出口创汇企业，公司分为宁国市城关工业开发区和河沥溪滨口工业开发区两大生产基地，总占地面积187000平方米，公司现有员工620余人，资产总值超亿元。

www.alinepump.com

安徽长江农业机械有限责任公司

www.cjam.com.cn

芜湖起重运输机器有限公司

芜湖起重运输机器有限公司(原芜湖起重运输机器厂)始建于1956年,是原机械工业部定点研制生产起重,运输和给料设备的专业厂家。主要产品包括TH/THG/TB(NE)/NSE/TD/TDS等高效环保型斗式提升机;B500-2200的带式输送机;LSII/DG/DGSF型螺旋输送机;BQ/B型板式给料机;FU链式输送机;DS/SDBF/SCD型链斗输送机;单双梁起重设备等,公司还可为用户量身定制各种非标输送设备。五十年来,芜湖起重一直专业致力于我国散装物料搬运事业的发展,现为中国重型机械工业协会常务理事单位。

www.whqzys.com/cn/

横店东磁股份公司霍山分公司

www.chinadmegc.com

滁州市新江玻璃制品有限公司

滁州新江玻璃制品有限责任公司坐落在风景秀丽的琅琊山下，是一家拥有自营出口权，并集玻璃深加工、玻璃产品开发及销售于一体的民营科技企业。

xjbl2003.glass.com.cn/

芜湖市中兴机械技术开发公司

芜湖市中兴机械技术开发有限公司是以汽车、家电零部件、模具、检具设计、制造为主的民营企业。公司成立于2000年，从创建初期的微型企业，已发展到今天拥有员工约930人，占地近100亩、总建筑面积40000平方米、有一定规模的中型企业。

www.zhongxing-china.com

安徽华洋集团

安徽华洋集团，专业从事啤酒生产和销售，年创利税千万元。主导产品“华洋牌”系列啤酒为安徽省名牌产品，消费者信得过产品。华洋集团为安徽省百强民营企业，安徽省质量管理先进单位，宿州市九大突出贡献和十强企业。目前，华洋集团是宿州市重点支持的企业之一。在发展中，华洋集团坚持规模扩展和效益增加并举的方针，经过改制、重组兼并、扩建三步大跨越，现已发展成为拥有宿州华洋分公司、泗县华洋分公司、徐州蓝巴斯华洋分公司三家啤酒生产基地，员工1000多人，年产销能力近30万吨的大型啤酒企业集团。

www.hybeer.com

六安市海洋羽毛有限公司

海洋公司位于六安经济技术开发区，成立于2000年12月，注册资本3800万元，占地面积240多亩，主要从事水洗羽毛、羽绒及服装、床上用品的生产加工，产品远销韩国、加拿大、美国、日本、中国台湾等20多个国家和地区。公司下辖2个控股子公司和1个全资分厂，即：安徽皖西大白鹅产业开发公司、海洋羽绒制品公司和服装加工厂，现有4条水洗生产线、28条服装和制品生产线，具有年加工羽毛绒3900吨、制品120万件套的生产能力，现有职工1100人。2009年底，公司总资产21082万元，固定资产8819万元。

www.lahyym.com.cn

安徽金冠玻璃有限责任公司

安徽金冠玻璃有限责任公司，前身为淮北市玻璃厂，始建于1972年，系玻璃瓶罐、玻璃杯具与玻璃器皿的专业制造商，行业内率先通过ISO9001:2000质量管理体系认证。公司2009年搬迁到全新建设的厂房，占地面积17万平方米，总资产2亿元，拥有高效节能窑炉5座，自动化控制生产线16条。产品有中高档白酒瓶、输液瓶、饮料瓶、化妆品瓶、口杯、玻璃器皿等六大系列800余种，年生产制造能力8万吨。

www.hbjgbl.com.cn

滁州华瑞实业有限公司

hr-sy.pinsou.com

安徽华峰医药橡胶有限公司

安徽华峰医药橡胶有限公司地处皖东，坐落在风光秀丽的琅琊山旁，毗邻六朝古都南京（南京一小时都市圈），距离南洛高速公路五分钟的车程。公司始建于1970年，具有专业从事医药橡胶行业40年的发展历史。公司占地五万平方米，现有职工386人，总资产16000万元，年产40亿只丁基胶塞，市场占有率达20%，在国内医药包装行业位居第一方阵的民营股份制企业。同时也是国家级高新技术企业，安徽省重点培育“专、精、特、新”100户企业、安徽省省级技术中心企业、安徽省工程技术研究中心企业。

www.anhui-hf.com.cn

安徽方圆机电股份有限公司

www.9373.cn

中国电子科技集团第四十研究所

中国电子科技集团公司第四十研究所(以下简称四十所)是中国电子工业及国防科技工业唯一的接插件&继电器专业研究所，成立于1984年，历史上曾直属于电子工业部和信息产业部，后归属中国电子科技集团公司，现坐落于安徽省蚌埠市高新技术开发区内，占地10.9万平方米，建筑面积6.07万平方米，净资产7800多万元，总资产达1.3亿元。近十年来科研生产持续快速发展，产值和人均收入年均增长率超过20%。

www.cetc40.com

安徽铜都阀门有限公司

安徽铜都阀门股份有限公司坐落在我国青铜文化发祥地之一、素有“中国古铜都”之誉的安徽省铜陵市，毗邻风景秀丽的黄山、佛教圣地九华山。主要生产及销售各类高、中、低压闸阀、蝶阀、止回阀、截止阀、球阀、启闭机、伸缩器、闸门、排气阀、堰门、格栅除污机等系列产品。公司产品广泛应用于给排水、石油、冶金、化工、电力、建筑、矿山等行业，销往全国各地，并出口到欧洲及东南亚地区，获得普遍好评。目前公司生产低压给排水品种齐全程度、国内产品市场覆盖面及给排水行业的市场覆盖面，均名列同行业前十名。

www.ah-td.com

淮南煤矿机械有限公司

淮南长壁煤矿机械有限责任公司隶属IMM国际煤机集团，是IMM国际煤机集团‘三机一架’制造基地之一。地址位于安徽省淮南市经济技术开发区，占地面积270亩。地处华东腹地，淮河之滨，煤电之都，承东启西、南北对接，区位优越，交通便捷。

www.cbmkjx.com

淮北众志水泥有限责任公司

淮北众城水泥有限责任公司于1998年6月18日设立，注册资金19760.3万元人民币，是国务院发展研究中心中国发展基金会所属众城实业集团有限公司与安徽省淮北市联合组建的大型建材企业。为寻求更好、更大的发展，众城公司于2006年4月引入了战略合作伙伴——山东愚公水泥集团，重组设立了淮北众志水泥有限公司（http://www.hbzhongzhi.com)。重组使企业资产得以有效盘活，并为发挥原有资源、技术优势和现民营机制、资金优势提供了广阔的平台，加快了企业实现可持续发展目标的步伐。

www.hbzhongcheng.com

淮南舜泰化工有限责任公司

淮南舜泰化工有限责任公司建成于1970年，是集工业炸药、雷管系列产品的研发、生产、销售和民爆技术服务为一体的国家民爆器材生产定点骨干企业。公司总资产1.14亿元，现有员工567人，各类专业技术人员96人。

www.hnsthg.com

安徽省兴业科工贸集团公司

安徽省兴业科工贸集团公司，前身为始建于1985年的天长市兴业电子有限责任公司，下辖有安徽省兴业科工贸（集团）有限公司、安徽金铜电器有限公司、天长市兴科电产有限公司、天长市凌峰电器开发有限公司、天长市精工模塑制造有限公司、安徽省爱瑞国际贸易有限公司、上海兴业研发中心以及委托管理的新加坡独资天长安德电器有限公司。

cn-xingye.com

凤阳金星实业有限公司

凤阳金星实业有限公司坐落在安徽凤阳工业园区，她是在1996年6月建成的凤阳县金星保温瓶总厂的基础上发展壮大起来的一家民营企业。

www.fyjinxing.com/intro.asp

安徽精科机器有限公司

安徽精科机器有限公司是省高新技术企业，是“国家创新基金”、“国家级重点新产品”、“省火炬计划”和“省制造业信息化”实施单位，同时是国家机电产品出口基地。它位于国家级风景名胜旅游区天柱山麓，潜山县城西街路84号，距安庆机场、安庆港60公里，合九铁路、沪蓉高速公路、105国道、318国道汇集中桓,交通便利,通信快捷。占地面积4万平方米，建筑面积3万平方米。公司企业文化的理念是“诚信、学习、团队、拼搏、创新”，奉行“人尽其才、物尽其用、货畅其流”经营战略思想。连续多年被授予“重合同、守信用”企业。

www.finetech.com.cn

恒生集团

恒生阳光集团是于2002年12月在合肥市工商局注册成立的有限责任公司，注册资本3000万元，至2007年12月24日公司注册资本增加至2亿元，主要经营范围是：国内贸易（应经审批的未审批前不得经营），项目投资等。2008年8月经国家工商行政管理总局核准公司名称由原“安徽恒生经济发展集团有限公司”变更为“恒生阳光集团有限公司”。

www.hengsheng.com

安徽科泰实业有限责任公司

淮南科泰实业有限责任公司隶属于淮南矿业（集团）有限责任公司，是以实业研制开发高新技术产品为主的现代化高科技企业。公司下属5个分（子）公司，总资产为3022万元，员工551人。为煤矿生产提供安全的保障，最大程度关爱煤矿职工是公司追求的目标。

www.hnketai.com

安徽源光电器有限公司

www.jkdq.com

安徽省天天玩具集团公司

天长市玩具总厂（现名安徽省天长市天天玩具<集团>有限公司），创建于1987年，是一个外向型企业。所产长毛绒、布绒玩具畅销欧美等40多个国家和地区，聚酯纤维棉销往华东、华南等省市。1993年通过ISO9000质量体系认证。2003年通过ISO9002质量体系认证现有员工1200人，固定资产近2000万元，2003年完成产值1.8亿元，实现利税1000万元，连续多年名列省水利厅综合经营“十强企业”和市“十强企业”星级企业，连续多年被省农行评定为“AAA级”信用企业。

www.gjspjy.com/

合肥炭素有限责任公司

合肥炭素有限责任公司位于素有绿色之都之称的中国安徽省合肥市，是中国冶金炭素行业的重点骨干企业之一。公司是由方大炭素新材料科技股份有限公司、中信投资控股有限公司合资经营。公司的综合竞争实力强，位居中国炭素行业前列。

www.hf-tansu.com/

宁国江南化工有限公司

安徽江南化工股份有限公司原名宁国江南化工厂，始建于 1985 年 12 月，是国防科工委定点生产民用爆破器材企业。1997 年 10 月改制成立宁国江南化工责任有限公司，现更名为江南化工股份有限公司。公司是中国民用爆破器材行业协会常务理事单位，安徽省高新技术企业，安徽省民营科技企业，安徽省民爆办授予的“安全生产先进单位”，宁国市科协、工商联副理事长单位，并已列入安徽省“百千工程”重点扶持民营企业名单。

www.ahjnhg.com

巢湖中辰药业有限公司

欢迎光临上海海虹实业（集团）巢湖今辰药业有限公司网站。您的来访给了我们相互了解的机会，为我们今后的合作架起了一座沟通桥梁，愿这座友谊的桥梁能给您全新的视野和完善的服务。在此我谨代表今辰药业全体员工，对各位长期以来给予今辰药业的关爱和支持致以最诚挚的谢意！

www.c-dragon.com.cn

安徽省富光塑胶有限公司

安徽省富光实业股份有限公司（原为安徽省富光塑胶有限公司），位于中国科教城合肥市国家 AAAA 级风景区—中国历史文化名镇三河，创建于 1984 年。最初名为肥西县三河塑料配件厂，1993 年更名为合肥市三河富光塑胶有限公司，1998 年正式更名为安徽省富光塑胶有限公司。2007 年 12 月，公司更名为安徽省富光实业股份有限公司。经过 20 多年的发展，已成为中国饮水口杯行业的生产制造基地。

www.fuguangchina.com

凤阳散热器有限公司

位于淮河之畔，花鼓之乡，明太祖朱元璋故里的安徽省凤阳散热器有限公司（安徽省凤阳水箱厂）建于 1958 年，公司员工 400 余人，各类技术人员 80 人，拥有资产 4000 万元，占地 7.4 万平方米，建筑面积 3.2 万平方米。机械设备 135 台，主要生产设备从德国进口，年产汽车及各种车用散热器 15 万只，《中都牌》系列产品 400 余种，为江汽、安凯、常客、春兰、黄海、金龙和合叉、杭叉、厦叉等 40 余家配套，2000 年取得 ISO9002 质量体系证书。 公司以科技为先导开发新品，先后消化吸收日本 TCM 技术和韩国现代技术。

fysrqyxgs.chinaepu.com

安徽省碧绿春酿酒有限公司

安徽省碧绿春酿酒有限公司是一家集生产加工、经销批发的有限责任公司，小麦淀粉、酒精、谷朊粉、白酒是安徽省碧绿春酿酒有限公司的主营产品。安徽省碧绿春酿酒有限公司是一家经国家相关部门批准注册的企业。安徽省碧绿春酿酒有限公司以雄厚的实力、合理的价格、优良的服务与多家企业建立了长期的合作关系。安徽省碧绿春酿酒有限公司热诚欢迎各界前来参观、考察、洽谈业务。

www.ahblc.com

安徽难得糊涂酒业有限公司

安徽难得糊涂酒业有限公司坐落于中国历史文化名城亳州市，公司拥有一流的生产、检验设备和完善的品质保证体系，年产优质高档白酒3000余吨。

www.nandehutu.com

绩溪县黄山恒久链传动公司

安徽黄山恒久链传动有限公司，成立于2000年6月。隶属浙江恒久机械集团公司（CHJC），是中国大陆最具规模的链条制造厂商，致力于发展中大规格输送链和专用特种链的专业化生产。

www.hschain.com

安徽合力公司安庆车桥厂

安庆车桥厂(联动属具公司)隶属安徽合力股份有限公司，主要研发和制造各种吨位的叉车转向桥、叉车驱动桥及侧移器、纸卷夹、软包夹、调距叉、旋转器、推出器等联动叉车属具。

www.aqcqc.com

安徽电子计算机厂

安徽电子计算机厂地处合肥市清溪路与一环路交汇处，交通便利，风景优美。工厂前身是中科院安徽分院华东自动化研究所，成立于1958年8月。几经体制变化，现归属安徽省国资委国有资产运营有限公司，是省属专门从事电子计算机及应用产品研制开发生产的国有中型企业。于2001年10月获得ISO9001.200. 国际标准认证。

www.ahjsj.cn

凤台县九禾化肥有限责任公司

九禾股份有限公司是由国内多家化肥企业出资，精心打造的集贸易分销、生产、投资于一体的现代股份制企业。公司成立于2001年12月26日，注册于重庆，注册资金1亿元。

www.jiuhe.net/

安徽盈创石化检修安装公司

安徽盈创石化检修安装有限责任公司由中国石化集团安庆石油化工总厂原

属安庆石化检修安装公司（安庆石化机械厂）依照国家（关于国有大中型企业主辅业改制分流安置富余人员的实施办法）（国经贸改〔2002〕859号）文件改制而成。主要从事石油化工设备设计、制造、石油化工、电站装置检修，化工石油工程及房屋建筑工程施工的综合性企业，国家二级企业，安徽省文明单位及省质量管理奖单位。

www.ahycja.com/

合肥华耀田村电气有限公司

合肥华耀田村电气有限公司是中国电子科技集团第38研究所旗下一家先进科技企业，坐落在合肥高新技术产业开发区，专业生产民用、工业用各种单相、三相电抗器、系列电源变压器、R型变压器、环型变压器、高频变压器、电感线圈类等产品，目前年生产能力可达1000万台变压器。

www.ecthf.com

安徽省京九丝绸有限公司

安徽京九丝绸股份公司位于阜阳市经济技术开发区新安大道76号，是一家集栽桑、养蚕、蚕茧收烘、缫丝、织绸、家饰家纺、真丝服装生产、销售为一体的综合性茧丝绸企业，总占地面积380多亩，在岗员工1600多人，其中各类专业技术人才150多人；拥有世界领先水平的飞宇2000优选型自动缫丝机20组（8000绪），GD618型有梭丝织机160台，意大利产剑杆织机48台，正在上马的还有48台。主导产品为白厂丝、高档真丝面料、服饰、家纺等。现拥有资产总额2.6亿。2009年全年完成销售收入2.65亿元。

www.ahjjsc.cn

安徽省长兴工艺玩具集团公司

www.changxing.com.cn/

安庆吉港白鳍豚水泥有限公司

安庆吉港白鳍豚水泥有限公司位于集贤北路263号，东傍民航机场，北依大龙山余脉，南距黄金水道长江仅十公里，企业两条专用公路直达206国道。环境优美，交通便捷，区位优越。

www.jgbqt.com

芜湖飞尚矿业发展有限公司

芜湖飞尚矿业发展有限公司系外商独资企业，是主要从事膨润土等非金属矿采掘、加工、生产、销售、科研开发为一体的专业性规模企业。

www.wuhufs.com

马鞍山方圆回转支承有限公司

马鞍山方圆回转支承股份有限公司是国内规模最大的集研发、设计、制造回转支承的专业化生产厂家之一，为行业内首家上市公司，公司简称：方圆支承。公司现有资产49082余万元，注册资金22560万元，占地面积30万平方米，建筑面积8万平方米，员工900余人，其中工程技术人员120余人。

www.masfy.com

安徽一隆羽绒有限公司

安徽一隆羽绒有限公司，成立于2002年7月，坐落在安徽霍山经济开发区、六潜高速出口1300米处，是一家以生产加工羽绒、羽绒制品、家纺绗缝制品及中国羽绒交易市场为一体的民营企业。

www.lgfeather.com

芜湖海螺塑料制品有限公司

该厂是一家生产塑料制品的企业，位于宁靖盐（S229）公路旁500米，本厂近几年以全自动吹塑机为发展方向，优美的生产环境，引进先进的压缩机及除水、除油、冷干空调设备，让产品无污点、杂味。为食品、医疗行业包装质量提供了优质的保证，得到客户的一致好评。

www.dayangsl.cn

安徽隆平高科种业有限公司

安徽隆平高科种业有限公司，是以世界著名科学家、杂交水稻之父、中国工程院院士袁隆平先生的名字命名的上市公司——袁隆平农业高科技股份有限公司——所投资控股的高科技种业公司。

www.ahlpht.com

合肥东风化工总厂

合肥东风化工总厂始建于1953年，位于中国安徽省省会合肥市，是中国最大的草酸生产厂家之一，全国草酸行业理事会理事长单位和技术组长，年产值2.5亿元，利税2000万元以上。

www.oxalic-cn.com

长信薄膜科技（芜湖）公司

芜湖长信科技股份有限公司系2000年4月成立的中港合资高新技术企业，2010年5月在创业板上市（股票代码：300088），注册资金12550万元。公司位于安徽省芜湖市国家级经济技术开发区，专业从事平板显示器件中真空薄膜材料的研发、生产、销售和服务，产品包括液晶显示器（LCD）用ITO透明导电玻璃、触摸屏（Touch Panel）用ITO透明导电玻璃和其他平板显示器件中真空薄膜产品等平板显示行业上游的关键基础材料。

www.token-ito.com

龙元建设安徽水泥有限公司

龙元建设安徽水泥有限公司作为国家特级资质建筑企业——龙元建设集团股份有限公司（股票代码600491）下

属子公司，是生产高标号水泥企业。公司位于芜湖市荻港镇板子矶畔，紧邻长江黄金水道，占地面积50万平方米，距芜铜公路16公里，地理位置优越，交通便捷。公司自备石灰石矿山2座，资源丰富；拥有5个三千吨级码头泊位，水运方便。现有员工668人，中高层管理人员38人，各类专业技术人员185人。

www.lycc.com.cn

阜阳轴承有限公司

阜阳轴承有限公司是具有50年历史的国际化轴承制造企业。占地面积12万平方米，建筑面积9万平方米，员工1100多名。专业制造外径30~300mm的深沟球轴承，调心球轴承，角接触球轴承，圆锥滚子轴承，推力球轴承及非标轴承。

www.fytcc.com

怀宁县科林人造板有限公司

安徽省科林人造板有限公司创办于2000年，是以木材综合利用、人造板生产及深加工与造林为一体的民营企业，公司位于环境优美、交通便捷的安庆市北郊的怀宁县工业园区，占地面积300余亩，主要经营中(高)密度纤维板、强化复合地板、房地产开发。总资产3.2亿元，注册资本金10000万元。现有员工500余人，2010年可实现销售收入5亿元，创利税5000万元。

www.china-kelin.com

安徽雪龙纤维科技股份公司

安徽雪龙纤维科技股份有限公司（原安徽雪龙化纤有限公司）是目前国内最大的特种棉浆专业生产厂，公司占地面积17万平方米，现有三条棉浆生产线，年产特种棉浆3万吨。

www.xlhx.com

安徽飞彩车辆股份有限公司

www.chinafeicai.com

安徽省琅琊山矿业总公司

安徽省琅琊山矿业总公司创建于1958年4月，现已发展为以采选业为主的多产业、多品种的综合型国有中型企业。企业总资产3.2亿元，职工人数1348人。2009年，完成铜金属量4082吨，再创历史新高；实现销售收入2.46亿元，利税总额5977万元，上缴税金4221万元，已成为当地利税大户，并为国有企业发展起到良好的示范作。2009年，企业在职职工人均年收入39082元，比上年同期增长20%，净增6000多元，在滁州市企业中是绝无仅有的。

www.lystk.com

安徽东风机电科技股份公司

安徽东风机电科技股份有限公司，是隶属安徽军工集团的大型军工企业。

公司原名安徽省东风机械总厂，始建于1965年，原址位于大别山区的霍山县境内，1992年整体搬迁至合肥市，2006年10月，工厂改制为股份有限公司。公司现占地面积22.9万平方米，建筑面积13.4万平方米，总资产6.5亿元。拥有高精度数控机床、加工中心、大型压力机、注塑机、热处理和表面处理生产线以及三坐标测量仪等各类设备共两千余台（套），集军民品科研开发、制造于一体。

www.ahdfjd.com

国营芜湖造船厂

芜湖新联造船有限公司由国营芜湖造船厂改制而来，其前身是创办于1900年的福记恒机器厂，是国家"一五"期间苏联援建的156项重点工程之一。现为安徽省境内最大的造船企业，是海军海洋综合调查船、快艇及其他军辅船的重要生产基地。公司曾得到国家领导人的关心和重视，毛泽东主席、朱德委员长、李鹏总理都曾视察船厂。

www.wuhu.com.cn

安徽马钢比亚西钢筋焊网公司

安徽马钢比亚西钢筋焊网有限公司成立于2003年10月，由马钢集团和新加坡BRC(亚洲)公司共同投资，以1993年成立的马鞍山黑马钢筋焊网有限公司和1998年成立的BRC电焊钢网(上海)有限公司为基础组建而成，她融合了马钢优质的资源以及BRC近一个世纪的焊网应用技术为一体，是中国最大的钢筋焊接网生产企业。公司总投资12000万人民币元，注册资本6000万人民币元。公司总部坐落于马鞍山市经济技术开发区采石河路1500号；下设上海分公司、成都分公司，上海分公司。

www.mgbrc.com.cn

安徽神剑科技公司

伴随国家经济的飞速发展，沐浴改革开放的时代春风。在近半个世纪的风雨历程中，安徽神剑科技股份有限公司始终勇立时代潮头，不断实现自我超越，现已发展成为国家大型高新技术企业。

www.990.com.cn

安徽中意胶带有限责任公司

安徽中意胶带有限责任公司是2004年改制的股份制企业。现为大型胶带生产企业和安徽省高新技术企业。公司有4台大平板硫化机和两条钢丝绳芯输送带生产线，主要设备2.4×10m、1.8×10m平板硫化机组是目前国内最先进的输送带生产设备，年生产橡胶分层输送带和钢丝绳芯输送带800万平方米；公司热油载体加热多功能高强力整

芯阻燃带生产线获得两项国家专利，是目前国内最先进的整芯阻燃带生产设备之一，年生产能力60万米；公司耐磨橡胶筛板生产线是从瑞典卓来堡公司引进技术，聚氨酯筛网是从法国博雷引进的先进设备。

www.ahzhy.com

安庆英德利实业有限公司

安徽英德利实业集团创建于1984年，在各级党委、政府的领导和社会各界的大力支持下，经过20多年的艰苦创业，经受了市场经济的严峻洗礼，一个名不见经传的乡办小厂如今已发展成为总资产达6.92亿元，员工1000余人，下辖12个子公司，是集工业装备制造、服装制作、建材制品、机动车辆安全技术检测、报废汽车回收等十多个领域的多元化、综合性企业集团。

www.ydlsy.com

天长市缸盖有限公司

天长缸盖有限公司是安徽金佩机电集团有限公司的核心企业，是内燃机缸盖产品专业生产工厂，是中国内燃机工业协会会员单位，是安徽省高新技术企业、安徽省重点培育100户“专、精、特、新”企业、安徽省机械行业50强企业，天长市前三强企业。

www.tcgg.cn

滁州行田电产有限公司

www.yukita.co.jp/

安徽省皖北药业股份有限公司

安徽省皖北药业股份有限公司，始创于1988年，为国家高新技术企业，安徽省首批技术创新型企业，抗生素原料药生产基地，是安徽省首家通过FDA认证的医药企业。公司拥有原料药（医用、兽用）、针剂、片剂、颗粒剂、胶囊剂等多条生产线，所有生产线均通过GMP认证。

www.wbpharm.com/

安徽省五洲特种电缆（集团）公司

安徽五洲特种电缆集团有限公司坐落在安徽无为无城工业区，占地面积120000平方米，其中厂房建筑面积48000平方米，集团公司员工总数826人，其中大专以上学历118人，有高级职称的18人、中级职称38人，专业技术人员102人。是集科研开发、生产、销售、服务于一体的集团公司，是安徽省电线电缆龙头企业。本公司严格按照现代企业管理设置机构，已成为具有高度竞争力的现代化电缆生产企业，年生产各种电缆18万多公里，产品品种多，规格全，主要生产：高低压电力电缆、防磁电缆、防水防潮电缆、控制电缆、高温硅橡胶电缆

www.ahwuzhou.com

安徽丰乐农化有限责任公司

安徽丰乐农化有限责任公司是合肥丰乐种业股份有限公司旗下具有独立法人资格的全资子公司，是合肥市国资委直接领导下的67家国企之一。公司成立于1998年，现已成为一个生产技术水平高、质量管理体系和服务体系完善、符合环保要求的生产新型农药的国家骨干企业，安徽省农药龙头企业，农业部全国农技推广服务中心，全国农作物病虫害防治推广网理事单位，国家级高新技术企业，企业拥有省级技术中心和合肥市化学农药工程技术中心。在全国2500多家农药生产企业中位于100强之列，在安徽省70多家农药企业中综合实力位居前三名。

www.fengle-agrochem.com

蚌埠市金黄山凹版印刷公司

蚌埠金黄山凹版印刷有限公司创建于1997年11月，原系香港贵联发展有限公司与蚌埠卷烟厂共同兴办的集设计、生产、销售为一体的中外合作包装印刷企业，2003年10月安徽安泰投资公司（安徽中烟公司、安徽市场五大烟厂[合肥、蚌埠、滁州、芜湖、阜阳]共同出资组建）斥资金黄山，成为企业第二大股东，香港贵联发展有限公司拥有股权52%。公司坐落在安徽省蚌埠市高新技术开发区，占地35亩，建筑面积约19000平方米，投资总额达1180万美元，于1999年1月1日正式投产。

www.bcghk.cn/company3.asp

安徽欣意电缆有限公司

安徽欣意电缆有限公司总部位于素有“科技城”之称的安徽省合肥市，占地面积30万平方米，固定资产4.8亿元，是一家集科技研发、生产、经营于一体的电线电缆行业定点生产企业。企业通过了ISO9001质量管理体系认证、被原机械工业部授予全国电线电缆行业定点生产企业、电力工业部授予300KV ~ 500KV输电线路导线生产推荐企业、原国家经贸委授予城乡电网改造产品首选企业，被省政府评为安徽省明星企业、省科委认定为高新技术企业、市经委认定为市级企业技术中心。

www.joysenses.com/

宿州市信诚化工有限公司

www.szxchg.com

安徽天富电子集团有限公司

www.zgtf.cn

合肥锻压机床有限公司

合肥锻压机床有限公司是集液压机、机械压力机等各类高精专机床产品的研发、生产、销售和服务为一体的大

型装备制造企业，是我国大型锻压设备自动化成套技术与装备产业化基地和中国金属成形机床制造行业排头兵企业。合锻位于国家级开发区——合肥经济技术开发区，公司占地780亩，现员工1100多人，工程技术人员300余人，其中高级职称技术人员50余人，享受政府津贴的13人。

www.hfpress.com

合肥长源液压件有限责任公司

合肥长源液压件有限责任公司（原合肥液压件总厂），始建于1966年，是国家定点制造液压件的重点企业，省高新技术企业。2003年改制为民营企业，生产装备先进，技术力量雄厚，检测手段齐全。2006年生产各种规格齿轮油泵、马达、液压控制阀、油缸等60多万件。公司新建工厂占地十万平方米，年生产能力可达200万件。

www.hfhchc.cn

安庆船用柴油机厂

安庆中船柴油机有限公司始建于1960年，隶属中国船舶工业集团公司，是船用柴油机专业定点生产厂家，国家二级企业。主厂区占地面积265亩，现有职工800人，各类专业技术人员200多人（其中高级职称42人，中级职称58人），2008年末，固定资产原值23694万元。拥有铸造、热处理、机械加工、冷作焊接、工具动力、装配试车等车间并配有热工仪表化试验、长度计量、柴油机测试、分离机测试、计算机中心等质量控制与生产管理系统。1997年批准“企业技术中心”，2008年再次被认定为安徽省“高新技术企业”。

www.csscamdep.com

安徽省华安达工艺品有限公司

安徽华安达（集团）工艺品有限公司，始创于1985年，以300元起家，经过华安达团队20多年来的艰苦奋斗，现已成为拥有近2亿元资产的集团公司。华安达（集团）公司以生产、出口柳、草、竹、木、藤编工艺品、家具为主导产业，兼营房地产开发、纸箱、酿酒、港口运输、杞柳基地种植、旅游帐篷系列和粮油收储加工等产业。公司辖柳编总厂和22家分厂，在合肥、义乌、深圳等地设有办事处及美国合资公司。公司从事柳编生产的农户达3.1万户，80%实现脱贫走上小康。从事外贸经营的大学毕业生45人，各类工程技术人员300人。

www.ahhad.com/cn/

芜湖恒升机床有限责任公司

恒升机床公司是根据芜湖市委、市政府关于“工业向园区集中”的要求，于2001年12月5日第一个到芜湖机械工业开发区注册投资发展的民营股份制企业。恒升公司现注册资本为11680万元，是中国机床工具协会钻镗床分会副理事长单位、中国机床工具工业协会重型机床分会常务理事单位、安徽省机床工具协会副理事长单位，生产制造落地式铣镗床系列、双柱立式车床、重型回转工作台、立式精镗床系列、卧式铣镗床、珩磨机床、数控铣镗床、加工中心等八大系列100多种数显、数控机床产品。公司现占地20多万平方米，已建成厂房、办公和生活区。

www.whhmtw.com/

天能电池（芜湖）有限公司

天能集团成立于1986年，地处长三角腹地——“中国绿色动力能源中心”浙江长兴，主要以电动车环保动力电池制造为主，集新能源镍氢、锂离子电池，风能、太阳能储能电池以及再生铅资源回收、循环利用等新能源的研发、生产、销售为一体，是目前国内首屈一指的绿色动力能源制造商。

www.cn-tn.com

中航工业合肥江航飞机装备有限公司

中航工业合肥江航飞机装备有限公司（简称：中航工业江航）是隶属于中国航空工业集团公司的国有大型军民结合型高科技企业，位于素有“江南唇齿、淮右襟喉”之誉，沐浴中部崛起战略春风的“包公故里、科教基地、滨湖新城”——安徽合肥。公司是由原安徽江淮航空供氧制冷设备有限公司和合肥皖安航空装备有限责任公司重组整合形成的现代航空高科技企业。公司占地近500亩，注册资本2亿元，现有在职员工2300余人，专业从事航空供氧装备、机上制氮、航天生保、飞机副油箱、吊舱壳体、起落架、航空地面设备、敏感元件、汽保设备、汽车零部件生产。

www.jianghang.com

合肥燃气集团有限公司

合肥燃气集团有限公司始建于1982年，是集天然气储配与销售、燃气设计、管道安装、燃气具制造于一体的市属国有独资大型企业。内设办公室、宣传中心、企管计划处、财务处、人力资源处、信息中心、技术计量处、生产安全处、保卫处、纪委、服务督察处、工会等职能处室。下辖市场发展处、工程管理处、管线运行公司、燃气营销公司、燃气安装工程公司、燃气工程设计院、天然气储配公司、安然监理公司、物流供应公司、安燃工贸公司、蓝焰物业公司等实体单位。

www.hfgas.com

桐城市霞珍集团公司

安徽霞珍集团创办于1986年10月，是安徽第一家从事水禽养殖、羽绒制品加工出口的外向型企业，是中国羽绒行业的开拓者和领军型的集团化企业。经过二十多年的拼搏发展，目前形成以安徽霞珍羽绒股份有限公司为母公司，拥有七家全资控股或参股企业，并在北京、上海、合肥、无锡等地设有进出口公司、办事处、品牌旗舰店，正朝着多元化、精品化、品牌化、国际化的方向发展。集团先后荣获“农业产业化国家重点龙头企业”、“国家高新技术企业”、“全国羽绒标准化技术委员会委员单位”、“中国羽绒工业协会常务理事单位”。

www.ahxz.com.cn

芜湖中天印染有限责任公司

公司是集纺织，染色，印花，服装为一体，并拥有自营进出口权的企业。企业已通过ISO9001质量体系认证和ISO14001环保体系认证，并建立ERP信息化管理体系，成为杜邦公司推荐工厂。公司现有员工3500人，厂房面积7万多平方米，拥有从意大利、德国、荷兰、日本进口的先进的织造、染色、印花、缝纫设备，具有年产亚麻纱3000吨，亚麻坯布1500万米，印染布8500万米，服装700万件的能力。

www.suntexgroup.com

芜湖瑞江汽车有限公司

芜湖中集瑞江汽车有限公司是中集车辆（集团）有限公司骨干成员之一，是一家为全球市场提供现代化专用车装备和服务的企业。

www.whrjqc.com/

合肥海毅精密塑业有限公司

广州毅昌科技股份有限公司成立于1997年，是中国著名的工业设计产业集团。总部坐落于风景秀丽的国家级重点高新技术开发区广州科学城内，注册资本4.01亿元人民币，在全国拥有青岛恒佳、合肥海毅、无锡金悦、沈阳毅昌等九个子公司，总资产近25亿元。

www.echom.com/

安徽双鹤药业有限责任公司

双鹤药业致力于为中国及全球的患者提供提高生命与健康质量的药品和医疗解决方案。承载着中国人民生命健康守护者、中国医药行业发展先锋的历史使命，双鹤药业走过了60多年的发展道路。2002年，双鹤药业综合经济指标进入中国企业500强；国家发改委发布的《2006年中国医药统计年报》中公布，双鹤药业在中国化学制药企业中，主营业务收入排名第5，利润排名第8。

www.dcpcsy.com/

马鞍山市玉龙金属制品（集团）公司

马鞍山市玉龙金属制品(集团)有限公司是以马鞍山市玉龙金属制品有限公司为核心企业、马鞍山玉龙国际贸易有限公司、马鞍山玉龙集团酋宏金属制品有限公司、芜湖欣兰德工业制品有限责任公司、芜湖晟志工业制品有限公司、芜湖市协晟外贸有限公司为子公司的集团公司。公司积极致力于应用高新技术改造传统产业，产品市场覆盖面逐年扩大，经济效益稳步提高，2000年首次通过CQC(ISO9002:1994)质量体系认证，2004年5月又通过英国劳氏认证中心ISO9001:2000质量管理体系认证。

www.mylmetal.com/cn/

安徽世林照明股份有限公司

安徽世林照明股份有限公司创建于1987年，是集设计、开发、制造、营销、进出口为一体的照明企业，拥有国内最大的电光源生产基地之一。公司注册资本金7000万元，占地50万平方米，员工3000余人。公司另全资控股上海嘉尼照明电器有限公司、安徽世林电光源设备有限公司、安徽世林玻璃器皿有限公司三个子公司。公司总部位于安徽省霍山县经济开发区，全程高速公路和高速铁路直达南京、上海，交通便捷。

www.shilingroup.com

安徽江淮扬天汽车股份公司

安徽江淮扬天汽车股份有限公司成立于2005年6月26日，注册资金5000万元人民币，其前身滁州市汽车改装厂始建于1969年。公司现有员工700人，各类工程技术人员100余人，产品开发全部运用CAD技术，目前，已上国家公告的产品有集装箱运输车、半挂车、自卸车、厢式车、低平板车、油罐车、轿运车、搅拌车、混凝土泵车、环卫垃圾车等10大类25个系列200多个品种，其中CXQ9240Z型自卸半挂车等6个产品填补了国内空白，达到了国内领先水平，有30多个品种填补了省内空白。

www.yangtianauto.com/

安徽亚邦化工有限公司

安徽亚邦化工有限公司成立于1996年，注册资金6000万元，固定资产9000万，现有员工510人，其中中级以上技术人员50人。公司主要经营染料及其中间体，共有产品20多个，其中有两个产品销售稳居世界第一，产品主要用于棉制品和蚕丝等高档商品染色。2007年公司年销售4.5亿元，上缴税金1555万元，公司连续多年获得铜陵县纳税大户称号，职工福利待遇严格按照国家规定办理。

www.yabang.com/

江苏德邦兴华化工淮南分公司

淮南分公司在原皖淮化工生产装置上不断进行技改扩建，现拥有全国最大的加压碳化变换气制碱工艺、装置及专利技术以及完善的现代化管理体制，形成了在国内外纯碱领域独特的核心技术和优势，产品质量、成本消耗、经济效益水平连几年居于同行业的前列，被淮南市政府列为生产型企业和重点保护企业。2005年淮南分公司加大了技改技措，当年生产纯碱157961吨，氯化铵180929吨，实现产值33319万，销售收入32664万元，利润5693万元，税收3577万元。

www.jsdebang.com

芜湖融汇化工有限公司

芜湖融汇化工有限公司系融汇集团成员企业之一，年产值8亿~10亿人民币，是安徽省第一家获得氯碱危化品安全生产资格的企业，在安徽省氯碱行业中规模位居第二。公司地处芜湖经济开发区内，北倚四褐山，西临长江，东与长江路相连，水陆交通便捷。

www.ronghui.com

金猴渔具科技有限公司

安徽金猴渔业科技股份有限公司位于安徽省巢湖市经济技术开发区，下设巢湖和槐林两个分公司、一个合肥国际部、一个控股子公司和一个渔业研究所。公司现有职工860多人，总资产1.6亿元，拥有46条现代化纺丝生产线和600台套渔网生产设备，以及先进的聚酰胺单丝、复丝、渔网检测设备。年生产聚酰胺单、复丝4000吨，各类单、复丝渔网6000吨，已发展成为国内最大的聚酰胺单、复丝及渔网生产基地。

www.fishingnets.cn/

安徽星瑞齿轮传动有限公司

安徽星瑞齿轮传动有限公司是由安徽江淮汽车集团公司和安徽江淮汽车股份有限公司共同出资，并通过整合原安徽江淮汽车股份有限公司六安分公司和六安江淮汽车齿轮制造有限公司资产设立，于2008年11月正式成立。公司秉承和发展了中国汽车、叉车变速器专业化生产技术和独特的企业文化，实现了公司规模化生产的历史跨越，形成年产各类变速器50万台的生产能力。公司分设商用车、叉车变速器和乘用车变速器两大生产基地，总占地面积约50万平方米。商用车、叉车变速器生产基地位于安徽省六安市淠史杭河畔，距省会合肥60公里，北邻312国道。

www.laqccl.com

安徽天润化工股份有限公司

天润公司成立于2001年1月，2007年10月经国家商务部批准变更为外商投资股份有限公司，是专业生产精细化工产品的国家级高新技术企业。公司一直专注于聚丙烯酰胺的自主研发、生产、销售和服务，致力于把天润的聚丙烯酰胺产品打造成中国第一品牌。天润公司现拥有3万吨聚丙烯酰胺年生产能力，其中阴离子、油田产品GM2500和非离子产能3万吨，造纸分散剂5000吨，阳离子5000吨。是油田用聚丙烯酰胺五强企业。

www.tianrun.com.cn/

长源（淮北）焦化有限公司

长源（淮北）焦化有限公司，前身系安徽省淮北焦化厂，由香港长源（中国）投资有限公司实行整体收购改制而成，2004年5月1日正式挂牌运作，注册资本1000万美元，系淮北市首家外商独资企业。

cyhc.mysteel.com.cn

安徽新科电缆股份有限公司

规范化的现代工业企业安徽新科电缆集团股份有限公司系原安徽新科电器电缆总厂于2003年变更组建，是本地电线电缆行业唯一一家规范的股份制公司。1997年12月，以安徽新科电缆股份有限公司为核心企业，组建了本省首家省级电器电缆集团——安徽新科电器电缆集团，集团现有成员企业11家：佳宁公司、佳能公司、华瑞电气有限公司等。集团核心企业安徽科电缆股份有限公司是安徽省高新技术企业，先后多次被评为省明星企业、省级重合同守信用、管理先进企业，并连续多年被银行金融部门评为AAA级银行信用企业，公司具有自营进出口权。

www.anhuixinke.com/

淮南舜岳水泥有限责任公司

淮南舜岳水泥有限责任公司(原淮南矿务局水泥厂)是原淮南矿业集团水泥有限责任公司辅业改制剥离后而成立的，是素有“华东煤都”之称的国有特大型煤炭企业——淮南矿业集团有限责任公司相对控股的非国有独资公司，是依现代企业制度而建立的新型企业。它位于淮南古战场，西枕八公山麓，东临淮河之滨。西、北两面环山，厂区公路与国道相通，距淮河码头仅公里，水路可由淮河直接入洪泽湖进长江，自备铁路专用线与淮阜线、淮南线、京沪线相连，交通运输十分便利。

www.hksn.com.cn/

圣戈班管道系统有限公司

圣戈班管道系统（中国）是圣戈

班穆松桥在中国投资的专业管道系统生产商，成立于1997年，拥有三家工厂，分别位于安徽省马鞍山市和江苏省徐州市，年生产球墨铸铁管道和管件能力达到40万吨。圣戈班管道系统（中国）作为中国球墨铸铁管道系统制造和出口领域的领先者，其产品的国际品牌PAM（穆松桥）已经成为高品质和可靠性的标准。

www.pamline.com.cn/

天长富华电子有限公司

安徽富华电子集团有限公司是一家民营科技型出口企业，注册资本2000万元，现有员工860人，工程技术人员82人，其中高级工程师10人，助理工程师20人，技术员52人。企业占地面积36万平方米，拥有资产两亿多元。全资企业有：安徽富华电子有限公司、安徽富迪信科技有限公司、富信铜业有限公司、滁州天一房地产开发有限公司，是安徽天长农村合作银行主要股东之一。主要经营生产电视机用回扫变压器、电源、铜杆线型材和高档民居小区开发。现具备年产彩电行输出1000万只；黑白行输出、偏转线圈1000万套；

www.ahfhdz.com/

桐城市鸿润羽绒有限责任公司

安徽鸿润（集团）股份有限公司创办于1991年，短短17年间，在夏吉国的带领下，公司由2万元资产、4个员工的乡间小厂发展成为总资产9.8亿元、2800多名员工的现代化企业集团，成为国家农业产业化优秀龙头企业、国家科技创新型星火龙头企业、安徽省80户重点骨干工业企业、省861行动计划重点企业、省农业产业化集团之一。公司是全国最大的羽绒被生产和出口基地，主导产品羽绒被的生产出口量占全国总量的24%，连续十三年位居全国第一位。

www.honren.com.cn/

中国长江航运集团江东船厂

芜湖长江轮船公司由原芜湖长江轮船公司与江东船厂合并重组成立。公司隶属于长江航运集团船舶重工总公司，是中国长航集团和安徽省重点骨干造船企业之一，是中国长航集团在芜湖的综合性地区公司。

www.jdshipyard.com/

安徽鸿路钢结构（集团）有限公司

在过去的八年里，公司凭借大好的经济环境，秉承敬业奉献，锐意创新的企业精神，从无到有、从小到大，迅速发展成为钢结构行业的佼佼者，并连续几年荣获安徽省民营企业50强、出口创汇50强企业、高新技术企业、省级企业技术中心、中国钢结构协会科学技术奖、浙商创新奖、安徽省著名商标、安徽省质量奖企业等荣誉。现已具备钢结构制作特级资质、钢结构专业承包一级资格证，并获得国家商务部对外承包工程经营资格证，在安徽钢结构行业率先通过了ISO9001质量体系认证、ISO14001环境管理体系认证。

www.hong-lu.com/

合肥统一企业有限公司

1998年4月，合肥统一企业有限公司有淝水之滨的历史名城——合肥开业，投资总额为2500万美元。公司位于合肥市经济技术开发区，主要致力于方便面的生产和销售，面向安徽全区推出了来一桶、统一100、巧面馆、好劲道、小浣熊、当家系列品牌的方便面。安徽区域饮料的销售在华东区表现也很突出，目前主要由昆山供货，后期将视市场的需求规划饮料的投产。

www.uni-president.com.cn/

安徽省丰原药业股份有限公司

安徽丰原药业股份有限公司（以下简称“丰原药业”）是安徽省规模最大的国有控股医药企业，国家认定的高新技术企业、安徽省百强企业、安徽省医药行业首家上市公司，股票代码:000153（丰原药业），2006年被授予全国“百姓放心药品牌”，公司总资产12亿余元，员工近5000人，2007年、2008年、2009年连续三年荣膺中国制药工业百强。

www.bbcayy.com/

安徽飞亚纺织发展股份有限公司

安徽飞亚纺织发展股份有限公司由安徽飞亚纺织集团有限公司作主发起人，联合上海东华大学科技园发展有限公司、上海市纺织科学研究院、淮北印染集团公司、安徽省国有资产运营有限公司、淮北市国有资产运营有限公司共同发起设立，经安徽省人民政府皖府股字〔2000〕第37号批准，于2000年10月31日正式成立，是安徽省50户重点骨干工业企业。

www.feiyatex.com/

铜陵市三佳电子集团有限公司

www.chinatrinity.com/

中国扬子集团有限公司

公司创建于2002年10月，总部位于滁州市来安工业新区C区。目前在国内形成四大生产制造基地——来安、合肥、永康、四川；三大主营业务，主导产品有——防盗防火安全门、银行防尾随联动门、视频监控等系列产品，是一个立足于安防行业，并在防火防盗安全门、金融机具、安防系统等领域不断延伸与快速发展的，集研发、制造、销售为一体的多元化的科技型企业。

www.yzdoor.com.cn/

安徽康佳电器有限公司

安徽康佳：成立于1997年5月21日，由康佳集团与滁州国有资产运营有限公司共同合资经营，是康佳集团最大的内销彩电制造中心和安徽省电子行业骨干企业。公司现有13条现代化彩电生产线，年彩电生产能力600万台。依托康佳先进的管理机制，安康累计生产彩电已达2500万台，以良好的经济和社会效益连续多年被授予“滁州市十大优秀企业”、“安徽省外商投资经济效益先进企业”、“安徽省百家最佳经济效益企业”、“安徽省20户省外投资重要骨干企业”等荣誉称号。

www.konka.com/cn/

安徽铜峰电子集团公司

安徽铜峰电子集团有限公司的前身是个服装小厂，经过30多年的艰苦创业，现已发展成为国家大型工业制造企业，国家重点高新技术企业，国家火炬计划——铜陵电子材料产业化基地内重点骨干企业，中国电子元器件百强企业之一，全国质量管理先进企业，全国重合同守信用先进企业，其中控股的安徽铜峰电子股份有限公司于2000年6月在上交所挂牌上市，成为全国同类产品企业的首家上市公司。

www.tong-feng.com/

芜湖楚江合金铜材有限公司

芜湖楚江合金铜材有限公司（原名“芜湖海森合金棒线有限公司”），位于安徽省芜湖市经济开发区桥北工业园，总规划面积约20万平方米，现有员工700余人。公司专业生产各种规格黄铜圆、扁线及异型线材，年产能达22000吨，并规划在5年内建设形成年产5万吨黄铜棒线材生产能力。公司产品广泛应用于服装辅料、首饰配件、电子电器、五金、眼镜、模具加工等行业，环保型线材大量用于出口。产品远销浙江、广东、福建、江苏、山东、上海、天津等市场。

www.truchum.com/

合肥车桥有限责任公司

合肥车桥有限责任公司是安徽江淮汽车集团核心企业，是以生产前后桥、轿车悬架为主的汽车零部件专业制造厂家。公司现有厂区占地23万平方米，员工1100余人，总资产5.7亿元。企业不断追求科技进步，先后投入数亿元进行技术改造，引进了一批国内外先进设备，建成了冲压、焊接、机加工、总装、涂装、检测等工艺齐全的35条柔性化专业生产线。现有两大生产基地，其中商用车桥生产基地具备年产 22 万台商用车桥的能力，乘用车桥生产基地具备年产 12 万台商务车车桥和 2 万台 SRV 分动器、主减的能力。

www.hfcq.com/

芜湖市富鑫钢铁有限公司

芜湖市富鑫钢铁有限公司坐落于芜湖市繁昌县城区，前身属国有繁昌钢铁厂，始建于 1958 年，1996 年下划繁昌县后改称“芜湖市繁新钢铁厂”。2003 年，县政府通过招商引资，组建了芜湖市富鑫钢铁有限公司。2004 年，企业通过 ISO9001：2000 质量管理体系认证，获得全国工业产品生产许可证；并从 2004 年起入选“安徽省民营企业 50 强”。2008 年，企业实现销售收入 130200 万元，实现税收 6500 万元，被安徽省国家税务局、地方税务局授予“安徽省 A 级信用纳税单位”。

www.whfxgt.cn/

安徽开乐汽车股份有限公司

安徽开乐专用车辆股份有限公司，前身是安徽开乐汽车股份有限公司，为了上市需要，2006 年 12 月 28 日由安徽开乐汽车股份有限公司、合肥立元投资有限公司共同发起设立；2007 年 12 月 27 日又与中国航空工业集团公司、南京金城集团公司正式签约合作。它是皖北唯一一家从事汽车改装的企业，也是全省三大从事汽车改装的企业之一，注册资金 13265 万元，总资产 10 亿，占地面积 42.6 万平方米。

www.ahkaile.com/

威灵（芜湖）电机制造公司

该公司之控股股东为美的集团有限公司 (「美的」)。于 2008 年 3 月 21 日，本公司在美的支持下完成重大业务与资产置换重组。该公司将原有业务，主要包括从事制造及分销包括空调、冰箱和小型冰箱等家电业务出售予美的之附属公司，同时向美的收购其属下一间以制造及销售空调电机、洗涤电机及电子电器产品为主营业务的间接全资附属公司威灵控股 (BVI) 有限公司。重组方案详情可参见公司于 2008 年 2 月 25 日刊发之通函。

www.chinawelling.com/s/index.php

中国南车集团铜陵车辆厂

中国南车集团铜陵车辆厂，是中国南方机车车辆工业集团公司所属国有全资企业之一，是铁路货车的重要生产基地，系铁路敞车、平车主导生产厂，是华东地区唯一大型轨道货车生产企业，也是全国唯一定点生产家畜车的厂家。经铁道部审查批准，现已获得 19 项产品生产许可证、3 项产品设计许可证和三大类车种的大修许可证。

91457.machineryinfo.net/company.htm

中国石化集团安庆石油化工总厂

中国石油化工股份有限公司安庆分公司（以下简称安庆分公司）坐落在安徽省安庆市西北郊，地处长江下游的北岸，占地面积 7 平方公里。依托航空、长江黄金水道、京九铁路干线和高度发达的高速公路网，这里水、陆、空交通四通八达，便利的交通为安庆分公司的发展提供了有利的条件。

www.sinopec.com/about_sinopec/subsidiaries/refinery_petrochemical/20080308/1751.shtml

合肥 ABB 变压器有限公司

合肥 ABB 变压器有限公司是 ABB 集团于 1992 年在中国成立的第一家生产电力变压器的合资企业，2005 年成为 ABB 独资企业。2006 年合肥 ABB 变压器有限公司与 ABB 配电变压器（合肥）有限公司合并为一家公司，组建了 3 个产品业务部，即：电力变压器部、配电变压器部及组件产品部。电力变压器部：主导产品为 220kV 电力变压器，同时也生产部分 110kV 电力变压器产品。为更好地满足广大客户对电力的需求，在 2004 年至 2005 年期间进行了电力变压器产能扩建项目并在 2006 年 9 月顺利竣工，目前以投入生产。

www.abb.com.cn/

阜阳华润电力有限公司

华润电力控股有限公司(「本公司」或「华润电力」)成立于2001年8月27日，法定股本 100 亿港币，是华润（集团）有限公司（「华润集团」）的旗舰附属公司，主要在中国较富裕或资源丰富的地区投资、开发、经营和管理发电厂、煤矿及新能源项目。

www.cr-power.com

合肥金润米业有限公司

合肥金润米业有限公司是专业从事大米、谷物油脂生产和销售的股份制企业。2003 年 12 月在行业内率先通过 ISO9001：2000 质量管理体系认证，具备完善的企业标准体系。是农业产业化国家重点龙头企业、安徽省农业产业化龙头企业、安徽省粮食加工企业十强之首，合肥市粮食承储单位、应急大米定点生产企业。公司现拥有国内先进水平的日产 120 吨精米生产线 7 条，米糠浸出毛油生产线五条，米糠油精炼生产线一条，控股企业 2 家，年加工大米 27 万吨，食用米糠油 16800 吨，年销售额上亿元。

www.chinajinrun.com/

安徽金种子集团有限公司

安徽金种子集团有限公司，是安徽省 50 户重点骨干企业和全国食品行业百强企业，主要从事白酒、生化制药、房地产和包装材料的生产与经营，拥有一家上市公司和 8 家分（子）公司，荣获全国“重合同、守信用”先进单位、中国企业管理杰出贡献奖、全国名优产品售后服务先进单位、全国 AAA 级信用企业、安徽质量奖等 200 多项殊荣。

www.jzz.cn/

安徽广信农化股份有限公司

安徽广信农化股份有限公司是安徽广信农化集团有限公司改制成立的，是一家专业生产农药原药及其制剂、医药中间体、光气化产品，多元化经营的大型企业。

www.chinaguangxin.com/

合肥滨湖投资控股集团有限公司

合肥滨湖投资控股集团有限公司(简称：滨湖集团)是经合肥市包河区人民政府授权，包河区国资委出资的，在整合区属国有资产产权、股权及各类国有经济实体的基础上，成立的一个大型综合性国有独资集团公司，总资产 28.47 亿元，净资产 16.7 亿元，是包河区投融资的主平台、项目孵化的主载体、招商引资的主力军与“第二财政”。

www.binhugroup.com/

安徽省皖中集团有限公司

皖中集团创建于 1996 年 12 月，集团以产权为纽带，拥有跨地区、跨行业的紧密层企业 15 个，它们分别活跃在铁道扣件、汽叉车配件、中低压阀门、纺织、印染、化工、服装、建材、印刷、农业以及宾馆、旅游、房地产开发等多个领域。资产总额达 15 亿元。

www.wanzhonggroup.com/

马钢（合肥）钢材加工有限公司

马钢（合肥）公司前身是合肥钢铁集团公司，创建于 1958 年，是安徽省地方骨干钢铁企业。2006 年 5 月 1 日，正式由马钢股份公司、合肥市工投公司出资重组合钢主业，重组后的新公司为马钢股份公司控股 71%，合肥市工投公司参股 29%。

www.magang.com.cn/

黄山永佳（集团）有限公司

黄山永佳（集团）有限公司是国家大型一档企业，是国家火炬计划重点高新技术企业，安徽省企业 50 强、黄山市最大的工业企业，公司坐落在著名的旅游城市黄山市。

www.yongjiachina.com/

淮南东辰集团有限公司

2005年12月18日，淮南东辰集团有限公司从矿业集团完全分离正式挂牌，由此拉开了新一轮创业帷幕。

www.zbnengyuan114.com/showart.asp?id=230

安徽省福润肉类加工有限公司

安徽省福润肉类加工有限公司是由江苏雨润食品产业集团有限公司下属的38家子公司之一，已发展成为集饲养、屠宰、深加工、销售为一体的农业产业化重点龙头企业，占地16万平方米，职工1000余人，固定资产3亿元，年屠宰能力120万头，年深加工能力4万吨，是安徽省最大的肉制品生产企业，也是安徽省最大的肉制品出口企业。

www.yurun.com/

安徽广信农化股份有限公司

安徽广信农化股份有限公司是安徽广信农化集团有限公司改制成立的，是一家专业生产农药原药及其制剂、医药中间体、光气化产品，多元化经营的大型企业。

www.chinaguangxin.com/

安徽晋煤中能化工股份有限公司

安徽临泉化工股份有限公司位于安徽西北部，临泉县城东郊，北依泉河，西临106国道，东靠京九铁路枢纽站——阜阳站，水陆交通便利，地理位置优越。

www.lqhg.com.cn/

安徽华夏集团有限公司

安徽华夏集团是以商业贸易为主，集超市连锁、大型综合商场、物流配送、商务宾馆酒店、白酒酿造、奶牛养殖、农资公司、房地产开发为一体的综合性现代化企业集团。华夏集团作为市龙头商贸企业，于2001年就跨入安徽省商贸十强和安徽连锁业十强的行列，销售总额位居全省同行业前四位，被省政府确定为全省重点流通企业，是国家、省、市“万村千乡”市场工程试点企业。

37681.71ab.com/

合肥金润米业有限公司

合肥金润米业有限公司是专业从事大米、谷物油脂生产和销售的股份制企业。2003年12月在行业内率先通过ISO9001：2000质量管理体系认证，具备完善的企业标准体系。是农业产业化国家重点龙头企业、安徽省农业产业化龙头企业、安徽省粮食加工企业十强之首，合肥市粮食承储单位、应急大米定点生产企业。公司现拥有国内先进水平的日产120吨精米生产线7条，米糠浸出毛油生产线五条，米糠油精炼生产线一条，控股企业2家，年加工大米27万吨，食用米糠油16800吨，年销售额上亿元。

www.chinajinrun.com/

合肥昌河汽车有限责任公司

江西昌河汽车有限责任公司是直接隶属中国长安汽车集团股份有限公司的全资子公司，拥有景德镇、九江、合肥三个整车工厂和九江发动机工厂，具备年产 30 万辆整车和 15 万台汽车发动机的生产能力。2010 年，将在中国长安的统领下，实施汽车和发动机的扩能改造与生产线建设

www.changheauto.com/

安徽金禾实业股份有限公司

安徽金禾实业股份有限公司，主要生产："京达牌"安赛蜜、麦芽酚和乙基麦芽酚，是目前世界同行业生产安赛蜜、麦芽酚、乙基麦芽酚最大的企业之一。产品质量符合美国 FCC-IV 标准，企业拥有自营进出口权，企业通过 ISO9001 质量管理体系认证、ISO14001 环境管理体系认证、HACCP 认证及美国犹太教组织 Kosher 的认证，产品通过 SGS 检测体系认证。产品主要出口欧美及印度等国家和地区。

www.lajingda.com/

安庆曙光化工（集团）有限公司

安徽曙光化工集团成立于 1995 年 10月，由母公司安徽省安庆曙光化工(集团）有限公司及其全资、控股的 8 家子公司共同组建而成，是以氰化物产品为龙头，集科、工、贸于一体的企业集团，为全国乃至亚洲规模最大的氰化物生产基地、中国首家《国际氰化物管理规范》认证企业 (www.cyanidecode.org)/。

www.sgchem.com/

黄山旅游发展股份有限公司

黄山旅游发展股份有限公司作为"中国第一只完整意义的旅游概念股"，创立于 1996 年 11 月 18 日，由黄山旅游集团有限公司（原黄山旅游发展总公司）以其所属十家企业的经营性资产作为出资独家发起，向境内外投资者募集股份而设立，先后发行 8000 万 B 股和 4000 万 A 股，是一家既发 A 股又发 B 股的旅游上市公司，业务范围涵盖了景区开发管理、酒店、索道、旅行社等旅游领域。2006 年 10 月，股份公司成功实施了股权分置改革。2007 年，又圆满完成了定向增发工作，共发行 1700 万 A 股。

www.hstd.com/

宿州福润肉类食品有限公司

本公司生产使用的"无公害农产品"标志的"福润"牌冷鲜肉、冻猪分割肉、红白条、猪副产品等深受广大消费者喜爱，产品主销上海、南京、杭州、

广州等在大中城市，并远销俄罗斯、香港等国际市场。

3285889.b2b.hc360.com/

安徽天鹅纺织集团有限公司

安徽天鹅集团是安徽省民营企业的一颗新星，是一家以纺织（手工艺家纺）为主导产业，兼营电子工程、房地产开发、基础工程建设、生态农业、交通运输。创立于1992年，位于岳西县安徽天鹅工业园，占地面积248亩，建筑面积70000m^2，下辖17家成员企业（紧密层企业安徽登峰纺织制品有限公司系中美合资企业，组建于2001年8月），7家直属厂和102家生产厂，拥有先进的生产设备1800台套。集团拥有总资产6.3亿元，在职工人数8500人。

www.ahswan.com/

六安江淮电机有限公司

六安江淮电机有限公司始建于1969年，系原机械工业部定点生产中小型电机的专业骨干厂家之一，生产的“LA”江淮牌电动机全部采用国家标准，符合IEC国际标准，已通过ISO9001：2000质量体系认证和ISO14001:2004环境管理体系认证、GB/T28001-2001职业健康安全管理体系认证。公司地处安徽省六安市解放北路，交通便利，地理位置优越。现有员工1600人，其中工程技术人员250余人，年产电机能力1000万千瓦。拥有资产2.8亿元，占地面积10多万平方米。2009年销售额突破10亿元。

www.jh-dj.cn/

安庆皖江发电有限责任公司

安徽安庆皖江发电有限责任公司于1998年5月12日在安庆市工商行政管理局登记注册，注册资本83500万元（2006年调减为62100万元），经营范围为电力生产、电力供应、电力服务，营业期限至2023年4月30日。

www.aqfztz.com/news_show.asp?id={3daff33a-67f5-485a-ac5e-b4a8913f7554}

淮北国安电力有限公司

中外合资淮北国安电力有限公司，由皖能股份有限公司、国投华靖电力控股股份有限公司、兴安控股有限公司、首达控股有限公司共同出资组建，是国家批准的安徽省第一个中外合资发电企业。

www.go-on.net.cn/

日立家用电器（芜湖）有限公司

日立家用电器（芜湖）有限公司是成立于2001年8月8日的日本独资企业。公司位于安徽省芜湖市经济技术开发区齐落山西路1号，占地25.6万平方米，注册资金2533万美元，总投资额3846万美元，是日立集团家用电器的主要生产基地。目前产品为家用空调，产量为日立空调总产量的60%。其中10%销往中国国内和欧洲，90%销往日本。

www.wuhunews.cn/whcharm/200707/70950.html

合肥利华洗涤剂有限公司

合肥利华公司排放的废水中的污染物主要是悬浮物、胶体、表面活性剂（LAS）和高浓度的溶解性有机物，根据废水特性，采用混凝沉淀法，通过投加药剂可以去除废水中的大部分悬浮物、胶体和LAS，降低后续好氧工艺的负荷，从而减小生物处理的费用和占地面积，节省工程的总体投资费用。

www.c-gs.com/yeji/news_view.asp?newsid=50

中国国营芜湖机械厂

中国国营芜湖机械厂是国有大型一类企业，工厂占地面积71万多平方米，建筑面积28万平方米，固定资产原值2亿元。工厂西临芜宁铁路、芜宁公路，南接芜湖机场，毗邻长江，交通便利。工厂现有职工2000余人，各类高、中级技术、管理人员近500人。

5816193.b2b.hc360.com/

阜阳华润电力有限公司

www.crc.com/

马鞍山市万能达发电有限公司

万能达公司位于马鞍山市西北慈湖经济开发区，西临长江，东联宁芜高速和皖赣铁路干线，占地面积达915亩，拥有1500米优良的长江岸线。

www.mastbnz.com/corppage/introduce.aspx?corpid=77

安徽华菱汽车集团有限公司

安徽华菱汽车股份有限公司是安徽星马汽车集团有限公司控股子公司，现有固定资产10亿元，总资产20亿元以上。公司拥有员工2000人，其中工程技术人员300人以上，设有省级技术中心和国家批准的博士后科研工作站；与日本三菱FUSO卡客车株式会社、五十铃汽车株式会社有长期的技术合作关系，并与三菱FUSO签订了长达10年的技术引进协议；与清华大学、吉林大学、湖南大学、合肥工业大学等国内知名汽车院校建立了良好的产学研合作关系，具有很强的技术开发能力。

www.camc.cc/

安徽皖维高新材料股份有限公司

安徽皖维集团有限责任公司系安徽省国有资产监督管理委员会管辖的大型一档企业，省50户重要骨干企业。其

前身是安徽省维尼纶厂，始建于1969年，为国家“四五”期间投资建设的重点项目，1983年竣工验收，2002年改制为安徽皖维集团有限责任公司。集团公司下辖安徽皖维高新材料股份有限公司等4家子公司。其中安徽皖维高新材料股份有限公司于1997年5月在上海证券交易所上市(股票名称为皖维高新，代码为“600063”)。

www.wwgf.com.cn/

伟业重工（安徽）有限公司

伟业重工(安徽)有限公司，由香港伟业汽车控股有限公司全资控股，工厂位于安徽省蚌埠高新技术产业开发区。主要从事汽车零部件、机电产品设计、制造与销售，模具开发，新材料、新技术开发应用等。拥有行业先进的生产线及检测设施，产品主要销往欧美及本土市场，已形成完善的市场网络和服务体系，产品技术居行业领先水平。

www.gwhardware.com.cn/

安徽电力公司

安徽省电力公司是国家电网公司全资子公司，承担着优化全省能源资源配置、满足经济社会发展电力需求供应的重要职责。主要从事电网建设、生产、经营、科研、设计和培训等业务，下辖17个市级供电公司，71个县级供电公司，管理各类员工近7万人，服务电力客户2056万户。2009年我省全社会累计发电1328.58亿千瓦时，增长20.50%；全社会用电量完成952.31亿千瓦时，同比增长10.88%，增长率在全国排名靠前，连续7年保持两位数增长。

www.ah.sgcc.com.cn/

安徽精诚铜业股份有限公司

精诚铜业由安徽精诚铜业股份有限公司、广东清远精诚铜业有限公司、芜湖精诚再生资源利用有限公司组成，是一家专业生产铜板带材的民营企业，是芜湖市重点扶持发展的骨干企业之一。总公司位于芜湖经济技术区内，濒临205国道，距芜湖长江大桥仅10公里，交通运输极为便捷。公司占地面积350亩，现有在职员工2000余人，年生产能力达70000吨，年产值达20亿元。

www.jcty.cn/

安徽省天大企业集团有限公司

安徽天大企业(集团)有限公司系全国重点高新技术企业、国家级守合同重信用企业，省级文明单位，始建于1986年。集团公司下设安徽天大石油管材股份有限公司(股票代码：HK839)、安徽天大(集团)股份有限公司、安徽天大企业集团塑料复合制品有限公司、安徽天大电子科技股份有限公司等十余家企业。

www.tianda-group.com/

博西华家用电器有限公司

www.bsh-group.com/

芜湖海螺型材科技股份有限公司

芜湖海螺型材科技股份有限公司是中国安徽海螺集团投资控股的新型化学建材企业，是中国首家以塑料型材为主业的上市公司，公司分别在安徽芜湖、浙江宁波、河北唐山以及广东英德四地设厂，总资产达26亿元，全套引进德国、奥地利先进生产设备，整个生产工艺采用自动化作业。目前，公司产能达到60万吨，规模位居世界前列。

pvc.conch.cn/

联合利华（中国）有限公司

每天，在全世界，人们都会接触到联合利华的产品。我们的品牌受到各地的消费者的信赖，我们已成长为全世界最成功的日用消费品的生产商之一。事实上，每天有1.6亿人次选用联合利华的产品。

www.unilever.com.cn/

中国十七冶集团有限公司

中国十七冶主营业务资质为冶炼工程、市政公用工程、机电安装工程、房屋建筑工程施工总承包一级；钢结构工程、冶炼机电设备安装工程、炉窑工程专业承包一级；路桥工程总承包一级资质，并首批获得了境外工程承包经营权。中国十七冶还具备压力容器制作及安装、锅炉安装、起重机械设备安装、客运架空索道安装、消防设备安装、商品混凝土预拌专业施工资质证书。拥有包括4000t.m塔吊、650t、350t、300t等履带吊在内的各类施工设备1850余台（件）。2007年荣获“中国建筑500强企业”称号，位列第34位。2008

www.mcc17.cn/

国投新集能源股份有限公司

国投新集能源股份有限公司是由国家开发投资公司、国华能源有限公司、安徽新集煤电（集团）有限公司发起设立，由国家开发投资公司控股的股份制公司，是以煤炭采选为主、煤电并举的国家大型一档企业。

www.sdic.com.cn/cn/

格力电器（合肥）有限公司

格力电器(合肥)有限公司成立于2006年10月17日，位于柏堰科技园，是珠海格力电器股份有限公司独资兴建的子公司，总投资超过15亿元，占地面积1158.3亩，总建筑面积88万平方米。该项目2007年3月开工建设，2008年6月建成投产。一期工程年生

产空调产能达300万套，二期工程投产后空调产能将达500万套，是中国中部最大的专业化空调生产基地。

www.greeworld.com/

芜湖新兴铸管有限公司

芜湖新兴铸管有限责任公司是由新兴铸管集团公司和新兴铸管股份公司共同出资，重组芜湖钢铁厂和芜湖焦化制气有限责任公司而组建的。公司于2003年4月27日正式挂牌，注册资金5亿元。芜湖新兴铸管有限责任公司座落在芜湖市东南青弋江畔，区位优势十分明显。

abc.whxxzg.com:8000/

全威（铜陵）铜业科技有限公司

全威（铜陵）铜业科技有限公司是由香港正威国际集团有限公司、正威（深圳）科技有限公司、香港鸿玮科技集团有限公司联合投资成立，占地面积1000亩，注册资金2.5亿港币。一期项目投资28亿元，生产设备来自全球最大的冶金设备制造商SMS（德国西马克）集团和全球最大的拉丝设备制造商NIEHOFF(尼霍夫)公司。该设备不仅在国内领先，更是全球领先的顶级专业成套装置；主要生产25万吨光亮低氧铜线杆及14万吨精细铜线等系列产品，是国家“861”重点支持项目。

www.amer.com.cn/cn/

安徽国贸集团控股有限公司

国贸集团公司于2006年3月正式挂牌运营，受权经营和托管安徽省商务厅原直属的27户企事业单位。2007年，国贸集团公司又分别托管和重组了安徽省丝绸公司、安徽进出口股份有限公司。目前，国贸集团公司拥有全资子公司、控股和相对控股子公司12家，托管企事业单位18家。其中，安徽省粮油食品进出口（集团）公司、安徽省技术进出口股份有限公司、安徽轻工进出口股份有限公司、安徽省服装进出口股份有限公司和安徽进出口股份有限公司为集团核心成员企业，年进出口额均在1.5亿美元以上。

www.aitg.cn/

合肥海尔工业园

合肥海尔工业园简介2000年12月16日，合肥国家经济技术开发区“海尔工业园”正式开园，实现了海尔产品本土化生产。工业园整体占地800亩，固定资产10个亿，现已全部建成投产，销售收入100个亿，人员结构平均年龄29岁，是一支充满朝气、活力的队伍。整个工业园包括：海尔信息、空调、洗衣机、特种钢板、塑胶、设备、物流。

www.haier.cn/

中石化股份公司安庆分公司

中国石油化工股份有限公司安庆分公司（以下简称安庆分公司）坐落在安徽省安庆市西北郊，地处长江下游的北岸，占地面积7平方公里。依托航空、长江黄金水道、京九铁路干线和高度发达的高速公路网，这里水、陆、空交通四通八达，便利的交通为安庆分公司的发展提供了有利的条件。

www.sinopec.com/

中石化股份公司安徽石油分公司

中国石油化工股份有限公司安徽石油分公司（以下简称安徽石油分公司）是根据中国石化整体重组改制上市的部署，于2000年底由原安徽省石油总公司改制组建的大型成品油销售股份制企业，主营汽油、柴油、煤油、润滑油、燃料油的销售、储运，兼营油库、加油站设施的设计、安装，以及液化气、沥青、化肥等多种经营业务。

www.sinopec.com/

淮南矿业集团

淮南煤矿1903年开矿，1930年成立淮南煤矿局，1937年淮南煤矿局与淮南铁路局合组为淮南矿路股份有限公司，1949年改为淮南煤矿公司，1950年成立淮南矿务局，1998年改制为淮南矿业（集团）有限责任公司。

www.hnmine.com/

安徽安科生物工程（集团）有限公司

安徽安科生物工程（集团）股份有限公司是经安徽省人民政府批准成立的民营股份制企业，是国家火炬计划重点高新技术企业，国家“863”计划成果产业化基地，设有省级技术中心和博士后科研工作站。

www.ankebio.com

芜湖博耐尔汽车电气系统有限公司

芜湖博耐尔汽车电气系统有限公司于2003年4月成立，是一家集汽车热力系统及零部件的开发、设计、生产和销售为一体的高科技产业企业。公司自主研发、生产和销售汽车空调系统、发动机冷却系统、前端模块等系列产品，现已成为奇瑞汽车有限公司指定的汽车零部件供应商。

www.bonaire.cn

安徽大昌矿业集团有限公司

安徽大昌矿业集团是从事矿业开发及矿产品深加工的民营企业，下辖八个子公司。2001年公司开始对霍邱矿区进行考察，在专家的多次考察论证下，在安徽省国土资源厅和六安市、霍邱县和相关部门的大力支持下，依法取得了吴集铁矿南段26.4平方公里的探矿权。

2004年完成探矿工作，取得采矿许可证，进行矿山建设。

www.chdcky.cn

安庆环新集团有限公司

ATG公司于1996年6月成立，是由中国安庆环新集团有限公司（ARN）、日本帝国活塞环株式会社（TPR）和美国FEDERAL MOGUL公司在安庆合资组建的，注册资本2800万美元，总投资5500万美元。ATG公司不仅拥有国际化资金，而且全面拥有世界先进水平的活塞环设计和制造技术，以及国内仅有的来自日本和德国特殊加工和检测设备。

www.aqatg.com

中国联通有限公司安徽分公司

根据国家工信部、发改委、财政部2008年5月24日发布的第四次电信体制改革通告要求，按照联通总部统一部署，2008年10月30日，原安徽联通与原安徽网通成功完成融合重组，新公司名为：中国联合网络通信有限公司安徽省分公司。

www.ah165.net

安徽中鼎控股（集团）股份有限公司

中鼎控股（集团）公司创建于1980年，总部位于山清水秀的皖东南生态之城宁国市。经过近30年的艰苦创业，中鼎现已发展成为拥有总资产28亿元，员工1万余人，以机械基础件和汽车零部件为主导的国家大型现代化企业。

www.zhongdinggroup.com

安徽丰原生物化学股份有限公司

安徽丰原生物化学股份有限公司（以下简称“丰原生化”）是我国生化领域涉足农产品深加工的大型骨干企业、国家级农业产业化龙头企业，成立于1998年8月28日，1999年7月12日公司股票在深圳证券交易所上市（股票代码：000930）。

www.bbcagroup.com/

安徽鑫科新材料股份有限公司

安徽鑫科新材料股份有限公司为国家重点高新技术企业。公司成立于1998年9月28日，2000年11月22日，公司股票在上海证券交易所挂牌上市，简称“鑫科材料”，股票代码：600255。

www.ahxinke.com

铜陵精达特种电磁线股份有限公司

铜陵精达特种电磁线股份有限公司（简称精达股份）位于中国古铜都——安徽省铜陵市，1990年2月建厂，作为一家专业生产特种电磁线的制造商，精达股份经过20年的不断发展，已经成为中国最大、全球第四大的特种电磁线制造商。

www.jingda.cn

合肥供水集团有限公司

合肥供水集团有限公司前身是合肥水厂，创立于1954年，2001年8月22日由合肥市自来水总公司改制为国有独资有限责任公司，注册资本金9亿元人民币，是国家大型供水企业。

www.hfwater.cn

黄山工业泵制造有限公司

黄泵拥有自主的研发团队和高效的管理团队，拥有系统的市场营销网络和专业的服务队伍，拥有螺杆泵产品所需的专业、高精、大型、先进的加工和检测设备50余台套，拥有4.5公顷的厂区和13000平方米的现代化标准厂房。

www.cnhsby.com.cn

安徽省巢湖铸造厂有限责任公司

安徽省巢湖铸造厂有限责任公司（原安徽省巢湖铸造厂），隶属于安徽省皖中集团有限责任公司,1959年建厂，现为国家大型企业，全国机械行业重点企业，是铁道部生产铁道扣件及预应力混凝土轨枕的定点企业，中国紧固件工业协会常任理事单位。

www.chaozhu.cn

安徽伟宏钢结构有限公司

安徽伟宏钢结构有限公司是集设计、制造、安装为一体的国内大型钢结构工程营建商、材料制造商，是经国家住房和城乡建设部批准的钢结构工程专业承包壹级资质单位，市场覆盖全国乃至周边多个国家。

www.ahweihong.com

合肥三联彩板轻钢结构有限公司

合肥三联彩板轻钢结构有限公司创建于1998年，是合肥地区最早专业从事彩板夹芯板，彩钢瓦楞板，C型钢，H型钢生产和新型工业厂房，体育馆，办公用房，施工用房，楼顶加层，净化室，冷库和仓库等设计，生产，安装为一体的大型轻钢结构安装二级资质的综合企业。

www.sanlianjc.com

安徽省宁国诚信耐磨材料有限公司

安徽省宁国诚信耐磨材料有限公司成立于2002年4月，公司的主导产品铬合金铸球、铸段，经过几年的努力，现已发展成为具有年生产铬合金铸球、铸段4万吨，铸钢件1万吨的生产能力，进入耐磨材料大型企业行列，是铸造磨球国家标准的主要起草单位之一。

www.chengxincn.com

安徽八一纺织器材厂

www.81fq.com

安徽天鹅集团

安徽天鹅集团是安徽省民营企业的一颗新星，是一家以纺织（手工艺家纺）为主导产业，兼营电子工程、房地产开发、基础工程建设、生态农业、交通运输。

www.ahswan.com

安徽望宇纺织股份有限公司

安徽省望江县位于长江中下游北岸皖鄂赣三省交界处，有全国最大的支农港口——华阳港，近邻 206 、105 国道、沪蓉高速公路、京九铁路等，水陆交通十分便捷。望江县地处亚热带湿润季风区，气候温和，土壤肥沃，适于棉花种植，棉花低糖低脂、品质优良资源丰富，是全国优质棉生产基地县。

www.wygf.com

天长市万寿机械有限公司

安徽省天长市万寿机械有限公司位于美丽富饶的高邮湖畔，紧邻于扬州、南京，交通便利。公司现有员工 400 多人，其中工程技术人员 80 多人。公司占地面积 12 万平方米，其中建筑面积 4 万平方米。2002 年的销售收入 5000 万，被评为省明星企业。

www.wsjx-cn.com

安徽省华夏机床制造有限公司

安徽省华夏机床制造有限公司主要生产折弯机、剪板机、冲床及刃模具等产品，专业为航空、轻工、冶金、金工、建筑、汽车、电力、装璜等行业提供所需要的专用机械和成套设备、品种全、规格多，产品销往全国各地和东南亚地区。

www.hxjc.com.cn

安徽池州家用机床股份有限公司

安徽池州家用机床股份有限公司是安徽白鹰集团的母公司和核心企业。公司位于安徽省池州市贵池工业园通港路 66 号。占地面积 532 亩（35.47 万 m2）。公司创建于 1958 年，已有生产机械产品达 50 多年的悠久历史。

www.czjyjc.com

安徽东海机床制造有限公司

安徽东海机床制造有限公司（原东海机床厂）注册资金 3380 万，一直是致力于发展中国锻压行业的排头兵，专业化生产各系列液压折弯机、剪板机、冲床、卷板机等冲压、钣金加工设备的现代化省级明星企业。联系电话：0555-6767188

www.donghaimt.com

安徽双福粮油工贸集团有限公司

集团公司成立于 2003 年 11 月，是巢湖市规模最大的粮油农产品加工综合型企业，属省民营百强企业。先后被授予“安徽省农业产业化龙头企业”、“安徽省粮食行业排头兵企业”、“安徽省重合同守信用先进单位”、“全国放心粮油进农村社区先进单位”、“中国粮食行业AAA级信用单位”等荣誉称号。

www.chinashuangfu.cn

安徽临泉化工股份有限公司

安徽临泉化工股份有限公司位于安徽西北部，临泉县城东郊，北依泉河，西临106国道，东靠京九铁路枢纽站—阜阳站，水陆交通便利，地理位置优越。公司前身为临泉化肥厂，建于1970年，1994年改制为股份有限公司，2003年实现“两个置换”。

www.lqhg.com.cn

安徽四方集团有限公司

红四方兴建于上世纪50年代中期，党和国家领导人毛泽东、邓小平、陈云、陈毅、彭真、杨尚昆、朱镕基等先后来企业视察，给全体员工以极大的鼓舞和鞭策。

www.sifang-group.com

安徽珍珠水泥集团

安徽珍珠水泥集团（简称“安徽珍珠集团”）是一个以水泥生产为主业，集汽车运输、包装材料织造、机械加工、耐磨材料铸造、金融投资、工程服务于一体的大型民营企业。公司成立于2005年11月，注册资金3.5亿元人民币，主导产品年产优质“皖珍珠”牌水泥800万吨。

www.zzsn.net

安徽江淮泵阀有限公司

安徽江淮泵阀有限公司是安徽江淮(集团)股份有限公司的核心企业之一，位于长江之滨的皖东明珠——天长市，南与六朝古都南京接壤、东与人文荟萃的扬州相邻。公司始建于1984年，为设计、开发、生产各类泵阀产品的专业性企业。

www.jianghuai.net.cn

安徽电缆股份有限公司

安徽电缆股份有限公司地处安徽省东部的天长市，东邻扬州市，南靠南京市，交通便利，是专业生产电线电缆，集科技攻关、新品研发、制造营销、出口为一体的集团化公司。

www.anhuicable.com

安徽井中集团小保姆食品有限公司

安徽井中集团小保姆食品有限公司始建于1994年，是井中集团的核心支柱产业，是井中集团食品、日化、酿酒、制药四大支柱之一，现有员工486人，拥有大型现代化方便面生产线8条，日产方便面3万多件，年综合生产能力750万件，产值达一亿多万元。

www.xiaobaomu.cn

徽商银行股份有限公司

徽商银行是全国首家由城市商业银行和城市信用社联合重组设立的区域性股份制银行。徽商银行重组按照“6 + 7”方案进行整体设计，即由原合肥、芜湖、安庆、马鞍山、淮北、蚌埠6家城市商业银行和六安、铜陵、淮南、阜阳的7家城市信用社合并组建。徽商银行的成立，创造了中国城市商业银行改革中独具特色的“徽商模式”，掀起了中国城市商业银行群体新一轮改革的浪潮。

www.hsbank.com.cn

安徽迎驾彩印包装有限公司

安徽迎驾彩印包装有限公司是安徽迎驾集团的成员之一，系1996年8月由安徽迎驾酒业股份有限公司、佛子岭龙腾包装厂等四家共同出资组建的一家规范化股份公司。公司位于闻名遐迩的“亚洲第一坝”——佛子岭水库下游，依山傍水，环境怡人。

www.ahcaiyin.com

安徽文王酿酒股份有限公司

安徽文王酿酒股份有限公司位于号称"天下粮仓"之一的淮北平原，古时周文王第十子聃季载的封地沈子国，现安徽省阜阳市临泉县。公司的前身创建于1958年，现已发展成为拥有资产上亿元，占地600多亩，年创利税9000多万元的省白酒重点骨干企业。

www.wenwanggong.com

安徽皖酒集团

安徽皖酒制造集团有限公司始建于1949年，具有50多年酿造白酒的历史，是中国最大的酒业集团之一，安徽省白酒行业支柱企业，是民营股份制企业。注册资金1000万元，下属4个子公司。

www.wanjiu.com.cn

皖北煤电集团有限责任公司

皖北煤电集团有限责任公司是以采掘业为基础，以煤电化、煤炭物流、非金属材料开发为支撑的大型国有能源企业，是中国企业500强、安徽省属12户重点企业集团之一。前身是皖北矿务局，1984年5月经安徽省委、省政府批准成立，1998年9月改制为国有独资公司，总部位于宿州市，产业地跨三省区八地市。

www.wbmd.cn

合肥科振实业发展有限公司

合肥科振实业发展有限公司创建于1998年，是以工程机械零部件制造及大型结构件生产为主的高新技术企业，公司位于合肥经济技术开发区桃花工业园，占地10万平方米，厂房面积为4.5万平方米。现有员工800人，中高级技术人员120人。

www.hfkz.com

六安华源纺织有限公司

六安华源纺织有限公司（原安徽省六安纺织厂），位于安徽省六安市皋城路58号，创建于1958年，属国家大型棉纺织企业。全厂占地面积28万平方米，建筑面积14万平方米。现有生产规模为：纱锭10万锭，线锭11400枚，气流纺1300头，有梭织机660台，剑杆织机124台，喷气织机192台，剑杆织机124台及针织大圆机16台。其中FA506型细纱机、高速并条机、喷气织机、自动络筒机等设备均是国内先进水平。现有职工4000人，其中工程技术人员近300名。

www.lafz.com

安徽华泰电缆集团有限公司

华泰集团成立于2003年2月18日，下设安徽华泰仪表电气有限公司、安徽华泰电缆有限公司、北京华泰电缆销售有限公司、滁州华电自控设备成套有限公司和安徽华泰包装彩印有限公司。安徽华泰电缆有限公司坐落于美丽富饶的皖东明珠——安徽省天长市，东连扬州瘦西湖畔，南接历史文化名城南京，宁连高速公路贯穿境内。交通便利，信息畅通，为企业发展提供了优越条件。

www.huataicable.com

安徽益益乳业有限公司

安徽益益乳业有限公司坐落在风景秀美的淮河之滨，拥有安徽最大的纯天然平原牧场，5 0年专业奶牛养殖和乳品加工经验，凝练成今天安徽最大的优质奶源基地、乳制品加工基地和绿色食品基地，国家学生奶定点生产企业，安徽省唯一通过婴儿奶粉生产许可证的乳业企业。

www.yiyi-group.com

安徽皖南电机股份有限公司

公司创建于1958年，原名皖南电机厂。作为全国最早试制并生产国家推广的新型节能电机——Y系列三相异步电动机的企业之一，1983年即被国家机械部列为定点生产单位。

www.wnmotor.com

安徽华星化工股份有限公司

安徽华星化工股份有限公司是一家民营股份制企业。创办于1984年。1998年，企业改制为“安徽华星化工股份有限公司”。为了实现企业的跨越式发展，公司经过四年规划，两年运作。

www.huaxingchem.com

安徽华力建设集团有限公司

安徽华力建设集团创建于1989年6月，是一家集建筑安装工程和市政公用工程总承包、房地产开发、建筑设计、大型建筑施工机械设备租赁、劳务输出、物业管理和投资金融、下辖五个子公司的大型多元化民营股份制企业。

www.ahhuali.com

安徽华海特种电缆集团有限公司

安徽华海特种电缆集团有限公司位于无为县定兴工业区，系安徽华海特种电线电缆厂变更注册登记的企业，始建于1991年，现有员工860人，占地面积达26万平方米，注册资金2.88亿元，固定资产原值达7893万元。

www.china-ahhh.com

南京医药合肥天星有限公司

www.hftxyy.com

合肥美菱集团控股有限公司

美菱集团是以制造业为核心，集白色家电制造、健康家电推广、新材料研发、家电配套件加工及进出口、商贸、酒店等多元化为一体的大型企业集团，全国512户重点企业集团之一，连续8年进入中国500家最大工业企业行列，连续9年进入中国500家最佳经济效益企业行列。

www.meilinggroup.com

安徽华源医药股份有限公司

安徽华源医药股份有限公司是太和医药经营企业与中国华源集团强强联合成立的现代大型医药企业。是全国最大的医药集散地。

www.ahhyey.com

安徽星星轻纺（集团）有限公司

安徽星星轻纺（集团）有限公司由六安市星星轻纺制品有限公司为母体发起成立的。集团下设家纺用品、旅游用品、服装、制鞋、大麻科技研发五个分支公司，拥有固定资产2.1亿元。

www.ahxingxing.com

安徽省能源集团有限公司

安徽省能源集团有限公司是由省政府出资设立的国有独资公司，负责省级能源建设资金的筹集和投资管理，并对建设项目进行资产经营和资本运作。目前，集团公司以电力、天然气管输为主业。

www.wenergy.com.cn

天长市春辉仪表电缆厂

春辉集团座落在风景秀丽的鱼米之乡——安徽省天长市，下属上海亮吉自动化仪表有限公司、安徽春辉仪表线缆集团有限公司、天长市春辉仪表线缆有限公司、天长市永辉铜业 、天长市春辉热工仪器厂、春辉包装箱厂、春辉大酒店等企业，是一家集科、工、贸于一体的跨行业企业集团。 联系电话：0550-7571779

www.chjt.cc

安徽华能电缆集团有限公司

安徽华能电缆集团有限公司创建于1986年，坐落于皖江经济带上的无为坝湾工业区，北邻合肥，东部毗邻芜湖长江大桥，水陆交通十分便捷。

www.hncable.com

安徽金鼎集团

安徽金鼎锅炉股份有限公司始建于1958年，2004年12月进行股份制改造，成立安徽金鼎锅炉股份有限公司，是以设计制造电站锅炉、余热锅炉、垃圾焚烧锅炉、冶金设备和压力容器的装备制造企业。

www.j-ding.com

中国安徽飞达集团

安徽飞达集团创建于1993年9月18日，占地500余亩，是集CBB系列电容器、CFRP碳素管材、塑料制品及金属化薄膜、漏电保护器、轮胎模具等产品研发、制造和销售为一体的多元化企业集团。

www.feida-group.com

安徽丹凤集团

安徽丹凤集团座落在中国历史文化名城——安徽省桐城市，紧临206国道，北距合肥市100km，南距安庆市60 km，沪（上海）蓉（成都）、（北）京福（州）高速公路，合（肥）九（江）铁路均傍厂而过，交通极为便捷。

www.anhuidanfeng.com

安徽省天马泵阀集团

安徽省天马泵阀集团坐落于长江之滨的皖东明珠天长市，南接六朝古都南京，东与风景秀丽的扬州相邻，地处长三角南京都市圈及上海经济作区，地理位置优越，宁连高速公路和“312”省道贯穿境内，交通便捷，为研发新产品和拓展市场提供了优越的创业和发展环境。

www.ahtmbv.com

安徽辉隆农资集团股份有限公司

公司主营化肥、农药等农业生产资料的连锁经营业务，同国内100多家大中型化肥生产企业有战略合作伙伴关系，与30多个国家有贸易往来，实现年销售化肥180万吨，年销售收入40亿元。

www.ahamp.com

安徽国祯环保节能科技股份有限公司

安徽国祯环保节能科技股份有限公司（以下简称国祯环保）是安徽省第一家集污水治理、固体废物资源化等为一体的大型环保科技股份制企业。

www.gzep.com.cn

安徽鸿润（集团）股份有限公司

安徽鸿润（集团）股份有限公司创办于1991年，短短17年间，在夏吉国的带领下，公司由2万元资产、4个员工的乡间小厂发展成为总资产9.8亿元、2800多名员工的现代化企业集团，成为国家农业产业化优秀龙头企业、国家科技创新型星火龙头企业。

www.honren.com.cn

安徽出版集团

创新是企业生存发展的不竭动力。安徽出版集团几年来的发展实践最突出的就是创新，就是大力推动观念创新、内容创新、资本运营创新、经营模式创新、走出去发展创新和人才创新。

www.apgmart.com

安徽皖氟龙泵阀有限公司

安徽皖氟龙泵阀有限公司是国内专业致力于耐腐蚀泵、阀、管道等设备的开发生产及销售的大型企 业，是国内最早采用氟塑料制造泵阀的厂家之一，公司通过ISO9001国际质量体系认证，拥有丰富的制造经验、雄厚的技术力量、完善的检测手段、品种规格齐全、价格低廉实惠。

www.wflpv.com

安徽星马汽车股份有限公司

安徽星马汽车股份有限公司始建于1970年，是我国工程类专用汽车行业的重点骨干企业，于2003年4月在上海证券交易所成功上市。公司现有1000多名员工，总资产12.6亿元。

www.camc.biz

安徽攀登集团

安徽攀登集团坐落于安徽省桐城市、毗邻黄山、九华山等风景名胜，靠近京九铁路、沪蓉高速和206国道，交通便利，系安徽省五十强企业，省科技先导型企业。

www.cn-pd.com

安徽江淮银联重型工程机械有限公司

安徽江淮银联重型工程机械有限公司（以下简称江淮重工），是国内大型汽车集团公司——安徽江淮汽车集团有限公司（以下简称江汽集团）下属的控股子公司，公司专业从事叉式装卸车、挖掘机等工程机械开发和生产。

www.jaczg.com

安徽科苑控股有限公司

安徽科苑控股有限公司主要从事精细化工、塑胶型材、医药等产业。安徽科苑控股有限公司现拥有7家子公司、4家参股公司，总资产1.7亿元，员工500多人。

www.koyogroup.com

安徽安簧机械股份有限公司

安徽安簧机械股份有限公司是由原安庆汽车板簧集团有限责任公司整体改制，增资扩股变更设立的股份有限公司，注册资本4000万元。2007年资产总额3.1亿元，销售收入4.3亿元，利税4600万元。

www.aqbh.com

蚌埠金威滤清器有限公司

www.bbfilter.com

安徽省凤形耐磨材料股份有限公司

40多年的历史,8000元到六个亿的规模巨变,一个驰骋中外的国际品牌,两位杰出的企业家,从一个手工作坊开始起步,锻造成亚洲第一、世界第二的铸造行业尖端领袖！这就是中国铸造业的航母、亚洲最大的耐磨材料专业生产基地——安徽省凤形耐磨材料股份有限公司!

www.fengxing.com

安庆市月铜钼业有限公司

安庆市月铜钼业有限公司(原安庆市月铜冶金化工有限责任公司)是我国生产无卤阻燃剂系列和钼系列产品的专业厂家，年产无卤阻燃剂系列产品1500吨、钼系列产品2000吨。

www.aytchem.com

安徽泉盛化工有限公司

安徽泉盛化工有限公司是一个以合成氨生产为龙头，集化肥化工产品为一体的化工企业。公司位于滁州市定远县炉桥镇。

www.ahqshg.com

安徽海华化工有限公司

安徽海华化工有限公司是专门从事医药、染料、食品添加剂以及日用化学等中间体生产的技、工、贸为一体的中型化工企业，拥有自营进出口权。工厂南靠京沪铁路，西邻南洛高速公路，地理位置得天独厚，交通运输极为便捷。

www.haixinchem.com.cn

安徽省池州旷达冶金化工厂

本厂主要生产钼系列产品，配备加工钼酸铵,钼酸钠等化工产品的先进生产线，年生产能力达2500吨。本厂技术力量雄厚，测试手段先进，企业管理严谨，产品质量精益求精。

www.kdachem.com

安徽三星化工有限责任公司

安徽三星化工有限责任公司地处道教创始人老子故里——安徽省涡阳县，北依涡河，南接307省道，东靠徐阜铁路，西邻京九大动脉，有铁路专用线和自备码头，交通方便、位置优越。

www.sunsonchem.com

安徽富华集团

安徽富华集团是一家民营科技型出

口企业，注册资本2000万元，现有员工860人，工程技术人员82人，其中高级工程师10人，助理工程师20人，技术员52人。企业占地面积36万平方米，拥有资产2亿多元。

www.ahfhdz.com

安徽蓝德集团

www.landgroup.cn

安徽四创电子股份有限公司

安徽四创电子股份有限公司成立于2000年8月，位于合肥国家级高新技术产业开发区，是以中国电子科技集团公司第38所为主要发起人，联合中国物资开发投资总公司、中国电子进出口总公司等共同发起设立，以气象电子、通信导航、广播电视、公共安全等领域产品的开发、生产和销售为一体的软件企业和高科技上市公司。

www.sun-create.com

安徽一笑堂茶业有限公司

安徽一笑堂茶业有限公司是一家从事六安瓜片研发、生产、物流、销售及品牌建设与推广为一体的大型综合性公司，目前拥有优质茶叶基地数万亩，总部拥有核心骨干管理团队数百人。

www.ahyxt.com

安徽发强玻璃有限责任公司

安徽发强玻璃有限责任公司位于安徽省淮南市，是省内最大的日用玻璃生产基地在全国同行业中占有一席之地拥有年发展历史。公司现有瓶罐分厂、输液瓶分厂、口杯分厂、保温瓶分厂、玻璃原料分厂、模具分厂、泡花碱分厂、名酒销售中心等下属企业。

www.china-fqbl.com

安徽德力日用玻璃器皿有限公司

德力器皿1996年始建于江苏南通。2002年在中国改革开放的发源地、中国石英之乡——安徽凤阳注册成立安徽省德力玻璃器皿有限公司，专业从事日用玻璃器皿的生产、销售。

www.deliglass.com

合肥四方磷复肥有限责任公司

合肥四方磷复肥有限责任公司隶属中盐安徽红四方股份有限公司，其前身是安徽省江淮磷矿，安徽省第二大磷肥生产企业，有着40年肥料生产的历史。经过多次技改，设备先进，技术过硬。

www.hf-sf.cn

中钢集团安徽天源科技股份有限公司

中钢天源是中国中钢股份有限公司控股的上市公司，本着“致力磁业进步，满足顾客需求”的宗旨，经过不懈努力，中钢天源已发展成为国内外知名的上市公司。

www.ty-magnet.com

安徽古井国际葡萄酒有限公司

www.gj-graceman.com

安徽徽宁电器仪表集团有限公司

我公司技术力量雄厚，生产设备先进，检测手段完善，主要产品有：电力电缆、阻燃控制电缆、低烟无卤电缆、本安电缆、计算机屏蔽信号电缆、补偿电缆、耐高温防火电缆、硅橡胶电缆、各种规格的热工仪表、数显仪表、仪表管阀件、电缆桥架等，部分产品获省优。

www.hn999.com

安徽水安建设发展股份有限公司

安徽水安建设发展股份有限公司由安徽省水利建筑安装总公司改制设立，注册资本 5002.6 万元，总资产 6 亿元，年施工能力逾 30 亿元。公司持有水利水电、房屋建筑、市政公用 3 个工程施工总承包一级资质。

www.sagf.cn

中国康辉旅行社集团有限责任公司

中国康辉旅行社集团有限责任公司（原中国康辉旅行社总社）是国家特许的经营中国公民出境旅游的组团社，经营范围包括入境旅游、出境旅游、国内旅游及会奖商务、差旅管理等全方位的旅游服务。

www.ahcct.com

安徽新华集团投资有限公司

安徽新华集团秉承“教育兴国、产业惠民”的崇高使命，已发展成为一家集教育、科技、房地产开发、物业投资、金融投资于一体的跨地区、跨行业的现代化企业集团，在全国拥有各类院校及公司 40 多家，员工 6000 余人。

www.xhgroup.cn

安徽省交通投资集团有限责任公司

安徽省交通投资集团有限责任公司（以下简称集团公司）是省政府授权经营的大型国有独资公司，2001 年 5 月 28 日正式挂牌成立。至 2009 年年底，集团公司总资产达 300 亿元，拥有全资、控股公司 18 家。

www.apci.com.cn

合肥阳光电源有限公司

合肥阳光电源有限公司是一家专注于太阳能、风能等可再生能源电源产品研发、生产和销售的高新技术企业。主要产品有光伏逆变器和控制器、风机变流器、回馈式节能负载、电力系统电源等，并提供系统解决方案的设计及技术服务，是我国最大的光伏电源产品的研发生产企业。

www.sps-cn.com

安徽合力股份有限公司

公司目前主要经营叉车、装载机、

工程机械、矿山起重运输机械、铸锻件、热处理件制造及产品销售。金属材料、化工原料（不含危险品）、电子产品、电器机械、橡胶产品销售；机械行业科技咨询、信息服务等业务；房产、设备资产租赁。

www.helichina.com

合肥百货大楼集团股份有限公司

合肥百货大楼集团股份有限公司前身系合肥市百货大楼，始建于1959年8月25日，1993年改制为股份有限公司，1996年8月公司股票“合肥百货（000417）”在深圳证券交易所上市，是迄今为止安徽省唯一的商业上市公司。

www.hfbh.com.cn

中盐东兴盐化股份有限公司

中盐东兴盐化股份有限公司 是由中国盐业总公司控股、安徽省盐业总公司、安徽省定远盐矿参股的中直国有企业。安徽省唯一的国家食盐定点生产企业，全国出口盐基地之一。为“省级文明单位”，国家级“重合同、守信用”企业。

www.zydxyh.com

安徽安凯汽车股份有限公司

安徽安凯汽车股份有限公司（以下简称“安凯公司”）成立于1997年7月22日，7月25日在深圳证券交易所挂牌上市（股票代码000868），其前身合肥淝河汽车制造厂始建于1966年。截至2008年，公司拥有总资产30亿，客车及底盘年综合生产能力14200辆，员工3000余人。

www.ankai.com

安徽盛运机械股份有限公司

安徽盛运机械股份有限公司简称“盛运股份”，创建于1997年，主营业务为城市生活、医疗垃圾焚烧发电尾气净化处理设备及干法脱硫除尘一体化设备和各种系列输送机械产品。公司自1997年7万元起家，经过13年的艰苦创业、创新发展至今现拥有总资产约6.5亿元，注册资金9563万元。

www.sy-168.com

安徽鑫龙电器股份有限公司

安徽鑫龙电器股份有限公司系国家级高新技术企业，公司位于芜湖市经济技术开发区九华北路118号，注册资本为人民币11000万元。法定代表人、董事长束龙胜，公司具有年产50000台（套）新型电控及输配电设备和工业自动化系统设计及装置能力，公司产品连续多年进入全国批城乡电网建设改造推荐目录，公司拥有自营进出口权。

www.ah-xinlong.com

安徽安利集团

安利公司在中国塑料成型及聚氨酯新材料产业向国际化发展的过程中，从意大利、韩国、中国台湾引进了具有国际领先水平的生产设备和工艺，以丰富的经验和技术，生产经营中高档人造革、合成革和聚氨酯树脂。

www.chinapuleather.com

安徽富煌建设有限责任公司

安徽富煌建设有限责任公司（以下简称富煌集团）前身为巢湖市菱镁制品厂，始建于1987年，1997年按照现代企业制度规范改制，建成现在的富煌集团。位于巢湖之滨，省级重点开发区——巢湖市富煌工业园。

www.fuhuang.com

黄山金马股份有限公司

黄山金马股份有限公司位于世界风景名胜黄山南麓，地处人文历史深厚的国家历史文化名城——徽州古城歙县，系民营控股的上市公司。股票简称：金马股份；证券代码：000980；注册资本：3.17亿元。

www.hsjinma.com

安徽双轮酒业有限责任公司

双轮酒业系国家大型一档企业，全国浓香型白酒第二协作会副会长厂，全国浓香型大曲酒最好的生产基地之一。现有大曲发酵池近20000条，其中具有百年历史的老窖池5000条，年产各类优质白酒6万多吨。

www.shuanglun.com

安徽华星电缆集团有限公司

市場竞争的实质就是人才的竞争。对此，集团在高端人才的使用上确立了“不求所有，但求所用，不求所在、但求所得”的引才观念。

www.ahhx-china.com

安徽全力集团

安徽全力集团坐落在安徽省潜山县境内，其前身是一个由4万元贷款起步的乡办火柴厂，历经三个发展阶段，第一阶段（1984年至1989年）是企业初创阶段；第二阶段（1990年至1993年）是企业起跳、快速发展时期；第三阶段（1994年至今）上企业超常规模发展、大规划扩张阶段。

www.quanli.com.cn

扬子空调

扬子空调总公司位于安徽省滁州市经济技术开发区城东工业园，毗邻宁洛高速公路和104国道，是一个拥有20余年专业技术和经验、国内最早的空调器生产企业之一。目前公司主要生产家用空调、商用空调和空气能热泵热水器三大主导产品。

www.yanz.com.cn

安徽阜阳建工集团有限公司

安徽阜阳建工集团有限公司创建于1955年，在册职工3000多名，其中各类经济技术人员1000多名，具有中高级专业技术职称的近400名，有资质的建造师、项目经理近300名。阜阳建工具有房屋建筑工程施工总承包一级资质和对外经营资质，市政工程、机电安装工程总承包，消防、装饰装修、地基基础、钢结构、起重设备安装专业承包等21项资质。

www.fyjg.cn

安徽八一化工股份有限公司

公司拥有员工1800余人，各类专业技术人员421人，总资产10.6亿。公司下设8个化工车间、3个辅助车间、2个专业化污水处理厂。公司主要生产装置有：12万吨/年离子膜烧碱、12万吨/年氯化苯、10万吨/年盐酸、8万吨/年合成盐酸等。

www.bayichem.com

安徽铜峰电子股份有限公司

安徽铜峰电子集团有限公司的前身是个服装小厂，经过30多年的艰苦创业，现已发展成为国家大型工业制造企业，国家重点高新技术企业，国家火炬计划——铜陵电子材料产业化基地内重点骨干企业。

www.tong-feng.com

安徽曙光化工集团

安徽曙光化工集团成立于1995年10月，由母公司安徽省安庆曙光化工(集团)有限公司及其全资、控股的8家子公司共同组建而成，是以氰化物产品为龙头，集科、工、贸于一体的企业集团，为全国乃至亚洲规模最大的氰化物生产基地、中国首家《国际氰化物管理规范》认证企业。

www.sgchem.com

合肥丰乐种业（集团）股份有限公司

丰乐种业是中国种子行业第一家上市公司，被誉为“中国种业第一股”，股票代码：000713，注册资本2.25亿元，净资本4.9亿元。公司是一家以种业为主导，跨地区、跨行业的综合性公司，综合实力与规模居中国种子行业前列。

www.fengle.com.cn

安徽国华投资集团有限公司

安徽国华投资集团有限公司是一家集煤炭资源的开发与经营、煤化工、生物质能源、现代医药、水务工程等多行业、多元化投资集团。

www.ahghjt.com.cn

安徽大平工贸（集团）有限公司

安徽大平工贸（集团）有限公司，是总部位于巢湖市的一家民营集团企业，注册资金4660万元，主营油脂加工、贸易，兼营特种养殖、中药材加工、生态旅游和房地产开发等。2008年总资产已达4亿元，员工千余人。

www.daping.com.cn

安徽应流集团

应流集团创始人杜应流先生，上个世纪70年代末从一个人、一辆车起步艰难创业，到90年代初转产铸造，并逐步延伸产业链，创立了享誉国内外机械行业的零部件供应企业——应流集团。

www.yingliugroup.com

安徽迎驾集团

安徽迎驾集团系安徽省大型骨干企业，位于霍山县佛子岭水库风景区，依山傍水，风光旖旎。集团下辖酿酒、彩印、饮料、五金制品、玻璃、陶瓷等18个较大规模的法人公司，占地面积100万平方米，员工万余人。集团建有“博士后科研工作站”，先后荣获“全国文明单位”、“全国精神文明建设先进单位”、“全国五一劳动奖状”、“安徽省先进集体”等荣誉称号。

www.yingjia.cn

安徽口子酒业股份有限公司

濉溪酿酒，迄今已有两千余年历史，经稽考，鲁昭公七年，宋侯为列国盟主，曾歃血饮酒会诸侯于渠，所饮之酒就是“口子”。到了元代，口子古镇的酿酒业已经发展到一定规模，成为中原酒业中心。明清时期，口子酒更是名冠大江南北。

www.kouzi.com

安徽皖王面粉集团有限公司

安徽皖王面粉集团有限公司成立于1997年，总部坐落于苏、鲁、豫、皖四省交界的国家优质商品粮食基地——宿州市萧县黄口镇。皖王集团的发展得益于国家的支农政策，得益于我省的资源与环境优势。

www.wanwangmf.com.cn

安徽昊源化工集团有限公司

安徽昊源化工集团有限公司是由原安徽阜阳化工总厂改制而成的大型化工企业。现有员工3000余人。公司拥有总资产15.9亿元，年销售收入20亿元以上。主要产品有年产合成总氨80万吨、尿素60万吨、碳酸氢铵40万吨、甲醇30万吨、吗啉2万吨、双氧水5万吨、余热发电30MW以及塑料编织袋、工业（医用）氧气、溶解乙炔等。

www.chinahaoyuan.com

安徽庆发集团

安徽庆发集团始建于1986年，属自营进出口企业。涉及柳编、饮品、机械铲运、纸业、餐饮、矿产、粮油加工等产业，总资产5.6亿元，现有紧密型职工8400多人，主营产业柳编生产覆盖沿淮20个乡镇，辐射苏、鲁、豫、浙、鄂、闽等省市，在省内外建立30多个直属分厂，60多个生产点。

www.qingfahu.com

安徽全柴集团有限公司

安徽全柴集团有限公司成立于1949年，是一家集研发、生产、经营、外贸、投资为一体的多元化大型企业集团，公司目前拥有全柴动力、天利动力、天和机械、欧波管业、锦天机械、安徽福联房地产开发公司等数家全资、控股子公司。

www.quanchai.com.cn

安徽华菱电缆集团有限公司

www.ahhldl.com

安徽金种子集团有限公司

安徽金种子集团有限公司是具有国有投资主体和授权经营资格的国有大型企业集团，控股一家上市公司、投资20亿元建管一条高速公路，下辖10家全资、控股子公司，总资产26.6亿元，净资产10.6亿元，职工8000人；经营范围主业为白酒，以及房地产、制药、制革等产业。

www.jzz.cn

新锦丰企业投资集团

安徽新锦丰集团成立于2004年，总部位于安徽萧县，是一家主营方便面、面粉、调味料、脱水蔬菜等农副产品深加工，兼营采矿、酿酒、设备制造和房地产开发等领域的大型民营企业集团。

www.sunjinfeng.com

安徽江淮电缆集团有限公司

安徽江淮电缆集团有限公司（原安徽江淮特种电缆厂）集电线电缆设计和开发、制造和销售为一体，主产“江淮”牌耐高温电缆、耐热硅橡胶防腐电缆、耐高温防火电缆、计算机电缆、信号电缆、电力电缆、控制电缆、高压交联电缆、矿用电缆、船用电缆、补偿电缆、变频器电缆、通用橡套软电缆、管道恒温伴热电缆等十八个系列近千种品种。

www.jhcable.com

黄山永佳（集团）有限公司

黄山永佳（集团）有限公司是国家大型一档企业，是国家火炬计划重点高新技术企业，安徽省企业50强、黄山市最大的工业企业，公司坐落在著名的旅游城市黄山市。

www.yongjiachina.com

安徽进出口股份有限公司

安徽进出口股份有限公司创建于1979年，是专营进出口贸易公司，是中国六大进出口商会会员，年进出口额逾亿美元。自1989年始连续多年被国家外经贸部（现为商务部）评为“全国外贸500强”。公司1999年顺利通过ISO9001质量体系认证，银行税务信用等级AAA。

www.aniec.com

安徽省外经建设集团有限公司

安徽省外经建设（集团）有限公司是以经营国内国际建筑工程施工、建筑设计、港口码头建设、房地产开发国际劳务合作、国际贸易、连锁超市、宾馆酒店、温泉旅游度假等业务为主的大型综合性企业，具有房屋建筑工程施工总承包和机电安装工程施工总承包一级，以及装修装饰专业承包一级。

www.afecc.com

安徽皖维集团有限责任公司

安徽皖维集团有限责任公司系安徽省国有资产监督管理委员会管辖的大型一档企业，省50户重要骨干企业。其前身是安徽省维尼纶厂，始建于1969年，为国家“四五”期间投资建设的重点项目，1983年竣工验收，2002年改制为安徽皖维集团有限责任公司。

www.wwgf.com.cn

安徽省司尔特肥业股份有限公司

安徽省司尔特肥业股份有限公司位于省级宁国经济技术开发区，是一家集磷复肥生产、各类化肥贸易为一体的现代化高科技股份公司。公司辖有宁国、宣城两大化肥生产基地。

www.sierte.com

芜湖恒鑫铜业集团有限公司

芜湖恒鑫铜业集团有限公司是一个以铜精炼和铜加工为主的大型企业，铜综合生产能力为12万吨，多次荣列国家500家最大经营规模企业和安徽省工业企业50强排行榜，是安徽省首批质量最佳企业和重合同守信用企业，并被安徽省科委认定为高新技术企业，被安徽省经贸委确定为技术创新试点企业。

www.hxty.com.cn

安徽山鹰纸业股份有限公司

安徽山鹰纸业股份有限公司是安徽省最大的包装纸板生产企业和国家大型一档造纸工业企业，同时是国家火炬计划重点高新技术企业和科技部技术创新重点联系企业，生产规模和经济效益连续多年稳居安徽省造纸行业首位和国内同行业前列。

www.shanyingpaper.com

安徽淮化集团有限公司

安徽淮化集团有限公司是皖北煤电集团控股的大型煤化工企业，为国家六部委倡导成立的、中国新一代煤化工产业技术创新联盟发起人和理事单位。

www.hhjt.com.cn

安徽古井集团有限责任公司

古井集团是中国老八大名酒企业，是中国第一家白酒类上市公司安徽古井贡酒股份有限公司的母公司，坐落在历史名人曹操与华佗故里——安徽省亳州市。

www.gujing.com

大唐淮南田家庵发电厂

安徽电力股份有限公司淮南田家庵发电厂始建于1941年，至今已有60多年的历史，先后经过了7期扩建和技术改造。

www.tjafdc.com

安徽省烟草专卖局（公司）

位于华东腹地、横跨长江、淮河流域的安徽省，辖区面积13.96万平方公里，常驻人口常住人口6118万人。在这片历史悠久、山川秀美、人杰地灵的土地上，1980年10月，安徽省烟草工业公司成立，开全国烟草行业先河，实现产供销、人财物、内外贸统一管理，翻开了安徽烟草经济发展的新篇章。

www.ahyc.com.cn

大唐淮南洛河发电厂

大唐淮南洛河发电厂始建于1982年，现装机容量为244万千瓦，机组规模为4台30万千瓦亚临界发电机组、2台60万千瓦超临界发电机组，分为三期建成。拥有500KV、220KV升压站各一座，500KV输电线路四条（其中洛繁线为安徽省第一条500KV输电线路）、220KV输电线路六条，是华东电网的主力发电厂之一。

www.dtahld.com.cn

安徽华茂集团有限公司

中国棉纺织精品生产基地——安徽华茂股份有限公司是有着50年历史的国有控股的上市公司（股票代码：000850）。现有本部及3个工业园，集纺织、烧毛丝光染色、服装、典当拍卖、金融投资等多元化经营。

www.huamao.com.cn

安徽天大企业（集团）有限公司

安徽天大企业（集团）有限公司系全国重点高新技术企业、国家级守合同重信用企业，省级文明单位，始建于1986年。集团公司下设安徽天大石油管材股份有限公司(股票代码：HK839)、安徽天大(集团)股份有限公司、安徽天大企业集团塑料复合制品有限公司、安徽天大电子科技股份有限公司等十余家企业。

www.tianda-group.com

安徽长江钢铁股份有限公司

安徽长江钢铁股份有限公司（原名马鞍山市长江钢厂）坐落于马鞍山市当涂县太白镇龙山桥工业园，紧靠205国道、皖赣铁路及长江黄金水道。公司组建于2000年初，是在原龙山桥钢铁总厂的基础上，紧紧依托本地丰富的矿产资源和交通便捷的区位优势，通过招商引资，吸收东部企业承包的发展理念，实施为大型钢铁企业产品错位发展的战略，而逐步发展壮大起来的。

www.ahcjgt.com

中铁四局集团第一工程有限公司

铁四局第一工程有限公司为具有承担高速公路、汽车试验场、大型桥梁、长大隧道、机场、市政、国家铁路干线及大型土石方工程总承包施工能力的国家一级企业。公司在册职工1908人。其中，管理人员418人、高中级技术、经济管理人员121人。

www.ctceone.com

中国中铁四局集团第四工程有限公司

中国中铁四局集团第四工程有限公司（前身为铁道部第四工程局第四工程处）是具有综合施工能力的国有控股大型企业，具有市政公用工程施工总承包壹级、公路工程施工总承包壹级、桥梁工程专业承包壹级、隧道工程专业承包壹级、公路路基工程专业承包壹级、铁路综合工程施工总承包贰级。

www.ctcefour.com

铜陵化学工业集团有限公司

铜陵化学工业集团有限责任公司成立于1991年，是在原化工部和安徽省人民政府、铜陵市人民政府的倡导和支持下，由原铜陵市新桥硫铁矿、铜陵磷铵厂、铜陵市铜官山化工总厂和铜陵市有机化工厂等4家化工企业实行强强联合组建起来的国家大型化工企业集团。

www.tlchem.com.cn

安徽新华发行（集团）控股有限公司

安徽新华发行集团是2002年9月，经安徽省委、省政府同意和中宣部、新闻出版总署批准，在原安徽省新华书店和安徽省外文书店基础上创立的大型文化企业集团；2004年3月，集团正式实施“管办分离”，全面进入市场；2006年，省委、省政府把发行集团列为全省文化体制改革试点单位，并明确作为全省重点培育的三大文化产业集团之一。

www.ahsxhsd.com

合肥荣事达集团有限责任公司

荣事达集团是中国知名的家电企业集团，集团产品线涉及白色家电、黑色家电、系列小家电、新型能源、汽车配件、包装、电动自行车、太阳能热水器、新型建材等多个产业。荣事达集团拥有“中国名牌”和“中国驰名商标”——“荣事达 --Royalstar”。

www.rsd.com.cn

安徽省高速公路控股集团有限公司

安徽省高速公路控股集团有限公司是国有独资公司，注册资金 45 亿元，为安徽省最大的交通基建与运营企业。公司的前身为成立于 1992 年 12 月的安徽省高速公路总公司。2010 年 1 月 12 日，经安徽省国资委批复同意，实施公司制改革，成立集团公司。

www.anhui-highway.com

安徽楚江投资集团

安徽楚江投资集团始创于1999年，下设五个事业部，现有员工 4000 余人，至 2008 年末总资产 16 亿元，净资产 7 亿元，控股子公司 10 余家，其中精诚铜业为上市公司。

www.truchum.com

安徽叉车集团有限责任公司

安徽叉车集团有限责任公司始建于 1958 年，位于安徽省会合肥市，公司注册资本 1.3 亿元，占地 2300 多亩，员工 6500 人，主营业务为叉车、工程机械及工程机械变速箱、驱动桥、转向桥、高品质铸件、工程油缸、变矩器等关键部件的研发、制造与销售。

www.heliforklift.com

安徽丰原集团

丰原集团是国内生物化工、生物能源和生物制药方面的大型科技产业型公司，是国家级创新型企业、国家级高新技术企业、国家科技兴贸创新基地，在职员工约 8200 人。

www.bbcagroup.com

安徽建工集团有限公司

安徽建工集团有限公司（以下简称安徽建工集团）是以工程总承包为主，集建筑科研、咨询、监理、设计、房地产开发、公路、桥梁、隧道、港口航道、市政环保、工业设备安装、装饰、建机建材、人才培养、劳务输出等为一体的跨行业、跨国经营的大型企业集团，也是目前安徽省唯一拥有建设部批准的房屋建筑施工总承包特级资质的大型建筑施工企业。

www.aceg.com.cn

中国移动通信集团安徽有限公司

中国移动通信集团安徽有限公司（以下简称“安徽移动”）成立于 2002

年7月1日，全面负责省境内“139、138、137、136、135、134”及“159、158”国家公众移动电话网的发展规划、建设维护和经营服务。在省党委、政府、行业主管部门的指导以及中国移动集团公司的直接领导下，积极贯彻省以信息化带动工业化、实现经济跨越式发展的总体战略，转变思路，创新发展，努力把企业做大做强。

www.ah.chinamobile.com

安徽中烟工业公司

安徽中烟工业公司隶属国家烟草专卖局（中国烟草总公司）。2003年4月，率先实现工商分设，成立全行业首家省级中烟工业公司；2006年5月，完成与所属卷烟工业企业的联合重组，实现了从行政管理机构向生产经营实体的转变。

www.ahycgy.com.cn

淮北矿业集团有限责任公司

淮北矿业（集团）有限责任公司坐落在安徽省淮北市，踞苏鲁豫皖四省接连之要冲，卧黄淮海之腹地，北接齐鲁，南连江淮，横跨淮北、宿州、亳州三市，是以煤炭和煤化工产品生产为主，多种经营、综合发展的特大型企业集团。

www.hbcoal.com

安徽江淮汽车股份有限公司

安徽江淮汽车股份有限公司（简称江淮汽车），是一家集商用车、乘用车及动力总成研发、制造、销售和服务于一体的综合型汽车厂商。公司前身是创建于1964年的合肥江淮汽车制造厂。1999年9月改制为股份制企业，隶属于安徽江淮汽车集团有限公司。

www.jac.com.cn

安徽省徽商集团有限公司

安徽省徽商集团有限公司是由原安徽省物资局整体改制，并与原安徽省商务厅所属企业合并重组而成，是国家重点培育的20家大型流通企业之一，连续8年跻身中国企业500强，居安徽企业第4位。

www.huishang.com.cn

淮南矿业集团有限责任公司

www.hncoal.com.cn

奇瑞汽车股份有限公司

奇瑞汽车股份有限公司于1997年1月8日注册成立，现注册资本为36.8亿元。公司于1997年3月18日动工建设，1999年12月18日，第一辆奇瑞轿车下线；以2010年3月26日第200万辆汽车下线为标志，奇瑞进入打造国际名牌的新时期。

www.chery.cn

安徽海螺集团有限责任公司

1997年9月1日，安徽海螺集团有限责任公司以其所属的宁国水泥厂和白马山水泥厂与水泥生产经营的相关资产出资，独家发起成立安徽海螺水泥股份有限公司，主要从事水泥及商品熟料的生产和销售。公司产销量已连续11年位居全国第一，是目前亚洲最大的水泥、熟料供应商。

www.conch.cn

安徽省电力公司

安徽省电力公司是国家电网公司全资子公司，承担着优化全省能源资源配置、满足经济社会发展电力需求供应的重要职责。主要从事电网建设、生产、经营、科研、设计和培训等业务。

www.ah.sgcc.com.cn

铜陵有色金属集团控股有限公司

www.tnmg.com.cn

马钢集团

马钢是中国特大型钢铁联合企业和重要的钢材生产基地，隶属安徽省管辖，主营业务为黑色金属冶炼及其压延加工与产品销售、钢铁产品延伸加工、矿产品采选、建筑、设计、钢结构、设备制造及安装、技术咨询及劳务服务等，其中钢铁生产业务集中于马鞍山钢铁股份有限公司。

www.magang.com.cn

安徽济人药业有限公司

安徽济人药业有限公司成立于2001年，现有员工800多人，占地面积300多亩，总建筑面积6万多平方米。主要生产设备、仪器3600多台套，均具国内领先水平。银行信用AAA级。

www.ahjiren.com

合肥美菱股份有限公司

合肥美菱股份有限公司是中国重要的电器制造商之一，拥有合肥、绵阳和景德镇三大冰箱（柜）制造基地。公司主导产品美菱冰箱是首批中国名牌产品，国家出口免验产品。

www.meiling.com

安徽真心食品有限公司

安徽真心食品有限公司成立于2000年9月，主要从事食品炒货的加工与销售；公司成立10年来，已陆续建立安徽、内蒙古、黑龙江三座生产基地，同时在北京、重庆、合肥、广东建立了四个分装厂；公司在全国所有省份建立了分公司（子公司）或办事处，销售网络遍布全国城乡各个角落；公司拥有自营进出口权，产品自行出口东南亚、中欧、北美等20多个国家和地区。

www.truelovefoods.com

安徽燕之坊食品有限公司

安徽燕之坊食品有限公司成立于

2001年5月，是一家集生产、销售、研发于一体的现代化粗粮食品综合型企业。公司凭借专业的粗粮加工技术和“燕之坊”、“山野香”等知名品牌而享誉全国。

www.yanzhifang.com

合肥华泰集团股份有限公司

合肥华泰集团股份有限公司成立于1995年，现已发展成为以休闲食品、农业产业化、房地产等产业为支柱的综合性企业集团，集团注册资本1.8亿元，资产规模20亿元。

www.huataigroup.com

合肥长城制冷科技有限公司

合肥长城制冷科技有限公司是专门生产制造制冷配套件的企业。成立于1998年，位于国家级合肥经济技术开发区，占地面积100000平方米，资产总额达1.5亿元，公司现有员工1000人，其中高级管理人员及工程技术人员200余人。

www.ccgwr.com

合肥天鹅制冷科技有限公司

合肥天鹅制冷科技有限公司（简称“合肥天鹅”），隶属于中国航空工业集团公司，始创于1974年。公司目前拥有一支近800人的高学历（博士4人，硕士20余人）、高素质的员工队伍，拥有一支近200人的专业设计师队伍。

www.srtc.com.cn

恒大自控集团

安徽恒大自控集团是安徽省“专、精、特、新”100强企业。设立有自动化、电机、电泵、机电产品检测实验公司以及现代化的省级技术中心和党委。

www.hdzk.com

安徽科大讯飞信息科技股份有限公司

安徽科大讯飞信息科技股份有限公司是一家专业从事智能语音及语言技术研究、软件及芯片产品开发、语音信息服务及电子政务系统集成的国家级骨干软件企业。是我国众多软件企业中为数极少掌握核心技术并拥有自主知识产权的企业之一，其智能语音核心技术代表了世界的最高水平。

www.iflytek.com

安徽国风塑业股份有限公司

国风塑业是是安徽省15家重点扶持的企业之一、全国最大的综合塑料加工基地之一，国家级重点高新技术企业、国家质量信誉AAA等级企业、中国企业管理科学实验基地、国家级重合同守信用企业、优秀出口企业。联系电话：0551-65312698

www.guofeng.com

芜湖亚夏汽车股份有限公司

安徽亚夏实业股份有限公司在各级领导、社会各界、广大用户的关心、支持、帮助下，在创始人周夏耘的带领下，全体亚夏人经过20多年的艰苦创业和精心运作，已经发展成为以汽车销售为龙头，向汽车服务业延伸科、工、贸一体化的大型商贸企业。

www.yaxia.com

安徽新亚特电缆集团有限公司

安徽新亚特电缆集团有限公司坐落在风景秀丽的长江之畔、黄山北侧的安徽省无为高沟工业园内。公司产品广泛应用于石油、化工、电力、冶金、军事、航天、船舶、建筑等行业，并拥有自营进出口权，产品畅销全国并出口到北非、中东、独联体等地区。联系电话：+86-0565-6880688 6860222

www.xinya-cable.com

安徽天馨集团

安徽天馨集团始创于1991年。集团总资产1.29亿元，占地面积205.5亩，是农业产业化国家重点龙头企业，国家守合同重信用单位，中华全国总工会再就业示范基地，全国创名牌重点企业，省旅游商品定点生产企业，省政府重点培育的100户“专、精、特、新”企业，省A类纳税信誉等级企业。联系电话：0556-2180022 2173430 2178568

www.tianxinchina.com

绿宝电缆集团（安徽星晨线缆有限公司）

安徽星晨线缆有限公司隶属于中国绿宝电缆（集团）有限公司。中国绿宝电缆（集团）有限公司是一个多元化产业结构的特大高科技民营企业，注册资金2.48亿人民币、综合经济实力位列中国电线电缆行业核心位置，是一个跨地区、跨行业、跨所有制、跨国界的现代化企业集团。联系电话：0550-7300399

www.tzdlw.com

合肥星通橡塑有限公司

合肥星通橡塑有限公司成立于2002年1月31日，注册资金：460万美元，是一家集汽车零部件设计、开发、制造、销售为一体的制造型企业，主要产品：汽车仪表台、保险杠、门板及汽车车内、外饰部件等。联系电话：0551-66773566

www.doers-cn.com

合肥金星机电科技发展有限公司

合肥金星机电科技发展有限公司（原合肥金星机电应用技术研究所）成立于1992年，坐落于风景秀丽的合肥国家高新技术产业开发区，占地约6000平方米，是集科工贸为一体的省级高新

技术企业。2005年企业完成整体改制，重新登记注册为有限责任公司。联系电话：0551-65324828

www.goldstar-china.com

安徽金光机械集团股份有限公司

安徽金光机械集团股份有限公司是集研制、开发、生产、销售于一体的国内最大的凸轮轴、曲轴、气门等内燃机零部件专业公司，现为国家中型企业，中国机械500强企业，国家火炬计划重点高新技术企业，安徽省明星企业，部级、省级先进企业，省质量最佳企业，省质量管理奖单位，二级计量合格单位，省国地税"A级纳税信用企业"，省级"守合同重信用"单位，中国汽配工贸集团企业，ISO/TS16949:2002质量管理体系认证企业，是具有自营进出口权资格企业。联系电话：0556-6665138

www.ahjinguang.com

安徽淮北天宏集团

安徽淮北天宏集团是一家集科研、农产品加工、饲料于一体，下属3家全资公司和3家合资公司的民营化股份制企业集团。企业总资产近2亿元，公司拥有省级企业技术中心，是安徽省农业产业化重点龙头企业、粮食产业化"十强"重点龙头企业、省100户"专、精、特、新"重点培育企业、国家农产品加工企业创新机构。联系电话：0561-3011817

www.tihong.com

马鞍山市沪马机械设备有限责任公司

鞍山市沪马机械设备有限责任公司成立于80年代初专业生产剪板机刀片、折弯机模具、剪板机配件、机械刀片、圆形刀片、圆刀、圆刀片、圆形刀片、圆刀具、圆形刀具、机械刀具、机械刀片、圆刀分切机上下园刀片、圆刀分纸圆刀片、分条圆刀片、工业圆刀、联系电话：86 555 6064000

www.humajixie.com

安徽氯碱化工集团有限责任公司

安徽氯碱化工集团有限责任公司系国有股份制企业，位于合肥市二环路东边，北靠淮南铁路，南临淝河，经巢湖入长江可直达江苏、上海、浙江等地，东有合宁、合芜、合徐、合界高速公路，通往全国各地。联系电话：0086-551-64528215

www.acacg.com

安徽省稼仙米业集团有限公司

安徽省稼仙米业集团有限公司成立于2001年8月。公司坐落在全国十大优势农产品（水稻）产业带上，是一家集粮食订单种植、加工销售、食品生产、

印刷包装、物流配送等为一体的综合型民营企业，拥有1个母公司、5个子公司，11个成员企业，总资产2.25亿元，注册资金5000万元，员工1420人。联系电话：0556-4668888 5161288

www.ahjxjt.com

马鞍山市黄池食品（集团）有限公司

公司位于马鞍山市农业重镇——黄池镇。镶南京、芜湖、马鞍山城市群之中，山清水秀，气候宜人，四通八达，素有江南鱼米之乡的美称，占地16公顷，职工1200多人，从事农产品食品加工，集种养植（殖）、加工、销售为一体，旗下有茶干（全国豆制品20强）、面条、糕点、酱品、酱菜、粮油等10个分厂及1个万头养猪场和22个产品直销门市部。联系电话：0555-6191221

www.jcdsp.com

第七篇 7

徽商发展大事记

2013 年安徽民营经济十件大事

1．省委、省政府召开全省发展民营经济大会

2 月 22 日，省委、省政府在合肥隆重召开全省发展民营经济大会。会议表彰了 6 个发展民营经济先进市、36 个发展民营经济县（市、区）和 100 户优秀民营企业、100 名优秀民营企业家。会议提出未来五年我省民营经济发展目标：到 2017 年，万人拥有企业数和个体工商户数分别比2012年翻一番以上、增长 50% 以上。

2．民营经济“20 条”出台

2 月 21 日，《中共安徽省委安徽省人民政府关于大力发展民营经济的意见》（皖发〔2013〕7 号）出台，共 20 条，围绕大力发展民营经济主题，从激发主体活力、拓展发展空间、加大财税支持、改善金融服务、加强用地保障、强化人才支撑、优化发展环境、加强督查考核 8 个方面提出了具体措施。

3．民营经济总量和民间投资双双突破 1 万亿

2013 年，全省民营经济增加值 10843 亿元，同比增长 10.7%，增速高于同期 GDP 增速 0.3 个百分点，对全省 GDP 增长的贡献率为 59.1%；民间投资 12146 亿元，增长 25.6%，高于同期全省投资 4.4 个百分点；民营企业入库地方税收 1069.7 亿元，占全省地方税收的比重为 78.9%；民营工业对全部工业增长的贡献率为 63.3%，拉动全省工业增加值增幅 8.4 个百分点。

4．市场主体突破 200 万户

实施工商登记制度改革，出台注册资本“零首付”等一系列降低创业门槛的政策，从投资主体、注册资本、出资方式等方面放宽准入条件，进一步激发群众创业热情，各类市场主体快速增加。截至 12 月底，全省实有民营企业 35.38 万户，全年新增 5 万户，同比增长 16.5%，是我省民营企业数量增加最多的一年；个体工商户 167.83 万户，全年新增 15.57 万户，同比增长 10.2%。

5．融资性担保机构获政府扶持资金近 60 亿元

2013 年，省 11 亿元民营经济发展专项资金的杠杆作用有效发挥，撬动 38.38 亿元财政资金作为国有资本金注入 107 家担保机构；9 月 30 日，省政府一次性拿出 20 亿元充实省担保集团国有资本金，用于参股县（市、区）融资性担保机构，加上中央财政担保补助1.06亿（我省资金额居全国第2位），全年我省共落实财政性担保资金近60亿元。

6. “中国光彩事业六安行”暨安徽省与全国知名民营企业合作发展会议成功举办

5月9日，由中国光彩事业促进会、中华全国工商联合会、安徽省人民政府联合举办的“中国光彩事业六安行”暨安徽省与全国知名民营企业合作发展会议在六安市举行，活动共签约项目988个，投资总额6644亿元。截至2013年12月底，175个签约合同项目已开工，投资规模2806亿元，分别占签约合同总项目数及总投资规模的86%和81%，开工项目累计完成投资额562亿元。

7. 多部门联手开展民营经济政策巡讲

按照省委、省政府的统一部署，从2013年8月份开始，省民营办（省经信委）牵头组织省财政厅、省人社厅、省商务厅、省国土厅等省有关部门及国元证券公司、中行安徽分行、省股权托管交易中心的专家组成巡讲团，走进基层、走进企业，在13个市开展了14场巡讲活动，参加企业超过5000家。巡讲活动通过点燃政策亮点、细解政策重点、精准政策落点，提高了企业对政策的知晓率，同时让参加巡讲的机关干部接了地气，深受基层和企业的欢迎和好评。

8. 减费减税为企业让利200亿

出台《关于进一步规范涉企收费的通知》（皖政办〔2013〕29号），取消、调整、下放、缓征28项行政事业性收费，缓征3项政府性基金，年减轻企业负担约8.2亿元。落实困难企业减免等税收优惠政策，实施社保“五缓两降三补贴”等措施，全省地税系统累计减免缓抵各项税费超过200亿元。

9. 中小企业公共服务平台网络初步实现互联互通

截至2013年底，省级公共服务示范平台达到56家，国家级公共服务示范平台达到15家。初步建成以省中小企业服务中心为枢纽，16个市和28个产业集群专业镇窗口平台为支撑，实现资源共享、服务协同、互联互通的全省性综合网络服务平台，全年开展服务活动2400多次，吸引和带动社会服务资源2028家，服务企业1.3万户、9万多人次。开通全省企业服务热线（96871），受理企业诉求并及时分类转办，获得企业一致好评。

10．三家企业入选2013全国民企500强

我省开展安徽民营企业百强排序活动。全威（铜陵）铜业科技有限公司、安徽国购投资集团、铜陵精达铜材（集团）有限公司入选由全国工商联发布的“2013全国民企500强”，省政府对我省3家入选企业给予通报表彰，并奖励每户企业50万元。

2013年徽商发展大事记

1月4日，受省委委托，省委统战部召开民主协商会，就十一届省政协委员人选建议名单征求意见建议。李卫华参加。

同日，陈翔参加省政府第21次全体会议。

1月8日–12日，施广勇带队到德国开展商会交流合作和中小企业发展考察。为扩大对外交往，加强与国外商会的合作，推介宣传安徽，支持、引导民营企业实施“走出去”战略，由省工商联副主席施广勇任团长的安徽省工商联考察团于2013年1月8日赴德国开展考察，并于12日完成考察活动归来。

此行省联公务团考察活动访问了德国法兰克福工商会（IHK Frankfurt Am Main）并与国际部主任Mr. Ratainger会见，参观考察德国法兰克福展览中心，拜访慕尼黑工商会（IHK für München und Oberbayern）亚太部主任冯奈尔。拜访了作为此行活动重点的科隆工商会，科隆商会国际处处长高露丝女士(Ms. Gudrun Grosse)接待我团。施广勇团长介绍了安徽经济社会发展情况和省工商联的基本情况，并就进一步加强与德国商会交流合作事项进行会谈。高露丝女士介绍了德国经济发展情况及产业分布特点以及科隆工商会的基本情况、会员构成和运作模式，也表达在出希望加强与中国企业开展合作的强烈愿望，并表示可充分利用自身网络和相关客户资源为中德双方企业家开展经贸活动提供各方面中介服务。（葛文胜提供）

1月7日–9日，李卫华出席省政协常委会。

1月7日，陈翔陪同甘肃省委常委、副省长、兰州市委书记虞海燕到南翔万商集团考察，余渐富接待了考察团一行，双方就兰州新区项目进行了会谈。

1月9日，陈翔到滁州市工商联调研。

同日，李卫华、耿学梅、纪劲松出席丘壑澄怀——张培武中国画作品展。

1月10日，省工商联、省财政厅、省人力资源社会保障厅共同举办省促进民营经济发展就业创业扶持工作座谈会。陈翔出席，耿学梅主持。

1月14日，李卫华出席省政协主席会议。

1月15日，省联2013年度工作务

虚会召开。李卫华、陈翔、耿学梅、施广勇、纪劲松、李俊波、华应明、黄荣秀及省联全体干部职工参加会议。

1月16日，陈翔参加中国光彩事业大别山革命老区（安徽）行暨省与全国知名民企合作发展活动筹备会议。

1月17日-19日，安徽民营企业家大讲堂——中国培训行业年会(安徽)师企对接会在合肥举办。1月17日至19日，2013年安徽民营企业家大讲堂第一讲——中国培训行业年会（安徽）师企对接会在合肥举办。活动邀请数十位国内知名培训师带着自己的品牌课程亮相，课程涵盖企业经营管理的各个方面，并涉及众多行业领域。全省100多家各行各业的民营企业参与对接和培训。

1月18日-21日，全国工商联扶贫与社会服务部部长王钢治、中央统战部光彩事业指导中心主任沈全荣率领的“中国光彩事业大别山革命老区(安徽)行”考察团一行来皖考察六安市及金寨县前期筹备工作。陈翔、耿学梅参加考察。1月18日至21日，全国工商联扶贫与社会服务部部长王钢治、中央统战部光彩事业指导中心主任沈全荣率领的“中国光彩事业大别山革命老区(安徽)行”考察团一行来皖考察六安市及金寨县前期筹备工作。省委统战部副部长、省工商联党组书记陈翔，省工商联副主席耿学梅等参加考察。考察组听取了六安市和金寨县市情关于活动的筹备、项目编制、会务工作安排等情况汇报。还实地考察了主体活动会场、接待宾馆以及金寨现代产业园区、金寨一中新校区、金寨职业技术学校等项目情况。

六安市委书记孙云飞，市长毕小彬，市委常委、金寨县委书记潘东旭先后会见并参加座谈考察活动。孙云飞代表全市人民对中央统战部和全国工商联长期以来关心支持六安革命老区发展表示感谢！他说，这次“中国光彩事业大别山革命老区(安徽)行活动”是落实中央扶贫工作会议和吴邦国委员长视察大别山革命老区重要指示精神的集中体现，是大别山革命老区人民盼望已久的大事。六安将认真做好活动的各项筹备工作，确保活动顺利开展。考察后，王钢治对六安和金寨经济社会发展所取得的成绩给予了高度评价，对六安市与金寨县活动前期筹备工作给予了肯定，希望安徽省与全国光彩会进一步加强沟通和对接，按照活动的要求，精心谋划，认真、细致地做好接待、会场、项目汇编推介等各方面准备工作，让这次活动真正取得实效，为老区经济和社会事业发展作出贡献。王钢治同时表示，全国工商联将与金寨建立常态化联系机制，推动光彩事业在老区金寨的发展。

1月19日-26日，李卫华、陈翔、施广勇出席省政协十一届一次会议，耿学梅、纪劲松、李俊波、严安云、华应明、杨蓉、黄荣秀列席会议。其间，省委书记张宝顺参加了民革、民盟、工商联和无党派界别联组会议，省委常委、常务副省长詹夏来参加了工商联界别分组讨论。

1月24日，纪劲松到省联人力资源市场、商会调解中心调研。

1月28日-2月1日，李卫华参加全国政协常委会。

1月29日，陈翔上午参加省委九届七次全体会议，下午参加省政府第1次常务会议。

1月30日，省联召开中心组学习和党组会议，陈翔、耿学梅、施广勇、纪劲松、李俊波参加。

1月31日，省联召开2013年度老干部工作座谈会，陈翔、耿学梅、施广勇、纪劲松出席。

2月1日，施广勇、李俊波参加《安徽省志·工商联志》评议会议。

2月4日，省联召开主席碰头会，研究2013年重点工作。李卫华、陈翔、耿学梅、施广勇、纪劲松、李俊波参加。

2月5日，李卫华出席省政协新老主席座谈会。

2月5日，省联召开异地安徽商会迎春座谈会，李卫华、陈翔、耿学梅、施广勇、纪劲松、李俊波、杨蓉、黄荣秀参加。

2月6日，耿学梅参加省政府召开的中国光彩事业大别山革命老区(安徽)行暨省与全国知名民企合作发展活动筹备会议。

2月7日，省政府召开民营经济发展和考核评价工作专题会议，陈翔参加。

2月16日，李卫华参加省四大班子和省直部门义务植树活动。

同日，耿学梅、施广勇、纪劲松、李俊波到省联人力资源市场、工商导报社慰问职工，并了解企业用工情况。

2月18日-19日，李卫华赴宿州市调研。

2月20日，李卫华上午考察南翔万商集团，下午参加在皖全国政协委员提案素材对接会。

同日，陈翔赴合肥市工商联调研。

同日，纪劲松率法律处同志赴阜阳了解民营企业案件情况。

2月21日，中央统战部副部长，全国工商联党组书记、常务副主席全哲洙在合肥考察调研，李卫华、陈翔陪同考察。

2月22日，省委、省政府召开全省发展民营经济大会，要求激发全社会创造活力，推进民营经济更好更快发展，并出台了《省委省政府关于大力发展民营经济的意见》。会议表彰了部分发展民营经济先进市、县(市、区)和100户优秀民营企业、100名优秀民营企业家。中央统战部副部长，全国工商联党组书记、常务副主席全哲洙，省委书记张宝顺出席会议并讲话，省长李斌主持会议。李卫华、陈翔、耿学梅参加了会议。当前和今后一个时期，加快发展民营经济，要全面贯彻落实党的十八大精神，以扩大存量、做好增量、壮大总量、提升质量为重点，加强政策引导，优化发展环境，破除发展障碍，充分激发各方面的创新创造活力，把民营经济打造成为经济增长的主体力量和强大支撑，努力形成各种所有制经济平等竞争、相互促进、共同发展的新格局。力争到“十二五”末，非公有制经济占经济总量的比重达到65%以上；到2017年，万人拥有企业数和个体工商户数分别比2012年翻一番以上、增长50%以上。

2月22日上午，省委、省政府在肥隆重召开全省发展民营经济大会。省委书记张宝顺发表重要讲话。他强调，要全面贯彻落实党的十八大精神，做到思想上放心、工作上放手、政策上放活，充分激发全社会各方面创造活力，奋力推进民营经济更好更快发展，为加快建设美好安徽、全面建成小康社会作出新的更大贡献。

中央统战部副部长、全国工商联党组书记全哲洙出席会议并讲话，省长李斌主持会议，省政协主席王明方出席，省委副书记孙金龙宣读表彰决定和通报，省几大班子有关负责同志出席会议。

张宝顺指出，大力发展民营经济，是贯彻十八大精神的重大举措，是深化改革开放的重大任务，是加速安徽崛起的重要抓手。近年来，全省民营经济发展呈现出实力增强、速度加快、结构优化、贡献提升的喜人局面，已经成为我省加快发展的主力军、改革开放的主动力、增收富民的主渠道，在加速转型崛起、建设美好安徽中的地位举足轻重。实现我省与全国同步建成小康社会目标，最大的差距在民营经济，最大的潜力在民营经济，最大的希望也在民营经济。要以扩大存量、做好增量、壮大总量、提升质量为重点，加强政策引导，优化发展环境，破除发展障碍，充分激发各方面的创新创造活力，把民营经济打造成为我省经济增长的主体力量和强大支撑，努力形成各种所有制经济平等竞争、相互促进、共同发展的新格局。

张宝顺强调，推动民营经济大发展，必须统筹抓好创业、企业和产业发展。要大力推动全民创业，让所有想创业、能创业的人都来创业、创家业、创企业、创事业，努力形成民营经济铺天盖地、蓬勃发展的大好局面；要大力提高企业素质，增强核心竞争力，打造一批“顶天立地”的行业小巨人；要大力提升产业层次，促进民营经济转型升级，由资源粗放加工型向资本技术驱动型转变，由小规模、分散化经营向专业化、集群式发展转变。要着力破解民营经济发展突出问题，保证企业除依法缴纳税费和依法接受监管外，不再承担其他社会负担；加大信贷支持力度，完善信用担保体系，不断拓宽企业融资渠道；加强民营企业用地保障，鼓励节约集约用地；积极缓解民营企业“用工难”，支持引进和培育优秀人才。

张宝顺强调，要继续解放思想，做到一切妨碍民营经济发展的政策障碍都要冲破，一切束缚民营经济发展的做法都要改变，一切影响民营经济发展的体制弊端都要革除，奋力兴起新一轮民营经济发展热潮。要加强组织领导，把民营经济发展摆上重要战略位置，纳入各地各有关部门工作指标体系，加强考核问效。要强化政策落实，作为改进工作作风、加强效能建设的重要方面，确保责任明确、措施到位，取得实效。要坚持依法行政，保护民营企业合法权益，让广大民营企业和民营企业家放心发展。要加大宣传力度，切实提高民营经济发展政策的知晓率，增强全社会理解、关心、支持、参与民营经济发展的共识，进一步营造民营经济发展的良好氛围。张宝顺最后希望广大民营企业家要提升素质，实业兴皖；遵纪守法，诚信经营；勇于担责，奉献社会；志存高远，勇攀高峰，不断谱写我省民营经济发展的新篇章。

全哲洙在讲话中强调，民营经济是富民强国的重要力量，实现全面建成小康社会这一宏伟目标，关键在发展，希望在民营。当前，民营经济发展长期依赖的低劳动成本、低能源资源成本、低环境成本的比较优势已经消失，要把转型升级作为民营经济健康发展的必由之路，积极推进企业产权制度改革，坚持走创新驱动发展道路，抓紧完善内部治理结构。工商联要坚持围绕中心、服务大局，切实履行职责、发挥作用，引导民营经济加快转型升级，为安徽全面

建成小康社会作出新的更大贡献。

李斌在主持会议时强调，各级各部门要认真学习领会会议精神，深入贯彻落实中央和省委、省政府决策部署，毫不动摇地鼓励、支持和引导民营经济发展，为建设美好安徽、全面建成小康社会提供有力支撑。要做到思想认识到位，真正把民营经济发展作为兴皖富民、实现全面建成小康社会目标的重大举措，作为进一步壮大安徽经济实力的潜力所在，作为加快转变经济发展方式的重点，作为加快完善市场经济体制的关键，从战略和全局的高度摆上重要日程。要做到政策落实到位，加强宣传培训，把握政策内涵，疏通执行环节，特别是对强化要素保障、落实准入政策、放宽经营条件、提升创新能力、支持开拓市场等具体扶持措施，要对号入座抓好落实，确保取得实效。要做到领导推动到位，各级领导干部要亲自抓，做好会议精神和文件条款的分解落实，对确定的工作任务明确部门分工和工作职责，主动贴近服务，加快诚信建设，加强督促检查，确保把这次会议精神转化为民营经济发展的实际成果。

会议表彰了部分发展民营经济先进市、县(市、区)和100户优秀民营企业、100名优秀民营企业家。会议采取电视电话会议形式召开，各市、县(市、区)设分会场。(郑言、吴林红、胡旭)

2月26日，李俊波到建筑企业调研，起草有关安徽建筑业发展情况直通车；与省政府参事程必定、新兴产业协会会长张卫国商研民营经济政策研究中心事宜。

2月27日，陈翔带队赴非洲考察投资环境，开展商会交流，协助民企“走进非洲”投资创业。

同日，李俊波带队赴英、法开展商会交流，推动经贸合作，帮助民企寻找投资商机。

2月28日，李卫华出席合肥地区社科界第三次季度交流会暨《徽商发展年鉴》首发仪式。

3月11日，甘肃省工商联党组副书记张勇、副主席兼秘书长肖建胜一行赴安徽省总商会考察与全国知名民企对接工作，并举行“民企陇上行”宣传推介会。施广勇、纪劲松、李俊波接待考察组一行，省内40余名民营企业家参加了推介活动。

3月14日，陈翔参加省委非公经济和社会组织工委扩大会议。会议讨论了《关于加强非公有制企业党建工作服务民营经济发展的意见》、《对部分非公有制企业党组织实行双重管理暂行办法》和《关于向非公有制企业派驻万名党建工作指导员的意见》，研究部署了2013年非公经济和社会组织党建工作。

3月15日，省委常委、统战部部长沈素琍视察省工商联人力资源市场，了解民营企业劳动用工情况，听取招聘企业、应聘者及有关方面的意见。陈翔陪同视察。

3月18日，省委统战部、省工商联、省经信委在北京安徽大厦举办安徽省与全国知名民营企业合作发展项目推介会。全国工商联扶贫与社会服务部部长王钢治、副部长刘建，北京市工商联副主席郑勇男，省经信委副主任汪春生出席。耿学梅主持会议。

3月20日，全省工商联经济服务培训班在我会举办，会议布置了上规模民企调研、百强排序和“走出去”工作。耿学梅出席，各市工商联分管经济工作的负责人参加并交流了经验。

3月22日，2013安徽高校创业就业座谈会在省联人力资源市场召开。省人社厅、省工商联相关处室负责人和省内部分高校代表参加。

3月27日，省工商联下发《贯彻落实省委省政府〈关于大力发展民营经济的意见〉的实施意见》。

3月28日，“民营经济政策宣传月活动”启动仪式在合肥举行。省委常委、统战部部长沈素琍，省政协副主席、省工商联主席李卫华出席并讲话。陈翔主持，耿学梅、施广勇、严安云、华应明、杨蓉、黄荣秀及300余名民营企业家参加。活动重点宣传国务院“新36条”及42个实施细则，全省发展民营经济大会及省委省政府《关于大力发展民营经济的意见》等文件精神，旨在提高民营经济政策知晓率，推动各项政策贯彻落实。

同日，由省工商联主办的安徽省第二届“宣传民营经济好新闻”评选活动正式启动。

同日，省工商联行业商（协）会会长会议召开。李卫华、陈翔、耿学梅、施广勇、严安云、华应明、黄荣秀，省民间组织管理局常务副局长贾宝明，省联各行业商（协）会会长、秘书长参加。

3月27日–29日，纪劲松参加在浙江义乌召开的全国工商联法律工作座谈会暨商会调解工作现场会，并就安徽省工商联法律工作亮点在大会上作了交流发言。

3月28日–29日，全国工商联宣教工作协调会在北京召开。会议宣布了2012年度“全国工商联好新闻”优秀作品和工商联（商会）工作十大亮点系列评选获奖名单。“安徽省开展宣传民营经济好新闻评选”被评为“全国工商联好新闻”优秀作品，“安徽省工商联直属商会打造徽商总部基地”获“十佳服务典范”第一名，“百家民企进皖北”获十大亮点评选优秀案例。

4月3日，新疆维吾尔自治区党委统战部副部长、自治区工商联党组书记万水，自治区工商联秘书长陈新生一行来我会考察交流。李卫华、陈翔、耿学梅接待了新疆客人。

4月7日—8日，陈翔陪同省委常委、统战部部长沈素琍在芜湖、铜陵专题调研民营经济发展情况。

4月8日，台湾中华工商业联合会主席、台湾万事达国际集团董事长李玉文访问我会。李卫华、纪劲松接待台湾同胞，双方签订了友好商会合作关系协议。省内部分民营企业家参加了会谈交流。

4月中下旬，李卫华、陈翔、耿学梅、施广勇、纪劲松、李俊波分别带队，赴湖北、福建、上海、广东、山东、江苏等省市开展“中国光彩事业六安行暨安徽省与全国知名民营企业合作发展”招商推介活动。

4月11日，李卫华到金寨县斑竹园镇桥口村调研“同心示范工程”建设。

同日，纪劲松接待澳大利亚普华永道西澳中国事务部主管迈万金先生一行，并与客人进行了工作交流。

4月17日，安徽民营企业家大讲堂第十四讲暨“民营经济政策宣传月”首站宣讲活动在淮北举办。李俊波出席。

4月25日，全国工商联名誉主席、中华红丝带基金名誉理事长黄孟复到阜阳市艾滋病贫困儿童救助协会慰问考察。李卫华陪同。

4月26日，省工商联女企业家商会成立大会在合肥稻香楼宾馆召开，李卫华、陈翔、耿学梅和全国工商联女企业家商会副秘书长王桂田出席。

同日，由中国光彩事业基金会和安徽省工商联主办，中华红丝带基金、安徽省工商联女企业家商会、北京才子佳人珠宝有限公司共同协办的“携手防艾·抗震救灾——第二届中华红丝带基金才子佳人翡翠专场慈善竞买”在合肥举行。全国工商联名誉主席、中华红丝带基金名誉理事长黄孟复，全国工商联原秘书长、中华红丝带基金常务副理事长谷彦芬，我会领导李卫华、陈翔、耿学梅、施广勇、纪劲松出席。活动募集的424.4万元资金将全部用于皖北受艾滋病影响群体和四川雅安地震灾区。

5月3日，省工商联十届二次常委

会暨“商会合作共建皖江—安庆行”活动在安庆举行。李卫华作常委会工作报告，安庆市委书记虞爱华致辞，陈翔主持会议。施广勇、纪劲松、李俊波、严安云、华应明、杨蓉、黄荣秀以及省工商联常委120余人参加。

5月6日，全国非公有制经济人士理想信念教育实践活动电视电话会议召开，省委常委、统战部部长沈素琍，我会领导李卫华、陈翔、耿学梅、施广勇、纪劲松、李俊波等在安徽分会场参加会议。随后，安徽省召开全省电视电话会议，沈素琍就我省开展理想信念教育实践活动进行了动员部署。

5月9日，中国光彩事业六安行暨安徽省与全国知名民营企业合作发展会议在六安举行。中央统战部副部长、全国工商联党组书记、常务副主席、中国光彩事业促进会副会长全哲洙，代省长王学军分别讲话。省委常委、常务副省长詹夏来主持会议。全国工商联及中国光彩事业促进会领导谢经荣、谢伯阳，中国民间商会副会长王文彪，省领导沈素琍、宋卫平、杨振超、李卫华出席。我会领导陈翔、耿学梅参加会议。本次会议由中国光彩事业促进会、全国工商联与安徽省政府联合举办，省工商联、省经信委具体承办，旨在搭建合作平台，推进大别山片区扶贫攻坚，深化我省与全国知名民营企业合作。我省与全国知名民营企业共达成合同项目988个，总投资6644亿元。会上还举行了公益捐赠仪式，中国光彩事业促进会、中国光彩事业基金会向金寨县捐赠2000万元公益资金。

5月至12月，省工商联与省人社厅、省总工会、省企联在全省联合开展主题为“维护职工权益，促进企业发展”的“和谐劳动关系创建年活动”，旨在进一步构建和谐稳定的劳动关系，维护职工与企业合法权益。

5月12日，施广勇、纪劲松参加省电线电缆商会第三届会员大会暨中国线缆前沿发展高峰论坛。

5月21日–27日，由省工商联、省人社厅、省教育厅、省总工会联合举办的“2013年民营企业招聘周”活动在省工商联人力资源市场举行。纪劲松在启动日视察人力资源市场。

5月23日–24日，李卫华、施广勇出席省政协十一届二次常委会暨推进新型城镇化建设资政会。会议通过《关于推进我省新型城镇化建设若干问题的建议案》。

5月23日，李俊波主持召开国土资源部来省工商联关于“鼓励支持民间

资本勘查开发矿产资源政策”调研座谈会。

5月25日，李俊波参加安徽省“民营企业家大讲堂”暨“包河论坛”活动。

5月28日–29日，李卫华赴省经信委、省工商局等部门，就贯彻落实全省发展民营经济大会精神和筹备省政协“促进民营经济发展、营造全民创业环境”专题常委会开展调研。

5月29日上午，耿学梅赴金寨县斑竹园镇桥口村检查指导“同心示范工程”建设。

5月29日，江苏省常州市工商联副主席陈敏一行来我会调研商会调解及诉调衔接等法律维权工作。法律处负责同志陪同调研并介绍相关情况。

5月30日，李卫华出席省工商联企业总部基地新闻发布会并讲话。总部基地是在省工商联的引领和推动下，由省联直属商会牵头，与21家知名会员企业强强联合、共同开发，建成后将成为集安徽优秀企业总部办公中心、商务、商业、综合配套设施等多功能于一体的城市综合体。

5月下旬–6月上旬，李俊波赴金牛集团、新安金融集团以及芜湖、滁州等地就民营金融机构发展情况开展专题调研。

6月4日，纪劲松接待贵州省工商联负责同志来省联商谈商会工作。

6月5日–7日，李卫华率领省政协调研组深入蚌埠、淮北两市，就促进民营经济发展、营造全民创业环境等问题开展调研。

6月8日，施广勇出席安徽省钢结构协会第二届会员代表大会。

6月9日，省委常委会听取省委统战部、省工商联关于全国非公有制经济人士理想信念教育实践活动电视电话会议主要精神及贯彻意见的汇报，专题研究全省理想信念教育实践活动工作。省委书记张宝顺提出明确要求。会议研究批准了三条贯彻落实措施：一是以省委、省政府名义，召开由省主要领导、省政府有关部门主要负责同志参加的全省民营企业家座谈会，听取非公有制经济代表人士的意见和建议，对全省开展理想信念教育实践活动进一步提出要求。二是以省委督查室、省政府督查室名义，对各市贯彻落实全省发展民营经济大会和中发〔2010〕16号、皖发〔2011〕12号文件精神进行一次专项督查。三是充分利用新闻媒体，加大对优秀民营企业和企业家的宣传力度。

6月15日–16日，全国工商联扶贫与社会服务工作座谈会在合肥召开。

全国工商联副主席谢经荣出席会议并讲话，李卫华到会致辞。来自全国32个省（市、区）工商联的分管副主席、部门负责人以及国务院扶贫办有关同志参加会议。

6月16日，全国工商联扶贫与社会服务部部长王钢治率来皖参加全国工商联扶贫与社会服务工作座谈会的代表到省工商联人力资源市场参观考察。耿学梅、纪劲松陪同考察。

7月1日上午，省委召开全省党的群众路线教育实践活动工作会议，深入学习贯彻中央党的群众路线教育实践活动工作会议和习近平总书记重要讲话精神，全面动员部署我省群众路线教育实践活动。李卫华、施广勇参加。

7月1日下午，各市非公有制经济人士理想信念教育实践活动领导小组组长会议在省工商联召开，李卫华、操建华、施广勇、李俊波及各市理想信念教育实践活动领导小组组长参加。

7月2日，李卫华在滁州参加万联·红星美凯龙全球商业广场奠基暨一百万元图书捐赠仪式。

7月中下旬，李俊波赴淮南、马鞍山、合肥就餐饮业发展情况进行调研，并以工商联直通车形式向省政府提出扶持餐饮业走出困境的具体建议，花建慧副省长批示要求有关部门在调研的基础上，提出规范收费、支持餐饮业转型发展的相关措施。

7月14日，李卫华、李俊波到省航运商会对全省航运企业运营情况进行调研。

7月15日，李卫华、耿学梅、施广勇、李俊波会见西藏自治区政协副主席、工商联主席阿沛·晋源一行。

7月15日–17日，纪劲松参加全国工商联非公有制企业劳动争议预防调解工作现场会暨第十一届全国工商联法律委员会第一次全体会议。

7月16日，省政协主席、党组书记王明方，省政协副主席、党组副书记王秀芳，省政协副主席、党组成员韩先聪、童怀伟，省政协党组成员、秘书长王启敏一行，到省工商联征求对贯彻执行中央八项规定和省里有关规定，落实为民务实清廉的意见建议。李卫华、耿学梅、施广勇、李俊波参加座谈。

7月18日–19日，施广勇率企业家参加由中央统战部、全国工商联、中国光彩事业促进会举办的“非公有制经济人士感恩革命老区延安行”活动。

7月19日，省工商联企业家培训基地项目在六安市裕安区正式启动，李卫华、耿学梅、纪劲松、李俊波、杨蓉、

黄荣秀出席开工庆典。

7月20日，李俊波出席由全国工商联（中国民间商会）主管主办的《中国工商》杂志合肥工作站揭牌仪式。

7月21日，由省工商联民营企业文化建设专业委员会主办的全省民营企业文化建设经验交流会在宣酒集团召开。李俊波、杨蓉参加。

7月24日–25日，李卫华参加全国工商联十一届二次常委会。

7月25日，施广勇出席省内衣业商会成立大会。

7月25日–26日，全国工商联与外交部等部门到我省开展外事服务民营企业“走出去”调研，25日下午在省工商联召开座谈会，省外办、商务厅、工商联直属商会、电线电缆商会有关负责人应邀到会并介绍相关情况。纪劲松主持会议。

7月28日，李俊波参加泰安安徽商会成立大会。

7月29日，李卫华会见新疆安徽商会、甘肃安徽商会、安徽北京商会客人。

7月31日，李卫华、耿学梅、施广勇、纪劲松、杨蓉率部分民营企业家到武警安徽总队训练基地开展慰问活动。

7月31日，李卫华率省政协委员视察团赴滁州视察民营经济发展情况，并就省委、省政府《关于大力发展民营经济的意见》贯彻落实情况及企业发展问题和制约瓶颈开展调研。滁州市市长张祥安，市政协主席何希勇，市政协副主席、市工商联主席查镜波等陪同调研。

8月4日–5日，耿学梅率企业家参加由中国光彩事业促进会、西藏自治区党委、自治区人民政府举办的“中国光彩事业西藏行”活动。

8月6日，李卫华、李俊波赴太原参加“晋商徽商携手发展暨山西省徽商商会一届二次会议”。

8月7日，李卫华、纪劲松会见来省工商联访问的塞俄比亚驻沪总领事约哈内斯·芬塔·渥登·乔吉斯先生一行。

8月12日–14日，省工商联在革命老区金寨县开展党的群众路线教育实践活动集中学习交流活动。与会同志先后观看廉政教育片、参观革命博物馆和红军广场、学习中央及省委主要负责同志讲话，并以支部为单位交流了学习心得。李卫华出席学习交流会并讲话，省委第四督导组组长周本银、副组长刘浩，耿学梅、纪劲松、李俊波、华应明、黄荣秀和全体干部职工参加，施广勇主持会议。

8月15日，张宝顺书记对省工商

联直通车《关于促进民办高校健康发展的建议》做出批示："民办高校的发展涉及到政策、体制、投入等方面的问题，请省政府专门研究。"

同日，省直工委书记张国富到省工商联调研群众路线教育实践活动和党建工作，李卫华、施广勇、李俊波参加调研座谈。

8月16日，纪劲松参加全省进一步规范外事管理工作电视电话会议。

8月20日-22日，全国工商联法律部副部长白莲湘率"非公企业法律维权服务体系建设"调研组来皖调研，20日上午在省工商联商会调解中心召开座谈会，李卫华、纪劲松、李俊波及省仲裁研究会相关负责人出席。

8月20日，李卫华、施广勇、李俊波、严安云出席庐阳区总部经济招商推介会。

同日，耿学梅参加滁州市工商联与中国银行滁州分行联合举办的小微民营企业新模式贷款新闻发布会。

8月22日，省工商联召开新会员见面座谈会，李卫华、耿学梅、施广勇、纪劲松、李俊波及各处室负责人参加。

8月26日-27日，李卫华出席省政协十一届三次常委会议暨"促进民营经济发展、营造全民创业环境"专题协商会。施广勇参加会议并代表省工商联作"抢抓政策机遇，推进我省民营金融大发展"的发言。

8月27日，纪劲松会见香港贸易发展局上海代表。

8月28日，李卫华、李俊波参加在肥省级商会加入"合肥之友"联谊会仪式。

8月29日，耿学梅赴京参加2013中国民营企业500强发布会。安徽省分别有3家、11家、1家民营企业入围中国民营企业500强、中国民营企业制造业500强、中国民营企业服务业100强名单。

9月初，省工商联在省直部门服务民营经济满意度调查中名列第一。省政协此前在全省组织开展"促进民营经济发展，营造全民创业环境"问卷调查，受访者对发改、科技、经信、财政、人社等17个省直部门服务民营经济工作评价为"很满意和满意"的平均值为74.5%，其中工商联以80.5%的满意度位居榜首。

9月3日，李卫华、耿学梅、施广勇、纪劲松、李俊波会见宁夏安徽商会负责人及银川市兴庆区政协主席一行。

9月4日，"徽商银行服务民营企业恳谈会暨安徽省工商联、徽商银行战略合作协议签约仪式”在肥举行。李卫华、耿学梅和徽商银行董事长、党委书记李宏鸣，徽商银行行长吴学民出席签约仪式，省内11家商会和部分民营企业家代表应邀参加。

9月9日，耿学梅参加省第五批援藏项目计划对接会暨援藏工作座谈会。

9月11日，香港贸易发展局与我省民营企业家对接会在肥举办，花建慧副省长会见代表团一行。纪劲松参加会见和对接会活动。

9月16日–17日，省工商联与来安县委、县政府共同举办“商会合作共建皖江——来安行”活动。来自江浙沪皖150余位民营企业家参加，活动共促成对接项目26个，达成投资意向7个。施广勇出席活动。

9月18日，李俊波参加省政协社会养老保障体系建设界别民主协商座谈会调度会。

9月22日–25日，李卫华赴成都参加第十二届世界华商大会。

9月24日，全国工商联党组成员、副主席庄聪生来皖调研非公经济人士理想信念教育实践活动，耿学梅、纪劲松陪同调研。

9月24日–25日，施广勇赴湖北宜昌参加全国县级工商联建设经验交流会。

9月25日，耿学梅赴广州参加2013年中国国际中小企业博览会。

同日，纪劲松参加省航运商会、马鞍山水上交通安全检查站共建两周年座谈会。

9月28日，由中西部各省市安徽商会会长组成的“中国中西部徽商联盟”成立筹备会在蚌埠举行。会议讨论通过联盟章程，选举了联盟主席和执行主席。李卫华、施广勇出席。

同日，纪劲松参加安徽陕西商会成立大会。

同日，华应明参加省厨具商会换届大会。

9月28日–29日，“百家民企进皖北——蚌埠行”活动举办。李卫华，全联经济部部长谭林，省委副秘书长、皖北办主任陈启涛，蚌埠市委书记周春雨、市长白金明，耿学梅、施广勇、李俊波，以及省外安徽商会会长、省内外民营企业家代表出席开幕仪式。省工商联与蚌埠市政府在会上签订了战略合作框架协议。活动共达成签约项目60个，其中35个合同类项目现场集中签约，合同投资额累计590.9亿元。活动期间还举行了项目集体开工仪式。

9月30日，施广勇参加第十届中

国安徽国际汽车展览会启动仪式。

10月9日，李卫华、施广勇应邀参加省委常委会教育实践活动专题民主生活会情况通报会。

同日，李卫华、耿学梅、施广勇、纪劲松、李俊波会见淮北市黄晓武市长一行，商谈“省政协工商联界别视察暨百家民企进皖北——淮北行”活动。

10月14日，李卫华、耿学梅参加全省统一战线“我的同心情、我的中国梦”主题演讲报告会。

10月15日，李卫华、耿学梅会见国开行安徽省分行行长宋伟农一行，洽谈金融业服务民企有关事宜。

10月16日，省工商联党组召开党的群众路线教育实践活动专题民主生活会。党组成员施广勇、纪劲松、李俊波、屈国平及会领导严安云、华应明、杨蓉参加，李卫华、耿学梅作为党外领导应邀参加会议，省委第四督导组组长周本银到会指导。

同日，李俊波陪同全国工商联宣教部副部长王尚康一行赴科大讯飞调研。

10月17日，纪劲松应邀参加省政府党组群众路线教育实践活动专题民主生活会情况通报会。

10月17日–18日，李卫华率省政协经济界别委员赴宿州市围绕“实施中原经济区规划、推动皖北四化协调发展”主题开展界别活动。

10月18日，由人力资源社会保障部和全国工商联联合举办的全国工商联系统先进集体和先进工作者表彰大会在京召开。省工商联经济处荣获“全国工商联系统先进集体”称号，耿学梅参加表彰大会。

10月21日，李卫华、施广勇、李俊波参加主席专题工作办公会，研究安徽商联担保投资有限公司相关事宜。

10月21日–22日，纪劲松赴江西参加“中国光彩事业赣州行”活动。

10月22日，李卫华率省政协调研组围绕寿县新桥国际产业园建设情况开展调研。

同日，耿学梅在芜湖参加省与央企、知名民营企业合作项目（南片）推进会。

10月23日，省工商联党组召开群众路线教育实践活动专题民主生活会情况通报会，会议通报了党组班子和个人查找出的“四风”方面的突出问题，并提出了整改落实措施。机关全体干部职工参加。

10月24日–25日，李卫华赴河南信阳参加大别山区鄂豫皖三省政协主席联席会议第二次会议。

10月26日，施广勇参加省工商联

MBA联谊会换届会议。

10月28日，由省发展民营经济领导小组办公室主办，省工商联、省经信委协办的“2012年度安徽省民营企业百强排序新闻发布会”在肥召开。发布会公布了全省民企营收百强、纳税百强、进出口百强名单。耿学梅出席发布会。

同日，沈素琍、谢广祥、李卫华率省各民主党派、工商联、知联会等单位负责人，到金寨县现场观摩全省统一战线“同心示范工程”建设情况。

同日，杨蓉参加台州市黄岩安徽商会成立大会。

10月29日，李卫华、纪劲松会见马来西亚驻沪商务领事曼苏一行。

10月30日，全国非公有制经济人士理想信念报告会在京召开。沈素琍出席安徽分会场会议并讲话，李卫华、耿学梅、施广勇、纪劲松、李俊波参加会议。省工商联副主席、科大讯飞有限公司董事长刘庆峰作为我省非公经济人士先进典型在全国大会上作交流发言。

10月30日–31日，全省民营企业“走出去”培训会在肥举办。李卫华出席开幕式并讲话。耿学梅、纪劲松、省商务厅副厅长朱宁、省外事办副主任陆友勤出席开幕式。各市工商联、安徽福建商会、部分行业商（协）会和民营企业负责人共150余人参加培训。

11月4日，省人大法工委、财经委相关负责人来省联召开“商会立法”论证会，李卫华、耿学梅、施广勇、纪劲松出席。

同日，李俊波应邀率南翔万商、国购集团、鸿路集团、迎驾集团等安徽知名企业参加首届楚商大会。

11月6日，李卫华陪同厉以宁先生考察安徽民营企业。

11月13日，李卫华参加在皖全国政协委员城乡建设考察活动。

11月14日，李卫华、施广勇参加省委常委（扩大）会议传达学习十八届三中全会精神。

11月15日，耿学梅、李俊波参加省直统战系统传达学习十八届三中全会精神大会。

同日，纪劲松参加省人社厅、总工会、工商联、企业联合会召开的全省工资集体协商经验交流电视电话会议。

11月18日–20日，李卫华参加全国政协常委会。

11月19日，全省工商联组织工作座谈会召开。施广勇出席会议并讲话。各市工商联、省直管县工商联会员科（部）长，全省各行业商（协）会秘书长参加会议。

11月22日，省长王学军，副省长花建慧、杨振超，省政府秘书长邵国荷走访省工商联机关，看望干部职工。李卫华、纪劲松、李俊波接待了王学军省长一行。

11月22日–24日，李卫华、耿学梅参加全省统一战线学习贯彻中共十八届三中全会和习近平总书记系列重要讲话精神专题研讨班。

11月25日，耿学梅参加全省经济社会运行及化解产能过剩工作电视电话会议。

11月27日，施广勇出席吉林省吉林市安徽商会成立大会。

11月29日，李俊波参加省政协推进社会养老保障体系建设界别协商会并代表省工商联发言。

11月30日，省政协工商联界别视察暨“百家民企进皖北—淮北行”活动举行。省工商联与淮北市政府签订了战略合作框架协议；现场签约项目14个，总投资217.12亿元。省委常委、统战部部长沈素琍，李卫华，省委副秘书长、皖北办主任陈启涛，淮北市委书记肖超英，市长黄晓武，耿学梅、施广勇、纪劲松、李俊波以及省外安徽商会会长、省内外民营企业家代表出席活动开幕式。

12月1日–2日，省工商联召开党组中心组学习会暨2014年度工作务虚会。会议传达学习了党的十八届三中全会精神，全面总结2013年工作，并就2014年工作进行了研究谋划。省工商联领导班子成员及机关全体人员参加会议。

12月6日，全省非公经济人士理想信念报告会、省工商联成立60周年纪念大会、省工商联十届二次执委（扩大）会议在稻香楼宾馆举行。省委书记张宝顺出席理想信念报告会并发表重要讲话，强调要把握全面深化改革重大机遇，推动非公经济大发展大跨越。报告会总结了全省非公经济人士理想信念教育实践活动成果，6位企业家代表在会上作了报告。省委常委、统战部部长沈素琍主持会议。省委常委、省委秘书长唐承沛，副省长杨振超，李卫华、耿学梅、施广勇、纪劲松、李俊波出席报告会。纪念大会总结了省工商联60年的发展历程，展望了新时期工商联事业和非公有制经济发展前景。执委会议传达学习了党的十八届三中全会精神，并对2014年工作作出全面部署。

12月9日–13日，李卫华参加省部级干部学习贯彻习近平总书记系列讲话精神集中轮训。

12月16日，全国工商联、人力资源社会保障部、全国总工会在京联合召开第五届全国就业与社会保障先进民营企业表彰大会。我省大平工贸（集团）有限公司、白兔湖动力有限公司、国祯集团股份有限公司荣获表彰。纪劲松率受表彰企业参加大会。

同日，李卫华参加省委常委扩大会议，传达学习中央经济工作会议和城镇化工作会议精神。

同日，全国工商联开展优秀调研成果表彰活动，省工商联两篇调研报告荣获优秀调研成果一等奖，一件提案获得优秀提案奖。

12月17日，副省长杨振超、省政府副秘书长方志宏、省国资委副主任朱少春一行走访省工商联，并听取工作汇报。李卫华主持汇报会，耿学梅汇报省工商联工作情况，施广勇、纪劲松、李俊波、黄荣秀及各处室主要负责同志参加会议。

12月18日，省工商联机关党委召开换届大会，选举施广勇等9位同志为省工商联新一届机关党委委员。

12月20日，省工商联起草的《安徽省商会发展条例》被列入《安徽省第十二届人大常委会立法规划》。

同日，施广勇出席浙江省舟山市安徽商会成立大会暨中国徽商东海论坛。

12月26日，李卫华、施广勇出席省民间投资商会换届暨安徽省投融资企业商会成立大会。

12月27日，耿学梅出席中三角四省工商联联席会议。

12月28日，耿学梅出席黑龙江哈尔滨安徽商会成立大会。

12月30日，李卫华率团赴津巴布韦、莫桑比克、阿联酋开展经贸交流考察，推动民企“走出去”发展。

同日，全省民营企业法律维权培训会在肥举行。培训会旨在推动民营企业法律维权和商会调解仲裁工作开展，帮助企业家避免法律风险，维护其合法权益。纪劲松出席会议并讲话。

同日，第六届安徽民营企业创新论坛在肥举办。论坛邀请专家学者解读十八届三中全会给非公经济发展带来的机遇挑战，并对荣获创新奖的单位和个人进行了表彰。李俊波、杨蓉、吴成贵出席。

安徽省徽商发展研究院大事记

（2012—2013年）

2012年

9月21日，安徽省徽商发展研究院、《学术界》杂志社、合肥市社科联联合主办的“提高合肥影响力主题交流会”在合肥市政务文化新区会议室举行。开幕式后，12位知名专家学者发表了精彩的演讲。省政府参事、省徽商发展研究院院长程必定作了《提升合肥影响力的若干思考》，合肥市政协原副主席、市政协老委会副会长盛志刚作了《从合肥经济圈谈提高合肥影响力》，合肥市委副秘书长、政研室主任司胜平作了《打造大湖名城构筑创新高地——提升合肥影响力的重点与路径》的主题发言。

与会者还进行了热烈的交流互动，分别从提高合肥影响力的思路和方略，以及提高合肥市的企业竞争力、产业影响力、环境影响力、文化影响力、发展合肥经济圈等方面，多层次、深层次、宽视野地进行了交流和讨论，提出了很多有价值的见解和建议。

来自合肥地区高校、社会团体和科研机构的专家学者，以及合肥市相关领导共50多人参加了会议。

10月7—9日，应马鞍山市政府邀请，程必定院长率省徽商发展研究院及省发展战略研究会的7名专家，出席由市长张晓麟主持的“谋划马鞍山市今后五年发展座谈会”，程必定作了题为四个“转型引领”的发言；接着，应由金家庄和花山区合并而新成立的花山区政府的邀请，对该区进行了考察，与市，区直有关部门负责人进了座谈讨论，准备提交咨询报告。

10月15—17日，应马鞍山市新成立的市辖博望区委、区政府邀请，程必定率省徽商发展研究院及省发展战略研究会的7名专家，对该区进行了两天考察，17日上午向区委、区政府反馈了咨询意见，17日下午率专家组，在花山区委中心组学习会议上，系统反馈了前周对花山区的咨询意见。

10月24日，程必定理事长应省工商联的邀请，出席由省政协副主席兼省工商联主席李卫华主持的座谈会，交流座谈当前我省民营企业遇到的困难及对党委、政府的诉求。

10月28日，程必定理事长应阜阳

市委、市政府及《决策》杂志社、省工业经济联合会的邀请，出席“阜阳中部商贸名城建设高端论坛”和“皖北(阜阳)经济发展论坛”，分别在会上作了题为“皖北崛起与阜阳中部商贸名城建设思路”、“中国工业化第五次高潮及皖北崛起的机遇”的主题演讲。

11月12—14日　就省领导对皖北地方金融体系建设批示的落实情况，程必定院长与白国祥、吴玉龙两名省政府参事，分别到省金融办、省皖北办、省农村信用合作联社、省银监局、徽商银行、国元农业保险公司进行回访问调研。

11月22日　程必定理事长应亳州市委组织部、市发改委的邀请，在该市举办的“开发园区培训班”上主题报告。

11月28日　程必定理事长应省人事厅、合肥工业大学管理学院的邀请，在“皖江人才高级培训班”上主题报告。

11月30日　本院与省行政学院、省社科院联合承担的省长项目“诚信安徽建设”召开课题组第一次会议，省政府秘书长兼省行政学院院长韩先聪为课题组组长，本院程必定理事长为副组长。

12月22日，由安徽省徽商发展研究院、安徽老社科工作者协会、学术界杂志社、安徽电力职业技术学院联合主办的合肥地区社会科学界第二次季度交流会在国家电网电力培训中心召开。与会学者围绕政治体制改革、生态文明建设和社会主义核心价值观进行激烈讨论。40多位专家学者聆听了程必定、孔令刚、邸乘光、吴义纯、汪树群就“新时代新理念：改革·文明·价值观”进行的主题发言。会议由学术界杂志社社长袁玉立、副社长翁非联袂主持。

2013年

2月6日 程必定理事长应邀出席省政府举办的迎春座谈会，省长李斌接见并讲话。

2月19日　省政协副主席、省工商联主席李卫华听取了程必定理事长关于省徽商发展研究院的工作汇报，表示赞成与支持，要求本院在民营经济政策的研究与落实上多做工作。接着，省工商联秘书长李俊波同志与程必定就此项工作交换了意见。

2月20日　湖北省电规台专程来肥，就合肥与武汉、长沙、南昌合作共同建设“中四角”问题采访了程必定理事长。该台于2月24日播放了采访实况。

2月26日　安徽电视台新闻中心采访程必定，就省委、省政府于2月21日公布的《关于大力发展民营经济的意见》进行解读。当晚，该台播放了采访实况。

2月28日　由本院与省老社科工作者协会等主办、《徽商发展年鉴》编辑部与朝华公司承办的“合肥地区社科界第三次季度交流会暨《徽商发展年鉴》首发式”在省社科联举行。会议的主题是“现代徽商与安徽民营经济发展”，50余位学者与企业家出席，10位学者和3位企业家围绕会议主题作了发言。省省政协副主席、省工商联主席李卫华出席了首发式,向企业家代表赠送了《徽商发展年鉴》，并作了讲话。

3月1日　程必定理事长应中共泗县县委的邀请，在县委中心学习组扩大会议上，作题为“贯彻十八大精神、落实中央一号文件，推进我省县域经济发展”的辅导报告。县委书记王娟主持会议并讲话，高度评价程必定理事长的辅导报告对本县领导干部的启迪意义。县委、省人大、县政府、县政协四大领导班子成员和县直各部委办局及乡镇主要领导共70多人参加了学习报告会。

3月26日　本院名誉院长张润霞、理事长程必定、名誉副院长盛志刚，应省市长协会的邀请，出席“2012年安徽城市发展10件大事”评选活动，并受聘为评委。

3月28—29日　程必定理事长赴蚌埠、固镇县调研城镇化发展问题，分别听取了市、县政府领导及有关部门负责人的情况介绍，考察了小城镇建设很有特色的固镇县濠城镇和刘集镇。

5月9日 本院程必定、盛志刚、查金华三同志应林华情董事长邀请赴淮南宏泰公司考察，并拜访了淮南市委书记方西屏同志。方书记热情接待了程必定理事长一行，并委托本院组织专家，对淮南市下一步发展战略进行咨询研究。

5月16—18日　程必定理事长赴颍上出席“第八届全国管子学术研讨会”，本次研讨会的主题是“管子思想与生态文明建设”，九省市100余名专家、学者与会， 程必定理事长作了题为“管子生态智慧及对当代生态文明建设的启迪”的学术报告，并参加颍上县第八届管子文化旅游节开幕式。

5月26—27日 程必定理事长应邀赴南昌,出席“中国百强县发展研讨会”，并作了题为“打造百强县升级版”的学术报告。

6月14日　韩国新日药品公司董事长吴斗荣先生访问本院，就双方合作事宜进行友好会谈，本院程必定、盛志刚、王我、查金华等出席。

6月16日　本院程必定、盛志刚、王我应绿地集团安徽地区部负责人吴芳女土邀请，就绿地集团资助开展“2013

徽商领军人物评选”活动事宜进行会商并达成一致意见。

6月22日　由本院牵头主办的合肥地区社会科学界第四次季度交流会在创新大厦举行。本次季交会由省政府发展研究中心决策杂志社主办，主题是“公共资源配置系统平台建设：改革·创新·路径”，60多位学者、专家及新闻界人士出席。

7月15日，程必定理事长出席省参事室举办的全省上半年经济形势分析会并发言。

7月21日，程必定理事长、盛志刚名誉副院长赴宣酒集团，出席由该集团主办的安徽省民营企业文化建设交流会并发言。

7月22日，程必定理事长出席由宣州区工商联主办的区域经济形势分析会并发言。

7月26—28日，省徽商发展研究院课题组应百盟集团邀请，赴该集团在襄阳基地考察，与百盟总裁李家俊等高管进行了座谈。

10月10日 程必定理事长应省科技厅邀请，参加科技部与安徽省共建皖江地区现代农业创新示范区建设的规划研究课题。

10月20—21日 程必定与省人大原副主任季昆森、中国科大原党委书记汤洪高等，应邀赴中共中央党校《发展中国论坛》举办的“山东省德州市新型城镇化建设”研讨会，程必定作主题发言。

10月22日 省委书记张宝顺，将对程必定理事长等提交的《关于进一步推进我省公共资源交易系统建设的调研报告》，批示给常务副省长詹夏来同志参阅。

10月30日　程必定理事长应中共芜湖市委党校邀请，作安徽发展战略专题报告。

11月4—5日 程必定理事长出席国务院参事室在合肥召开的“进一步推进中部崛起研究”课题开题会。

11月9日 程必定理事长出席由长江经济开发研究会、湖北省社会科学院、《湖北日报》在武汉召开的“首届打造长江经济新支撑带高层论坛”，并作主题发言。

11月14日　程必定理事长率领专家组，应邀赴亳州经济开发区考察咨询。

11月16日　程必定理事长、盛志刚名誉副院长率领专家组，应邀赴合肥市蜀山区考察咨询。

11月28—29日　程必定理事长等赴上海市城市规划设计研究院，参加《长三角城镇化与城镇群发展研讨会》，并作交流发言。

12 月 14 日 程必定理事长出席第二期“徽派经济学人茶座”并交流发言。

12 月 15 日 “绿地杯”2013 徽商领军人物颁奖盛典在合肥召开，原副省长张润霞、省政协原副主席方兆本以及程必定、盛志刚、华中生等领导颁奖，程必定理事长致辞。

12 月 21 日 本院主办的“合肥地区社科界第六次季度交流会”在安徽三联学院召开，由该院经法系承办，主题是“聚焦中小企业，力推安徽发展”,30 余人出席，12 位与会者交流发言。

12 月 26 日上午 程必定理事长出席由安徽经济报承办的“徽商大会举办 10 周年纪念会”并发言。

12月26日下午 本院与省行政学院、省社会科学院联合研究的省长委托课题《诚信安徽建设》召开最终成果评审会，通过了结题与评审。